JN418947

Single Cash Flows	Formula	Factor Notation	Excel Notation	Cash Flow Diagram
Present Worth of a Future Payment	$P = F(1+i)^{-n}$	$P = F(P\|F\ i\%,n)$	=PV(i%,n,,−F)	
Future Worth of a Present Payment	$F = P(1+i)^{n}$	$F = P(F\|P\ i\%,n)$	=FV(i%,n,,−P)	

Series Cash Flows	Formula	Factor Notation	Excel Notation	Cash Flow Diagram
Irregular Series Cash Flows	$P = A_1(1+i)^{-1} + A_2(1+i)^{-2} + A_3(1+i)^{-3} + \cdots + A_{n-1}(1+i)^{-(n-1)} + A_n(1+i)^{-n}$	$P = \sum_{t=1}^{n} A_t(P\|F\ i\%,t)$	=NPV(i%,A_1,A_2,A_3, . . . ,A_n)	
Uniform Series Cash Flows				
• Present Worth of Uniform Series	$P = A\left[\frac{(1+i)^n - 1}{i(1+i)^n}\right]$	$P = A(P\|A\ i\%,n)$	=PV(i%,n,−A)	
• Uniform Series from Present Value	$A = P\left[\frac{i(1+i)^n}{(1+i)^n - 1}\right]$	$A = P(A\|P\ i\%,n)$	=PMT(i%,n,−P)	
• Future Worth of Uniform Series	$F = A\left[\frac{(1+i)^n - 1}{i}\right]$	$F = A(F\|A\ i\%,n)$	=FV(i%,n,−A)	
• Uniform Series from Future Value	$A = F\left[\frac{i}{(1+i)^n - 1}\right]$	$A = F(A\|F\ i\%,n)$	=PMT(i%,n,,−F)	

Series Cash Flows	Formula	Factor Notation	Excel Notation	Cash Flow Diagram
Gradient Series Cash Flows				
• Present Worth of a Gradient Series	$P = G\left[\frac{1-(1+ni)(1+i)^{-n}}{i^2}\right]$	$P = G(P\mid G\ i\%,n)$	=NPV(i%,0,G,2G, . . . ,(n − 1)G)	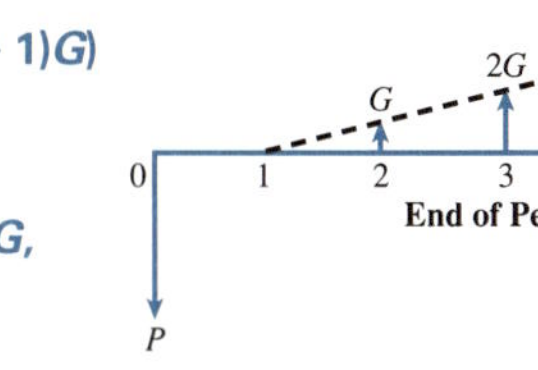
• Uniform Series Equivalent of a Gradient Series	$A = G\left[\frac{1}{i} - \frac{n}{i}(A\mid F\ i\%,n)\right]$	$A = G(A\mid G\ i\%,n)$	=PMT(i%,n,−NPV(i%,0,G, 2G, . . . ,(n − 1)G))	
• Future Worth of a Gradient Series	$F = G\left[\frac{(1+i)^n - (1+ni)}{i^2}\right]$	$F = G(F\mid G\ i\%,n)$	=FV(i%,n,,−NPV(i%,0,G, 2G, . . . ,(n − 1)G))	
Geometric Series Cash Flows				
• Present Worth of a Geometric Series	$P = \begin{cases} A_1\left[\frac{1-(1+j)^n(1+i)^{-n}}{i-j}\right] & i \neq j \\ nA_1/(1+i) & i = j \end{cases}$	$P = A_1(P\mid A_1\ i\%,j\%,n)$	=NPV(i%,A,(1 + j)A, (1 + j)^2A, . . . ,(1 + j)^{n-1}A)	
• Uniform Series Equivalent of a Geometric Series	$A = \begin{cases} A_1\left[\frac{1-(1+j)^n(1+i)^{-n})}{i-j}\right]\left[\frac{i(1+i)^n}{(1+i)^n-1}\right] & i \neq j \\ nA_1\left(\frac{i(1+i)^{n-1}}{(1+i)^n-1}\right) & i = j \end{cases}$	$A = A_1(A\mid A_1\ i\%,j\%,n)$	=PMT(i%,n,−NPV(i%,A, (1 + j)A,(1 + j)^2A, . . . , (1 + j)^{n-1}A))	
• Future Worth of a Geometric Series	$F = \begin{cases} A_1\left[\frac{(1+i)^n-(1+j)^n}{i-j}\right] & i \neq j \\ nA_1(1+i)^{n-1} & i = j \end{cases}$	$F = A_1(F\mid A_1\ i\%,j\%,n)$	=FV(i%,n,,−NPV(i%,A,(1 + j)A, (1 + j)^2A, . . . ,(1 + j)^{n-1}A))	

알기쉬운

경제성공학

Fundamentals of
ENGINEERING ECONOMIC ANALYSIS

JOHN A. WHITE
University of Arkansas

KELLIE S. GRASMAN
Missouri University of Science and Technology

KENNETH E. CASE
Oklahoma State University

KIM LaSCOLA NEEDY
University of Arkansas

DAVID B. PRATT
Oklahoma State University

Fundamentals of engineering economic analysis
John A. White, Kellie Grasman, Kenneth E. Case, Kim LaScola Needy, David B. Pratt

ISBN 978-1-118-41470-5

알기쉬운 **경제성공학** Fundamentals of Engineering Economic Analysis

발행일 2023년 2월 28일 4쇄
저자 John A. White, Kellie Grasman, Kenneth E. Case, Kim LaScola Needy, David B. Pratt
역자 정승학, 서순근, 이대주
발행인 양정완 **발행처** (주)텍스트북스 **주소** 서울시 영등포구 양평로 30길 14, 세종앤까뮤스퀘어 1109호
전화 02-702-5725 **팩스** 02-702-5727 **웹사이트** www.textbooks.co.kr
등록번호 제2022-000098호
ISBN 978-89-93543-63-6 93530

정가 35,000원

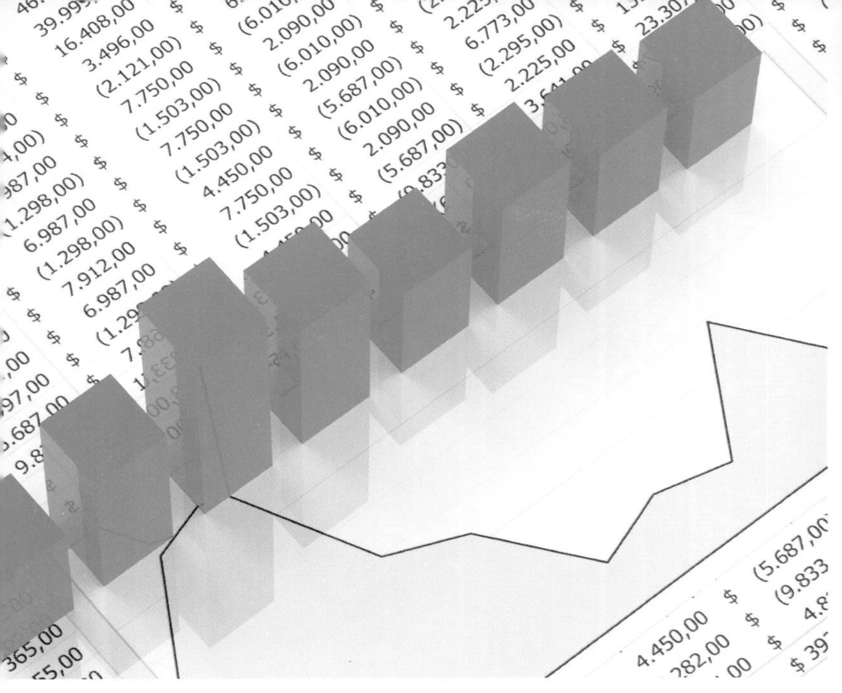

알기쉬운

경제성공학

Fundamentals of
ENGINEERING ECONOMIC ANALYSIS

JOHN A. WHITE
KELLIE S. GRASMAN
KENNETH E. CASE
KIM LaSCOLA NEEDY
DAVID B. PRATT

정승학 • 서순근 • 이대주 옮김

WILEY TEXTBOOKS 텍스트북스

역자소개

정승학 shchung@kmu.ac.kr
서울대학교 공과대학 산업공학과(공학사)
한국과학기술원 산업공학과(공학석사)
한국과학기술원 경영과학과(공학박사)
계명대학교 공과대학 학장, 기획정보처장 역임
한국경영과학회 이사 역임
현재 계명대학교 공과대학 경영공학과 교수

서순근 skseo@dau.ac.kr
서울대학교 공과대학 산업공학과(공학사)
한국과학기술원 산업공학과(공학석사)
한국과학기술원 산업공학과(공학박사)
대한산업공학회 부회장 역임
동아대학교 도서관장, 산업정보대학원장 역임
현재 동아대학교 공과대학 산업경영공학과 교수

이대주 djlee@kmu.ac.kr
서울대학교 공과대학 산업공학과(공학사)
한국과학기술원 산업공학과(공학석사)
미국 오하이오주립대학교 산업시스템공학과 졸업(Ph. D.)
계명대학교 공과대학 학장 역임
대한산업공학회 이사 역임
현재 계명대학교 공과대학 경영공학과 교수

역자 서문

preface

〈Fundamentals of Engineering Economic Analysis〉의 번역판을 통하여 독자 여러 분들을 만나게 되어 기쁘게 생각한다. 역자들은 이 책의 모체가 되었던 〈경제성공학, Principles of Engineering Economic Analysis〉를 1990년부터 3판, 4판, 5판에 걸쳐 번역해 오고 있다. 이제 새로운 저자들을 보강하여 보다 새로운 모습으로 우리에게 다가온 원서를 접한 역자들은 새로운 감흥에 사로잡히게 되었고 기쁘고 들뜬 마음으로 번역 작업에 임하였고 원서의 내용을 독자들에게 보다 충실하게 전달하기 위하여 많은 노력을 경주하였다.

과거 30여년에 걸쳐서 〈경제성공학〉이라는 제목하에 다루어진 다양한 주제들은 주로 공과대학의 학생들에게 필요하다는 인식을 전제로 하여 그 내용을 구성하였고 이에 맞추어 교재를 출판하였으며 이를 이용하여 공과대학 재학생들을 대상으로 강의를 진행하여 왔다. 그러나 21세기에 들어 ICT기술을 바탕으로 무한 경쟁이 벌어지는 현 상황에서 "경제성 분석"과 관련된 주제들은 더 이상 공과대학의 학생들에게만 필요한 내용들이 아니라 전체 대학 구성원 누구에게나 필요한 내용이 되고 있다.

이러한 관점에서 본서는 학년의 높고 낮음이나 전공분야와 무관하게 대학에 진학하여 학사학위 수준의 교육을 받고자 하는 사람들이 앞으로 사회에 진출하여 자신의 분야에서 국가와 사회에 기여하고 성공적인 개인의 경제생활을 영위하기 위해서는 반드시 알아야 하는 내용들을 중심으로 집필되어 있다. 따라서 모든 독자들은 개인이나 소속된 집단에서 다양하게 일어나는 어떠한 상황하에서도 경제성을 분석하고 효과적이고 효율적인 경제적 의사결정을 성공적으로 수행하기 위해서 필요한 지식을 이 책을 통하여 습득할 수 있을 것이다.

역자들은 이 책을 통하여 독자들이 중요하고도 기본적인 내용들을 공부해 나가면서 앞으로 평생을 살아가는 동안 필요한 경제성 분석에 관한 내용을 철저히 익히는 데 크게 도움을 받을 수 있을 것으로 믿는다. 역자들은 독자들이 이 책에서 익힌 지식들을 바탕으로 우리나라와 독자 여러분의 발전에 크게 기여하기를 바라마지 않는다.

마지막으로 번역 과정에서 자료 정리와 아울러 강의보조자료(PPT) 작성에 수고를 아끼지 않은 황상돈 박사에게 고마움을 전한다. 더불어 전체적인 구성과 편집 등 출판을 위한 모든 과정을 세심하게 점검하시고 많은 수고를 하여 주신 텍스트북스에 감사의 말씀을 드린다.

역자 일동

2017. 1.

저자 서문

preface

서론

학부과정에서 주로 다루는 경제성 분석의 내용을 위한 새로운 저서인 〈Fundamentals of Engineering Economic Analysis〉를 통하여 독자 여러분들을 만나게 되어 기쁘게 생각한다.

John A. White, Kenneth E. Case, 그리고 David B. Pratt가 공동으로 집필한 〈경제성공학, Principles of Engineering Economic Analysis, 6th edition〉을 기초로 하여 〈Fundamentals of Engineering Economic Analysis〉에서 다루는 중요한 핵심적인 내용이나 접근방법 등을 구성하였다. 따라서 이 책의 내용은 현장에서 심도 있게 성공적으로 시험을 거쳤으며, 지난 수십 년간 정확도에 대한 검증이 이루어졌다. 그러나 이 책에서 다루고자 하는 내용의 범위는 세심하게 고려하여 한 학기 동안의 강의 분량을 넘지 않도록 간결하게 정리하였다. 또한, 기존의 저자와 더불어 새로이 집필진에 참여한 Kellie Grasman과 Kim LaScola Needy의 노력을 바탕으로 새로이 집필된 〈Fundamentals of Engineering Economic Analysis〉는 이 책에서 다루는 민감한 주제들을 사려 깊게 그리고 교육학적인 측면에서 잘 이해될 수 있도록 구성을 함으로써 다양한 전공의 학생들이 보다 더 잘 이해할 수 있도록 도움을 주고 있다.

저자들은 잘 정립된 내용을 보다 더 잘 학습할 수 있도록 교육학의 도움을 받아 합리적으로 만들어진 이 책을 통하여 학생들이 앞으로 평생을 살아가는 동안 필요한 경제성 분석에 관한 내용을 철저히 익히는 데 크게 도움을 받을 수 있을 것으로 믿는다.

본서의 접근방법

〈Fundamentals of Engineering Economic Analysis〉를 학생들에게는 풍부하고 흥미 있는 학습 경험을 제공할 것이며, 강의교수에게는 강력한 교수용 도구가 될 것이다.

이 책은 다양한 학습 방식 또는 교수 방식을 가지고 있는 학습자/교수자들을 효과적으로 지원하기 위해서 잘 정제된 새로운 접근방법을 취하고 있다. 학습목표, 주요 용어들과 같은 핵심적인 내용들을 일목요연하게 습득할 수 있도록 교육학적인 측면을 고려하여 흥미로운/매력적인 시각적 설계들을 사용하고 있다. 또한 학생들이 근본적인 개념을 잘 이해하도록 돕기 위하여 현금흐름도 등과 같이 심사숙고하여 정교하게 만들어진 다양한 시각적 장치들을 통하여 학습이 가능하도록 하고 있다. 각 장이 시작할 때마다 해당 장에서 다루고자 하는 개념들이 왜 경제성 분석에서 중요한지를 보여 주는 현실 세계에서의 짤막한 "실제 예시문"들을 소개하고 있다. 또한 학생들의 학습효과를 높이기 위하여 각 장이 끝날 때마다 장에서 다루었던 내용 가운데 가장 중요한 개념들을 간단명료하게 요약하여 제시하고 있다. 마지막으로 각 장의 말미에는 기사시험을 준비하는 학생들을 위한 기사시험 유형의 문제들을 제시하고 있으며, 아울러 난이도가 다양하게 만들어진 많은 연습문제들을 제시하고 있어서 학생들의 복습에 도움이 되도록 하고 있다.

〈Fundamentals of Engineering Economic Analysis〉에서 다루고자 하는 주제들을 살펴보면, 논리적인 순서에 따라 먼저 돈의 시간가치에 관한 주제로부터 출발하여 경제적 대안의 비교 방법들을 다루고, 추가로 현실적인 경제성 분석과 관련된 주제들, 예를 들면, 세금, 감가상각, 물가상승, 등의 내용들을 다루고 있다.

1장에서는 7단계 체계적 평가/분석 기법을 소개할 것이며 이후 장에서도 이에 대한 내용들을 언급할 예정이다. 이 기법을 통하여 본격적인 경제성 분석을 진행하는 과정에서 '경제적 대안들의 비교'가 차지하는 가장 핵심적인 역할에 대해서 학생들이 보다 더 잘 이해하도록 상기시키고자 한다. 또한 이 기법을 통하여 경제성 분석이 논리적이고 질서정연하게 체계적으로 이루어진다는 점을 강조하고자 한다.

이 책은 처음부터 끝까지 현금흐름 접근방법이 사용되고 있다. 경제성 분석의 정확도는 결국 적절한 현금흐름의 크기와 시점이 얼마나 정확한가에 달려 있다는 점을 학생들이 명확하게 인식하는 것이 중요하다.

전통적인 해법과 Excel spreadsheet

이 책의 접근방법에서 중요하게 강조하고자 하는 또 다른 점 가운데 하나는 전통적인 해법과 아울러 Microsoft® Excel을 적절하게 균형을 이루어 사용하는 것이다. 또한 단일금액, 균일급수, 등차급수, 등비급수에 대한 이자계수 및 기본 공식 등을 사용하고 있다. 이 공식들은 지난 60여 년에 걸쳐서 많은 의사결정자들이 돈의 시간가치를 고려하여 경제적 대안들을 평가하는 데 핵심적인 역할을 하여 왔다. 이 책에서는 먼저 전통적인 해법들을 제시하고, 가능한 경우에는 오늘날의 학생들의 눈높이에 맞도록 Excel 공식과 기법들을 다루어서 균형감 있는 학습이 이루어지도록 하고자 한다. 실제로 학생들이 현실에서 직면하게 될 문제들의 복잡성을 고려해 볼 때 그들이 Excel 공식과 기법들을 원활하게 다룰 수 있는 능력을 갖추는 것이 매우 바람직하다고 생각된다. 그럼에도 불구하고 본서에서는 먼저 전통적인 기법에 대한 충분한 설명과 아울러 근본적인 수학적 기초를 먼저 제시한 다음에 Excel 공식과 기법들을 소개하고자 한다.

앞서 언급한 바와 같이 다양한 학습 방식 또는 교수 방식을 가지고 있는 학습자/교수자들을 효과적으로 지원하기 위해서 잘 정제된 새로운 접근방법을 취하고 있다. 여기에는 Excel spreadsheet 사용을 위한 다양한 접근방법들이 포함된다. 예를 들어, 학습자/교수자들은 본인이 원한다면 Excel spreadsheet에 관한 내용들은 무시하고 계산기를 이용하여 문제를 해결하는 접근방식을 선택할 수도 있다. 거의 예외 없이, 교재에서 해답이 제시된 예제들은 손으로 풀어서 해답을 구하는 과정을 먼저 보여주고 있다. 그리고 다음으로 가능한 경우에는 Excel을 이용하여 해답을 구하는 과정을 제시하고 있다. 다만 문제가 대단히 복잡하여 spreadsheet를 사용하지 않고는 해결하기 어려운 예제의 경우에는 극히 예외적으로 Excel을 이용하여 해답을 구하는 과정만을 제시하고 있으며 이와 같은 점을 제목에 명시적으로 나타내었다. 학습자/교수자들의 필요에 따라, 또는 구체적인 문제의 특성에 따라 이와 같은 접근방법들이 적절히 섞여서 사용될 수 있을 것이다.

〈해답이 제시된 예제〉의 활용

〈해답이 제시된 예제〉들은 경제성 분석을 가르치고 배우는 데 도움이 될 만한 다음과 같은 특징적 요소를 포함하고 있다:

- 많은 〈해답이 제시된 예제〉들은 교재의 문맥과 연동되어 제시되고 있다. 즉, 같은 시나리오가 개념과 기법들에 대한 학습이 점진적으로 진행됨에 따라 여러 개의 〈해답이 제시된 예제〉들에서 다루어지고 있다. 예를 들어, 〈해답이 제시된 예제 4.2, 5.3, 6.4〉 등이 이에 해당된다. 또한 이 접근방법을 이용하여 학생들이 다양한 상황, 예를 들면, 납세 전 및 납세 후 또는 다양한 융자방식 등, 에서 나타나는 결과를 비교할 수 있도록 하고 있다.
- 거의 모든 〈해답이 제시된 예제〉들은 학생들이 문제해결을 위한 체계적인 접근방법을 잘 숙지할 수 있도록 정형화되어 있다.

- 〈해답이 제시된 예제〉들은 먼저 전통적인 공식이나 이자계수를 이용하여 해답을 구하는 과정을 보여준다. 다음으로 가능한 경우에는 Excel을 이용하여 해답을 구하는 과정을 제시하고 있다. Excel을 이용하여 답을 구하는 과정은 파란색/굵은 글씨체로 나타내었다. 다만 복잡한 〈해답이 제시된 예제〉의 경우에는 Excel을 이용하여 해답을 구하는 과정만을 제시하였다.
- 많은 〈해답이 제시된 예제〉들은 학생들의 이해를 돕고 관심을 끌기 위하여 개인적인 융자와 관련된 상황으로부터 일반 기업 또는 산업계와 관련된 상황들을 다양하게 제시하고 있다.

내용의 요약

이 책에서 다루고자 하는 주제는 실제로 경제성 분석을 담당하고 수행하는 사람들이 가장 관심을 기울이는 핵심적이고 중요한 주제들에 초점을 맞추고 있다. 이를 열거하면 다음과 같다:

- 돈의 시간가치를 고려한 경제성 분석의 원칙과 방법론
- 일반적으로 사용되는 모든 현금흐름 개요를 포함하는 돈의 시간가치
- 기업 및 개인의 경제활동에서 나타나는 대부, 융자, 그리고 투자
- 현재가치, 자본화가치, 미래가치, 연간가치, 내부수익률, 외부수익률, 비용–편익 등을 포함하는 경제적 가치의 척도
- MACRS법 그리고 이의 기반이 되는 정액법, 이중정율법 등의 감가상각 방법
- 차입금이 있는 경우 및 없는 경우의 납세 후 경제성 분석
- 납세 전 대체분석 및 납세 후 대체분석, 그리고 최적대체기간
- 물가상승을 고려한 납세 전 경제성 분석 및 납세 후 경제성 분석
- 분기점분석, 민감도분석, 위험도 분석 등의 보충적 분석과 @RISK 시뮬레이션 소프트웨어 사용법
- 자금 제약 하에서 전체적으로 견실한 투자를 위한 자본 예산
- 비용, 평가, 회계 및 경제적 부가가치의 개념

중요한 학생 지원 특성

학생들의 학습을 지원하고 강화하기 위한 방안으로 교육학적인 측면을 고려하여 다음과 같은 내용들로 구성되어 있다.

- 새로운 장이 시작될 때 학생들의 기대치를 반영하는 〈**학습목표**〉(Learning objectives)를 설정하였다. 그리고 본문 내에서도 필요할 때마다 적절하게 이를 강조하였으며, 장의 마지막 부분인 〈요약〉 부분에서도 재검토하였다.
- 〈**핵심용어**〉를 여백 부분에 정의하였으며, 책의 마지막 부분에 찾아보기를 제시하여 손쉽게 찾아볼 수 있도록 하였으며, 복습에 도움이 되도록 장이 끝나는 부분에 상호 참조가 가능하도록 하였다.
- 새로운 장이 시작될 때 〈**실제 예시문**〉 및 〈**토론 논제**〉를 제시하여 그 장에서 다루고자 하는 주제들에 대한 현실적인 안목을 가지도록 하였고 필요할 경우 이에 대한 보다 심도 있는 탐구를 할 수 있는 길을 열어 두었다.
- 각 장이 끝날 때마다 〈**요약**〉에서 중요한 개념, 방정식, 학습 목표, 주요 용어들을 이해하기 쉬운 형식으로 강조하여 복습에 도움이 되도록 하였다.
- 400여 개에 이르는 연습문제들을 각 장의 절 번호에 따라서 순서대로 제시하여 과제물 및 개인적인 복습에 활용 가능하도록 하였다. 또한 문제의 해답을 본서의 마지막 부분에 제시하여 도움이 되도록 하였다.
- 또한 **가사시험 유사 문제**들을 각 장이 끝날 때마다 제시하여 기사시험에 대비한 복습과 아울러 그 장에서 다룬 내용들에 대한 이해도를 확인해 볼 수 있도록 하였다.

감사의 글

우리 저자들은 이 책이 집필되고 있는 동안 여러 단계에서 원고를 검토하여 주신 많은 분들께 감사의 말씀을 드리고자 한다. 다만 너무 많은 분들이 계셔서 일일이 성함을 생략하는 점을 양해해 주시기 바란다.

또한 집필하는 데 있어서 많은 조언과 도움, 자료 및 예제를 제공하여 주는 등으로 뛰어난 협조를 하여 주신 많은 개인들과 기관들에게도 특별한 감사의 말씀을 드린다.

저자 일동

차례

차례 요약

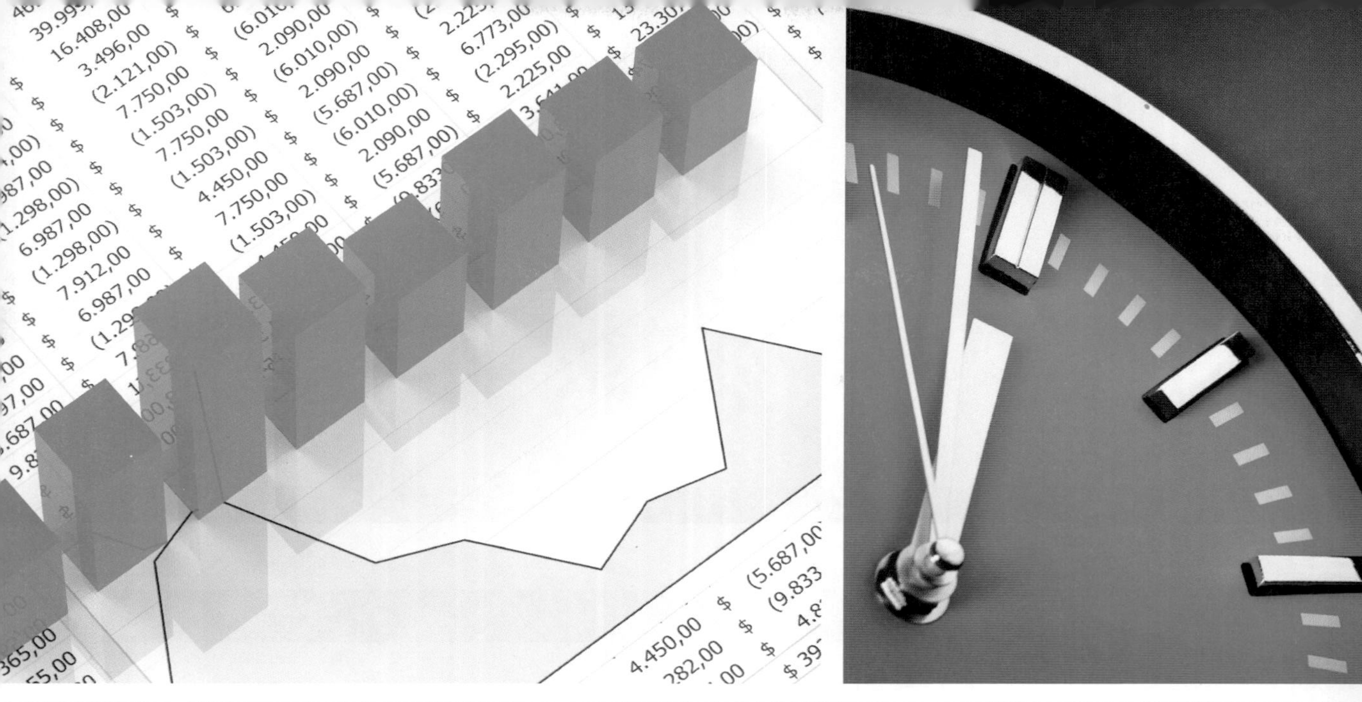

16.408,00
3.496,00
(2.121,00)
7.750,00
(1.503,00)
7.750,00
(1.503,00)
4.450,00
7.750,00
(1.503,00)
2.090,00
(6.010,00)
2.090,00
(5.687,00)
(6.010,00)
2.090,00
(5.687,00)
6.773,00
(2.295,00)
2.225,00
6.987,00
(1.298,00)
7.912,00
6.987,00
4.450,00

경제성 분석의 실제 사례: 월마트(Walmart)

2011년 회계연도에 월마트 주식회사(WMT)는 미국에서만 140만 명을 포함하여 세계적으로 210만 명이 넘는 사람들을 고용하고 있다. 연 매출액은 지난해에 비해 3.47% 증가하여 $4,190억을 기록하였고, 영업이익은 6.3% 증가하여 $154억을 기록하였다. 2011년 1월 31일 현재 월마트는 미국 내에 3,804개의 수퍼센터, 할인매장 및 이웃마켓과 609개의 샘즈클럽을 보유하는 동시에 14 개국에 4,557개의 매장을 포함하여 세계적으로 8,907개의 점포(슈퍼센터, 샘즈클럽, 이웃마켓, 할인매장)를 보유하고 있다. 월마트는 70개가 넘는 국가에서 수백억 달러에 이르는 자재를 수입하고 있다. 만일 월마트를 국가로 친다면 수입 물량에 있어서는 세계 상위권에 들 것이다. 미국 내에서 지난 15년간(1990~2005) 신설된 매장 수는 2,000개가 넘었으며, 그 다음 6년간(2005~2011) 신설된 매장 수는 무려 3,800개에 이르고 있다.

월마트 성공의 큰 요인은 구매, 저장, 유통, 정보 시스템을 포함한 공급사슬의 효율성에 있다. 월마트는 전자정보교환(Electronic Data Interchange: EDI)을 가장 먼저 도입한 기업 중 하나였는데, 그로 인하여 소비자가 월마트 매장에서 상품을 구입하는 즉시 판매사에 그 상품에 대한 대금을 지불할 수 있게 되었다. 수천 개가 넘는 매장에서 실시간으로 자금 관리가 이루어진 덕택에 월마트는 이렇듯 눈부시게 성장할 수 있었던 것이다.

물류 분야의 국제적인 리더인 월마트는 무려 85,000개가 넘는 협력사들과 협업을 진행하고 있다. 월마트의 물류 네트워크를 살펴보면, 대략 150개의 물류센터와 50개의 운송사무소를 운영하고 있다. 월마트는 7,200대의 트랙터, 53,000대의 트레일러 및 8,000명의 화물기사를 포함하여 미국 내의 4대 트럭선단을 보유하고 있으며 이와 동시에 운송 서비스의 상당 부분을 외주를 통하여 해결하고 있다. 월마트는 2001년 9월 11일 세계무역센터에 대한 테러, 2005년의 허리케인 카트리나의 피해, 그리고 2010년 멕시코만의 기름 유출 사고 등에 대하여 신속하게 대응한 점에 대하여 높이 존경받고 있으며, 이와 같은 사건 및 사고에 대비하기 위하여 미국 내 9개의 전략적 요충지에 재난대비센터를 구축하였고, 재난에 고통 받는 주민들을 돕기 위하여 각종 구호물자를 비축하고 있다.

월마트는 공급사슬과정에서 모든 상품의 이동과정을 실시간으로 추적할 수 있는 무선인식 전자태그(Radio Frequency Identification: RFID)를 사용하는 데 있어서 선구자 역할을 해 오고 있다. 또한 최근에 월마트는 대형 소매상들 중에서 지속가능성 분야의 리더로 자리 잡아, 경영비용을 줄이는 한편 환경을 살리는 데 노력을 기울여 왔다. 월마트는 벤더 업체들에 대한 영향력을

경제성 분석 개론

An Overview of Engineering Economic Analysis

바탕으로, 과다한 포장재 사용을 막아 매장에 입고되거나 출고되는 시점에 발생하는 쓰레기의 양을 줄여 왔다. 또한 월마트는 생산과 유통 과정에서의 에너지 소비량을 획기적으로 줄이는 동시에 매장의 에너지 효율을 높이는 방법을 찾기 위해 자사 엔지니어 및 벤더 엔지니어들 간의 협력을 강화하고 있다. 월마트는 수명주기 비용을 줄이는 데 중점적으로 노력을 기울인 결과 2011 회계연도에는 투자수익률(ROI) 19.2%를 달성하였다.

경제성 분석의 실제 사례: 로버트 톰슨의 재정(재무) 설계

최근에 대학을 졸업한 로버트 톰슨은 연봉의 일부분을 매년 투자하려고 한다. 그런데 그는 주식, 채권, 뮤추얼 펀드, 미국 재무부 채권, 양도성예금증서(certificate of deposit), 임대 재산, 토지 등 여러 가지 투자기회 가운데 어디에 투자할 것인지 망설이고 있다. 또한 그는 연봉의 몇 퍼센트를 투자할 것인지도 정하지 못하고 있다. 게다가 그는 투자를 통해 얻을 수 있는 연 수익률의 목표를 어떻게 책정하여야 하는지에 대해서도 아는 바가 없다. 마지막으로 그는 그가 세운 재정목표를 달성하는 데 얼마나 걸릴지도 궁금하다.

토의 논제

1. 위의 사례들은 어떤 공통점이 있는가?
2. 이와 같은 상황에서 경제성 분석은 어떤 역할을 수행할 수 있는가?
3. 경제성 분석은 월마트와 같은 복잡한 기업의 거래나 로버트 톰슨의 경우와 같이 보다 간단한 거래의 경우에도 모두 적절하게 잘 활용될 수 있는가?
4. 각 투자 주체(월마트와 로버트)가 고려하고 있는 계획기간의 길이(지속기간)를 비교하여 보라. 그들은 같은가 또는 다른가?

학습목표

이 장의 공부를 마친 후 다음의 내용들을 이행할 수 있는 능력을 갖추어야 한다:

1. 단순한 돈의 시간가치(TVOM) 상황에서 네 가지 할인현금흐름 법칙을 적용하라. (1.1절)

2. 제품, 공정, 또는 시스템의 경제적 성과를 분석하는 데 사용 가능한 열 가지 경제성 분석의 원칙을 파악하라. (1.2절)
3. 경제성 분석을 실시하는데 사용 가능한 체계적 경제성 분석 기법(SEAT)의 7단계를 파악하라. (1.3절)

서론

이 책의 주제는 **경제성 분석**(economic analysis), **경제성공학**(engineering economy), **경제적 타당성 검증**(economic justification), **자본투자 분석**(capital investment analysis), **경제적 의사결정분석**(economic decision analysis) 등 매우 다양한 이름으로 불리고 있다. 전통적으로 공학적 설계 대안을 비교하는 데 사용되는 경제성 분석 기법을 공학 경제라고 불러왔다. 그러나 공공 부문 의사결정의 경제성 분석에 대한 관심이 커지면서 **경제성 분석**이라는 용어의 사용이 일반화되었다. 이 책에서는 여러 설계 대안들 가운데 가장 바람직한 대안을 선택하기 위하여 이 대안들의 *경제적 차이*를 질적, 양적으로 분석하는 기법들을 사용하는 것을 경제성 분석이라고 정의한다.

이 책에서는 **현금흐름 접근법**(cash flow approach)을 사용하는데, 현금흐름이란 돈이 한 개인에서 다른 개인으로, 또는 한 기관에서 다른 기관으로 이동할 때 발생한다. 따라서 받은 돈과 쓴(지출한 또는 지불한) 돈이 현금흐름이 된다.

어느 분야든 교재를 보다 보면 항상 1장을 건너뛰고 싶은 생각이 들기도 한다. 그러나 이 책에서 1장을 건너뛴다면 그것은 대단히 큰 실수가 될 것이다. 왜냐하면 이 책의 나머지 부분에서 배울 경제성 분석에서 사용하게 될 가장 기초가 되는 개념들을 이 장에서 다루고 있기 때문이다.

1.1 돈의 시간가치(Time Value of Money: TVOM)

학습목표: 단순한 돈의 시간가치 상황에서 네 가지 할인현금흐름 법칙을 적용하라.

돈의 시간가치(TVOM)
일정한 액수의 돈의 가치는 돈의 크기(양)뿐만 아니라 돈을 받았거나 쓴 시점에 좌우된다는 것을 의미함.

돈은 시간가치를 가지고 있다는 기본적인 개념은 이 책에 나오는 거의 모든 내용의 기초가 된다. 즉, 일정한 액수의 돈의 가치는 돈의 크기(양)뿐만 아니라 돈을 받았거나 쓴 시점에 좌우된다는 것을 의미한다. 건축구조물을 설계할 때 기둥에 미치는 힘의 위치가 중요한 것처럼, 투자의 경제적 가치를 평가할 때 받은 돈이나 쓴 돈이 시간적으로 어느 시점에 위치하느냐가 중요하다.

예제 1.1 돈의 시간가치 예시

어느 부유한 개인이 당신에게 다음과 같은 제안을 한다고 하자. 그는 "당신의 자산관리 능력을 높이 사서 무상으로 (또는 선물로) $1,000을 주고자 한다. 그러나 당신이 원한다면 1년 후에 $X의 금액을 현금으로 주고자 한다."고 말한다. (상황의 간소화를 위해 이 제안은 위험부담이 없다고 가정한다.) 즉, 당신은 현재 \$1,000을 받거나 1년 뒤 \$*X*를 받을 수 있다. 만일 *X*가 (1) \$1,000 (2) \$1,050 (3) \$1,100 (4) \$1,500 (5) \$2,000 (6) \$5,000 (7) \$10,000 (8) \$100,000일 경우에 당신은 어느 쪽을 선택하겠는가?

풀이

이 상황을 수업시간에 학생들에게 제시하였을 때, 현재 \$1,000을 받는 대신 1년 뒤 \$1,000을 받고자 하는 학생은 아무도 없었다. 또한 1년 뒤 \$1,050을 받고자 하는 학생도 거의 없었다. X의 금액이 점점 증가함에 따라 더 많은 학생들이 현재 \$1,000을 받는 것보다 1년 뒤 \$X를 받는 쪽을 택했다. 예상대로 모든 학생이 1년 뒤 \$100,000을 받는 것을 현재 \$1,000을 받는 것보다 선호했다. 학생들이 가장 결정을 내리기 어려워했던 부분은 X가 \$1,100인 경우와 \$2,000인 경우였다. 각 학생마다 현재 \$1,000을 받는 것과 1년 뒤 \$X를 받는 것 사이에 무차별한(즉, 상관없는) \$X의 금액(또는 범위)이 존재한다. 만약 한 학생이 X가 \$1,200일 때 무차별하다면, 특정한 상황에 놓여 있는 이 학생에게 있어서 1년 뒤 \$1,200은 \$1,000의 **현재가치**(present value, present worth)를 가지고 있다고 할 수 있다. 즉, 이 학생의 돈의 시간가치(TVOM)는 20%이다.

위의 예제에 나온 질문을 학생들에게 한 결과, 학생들의 대답에서 특정한 경향을 알 수 있었다. 일부 학생들은 미래가 아닌 현재에 당장 돈이 필요하다. 그들은 미래에 더 많은 돈을 받을 수 있다 해도 현재 기다릴 수 없는 상황에 처해 있다. 또 다른 일부 학생들은 1년 뒤에 돈을 받을 수 있다는 것을 의심한다. 즉, "저 먼 숲에 있는 여러 마리 새보다 내 손안에 있는 한 마리 새가 낫다"는 것이다.

이런 반응은 산업 분야에서도 찾을 수 있는데, 회사 사장들도 현재와 미래 사이에서 선택할 때 위와 비슷한 경향을 보이는 것을 알 수 있다.

가끔 학생들은 물가상승(inflation)이 미래의 돈의 가치를 낮출 것이라고 주장한다. 물론 물가상승은 구매력의 저하를 뜻하므로 미래 일정액의 현재가치를 낮추게 되지만, 돈은 물가상승이 없을 경우에도 시간가치를 가지고 있다. (10장에서 물가상승이 경제적 의사결정에 미치는 효과에 대하여 다룰 것이다.)

왜 물가상승이 없더라도 돈은 시간가치를 가지고 있다고 주장하는가? 이것은 바로 돈의 "수익력" 때문이다. 예를 들어 만약 당신이 돈을 가지고 있는데 누군가 당신이 가지고 있는 돈을 필요로 한다면, 당신은 그에게 돈을 빌려

주고 이자를 받을 수 있다. 이때 당신이 부과하는 이자율은 당신의 돈의 시간가치(TVOM)를 근거로 하여야 한다. 결국, 당신이 누군가에게 돈을 빌려 준다면, 당신은 그 돈을 다른 곳에 투자할 기회를 잃어버리게 되고, 따라서 그 돈을 투자해서 수익을 얻을 수 있는 기회를 포기하게 되는 것이다. 당신은 당신에게 돈을 빌리는 사람이 당신의 돈을 사용하는 댓가로 당신이 잃어버린 기회에 대해서 보상하도록 만들어야 한다. 이런 이유로 TVOM을 돈의 기회비용이라고도 부른다.

돈의 시간가치(TVOM)를 나타내는 다른 용어들로서 이자율(interest rate), 할인율(discount rate), 장애율(hurdle rate), 최저필수수익률(MARR), 자본비용(cost of capital) 등을 들 수 있다. 이 책에서는 이러한 용어들을 번갈아 가며 쓰겠지만, 처음 몇 개의 장에서는 주로 이자율과 할인율이라는 용어가 가장 많이 사용 될 것이다.

할인현금흐름(DCF)
돈의 과거 또는 미래 시점으로의 시간 이동을 의미하는 용어

금융계에서 자주 쓰이는 또 다른 용어로서 **할인현금흐름**(Discounted Cash Flow: DCF)이 있는데 이 용어는 이 책에서도 지속적으로 사용될 것이다. 원래 DCF는 TVOM 즉 할인율을 이용하여 모든 미래의 시점에서 발생하는 현금흐름들을 이와 동등한 현재시점의 단일 금액으로 환산하는 과정을 일컫는 용어로 사용되었다.[1] 그러나 이제는 돈의 과거 또는 미래 시점으로의 시간 이동을 의미하는 용어로 사용된다.

돈과 관련된 문제를 다룰 때는 돈이 시간가치를 가지고 있기 때문에 수리적인 계산이 달라진다는 점을 반드시 명심하여야 한다. 중요한 것은 돈은 시간가치를 가지고 있기 때문에 같은 시점에 발생하는 돈이 아닌 경우에는 이들을 서로 더하거나 빼서는 안 된다는 것이다.

돈을 다룸에 있어서 사용해야 하는 새로운 법칙에 대한 의미를 소개하였으므로, 이제 네 가지 할인현금흐름 법칙을 알아보기로 한다.

1. 돈은 시간가치를 가진다.
2. 같은 시점에 발생하는 돈이 아니라면 돈의 가치는 서로 더하거나 뺄 수 없다.
3. 돈의 가치를 시간적으로 한 단위의 미래로 보내기 위해서는 돈의 가치에 1 더하기 이자율(또는 할인율)을 곱하면 된다.

[1]엄밀히 말하면, **복리로 계산되는 현금흐름**이란 돈이 미래 시점으로 이동한다는 의미를 가지고 있다. 즉, TVOM을 이용하여 미래가치를 계산한다는 의미이다. 그러나 이 책에서는 할인현금흐름이란 용어를 돈이 과거 또는 미래 시점으로의 시간 이동이라는 일반적으로 실무에서 통용되는 의미로서 사용하고자 한다.

4. 돈의 가치를 시간적으로 한 단위의 과거로 보내기 위해서는 돈의 가치를 1 더하기 이자율(또는 할인율)로 나누면 된다.

네 가지 할인현금흐름 법칙의 적용 예제 1.2

한 학생의 TVOM이 20%였던 앞의 예제를 다시 생각해 보자. 만약 그가 오늘 $1,000을 어떤 벤처에 투자하여 지금부터 1년 후에 $1,100을 받고 그 이후에는 아무 것도 받을 수 없다고 가정해 보자. 그 학생의 투자에 대한 수익은 얼마인가?

풀이

학생은 미래에 받을 $1,100과 현재 투자한 $1,000을 비교하여 이 투자에서 순수익으로 $100을 벌었다고 무조건 결론지어서는 안 된다. 왜냐하면 제1법칙에서 볼 수 있듯이 돈은 시간가치를 가지고 있는데, 이 학생의 경우 연 이자율이 20%라고 할 수 있다. 제2법칙에 따르면 수익금 $1,100에서 투자액 $1,000을 그냥 빼서는 아니 된다. 왜냐 하면 수익금과 투자액은 각각 다른 시점에 발생한 금액이기 때문이다.

그렇다면 학생은 어떻게 해야 하는가? 제3법칙이나 제4법칙을 적용하면 된다. 제3법칙을 적용하면, $1,000 투자의 미래가치는 TVOM이 20%라는 점을 고려하면 1년 후에는 $1,000(1.20), 즉 $1,200이 될 것이다. $1,000은 지출 또는 투자였으므로 음의 현금흐름인데 반해, $1,100의 수익은 양의 현금흐름이다. 따라서 이 투자의 미래가치는 −$1,200 + $1,100 즉 −$100이다. 이 투자의 미래가치는 음이므로, 학생에게 있어서 좋은 투자라고 할 수 없다.

제4법칙을 적용하면, 1년 후 $1,100의 현재가치는 $1,100/1.20, 즉 $916.67이 된다. 그러므로 $1,000의 투자는 $83.33의 음의 순 현재가치를 낳는다. 역시 학생에게 좋은 투자가 아니라는 것을 알 수 있다. 만약 학생의 TVOM이 20%가 아니라 8%였다면 다른 결론이 나왔을 것이다.

혹시라도 여기서 사용되는 논리나 계산이 잘 이해되지 않는다고 너무 걱정할 필요는 없다. TVOM과 관련된 계산에 대해서는 2장과 3장에서 보다 더 자세히 다루어질 것이다.

1.2 경제성 분석 원칙

학습목표: 제품, 공정, 또는 시스템의 경제적 성과를 분석하는 데 사용 가능한 열 가지 경제성 분석의 원칙을 파악하라.

이 책에서는 처음부터 끝까지 제품, 공정, 또는 시스템의 경제적 성과를 평가하는 데 사용할 수 있는 기본적인 원칙들이 소개되어 있다. 어떤 시스템이나 제품이 아무리 대단하거나 정교하다 하더라도, 경제적인 측면에서 부응하지 못한다면 결국은 대부분 실패하게 되어 있다.

아래에 제시한 열 가지 경제성 분석 원칙은 이 책의 기반이라 할 수 있다:

1. 돈은 시간가치를 가진다. 이 원칙은 이 책에서 다루고 있는 거의 모든 것의 기초라 할 수 있다. 돈의 시간가치(TVOM)에 따르면, 사람들은 돈을 미래에 받기보다 현재 받고 싶고, 현재 갚기보다는 미래에 갚고 싶다. (이후의 원칙들 가운데 상당수는 제1원칙의 당연한 귀결로서 나온다는 점에 주목하라.)
2. 경제적으로 타당성이 있는 대안에만 투자하라. 이 원칙은 1900년대 초에 헨리 포드가 말한 것으로 알려진 간결한 표현에서도 볼 수 있다. 그는 "만약 당신이 새 기계가 필요한데도 구입하지 않는다면, 당신은 그것을 가지지 못하고도 비용만 지출하게 된다."라고 말했다. 그의 말의 핵심은 필요성(need)에 있다. 필요성은 바로 타당성을 의미한다. 필요성의 예를 들자면, 새 기계 구입에서 오는 비용 절감일 수도 있으며, 생산용량이나 생산능력의 증대로 인한 추가적인 사업 기회일 수도 있다. 그러므로 새 기계 구입비용을 쉽게 상쇄하는 절약이나 수익을 포기하면, 새 기계를 구입했을 경우보다 높은 생산비용을 떠안게 되거나 또는 생산용량이나 생산능력의 증대로 인한 이익을 포기하는 형태로 '비용을 내게' 되는 것이다.
3. 경제적 가치를 최대화하는 상호 배타적인 투자대안을 선택하라. 이 원칙은 제1, 제2원칙의 당연한 귀결로서 나타나는 원칙이다. 제3원칙은 여러 투자대안들이 존재하는데 단 하나의 대안만을 선택하여야 하는 경우를 다루고자 하는 것이다. 이런 투자대안들을 상호 배타적이라고 부른다. 제3원칙은 대안들의 경제적 측면만을 고려한 것이다. 만약 금전 외적인 요소들을 고려할 경우에는, 경제적 가치를 최대화하지 않는 대안을 선택하게 될 수도 있다. (제3원칙은 4, 5, 6장에서 다룬다.)
4. 2개의 서로 다른 투자대안의 경제적 가치가 같다면 이들은 등가이다. 제4원칙은 제3원칙의 연장으로, 예상대로 행동하는 현금흐름 개요의 경우 등가성은 대안들의 경제적 가치를 같게 만드는 TVOM에 대해서만 성립한다. (2, 6장에서 이 원칙을 보다 자세히 다룰 것이다.)
5. 한계수익은 한계비용을 초과하여야 한다. 제5원칙은 경제학의 기초에 근거한

다. 이에 따르면 추가된 수익이 추가된 비용을 초과하는 경우에만 투자를 해야 한다. 제1원칙에 따라서, 한계수익과 한계비용이 서로 다른 시점에 발생할 경우에는 이들을 비교할 때 TVOM을 사용하여야 한다.

6. **투자의 증분이 투자자의 *TVOM*을 상회하는 수익을 제공하는 한 투자를 계속하라.** 제6원칙은 제5원칙의 당연한 귀결로서 나타나는 원칙으로서 1924년 제너럴 모터스의 CFO인 도널드 브라운의 말에도 나타나 있다. 그는 "경영의 목적은 자본투자로부터 가장 높은 수익률을 끌어내는 것이 아니라, ... 한 단위의 제품을 추가로 생산할 때 적어도 추가 생산에 필요한 비용을 상회하는 이윤을 보장하는 것"이라고 말했다. 제6원칙을 달리 표현하면 다음과 같다. 다른 사람으로부터 돈을 빌리는 비용보다 이 돈을 투자해서 더 많은 돈을 벌 수 있다면, 다른 사람으로부터 돈을 빌려라. 물론 투자를 위해 돈을 빌리는 데서 오는 위험을 고려하여야 한다. (이 원칙에 대해서는 6, 9, 10장에서 더욱 자세히 다룰 것이다.)
7. **투자대안들을 비교할 때는 현금흐름의 차이만을 고려하라.** 경제성 분석을 할 때에는 여러 대안들 중에서 하나를 선택하여야 한다. 따라서 가장 바람직한 투자대안을 선택할 때에는 모든 투자대안에서 공통으로 나타나는 비용과 수익은 무시해도 좋다. (제5원칙의 당연한 귀결로서 나오는 제7원칙은 4장~11장의 핵심이다.)
8. **투자대안들을 비교할 때는 동일한 기간에 비교하라.** 제8원칙은 자주 위반된다. 여러 투자대안의 수명이 서로 다를 때, 한 투자대안의 수명주기와 다른 투자대안의 동일하지 않은 수명주기를 비교하고 싶은 유혹이 생긴다. 투자대안을 비교할 때는, 동일한 기간을 설정하고 이 기간 동안 발생하는 현금흐름을 서로 비교하는 것이 중요하다. (이 원칙에 대해서는 4장~6장에서 다룰 것이다.)
9. **위험과 수익은 긍정적인 상관관계를 가지는 경향이 있다.** 투자의 정당성이 확보되기 위해서는, 투자와 관련된 위험이 증가할수록 예상수익이 높아져야 한다.
10. **경제성 분석에서 과거비용은 미래비용에 영향을 미치지 않는 한 고려하지 말아야 한다.** 제10원칙은 이미 지출한 과거비용이나 투자에 대한 것이다. 미래에 아무런 영향을 미치지 않는 과거비용은 **매몰비용**(Sunk Costs)이라고도 하는데, 이 비용은 경제성 분석에서 반드시 무시하여야 한다. (이 원칙을 적용하는 예는 모든 장에서 나타난다.)

이 책에서는 최적의 투자대안을 고르는 데 사용되는 열 가지 원칙을 다루고 있다. 어떤 종류의 투자대안들을 고려할 것인가? 현재 보유하고 있는 생산 설비 또는 공정을 교체하고자 할 때 여러 가지 다양한 대안들이 고려의 대상이 되겠지만, 어떤 대안이 가장 좋은가? 예를 들어 교량, 변압기, 정보통신 기지국, 컴퓨터, 도로 표면, 하수구, 화학 혼합기, 용광로 등을 교체할 때 다양한 대안들이 존재한다. 또한 현재 보유하고 있는 장비에 대한 투자대안-예를 들면, 장비를 점검하거나 수명 연장 또는 생산능력 확대를 위해 새로운 기능을 추가하거나 하는-등의 예들이 이 책에 제시되어 있다.

신제품을 설계할 때, 설계와 관련된 여러 가지 의사결정은 결국 여러 가지 대안들 가운데 하나를 선택하는 것이다. 예를 들면, 규격화된 부품을 구입하는 것과 맞춤형 부품을 생산하는 것, 제품을 성형 제작된 플라스틱 케이스에 넣는 것과 금형 제작된 메탈 케이스에 넣는 것, 교환 가능한 표준형 배터리를 사용하는 것과 충전 가능한 맞춤형 배터리를 사용하는 것, 사내 제작(생산 및 조립)하는 것과 외주 제작(생산 및 조립)하는 것 등을 들 수 있다. 또한 건설 및 수리 작업에서 사용되는 자재에 대한 의사결정이나 인원 및 자재를 운송하는 데 사용되는 교통수단에 대한 의사결정이 요구되기도 한다. 할인현금흐름 방식 또한 기업의 인수 및 합병이나 또는 제조공장의 처분에 관련된 결정에 영향을 끼친다. 어느 분야에서든 제품, 공정, 또는 시스템을 설계하고 성능을 향상시키기 위하여 많은 결정 또는 선택들을 하게 된다.

마지막으로, 비록 이 책의 많은 내용들이 제조업을 포함하는 기업의 적용에 초점을 맞추고 있지만, 개인적으로도 많은 도움을 받을 수 있다. 여기에 소개된 원칙을 사용하여 '가장 좋은' 설계, 제품, 공정, 그리고 시스템을 파악할 수 있을 뿐만 아니라 개인적 투자에 대한 도움을 얻을 수도 있다. 특히 2장과 3장의 내용들을 잘 이용하면 개인적 투자에 대한 도움을 얻을 수 있다.

1.3 자본 투자의 경제적 타당성

학습목표: 경제성 분석을 실시하는 데 사용 가능한 체계적 경제성 분석 기법(Systematic Economic Analysis Technique : SEAT)의 7단계를 파악하라.

경제성 분석을 실시할 때 일관된 방법론을 적용하는 것이 크게 도움이 된다. 이를 위하여 다음과 같은 7단계 체계적 경제성 분석 기법(SEAT)을 추천하고자 한다.

1. 투자대안들을 확인하라.

2. 계획기간을 정의하라.
3. 할인율을 명시하라.
4. 현금흐름을 추정하라.
5. 대안을 비교하라.
6. 보충적 분석을 실시하라.
7. 가장 바람직한 투자대안을 선정하라.

이 책은, 당연히 다른 단계들에 대해서도 언급하겠지만, 7 단계 가운데서도 특히 5번째 단계—가장 좋은 대안을 선택하기 위한 투자대안의 비교—에 초점을 맞추고 있다. 물론 이 책의 모든 예제나 문제에서 7개의 단계가 하나도 빠짐없이 차례대로 다루어지지는 않겠지만, 독자들은 각 단계가 의미하는 바를 잘 이해하고 있어야 한다. 이런 점을 염두에 두고, 이제 각 단계를 좀 더 자세히 살펴보기로 하자.

1.3.1 SEAT 1단계: 투자대안들을 확인하라.

일반적으로 우리는 상호 배타적이고, 전체적으로 하나도 빠짐없이 모두 열거한 실행 가능한 투자대안의 집합 중에서 최적의 투자대안을 선택하려고 한다. "상호 배타적(mutually exclusive)"이란 "여러 개 가운데 반드시 하나만"을 선택하는 것이고, "전체적으로 하나도 빠짐없이 모두 열거한(collectively exhaustive)"이란 열거한 대안들 외에는 다른 투자대안이 없다는 것, 즉 하나도 빠짐없이 모든 투자대안을 고려한다는 것이다.

"전체적으로 하나도 빠짐없이 모두 열거함"의 가정은 매우 중요하다. 어쨌든 고려대상이 되는 집합에 포함되어 있어야 최적의 투자대안으로 선택될 가능성이 있는 것이다. 그러므로 투자대안의 집합을 구성할 때 모든 실행 가능한 대안들이 고려되어 있다는 점이 보장되도록 주의를 기울여야 한다.

투자대안을 창출하기 위한 제반 고려사항들을 마무리하기에 앞서 "아무것도 하지 않는(do nothing) 대안"에 대하여 설명하고자 한다. "아무것도 하지 않는 대안"은 비교를 위하여 실행 가능한 투자대안의 집합에 자주 포함된다. 이 대안은 "일상적인 업무처리" 또는 "현상유지"를 표현하고자 하는 것이다. 그러나 기업이 처해 있는 상황이 현상을 유지하거나 정체인 경우는 거의 없다. "아무것도 하지 않는다"는 것이 정말로 아무것도 하지 않는다는 뜻은 아니다. 오히려 경영진이 미래에 영향을 줄 수 있는 기회를 그냥 포기하기로 결정하였다는 의미이다. "아무것도 하지 않는 대안"은 다른 투자대안들을 비교할 때 종종 일종의 기준치로 사용되기도 한다.

이 책에서는 편의를 위하여 "아무것도 하지 않음"으로써 발생하는 증분비용을 0으로 설정한다. 실제로 '아무것도 하지 않는 대안'이 실행 가능한 경우에는 "아무것도 하지 않음"에 따르는 비용을 과소평가하지 않도록 매우 조심하여야 한다. 많은 기업에서 "일상적인 업무 처리" 대안이 가장 비싼 대안이 되기도 한다. 너무 오랫동안 "현상유지를 고수"하는 대안이 처참한 방책으로 판명될 수도 있다. 왜냐하면 우리 회사가 "아무것도 하지 않고" 그냥 지내는 동안 다른 경쟁 회사들은 보통 열심히 무엇인가를 하고 있을 것이기 때문이다.

1.3.2 SEAT 2단계: 계획기간을 정의하라.

계획기간 각 투자대안의 경제적 성과를 바라보는 '창'의 폭 또는 기간

경제성 분석의 제8원칙에서 언급한 바와 같이, 투자대안들을 비교할 때는 동일한 기간에 비교하는 것이 중요하다. 이 책에서는 이 기간을 **계획기간**(planning horizon)이라 부른다. 어느 회사에서 필요한 서비스를 수행하기 위하여 장비에 대한 투자를 하는 경우에, 서비스가 필요한 기간을 계획기간으로 설정할 수 있다. 마찬가지로 일회성 투자대안의 경우, 수입이 지속적으로 발생하는 기간을 계획기간으로 정의할 수도 있다.

어떤 의미에서는, 계획기간이란 각 투자대안의 경제적 성과를 바라보는 "창"의 폭이라고 정의할 수 있다. 분명한 것은 계획기간을 너무 짧게 설정하면 장기적으로 상당한 크기의 수익을 창출하는 투자대안을 배제하게 될 것이다. 그러나 반대로 계획기간을 너무 길게 설정하면 장기적인 수익을 실현하기도 전에 기업이 도산하게 될 것이다.

투자대안들의 수명이 다를 경우에는 계획기간을 결정하기 위해 일반적으로 다음 다섯 가지 접근 방법을 사용한다:

1. 대안들 가운데 가장 수명이 짧은 대안의 수명을 계획기간으로 설정한다. (최단수명법)
2. 대안들 가운데 가장 수명이 긴 대안의 수명을 계획기간으로 설정한다. (최장수명법)
3. 대안들 수명의 최소공배수를 계획기간으로 설정한다. (최소공배수법)
4. 조직의 니즈에 가장 적절한 기간(예를 들어, 10년)을 계획기간으로 설정한다. (표준수명법)
5. 무한하게 긴 기간을 계획기간의 지속기간으로 설정한다. (무한수명법)

세 번째 접근방법(#3), 최소공배수법, 이 가장 많이 사용되는 방법이다. 이 방

법을 사용하는 경우에는, 미래에 각 대안의 현금흐름 개요가 고려대상이 되는 모든 대안들이 동시에 끝날 때까지 반복된다고 가정한다. 경우에 따라서는 이와 같은 가정이 현실성이 있기도 하다. 그러나 이와 같은 가정이 합당하지 않은 경우도 있다. 예를 들어, 대안 A의 수명은 4년, 대안 B의 수명은 5년, 대안 C의 수명은 6년이라고 하자. 4, 5, 6의 최소공배수는 얼마인가? 답은 60이다. 60년에 걸친 기간 동안 동일한 현금흐름 개요가 반복된다고 가정하는 것은 별로 현실성이 없다.

계획기간을 정하는 데 최단수명법(#1)이 채택된다면 대안 A, B, C를 위한 계획기간은 4년이 될 것이다. 4년의 계획기간에서, 대안 B에 대해서는 계획기간 이후에도 장비의 수명이 1년 더 존재하기 때문에 수명이 1년 더 남은 장비의 잔존가치를 추정해야 한다. 유사하게 대안 C에 대해서는 수명이 2년 더 남은 장비의 잔존가치를 추정해야 한다.

계획기간을 정하는 데 최장수명법(#2)이 채택된다면 대안 A, B, C를 위한 계획기간은 6년이 될 것이다. 이때 대안 A의 경우 2년의 갭, 그리고 대안 B의 경우 1년의 갭에 대해 어떻게 대처할 것인지를 결정해야 한다. 동일한 장비로 대체할 것인가? 만약 그렇다면 계획기간이 끝나는 시점에 이 장비들의 가격은 얼마가 되겠는가?

다음으로, 표준수명법(#4)을 이용하여 계획기간을 10년으로 설정하는 경우를 생각해 보자. 전과 같이 동일한 장비로 대체한다고 가정한다. 대안 A의 경우 10년 동안 2번의 수명주기와 절반의 수명주기가 진행되며, 마지막 절반의 수명주기가 끝나는 시점에 장비의 잔존가치를 추정해야 한다. 대안 B의 경우에는 10년 동안 정확히 2번의 수명주기가 진행된다. 대안 C의 경우 10년 동안 1번의 수명주기와 두 번째 수명주기가 진행되며, 두 번째 수명주기 중간시점 4년의 시점에서 장비의 잔존가치를 추정해야 한다.

마지막으로 무한계획기간(#5)을 생각해 보자. 분명 많은 투자 상황에서 무한계획기간을 가정하는 것은 무의미하다. 그러나 수명의 최소공배수가 대단히 길 경우 무한계획기간을 이용하는 것은 제법 그럴듯한 해를 얻는 데 도움이 된다.

1.3.3 SEAT 3단계: 할인율을 명시하라.

앞으로 다룰 모든 장에서 다양한 투자 기회를 살펴보게 될 텐데 항상 이자율을 이용하여 현금흐름을 미래 시점으로 보내기도 하고 과거 시점으로 보내기도 할 것이다. 이 이자율을 통상적으로 **최저필수수익률**(Minimum Attractive Rate Of Return: MARR)이라고 부른다. 이 최저필수수익률의 값을 어떻게 결

최저필수수익률(MARR) 장애율(hurdle rate) 또는 할인율(discount rate)이라고도 불리우며, 의사결정자가 위험의 정도와 선행 투자의 기회비용을 고려하여 현재의 투자기회에서 최소한으로 받아들일 수 있는 수익률이다.

정하느냐가 문제가 된다. 실제로 대단히 중요하다!

어떤 투자이든지, 기업의 희소 자원을 소모하는 것이기 때문에, 자본을 투자하여 투자한 액수보다 더 많이 벌어들이는 것은 대단히 중요하다. 더불어, MARR은 다른 실행가능한 대안들에 투자하는 대신에 현재 고려하고 있는 투자대안에 투자함으로써 발생하는 기회비용을 잘 반영하고 있어야 한다. 실제로 고려대상으로 삼고 있는 대안에 투자하지 않은 투자자본은 MARR만큼의 수익률을 올리고 있다고 가정한다. 일반적으로 기업은 자본을 조달하기 위해 대부금, 채권, 주식 등 다양한 자금원을 확보하고 있다. 각각의 방법으로 자본을 조달할 때 서로 다른 비용이 발생한다.

가중평균자본비용 (WACC)
대부분의 기업이 자본을 조달하기 위해서 다양한 자금원이 존재한다는 점을 고려하여 계산한 값으로서 MARR의 하한치로 설정한다.

자본을 조달하기 위한 다양한 자금원이 존재하기 때문에 기업에서는 통상적으로 **가중평균자본비용**(Weighted Average Cost Of Capital: WACC)을 계산하고, 이를 MARR의 하한치로 설정한다. 이것은 단지 하한일 뿐이다. 왜냐하면 손실이 발생함에도 불구하고 불가피하게 투자해야 하는 경우가 있기 때문이다. 기업에서는 경우에 따라 금전 외적인 이유로 투자해야 한다. 예를 들면, 정부 규제를 준수한다는 것을 입증하기 위한 투자, 종업원 사기진작을 위한 투자, 생명을 보호하기 위한 투자, 또는 부상을 방지하기 위한 투자는 특히 사회적 비용과 사회적 수익을 고려할 경우 모두 양의 수익률을 나타낸다. 그러나 사회적 수익을 정량화하는 것은 어렵다. 설사 사회적 수익이 WACC보다 낮더라도 이와 같은 투자는 그대로 이루어질 것이다. 이런 이유로 인해 다른 선택이 가능한 투자를 통하여 WACC를 충분히 보장하고도 남을 정도로 벌어야 한다.

기업에서 활용 가능한 자본은 크게 부채자본(debt capital)과 자기자본(equity capital)으로 나눌 수 있다. 부채자본의 예로는 채권, 대부금, 주택담보 대출금, 외상 매입금(또는 미지급금) 등이 있고, 자기자본의 예로는 우선주, 보통주, 유보이익(이익 잉여금) 등이 있다. 전형적으로 특정한 투자기회에서 자본은 부채자본과 자기자본이 혼합된 형태를 취한다.

가중평균자본비용을 표현하는 방법은 여러 가지가 있지만, 주로 많이 사용되는 공식은 다음과 같다.

$$\text{WACC} = (E/V)\, i_{\text{e}} + (D/V)\, i_{\text{d}}\,(1 - itr) \tag{1.1}$$

여기서 E = 회사의 총 자기자본($)
D = 회사의 총 부채자본($)
$V = E + D$, 회사의 총 자본($)
i_e = 자기자본 조달비용 또는 자기자본에 대한 예상수익률(%)

i_d = 부채자본 조달비용 또는 부채자본에 대한 예상수익률(%)
itr = 법인소득세

부채자본비용은 과세표준으로부터 공제 가능한 소득공제 항목이라는 점에 주의해야 한다. 그러나 자기자본비용은 과세표준으로부터 공제가 불가능하다. 결과적으로 $(1 - itr)$은 부채자본에는 해당되지만 자기자본에는 해당되지 않는다.

1.3.4 SEAT 4단계: 현금흐름을 추정하라.

일단 계획기간이 결정되면, 계획기간 동안 각 투자대안의 연도별 현금흐름을 추정하여야 한다. 국제비용공학촉진협회(Association For The Advancement Of Cost Engineering International(www.aacei.org))에서는

> "비용 추정이란 자산을 투자하기 위한 대안들, 활동들, 또는 프로젝트의 관점에서 요구되는 자원들에 대한 비용을 추정하고 가격을 정량화하는데 사용되는 일종의 예측과정이라고 정의하고 있다. 이와 같은 예측을 할 때에는 반드시 위험과 불확실성에 대한 고려를 포함하고 있어야 한다. 비용 추정의 결과물은 주로, 예산 책정, 비용 분석 또는 가치 분석, 등을 위한 자료로서 이용되며, 일반적인 기업 전체적인 계획, 자산/프로젝트 계획, 또는 프로젝트 비용/스케줄 관리에 관한 의사결정을 하고자 할 때 입력 자료로서 중요한 역할을 한다."고 적시하고 있다.

비용 추정 자체는 절대로 정확성을 요구하는 과학이 아니다. 오히려, 사용가능한 과거의 자료들을 활용하고, 적절하게 평가자의 경험을 근거로 하는 개인적인 판단, 그리고 추정 작업을 완수하는 데 소요되는 적절한 시간대 등을 고려하여 결정된 근사치를 보여주는 것이다.

1.3.5 SEAT 5단계: 대안을 비교하라.

대안들을 파악하고, 계획기간을 정의하고, 할인율을 규정하고, 현금흐름을 추정하고 나면, 이제 경제적 성과의 관점에서 대안들을 평가할 시점이 되었다. 대안들을 비교할 때, 비교에 사용하기 위한 기준이 필요한데 사용가능한 기준들이 다양하게 존재한다. 실제로 이미 예제 1.2에서 두 가지 기준을 예시하였는데, 구체적으로는 현재가치(present value 또는 present worth)와 미래 가치(future value 또는 future worth)를 근거로 대안들을 평가하였다. 앞으로 나올 장에서는 현재가치 분석에 대하여 보다 더 자세히 다룰 예정이며, 또한 투자회수기간법, 할인투자회수기간법, 자본화가치 분석, 미래가치 분석, 연간가치 분

석, 수익률 분석, 그리고 편익/비용 분석 등에 대해서도 자세히 다룰 것이다.

대안들을 비교함에 있어서 투자 유형에 따라, 그리고 실제로 투자가 이루어지는 국가에 따라 감가상각, 소득세, 대체, 물가상승 등을 고려하여야 할 필요가 있을 것이며 이와 같은 내용들을 앞으로 나올 장에서 자세히 다룰 것이다.

1.3.6 SEAT 6단계: 보충적 분석을 실시하라.

투자대안 비교를 위한 여섯 번째 단계는 보충적 분석을 실시하는 것이다. 이 단계는 가능한 한 다양한 " …라면 어떻게 될까?"라는 가정의 시나리오들에 대한 답을 구하기 위한 단계이다. 이제까지는 현금흐름의 추정치, 설정된 계획기간, 사용된 TVOM 등이 오류가 없다고 가정하였다. 그러나 누구든 이것이 사실이 아니라는 것을 확실히 알고 있다. 상황은 언제든지 변화하며, 오류가 발생하고, 위험과 불확실성이 항상 존재한다. 이 단계에서는 위험과 불확실성에 대하여 상세히 다룰 것이다.

1.3.7 SEAT 7단계: 가장 바람직한 투자대안을 선정하라.

체계적 경제성 분석의 마지막 단계는 가장 바람직한 대안을 선정하는 것이다. 최종 선택을 위해서는 고려해야 할 여러 가지 요인들이 있기 때문에, 경제적 기준만을 고려하여 선정된 가장 바람직한 대안이 실제로는 가장 우수한 대안이 아닐 수도 있다.

통상적으로는 하나의 기준, 예를 들어 현재가치의 최대화만이 존재하는 것이 아니라 여러 개의 기준들이 동시에 존재한다. 미래의 결과를 추정하는 것과 관련하여 위험과 불확실성이 존재하는 동시에 복수의 판단기준이 있다는 사실만으로도 가장 바람직한 대안을 선택하는 과정이 얼마나 복잡한지를 잘 알 수 있다. 이 과정이 보다 부드럽게 잘 진행되도록 분석 담당자는 투자대안을 비교함에 있어서 경영진의 관심사에 대하여 가능한 한 많은 고심을 할 필요가 있다. 경영진의 관심사를 가능한 한 많이 고려하여 최종 대안을 추천한다면, 경영진은 결국 분석 담당자가 추천한 대안에 동의하고 그 대안을 선택하게 될 것이다.

이 책에서는 기본적으로 경제적 요인에 대해서만 초점을 맞추고 있다. 그러나 경영진의 최종 선택은 돈이라는 단 하나의 기준에 근거하기보다는 다양한 기준에 의거해서 결정된다는 점에 유념할 필요가 있다. 모든 편익을 돈의 가치로 환산하기 위해 시도한다고 하더라도 불가피하게 몇몇 종류의 무형 편익이나 속성 등은 돈의 가치로 환산하기 어렵다. 예를 들어 안전이나 공정시간

단축, 품질 향상, 유연성 확대, 고객서비스 향상, 종업원의 사기 진작, 특정기술의 최초 사용, 시장의 가시성 확대 등을 생각해 보자. 이와 같은 요인들 가운데 어떤 항목들은 다른 항목들에 비하여 돈의 가치로 환산하기가 상대적으로 더 수월할 것이다.

핵심 개념

1. **학습목표: 단순한 돈의 시간가치 상황에서 네 가지 할인현금흐름 법칙을 적용하라. (1.1절)**

네 가지 할인현금흐름 법칙은 다음과 같다:

1. 돈은 시간가치를 가진다.
2. 같은 시점에 발생하는 돈이 아니라면 돈의 가치는 서로 더하거나 뺄 수 없다.
3. 돈의 가치를 시간적으로 한 단위의 미래로 보내기 위해서는 돈의 가치에 1 더하기 이자율(또는 할인율)을 곱하면 된다.
4. 돈의 가치를 시간적으로 한 단위의 과거로 보내기 위해서는 돈의 가치를 1 더하기 이자율(또는 할인율)로 나누면 된다.

2. **학습목표: 제품, 공정, 또는 시스템의 경제적 성과를 분석하는 데 사용 가능한 열 가지 경제성 분석의 원칙을 파악하라. (1.2절)**

열 가지 경제성 분석의 원칙은 다음과 같다:

1. 돈은 시간가치를 가진다.
2. 경제적으로 타당성이 있는 대안에만 투자하라.
3. 경제적 가치를 최대화하는 상호 배타적인 투자대안을 선택하라.
4. 2개의 서로 다른 투자대안의 경제적 가치가 같다면 이들은 등가이다.
5. 한계수익은 한계비용을 초과하여야 한다.
6. 투자의 증분이 투자자의 TVOM을 상회하는 수익을 제공하는 한 투자를 계속하라.
7. 투자대안들을 비교할 때는 현금흐름의 차이만을 고려하라.
8. 투자대안들을 비교할 때는 동일한 기간에 비교하라.
9. 위험과 수익은 긍정적인 상관관계를 가지는 경향이 있다.
10. 경제성 분석에서 과거비용은 미래비용에 영향을 미치지 않는 한 고려하지 말아야 한다.

3. **학습목표: 경제성 분석을 실시하는 데 사용 가능한 체계적 경제성 분석 기법의 7단계를 파악하라. (1.3절)**

7단계 체계적 경제성 분석 기법은 다음과 같다:

1. 투자대안들을 확인하라.
2. 계획기간을 정의하라.
3. 할인율을 명시하라.
4. 현금흐름을 추정하라.
5. 대안을 비교하라.
6. 보충적 분석을 실시하라.
7. 가장 바람직한 투자대안을 선정하라.

핵심용어

가중평균자본비용(WACC)　　최저필수수익률(MARR)
계획기간　　할인현금흐름(DCF)
돈의 시간가치(TVOM)

기사시험 유사 문제

1. 투자대안의 집합이 실제로 선택 가능한 모든 경우의 대안들을 포함하고 있을 때, 이 집합을 무엇이라 부르는가?
   a. 일관성 있는
   b. 전체적으로 하나도 빠짐없이 모두 열거한
   c. 독립적
   d. 상호 배타적
2. 할인현금흐름법에서 "할인"을 위해 다음 가운데 어느 것이 필요한가?
   a. 이자율
   b. 경제적 부가가치
   c. 매출 총이익
   d. 증분비용
3. 어떤 학생의 돈의 시간가치가 30%라면, 이 학생은 현재의 $100과 1년 후의 얼마를 무차별하게 (또는 마찬가지로) 생각하겠는가?
   a. $30　　c. $103
   b. $100　　d. $130

연습문제

1.1절 돈의 시간가치

1. 론은 손녀 신시아에게 1년 동안 $20,000을 빌려 주려고 한다. 론의 최근 투자수익에 비추어 보면, 그의 TVOM은 8%이다. 신시아의 TVOM은, 최근 투자수익에 비추어 보면 12%이다.
   a. 그들이 서로 돈을 빌려 주고 빌리고 하는 이 경우에 원만하게 타결을 볼 수 있겠는가?
   b. 만약 그렇다면, 1년 후에 서로 얼마를 주거나 받으면 되겠는가? 만약 그렇지 않다면, 서로 만족하는 액수는 얼마나 차이가 나는가?

2. 만약 당신의 TVOM이 15%이고 당신 친구의 TVOM이 20%라 할 때, 1년 동안 $3,000을 서로 빌려 주고 빌리는 계약을 원만히 성사시킬 수 있겠는가? 물론 빌려 주는 사람이 그만한 돈을 빌려 줄 능력이 있고, 두 사람 모두 자기가 원하는 TVOM 범위 밖으로는 지불할 용의가 없다고 가정하자. 누가 빌려 주는 사람이고, 빌려 주는 사람이 얼마까지 융자금을 돌려받으면 만족하는 수준이 될 것인지를 명확하게 밝혀라.

1.2절 및 1.3절 경제성 분석의 원칙 및 자본 투자의 경제적 타당성

3. 바바라와 프레드는 오두막집에 자동 스프링클러 시스템을 설치하기로 하였다. 이를 위하여 가능한 업자들에게 입찰을 받은 결과 최저가는 워터시스템사(WSI)가 제안한 $5,500이었다. 그들은 이 시스템을 직접 설치하기로 하고 필요한 자재(플라스틱 파이프, 노즐, 부품, 조절기 등)들을 떨이 세일하는 상점에서 $1,100에 구입하였다. 그들은 설치작업을 하기 위해 굴착기를 하루에 $80을 주고 임차하였다. 그런데 설치하다 보니 불행하게도 마당 여기저기에 사암층이 나타나 착암기와 공기압축기를 하루에 $80을 주고 임차하였다. 그들이 빌린 장비들은 모두 5일간 사용하고 있다. 이즈음에 프레드는 불행히도 무릎을 다쳤고 바바라는 무척 짜증이 났다. 그래서 WSI에 문의해 본 결과, WSI는 구입 자재 가운데 일부가 활용 가능하므로 $500을, 그리고 이미 일부분이 굴착되었으므로 다시 $500을 인정해 줄 수 있어서 $4,500에 시스템을 설치할 수 있다고 하였다.
   a. 바바라와 프레드는 이미 얼마를 지출하였는가?
   b. 만약 바바라와 프레드가 WSI의 새로운 제안을 받아들인다면, 이 프로젝트가 끝나는 시점까지 얼마를 더 지출해야 하는가?
   c. 스프링클러시스템즈(SS)라는 새로운 업체가 바바라와 프레드에게 접근하여 다른 자재를 사용하고 도랑도 다른 위치에 새로 만들어야 하는 새로운 스프링클

러 시스템을 제안하였다. 그들의 제안은 (1) 이미 파 놓은 도랑을 모두 메우고 (2) "Ditch Witch"라고 불리는 불침투성 암반층을 이용한 도랑을 파서 (3) 마지막으로 스프링클러 시스템을 설치하는 것이다. 이 제안을 실행하기 위하여 SS가 제시한 액수는 $6,000인데, 그들의 말에 따르면 이 액수는 바바라와 프레드가 WSI가 제안하는 방식으로 시스템을 설치하는 데 드는 공사비보다 더 저렴하다는 것이다. 바바라와 프레드는 WSI와 SS 가운데 어느 업체와 공사계약을 체결하는 것이 나은가? 그 이유는 무엇인가?

d. 이 문제는 열 가지 경제성 분석 원칙 가운데 어느 원칙을 잘 나타내고 있는가?
e. 이 문제는 7단계의 체계적 경제성 분석 기법 가운데 어느 단계를 잘 나타내고 있는가?

4. 4개의 투자제안(A, B, C, D)이 실행 가능한 투자제안으로 제시되었다. 투자제안 A와 C는 동시에 선택될 수 없다. 투자제안 B는 투자제안 C 또는 D가 실행되어야만 선택 가능하다. 또한 투자제안 A는 투자제안 D가 실행되어야만 선택 가능하다.

a. 모든 투자제안들의 조합을 보이고, 그 가운데 실행 가능한 조합들을 열거하라.
b. 이 문제는 열 가지 경제성 분석 원칙 가운데 어느 원칙을 잘 나타내고 있는가?
c. 이 문제는 7단계의 체계적 경제성 분석 기법 가운데 어느 단계를 잘 나타내고 있는가?

5. 3개의 투자제안(P, Q, R)이 실행 가능한 투자제안으로 제시되었다. 이 가운데 정확히 1개 또는 2개의 투자제안만을 선택하여야 한다. 여기서 P와 Q는 상호 배타적이다. 투자제안 R은 투자제안 P가 실행되어야만 선택 가능하다. 모든 실행 가능하고 상호 배타적인 투자대안들을 열거하라.

6. 당신이 학교를 졸업한 후 유급으로 5년 동안 직장생활을 하고 있다고 하자. 당신이 받는 월급의 일부를 투자하기 위한 대안이 다음과 같이 세 가지가 있다. 물론 각 대안마다 더 위험하거나 덜 위험할 수는 있겠지만 어느 정도의 위험부담은 있다. 다음 표는 각 대안이 지니고 있는 특성, 투자액, 위험, 수익 등을 나타낸다.

대안	투자액	성공확률	수익(성공)	실패확률	비용(실패)
A	$100,000	95%	$110,789.47	5%	$95,000
B	$100,000	60%	$150,000.00	40%	$50,000
C	$100,000	20%	$510,000.01	80%	$10,000

a. 어느 대안을 선택하겠는가?
b. 왜 그 대안을 선택하려고 하는가?
c. 이 문제는 열 가지 경제성 분석 원칙 가운데 어느 원칙을 잘 나타내고 있는가?

d. 이 문제는 7단계의 체계적 경제성 분석 기법 가운데 어느 단계를 잘 나타내고 있는가?

7. 페인 군의 군수는 세 가지 프로젝트 가운데 하나에 투자할 수 있는 $20,000의 예산을 가지고 있다. 프로젝트 A는 공공 천문대로 가는 진흙탕 도로에 자갈을 까는 사업이다. 이 사업으로부터 앞으로 4년 동안 매년 $8,000의 순 편익(순수익과 비슷한 개념)이 발생할 것으로 예상되며, 그 후 도로는 다시 엉망이 될 것이다. 프로젝트 B는 큰비가 올 때 홍수를 방지하기 위한 댐을 건설하는 대안이다. 이 사업으로부터 앞으로 6년 동안 매년 $6,000의 순 편익이 발생할 것으로 예상되며, 그 후에는 토사가 흘러내려 댐은 효과가 없어질 것이다. 프로젝트 C는 놀이공원에 상하수도를 건설하고, 레저용 차량에 필요한 전기장치를 제공하는 사업이다. 이 사업으로부터 앞으로 10년 동안 매년 $4,000의 순 편익이 발생할 것으로 예상되며, 그 후에는 새로운 시스템으로 대체하여야 한다. 만약 새로운 군수가 선출되더라도 그에게 이 사업에 대한 투자를 갱신할 수 있는 권한이 주어진다고 하자. 따라서 4년 후에 프로젝트 A의 경우, 도로에 자갈을 깔거나 또는 포장을 할 수도 있다. 6년 후에는 프로젝트 B의 경우, 댐을 준설/재정비하거나 또는 새로이 건설할 수도 있다. 10년 후에는 레저용 차량을 위한 전기장치를 현대화하거나 또는 대체할 수도 있다.

a. 새로운 상황에서 세 가지 프로젝트를 평가하기 위해 계획기간은 어떻게 설정하는 것이 좋은가?

b. 이 문제는 열 가지 경제성 분석 원칙 가운데 어느 원칙을 잘 나타내고 있는가?

c. 이 문제는 7단계의 체계적 경제성 분석 기법 가운데 어느 단계를 잘 나타내고 있는가?

2

경제성 분석의 실제 사례: 켈리 슈나이더(Kellie Schneider)

켈리 슈나이더는 공과대학을 졸업하자마자 바로 다국적 기업에 취직하였다. 첫 해의 연봉은 $60,000이었다. 켈리는 매달 월급의 10%를 투자하기로 결정하였다. 또한 회사의 인사 담당자에게 알아본 결과, 월급이 성과에 따라 연 3~15% 증가할 것으로 예상되었다. 다음으로 여러 가지 투자기회들을 분석하여 본 결과 뮤추얼펀드, 주식, 회사채, 국채, 양도성 예금증서 등의 투자 포트폴리오로부터 연 5~10% 정도의 수익을 올릴 수 있을 것으로 예상하였다. 마지막으로 켈리는 그가 직장생활을 하는 동안 물가상승률이 연 2~5% 사이가 될 것으로 추정하였다. 이와 같은 정보를 바탕으로 켈리는 먼저 직장생활 30년 동안 얼마를 모을 수 있는지, 또한 40년 동안 얼마를 모을 수 있는지 계산하여 보았다. 켈리는 계산결과를 보고 깜짝 놀랐으며, 이렇게 많이 저축할 수 있다는 사실에 매우 만족하였다.

토의 논제

1. 당신이 보기에 켈리가 다양한 형태의 투자기회들을 조합한 투자 포트폴리오를 구성하여 무엇을 하고자 한다고 생각하는가?
2. 은퇴라는 주제가 당신에게는 먼 훗날의 일이라고 생각되지만, 당신이 "잘 나가는 시점"에 왜 미리 저축을 시작하는 것이 중요한가?
3. 만약 이자율이 켈리가 처음 가정했던 값보다 낮다고 할 때, 그가 목표로 삼고 있는 "비상금"을 달성하기 위해서는 무엇을 하여야 하는가?
4. 당신의 가족 환경이 달라질 때(예를 들면, 결혼을 하거나 또는 애기를 낳는 등), 이 변화가 당신의 투자결정에 어떤 영향을 미치겠는가?

학습목표

이 장의 공부를 마친 후 다음의 내용들을 이행할 수 있는 능력을 갖추어야 한다:

돈의 시간가치

Time Value of Money Calculations

1. 투자대안에서 발생하는 수입과 지출을 나타내는 현금흐름도를 작성하라. (2.1절)
2. 연 복리인 경우 단일 현금흐름에 대한 돈의 시간가치 계산을 수행하라. (2.2절)
3. 균일급수, 등차급수, 등비급수 또는 부정기적인 현금흐름의 시리즈를 구별하라. (2.3절)
4. 다수의 현금흐름의 시리즈에 대한 돈의 시간가치 계산을 수행하라:
   - 연 복리인 경우에 대한 부정기적인 현금흐름의 시리즈 (2.3.1절)
   - 연 복리인 경우에 대한 균일급수 현금흐름의 시리즈 (2.3.2절)
   - 연 복리인 경우에 대한 등차급수 현금흐름의 시리즈 (2.3.3절)
   - 연 복리인 경우에 대한 등비급수 현금흐름의 시리즈 (2.3.4절)
5. 연간실효이자율 및 단위기간 이자율을 이용한 1년 내의 다수 복리기간에 대한 돈의 시간가치 계산을 수행하라. (2.4절)

서론

1장에서는 경제성 분석의 열 가지 원칙을 정의하였다.

열 가지 원칙 가운데 제1원칙 돈은 시간가치를 가진다. – 이 이 장의 주제이다. 1장에서 언급한 바와 같이 돈의 시간가치(TVOM)는 돈의 가치를 시간적으로 미래로 보내거나 과거로 되돌릴 때 적용된다. 1장에서는 돈의 가치를 시간적으로 미래로 보내거나 과거로 되돌리는 것을 **할인현금흐름**(Discounted Cash Flow: DCF)이라고 명명하였다. 또한 다음과 같은 네 가지 할인현금흐름 법칙을 설명하였다.

1. 돈은 시간가치를 가진다.
2. 같은 시점에 발생하는 돈이 아니라면 돈의 가치는 서로 더하거나 뺄 수 없다.
3. 돈의 가치를 시간적으로 한 단위의 미래로 보내기 위해서는 돈의 가치에 1 더하기 이자율(또는 할인율)을 곱하면 된다.
4. 돈의 가치를 시간적으로 한 단위의 과거로 보내기 위해서는 돈의 가치를 1 더하기 이자율(또는 할인율)로 나누면 된다.

이 장에서는 경제성 분석을 위하여 할인현금흐름 법칙을 적용하는 데 필요한 기본적인 계산 근거와 개념을 제시하고자 한다. 이 장에서 다루는 내용은 켈리 슈나이더가 몇 년 후에 자신의 자산이 얼마가 될 것인지를 분석하기 위해 수행했던 내용들과 정확히 같다. 다만 이 장에서 물가상승은 다루지 않을 것이다. 물가상승에 대해서는 10장에서 다루고자 한다. 또한 이 장에서는 전형적인 현금흐름 시리즈의 세 가지 유형에 대한 현재가치와 미래가치를 구하는 방법에 대하여 배우게 될 것이다.

이 장에서 다루는 내용은 이 책 나머지 부분의 기초가 된다. 따라서 이 장에서 다루는 개념과 계산 근거를 제대로 잘 이해하는 것이 매우 중요하다.

2.1 현금흐름도

학습목표: 투자대안에서 발생하는 수입과 지출을 나타내는 현금흐름도를 작성하라.

현금흐름도(CFD) 투자대안에서 들어오고 나가는 현금이 발생하는 시점과 크기를 그림으로 나타낸 도표

다양한 시점에서 발생하는 현금흐름을 분석하기 위해 **현금흐름도**(Cash Flow Diagram: CFD)를 사용하는 것이 유용하다. 〈그림 2.1〉에서 보는 바와 같이, 현금흐름도는 시간을 가로 축으로 나타내고 현금흐름을 수직 화살표로 나타낸다. 위 방향의 화살표는 현금유입 또는 양의 현금흐름을 나타내고, 아래 방향의 화살표는 현금유출 또는 음의 현금흐름을 나타낸다. 화살표들은 가로축을 따라서 실제로 그 현금흐름이 발생한 시점을 나타내는 위치에 그린다. 화살표 길이는 그 현금흐름의 크기를 나타내지만, 실제로 화살표 길이를 재는 경우는 거의 없으므로 큰 의미는 없다.

〈그림 2.1〉에서 예시한 현금흐름도는 처음에 $4,000의 지출이 발생하고, 다음에 $5,000의 수입이 발생하고, 이어서 $3,000의 지출, $5,000의 수입, $2,000의 지출, $5,000의 수입이 순차적으로 발생하는 경우를 보여 주고 있다. 이 현금흐름도는 투자자 입장에서 작성된 것이다. 즉, 아래 방향의 화살표는

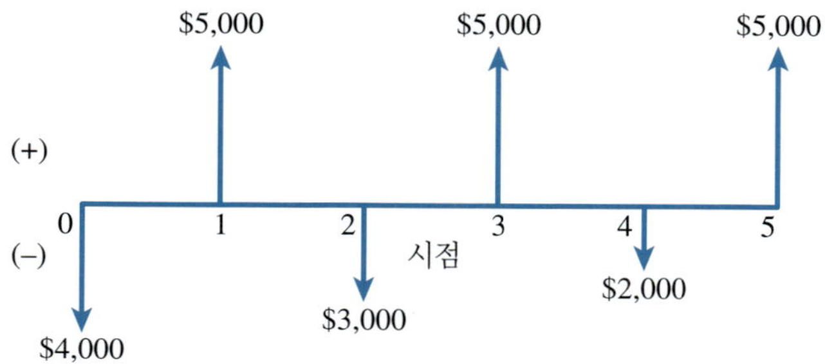

〈그림 2.1〉 현금흐름도

지출을 나타내고 위 방향의 화살표는 수입을 나타낸다.

돈의 시간가치 예시

예제 2.1

돈의 시간가치가 투자대안들의 선호도에 어떻게 영향을 미치는지를 보여 주는 또 다른 예제로 〈그림 2.2〉에서 제시한 현금흐름도를 가지는 투자대안 A, B를 고려해 보자. 현금흐름도를 살펴보면, 대안 A의 양의 현금흐름들은 시점이 1년 앞선다는 사실을 제외하면 대안 B의 양의 현금흐름들과 정확히 일치한다. 두 대안 모두 $6,000의 투자를 필요로 한다. 만약 두 대안 가운데 반드시 하나만을 선택해야 한다면, 돈의 시간가치를 고려할 때 대안 A가 대안 B보다 낫다.

두 대안의 현금흐름들이 크기는 같으나 발생시점이 다를 때에는, 1장에서 제시한 네 가지 할인현금흐름 법칙의 당연한 귀결로서 다음과 같은 법칙을 적용할 수 있다. 일정 액수의 돈을 받게 될 때에는 가능한 한 늦게 받는 것보다 일찍 받는 것이 좋다. 일정 액수의 돈을 주게 될 때에는 한 가능한 일찍 주는 것보다 늦게 주는 것이 좋다. $3,000을 받는 경우에는 가능한 한 일찍 받는 것이 더 좋으므로, 대안 A가 대안 B보다 낫다.

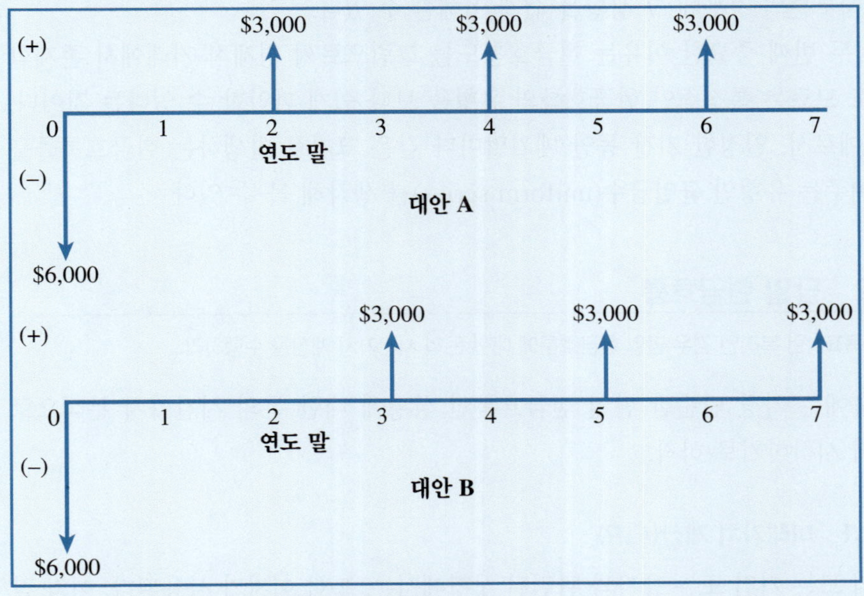

〈그림 2.2〉 투자대안 A와 B의 현금흐름도

복리 최초의 원금과 그 동안 쌓인 이자를 더한 금액을 대상으로 이자를 계산하는 과정 또는 결과

이 장에서는 기간 말 현금흐름 및 기간 말 **복리**(compounding)의 개념을 강조하여 설명하고자 한다. 실제로 거래하는 금융기관에 따라 다르기는 하지만, 대부분 개인 금융거래의 경우 저축예금 계좌에 '복리기간의 중간'에 입금하는 금액에 대해서는 이자를 지불하지 않는다. 결과적으로, 이 장에서 설명하는 방식으로 구한 해답과 실제로 금융기관에서 제공하는 결과가 정확히 일치하지 않을 수도 있다.

t기간이 끝나는 시점(기간 말)은 $(t + 1)$기간이 시작되는 시점(기간 초)이라는 점에 착안하면 기간 초 현금흐름 개념은 어렵지 않게 대처할 수 있다. 예를 들면, 임대료는 매달 초에 지불한다. 그러나 예를 들어 3월 초에 지불하는 돈은 2월 말에 지불하는 것으로 볼 수 있다. 이 장과 다음 장에서는 특별한 언급이 없는 한 연말 현금흐름을 가정한다.

경제적 거래에 대한 현금흐름도를 그리는 것은 적어도 다음 두 가지 이유 때문에 매우 중요하다. 먼저 가장 중요한 이유는 현금흐름도는 강력한 의사소통 수단이기 때문이다. 즉, 현금흐름도를 이용함으로써 경제성 분석에서 나타나는 모든 현금흐름의 액수와 발생시점을 명확하고 간결하며 확실하게 나타낼 수 있기 때문이다. 어떤 경제적 거래에 대하여 현금흐름도를 잘 그려 놓으면 경제성 분석과 관련된 공식적인 훈련을 받았는지의 여부와 상관없이 누구든 대부분의 경우에 그 상황을 쉽게 이해할 수 있다.

균일급수 각 이자기간 마다 동일한 (또는 균일한) 크기의 현금흐름이 발생하는 현금흐름의 시리즈

두 번째 중요한 이유는 현금흐름도를 그림으로써 경제적 거래에서 존재할지도 모르는 특징적인 현금흐름의 유형을 보다 쉽게 파악할 수 있다는 것이다. 한 예로서, 일정한 기간 동안 매기말마다 같은 크기로 발생하는 현금흐름들을 보여주는 유형인 **균일급수**(uniform series)를 생각해 볼 수 있다.

2.2 단일 현금흐름

학습목표: 연 복리인 경우 단일 현금흐름에 대한 돈의 시간가치 계산을 수행하라.

처음에는 가장 단순한 단일 현금흐름인 상황에 대한 돈의 시간가치 분석으로부터 시작하기로 하자.

2.2.1 미래가치 계산(F|P)

거의 모든 기업 또는 융자와 관련된 상황에서는, 복합 이자가 사용된다. 이와 같은 이유로 원금과 더불어 그동안 누적된 이자를 합한 액수를 대상으로 이자를 계산해야 하는 것이다. 이런 이자 계산과정을 복리과정(또는 줄여서 복리라고 부르기도 함)이라고 부른다. 복리는 이 책에서 다루는 모든 내용의 핵심이다.

복합이자를 사용하는 경우 **이자율**(i)은 누적된 돈의 가치 변화율로 정의되며, n년 동안의 누적 이자 I_n은

이자율 누적된 돈의 가치가 변화하는 비율

$$I_n = \sum_{t=1}^{n} iF_{t-1} \qquad (2.1)$$

이 된다. 여기서 t는 연도 1부터 연도 n까지 증가하며 $F_0 = P$가 된다. 단, 여기서 P는 단일금액의 **현재가치**(present value)이다. 따라서 n년에 걸친 P의 누적 가치 F_n은

현재가치 현재 시점에서의 돈의 가치

$$F_n = F_{n-1}(1 + i) \qquad (2.2)$$

이 된다.

5년에 걸친 복합이자 예제 2.2

만약 당신이 어떤 사람에게 연 복리 10%의 이자를 받기로 하고 $10,000을 융자해 주었다고 하자. 1년 후 이 사람은 융자기간을 1년 더 연장해 달라고 요청하였다. 그 후 이 사람이 여러 번에 걸쳐 반복적으로 이런 요청을 하였다고 하자. 이 사람이 $10,000을 빌린 후 5년이 지난 시점에서 당신에게 갚아야 할 총액은 얼마인가?

문제 요약

주어진 정보: 융자 금액 = $10,000, 이자율 = 연 10%, 융자 기간 = 5년
구하는 해: 5년 후의 융자금 총액

풀이

〈표 2.1〉에서 보는 바와 같이 연 복리 10%로 $10,000을 빌린 후 5년 후에 갚아야 할 돈의 액수는 $16,105.10이다.

〈표 2.1〉 표를 이용한 예제 2.2의 해답

연도	연초미상환액	연간이자	상환액	연말미상환액
1	$10,000.00	$1,000.00	$0.00	$11,000.00
2	$11,000.00	$1,100.00	$0.00	$12,100.00
3	$12,100.00	$1,210.00	$0.00	$13,310.00
4	$13,310.00	$1,331.00	$0.00	$14,641.00
5	$14,641.00	$1,464.10	$16,105.10	$0.00

앞의 예제에는 두 종류의 현금흐름이 포함되어 있다. 하나는 빌린 돈을 나타내는 것이고, 다른 하나는 갚은 돈을 나타내는 것이다. 융자에 관한 앞의 예제를 일반화하면, 단위기간 이자율 i%의 복리를 적용한다고 할 때 P의 액수를 빌리고 나서 n기간 후에 갚아야 할 돈의 액수를 계산하는 수식을 만들 수 있다. 〈표 2.2〉에서 보는 바와 같이, 갚아야 할 미래시점의 돈의 액수 F와 P, i, n의 관계는 다음 식과 같이 나타낼 수 있다.

$$F = P(1 + i)^n \tag{2.3}$$

여기서 i는 소수점으로 나타내거나 이와 동등한 백분율로 표현된다. P(현재가치)가 주어졌을 때 F(미래가치)를 보다 편리하게 계산하기 위하여 $(1 + i)^n$의 값을 다양한 i와 n 값에 대하여 부록 A에 표로 만들어 두었다. 이 $(1 + i)^n$을 **단일금액, 미래가치계수**라 부르기로 한다. 그리고 이 계수는 $(F|P\ i\%,n)$으로 표현하고, "복리 i%, n기간, P가 주어졌을 때의 미래가치 F"라고 읽는다. 위의 내용들을 정리하면 다음과 같다.

P: 시점 0(현재)에서의 돈의 액수, 또는 현재가치
F: 시점 n(미래)에서의 돈의 액수, 또는 미래가치
i: 단위기간 이자율
n: 단위기간 수

이라고 할 때 미래가치와 현재가치의 수리적 관계는 식 (2.3)과 같이 표현되며, 이를 연상기호로 표현하면 다음과 같다.[1]

〈표 2.2〉 **식 2.3을 유도하는 과정**

	(A)	(B)	(C) = (A) + (B)
연도 말	빌린 액수	발생 이자	기말에 갚아야 하는 액수*
0	P	Pi	$P + Pi = P(1 + i)$
1	$P(1 + i)$	$P(1 + i)i$	$P(1 + i) + P(1 + i)i = P(1 + i)^2$
2	$P(1 + i)^2$	$P(1 + i)^2 i$	$P(1 + i)^2 + P(1 + i)^2 i = P(1 + i)^3$
3	$P(1 + i)^3$	$P(1 + i)^3 i$	$P(1 + i)^3 + P(1 + i)^3 i = P(1 + i)^4$
⋮	⋮	⋮	⋮
$n - 1$	$P(1 + i)^{n-1}$	$P(1 + i)^{n-1} i$	$P(1 + i)^{n-1} + P(1 + i)^{n-1} i = P(1 + i)^n$
n	$P(1 + i)^n$		

*(n − 1)연도 말의 (C)열의 값은 n연도 말의 (A)열의 값과 같다.

[1] 계수를 나타내는 기호와 이자율 사이에는 쉼표(,)를 넣어도 좋고 넣지 않아도 무방하다. 따라서 $(F|P, i\%,n)$ 또는 $(F|P\ i\%,n)$ 이라는 표현은 모두 $(1 + i)^n$을 나타내는 동일한 표현이다.

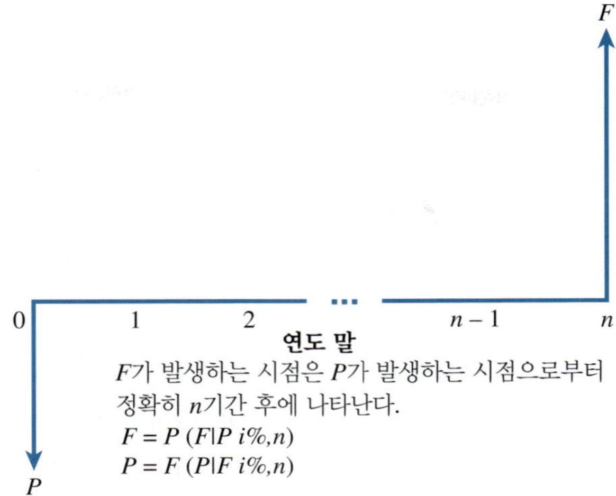

〈그림 2.3〉 P와 F의 관계를 나타내는 현금흐름도

$$F = P(F|P\ i\%,n) \tag{2.4}$$

F와 P의 관계를 나타내는 현금흐름도를 그리면 〈그림 2.3〉과 같이 표현된다. 여기서 F는 P가 발생하는 시점으로부터 정확히 n기간 후에 나타난다는 점에 유의해야 한다.

$(1 + i)^n$의 값을 구함에 있어서 수치적으로 구하거나 부록 A의 표에서 단일금액 미래가치계수 $(F|P\ i\%,n)$을 이용하여 구할 수도 있으나, Excel®의 재무함수를 이용하여 미래가치를 구할 수도 있다. 구체적으로 **FV**, 즉 **미래가치**(future value) 함수[2]를 이용하면 된다. **FV** 함수의 매개변수들을 나타나는 순서대로 정의하면 이자율(i), 단위기간 수(n), 기간당 동일 액수(A), 현재가치(P), 그리고 "유형"이다. 여기서 "유형"이란 기간 말 현금흐름(0 또는 비워 둠) 또는 기간 초 현금 흐름(1)을 의미한다.

미래가치 미래의 어느 시점에서의 돈의 가치

i와 n과 P가 주어지고 F를 찾고자 할 때에는, Excel® 스프레드시트의 임의의 칸에 **=FV(*i*,*n*,,−*P*)**를 입력하면 원하는 답을 얻을 수 있다. 여기서 주의할 점은 '='과 ')' 사이에 절대로 빈 칸이 있어서는 안 된다는 것이다. 또한 n과 P 사이에는 ',' 2개가 연속적으로 있는데, 이는 기간당 동일 액수 A가 필요 없고 기간 말 현금흐름(0 또는 비워 둠)이 적용되기 때문이다. 마지막으로 P 앞에 '–'가 붙어 있음에 유의할 필요가 있다. 그 이유는 **FV** 함수를 이용하여 F를 구하고자 할 때 F의 부호는 P의 부호와 반대가 될 것이기 때문이다. Excel®

---

[2]이 책에서는 마이크로소프트의 Excel® 소프트웨어의 사용에 대하여 지속적으로 설명하고 있다. 해를 구하기 위하여 컴퓨터를 사용하는 경우에는 소프트웨어에서 사용하는 함수들은 본문에서 푸른색 굵은 글씨로 나타내었다.

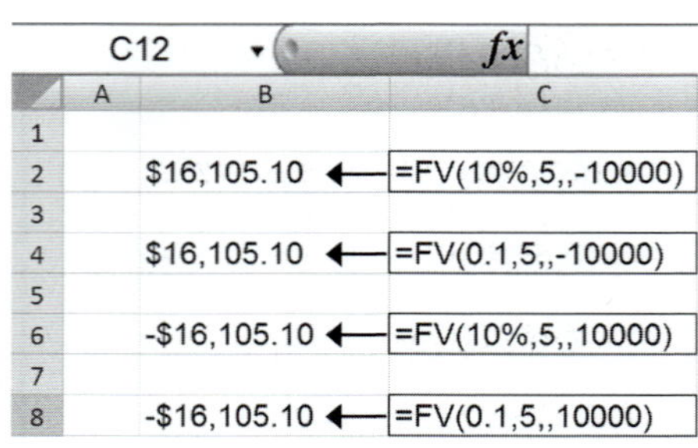

〈그림 2.4〉 단일금액 계산을 위한 Excel® FV 재무함수

에서 부호 변화를 구체적으로 보면 간단하다. **FV** 함수는 $*P*(음의 현금흐름)를 빌려 준 후에 단위기간 이자율 *i*%로 *n*기간이 지난 후에 $*F*(양의 현금흐름)를 받고자 하는 대출 상황을 염두에 두고 개발된 함수이기 때문이다.

당신이 어떤 사람에게 연 복리 10%로 $10,000을 빌려 주고 5년 후에 원리금을 받기로 한 예제 2.2를 다시 살펴보자. Excel®을 이용하여 이 예제의 해답을 구하는 과정이 〈그림 2.4〉에 제시되어 있다. 앞서 언급한 바와 같이 *i*의 값은 소수점 또는 백분율로 입력이 가능하고, *P*의 값은 음수 또는 양수로 입력이 가능하다. 왜냐하면 계산결과로 나타나는 *F* 값의 부호는 *P* 값의 부호와 반대가 될 것이기 때문이다. 마지막으로 *P* 값을 입력할 때 '$' 표시 또는 자릿수를 표현하는 ','를 제외하였다는 점에 유의해야 한다.

예제 2.3 대출금을 갚기 위한 5년 후 단일금액

존은 연 복리 12%로 $1,000을 빌렸다. 이 대출금은 5년 후에 갚기로 약정하였다. 그는 얼마를 갚아야 하는가?

문제 요약 **주어진 정보**: 대출 금액 = $1,000, 이자율 = 연 이자율 12% 연간 복리, 대출기간 = 5년

구하는 해: 5년 후의 대출금 총액

풀이 부록 A에 있는 복리계수표에서 12%와 기간 수 5년을 고려하여 단일금액 미래가치계수 $(F|P\ 12\%,5)$의 값을 찾으면 1.76234이다. 따라서

$$\begin{aligned} F &= P(F|P\ 12\%,5) \\ &= \$1{,}000(1.76234) \\ &= \$1{,}762.34 \end{aligned}$$

Excel® **FV** 재무함수를 이용하면,

F **=FV(12%,5,,−1000) = 1762.34**

단위기간 이자율 i%의 복리로 투자할 때, 원금이 2배로 불어나기 위해서는 얼마나 오래 투자해야 하는가? 다음 예제에서는 이 질문에 대한 답을 구하는 여섯 가지 방법을 보여 준다.

1. 72법칙을 이용하여 근사값을 구한다.
2. 제시된 이자율을 이용하여 부록 A에 있는 표로부터 $(F|P\ i\%,n)$의 값이 정확히 2가 되는 n의 값을 찾는다. 정확한 값이 없을 때는 보간법을 이용하면 된다.
3. $(1 + i)^n$의 값이 정확히 2가 되는 n값을 수리적으로 찾는다.
4. Excel® **NPER** 재무함수를 이용한다.
5. Excel® 데이터-가상분석-목표값 찾기(**GOAL SEEK**)기능을 이용한다.
6. Excel® **SOLVER** 기능을 이용한다.

예제 2.4에서는 위에서 언급한 각 방법에 따른 해를 구체적으로 보여주고 있다.

돈을 2배로 불리는 데 필요한 기간 — 예제 2.4

다음의 연 복리를 적용하였을 때 투자원금이 2배가 되는 데 걸리는 기간은 얼마인가? (a) 2% (b) 4% (c) 12%

풀이

답을 구하는 첫 번째 방법은 72법칙이라고 불리는 주먹구구식 방법이다. 구체적으로 72를 연 복리의 값으로 나눈 몫이 투자원금이 2배가 되는 데 걸리는 기간 수의 근사값이 된다는 것이다.

a. $n \approx 72/2 = 36$년

b. $n \approx 72/4 = 18$년

c. $n \approx 72/12 = 6$년

두 번째 방법은 부록 A의 복리계수표를 이용하는 것이다. 각 연 복리 i의 값에 대하여 $(F|P\ i\%,n) = 2$가 되는 n의 값을 찾는 것이다.

a. $i = 2\%$일 때, n은 30과 36 사이에 있다. 보간법을 이용하면, $n \approx 30 + 6(2.0000 - 1.81136)/(2.03989 - 1.81136) = 34.953$ 년

b. $n \approx 17 + (2.0000 - 1.94790)/(2.02582 - 1.94790) = 17.669$ 년

c. $n \approx 6 + (2.0000 - 1.97382)/(2.21068 - 1.97382) = 6.111$ 년

세 번째 방법은 수리적으로 해답을 구하는 것이다. $(1 + i)^n = 2$ 를 만족시키는 n을 구하면 $n = \log2/\log(1 + i)$가 된다. 따라서 정확한 n의 값(소수점 아래 3자리까지)은 다음과 같다.

a. $n = \log2/\log1.02 = 35.003$ 년

b. $n = \log2/\log1.04 = 17.673$ 년

c. $n = \log2/\log1.12 = 6.116$ 년

Excel® **NPER** 재무함수의 매개변수들을 순서대로 정리하면 이자율, 기간당 동일 액수, 현재가치, 미래가치, 그리고 유형이다. 앞에서와 마찬가지로 유형이란 기간 말 현금흐름(0 또는 비워 둠) 또는 기간 초 현금흐름(1)을 의미한다. F에 2를 대입하고 P에 −1을 대입하면, **NPER** 재무함수는 앞서 수리적으로 구한 해답과 정확히 일치하는 답을 얻는다.

a. n = **NPER(2%,,−1,2) = 35.003 년**

b. n = **NPER(4%,,−1,2) = 17.673 년**

c. n = **NPER(12%,,−1,2) = 6.116 년**

Excel® **GOAL SEEK** 기능을 이용하기 위해서는 〈그림 2.5〉에서 보는 바와 같은 스프레드시트를 사용해야 한다. x를 스프레드시트의 행 번호라 하면, **GOAL SEEK**의 매개변수는 다음과 같다.

수식 셀(Set cell): Cx
찾는 값(To value): 2
값을 바꿀 셀(By changing cell): Bx

Bx 칸에 임의의 숫자를 넣으면, $1을 이자율 Ax로 Bx년 동안 투자하였을 때의 미래가치를 Excel® **FV** 재무함수를 이용하여 구할 수 있다. 다음으로 Excel® 데이터-가상분석-목표값 찾기**(GOAL SEEK)** 기능을 이용하여 Cx = 2가 되도록 하는 Bx 값을 구할 수 있다. 데이터-가상분석-목표값 찾기**(GOAL SEEK)** 기능의 결과를 〈그림 2.5〉에서 볼 수 있다.

a. n = **34.999 년**

b. n = **17.672 년**

c. n = **6.116 년**

Excel® 데이터-가상분석-목표값 찾기**(GOAL SEEK)** 기능에 사용한 스프레

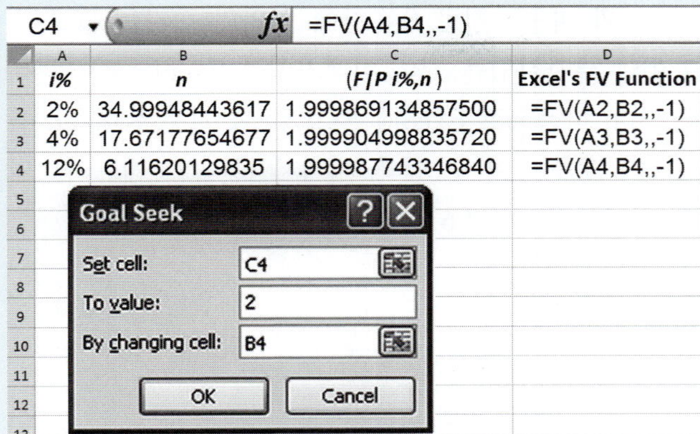

C4 =FV(A4,B4,,-1)

	A	B	C	D
1	*i%*	*n*	*(F/P i%,n)*	Excel's FV Function
2	2%	34.99948443617	1.999869134857500	=FV(A2,B2,,-1)
3	4%	17.67177654677	1.999904998835720	=FV(A3,B3,,-1)
4	12%	6.11620129835	1.999987743346840	=FV(A4,B4,,-1)

〈그림 2.5〉 예제 2.4의 해를 구하기 위한 Excel® GOAL SEEK 기능

드시트는 〈그림 2.6〉에서 보는 바와 같이 Excel® **SOLVER** 기능에서도 똑같이 사용할 수 있다. **SOLVER**의 매개변수는 다음과 같다.

수식 셀(S<u>e</u>t Target Cell): Cx
찾는 값(Equal To): ○ <u>M</u>ax ○ Mi<u>n</u> ● <u>V</u>alue of: 2
값을 바꿀 셀(<u>B</u>y changing cell):
Bx

C4 =FV(A4,B4,,-1)

	A	B	C	D	E	F
1	*i%*	*n*	*(F/P i%,n)*	Excel's FV Function		
2	2%	35.00278878322	2.000000000082050	=FV(A2,B2,,-1)		
3	4%	17.67297937796	1.999999348373760	=FV(A3,B3,,-1)		
4	12%	6.11625877868	2.000000771651040	=FV(A4,B4,,-1)		

〈그림 2.6〉 예제 2.4의 해를 구하기 위한 Excel® SOLVER 기능

Excel® **GOAL SEEK** 기능과 마찬가지로 Bx 칸에 임의의 숫자를 넣으면, $1을 이자율 Ax로 Bx년 동안 투자하였을 때의 미래가치를 Excel® **FV** 재무함수를 이용하여 구할 수 있다. 다음으로 Excel® **SOLVER** 기능을 이용하여 Cx = 2가 되도록 하는 Bx의 값을 구할 수 있다. 여기서 x는 스프레드시트의 행 번호이다. **SOLVER**의 결과를 〈그림 2.6〉에서 볼 수 있다

a. n = **35.003 년**

b. n = **17.673 년**

c. n = **6.116 년**

풀이 탐구 Excel® **SOLVER** 기능을 이용하여 구한 값은 Excel® **GOAL SEEK** 기능을 이용하여 구한 값이나 Excel® **NPER** 재무함수를 이용하여 구한 답과 일치하지 않는다. 특히 소수점 아래 8자리 또는 10자리까지 계산한 경우에는 더욱 그렇다. 왜냐하면 Excel® **GOAL SEEK** 기능과 마찬가지로 Excel® **SOLVER** 기능도 탐색절차를 통하여 해를 구하는데, 이 경우 역시 마찬가지+로 정확한 해를 구하기에 앞서 미리 해 탐색을 종료할 가능성이 있고, 결과적으로 수리적으로 구한 값이나 Excel® **NPER** 재무함수를 이용하여 구한 값과 일치하지 않게 되기 때문이다. 이 예제의 해답을 구하기 위한 여섯 가지 방법 가운데 대수적인 방법을 이용하여 수리적으로 구한 값이나 Excel® **NPER** 재무함수를 이용하여 구한 값만이 정확한 해답이다.

2.2.2 현재가치 계산($P|F$)

앞에서 배운 바와 같이 i와 n과 P의 값이 주어지면 F의 값을 구할 수 있기 때문에, 반대로 i와 n과 F의 값이 주어지면 P의 값을 쉽게 구할 수 있다. 따라서 식 (2.3)을 다시 쓰면

$$F = P(1 + i)^n \tag{2.5}$$

이며, 식 (2.5)의 양변을 $(1 + i)^n$으로 나누면 현재가치와 미래가치의 관계는 다음과 같다.

$$P = F(1 + i)^{-n} \tag{2.6}$$

이 식을 기호로 나타내면

$$P = F(P|F\ i\%,n) \tag{2.7}$$

이 된다. 여기서 $(1 + i)^{-n}$ 및 $(P|F\ i\%,n)$을 **단일금액 현재가치계수**라 부른다.

$(1 + i)^{-n}$의 값은 수리적인 방법을 이용하거나, 부록 A에 있는 복리계수표의 단일금액 현재가치계수 $(P|F\ i\%,n)$을 이용하거나, 또는 Excel® 재무함수(현재가치 함수: **PV**)를 이용하여 구할 수 있다. **PV** 함수의 매개변수들을 나타나는 순서대로 정의하면 이자율(i), 기간 수(n), 기간당 동일 액수(A), 미래가치(F), 그리고 "유형"이다. 여기서 "유형"이란 기간 말 현금흐름 (0 또는 비워둠) 또는 기간 초 현금흐름(1)을 의미한다.

i와 n과 F가 주어지고 P를 찾고자 할 때는, Excel® 스프레드시트의 임의의 칸에 **=PV(*i*,*n*,,−*F*)**를 입력하면 원하는 답을 얻을 수 있다. 여기서 주의할 점은 **FV** 함수의 경우와 마찬가지로 '='과 ')' 사이에 절대로 빈 칸이 있어서는 안 된다는 것이다. 또한 기간당 동일 액수 A가 필요 없기 때문에 n과 F 사이에는 ',' 2개가 연속적으로 있다. 마지막으로 **PV** 함수를 이용하여 P를 구하였을 때 P의 부호는 F의 부호와 반대가 될 것이다.

자금의 저축 — 예제 2.5

i와 n과 F가 주어졌을 때 P를 계산하는 예를 보기로 하자. 당신이 지금으로부터 4년 후에 저축예금 구좌에 \$10,000을 적립하고자 한다. 이 예금구좌는 연복리 5%로 이자를 지급한다. 오늘 얼마를 이 예금구좌에 입금해야 하는가?

문제 요약

주어진 정보: F = \$10,000, i = 연 이자율 5% 연간 복리, n = 4년
구하는 해: P

풀이

부록 A에서 5%의 이자율과 4년에 대해 단일금액 현재가치계수 $(P|F\ 5\%,4)$의 값을 찾으면 0.82270이다. 따라서

$$\begin{aligned} P &= F(P|F\ 5\%,4) \\ &= \$10{,}000(0.82270) \\ &= \$8{,}227.00 \end{aligned}$$

〈그림 2.7〉에서 보는 바와 같이 Excel® **PV** 재무함수를 이용하면,

P **=PV(5%,4,,−10000) = \$8227.02**

가 된다.

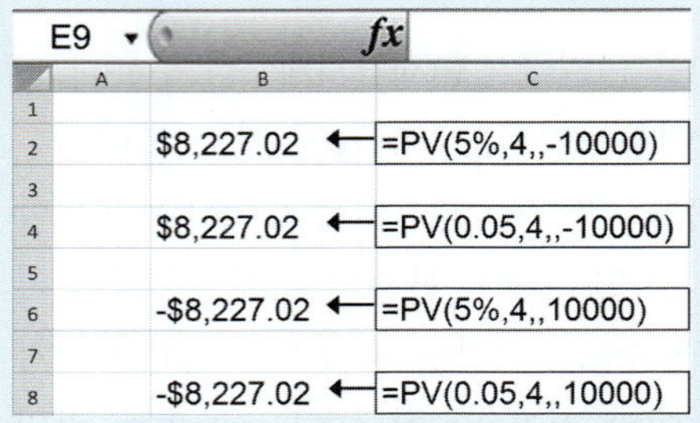

〈그림 2.7〉 단일금액을 구하기 위한 Excel® PV 재무함수

2.3 다중 현금흐름

학습목표: 균일급수, 등차급수, 등비급수 또는 부정기적인 현금흐름의 시리즈를 구별하라. 연 복리인 경우 다중 현금흐름에 대한 돈의 시간가치 계산을 수행하라.

이제까지는 단일 현금흐름의 현재가치 및 미래가치를 다루었다. 이 단원에서는 앞서의 분석을 다중 현금흐름의 경우로 확대하여 살펴보기로 한다. 먼저 현금흐름들이 일정한 유형을 가지지 않은 경우부터 먼저 살펴보고자 한다. 다음으로, 현금흐름들이 일정한 유형을 가지고 있어서 이들의 현재가치 또는 미래가치를 간편하게 구할 수 있는 방법들을 살펴보기로 한다. 특히 균일급수, 등차급수, 그리고 등비급수 현금흐름에 대하여 살펴보기로 한다.

2.3.1 부정기적인 현금흐름

학습목표: 연 복리의 전제 하에 부정기적인 현금흐름에 대한 돈의 시간가치 계산을 실시하라.

대부분의 경제성 분석에서, 투자를 한 후에는 보통 일회성으로 수익이 발생하는 것이 아니라 여러 번에 걸쳐서 수익이 발생한다. 이러한 경우에 미래시점에 발생하는 현금흐름들과 등가인 현재가치는 개별적인 현금흐름의 현재가치들을 더함으로써 구할 수 있다. 마찬가지로 다중 현금흐름의 미래가치는 개별적인 현금흐름의 미래가치들을 더함으로써 구할 수 있다.

구체적으로 A_t가 기말 t에서의 현금흐름 크기(수입 또는 지출)라 하면,

$$\begin{aligned} P = A_1(1+i)^{-1} + A_2(1+i)^{-2} + A_3(1+i)^{-3} + \cdots \\ + A_{n-1}(1+i)^{-(n-1)} + A_n(1+i)^{-n} \end{aligned} \tag{2.8}$$

또는 합산기호를 이용하면

$$P = \sum_{t=1}^{n} A_t(1 + i)^{-t} \tag{2.9}$$

또는 복리계수기호를 이용하면

$$P = \sum_{t=1}^{n} A_t(P|F\ i\%,t) \tag{2.10}$$

가 된다.

현금흐름 시리즈의 현재가치 계산 예제 2.6

〈그림 2.8〉에 주어진 현금흐름 시리즈를 고려해 보자. 단위기간 이자율 6%를 고려할 때, 현금흐름도에서 제시한 모든 현금흐름과 등가인 현재가치는 얼마인가?

문제 요약

주어진 정보: 〈그림 2.8〉에 제시된 현금흐름 시리즈, 단위기간 이자율 = 6%,
구하는 해: P

풀이

$$\begin{aligned} P &= \$300(P|F\ 6\%,1) - \$300(P|F\ 6\%,3) + \$200(P|F\ 6\%,4) \\ &\quad + \$400(P|F\ 6\%,6) + \$200(P|F\ 6\%,8) \\ &= \$300(0.94340) - \$300(0.83962) + \$200(0.79209) \\ &\quad + \$400(0.70496) + \$200(0.62741) \\ &= \$597.02 \end{aligned}$$

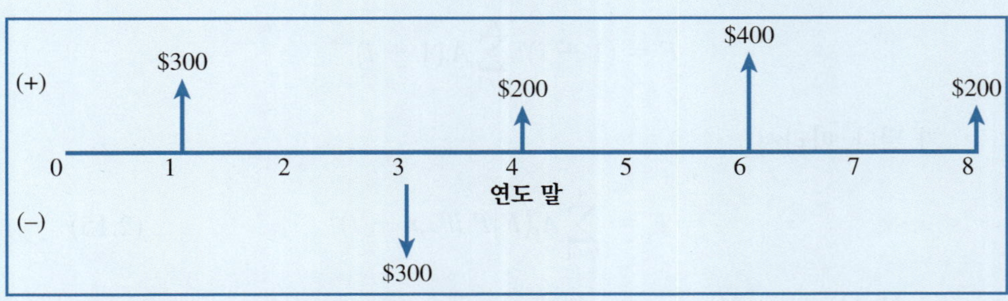

〈그림 2.8〉 다중 현금흐름의 현금흐름도

현금흐름 시리즈와 등가인 미래가치는 개별적인 현금흐름들과 등가인 미래가치의 합으로 구할 수 있다. 따라서 A_t가 기말 t에서의 현금흐름 크기(수입 또는

지출)라 하면,

$$F = A_1(1+i)^{n-1} + A_2(1+i)^{n-2} + A_3(1+i)^{n-3} + \cdots + A_{n-2}(1+i)^2 + A_{n-1}(1+i) + A_n \quad (2.11)$$

또는 합산기호를 이용하면

$$F = \sum_{t=1}^{n} A_t(1+i)^{n-t} \quad (2.12)$$

또는 복리계수기호를 이용하면

$$F = \sum_{t=1}^{n} A_t(F|P\ i\%, n-t) \quad (2.13)$$

가 된다.

식 (2.11)과 (2.12)에서 복리계수의 지수 부분은 대상이 되는 현금흐름의 발생시점과 미래가치 F가 존재하는 시점 사이에 있는 시간 간격의 숫자를 의미한다. 관습적으로 미래가치의 시점은 n기말 또는 제일 마지막 현금흐름 시점과 일치한다. 따라서 이 경우에는 식 (2.11)에서 보는 바와 같이 A_n에 이자율이 적용되지 않는다.

현금흐름 시리즈와 등가인 미래가치를 구하는 다른 방법으로, 여러분은 이미

$$F = P(1+i)^n \quad (2.14)$$

를 알고 있으므로 식 (2.9)를 식 (2.14)에 대입하면

$$F = (1+i)^n \sum_{t=1}^{n} A_t(1+i)^{-t}$$

가 된다. 따라서

$$F = \sum_{t=1}^{n} A_t(F|P\ i\%, n-t) \quad (2.15)$$

가 성립한다.

예제 2.7 현금흐름 시리즈의 미래가치 계산

예제 2.6의 〈그림 2.8〉에 주어진 현금흐름 시리즈를 고려해 보자. 단위기간 이자율 6%를 고려할 때, 모든 현금흐름과 등가인 8기 말의 미래가치는 얼마인가?

문제 요약

주어진 정보: 〈그림 2.8〉에 제시된 현금흐름 시리즈, 단위기간 이자율 = 6%,

구하는 해: F

풀이

$$\begin{aligned} F &= \$300(F|P\ 6\%,7) - \$300(F|P\ 6\%,5) + \$200(F|P\ 6\%,4) \\ &\quad + \$400(F|P\ 6\%,2) + \$200 \\ &= \$300(1.50363) - \$300(1.33823) + \$200(1.26248) \\ &\quad + \$400(1.12360) + \$200 \\ &= \$951.56 \end{aligned}$$

또는 예제 2.6으로부터 현재가치가 $597.02임을 알고 있으므로

$$\begin{aligned} F &= \$597.02(F|P\ 6\%,8) \\ &= \$597.02(1.59385) \\ &= \$951.56 \end{aligned}$$

현금흐름 시리즈와 등가인 현재가치와 미래가치는 개별적인 현금흐름들과 등가인 현재가치 또는 미래가치의 합으로 각각 구할 수 있다. 하지만 현금흐름 시리즈에 포함된 개별적인 현금흐름의 개수가 많아지면 이렇게 구하기에는 시간이 많이 걸린다. 그러므로 이와 같은 경우에는 Excel® **NPV** 재무함수를 이용하면 매우 쉽게 현재가치를 구할 수 있다. 이 함수는 사전에 범위를 정해 놓은 현금흐름들의 순 현재가치를 계산하는 기능을 수행하는 함수이다. 여기서 유의해야 할 점은 계산결과로 나타나는 현재가치의 발생시점이 현금흐름의 범주에 포함되어 있는 현금흐름 가운데 가장 빠른 현금흐름 시점보다 한 시점 이전이라는 사실이다. 이 함수의 매개변수들을 나타나는 순서대로 정의하면 이자율(i)과 개별적인 현금흐름들이다.

Excel® NPV 재무함수의 이용 사례 — 예제 2.8

〈그림 2.8〉로 표현된 예제 2.6을 다시 고려해 보자. 이 문제의 해를 구하는 데는 Excel® **NPV** 재무함수를 이용하는 것이 아주 적절하다. 그러나 〈그림 2.9〉에서 보는 바와 같이 현금흐름 범주에 포함되는 칸은 절대로 비워 두어서는 안 되며 반드시 숫자를 입력하여야 한다. 마지막으로 0의 시점(현재시점)의 현금흐름 값이 0이므로 **NPV**를 계산하는 데 반드시 C3의 위치에 있는 값을 포함

	A	B	C	D	E	F
1						
2		연도 말 (n)	현금흐름 (CF)			
3		0	$0			
4		1	$300			
5		2	$0			
6		3	-$300			
7		4	$200			
8		5	$0			
9		6	$400			
10		7	$0			
11		8	$200			
12		P =	$597.02		=NPV(6%,C4:C11)	
13		F =	$951.56		=FV(6%,8,,-C12)	

C12 fx =NPV(6%,C4:C11)

〈그림 2.9〉 예제 2.6의 해를 구하기 위한 Excel® NPV 및 FV 재무함수

할 필요는 없다. 또한 미래가치를 구하는 경우에도 Excel® **NPV** 재무함수를 이용할 수 있다. 이렇게 해서 구한 현재가치 값은 $597.02이며 이 값은 예제 2.6에서 부록 A의 복리계수표를 이용하여 구한 값과 일치한다. 그리고 〈그림 2.9〉에서 구한 미래가치 값 $951.56은 예제 2.7에서 부록 A의 복리계수표를 이용하여 구한 값과 일치한다.

2.3.2 균일급수 현금흐름

학습목표: 연 복리의 전제 하에 균일급수 현금흐름에 대한 돈의 시간가치 계산을 실시하라.

균일급수 현금흐름은 현금흐름 시리즈에 포함된 모든 현금흐름의 크기가 동일하고 같은 시간 간격으로 분포되어 있는 경우를 말한다. 균일급수 현금흐름과 등가인 현재가치는

$$P = \sum_{t=1}^{n} A(1 + i)^{-t} \tag{2.16}$$

이며, 여기서 A는 현금흐름 시리즈에 포함된 개별 현금흐름의 크기를 나타낸다.

이제 $X = (1 + i)^{-1}$이라 하고 A를 합산기호 밖으로 꺼내면

$$P = A\sum_{t=1}^{n} X^t$$
$$= AX\sum_{t=1}^{n} X^{t-1}$$

이 된다. 여기서 $h = t - 1$로 놓으면 기하급수

$$P = AX\sum_{h=0}^{n-1} X^h \qquad (2.17)$$

가 된다.

식 (2.17)에서 합산은 기하급수의 처음 n개의 항을 나타내므로, 합산의 값은

$$\sum_{h=0}^{n-1} X^h = \frac{1 - X^n}{1 - X} \qquad (2.18)$$

이 된다.

식 (2.18)에서 X를 원래의 식 $(1 + i)^{-1}$으로 치환하면 다음과 같이 P와 A의 관계식을 얻는다.

$$P = A\frac{(1 + i)^n - 1}{i(1 + i)^n} \qquad (2.19)$$

이를 복리계수기호로 나타내면

$$P = A(P|A\ i\%,n) \qquad (2.20)$$

이 된다. 여기서 $(P|A\ i\%,n)$은 **균일급수, 현재가치계수**라고 부르며 다양한 i와 n의 조합에 대하여 부록 A에 표로 제시되어 있다.

균일급수 현금흐름의 현재가치 계산 — 예제 2.9

트로이 롱은 저축예금 계좌에 일정액을 지금 입금하고 앞으로 5번에 걸쳐서 매번 \$2,000을 인출하고자 한다. 마지막으로 인출하고 나면 예금 잔고가 없을 것으로 예상한다. 첫 번째 인출시점이 입금한 시점으로부터 1년 후라고 하면 트로이는 지금 얼마를 입금해야 하는가? 단, 이 예금 계좌는 연 복리 5%로 이자를 지불한다고 한다.

주어진 정보: $A = \$2{,}000$; $i = 5\%$; $n = 5$ 문제 요약

구하는 해: P

풀이 〈그림 2.10〉에서 보는 바와 같이 P가 발생하는 시점이 첫 번째 A의 시점보다 한 시점 전이라는 점에 유의하면서, P와 A의 관계를 이용하면 다음과 같다.

$$\begin{aligned} P &= \$2{,}000(P|A\ 5\%,5) \\ &= \$2{,}000(4.32948) \\ &= \$8{,}658.96 \end{aligned}$$

따라서 연 복리 5%로 이자를 지불하는 저축예금 계좌에 지금 $8,658.96을 입금하면, 앞으로 5년 동안 매년 연말에 $2,000을 인출할 수 있다. 마지막 다섯 번째 인출 후에는 예금잔고가 0이 될 것이다.

균일급수 현금흐름의 현재가치를 계산하기 위해서는 Excel® **PV** 재무함수를 이용하면 편리하다. 앞에서 **PV** 함수를 이용했을 때 균일급수와 같은 형태의 현금흐름이 존재하지 않았기 때문에 매개변수를 나타내는 괄호 안에 2개의 ','를 연속적으로 기입하였다. 이제 균일급수 현금흐름이 존재하기 때문에, 세 번째 매개변수 (A)의 값을 기입해야 한다. 따라서 균일급수 현금흐름의 현재가치를 계산하기 위해서는 i, n, A의 값이 주어졌을 때 Excel® 스프레드시트의 임의의 칸에 **=PV(*i*,*n*,−*A*)**를 입력함으로써 원하는 현재가치를 구할 수 있다. 앞에서와 마찬가지로, P의 값을 구하고자 할 때 **PV** 함수는 A의 부호를 역전시키므로 A 앞에는 '−' 부호를 붙인다.

Excel® 의 **PV** 재무함수를 이용하면

P =PV(5%,5,−2000) = 8658.95

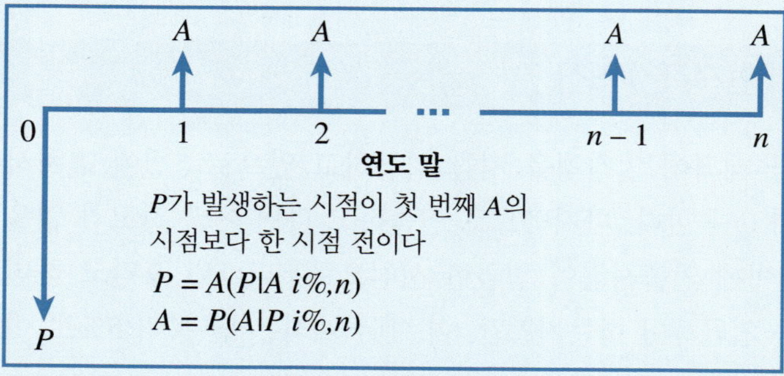

〈그림 2.10〉 대출금 상환에서의 P와 A의 관계를 나타내는 현금흐름도

지연 균일급수 현금흐름의 현재가치 계산 예제 2.10

예제 2.9에서 만약 첫 번째 인출시점이 입금한 시점으로부터 3년 후라고 가정하면 지금 얼마를 입금해야 하는가?

문제 요약

주어진 정보: $A = \$2{,}000$; $i = 5\%$; $n = 5$
구하는 해: 시점 0에서의 현재가치 P

풀이

〈그림 2.11〉에서 보는 바와 같이 문제의 해 P는 $t = 0$ 시점에서의 값이나, 통상적인 해를 구하는 복리계수 ($P|A$ 5%,5)를 적용하면 첫 번째 A보다 한 기간 더 빠른 $t = 2$ 시점에서의 단일금액을 구하게 된다. 따라서 현재가치를 구하기 위해서는, 복리계수 ($P|A$ 5%,5)를 적용하여 얻은 값을 2년 더 과거시점으로 보내야 한다. 이를 위해서는 복리계수 ($P|F$ 5%,2)를 적용해야 한다. 따라서

$$
\begin{aligned}
P &= \$2{,}000(P|A\ 5\%,5)(P|F\ 5\%,2) \\
&= \$2{,}000(4.32948)(0.90703) \\
&= \$7{,}853.94
\end{aligned}
$$

가 된다.

역시 이 예제에서도 Excel® **PV** 재무함수를 이용하여 현재가치를 계산할 수 있다. 또한 이 예제를 통하여 Excel®의 재무함수의 매개변수 자리에 또 다른 Excel®의 재무함수를 입력하여 원하는 답을 구할 수 있음을 보여 주고자 한다. 구체적으로 이 예제에서 Excel® 스프레드시트의 임의의 칸에 다음 식을 입력하면 현재가치를 구할 수 있다.

P **=PV(5%,2,,−PV(5%,5,−2000)) = $7853.93**

여기서 2개의 **PV**함수를 이용한 계산이 이루어짐에 주목할 필요가 있다. 이제 이들 중 하나는 '외부' **PV**함수라 부르고, 다른 하나는 '내부' **PV**함수 또는 '내

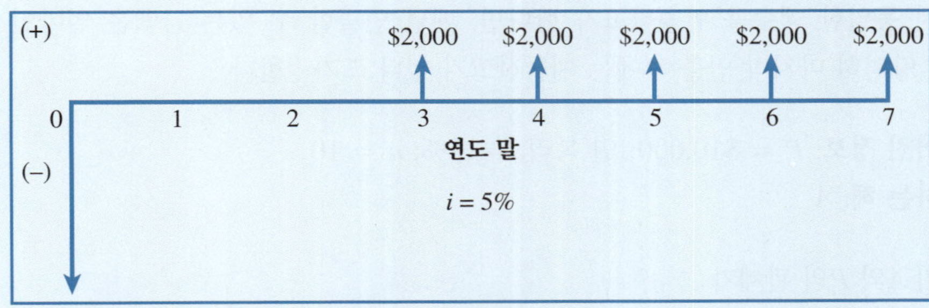

〈그림 2.11〉 예제 2.10의 현금흐름도

포' **PV**함수라 부르기로 하자. '외부' **PV**함수의 매개변수에 2개의 연속된 ','를 삽입함으로써 다음 매개변수 자리에는 단일금액 미래가치가 입력된다는 것을 알 수 있다. (여기서도 전과 마찬가지로 숫자 앞에 '-' 부호가 있음에 유의하기 바란다.) 단일금액 미래가치가 입력되는 자리에 돈의 액수를 입력하는 대신에, 그 자리에 3기 말에서 7기 말까지 존재하는 균일급수 현금흐름의 현재가치를 계산하기 위한 "내부" **PV**함수를 입력하였다. "내부" **PV**함수를 이용하여 계산된 결과는 2기 말의 현금흐름이기 때문에 "외부" **PV**함수의 매개변수에서 기간(n)에 해당하는 위치에는 '2'를 입력하였다.

식 (2.19)에서 정리한 P와 A의 관계식으로부터 역수를 취하면

$$A = P\frac{i(1 + i)^n}{(1 + i)^n - 1} \tag{2.21}$$

이 되고, 이를 복리계수기호를 이용하여 나타내면

$$A = P(A|P\ i\%,n) \tag{2.22}$$

이 된다. 여기서 복리계수기호 $(A|P\ i\%,n)$은 자본투자액 P를 정당화하기 위해 매년 벌어들여야 하는 수익 또는 자본회수액 A를 찾기 위한 것이기 때문에 **자본회수계수**(capital recovery factor)라고 부른다. 복리계수기호 $(A|P\ i\%,n)$은 개인의 융자 문제나 경제적 투자대안들을 비교할 때 많이 활용된다.

자본회수계수 일정한 액수의 자본 투자를 정당화하기 위하여 n 기간 동안에 걸쳐서 매기간 말에 저축(또는 회수)하여야 하는 금액의 크기

예제 2.11 일정한 기간 동안 인출할 수 있는 동일한 인출액의 크기는 얼마인가?

레이첼 타운슬리는 연 복리 8%로 이자를 지급하는 저축예금 계좌에 $10,000을 입금하였다. 만약 그가 입금한 지 1년 후부터 인출하기 시작해 총 10회에 걸쳐 동일한 액수를 인출하고자 한다면, 매년 인출할 수 있는 금액은 얼마인가? 당연히 마지막 인출 후에는 예금잔고가 없다고 가정한다.

문제 요약 **주어진 정보**: $P = \$10{,}000$; 연 복리 $i = 8\%$; $n = 10$

구하는 해: A

풀이 이미 A와 P의 관계가

$$A = P(A|P\ i\%,n)$$

임을 알고 있으므로 다음과 같이 계산할 수 있다.

$$\begin{aligned} A &= \$10{,}000(A|P\ 8\%,10) \\ &= \$10{,}000(0.14903) \\ &= \$1490.30 \end{aligned}$$

Excel® 의 **PMT** 함수를 이용하면 단일금액 현재가치와 등가인 균일급수의 크기를 결정할 수 있다. [**PMT**는 "지급(payment)"의 준말이다.] 이 함수는 P를 빌렸을 때 갚아야 하는 돈의 크기를 계산 해 준다. **PMT** 함수의 매개변수들을 나타나는 순서대로 정의하면 이자율(i), 단위기간 수(n), 현재가치(P), 미래가치(F), 그리고 "유형"이다. 여기서 "유형"이란 **PV** 함수나 **FV** 함수의 경우와 마찬가지로 기간 말 현금흐름 또는 기간 초 현금흐름을 의미한다. 단일금액 현재가치와 등가인 균일급수의 크기를 계산하기 위해서는 마지막 2개의 매개변수는 제외한다.

해를 구하기 위하여 Excel®의 **PMT** 함수를 이용하면 다음과 같다.

A **=PMT(8%,10,−10000) = 1490.29**

지연 균일급수 인출액의 크기 — 예제 2.12

예제 2.11을 다시 생각해 보자. 단지 〈그림 2.12〉에서 보는 바와 같이 첫 번째 인출을 2년간 유예하고자 한다. 그러면 10년 동안 연간 인출액은 얼마가 되는가?

문제 요약

주어진 정보: $P = \$10{,}000$; 연 복리 $i = 8\%$; $n = 10$
구하는 해: $t = 2$ 시점에서의 단일금액(V_2); 그리고 A

풀이

$t = 2$ 시점에서의 저축예금 계좌의 잔고는

$$\begin{aligned} V_2 &= \$10{,}000(F|P\ 8\%,2) \\ &= \$10{,}000(1.16640) \\ &= \$11{,}664 \end{aligned}$$

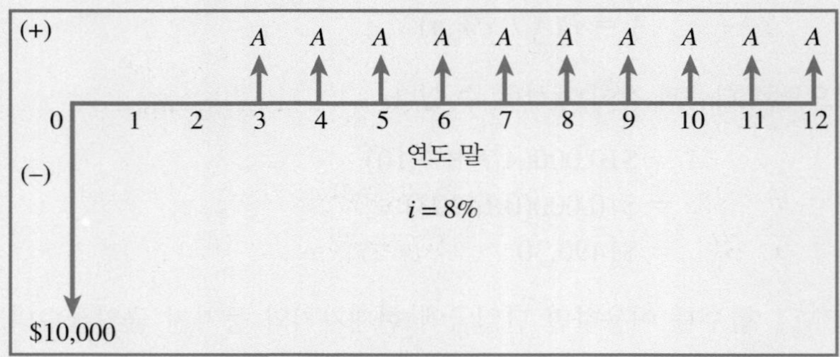

〈그림 2.12〉 지연 인출액 예제의 현금흐름도

이다. 따라서 10년 동안 매년 인출할 수 있는 동일액의 크기는

$$\begin{aligned} A &= \$11{,}664.00(A|P\ 8\%,10) \\ &= \$11{,}664.00(0.14903) \\ &= \$1{,}738.29 \end{aligned}$$

가 된다.

Excel®의 **FV** 함수를 이용하면 균일급수의 미래가치를 계산할 수 있다. 이 예제를 풀기 위해서는 Excel®의 재무함수의 매개변수 자리에 또 다른 Excel®의 재무함수를 입력하여 원하는 답을 구할 수 있다. 구체적으로 Excel® 스프레드시트의 임의의 칸에 다음 식을 입력하여 원하는 답을 구한다.

A =PMT(8%,10,−FV(8%,2,,−10000)) = $1738.28

이 경우 **FV** 함수가 **PMT** 함수 안에 포함되어 있다. "내부" **FV** 함수를 이용하여 연 복리 8%로 이자를 지급하는 저축예금 계좌에 $10,000을 입금하였을 때, 이 입금액과 등가인 2년 후 시점에서의 미래가치를 구했다.

이와 같이 **FV** 함수가 **PMT** 함수 안에 포함되도록 하는 대신에, 아래에서 보는 바와 같이 Excel® 함수를 별도로 이용하여 답을 구할 수도 있다.

V_2 =FV(8%,2,,−10000) = $11,664.00
A =PMT(8%,10,−11664) = $1738.28

균일급수 현금흐름의 미래가치는

$$F = P(1 + i)^n \tag{2.23}$$

임을 이미 알고 있으므로, 식 (2.23)에서 P 대신 식 (2.19)의 값을 대입하면

$$F = A\frac{(1+i)^n - 1}{i} \tag{2.24}$$

이 되고, 또는

$$F = A(F|A\ i\%,n) \tag{2.25}$$

이 된다. 여기서 ($F|A\ i\%,n$)은 균일급수, 미래가치계수라고 부른다.

균일급수 현금흐름과 등가인 미래가치의 계산

예제 2.13

루이 히메네즈는 저축예금 계좌에 30년 동안 매년 연말에 $1,000씩 꾸준히 저축하였다. 이 예금 계좌는 연 복리 6%로 이자를 지급한다고 할 때 마지막 서른 번째 저축을 한 직후의 예금 잔고는 얼마인가?

문제 요약

주어진 정보: $A = \$1{,}000$; 연 복리 $i = 6\%$; $n = 30$
구하는 해: F

풀이

$$\begin{aligned} F &= \$1{,}000(F|A\ 6\%,30) \\ &= \$1{,}000(79.05819) \\ &= \$79{,}058.19 \end{aligned}$$

Excel® 의 **FV** 함수를 이용하면 균일급수의 미래가치를 계산할 수 있다. Excel® 의 **FV** 함수에 필요한 매개변수의 값을 입력하면

F **=FV(6%,30,1000) = $79,058.19**

가 된다.

F 와 A의 역관계는 식 (2.24)로부터 쉽게 얻을 수 있다. 구체적으로

$$A = F\frac{i}{(1+i)^n - 1} \tag{2.26}$$

가 되며, 또는

$$A = F(A|F\ i\%,n) \tag{2.27}$$

이 된다. 여기서 ($A|F\ i\%,n$)은 **감채기금계수**(sinking fund factor)라고 부른다.

감채기금계수 일정한 액수의 미래가치를 적립하기 위하여 n 기간 동안에 걸쳐서 기금에 매기간 말에 입금하여야 하는 금액의 크기

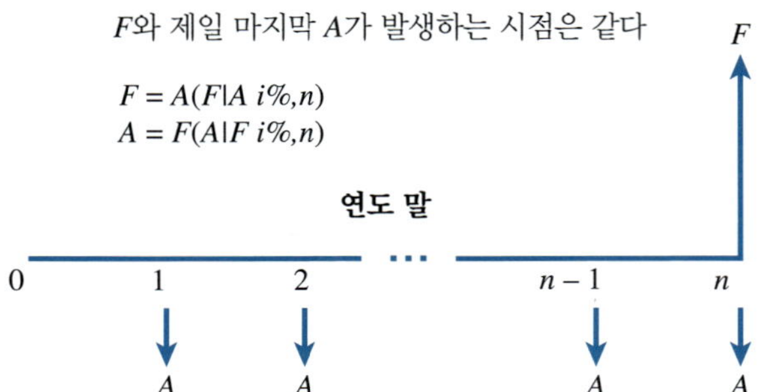

〈그림 2.13〉 투자 상황에서 A와 F의 관계를 나타내는 현금흐름도

이렇게 불리는 이유는 이 계수가 원하는 미래가치를 적립하기 위해 어느 펀드에 매번 불입(담기)해야 하는 저금의 크기를 결정하는 데 사용되기 때문이다. 〈그림 2.13〉에서 보는 바와 같이 F와 제일 마지막 A가 발생하는 시점은 같다. 따라서 제일 마지막 A 또는 저축에는 이자가 붙지 않는다.

예제 2.14 누가 백만장자가 되기를 원하는가?

크리스탈 월슨은 40년 후 그가 은퇴하는 시점에 $1,000,000을 적립하고자 한다. 만약 그가 연 복리 10%로 이자를 지급하는 펀드에 돈을 불입한다면, 40년 동안 매년 연말에 얼마씩 불입해야 원하는 목표를 달성할 수 있는가?

문제 요약 **주어진 정보**: F = \$1,000,000; 연 복리 i = 10%; n = 40

구하는 해: A

풀이 식 (2.27)을 적용하면,

$$\begin{aligned} A &= \$1{,}000{,}000(A|F,10\%,40) \\ &= \$1{,}000{,}000(0.0022594) \\ &= \$2{,}259.40/\text{year} \end{aligned}$$

이 된다. Excel®의 **PMT** 함수를 이용하면

A **=PMT(10%,40,,−1000000) = \$2,259.41/year**

이 된다.

2.3.3 등차급수 현금흐름

학습목표: 연 복리의 전제 하에 등차급수 현금흐름에 대한 돈의 시간가치 계산을 실시하라.

등차급수 각 이자기간마다 현금흐름의 크기가 일정한 액수(G) 만큼 증가하여 발생하는 현금흐름의 시리즈

등차급수(gradient series) 현금흐름은 임의의 현금흐름의 크기가 직전 현금흐름의 크기보다 일정한 액수(등차 G)만큼 증가할 때 나타난다. 〈그림 2.14〉로 나타낸 현금흐름 시리즈를 생각해 보자. 이 현금흐름 시리즈는 균일급수와 등차급수의 합으로 나타낼 수 있다. 통상적으로 **등차급수는 첫 번째 양의 현금흐름이 두 번째 기간 말에 발생하는 것으로 정의된다.** 따라서 기간 t 말에 발생하는 등차급수 현금흐름의 크기는

$$A_t = (t - 1)G \quad t = 1, \ldots, n \tag{2.28}$$

이 된다.

예를 들어 어떤 사람이 연말에 보너스를 받는데 보너스 액수가 매년 \$100씩 증가한다고 하면, 보너스 현금흐름은 등차급수가 된다. 또한 운영비 또는 유지비 등은 물가상승 효과나 장비의 점진적인 노후화 등으로 인하여 시간이 지남에 따라 증가하는 경향이 있다. 이와 같은 비용 항목들은 근사적으로 등차급수로 표현 가능하다.

등차급수와 등가인 현재가치를 구하기 위해서는

$$P = \sum_{t=1}^{n} A_t(1 + i)^{-t} \tag{2.29}$$

를 이용하면 된다. 식 (2.28)을 식 (2.29)에 대입하면

$$P = G\sum_{t=1}^{n} (t - 1)(1 + i)^{-t} \tag{2.30}$$

이 된다. 합산기호를 풀어 정리하면

$$P = G\left[\frac{1 - (1 + ni)(1 + i)^{-n}}{i^2}\right] \tag{2.31}$$

이 된다. 앞에서 정의한 복리계수기호를 이용하여 식 (2.31)을 다시 정리하면

$$P = G(P|G\ i\%,n) \tag{2.32}$$

이 된다. 여기서 $(P|G\ i\%,n)$은 **등차급수, 현재가치계수**라고 부르며 부록 A에 표로 제시되어 있다.

등차급수와 등가인 균일급수를 구하기 위해서는 등차급수 현재가치계수 값에 균일급수 자본회수계수 $(A|P\ i\%,n)$의 값을 곱하면 된다. 이를 수식으로

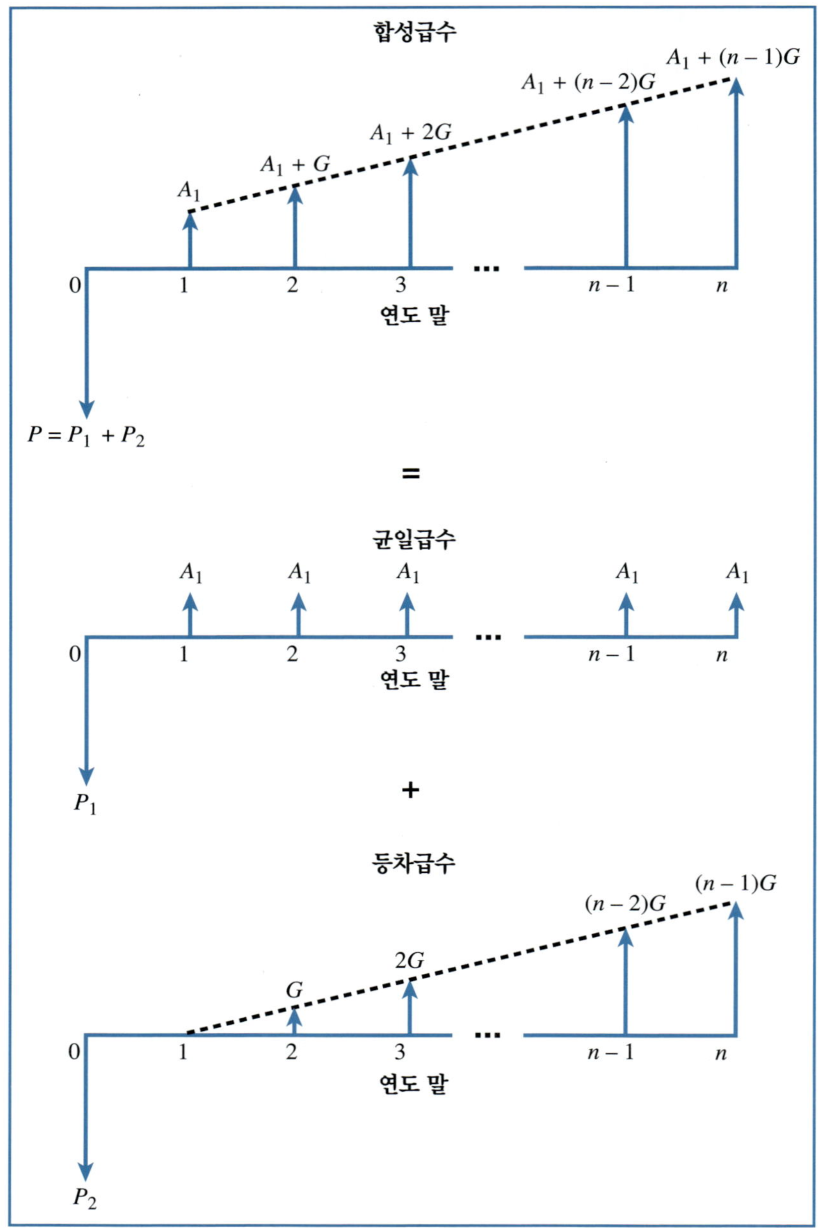

〈그림 2.14〉 투자 상황에서 균일급수와 등차급수의 합으로 나타나는 현금흐름도

나타내면

$$A = G\left[\frac{1}{i} - \frac{n}{i}(A|F\ i\%,n)\right]$$

이 되며, 복리계수기호로 나타내면

$$A = G(A|G\ i\%,n) \tag{2.33}$$

이 된다. 여기서 $(A|G\ i\%,n)$은 **등차급수의 균일급수로의 변환계수**라고 부르며 부록 A에 표로 제시되어 있다.

시점 n에서 등차급수와 등가인 미래가치를 구하기 위해서는 $(A|G\ i\%,n)$의 값에 $(F|A\ i\%,n)$의 값을 곱하면 $(F|G\ i\%,n)$이 된다. 이를 수식으로 나타내면

$$F = G\left[\frac{(1+i)^n - (1+ni)}{i^2}\right] \tag{2.34}$$

가 된다. 여기서 $(F|G\ i\%,n)$은 **등차급수, 미래가치계수**라고 부르며 부록 A에 표로 제시되어 있지 않다.

여러 상황에서 나타나는 현금흐름 시리즈를 살펴보면 균일급수와 등차급수의 합 또는 차로 표현되는 경우가 많다. 따라서 이와 같은 복합적인 현금흐름 시리즈와 등가인 현재가치 또는 미래가치를 구하기 위해서는, 각각의 특수한 유형의 시리즈를 잘 다룰 수 있는 능력을 갖추어야 한다.

등차급수와 등가인 현재가치의 계산 — 예제 2.15

어떤 생산장비의 수명이 5년으로 예상되며, 첫해의 유지비용이 $3,000이고 수명이 다할 때까지 매년 $1,000씩 증가할 것으로 예상된다. 연 복리 8%를 사용하여 유지비용의 현금흐름과 등가인 현재가치를 구하라.

이 문제를 해결하기 위해서는 현금흐름도를 잘 이용하는 것이 바람직하다. 〈그림 2.15〉에서 보는 바와 같이, 원래 주어진 현금흐름 시리즈(합성급수)는 A의 크기가 $3,000인 균일급수와 G의 크기가 $1,000인 등차급수 두 부분으로 나눌 수 있다. 원래 주어진 현금흐름 시리즈를 이와 같이 표현함으로써 보다 효율적으로 해를 구할 수 있다.

문제 요약

주어진 정보: 유지비용—〈그림 2.15〉에 제시한 합성급수 현금흐름; 연 복리 $i = 8\%$

구하는 해: 합성급수의 현재가치 P

풀이

〈그림 2.15〉에서 보는 바와 같이, 현금흐름 시리즈는 균일급수의 크기가 $3,000인 현금흐름과 등차급수의 크기가 $1,000인 현금흐름의 합으로 표현

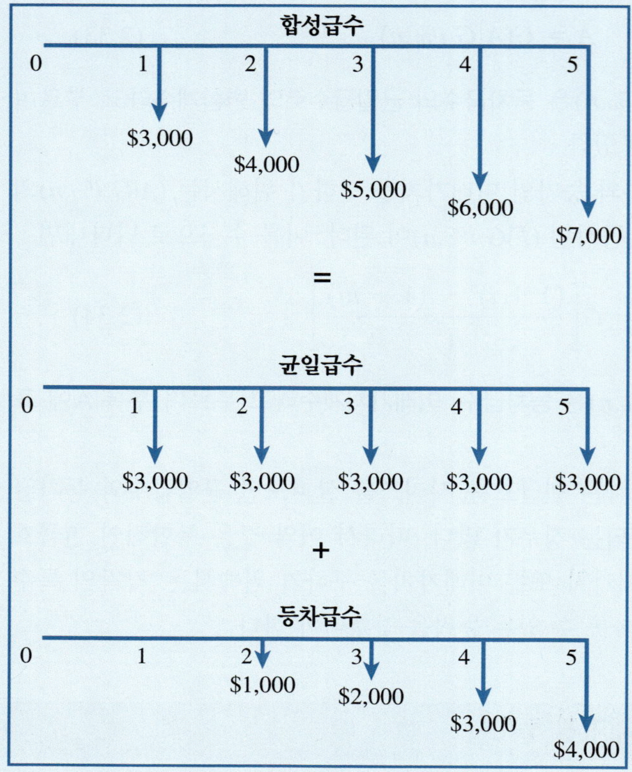

〈그림 2.15〉 예제 2.15의 현금흐름도

가능하다. 등차급수를 이와 등가인 균일급수로 변환하면

$$\begin{aligned} A_G &= \$1{,}000(A|G\ 8\%,5) \\ &= \$1{,}000(1.84647) \\ &= \$1{,}846.47 \end{aligned}$$

이다.

(여기서 등차급수의 경우 실제로 양의 현금흐름의 개수는 '4'이지만 복리계수기호에 들어 있는 n의 값은 '5'임에 유의하기 바란다.)

균일급수로 변환된 값과 원래의 균일급수 값을 더하면 $A = \$1{,}846.47 + \$3{,}000$, 즉 \$4,846.47이 된다. 따라서 균일급수 값을 등가인 현재가치로 변환하면

$$\begin{aligned} P &= \$4{,}846.47(P|A\ 8\%,5) \\ &= \$4{,}846.47(3.99271) \\ &= \$19{,}350.55 \end{aligned}$$

가 된다.

미래가치를 구하기 위해서는, 균일급수 또는 현재가치를 모두 이용할 수 있다. 먼저 균일급수를 이용하면 미래가치는

$$\begin{aligned} F &= \$4{,}846.47(F|A\ 8\%,5) \\ &= \$4{,}846.47(5.86660) \\ &= \$28{,}432.30 \end{aligned}$$

이 된다. 마찬가지로, 현재가치를 이용하면 미래가치는

$$\begin{aligned} F &= \$19{,}350.55(F|P\ 8\%,5) \\ &= \$19{,}350.55(1.46933) \\ &= \$28{,}432.34 \end{aligned}$$

이 된다.

Excel®에는 등차급수를 다루기 위해 특별히 고안된 함수는 없다. 그러나 **NPV** 재무함수를 잘 이용하면 원하는 바를 얻을 수 있다. 구체적으로 Excel® 스프레드시트의 임의의 칸에 **=NPV(8%,3000,4000,5000,6000,7000)** 또는 **=1000*NPV(8%,3,4,5,6,7)**을 입력하면 현재가치인 $19,350.56을 얻게 된다. 일단 현재가치 값을 얻으면, **PMT** 함수 또는 **FV** 함수를 이용하여 현재가치와 등가인 균일급수나 미래가치를 각각 얻을 수 있다.

A **=PMT(8%,5,−19350.56) = $4846.47**
F **=FV(8%,5,,−19350.56) = $28,432.32**

2.3.4 등비급수 현금흐름

학습목표: 연 복리의 전제 하에 등비급수 현금흐름에 대한 돈의 시간가치 계산을 실시하라.

등비급수 각 이자기간마다 현금흐름의 크기가 일정한 비율($j\%$) 만큼 증가 또는 감소하여 발생하는 현금흐름의 시리즈

〈그림 2.16〉에서 보는 바와 같이, **등비급수**(geometric series) 현금흐름은 임의의 현금흐름의 크기가 직전 현금흐름의 크기보다 일정한 비율만큼 증가(감소)할 때 나타난다. 만약 j가 어느 현금흐름이 직전 현금흐름의 크기보다 증가한 백분율이라 하면, t번째 현금흐름의 크기 A_t는

$$A_t = A_{t-1}(1 + j) \quad t = 2, \ldots, n$$

이 되고, 보다 간편하게 나타내면

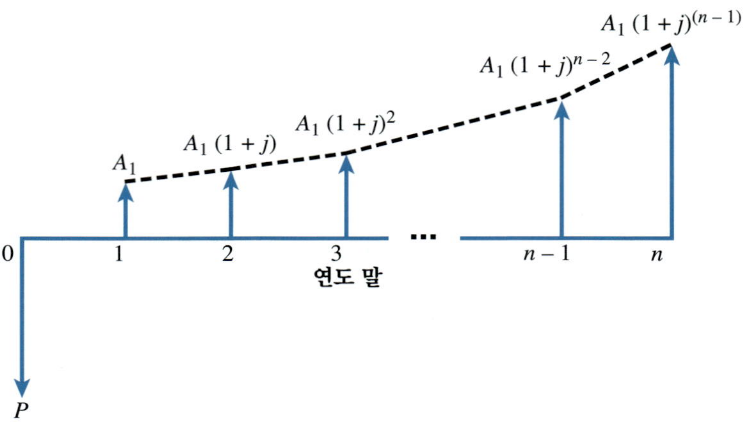

〈그림 2.16〉 증가하는 등비급수 현금흐름의 현금흐름도

$$A_t = A_1(1+j)^{t-1} \quad t = 1, \ldots, n \tag{2.35}$$

이 된다.

일반적으로 비용이나 수익은 시간이 지남에 따라 성장(양의 j)하거나 쇠퇴(음의 j)하는 등의 변화를 보이는데, 등비급수는 이와 같은 변화를 연간 백분율로 나타낸 것이다. 예를 들어 노무비가 매년 10%씩 증가한다고 하면, 노무비를 나타내는 현금흐름 시리즈는 등비급수의 형태가 될 것이다.

등비급수 현금흐름과 등가인 현재가치는 식 (2.9)에 식 (2.35)를 대입하여 구할 수 있다.

$$P = A_1(1+j)^{-1}\sum_{t=1}^{n}(1+j)^t(1+i)^{-t} \tag{2.36}$$

합산기호를 다시 정리하면

$$P = \begin{cases} A_1\left[\dfrac{1-(1+j)^n(1+i)^{-n}}{i-j}\right] & i \neq j \\ nA_1/(1+i) & i = j \end{cases} \tag{2.37}$$

가 되고 이를 복리계수기호로 나타내면

$$P = A_1(P|A_1\ i\%, j\%, n) \tag{2.38}$$

이 된다. 여기서 $(P|A_1\ i\%, j\%, n)$은 **등비급수 현재가치계수**라고 부르며 다양한 i, j, n에 대하여 부록 A에 표로 제시되어 있다.

등비급수와 등가인 현재가치의 계산

예제 2.16

어떤 회사에서 새로운 장비를 구입하고자 한다. 경영진은 처음에 들어가는 구입비용과 설치비용 외에도, 이 장비의 유지비용이 제법 부담이 될 것으로 판단하고 있다. 이 장비의 유지비용은 첫해 연말에는 $1,000이 될 것으로 예상되며, 이후 장비의 수명기간 동안 매년 8%씩 증가할 것으로 예상된다. 이 장비의 예상수명은 15년이다. 회사 경영진은 장비의 수명기간 동안 발생하는 유지비용과 등가인 현재가치에 관심을 가지고 있다. 만약 이 회사의 TVOM이 연 이자율 10% 연간 복리라면 이 현재가치는 얼마인가?

문제 요약

주어진 정보: 유지비용—A_1 = \$1,000인 등비급수, $i = 10\%$, $j = 8\%$, $n = 15$

구하는 해: 수명기간 동안 발생하는 유지비용의 현재가치 P

풀이

$$
\begin{aligned}
P &= \$1,000(P|A_1\ 10\%,8\%,15) \\
&= \$1,000(12.03040) \\
&= \$12,030.40
\end{aligned}
$$

Excel®의 **NPV**재무함수를 이용하면 〈그림 2.17〉에서 보는 바와 같이 유지비용의 증가하는 등비급수와 등가인 현재가치 값을 구할 수 있으며, 그 값은 **$12,030.40**이다. 또는 Excel®의 스프레드시트의 임의의 칸에

C19 fx =NPV(10%,C4:C18)

	A	B	C	D	E	F	G
1							
2		연도 말(n)	현금흐름 (CF)				
3		0	$0				
4		1	$1,000				
5		2	$1,080				
6		3	$1,166				
7		4	$1,260				
8		5	$1,360				
9		6	$1,469				
10		7	$1,587				
11		8	$1,714				
12		9	$1,851				
13		10	$1,999				
14		11	$2,159				
15		12	$2,332		=C14*1.08		
16		13	$2,518				
17		14	$2,720				
18		15	$2,937				
19		P =	$12,030.40		=NPV(10%,C4:C18)		

〈그림 2.17〉 예제 2.16의 Excel® 해

**=NPV[10%,1000,1000*1.08^2,1000*1.08^3,1000*1.08^4,
1000*1.08^5,1000*1.08^6,1000*1.08^7,1000*1.08^8,
1000*1.08^9,1000*1.08^10,1000*1.08^11,1000*1.08^12,
1000*1.08^13,1000*1.08^14]**

또는

**=1000*NPV(10%,1,1.08,1.08^2,1.08^3,1.08^4,1.08^5,1.08^6,1.08^7,
1.08^8,1.08^9,1.08^10,1.08^11,1.08^12,1.08^13,1.08^14)**

을 입력함으로써 원하는 현재가치를 구할 수 있다.

이렇게 얻은 현재가치의 값 $12,030.40은 〈그림 2.17〉에서 보는 바와 같이 Excel®의 스프레드시트를 이용하여 계산한 결과와 일치한다. (10개 이상의 현금흐름을 포함하고 있는 문제를 다룰 때는 Excel®에서 스프레드시트를 이용하는 것이 **NPV** 재무함수를 이용하여 많은 값들을 일일이 입력하는 것보다 훨씬 낫다.)

등비급수와 등가인 균일급수는 등비급수 현재가치계수에 균일급수 현재가치계수($A|P$ $i\%,n$)를 곱하면

$$A = \begin{bmatrix} A_1\left[\dfrac{1-(1+j)^n(1+i)^{-n}}{i-j}\right]\left[\dfrac{i(1+i)^n}{(1+i)^n-1}\right] & i \neq j \\ nA_1\left(\dfrac{i(1+i)^{n-1}}{(1+i)^n-1}\right) & i = j \end{bmatrix} \tag{2.39}$$

가 되고, 또는

$$A = A_1(A|A_1\ i\%,j\%,n) \tag{2.40}$$

이 된다. 여기서 ($A|A_1$ $i\%,j\%,n$)은 **등비급수의 균일급수로의 변환계수**라고 부르며 부록 A에 표로 제시되어 있지 않다.

등비급수와 등가인 미래가치는 등비급수 현재가치계수에 단일금액 미래가치계수($F|P$ $i\%,n$)를 곱하면

$$F = \begin{cases} A_1\left[\dfrac{(1+i)^n-(1+j)^n}{i-j}\right] & i \neq j \\ nA_1(1+i)^{n-1} & i = j \end{cases} \tag{2.41}$$

이 되고, 또는

$$F = A_1(F|A_1\ i\%, j\%, n)$$

이 된다. 여기서 $(F|A_1\ i\%, j\%, n)$은 등비급수 미래가치계수라고 부르며 부록 A에 표로 제시되어 있다.

등비급수와 등가인 미래가치의 계산 예제 2.17

매티 북아웃은 연말 보너스를 받는데 이 돈을 연 복리 8%로 이자를 지급하는 저축예금 계좌에 저축하고 있다. 그가 받는 보너스는 매년 10%씩 증가할 것으로 예상되는데 첫해에는 $500을 받았다. 그가 10년 후 열 번째 보너스를 입금한 직후에 예금잔고는 얼마가 되겠는가?

문제 요약

주어진 정보: $A_1 = \$500$, $i = 8\%$, $j = 10\%$, $n = 10$
구하는 해: F

풀이

F의 값은

$$\begin{aligned} F &= \$500(F|A_1\ 8\%, 10\%, 10) \\ &= \$500(21.74087) \\ &= \$10{,}870.44 \end{aligned}$$

가 된다.

C14 fx =NPV(8%,C4:C13)

	A	B	C	D	E	F
1						
2		연도 말 (n)	현금흐름 (CF)			
3		0	$0			
4		1	$500			
5		2	$550			
6		3	$605			
7		4	$666		=C6*1.1	
8		5	$732			
9		6	$805			
10		7	$886			
11		8	$974			
12		9	$1,072			
13		10	$1,179			
14		P =	$5,035.12		=NPV(8%,C4:C13)	
15		F =	$10,870.44		=FV(8%,10,,-C14)	

〈그림 2.18〉 예제 2.17의 Excel® 해

Excel®에는 구체적으로 등비급수를 위해 만들어진 함수는 없다. 그러나 등차급수의 경우와 같이 **NPV** 재무함수를 이용하면 등비급수와 등가인 현재가치나 미래가치 또는 균일급수의 값을 구할 수 있다. 예를 들어 〈그림 2.18〉에서 보는 바와 같이, 등비급수와 등가인 미래가치를 구하면 $10,870.44가 된다.

2.4 1년 내의 다수 복리기간

학습목표: 연간실효이자율 및 단위기간 이자율을 이용한 1년 내의 다수 복리기간에 대한 돈의 시간가치 계산을 수행하라.

이제까지는 이자율을 언급할 때 연 복리 몇 % 또는 연 이자율 몇 %의 연간 복리라는 표현을 사용하였다. 물론 대부분의 경제성 분석에서 연간 복리가 사용되기는 하지만, 실제로 개인 대출과 관련된 많은 경우에 1년에 여러 번 복리 계산을 하기도 한다. 예를 들어 신용카드 매출의 경우, 연체를 하면 연체금액에 대하여 매달 1.5%의 연체이자가 적용된다. 결과적으로 신용카드로 $1,000의 물품을 구매한 후 결제일까지 갚지 않으면, 결제일로부터 1개월 후에 갚아야 하는 액수는 $1,015로 증가하게 될 것이다. 또 그 다음 달까지 갚지 않으면 $1,015의 1.5%만큼 이자가 붙게 된다. 따라서 실질적으로는 월간 복리가 적용되는 것이다. (더구나 많은 신용카드 상품의 경우, 연체가 발생하면 위약금을 부과할 뿐만 아니라 위약금에 대해서도 이자를 물린다.)

연간 명목이자율 복리의 효과를 고려하지 않은 연 이자율

월 복리 1.5%를 다른 방법으로 표현하면 연 이자율 18%의 월간 복리가 된다. '연 이자율 18%의 월간 복리'라고 표현하였을 때 이 '18%'를 **연간 명목이자율**(nominal annual interest rate)이라 하고, 연간명목이자율[3]을 기호로 나타낼 때는 r로 표현한다.

이제까지 예시한 많은 예제들에서 현금흐름은 대부분 연말시점에 발생하였고, 따라서 현금흐름이 발생하는 시간 단위는 1년이므로 자연스럽게 연간 복리가 적용되었다. 이제 현금흐름이 발생하는 시간 단위와 복리를 계산하는 시간 단위가 서로 다르면, 이제까지와는 다른 방법이 사용되어야 한다. 구체적

[3]이 책에서는 명목이자율은 항상 연간으로 나타낸다. 그리고 복리기간은 연간(즉 1번)이거나 또는 1년 내에 여러 번일 수도 있다.

으로는 **단위기간 이자율** 또는 실효이자율의 두 가지 이자율 가운데 하나를 사용하여야 한다.

단위기간 이자율 연간 명목이자율을 연간 단위기간 수로 나눈 이자율

2.4.1 단위기간 이자율 사용법

단위기간 이자율을 사용하기 위해서는, 먼저 새로운 용어—단위기간 이자율—를 정의해야 한다.

$$\text{단위기간 이자율} = \frac{\text{연간 명목이자율}}{\text{연간 단위기간 수}} \tag{2.42}$$

만약 단위기간과 복리기간이 같다면(예를 들어 1개월), 부록 A에 있는 복리계수들을 바로 이용할 수 있다. 그러나 그렇다 하더라도, 단위기간 수(n)는, 예제 2.18 및 2.19에서 보는 바와 같이, 새로운 단위기간에 맞게 재조정해야 한다.

연간 다수 복리기간인 경우의 미래가치 계산 — 예제 2.18

아래와 같이 이자를 지급하는 저축예금 계좌에 $2,000을 입금하였다. 3년 후 예금 잔고는 얼마인가?

a. 연 이자율 12%의 월간 복리
b. 연 이자율 12%의 반기별 복리
c. 연 이자율 12%의 분기별 복리

문제 요약

주어진 정보: P = $2,000, 연간 명목이자율 = 12%, 투자 지속기간 = 3년
구하는 해: 각 시나리오에 대하여, 단위기간 이자율; 총 단위기간 수; F

풀이

a. 연간 명목이자율 = 연 이자율 12%/년
연간 단위기간 수 = 12월/년

$$\text{단위기간 이자율} = \frac{12\%/\text{년}}{12\,\text{월}/\text{년}} = 1\%/\text{월}$$

총 단위기간 수 = 3(년)*12(월/년) = 36(월)

$$\begin{aligned} F &= \$2{,}000(F|P\ 1\%,36) \\ &= \$2{,}000(1.43077) \\ &= \$2{,}861.54 \end{aligned}$$

b. 연간 명목이자율 = 연 이자율 12%/년

연간 단위기간 수 = 2반기/년

$$\text{단위기간 이자율} = \frac{12\%/\text{년}}{2\text{반기}/\text{년}} = 6\%/\text{반기}$$

총 단위기간 수 = 3(년)*2(반기/년) = 6(반기)

$$\begin{aligned} F &= \$2{,}000(F|P\ 6\%,6) \\ &= \$2{,}000(1.41852) \\ &= \$2{,}837.04 \end{aligned}$$

c. 연간 명목이자율 = 연 이자율 12%/년
연간 단위기간 수 = 4분기/년

$$\text{단위기간 이자율} = \frac{12\%/\text{년}}{4\text{분기}/\text{년}} = 3\%/\text{분기}$$

총 단위기간 수 = 3(년)*4(분기/년) = 12(분기)

$$\begin{aligned} F &= \$2{,}000(F|P\ 3\%,12) \\ &= \$2{,}000(1.42576) \\ &= \$2{,}851.54 \end{aligned}$$

예제 2.19 자동차 구입 대금 상환액 계산

레베카 칼슨은 연 이자율 8%의 월간 복리로 자금을 대출해 주는 할부금융을 이용하여 $25,000짜리 자동차를 구입하였다. 그는 앞으로 5년에 걸쳐 원리금을 균등하게 분할하여 상환할 예정이다. 그는 매달 얼마를 지불해야 하는가?

문제 요약

주어진 정보: P = $25,000, 연간 명목이자율 = 8%, 융자 지속기간 = 5년; 연간 단위기간 수 = 12(월/년)
구하는 해: 단위기간 이자율; 총 단위기간 수; A

풀이

$$\text{단위기간 이자율} = \frac{8\%/\text{년}}{12\text{월}/\text{년}} = 0.66667\%/\text{월}$$

$$\text{총 단위기간 수} = 5\text{년}(12\text{월/년}) = 60\text{월}$$

$$A = \$25{,}000(A|P\ 0.66667\%,60) = \$25{,}000\left[\frac{0.0066667(1.0066667)^{60}}{(1.0066667)^{60} - 1}\right]$$

$$= \$506.91/\text{월}$$

Excel® **PMT** 재무함수를 이용하면

$$A = \textbf{PMT(0.08/12,60,-25000)} = \textbf{\$506.91}$$

이 된다.

2.4.2 연간 실효이자율 사용법

연간 실효이자율 단위기간 이자율과 동등한 1년 단위의 이자율

연간 복리가 아닌 경우의 문제를 풀기 위한 두 번째 방법은 실효이자율의 개념을 이용하는 것이다. **연간 실효이자율**(effective annual interest rate)이란 연 이자율로서 앞서 계산한 단위기간 이자율과 동등한 이자율이다.

예를 들어 이자율이 연 이자율 12%의 분기별 복리라고 하면, **연간 명목이자율**은 12%이고 1년에 4번의 단위기간이 존재한다. 따라서 단위기간 이자율은 분기당 3%이다. 그러므로 분기당 이자율 3%로 $1을 1년 동안 예금하면 미래가치는

$$F = \$1(F|P\ 3\%,4) = \$1(1.12551) = \$1.12551$$

이 된다.

1년 단위의 이자율을 적용하여 같은 결과를 얻기 위해서는 연 복리 이자율이 12.551%가 되어야 한다. 이 값을 **연간 실효이자율**이라 부르며 $(1.03)^4 - 1 = 0.12551$, 즉 12.551%가 된다.

Excel® **EFFECT** 재무함수를 이용하면 연간 실효이자율을 구할 수 있다. 이 함수의 매개변수는 r(연간 명목이자율)과 m(연간 단위기간 수)이다.

연간 실효이자율(i_{eff})을 구하기 위한 일반식은

$$i_{\text{eff}} = (1 + r/m)^m - 1 = \textbf{EFFECT}(\boldsymbol{r,m}) \qquad (2.43)$$

이 된다. 여기서 r은 연간 명목이자율이고 m은 연간 단위기간 수이다.

예제 2.20 연간 실효이자율의 계산

다음 경우에 대한 연간 실효이자율을 구하라.

a. 연 이자율 12%의 분기별 복리

b. 연 이자율 12%의 월간 복리

c. 연 이자율 12%의 분간 복리

풀이

a. 연 이자율 12%의 분기별 복리; $r = 12\%$; $m = 4$

식 (2.43)으로부터

$$\begin{aligned} i_{\text{eff}} &= (1 + 0.12/4)^4 - 1 \\ &= (1.03)^4 - 1 \\ &= 0.12551 = 12.551\% \end{aligned}$$

Excel® **EFFECT** 재무함수를 이용하면 같은 결과를 얻는다.

$$i_{\text{eff}} = \text{EFFECT}(12\%,4) = 12.551\%$$

b. 연 이자율 12%의 월간 복리; $r = 12\%$; $m = 12$

식 (2.43)으로부터

$$\begin{aligned} i_{\text{eff}} &= (1 + 0.12/12)^{12} - 1 \\ &= (1.01)^{12} - 1 \\ &= 0.12683 = 12.683\% \end{aligned}$$

Excel® **EFFECT** 재무함수를 이용하면 같은 결과를 얻는다.

$$i_{\text{eff}} = \text{EFFECT}(12\%,12) = 12.683\%$$

c. 연 이자율 12%의 분간 복리; $r = 12\%$; $m = 525{,}600$

식 (2.43)으로부터

$$\begin{aligned} i_{\text{eff}} &= (1 + 0.12/525{,}600)^{525{,}600} - 1 \\ &= 0.12749684 = 12.749684\% \end{aligned}$$

Excel® **EFFECT** 재무함수를 이용하면 같은 결과를 얻는다.

$$i_{\text{eff}} = \text{EFFECT}(12\%,525600) = 12.749684\%$$

주택담보 대출의 월 상환액 계산 예제 2.21

그렉 빌헬름은 주택을 구입하기 위해 은행으로부터 $100,000을 대출받았다. 그는 연간 명목이자율 6%의 월간 복리로 대출금을 갚되 30년에 걸쳐 매월 동일액을 상환하기로 하였다. 이 대출과 관련된 수수료는 $2,000이다.

a. 그렉 빌헬름이 갚아야 하는 월 상환액은 얼마인가?
b. 만약 그가 수수료도 포함하여 대출을 받는 경우 월 상환액은 얼마인가?
c. 이 대출 거래에서 연간 실효이자율은 얼마인가?

문제 요약

주어진 정보: 대출액 = $100,000, 수수료 = $2,000, 연간 명목이자율 r = 6% (월간 복리), $n = 360$
구하는 해: A, i_{eff}

풀이

a. 그렉 빌헬름이 갚아야 하는 월 상환액을 구하기 위해서는 먼저 단위기간 이자율을 결정하여야 한다;

$$\text{단위기간 이자율} = \frac{6\%/\text{년}}{12\text{월}/\text{년}} = 0.5\%/\text{월}$$

그렉 빌헬름이 30년에 걸쳐 매달 갚아야 하는 상환액은 다음과 같다:

$$\begin{aligned} A &= \$100{,}000(A|P\ 0.5\%, 360) \\ &= \$100{,}000(0.0059955) \\ &= \$599.55 \end{aligned}$$

또는 Excel® **PMT** 재무함수를 이용하면

A **=PMT(0.06/12,360,−100000) = $599.55**

이 된다.

b. 만약 그렉이 수수료도 포함하여 대출을 받는 경우 월 상환액은

$$\begin{aligned} A &= \$102{,}000(A|P\ 0.5\%, 360) \\ &= \$102{,}000(0.0059955) \\ &= \$611.54 \end{aligned}$$

이 되며, Excel® **PMT** 재무함수를 이용하여도 같은 결과를 얻는다.

A **=PMT(0.06/12,360,−102000) = $611.54**

c. 그렉은 원금 $102,000을 갚기 위하여 월 $611.54을 360회에 걸쳐서 갚았

으므로 연간 실효이자율은

$$i_{\text{eff}} = \text{EFFECT(12*RATE(360,611.54,}-\text{102000),12)} = 6.1678\%$$

이다.

2.4.3 현금흐름이 발생하는 시간 단위와 복리를 계산하는 시간 단위가 서로 다른 경우

앞의 예제에서는 복리를 계산하는 시간 단위와 현금흐름이 발생하는 시간 단위가 같았다(예를 들면, 월간 복리이고 매월 상환이 이루어졌다). 만약 이들이 서로 다르다면 어떻게 될까?

이 책에서는 현금흐름이 어느 시점에 발생하는지에 무관하게 항상 이자율을 적용한다고 가정한다. 왜냐하면 이 방법이 이 책에서 설명하는 할인현금흐름 법칙과 일관성이 있기 때문이다.

현금흐름이 발생하는 시간 단위와 복리를 계산하는 시간 단위가 서로 다를 때, 다음과 같은 방법을 사용한다. 먼저 r을 연간 명목이자율이라 하고, m을 연간 단위기간 수라 하자. 그리고 k를 연간 현금흐름 발생 횟수, i를 단위기간 이자율이라 하자. 그러면 i의 값은

$$i = (1 + r/m)^{m/k} - 1 \tag{2.44}$$

이 된다. 식 (2.44)는 연간 복리계산 횟수를 이용한 연간 실질이자율과 연간 현금흐름 발생횟수를 이용한 연간 실질이자율이 같다는 점을 이용하여 구한 것이다. 즉,

$$(1 + i)^k - 1 = (1 + r/m)^m - 1 \tag{2.45}$$

이라 하고 i에 대해 푼 것이다.

예제 2.22 현금흐름이 발생하는 시간 단위와 복리를 계산하는 시간 단위가 서로 다른 경우

연 이자율 8%의 분기별 복리로 $10,000을 대출받은 후 36개월에 걸쳐 매달 원리금을 균등하게 분할 상환하려면, 매달 얼마를 지불해야 하는가?

주어진 정보: $P = \$10{,}000$, $r = 8\%$ (분기별 복리), $n = 36$ 　　문제 요약
구하는 해: A

식 (2.44)로부터, $r = 0.08$, $k = 12$, 그리고 $m = 4$이다. 따라서 　　풀이

$$i = (1 + 0.08/4)^{4/12} - 1$$
$$= 0.006623 \text{ or } 0.6623\%/\text{월}$$

이다. 월간 실효이자율을 알고 있으므로, 월 상환액은 다음과 같이 구할 수 있다.

$$A = \$10{,}000(A|P\ 0.6623\%,36)$$
$$= \$10{,}000[(0.006623)(1.006623)^{36}/(1.006623)^{36} - 1]$$
$$= \$313.12$$

또는 Excel® **PMT** 재무함수를 이용하면

A **=PMT(1.02^(1/3)−1,36,−10000) = $313.12.**

가 된다.

요약

핵심 개념

1. **학습목표: 투자대안에서 발생하는 수입과 지출을 나타내는 현금흐름도를 작성하라. (2.1절)**
현금흐름도는 투자대안을 시각적으로 묘사하는 강력한 도구이다. 현금흐름도는 현금흐름이 발생하는 시점, 크기 및 방향을 시각적으로 묘사한다. 현금흐름들은 현재가치, 미래가치, 균일급수, 등차급수, 또는 등비급수 등의 다양한 형태로 표현된다. 현금흐름들은 현금흐름도를 작성하는 주체(돈을 빌려주는 사람 또는 빌리는 사람)에 따라 양의 현금흐름 또는 음의 현금흐름으로 표현 가능하다.

2. **학습목표: 연 복리인 경우 단일 현금흐름에 대한 돈의 시간가치 계산을 수행하라. (2.2절)**
경제성 분석에서는 종종 단일 현금흐름의 현재가치를 미래가치로 또는 역으로 환산하는 계산이 매우 유용하다. 이를 위한 방정식 및 계수 기호들을 다음과 같이 표로 정리하였다.

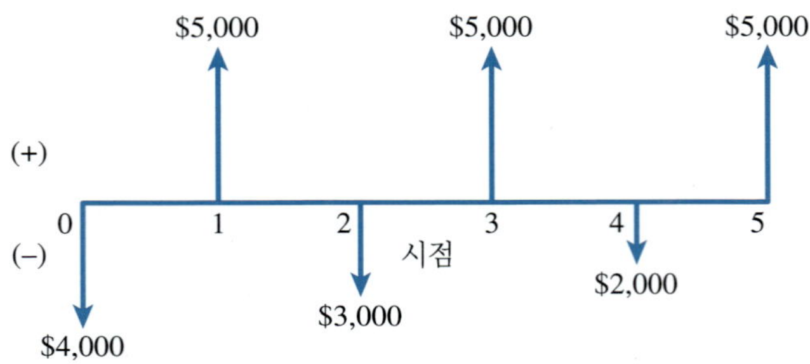

〈그림 2.19〉 현금흐름도의 예

단일 현금흐름	공식	계수 기호	현금흐름도
미래 지출의 현재가치	$P = F(1 + i)^{-n}$	$P = F(P\|F\ i\%, n)$	
현재 지출의 미래가치	$F = P(1 + i)^{n}$	$F = P(F\|P\ i\%, n)$	

3. **학습목표: 균일급수, 등차급수, 등비급수 또는 부정기적인 현금흐름의 시리즈를 구별하라. (2.3절)**

현금흐름의 시리즈는 경우에 따라 특정한 유형을 보이거나 또는 부정기적인 형태를 나타낸다. 어떤 투자대안에서 나타나는 현금흐름의 시리즈가 특정한 유형을 보일 때는 이를 잘 활용하여 그 대안에 대한 분석을 보다 손쉽게 할 수 있다. 현금흐름의 시리즈에서 보편적으로 많이 나타나는 세 가지 유형은 균일급수, 등차급수, 그리고 등비급수이다:

- 균일급수 현금흐름은 각 기간 말에 동일한(균일한) 현금흐름이 발생한다. 자동차를 구입하거나 주택을 구입하고 매월 동일한 액수를 상환하는 경우를 예로 들 수 있다.
- 등차급수 현금흐름은 임의의 현금흐름의 크기가 직전 현금흐름의 크기보다 일정한 액수만큼 증가할 때 나타난다. 예를 들어 장비의 유지비용은 매년 일정한 액수만큼 증가하기도 한다.
- 등비급수 현금흐름은 임의의 현금흐름의 크기가 직전 현금흐름의 크기보다 일정한 비율만큼 증가(감소)할 때 나타난다. 예를 들면, 인건비는 매년 일정 비율씩 증가하기도 한다.

이와 같은 양(또는 음)의 현금흐름들을 단일금액으로 변환할 때 현금흐름도를 사용하면 시각적으로 잘 보여줄 수 있다.

4. **학습목표: 연 복리인 경우 다중 현금흐름에 대한 돈의 시간가치 계산을 수행하라. (2.3절)**

경제성 분석에서는 현금흐름의 시리즈를 이와 등가인 현재가치 또는 미래가치와 같은 단일금액으로 환산하는 경우가 흔히 있으며 이와 같은 계산은 실제로 매우 유용하다. 균일급수, 등차급수, 등비급수 또는 부정기적인 현금흐름에 대하여 이와 같은 계산을 위한 방정식 및 계수 기호들을 다음과 같이 표로 정리하였다.

5. **학습목표: 연간 실효이자율 및 단위기간 이자율을 이용한 1년 내의 다수 복리기간에 대한 돈의 시간가치 계산을 수행하라. (2.4절)**

다양한 경제성 분석에서 연간 복리가 사용되기는 하지만, 실제로 개인 대출의 경우에 1년에 여러 번 복리계산을 하는 경우가 다반사이다. 이와 같은 복리 계산은 절대로 매우 중요하며 경제적 의사결정을 위해서는 절대로 무시해서는 아니 된다. 실제로, 현금흐름이 발생하는 시간 단위나 복리 계산을 하는 시간 단위가 1년보다 짧은 경우 이를 두 가지 방식으로 다룰 수 있다: 하나는 단위기간 이자율을 사용하는 것이며 다른 하나는 연간 실효이자율을 사용하는 것이다.

a. 단위기간 이자율의 방식을 사용하게 되면 이자율은 복리 기간에 해당하는 이자율에 맞추게 된다. 예를 들면, 월간 복리 또는 분기별 복리를 이용하는 것이다. 단위기간 이자율은

$$\text{단위기간 이자율} = \frac{\text{연간 명목이자율}}{\text{연간 단위기간 수}}$$

가 된다.

b. 연간 실효이자율은 단위기간 이자율과 동등한 1년 단위의 이자율을 의미한다. 따라서 단위기간 이자율을 연 단위로 환산하여야 한다. 연간 실효이자율을 구하기 위한 공식은 다음과 같다:

$$i_{\text{eff}} = (1 + r/m)^m - 1 = \textbf{EFFECT}(\boldsymbol{r,m}) \qquad (2.43)$$

만약, 현금흐름이 발생하는 시간 단위와 복리를 계산하는 시간 단위가 다른 경우에는 현금흐름이 발생하는 시간 단위에 대한 단위기간 이자율 i 는

$$i = (1 + r/m)^{m/k} - 1 \qquad (2.44)$$

현금흐름 시리즈	공식	계수 기호	현금흐름도
부정기적인 현금흐름	$P = A_1(1+i)^{-1} + A_2(1+i)^{-2} + A_3(1+i)^{-3} + \cdots + A_{n-1}(1+i)^{-(n-1)} + A_n(1+i)^{-n}$	$P = \sum_{t=1}^{n} A_t(P\|F\ i\%,t)$	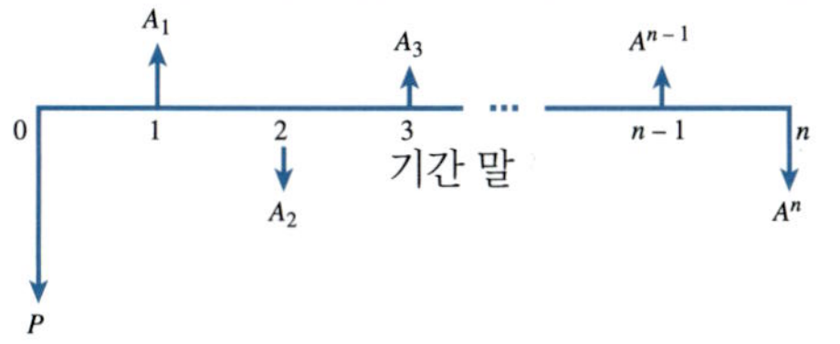 기간 말
균일급수 현금흐름			
• 균일급수에서 현재가치로	$P = A\left[\dfrac{(1+i)^n - 1}{i(1+i)^n}\right]$	$P = A(P\|A\ i\%,n)$	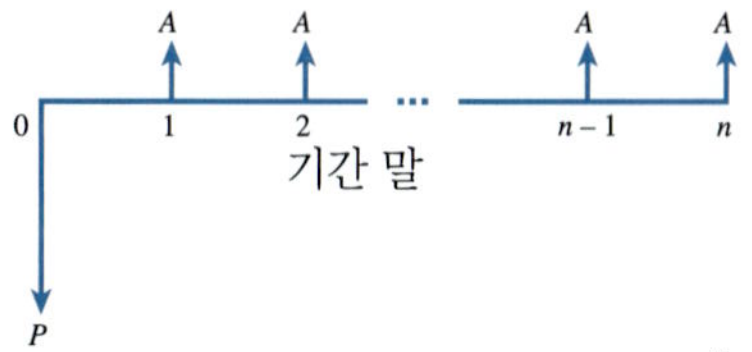 기간 말
• 현재가치에서 균일급수로	$A = P\left[\dfrac{i(1+i)^n}{(1+i)^n - 1}\right]$	$A = P(A\|P\ i\%,n)$	
• 균일급수에서 미래가치로	$F = A\left[\dfrac{(1+i)^n - 1}{i}\right]$	$F = A(F\|A\ i\%,n)$	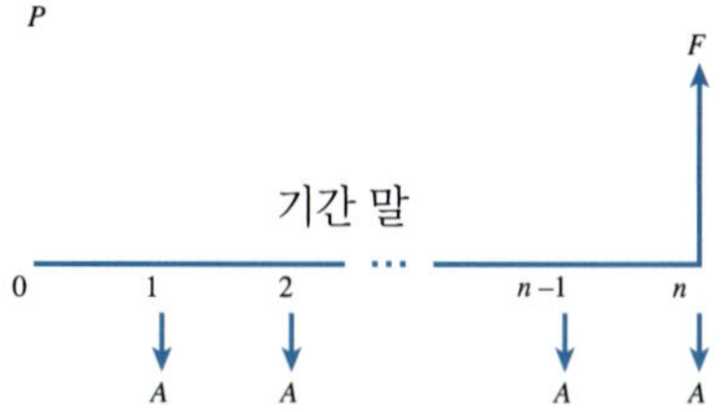 기간 말
• 미래가치에서 균일급수로	$A = F\left[\dfrac{i}{(1+i)^n - 1}\right]$	$A = F(A\|F\ i\%,n)$	
등차급수 현금흐름			
• 등차급수에서 현재가치로	$P = G\left[\dfrac{1 - (1+ni)(1+i)^{-n}}{i^2}\right]$	$P = G(P\|G\ i\%,n)$	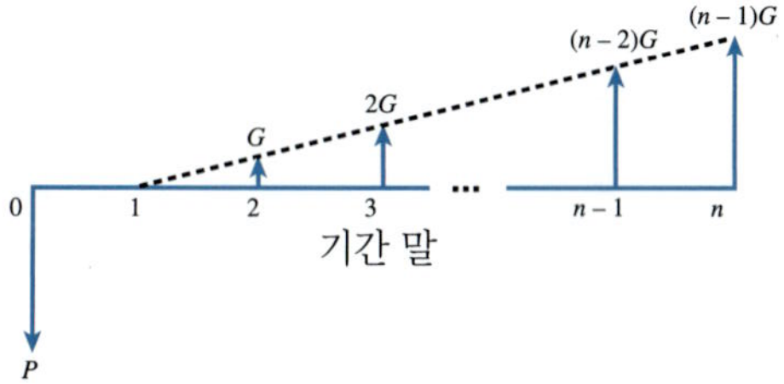 기간 말
• 등차급수에서 균일급수로	$A = G\left[\dfrac{1}{i} - \dfrac{n}{i}(A\|F\ i\%,n)\right]$	$A = G(A\|G\ i\%,n)$	
• 등차급수에서 미래가치로	$F = G\left[\dfrac{(1+i)^n - (1+ni)}{i^2}\right]$	$F = G(F\|G\ i\%,n)$	

등비급수 현금흐름

- 등비급수에서 현재가치로

$$P = \begin{cases} A_1\left[\dfrac{1-(1+j)^n(1+i)^{-n}}{i-j}\right] & i \neq j \\ nA_1/(1+i) & i = j \end{cases} \qquad P = A_1(P|A_1\ i\%,j\%,n)$$

- 등비급수에서 균일급수로

$$A = \begin{cases} A_1\left[\dfrac{1-(1+j)^n(1+i)^{-n})}{i-j}\right]\left[\dfrac{i(1+i)^n}{(1+i)^n-1}\right] & i \neq j \\ nA_1\left(\dfrac{i(1+i)^{n-1}}{(1+i)^n-1}\right) & i = j \end{cases} \qquad A = A_1(A|A_1\ i\%,j\%,n)$$

- 등비급수에서 미래가치로

$$F = \begin{cases} A_1\left[\dfrac{(1+i)^n-(1+j)^n}{i-j}\right] & i \neq j \\ nA_1(1+i)^{n-1} & i = j \end{cases} \qquad F = A_1(F|A_1\ i\%,j\%,n)$$

가 된다. 여기서 r = 연간 명목이자율, m = 연간 단위기간 수, 그리고 k = 연간 현금흐름 발생 횟수이다.

핵심용어

감채기금계수
균일급수
단위기간 이자율
등비급수
등차급수
미래가치
복리 계산
연간 명목이자율
연간 실효이자율
이자율
자본회수계수
현금흐름도
현재가치

기사시험 유사 문제

1. F가 미래가치고, P가 투자원금이고, i 는 연간 복리, 그리고 n은 이자기간 수라고 하자. 이들의 관계를 정확하게 표현한 공식은 어느 것인가?

   a. $F = P(1 + in)$
   b. $F = P(1 + i)^n$
   c. $F = P(1 + n)^i$
   d. $F = P(1 + ni)^{n-1}$

2. 원래의 계획은 연 복리 5%로 이자를 지급하는 저축예금 계좌에 $5,000을 입금하고 15년 동안 저축하는 것이었다. 그러나 5년도 말에 $1,500을 인출하게 되었다. 15 년도 말 시점에 예금 잔고는 얼마인가?

   a. $11,359
   b. $9,359
   c. $12,043
   d. $10,043

3. 연 복리 10%의 수익률을 얻을 수 있는 펀드에 지금으로부터 3년 후에 $5,000을 투자한다면, 지금으로부터 15년 후에 펀드잔고는 얼마가 되는가?

   a. $8,053
   b. $15,692
   c. $20,886
   d. $27,800

4. 좋은 회사는 나쁜 회사를 인수합병하려고 한다. 좋은 회사는 나쁜 회사에게 다음과 같은 인수제안서를 제시하였다. 인수제안서에 사인하는 시점(현재)에 $3,000,000 을 지불하고, 1년 후부터 10년 동안 매년 말에 $300,000 을 지불하기로 한다. 좋은 회사의 TVOM이 10%일 때, 좋은 회사 입장에서 인수를 위해 지불하는 현재가치는 얼마인가?

   a. $3,000,000
   c. $4,843,380

b. $2,281,830 d. $5,281,830

5. 젊은 엔지니어가 연 복리 i%로 $5,000을 대출받은 후 n년 동안 매달 동일액 $$A$를 상환하기로 하였다. 만약 그가 같은 조건(연 복리 i%및 n년 동안 매달 동일액 상환)으로 $10,000을 대출받고자 한다면 월 상환액은 $$2A$가 될 것이다.

a. 참
b. 거짓
c. i와 n의 값을 모두 모르기 때문에 결정할 수 없다.
d. i 또는 n의 값을 모르기 때문에 결정할 수 없다.

6. 어떤 조건에서 연간 실효이자율과 단위기간 이자율이 같아지는가?

a. 절대 성립할 수 없다.
b. 연간 복리 횟수가 1인 경우 같아진다.
c. 연간 복리 횟수가 무한대인 경우 같아진다.
d. 항상 성립한다.

연습문제

2.0절 서론

1. 샘의 TVOM이 연 이자율 6%라 할 때, 어떤 사람이 샘에게 현재 $500을 주고 1년 후에 추가로 $500을 주고자 한다.

a. 샘이 이러한 돈을 받는 대가로 지금 일정액을 지불하고자 할 때, 얼마를 지불하는 것이 타당한가?
b. 샘이 이러한 돈을 받는 대가로 1년 후에 일정액을 지불하고자 할 때, 얼마를 지불하는 것이 타당한가?

2. 네 가지 할인현금흐름 법칙을 서술하라.

2.1절 현금흐름도

3. 오늘 레이저 가공 기계를 $23,000에 구입하였다. 처음 2년 동안은 유지비가 들어가지 않는다. 3년째의 유지비는 3년도 말에 $2,000으로 예상되며, 이후 매년 $1,000씩 증가할 것으로 예상된다. 또한 이 기계를 도입함으로써 매년 $14,000의 수익을 얻을 수 있을 것으로 기대된다. 계획기간이 6년이라 할 때, 현금흐름도를 그려라.

4. 새라는 월세 $550에 원룸을 빌렸다. 월세는 매달 초에 지불한다. 보증금은 $450인데 입주시점에 지불한다. 공과금은 월 $150인데 매달 말에 지불한다. 보증금은

방을 깨끗하게 사용한다는 전제하에 이사 나갈 때 돌려준다. 이 원룸을 12개월 동안 계약하여 사용한다고 했을 때, 새라의 입장에서 현금흐름도를 그려라.

5. 데이비드는 일반 자전거와 산악자전거를 모두 취급하는 가게를 열기 위해 하트포드 은행으로부터 $150,000을 빌리고자 한다. 데이비드는 자전거 가게가 어느 정도의 이윤을 내기 위해서는 몇 년의 시간이 필요할 것으로 예상하고 있다. 따라서 4년도 말이 될 때까지는 대출금을 일체 상환하지 않을 예정이다. 데이비드가 대출금을 처음과 두 번째 상환하는 시점은 각각 4년도 말과 5년도 말이며, 이때 상환액은 각각 $20,000이다. 6년도 말부터는 연달아 4번에 걸쳐 상환할 계획인데, 첫 번째 상환액은 $*X*이고 그 다음부터는 상환액이 매번 $8,000씩 증가한다. 데이비드의 관점에서 현금흐름도를 그려라.

6. 샘은 앞으로 4년 동안의 대학 등록금과 대학원 과정의 등록금을 마련하기 위해 오늘 $10,000을 빌렸다. 샘은 지금으로부터 2년 후에 추가로 $4,000이 필요하다고 판단했고, 이 액수를 더 빌렸다. 샘은 처음 돈을 빌린 시점으로부터 4년 후(두 번째 돈을 빌린 시점으로부터는 2년 후)부터 갚아 나가기 시작하여 10년 동안 계속 갚아 나갈 예정이며, 매년 갚는 돈의 크기는 $2,880이다. 샘의 입장에서 이 상황에 대한 현금흐름도를 그려라.

2.2.1절 단일 현금흐름-미래가치 계산

7. 연 복리 7%로 벌 수 있는 기회에 오늘 $25,000을 투자했다면 10년 후에는 얼마가 되는가?

8. 1958년 8월 1일, 1온스짜리 봉투를 사용한 보통 우편의 우표 값이 4¢였다. 2007년 8월 1일, 같은 경우에 대한 우표 값은 41¢이다. 이 49년이라는 기간 동안에 연 몇 퍼센트의 복리로 우표 값이 오른 셈인가?

9. 오늘 $176,000을 주고 토지를 매입하여 정확히 9년 뒤에 $525,000을 받고 매각한다면, 토지가치의 성장률은 연간 복리를 적용할 때 연 몇 %인가?

10. 다음 각 경우에 적용되는 이자율을 계산하라.
    a. 10년 뒤 금액이 현재의 2배가 됨.
    b. 10년 뒤 금액이 현재의 3배가 됨.
    c. 10년 뒤 금액이 현재의 4배가 됨.

11. 오늘 $1,500을 투자하여 3년 뒤에 $2,500을 받기로 하였다면, 이자 수익은 연간 복리로 몇 %에 해당하는가?

12. 6%의 연간 복리를 적용할 경우, 다음 각 경우에 가장 근접한 값을 갖도록 하는 데 필요한 연수(정수값)를 구하라.
    a. 현재 금액의 2배가 됨.
    b. 현재 금액의 3배가 됨.
    c. 현재 금액의 4배가 됨.

2.2.2절 단일 현금흐름–현재가치 계산

13. 이자율 i와 기간 n의 값을 입력하면 계수 $(F|P, i,n)$, $(P|F, i,n)$의 값을 자동으로 산출하는 스프레드시트를 만들라. 그리고 다양한 이자율 i와 기간 n의 값에 대하여 $(F|P, i,n)$, $(P|F, i,n)$의 값을 시험적으로 계산하여 부록 A의 표에 주어진 결과와 같은지 확인하라.

14. 다음과 같은 일정액을 적립하기 위해 현재 얼마를 입금해야 하는가?
    a. 연 복리 5%로 투자하여 6년 후에 $10,000을 적립
    b. 연 복리 8%로 투자하여 4년 후에 $6,500을 적립
    c. 연 복리 6%로 투자하여 12년 후에 $3,400을 적립
    d. 연 복리 10%로 투자하여 5년 후에 $13,500을 적립

15. 연 복리 11%로 이자를 지급하는 계좌에 9년 후에 $15,000을 적립하기 위해서는 현재시점에 얼마를 입금해야 하는가? 다음 방법을 사용하여 소수점 아래 2자리까지 답을 구하라.
    a. 부록 A에 제시된 복리계수표를 이용하라.
    b. 계산기 또는 스프레드시트에서 수식을 이용하라.
    c. Excel®의 **PV** 함수를 이용하라.

16. 다음과 같은 미래수입과 마찬가지인 현재가치는 얼마인가?
    a. 연 복리 9%로 이자를 지급하는 계좌에 5년 후에 $19,000
    b. 연 복리 15%로 이자를 지급하는 계좌에 12년 후에 $8,300
    c. 연 복리 12%로 이자를 지급하는 계좌에 53년 후에 $6,200
    d. 연 복리 19.2%로 이자를 지급하는 계좌에 18년 후에 $13,000
    e. 연 복리 8%로 이자를 지급하는 계좌에 10년 후에 $5,000

17. 제이슨은 연 복리 10%로 이자를 지불해야 하는 계좌에서 7년 동안 자금을 대출받았다. 7년도 말에 제이슨이 갚은 돈은 $23,384.61이다. 제이슨은 처음에 얼마를 빌렸는가?

18. 당신은 지금부터 7년 뒤에 예금계좌에서 일시불로 $6,000을 인출하고자 한다. 이

계좌의 예금에는 12%의 연간 복리로 이자가 계산된다. 오늘 얼마를 입금해야 하는가?

a. 부록 A에 제시된 복리계수표를 이용하라.

b. 계산기를 이용하거나 또는 Excel® 함수 가운데 *P*I*F* 공식을 이용하라.

c. 적절한 Excel® 함수를 이용하라.

2.3.1절 불규칙한 현금흐름의 시리즈

19. 어떤 투자의 현금흐름 개요는 아래와 같고, 적용되는 이자율은 6.5%의 연간 복리이다.

연도 말	현금 흐름	연도 말	현금 흐름
0	$0	4	−$300
1	−$500	5	$500
2	$200	6	−$200
3	$400	7	$100

a. 이 현금흐름 시리즈의 주어진 수치를 그대로 사용하여 이 투자안의 미래가치를 계산하라.

b. 이 현금흐름 시리즈의 주어진 수치를 그대로 사용하여 현재가치를 계산하라.

c. (a)에서 구한 미래가치 금액을 사용하여 현재가치를 계산하라.

20. 연 이자율 8%일 때 다음과 같은 현금흐름이 발생하는 투자대안이 있다.

연도 말	현금 흐름	연도 말	현금 흐름
0	$300	5	$0
1	$300	6	$800
2	$600	7	$700
3	−$500	8	$600
4	−$300		

a. 이 현금흐름 시리즈의 현재가치를 구하라.

b. 이 현금흐름 시리즈의 8년도 말 시점에서의 미래가치를 구하라.

c. 이 현금흐름 시리즈의 2년도 말 시점의 가치를 구하라.

21. 호나우두는 학자금 마련을 위해 오늘 이모로부터 $8,000을 빌리고 6%의 연간 복리로 이자를 계산하여 갚기로 약속했다. 그의 채무변제 계획을 나타내는 현금흐름표는 다음과 같다.

연도 말	현금 흐름	연도 말	현금 흐름
0	$8,000	5	−$X
1	$0	6	−($X + 100)
2	$0	7	−($X + 400)
3	$0	8	−$2X
4	$0		

a. 호나우두의 관점에서 현금흐름도를 그려라.

b. 빚을 완전히 청산하자면 X의 값은 얼마여야 하는가?

c. 5, 6, 7, 8년도 말의 각 지불금액을 구하라.

22. 어떤 페인트 가게에서 $30,000짜리 최신형 페인트 혼합기를 한 대 구입하려 한다. 이 기계의 구입대금은 다음 두 가지 방법 중 하나로 지불할 수 있다. (1) 가격의 3%를 할인받는 대신 즉시 전액을 지불함. (2) 지금 $5,000, 1년 뒤에 $8,000을 지불하고 2년도 말부터 5년도 말까지 매년 $6,000씩 지불함. 이자율을 12%의 연간 복리로 가정하면 어느 방법이 가장 경제적인가?

23. 마리아는 $t = 1, 2, 3$의 시점에 각각 $1,200, $500, $2,000을 입금하였다. 만약 이 계좌에서 연 복리 8%로 이자를 지급한다고 하면, (a) $t = 3$, (b) $t = 6$의 시점에 계좌에 적립되는 액수는 각각 얼마인가?

2.3.2절 균일급수 현금흐름

24. $t = 0$의 시점에 $1,000을 빌렸다. 연 이자율이 10%라고 할 때, 앞으로 4년에 걸쳐서 매년 연말에 동일한 금액을 갚아서 빚을 청산하고자 한다면 이 액수는 얼마인가?

25. 제이슨은 대학시절 수혜 받은 대여 장학금을 매년 $7,500씩 상환하고 있다. 오늘 금년분 $7,500을 납부하였다. 이제 8번 만 더 납부하면 된다. 이 학자금에는 6%의 연간 복리가 적용된다. 만약 오늘 나머지 8회분을 모두 갚아버리려면 얼마를 지불해야 하는가?

26. 기간당 이자율이 6%인 계좌에 $t = 1, 2, 3, 4, 5$의 시점에 매번 동일하게 $500 씩 5번에 걸쳐 입금하였다. (a) $t = 5$, (b) $t = 10$의 시점에 계좌에 적립되는 액수는 각각 얼마인가?

27. 당신 돈의 시간가치가 0%보다 크다고 한다면, 5년 동안 매년 $10,000씩 받는 것과 10년 동안 매년 $5,000씩 받는 것 중 어느 것을 선호하겠는가? 반대로 돈을 받는 것이 아니라 갚는다고 하면 어느 것을 선호하겠는가?

28. 후안은 7%의 연간 복리로 $25,000을 빌리고, 이 돈을 매년 일정액씩 5년에 걸쳐 분할상환하기로 하였다. 첫 번째 납입일이 지금부터 1년 뒤라고 하면 매년 얼마씩 납입해야 하는가?

29. 8%의 연간 복리로 이자가 계산되는 어떤 펀드에 매년 말 $1,000씩 8번 불입하였다.
    a. 첫 번째로 불입하는 시점의 1년 직전 시점의 현재가치는 얼마인가?
    b. 마지막 불입 직후의 미래가치는 얼마인가?
    c. 마지막 불입 직후 3년이 경과한 시점의 미래가치는 얼마인가?

30. 연 이자율이 12%인 계좌에 매년 동일하게 $1,000씩 입금하고 있다. 5번째 입금한 직후에 예금 잔고는 얼마가 되겠는가?

31. 당신은 $250,000짜리 주택을 구입하기로 했다. 초기 불입금으로 집값의 20%를 지급하고, 나머지 잔액 $200,000은 연 이자율 7%의 주택담보 대출 계약을 체결하여 매년 말 일정 금액씩 12년에 걸쳐 갚기로 하였다. 연간 불입액은 얼마인가?

32. 당신은 새 오디오 시스템을 구입하기 위해 돈을 대출하였다. 당신은 빌린 원금의 20%씩 매년 말에 납부해야 한다. 이자율은 연간 복리 7%이다.
    a. 빌린 돈을 다 갚는 데 걸리는 기간은 몇 년인가?(정수가 아닌 소수점일 수 있음)
    b. 만약 (a)에서 구한 수치의 소수점 이하를 반올림한 정수를 상환기간으로 정하면 이자율을 얼마로 조정해야 하는가?

33. 구간 [11,20]에서 발생하는 균일급수 현금흐름 1회 금액의 크기를 얼마로 해야 구간 [1,10]에서 1회 금액이 $10,000인 균일급수 현금흐름과 등가가 되는가?
    a. 연 이자율 6%를 적용할 경우
    b. 연 이자율 10%를 적용할 경우

34. 제니는 오늘 은행에 $10,000을 예금하였다. 3년 후부터 매년 $1,000씩 5회 인출하고, 10년 후 나머지 금액을 모두 인출 하고자 한다. 이 은행에서는 6%의 연간 복리로 이자를 지급한다고 하면, 지금부터 10년 후 제니가 인출하는 금액은 얼마인가?

35. 다음 각 경우 15년도 말에 인출할 수 있는 금액은 얼마인가?
    a. 연간 복리 5%로 매년 말에 $2,000씩 투자한다.
    b. 연간 복리 8%로 10년 동안 매년 말에 $3,000씩 투자하고 나머지 5년 동안 그대로 둔다.
    c. 연간 복리 8%로 1년도 말에서 5년도 말까지는 매년 $2,000, 6년도 말에서 10년도 말까지는 매년 $4,000, 11년도 말에서 15년도 말까지는 매년 $6,000씩

투자한다.

36. 연금계좌를 하나 개설하고자 한다. 그 계좌는 연 9%의 수익을 발생시킬 것으로 추정된다. 앞으로 25년 동안 매년 말에 $4,000씩 이 계좌에 적립하기로 했다. 마지막 적립금을 불입한 후 3년이 되는 시점부터 돈을 인출할 수 있다.
   a. 첫 번째 인출시점 1년 전에 이 계좌에는 얼마의 돈이 적립되어 있는가?
   b. 만약 당신이 연금계좌에서 동일 금액으로 30년간 인출하고 싶다면 매년 얼마씩 인출할 수 있는가?
   c. 만약 당신이 이 연금계좌가 영원히 지속되기를 원한다면 매년 얼마씩 인출할 수 있는가?

37. 연 이자율 10%에서 다음과 같은 현금흐름과 등가가 되는 계획기간을 8년으로 하는 균일급수 현금흐름의 연간 금액을 구하라.

연도 말	현금 흐름	연도 말	현금 흐름
0	−$2,500	5	$0
1	$3,000	6	−$1,000
2	$4,500	7	$7,000
3	$0	8	$3,000
4	−$5,000		

38. 당신은 당신의 25번째, 30번째, 35번째 생일에 $X씩 은행계좌에 예금하기로 했다. 이 계좌는 연 이자율 9%를 지급한다. 당신은 당신의 41번째 생일부터 50번째 생일까지 매년 생일날 동일 금액을 인출하여 이 계좌의 잔고를 없애기로 하였다. 당신의 45번째 생일날 정해진 금액을 인출한 후 계좌의 잔고가 $32,801.60으로 확인되었다. $*X*는 얼마인가?

39. 연 이자율이 *i*% 라고 할 때, 크기가 *B*인 균일급수 현금흐름(단, 입금하는 시점은 일반적인 연도 말이 아니라 연도 초에 입금하는)과 *n* 연도 말의 미래가치 *F*의 관계를 보여주는 수식을 만들라.
   a. *F*와 *B*의 관계를 나타내는 수식을 부록 A의 표에서 제시하는 복리계수를 이용하여 나타내라.
   b. *F*와 *B*의 관계를 나타내는 수식을 연 이자율 *i*와 기간 *n*의 함수로 표현하라.
   c. $B = \$1,000$, $n = 5$, $i = 10\%$ 라고 할 때, (a)와 (b)에서 나타낸 수식을 이용하여 *F*의 값을 찾고 이들이 같음을 보여라.

2.3.3절 등차급수 현금흐름

40. 이자율 *i*와 기간 *n*의 값을 입력하면 계수 (*P*|G, *i*,*n*), (*F*|G, *i*,*n*), (*A*|G, *i*,*n*)의 값을

자동으로 산출하는 스프레드시트를 만들라. 그리고 다양한 이자율 i와 기간 n의 값에 대하여 $(P|G, i,n)$, $(F|G, i,n)$, $(A|G, i,n)$의 값을 시험적으로 계산하여 부록 A의 표에 주어진 결과와 같은지 확인하라.

41. 존은 연 이자율 18%의 연간 복리로 $10,000을 빌렸다. 그는 이 금액을 5년에 걸쳐 매년 말에 일정한 금액을 갚기로 약정하였다. 특정한 연도 말에 갚는 금액은 전년도 말에 갚는 금액보다 $700 작은 금액을 갚고자 한다면 첫 해 연말에는 얼마를 갚아야 하는가?

42. 연 이자율 6%를 지급하는 예금계좌에 1년도에서 7년도까지 매년 말에 돈을 저축하고자 한다. 저축액은 첫해의 $5,000을 시작으로 매년 $1,000씩 증액하기로 하였다. 마지막 저축 직후 이 계좌에는 얼마의 돈이 적립되어 있는가?

43. 다음과 같은 일련의 현금흐름을 생각해 보자.

연도 말	현금흐름	연도 말	현금흐름
0	−$75,000	5	$15,000
1	$3,000	6	$18,000
2	$6,000	7	$21,000
3	$9,000	8	$24,000
4	$12,000		

등차급수계수를 사용하여 다음 각 이자율에 대해 이 현금흐름의 현재가치를 계산하라.

a. 연 이자율 6%　　　　b. 연 이자율 7%

44. $90,000을 투자하였다. 1년도 말에 $30,000의 수익이 발생하고, 2~5년도까지의 수익은 전년 대비 $3,000씩 감소하여 매년 말에 발생하였다. 돈의 시간가치를 연 이자율 5%라 하고, 등차급수계수를 사용하여 이 투자의 현재가치를 계산하라.

45. 다음과 같은 일련의 현금흐름 개요를 생각해 보자.

연도 말	현금흐름	연도 말	현금흐름
0	−$45,000	5	$8,000
1	$12,000	6	$7,000
2	$11,000	7	$6,000
3	$10,000	8	$5,000
4	$9,000		

연 이자율 6%의 연간 복리를 적용하여 이 현금흐름의 시리즈와 등가인 6년 말 시점의 단일금액의 크기를 구하라.

46. 연습문제 45의 표에 주어진 1~8년도 현금흐름을 등차 G가 양의 값을 갖는 등가의 등차급수로 변환하고자 한다. 8년도 말의 현금흐름 크기가 $10,000이 되도록 하고자 하면, 등차 G의 값을 얼마로 해야 하는가?

47. 다음과 같은 일련의 현금흐름 개요를 생각해 보자.

연도 말	현금흐름	연도 말	현금흐름
0	−$50,000	5	$9,000
1	$13,000	6	$8,000
2	$12,000	7	$7,000
3	$11,000	8	$6,000
4	$10,000		

연 이자율 12%의 연간 복리를 적용하여 이 현금흐름의 시리즈와 등가인 현재가치를 구하라.

48. 연습문제 47에서 연 이자율을 8%로 하여 주어진 현금흐름과 등가가 되는 8년도 말의 단일금액을 구하라.

49. 12%의 연간 복리가 적용되는 예금계좌에 1년도 말의 저축액을 $1,000으로 하고, 그다음 해부터 25년도까지 전년대비 $200씩 늘려서 매년 말에 저축한다고 하자.
   a. t = 25인 시점까지 적립된 이 계좌의 잔고는 얼마인가?
   b. t = 25인 시점까지 적립액의 크기를 (a)와 같도록 하는 균일급수 현금흐름을 구하라.

50. 밀러 기계공업사에서는 최근에 약정한 부품 공급계약을 이행하기 위해 새 기계를 한 대 도입하기로 하였다. 이 기계는 구입가격이 $140,000인데, 연 8%의 이자율을 적용하여 할부 가능하다. 구입 후 1년이 되는 시점에 처음으로 $11,000을 지불하고, 다음 해부터 6년도까지 전년 대비 $*X*씩 증액하여 매년 말에 지불하는 방안을 검토 중이다.
   a. 매년 증액하는 금액 $*X*의 크기를 구하라.
   b. 마지막 해, 즉 6년도 말의 지불액 크기는 얼마인가?
   c. 만약, 기계를 구입하기 위한 결정을 하기 직전에, 앞서와 마찬가지로 $140,000의 구입 가격에, 연 8%의 이자율을 적용하여 할부로 구입하되, 매년 $7,500 씩 줄여가면서 할부금을 갚아 나가고자 한다면, 첫 해의 지불액의 크기는 얼마가 되겠는가?

51. $2,000에서 시작하여 다음 해부터 매년 전년대비 $1,000씩 증가해 20년도 말의 금액이 $21,000이 되는 어떤 현금흐름이 있다. 그리고 다시 이 현금흐름에서 21년도 말의 금액은 $21,000이고, 다음 해부터 40년도 말까지의 금액은 매년 전년

대비 \$1,000씩 감소한다. 당신은 1년도 말의 금액을 \$*X*로 하고 이후 40년도까지의 금액을 \$500씩 증가시켜 앞서 설명한 현금흐름과 등가가 되는 일련의 현금흐름을 만들고자 한다. 이자율을 8%로 할 때 \$*X*의 값은 얼마인가?

52. 다음은 주어진 어떤 일련의 현금흐름으로부터 그것의 현재가치를 계산하는 식이다. 이 식을 보고 주어진 일련의 현금흐름에 해당하는 표를 만들라.

$$P = 800 + 950(P|A\ i\%,4) - 450(P|G\ i\%,4) - 600(P|A\ i\%,3)(P|F\ i\%,4)$$

53. 토지를 \$75,000에 구입하였다. 그리고 토지 대금은 앞으로 5년에 걸쳐서 매년 일정액을 지급하기로 약정하였고, 이 때 적용되는 이자율은 연 이자율 12%의 연간 복리이다. 특정한 연도 말에 지급하는 금액은 전년도 말에 지급하는 금액보다 \$3,000 적은 금액을 지급하고자 한다면 마지막 연도 말에는 얼마를 갚아야 하는가?

54. 이자율이 $i\%$로 주어졌을 때 어떤 등차급수 현금흐름의 n년 말의 금액 F 를 계산하기 위한 식 $(F|G\ i,n)$을 만들기로 하자. 단, 계수 $(P|G\ i,n)$의 값은 이미 계산되었다고 하자.

   a. 부록 A의 표에 주어진 계수들을 사용하여 계수 $(F|G\ i,n)$을 계산하는 식을 만들어라.
   b. 계수 $(F|G\ i,n)$ 을 i와 n을 사용한 수식으로 표현하라.
   c. 첫 번째 지불액을 \$0, 매년 지불 증가액 G = \$1,000, $n = 5$, 그리고 $i = 10\%$를 위의 (a), (b) 각 식에 대입하여 결과가 같은지 확인하라.

55. 당신은 단골 전자제품 가게로부터 첫 해 말에 \$2,000, 둘째 해 말에 \$2,500, 셋째 해 말에 \$3,000, 그리고 넷째 해 말에 마지막으로 \$3,500을 지불하는 조건으로 최신형 오디오 시스템을 구입하라는 제의를 받았다. 당신은 현재 돈을 투자할 경우 연 10%의 수익을 얻을 수 있다.

   a. 이러한 식으로 지불하는 돈의 현재가치는 얼마인가?
   b. 만약 당신이 (a)에서의 현재가치 금액을 그대로 유지하면서 4년 동안 매년 말에 동일 금액을 지불하는 조건으로 바꾸기를 원한다면, 매년 말에 얼마씩 지불해야 하는가?

2.3.4절 등비급수 현금흐름

56. 존은 연 이자율 18%의 연간 복리로 \$10,000을 빌렸다. 그는 이 금액을 5년에 걸쳐 매년 말에 일정한 금액을 갚기로 약정하였다. 특정한 연도 말에 갚는 금액은 전년도 말에 갚는 금액보다 10% 작은 금액을 갚고자 한다면 첫 해 연말에는 얼마를 갚아야 하는가?

57. 토지를 \$75,000에 구입하였다. 그리고 토지 대금은 앞으로 5년에 걸쳐서 매년 일정액을 지급하기로 약정하였고, 이 때 적용되는 이자율은 연 이자율 12%의 연간 복리이다. 특정한 연도 말에 지급하는 금액은 전년도 말에 지급하는 금액보다 20% 작은 금액을 지급하고자 한다면 마지막 연도 말에는 얼마를 갚아야 하는가?

58. 당신은 연간 복리 5%로 어떤 펀드통장에 매년 1회씩 30회 적립하고자 한다. 1년도 말 당신의 첫 번째 적립액은 \$7,500이고, 그 다음 해부터는 매년 적립액을 전년 대비 5%씩 증액할 예정이다. 30회 적립액을 입금한 직후 펀드통장에는 얼마의 돈이 적립되어 있는가?

59. 이자율이 i%로 주어졌을 때 어떤 등비급수 현금흐름에 대한 ($P|A_1$ $i\%,j\%,n$), ($F|A_1$ $i\%,j\%, n$), ($A|A_1$ $i\%,j\%,n$) 등의 계수들을 계산하기 위한 스프레드시트를 작성하라. 참고로 계수 ($A|A_1$ $i\%,j\%,n$)에 대한 값은 부록 A의 표에 제시되어 있지 않다. 이제, $i = 7\%$, $j = 5\%$, $n = 10$을 이용하여 처음 두 개의 계수 값과 부록 A의 표에 주어진 계수 값을 비교하여 스프레드시트가 제대로 만들어졌음을 확인하라. 다음으로, $A_1 = \$1,000$, $i = 7\%$, $j = 5\%$를 이용하여 세 번째 계수인 ($A|A_1$ $i\%,j\%,n$)의 값을 구하고 이 값과 ($P|A_1$ $i\%,j\%,n$)*($A|P$ $i\%,n$)의 값이 같은지를 확인하라.

60. 단골 전자제품 가게에서 오늘 당신에게 오디오 시스템을 가져가고 1년 뒤에 \$2,000, 2~4년도까지는 매년 말에 전년 대비 15%씩 증액하여 지불하는 조건을 제시하였다. 당신은 현재 돈을 투자할 경우 연 10%의 수익을 얻을 수 있다.

a. 이러한 지불 조건에 의해 발생하는 현금흐름의 현재가치는 얼마인가?
b. 만약 당신이 (a)에서의 현재가치를 그대로 유지하되 4년 동안 매년 말에 동일 금액을 지불하는 조건을 원한다면, 매년 말에 얼마씩 지불해야 하는가?

61. 당신은 회사를 하나 설립하고자 한다. 사업자금 대출을 위해 처음 6년 동안의 순수익을 분석할 필요가 있다. 첫해의 순수익은 \$50,000이고, 이후부터는 매년 전년 대비 15%씩 증가할 것으로 예상된다. 이자율은 연 12%이고 모든 현금흐름은 연말에 발생한다고 가정할 때 6년 동안 예상되는 현금흐름과 등가인 현재가치를 구하라.

62. 연간 금액이 매년 6%씩 증가하는 어떤 등비급수 현금흐름이 있다. $t = 1$에서 발생하는 초기 현금흐름은 \$1,000이고, $t = 20$에서 마지막 현금흐름이 발생한다. 이자율은 연간 복리로 15%이다. 이 현금흐름 시리즈와 등가인 현재가치는 얼마인가?

63. 어떤 금융기관에서 \$50,000을 대출하여 배를 한 척 구입하였다. 그 대출금은 15%의 연간 복리를 적용하여 매년 지불액을 전년 대비 10%씩 늘려가면서 5년에 걸쳐 상환하기로 하였다.

a. 첫 번째 지불액의 크기는 얼마인가?
b. 마지막 지불액의 크기는 얼마인가?

64. 연간 복리 5%로 이자가 계산되는 어떤 계좌에 1~7년도까지 매년 말에 저축하기로 하였다. 첫 번째 저축액은 $4,000이고, 이후부터 매년 전년 대비 15%씩 저축액을 늘려가기로 했다. 마지막 저축액 입금 직후 이 계좌에는 얼마의 돈이 적립되어 있는가?

65. 최근에 생산설비를 자동화한 어떤 공장에서 노무비는 매년 5%씩 감소하고, 재료비는 매년 4%씩 증가하고, 간접비는 매년 8%씩 증가할 것으로 예상된다. 이 공장에서 발생하는 1년도 말의 노무비, 재료비, 간접비는 각각 $2,000,000, $3,000,000, $1,600,000이다. 돈의 시간가치는 연 11%이고 계획기간은 7년이다.
a. 각 비목별, 연간별 금액과 총 비용의 연간별 금액을 나타내는 표를 만들라.
b. 7년 동안 발생하는 각 비목별 금액의 현재가치와 총 비용의 현재가치를 구하라.
c. 7년 동안 발생하는 총 비용과 등가인 균일급수 현금흐름의 연간 금액은 얼마인가?

66. 후안은 26회 생일을 맞아 퇴직연금 계좌를 하나 개설하고 $7,500을 입금하였다. 내년 생일부터는 매년 전년 대비 8%씩 증액하여 입금하기로 하였다. 이 퇴직연금 계좌는 연 이자율 5%를 지급한다. 35번째 입금 직후 이 퇴직연금 계좌에는 얼마의 돈이 적립되어 있는가?

67. 연습문제 66에서 60회 생일까지 모으고자 하는 돈의 목표액은 그대로 하고 매년 같은 금액을 입금하고자 하면, 1회 입금액을 얼마로 해야 하는가?

2.4.1절 단위기간 이자율

68. 매월 0.75%의 복리를 적용하는 조건으로 $12,000을 빌리고, 매달 말 $400씩 지불하여 빌린 돈을 다 갚고자 한다면 얼마의 기간이 필요한가?

69. $500짜리 냉장고를 매월 0.5%의 복리를 적용하는 조건으로 30개월 할부로 구입하였다.
a. 첫 지불일은 냉장고 인수 후 1개월이 되는 시점이고, 매회 지불액을 동일액으로 하고자 하면 1회 지불액은 얼마인가?
b. 냉장고 인수 후 1년 동안은 냉장고 대금을 지불하지 않고 그 이후부터 지불하기 시작하되 매회 지불액을 동일액으로 하고자 하면 1회 지불액은 얼마인가?

70. 웨이밍은 연 이자율 8%의 월간 복리로 이자를 계산하는 퇴직연금 계좌를 하나 개설하기로 하였다. 향후 30년 동안 그는 매월 말 $300씩 이 계좌에 불입할 것이다.

모든 입출금은 월말에 발생하는 것으로 가정하자. 마지막 불입일에 그는 퇴직할 것이다. 이 계좌는 퇴직자 특별우대 정책으로 예금자가 퇴직하는 시점부터는 연 이자율 12%로 매분기마다 복리로 이자를 계산해 준다. 웨이밍은 퇴직연금의 첫 번째 인출시기를 퇴직 후 2년이 되는 시점으로 하고, 매분기별로 동일 금액을 인출하고자 한다.

a. 마지막 연금 불입일 직후 이 연금계좌의 잔고는 얼마인가?
b. 첫 번째 인출 시점 1분기 전에 이 연금계좌의 잔고는 얼마인가?
c. 이 연금계좌가 15년 동안 지속되기를 원한다면 매분기당 얼마씩 인출할 수 있는가?

71. 야곱은 연 이자율 15%의 분기별 복리로 이자를 지급하는 계좌에 $t = 0$의 시점에 일정액 P를 예치한 후에, $t = 1, 2, 3, 4$의 시점에 (즉, 단위 기간은 3개월이므로 처음 3개월마다 4회에 걸쳐) $1,000씩을 인출하고, $t = 12$의 시점에 $7,500을 인출하고자 한다. 그렇다면 야곱은 $t = 0$의 시점에 얼마를 예치하여야 하는가?

72. 연 이자율 5%로 분기별로 이자를 복리 계산하는 어떤 계좌에 오늘 얼마를 예치해야 4년 후에 $10,000을 인출할 수 있는가?

73. 린은 연 이자율 15%의 월간 복리로 $5,000을 융자하였다. 그녀는 빌린 돈을 12개월에 걸쳐서 매월 말에 상환하기로 하였다. 그녀가 첫 번째로 돈을 갚는 시점은 돈을 빌린 시점으로부터 1개월 후이다. 첫 번째로 돈을 갚은 이후에 그녀가 매달 갚는 액수가 지난 달보다 10% 증가된 액수를 갚고자 할 때 6번째 갚는 돈의 크기는 얼마인가?

74. 메리는 $450,000짜리 주택을 구입하면서 처음에 계약금으로 $40,000을 지불하였고, 나머지 금액은 연 이자율 6.0%의 월간 복리로 융자하였다. 그리고 융자금은 앞으로 10년에 걸쳐서 매달 원리금 균등분할 상환하기로 하였다.

a. 월상환액의 크기는 얼마인가?
b. 만약 융자금을 20년에 걸쳐서 상환하기로 하였다면, 월상환액의 크기는 얼마인가?

2.4.2절 연간 실효이자율

75. 연간 명목이자율과 연간 복리계산 횟수가 주어지면 연간 실효이자율을 계산하고, 연간 실효이자율과 연간 복리계산 횟수가 주어지면 연간 명목이자율을 계산하는 스프레드시트를 만들라.

76. 다음 각 경우에 해당하는 연간 명목이자율 5%의 연간 실효이자율을 계산하라.

a. 6개월(반기)마다 복리계산될 경우

b. 4개월마다 복리계산될 경우
c. 3개월(분기)마다 복리계산될 경우
d. 2개월마다 복리계산될 경우
e. 매월 복리계산될 경우

77. 연 이자율 6%로 다음 각 경우와 같이 이자가 복리계산되는 어떤 계좌에서 8년 후의 잔고가 $20,000이 되도록 하기 위해서는 오늘 얼마를 예치해야 하는가?

a. 매년 복리계산될 경우
b. 매반기마다 복리계산될 경우
c. 매분기마다 복리계산될 경우
d. 매월 복리계산될 경우
e. 매주 복리계산될 경우
f. 매일 복리계산될 경우
g. 매시간 복리계산될 경우
h. 매분 복리계산될 경우
i. 매초 복리계산될 경우

78. 존과 메리 부부는 공동명의 계좌에 매월 말 $250을 예금하기로 하였다. 그들은 40개월 후 그 계좌에 $12,000의 돈이 적립되어 있기를 원한다.

a. 1개월 이자율을 얼마로 하여야 하는가?
b. 연간 명목이자율은 얼마여야 하는가?
c. 연간 실효이자율은 얼마여야 하는가?

79. 당신은 갑작스레 불행한 일을 당하여 급히 돈이 필요하다. 일주일에 3%의 선이자로 급전을 빌려 준다는 사채업자 샤크를 찾았다. 당신은 일주일 뒤에 작년에 납부한 소득세 중 $1,000을 국세청에서 환불받게 되어 있으므로, 이 세금환불 증서의 수취인 명의를 샤크 앞으로 해주고 $1,000을 빌리기로 하였다.

a. 샤크로부터 당신이 실제로 건네받는 돈은 얼마인가?
b. 당신은 사실상 일주일에 몇 %의 이자를 지불한 셈인가?
c. 이 금융거래의 연간 명목이자율은 얼마인가?
d. 이 금융거래의 연간 실효이자율은 얼마인가?

2.4.3절 현금흐름 및 복리기간이 다른 경우

80. 다니엘은 연 이자율 6%에 1개월 단위로 복리계산되는 계좌에 오늘 $20,000을 예탁하였다. 그는 매분기 말에 $1,200씩 인출하고자 한다. 이 경우 몇 분기 동안 인출이 가능한가?

81. $50,000을 빌리고 이 돈을 60개월에 걸쳐 매월 균등액으로 분할하여 갚고자 한

다. 첫 번째 지불일은 돈을 빌린 후 1개월이 되는 시점이다. 이자율은 연 이자율 6%로 매분기마다 복리계산하기로 합의하였다. 매월 얼마씩 지불해야 하는가?

경제성 분석의 실제 사례: 새뮤얼 워싱턴(Samuel Washington)

새뮤얼 워싱턴은 대학에서 전기공학을 전공하고 텍사스 인스트루먼트(TI)에서 15년간 근무한 후, 그의 꿈인 컨설팅 회사를 직접 차리기로 결정했다. 지난 15년 동안 잘 투자하였음에도 불구하고 그의 투자에 대한 가치는 현 시가로 $225,000 정도밖에 되지 않았다. 그는 새로운 투자계획을 세우고 있는데, 이를 위해서는 앞으로 $250,000의 신규투자가 필요할 것으로 판단되며, 이후 사무실 유지와 보조원 고용 등으로 매년 $150,000이 필요하다는 것을 알게 되었다. 이와 같은 자금을 조달하기 위해 새뮤얼 워싱턴은 얼마나 많은 액수의 자기자본을 투자해야 하는지, 또한 얼마나 많은 액수의 돈을 다른 곳으로부터 빌려야 하는지 확신할 수 없었다. 지역의 한 은행에 들러 대출 담당자와 상담한 후 은행에서 5년 만기로 대출을 할 경우에는 연 복리 8%로, 10년 만기로 대출을 할 경우에는 연 복리 7.5%로 돈을 빌릴 수 있음을 알았다. 과거 10년 동안 새뮤얼 워싱턴의 연간 투자 수익률은 평균 8.25% 정도였고, 그의 다양한 투자 포트폴리오를 살펴보건대 앞으로도 그 정도의 수익률은 올릴 수 있을 것으로 판단된다. 만약 그가 은행에서 돈을 빌린다면 여러 가지 방법으로 갚아 나갈 수 있다. 매달 이자를 지불하고 마지막에 원금을 지불하는 방법, 원금과 이자를 합쳐서 매달 동일하게 상환(원리금 균등 분할상환)하는 방법, 매달 지불하는 액수를 일정한 액수로(등차적으로) 증가시켜 나가는 방법, 매달 지불하는 액수를 일정한 비율로(등비적으로) 증가시켜 나가는 방법, 대출기간 말에 일시불로 원금과 이자를 지불하는 방법 등이 있다. 당연히 이는 사업상의 투자이기 때문에, 지불이자는 그의 과세소득에서 공제된다.

토의 논제

1. 새뮤얼 워싱턴이 자기가 저축한 돈을 사용할 것인지 또는 은행으로부터 대출을 받을 것인지를 결정하고자 할 때 반드시 고려해야 하는 정량적(또는 경제적) 트레이드오프에 대하여 토론하라.
2. 새뮤얼 워싱턴이 자기가 저축한 돈을 사용할 것인지 또는 은행으로부터 대출을 받을 것인지를 결정하고자 할 때 반드시 고려해야 하는 정성적(또는 경제외적) 트레이드오프는 어떤 것들이 있는가?

등가, 대출, 채권

Equivalence, Loans, and Bonds

3. 새뮤얼 워싱턴이 은행으로부터 대출을 받고자 할 때 어떤 유형의 가정들을 하고 있는가? 만약 이와 같은 가정들이 성립하지 않는다면 어떻게 될 것인가?
4. 새뮤얼 워싱턴은 제안된 사업에 필요한 자금을 확보하기 위하여 어떻게 착수하겠는가?

학습목표

이 장의 공부를 마친 후 다음의 내용들을 이행할 수 있는 능력을 갖추어야 한다:

1. 둘 이상의 현금흐름의 개요 사이의 등가를 비교하라. (3.1절)
2. 즉시 상환대출과 지연 상환대출에 대하여 분석하라. 구체적으로 상환액, 미상환액, 이자상환액, 원금상환액 등에 대하여 분석하라. (3.2절)
3. 채권 투자에 대하여 분석을 실시하고, 구입가격, 매각가격, 채권 수익률 등을 결정하라. (3.3절)
4. 변동이자율이 적용될 때 현금흐름 개요에 대한 가치를 계산하라. (3.4절)
5. 주택담보대출에서 흔히 사용되는 연간표시이자율(APR)에 대하여 설명하라. (3.5절)

서론

이 장에서 다루는 내용들은 2장에서 언급한 내용들을 기초로 하고 있다. 한 가지 예외를 제외하고 이 장에서는 새뮤얼 워싱턴이 대출과 관련하여 직면하는 문제점을 해결하기 위한 방안에 대해 배우게 될 것이다. 다만 소득세와 관련된 부분에 대해서는 9장에서 다룬다. 새뮤얼 워싱턴이 자금과 관련된 여러 가지 분석을 어떻게 수행하였는지를 배움과 동시에 이 장에서는 채권 거래에 관한 분석, 원리금 균등 분할상환에서 상환액 가운데 이자상환액과 원금상환액을 결정하는 방법 등에 대해 배우게 될 것이다. 또한 이 장의 여러 부분에서는 복리계수표와 Excel®의 다양한 재무함수 사용방법을 배우게 될 것이다.

3.1 등가

학습목표: 둘 이상의 현금흐름의 개요 사이의 등가를 비교하라.

등가 두 개의 서로 다른 현금흐름의 개요의 경우에서와 같이 가치가 같은 상태

경제성 분석에서 **등가**(equivalence)란 '가치가 같은 상태'를 의미한다. 이 개념은 기본적으로 2개 또는 그 이상의 현금흐름 개요를 비교하고자 할 때 적용된다. 등가를 결정하고자 할 때 통상적으로 많이 사용되는 방법은 현금흐름 개요의 현재가치를 비교하는 것이다. 만약 그 값들이 같다면 그들은 등가이다. 그러나 등가와 관련된 문제들은 두 현금흐름의 개요가 등가가 되기 위해서 값을 결정하여야 하는 매개변수(parameter)를 포함하고 있다. 일반적으로 이 매개변수는 이자율이거나 또는 현금흐름이다. 예를 들어, 다음 두 현금흐름은 연 이자율 15%에서 등가인가?

현금흐름 개요 1: 지금으로부터 2년 후에 \$1,322.50을 받는다.
현금흐름 개요 2: 지금 \$1,000을 받는다.

두 현금흐름 개요의 현재가치를 계산하면,

$$
\begin{aligned}
\text{PW}(1) &= \$1{,}322.50(P|F\ 15\%,2) \\
&= \$1{,}322.50(1.15)^{-2} \\
&= \$1{,}322.50(0.75614) = \$1{,}000 \\
&= \mathbf{PV(15\%,2,,-1322.5) = \$1{,}000} \\
\text{PW}(2) &= \$1{,}000
\end{aligned}
$$

이다. 따라서 두 현금흐름 개요의 현재가치가 같으므로 이들은 등가이다.

반올림 오차가 발생할 가능성이 있기 때문에 부록 A의 복리계수표에 있는 복리계수 ($P|F$ 15%,2) 값을 사용하지 않았다. 대신 등가의 성립 여부를 보이기 위해 모든 복리계수 값을 유효숫자 다섯 자리까지 정확히 계산하였다. (이러한 이유로 Excel®로부터 얻은 결과와 여기서의 계산 결과가 일치한다.)

2장에서 배운 내용을 바탕으로 생각해 보면, 두 현금흐름 개요의 등가 여부를 판단할 때 이들의 가치를 어느 시점, 예를 들면 $t = 2$, $t = 6$, 에서 비교하든지 상관없이 같다는 점은 너무도 분명하다.

예제 3.1 감소하는 등차급수 현금흐름과 등가인 균일급수 현금흐름

할인율이 8%일 때 〈그림 3.1〉의 현금흐름 개요와 등가인 기간 [1, 5]에 걸친 균일급수 현금흐름의 크기를 구하라.

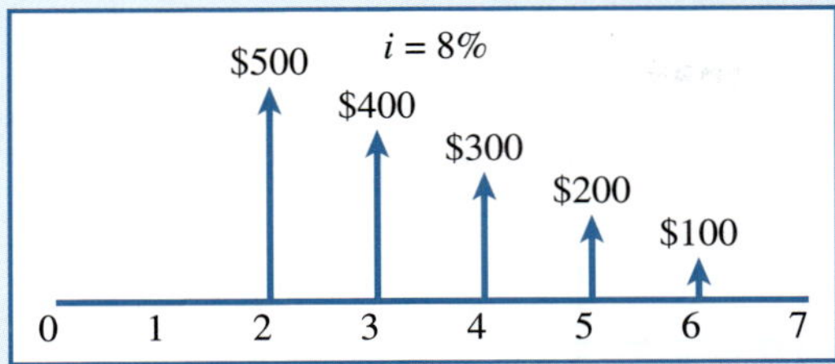

〈그림 3.1〉 예제 3.1에서 감소하는 등차급수의 현금흐름도

풀이

〈그림 3.1〉의 현금흐름 개요는 A = \$500인 균일급수 현금흐름과 G = \$100인 등차급수 현금흐름의 차이로 구성되어 있다. 〈그림 3.2〉에서 보는 바와 같이, 현금흐름 개요와 등가인 기간 [2, 6]에 걸친 균일급수 현금흐름은 다음과 같이 구한다.

$$\begin{aligned} A_{[2,\,6]} &= \$500 - \$100(A|G\ 8\%,5) \\ &= \$500 - \$100(1.84647) \\ &= \$315.35 \end{aligned}$$

〈그림 3.2〉는 원래의 감소하는 등차급수 현금흐름과 등가인 균일급수 현금흐름을 보여주고 있다.

그렇지만 여전히 기간 [2, 6]에 걸친 균일급수 현금흐름을 기간 [1, 5]에 걸친 균일급수 현금흐름으로 변환하여야 한다. 그렇게 하기 위해서는 시리즈 내 모든 현금흐름 시점을 한 시점만큼 과거로 보내면 된다. 할인현금흐름 제4법칙에서 언급한 바와 같이, 돈의 가치를 시간적으로 한 단위의 과거로 보내기 위해서는 돈의 가치를 1 더하기 이자율(또는 할인율)로 나누면 된다. 따라서 〈그림 3.3〉에서 보는 바와 같이, 기간 [1, 5]에 걸친 균일급수 현금흐름의 크기는

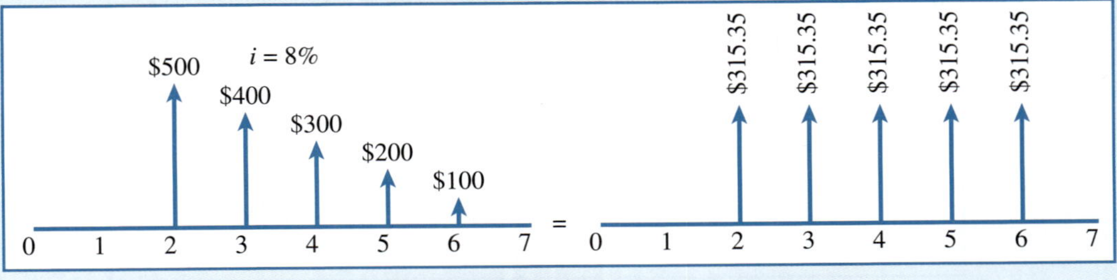

〈그림 3.2〉 예제 3.1에서 등가인 등차급수 및 균일급수 현금흐름도

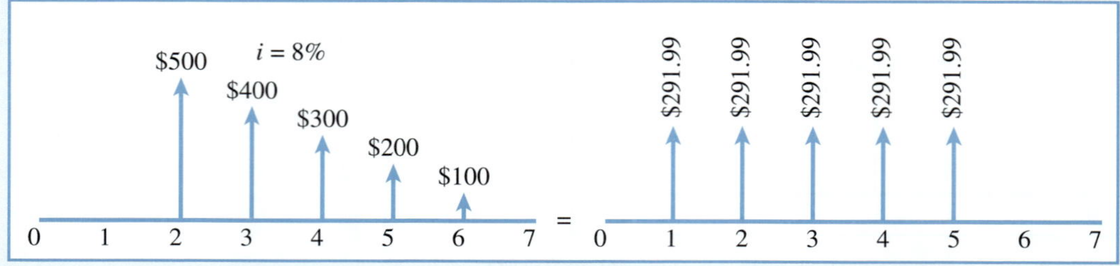

〈그림 3.3〉 예제 3.1에서 등가인 등차급수 및 변환된 균일급수 현금흐름도

$$A_{[1,5]} = \$315.35(P|F\ 8\%,1)$$
$$= \$315.35(0.92593)$$
$$= \$291.99$$

가 된다. 결과적으로 기간 [1, 5]에 걸친 균일급수 현금흐름 $291.99는 〈그림 3.1〉의 현금흐름 개요와 등가이다. (만약 두 현금흐름의 등가가 의심스럽다면 각각 이자율 8%를 이용하여 현재가치를 구해 비교하기 바란다.)

예제 3.2 등가가 성립하도록 하는 등차급수 크기의 계산

TVOM이 15%일 때 〈그림 3.4〉에서 두 현금흐름 개요가 등가가 되도록 하는 X의 값을 구하라

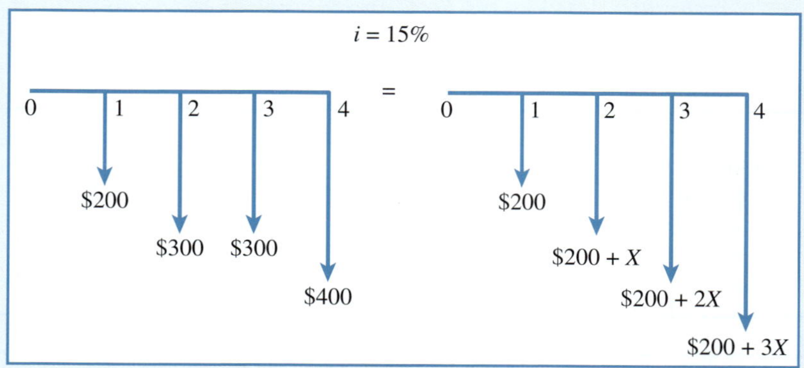

〈그림 3.4〉 예제 3.2의 현금흐름도

풀이

t = 4에서 두 현금흐름 개요의 미래가치를 각각 계산하면 다음과 같다.

$$\$200(F|A\ 15\%,4) + \$100(F|A\ 15\%,3) + \$100 = [\$200 + X(A|G\ 15\%,4)](F|A\ 15\%,4)$$

양변에서 공통인 $200($F|A$ 15%,4)을 빼면,

$$\$100(3.47250) + \$100 = X(1.32626)(4.99338)$$

이 되고, 이를 X에 대해서 풀면 $67.53을 얻는다.

이 예제를 풀기 위해 Excel®의 **GOAL SEEK** 기능이나 **SOLVER** 기능을 이용할 수도 있다. Excel®의 **GOAL SEEK** 기능을 이용하기 위해서는 〈그림 3.5〉와 같은 스프레드시트에 자료를 입력해야 한다. 〈그림 3.5〉의 '수식 좌변'의 현재가치는 '수식 우변'의 현재가치와 같게 놓는다.

여기서 미지수는 'E10' 칸에 위치하고 있음에 유의해야 한다. 목표 칸 'E9'의 값은 앞서 언급한 바와 같이 '수식 좌변'의 현재가치가 취하는 값인 $826.71이 되어야 한다. 따라서 '수식 우변'의 현금흐름들은 적절하게 'E10' 칸의 값

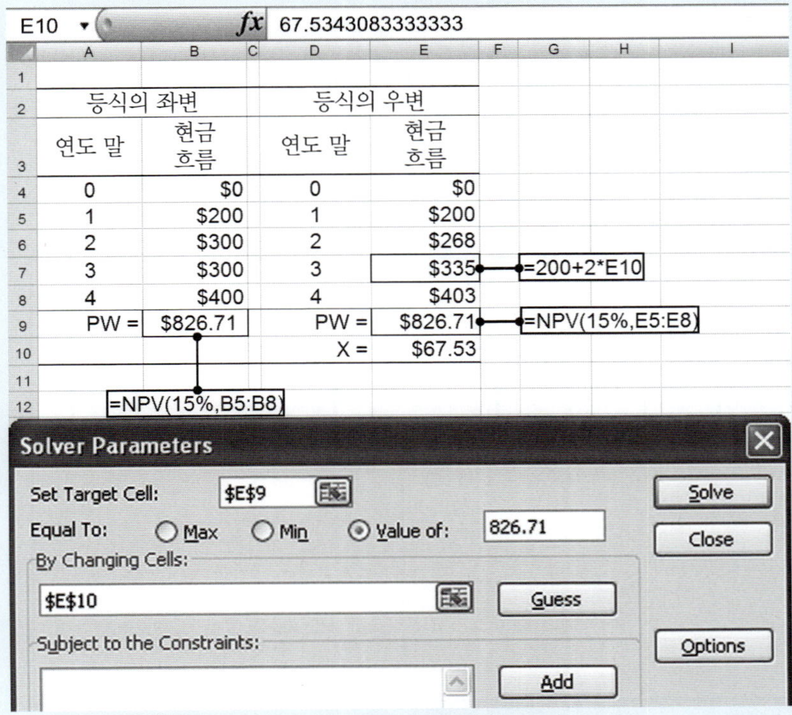

	A	B	C	D	E
1					
2	등식의 좌변			등식의 우변	
3	연도 말	현금 흐름		연도 말	현금 흐름
4	0	$0		0	$0
5	1	$200		1	$200
6	2	$300		2	$268
7	3	$300		3	$335
8	4	$400		4	$403
9	PW =	$826.71		PW =	$826.71
10				X =	$67.53

〈그림 3.5〉 예제 3.2를 풀기 위한 Excel®의 SOLVER 기능 활용

을 포함해야 한다. Excel® 의 **SOLVER** 기능을 이용하면, 'B9'의 현재가치가 'E9'의 현재가치와 같아짐에 따라 'E10' 칸의 값은 $67.53으로 바뀌게 된다.

예제 3.3 등가가 성립하도록 하는 이자율의 계산

〈그림 3.6〉에서 두 현금흐름 개요가 등가가 되도록 하는 이자율(또는 할인율)은 얼마인가?

풀이 각 현금흐름 개요를 기간 [1, 5]에 걸친 균일급수 현금흐름으로 전환하면

$$-\$4{,}000(A|P\ i\%,5) + 1{,}500 = -7{,}000(A|P\ i\%,5) + 1{,}500 + \$500(A|G\ i\%,5)$$

또는

$$\$3{,}000(A|P\ i\%,5) = \$500(A|G\ i\%,5)$$

가 되고, 이를 정리하면

$$(A|G\ i\%,5) = 6(A|P\ i\%,5)$$

가 된다.

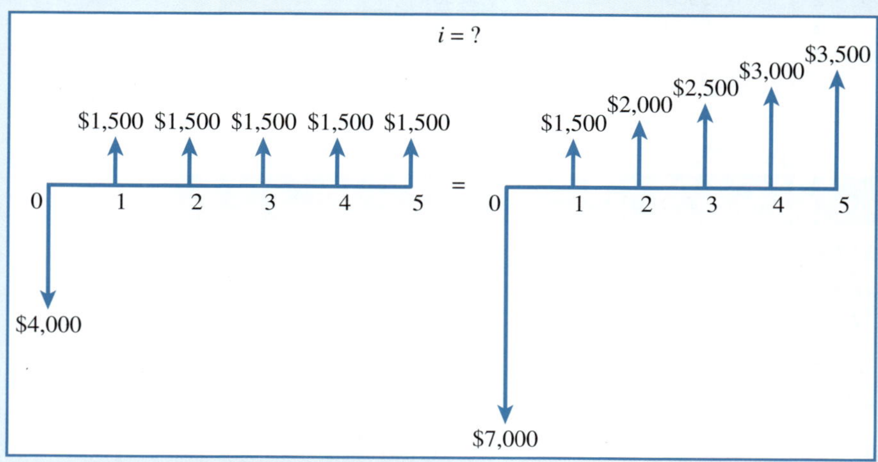

〈그림 3.6〉 예제 3.3의 현금흐름도

n = 5일 때 복리계수표를 살펴보면, $(A|G\ i\%,5)$의 값이 $(A|P\ i\%,5)$의 6배가 되도록 하는 이자율의 값은 12~15% 사이에 있다. 구체적으로 이자율이 12%인 경우에는

$$(A|G\ 12\%,5) - 6(A|P\ 12\%,5) = 1.77459 - 6(0.27741) = 0.11013$$

이고, 이자율이 15%인 경우에는

$$(A|G\ 15\%,5) - 6(A|P\ 15\%,5) = 1.72281 - 6(0.29832) = -0.06711$$

이다. 따라서 보간법을 이용하면

$$i = 0.12 + (0.15 - 0.12)(0.11013)/(0.11013 + 0.06711)$$

이므로 i = 0.13864 또는 13.864%이다.

따라서 대략 13.8641%의 할인율을 이용하면 〈그림 3.6〉에서 제시한 두 현금흐름 개요 간에 등가관계가 성립한다.

이 예제에서 등가관계를 결정하기 위해 Excel® 기능을 활용할 수 있다. 〈그림 3.7〉에서 보는 바와 같이, '수식 좌변'의 현재가치와 '수식 우변'의 현재

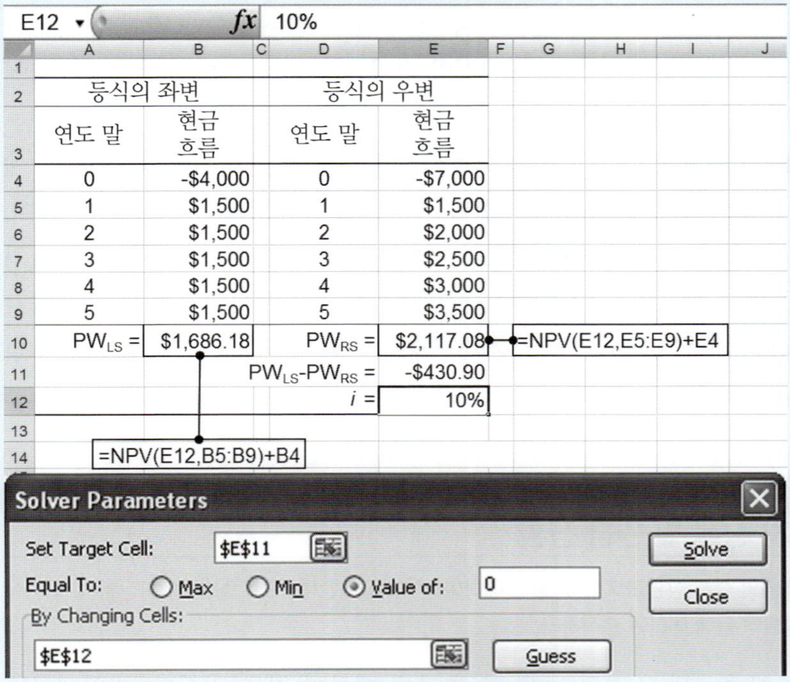

E12 fx 10%

	A	B	C	D	E
1					
2	등식의 좌변			등식의 우변	
3	연도 말	현금 흐름		연도 말	현금 흐름
4	0	-$4,000		0	-$7,000
5	1	$1,500		1	$1,500
6	2	$1,500		2	$2,000
7	3	$1,500		3	$2,500
8	4	$1,500		4	$3,000
9	5	$1,500		5	$3,500
10	PW_{LS} =	$1,686.18		PW_{RS} =	$2,117.08
11				PW_{LS}-PW_{RS} =	-$430.90
12				i =	10%

=NPV(E12,E5:E9)+E4

=NPV(E12,B5:B9)+B4

Solver Parameters

Set Target Cell: $E$11

Equal To: Max Min Value of: 0

By Changing Cells: $E$12

Solve Close Guess

〈그림 3.7〉 예제 3.3을 풀기 위한 Excel®의 SOLVER 기능 활용

E11 fx =B10-E10

	A	B	C	D	E
1					
2	등식의 좌변			등식의 우변	
3	연도 말	현금 흐름		연도 말	현금 흐름
4	0	-$4,000		0	-$7,000
5	1	$1,500		1	$1,500
6	2	$1,500		2	$2,000
7	3	$1,500		3	$2,500
8	4	$1,500		4	$3,000
9	5	$1,500		5	$3,500
10	PW_{LS} =	$1,166.04		PW_{RS} =	$1,166.04
11				PW_{LS}-PW_{RS} =	$0.00
12				i =	13.8677%

〈그림 3.8〉 예제 3.3의 해

가치를 같게 놓는다. 각 변의 현금흐름 현재가치를 계산하기 위해서는 Excel®의 **NPV** 함수를 이용한다. 이때 'E11' 칸은 '수식 좌변'의 현재가치 '(B10)'과 '수식 우변'의 현재가치 '(E10)'의 차이를 나타내는 값을 가지는 칸이다. 각 변의 현금흐름 현재가치를 계산할 때는 'E12' 칸에 있는 이자율을 사용한다. Excel®의 **SOLVER** 기능을 이용하는 경우에 목표 칸의 위치는 'E11'이다. (기본적으로 '수식 좌변'의 현재가치와 '수식 우변'의 현재가치가 같아야 하므로 'E11'의 값은 '0'이 되어야 한다.) 'E11'의 값이 '0'이 되기 위해서는 'E12' 칸에 있는 이자율이 변화해야 한다.

Excel®의 **SOLVER** 기능을 사용한 탐색절차를 진행하기 위해 'E12' 칸에 이자율의 값으로 우선 10%를 입력한다. 이제 〈그림 3.8〉에서 보는 바와 같이, **SOLVER** 기능을 적용하면 이자율로 13.8677%를 얻는다. 이 값은 부록 A의 복리계수표에서 보간법을 이용하여 구한 값과 거의 유사하다. (이 예제를 풀기 위해 Excel®의 **GOAL SEEK** 기능을 이용할 수도 있다.)

3.2 이자 상환 및 원금 상환

학습목표: 대출의 즉시 상환과 지연 상환에 대하여 분석하라. 구체적으로 상환액, 미상환액, 이자상환액, 원금상환액 등에 대하여 분석하라.

9장에서는 대출금과 관련된 납세 후 효과에 대하여 다룰 것이다. 기업에서는 이자 지불액은 과세소득에서 공제가 가능하다. 이와 유사하게, 개인의 경우에 주 거주지에 대한 이자상환액은 세금 공제의 대상이 된다. 이와 같은 이유로 인하여 대출금에 대한 상환액 가운데 **원금상환액**(principal payment)과 아울러 이자상환액의 액수를 계산하는 것은 매우 유용하다.

원금상환액 원금이란 대출에서 빌린 돈의 액수를 말한다. 따라서 원금상환액(또는 자본상환액)은 대출금의 일부를 갚아서 미상환 잔고를 줄여 주는 것이다.

여기서 원금상환액이란 무엇을 의미하는가? 대출금에 대한 원금은 바로 빌린 돈의 크기이다. 대출에서의 미상환액이란 아직도 갚지 않은 이자(미상환이자)와 아직도 갚지 않은 원금(미상환원금)의 합이다. 대출을 갚아 나감에 따라 제일 마지막에 나머지 액수를 모두 갚아서 미상환액이 0으로 될 때까지 대출의 미상환액은 점차 감소한다.

이제 대출에서 미상환이자의 크기를 결정하기 위해서는 다음의 사실을 잘 기억하고 있어야 한다. **대출금을 갚아 나갈 때는 먼저 이자부터 갚아야 한다**. 또는 달리 말하면, 갚는 돈은 우선적으로 이자를 갚는 데 충당된다. 따라서 만약 갚아야 하는 미상환이자의 크기가 지금 갚는 돈(지불액)의 크기보다 크다면, 지금 갚는 돈은 모두 이자를 갚는데 사용된다. 다시 말하면, 미상환이자의 크기가 상환액보다 크거나 같다면 지금 갚는 돈은 원금상환에 사용될 수 없다.

예를 들어, 월 이자율 1%로 $10,000을 대출받은 경우를 고려해 보자. $10,000을 받은 지 1달 후에 첫 번째로 대출금을 상환한다고 하면, 첫 번째 상환 시점에서의 미상환이자는 ($10,000)*(0.01) 또는 $100이다. 그러므로 첫 번째 상환액 가운데 원금상환액의 크기는 첫 번째 상환액에서 이자상환액 $100을 뺀 값이다.(원금상환액은 때때로 **자본상환액**(equity payments)이라고 부르기도 한다. 이 두 가지 용어는 섞어서 사용될 것이다.)

당신이 $\$P$를 빌리고 시점 $t(t \geq 1)$부터 $t + n - 1$까지 n 회에 걸쳐서 대출금을 갚기로 하였다고 하자. 그리고 각 기말에 상환하는 금액을 $A_t, A_{t+1}, \cdots,$ A_{t+n-1}이라고 나타내기로 하자.

k번째 상환을 한 직후에 대출금의 나머지를 한꺼번에 모두 갚기로 결정하였다고 하자. 이 때 상환하여야 하는 액수는 앞으로 갚아야 하는 총 $n - k$회에 해당하는 상환액의 현재가치이다. 마찬가지로, 당신이 $k + 1$번째 상환을 한 직후에 대출금의 나머지를 한꺼번에 모두 갚기로 결정하였다고 하자. 이 때 상환하여야 하는 액수는 앞으로 갚아야 하는 총 $n - k - 1$회에 해당하는 상환액의 현재가치이다. 금방 계산한 두 개의 현재가치의 차액이 바로 $k + 1$번째 원금상환액의 크기이다.

임의의 시점에서의 상환액을 원금상환액과 이자상환액 부분으로 분할하는 것은 어떤 종류의 대출금이라도 가능하다. 그러나 일반적으로 가장 많이 사용되는 대출금의 상환 방식이 균일급수의 형태로 상환하는 이른 바 원리금 균등

분할상환 방식이기 때문에 이와 같은 상황을 가정하고 이에 따른 원금상환액과 이자상환액의 스케줄에 대하여 다루고자 한다. 이를 다룸에 있어서 크게 두 가지 상황, 즉, 즉시 상환대출과 지연 상환대출의 경우를 고려하여 보자.

3.2.1 즉시 상환대출

즉시 상환대출 원금을 수령하고 첫 번째 이자기간이 끝나는 시점에 바로 대출금 상환이 시작되는 경우를 말한다.

대출 원금을 받은 시점으로부터($t = 0$) 1 단위기간 후($t = 1$)에 첫 번째로 대출금을 상환한다고 하자. $t = 0$의 시점에 \$$P$를 단위기간 이자율 i%로 n 기간 동안 빌리기로 하고, 시점 $t = 1$부터 n 기간 동안 n회에 걸쳐서 대출금을 갚기로 하였다고 하자. 그러면 각 회에 갚는 상환액의 크기, \$$A$, 는 \$$A$ = \$$P(A|P\ i\%,n)$이 된다. 이와 같은 대출을 **즉시 상환대출**(immediate loan payment)이라고 부른다. 앞의 논의에서 보는 바와 같이 임의의 시점 t에서 상환액 \$$A$를 지불하고 난 직후에 여전히 갚지 못하고 있는 미상환 원금의 액수, U_t, 는

$$U_t = A(P|A\ i\%,n - t) \tag{3.1}$$

가 되며 여기서 A, i, n은 위에서 정의한 바와 같다.

이와 관련된 또 하나의 값은 이른바 청산액이다. 청산액 $Payoff_t$는 시점 t에서 현재 상환해야 하는 금액과 미상환원금을 모두 합한 금액을 말하며 다음과 같이 구한다.

$$Payoff_t = A + U_t = A + A(P|A\ i\%,n - t) \tag{3.2}$$

$$= A[1 + (P|A\ i\%,n - t)] \tag{3.3}$$

임의의 기간에 누적된 이자의 크기는 그 기간이 시작하는 시점에서의 미상환 원금에 기간당 이자율을 곱하여 구할 수 있다. t 번째 상환액 \$$A$ 가운데 이자에 해당하는 부분의 크기를 I_t라 하면

$$I_t = iU_{t-1} \tag{3.4}$$

가 되며 식 (3.1)의 결과를 식 (3.4)에 대입하면 다음 결과를 얻는다.

$$I_t = A[1 - (P|F\ i\%,n - t + 1)] \tag{3.5}$$

t 번째 상환액 \$$A$ 가운데 이자에 해당하는 부분이 아닌 것은 미상환 원금을 갚는 데 사용된다. t 번째 상환액 \$$A$ 가운데 미상환 원금의 상환에 해당하는 부분의 크기를 P_t라 하면

$$P_t = A - I_t \tag{3.6}$$

또는

$$P_t = A(P|F\ i\%, n - t + 1) \quad (3.7)$$

이 된다.

이상의 논의와 관련하여, Excel®에서는 임의 상환액에서 이자에 해당하는 부분과 미상환 원금의 일부분을 상환하는 액수를 구하기 위한 유용한 함수인 **IPMT** 와 **PPMT** 를 제공하고 있다. 먼저 **IPMT** 재무함수는 임의 상환액에서 이자에 해당하는 부분을 계산하기 위한 함수이며, 매개변수는 이자율, 값을 찾고자 하는 시점, 값을 찾고자 하는 시점까지의 지불 횟수, 현재가치, 미래가치, 그리고 유형이다. **PPMT** 재무함수는 임의 상환액에서 미상환 원금의 일부분을 상환하는 액수를 구하기 위한 함수이며, 매개변수는 **IPMT** 재무함수의 매개변수와 같다. 통상적인 융자의 경우에는 미래가치와 유형은 필요 없다.

자동차 구입 — 예제 3.4

새라는 상태가 매우 양호한 중고차를 한 대 구입하고자 한다. 그가 현재 구입하려는 차는 주행거리가 많지 않은 중고차이며, $20,000에 구입하기로 하였다. 구입자금을 마련하기 위해 몇 군데 알아본 결과, 지역의 한 대출업체에서 연 이자율 6%의 월간 복리로 빌릴 수 있게 되었다. 그리고 대출기간은 48개월로 약정하였다. (a) 매월 지불해야 하는 월 상환액은 얼마인가? (b) 정확히 24개월 동안 월 상환액을 지불한 후 아직도 갚아야 할 액수는 얼마인가? (c) 그가 만약 36개월째 되는 시점에 남은 빚을 모두 갚고자 한다면 얼마를 갚아야 하는가? (d) 12번째 지불하는 상환액 가운데 이자에 해당하는 액수는 얼마인가? (e) 12번째 지불하는 상환액 가운데 원금에 해당하는 액수는 얼마인가?

문제 요약

주어진 정보: P = \$20,000; i = 6% 월간 복리; n = 48(월)
구하는 해: A, U_{24}, $Payoff_{36}$, I_{12}, P_{12}

풀이

a. $A = P(A|P\ i\%, n)$
단위기간 이자율 = 6%/12월 = 0.5%/월

$$A = \$20{,}000(A|P\ 0.5\%, 48)$$
$$= \$20{,}000(0.02349)$$
$$= \$469.80$$

= PMT(0.5%,48,−20000)
= $469.70

b. $U_t = A(P|A\ i\%, n - t) \quad n = 48 \quad t = 24 \quad n - t = 48 - 24 = 24$

$$U_{24} = A(P|A\ 0.5\%, 24)$$
$$= \$469.80(22.56287)$$
$$= \$10{,}600.04$$

= PV(0.5%,24,−PMT(0.5%,48,−20000))

= $10,597.79

c. $Payoff_t = A + A(P|A\ i\%, n - t)$

$$n = 48 \quad t = 36 \quad n - t = 48 - 36 = 12$$

$$Payoff_{36} = A + A(P|A\ 0.5\%, 12) = \$469.80 + \$469.80(11.61893)$$
$$= \$5{,}928.37$$

= PV(0.5%,12,−PMT(0.5%,48,−20000))
+ PMT(0.5%,48,−20000)

= $5,927.12

d. $I_t = iU_{t-1}$

$$n = 48 \quad t = 12 \quad t - 1 = 12 - 1 = 11$$
$$U_{11} = A(P|A\ 0.5\%, 37) = \$469.80(33.70250) = \$15{,}833.44$$
$$I_{12} = 0.005(\$15{,}833.44) = \$79.17$$

= IPMT(0.5%,12,48,−20000) = $79.15

e. $P_t = A - I_t$

$$t = 12$$
$$P_{12} = A - I_{12}$$
$$= \$469.80 - \$79.17 = \$390.63$$

= PPMT(0.5%,12,48,−20000) = $390.55

3.2.2 지연 상환대출

자금을 대출받은 후 첫 번째 상환시점이 반드시 돈을 받은 시점으로부터 1개월 후이어야 하는 것은 아니다. 여러 가지 사유로 인하여 개인 또는 기관들의 경우 대출금 상환이 몇 개월(일반적으로는 기간)에 걸쳐 지연되기도 한다. 이와 같은 경우를 **지연 상환대출**(deferred loan payment)이라 부르며, 이 절에서는 이러한 상황을 자세히 살펴보기로 한다.

지연 상환대출 원금을 수령하고 이자기간이 여러 번 지난 시점에 대출금 상환이 시작되는 경우를 말한다.

이자와 원금 상환의 합으로 구성된 지연 상환의 액수를 결정하는 것은 즉시 상환대출의 경우처럼 그리 간단하지 않다. 그럼에도 불구하고, 예제 3.5에서 보는 바와 유사한 표를 만들어 필요한 계산을 할 수 있다. (중요한 점은, 지연 상환으로 인하여 적립된 누적이자를 모두 상환하기 전에는 원금 상환이 이루어지지 않음에 유의해야 한다는 것이다.)

지연 상환대출에서의 이자 및 원금상환액 계산을 공식화하기 위하여 다음 기호들을 먼저 정의하기로 한다.

$Princ$ = 대출원금
IR = 대출이자
UB = 기간 초의 미상환액
UIB = 기간 말 지불 직전의 미상환 누적이자
UIA = 기간 말 지불 직후의 미상환 누적이자
AO = 지불 직전의 미상환액
Int = 해당기간의 이자 = $UB*IR$
A_d = 지연상환액
$IPmt$ = 해당 기간 지불액 중 이자상환액
$PPmt$ = 해당 기간 지불액 중 원금상환액 = $A_d - IPmt$

지연 상환대출에서의 이자상환액 크기는 기간 말 지불 직전의 미상환 누적이자와 기간 말 상환액 전체 가운데 작은 값이 된다. 이를 수식으로 나타내면 식 (3.8)과 같다.

$$IPmt = \min(UIB; A_d) \tag{3.8}$$

또한 기간 말 상환액과 이자상환액의 차이가 원금상환액이다. 예제 3.5는 앞서 설명한 지연 상환대출의 절차를 잘 보여주고 있다.

지연 상환에서의 이자 및 원금상환 예제 3.5

소규모 회사를 운영하고 있는 어떤 사람이 연 복리 15%로 $10,000을 빌렸다. 이 융자금은 앞으로 5년에 걸쳐서 매년 말에 동일한 액수를 갚기로 하였다. 다만 원금을 빌린 시점으로부터 4년 동안은 상환을 유예했다고 하자. 따라서 첫 번째 지불하는 시점은 4년도 말이 된다. 매년 지불하는 상환액 가운데 이자상환액은 얼마이고, 원금상환액 또는 자본상환액은 얼마인가?

문제 요약 **주어진 정보**: P = \$10,000; IR = 연 이자율 15% 연간 복리; n = 5(년)

구하는 해: 지연상환액(A_d), 각 연도별 이자상환액 및 원금상환액

풀이 우선 지연을 고려한 연도별 상환액을 구하면 다음과 같다.

$$A_d = \$10{,}000(F|P\ 15\%,3)(A|P\ 15\%,5)$$
$$= \$10{,}000(1.52088)(0.29832) = \$4{,}537.09$$
$$= \mathrm{PMT}(15\%,5,-\mathrm{FV}(15\%,3,,-10000) = \$4{,}537.01$$

〈표 3.1〉에는 매년 지불하는 상환액 가운데 이자상환액과 원금상환액을 구하는 계산과정이 자세히 나와 있다. \$10,000의 원금을 빌린 후 4년 동안은 일체 돈을 갚지 않았기 때문에, 첫 번째 돈을 지연 상환하는 시점(즉, 4년도 말)에 미상환 액수는 \$10,000(F|P 15%,4), 즉 \$17,490.10(부록 A의 복리계수표를 이용), 또는 \$17,490.06(Excel® **FV** 재무함수를 이용)이 된다. 여기서 〈표 3.1〉의 제일 마지막 열에 주어진 지불후미상환액(UBA)은 다음 기간의 기간초미상환액(UB)에 그 값이 들어간다는 점에 유의하여야 한다.

연도별 상환액에서 먼저 공제해야 하는 부분은 미상환 원금에 대한 이자이다. 4년도 말에 지불전미상환액은 \$17,490.06이고, 이는 누적이자 \$7,490.06을 포함하고 있다. 4년도 말의 시점에 지불하는 액수는 \$4537.01이며, 이 액수는 이 시점까지 누적된 이자 \$7,490.06보다 작다. 따라서 첫 번째 지불은 모두 이자상환액이 된다.

마찬가지로 두 번째 지불 직전의 지불전미상환액은 \$14,896.01이고, 이는

〈표 3.1〉 지연 상환대출에서의 이자상환액 및 원금상환액

연도	기간초미상환액 (UB)	해당연도 이자(Int)	지불전미상환이자 (UIB)	지불전미상환액 (AO)	상환액 (A_d)	이자상환액 ($IPmt$)	원금상환액 ($PPmt$)	지불후미상환이자 (UIA)	지불후미상환액(UBA)
1	\$10,000.00	\$1,500.00	\$1,500.00	\$11,500.00	\$0.00	\$0.00	\$0.00	\$1,500.00	\$11,500.00
2	\$11,500.00	\$1,725.00	\$3,225.00	\$13,225.00	\$0.00	\$0.00	\$0.00	\$3,225.00	\$13,225.00
3	\$13,225.00	\$1,983.75	\$5,208.75	\$15,208.75	\$0.00	\$0.00	\$0.00	\$5,208.75	\$15,208.75
4	\$15,208.75	\$2,281.31	\$7,490.06	\$17,490.06	\$4,537.01	\$4,537.01	\$0.00	\$2,953.06	\$12,953.06
5	\$12,953.06	\$1,942.96	\$4,896.01	\$14,896.01	\$4,537.01	\$4,537.01	\$0.00	\$359.01	\$10,359.01
6	\$10,359.01	\$1,553.85	\$1,912.86	\$11,912.86	\$4,537.01	\$1,912.86	\$2,624.15	\$0.00	\$7,375.85
7	\$7,375.85	\$1,106.38	\$1,106.38	\$8,482.23	\$4,537.01	\$1,106.38	\$3,430.63	\$0.00	\$3,945.22
8	\$3,945.22	\$591.78	\$591.78	\$4,537.01	\$4,537.01	\$591.78	\$3,945.22	\$0.00	\$0.00
	$UB_t = UBA_{t-1}$	$Int_t = IR_t \times UB_t$	$UIB_t = Int_t + UIA_{t-1}$	$AO_t = UB_t + Int_t$	A_{dt}	$IPm_t = \min(UIB_t; A_{dt})$	$PPmt_t = A_{dt} - IPmt_t$	$UIA_t = UIB_t - IPmt_t$	$UBA_t = AO_t - A_{dt}$

누적이자 $4,896.01을 포함하고 있다. 이 누적이자의 크기 역시 이 시점에의 지불액 $4537.01보다 크므로 두 번째 지불 역시 모두 이자상환액이 된다.

세 번째 지불 직전의 지불전미상환액은 $11,912.86이고, 이는 누적이자 $1,912.86을 포함하고 있다. 이 누적이자의 크기는 이 시점에의 상환액 $4537.01보다 작다. 따라서 이자상환액은 $1,912.86이고, 연도 말 상환액 $4537.01과 이자상환액 $1,912.86의 차이인 $2,624.15는 원금상환액이다.

네 번째 지불 직전의 지불전미상환액은 $8,482.23이고, 누적이자 또는 이자상환액은 $1,106.38이다. 따라서 원금상환액은 연도 말 상환액 $4537.01에서 이자상환액 $1,106.38을 뺀 $3,430.63이다.

마지막으로 다섯 번째 지불 직전의 지불전미상환액은 $4,537.01이고, 누적이자 또는 이자상환액은 $591.78이다. 따라서 원금상환액은 $3,945.22이고 지불후미상환액은 $0이 된다.

3.3 채권 투자

학습목표: 채권 투자에 대하여 분석을 실시하고, 구입가격, 매각가격, 채권 수익률 등을 결정하라.

채권(bonds)은 대규모 프로젝트에 자금을 조달하기 위하여 채무자(일반적으로 기업이나 정부 기관)가 발행하여 채권자에게 제시하는 장기 증서(유가 증권)이다. 이 증서에는 구체적으로 돈을 어떻게 갚을 것인가를 포함하여 다양한 조건들이 명시되어 있다.

채권 투자는 2장에서 배운 할인현금흐름 모형을 적용하기에 아주 적절한 예제로 사용가능하다. 또한 앞으로 다루고자 하는 내용들을 미리 살펴 볼 수 있는 기회를 제공한다.

보통은 채권 앞면에 $500, $1,000, $5,000 등의 값이 적혀 있는 개별 채권으로 분할하여 발행한다. 이때 개별 채권 앞면에 적혀 있는 값을 **액면가**(face value 또는 par value)라 부른다. 이 액면가는 일정한 기간이 지난 후에, 예를 들어 5년, 10년, 15년, 20년, 또는 50년 후에 채권 발행기관이 되갚기로 약속한 금액이다. 따라서 채권 발행기관은 **만기**(maturity)에 액면가를 **상환**(redeem)할 의무를 지닌다.

더 나아가 채권 발행기관은 채권의 발행시점과 상환시점 사이에 사전에 규정한 **채권 금리**(bond rate)에 액면가를 곱한 일정한 액수를 주기적으로 지불

채권 채무자가 채권자에게 발행하는 장기 유가증권으로 보통 대규모 프로젝트에 자금을 조달하기 위한 목적으로 발행된다.

액면가 개별 채권의 앞면에 적혀 있는 채권의 공식적인 가치

만기 채권을 액면가로 상환하여야 하는 시점에 도달하는 데 걸리는 기간

상환 채무자가 채권 보유자에게 채권 발행에 따른 제반 조건에 따라 정해진 금액을 지불하는 것. 채권을 발행하는 기관은 상환할 의무를 가진다.

채권 금리 채권 발행 시점과 상환 시점 사이에 일정한 기간마다 채권의 액면가에 대하여 채무자가 채권자에게 지불하여야 하는 일정 비율

할 의무를 지닌다. 예를 들면, 채권 금리가 연 이자율 10%의 분기별 복리일 수도 있고, 연 이자율 8%의 반기별 복리일 수도 있고, 또는 연 이자율 9%의 연간 복리일 수도 있다. 실제로 대부분의 경우에도 그렇지만 다음 예제에서도 **채권 금리는 채권 액면가에 적용된다**는 점을 강조하고자 한다.

이제까지 채권 문제와 관련하여 언급한 여러 요소들을 기호로 정의해 보자.

P = 채권의 구입가격
F = 채권의 매각가격(또는 액면가,만기의 경우)
V = 액면가
r = 이자기간당 채권 금리
i = 이자기간당 채권 수익률
n = 채권 보유자가 이자를 받는 횟수
$A = Vr$ = 매이자기간마다 받는 이자의 크기

이와 같은 기호들을 이용하여 채권 거래를 나타내는 일반식은 다음과 같다.

$$P = Vr(P|A\ i\%,n) + F(P|F\ i\%,n) \qquad (3.9)$$

식 (3.9)로부터 채권 문제의 세 가지 기본적인 유형을 나타내면 다음과 같다.

1. P, r, n, V와 원하는 i가 주어졌을 때 채권의 매각가격 F를 찾는 문제
2. F, r, n, V와 원하는 i가 주어졌을 때 채권의 구입가격 P를 찾는 문제
3. P, F, r, n, V가 주어졌을 때 채권 수익률 i를 찾는 문제

독자들은 각각의 경우에 대한 다음의 예제들을 참고하기 바란다.

예제 3.6 채권의 매각가격 계산

2014년 1월 1일에 오스틴은 액면가 $1,000이고 채권 금리가 연 12% 반기별 복리인 채권을 $1,050에 구입하였다. 오스틴은 이 채권을 3년 동안 보유할 예정이다. 따라서 6회에 걸쳐 이자를 받게 될 것이며, 이후 채권을 매각할 것이다. 이 채권 거래로부터 채권 수익률이 연 10%의 반기별 복리가 되기 위해 오스틴은 이 채권을 얼마에 매각해야 하는가?

문제 요약 **주어진 정보**: $P = \$1,050$, $V = \$1,000$, $n = 6$, $r = 6\%$, $i = 5\%$
구하는 해: 매각가격 F

풀이

이 채권 거래와 관련된 현금흐름들을 현재시점의 가치로 표현하면

$$P = Vr(P|A\ 5\%,6) + F(P|F\ 5\%,6)$$

또는

$$\$1,050 = (\$1,000)(0.06)(5.07569) + F(0.74622)$$

가 된다. 이를 F 에 대해 풀면 $998.98이다. 따라서 3년이 지난 시점에 최소한 채권의 매각가격이 $998.98 이상이면, 이 채권 거래로부터 적어도 연 10% 반기별 복리 이상의 채권 수익률을 올릴 수 있다.

이 예제는 Excel® **FV** 재무함수를 이용하는 아주 좋은 예가 된다. 앞서 살펴본 바와 같이 **FV** 재무함수의 매개변수는 **FV(rate,nper,pmt,pv,type)**이다. 따라서 Excel® 스프레드시트의 임의의 칸에

=FV(5%,6,60,−1050)

을 입력하면 **$998.99**를 얻는다. (여기서 1¢만큼 차이 나는 이유는 부록 A의 복리계수표에서 반올림 오차가 발생하기 때문이다.)

채권의 구입가격 계산 예제 3.7

엠마는 액면가 $1,000이고 채권 금리가 연 12% 반기별 복리이며 3년 만기인 채권을 구입한 후 3년 동안 보유하여 6회에 걸쳐 이자를 받고 만기에 액면가를 돌려받고자 한다. 이 채권 거래로부터 적어도 채권 수익률이 연 14% 반기별 복리가 되기 위해 엠마는 이 채권을 최대한 얼마에 구입해야 하는가?

문제 요약

주어진 정보: $F = \$1,000$, $V = \$1,000$, $n = 6$, $r = 6\%$, $i = 7\%$
구하는 해: 구입가격 P

풀이

이 채권 거래와 관련된 현금흐름들을 현재시점의 가치로 표현하면

$$P = Vr(P|A\ 7\%,6) + F(P|F\ 7\%,6)$$

또는

$$P = (\$1,000)(0.06)(4.76654) + \$1,000(0.66634)$$

가 된다. 이를 P에 대해 풀면 $952.33이다. 따라서 채권의 구입가격이 최대한 $952.33 이하면 이 채권 거래로부터 적어도 연 14% 반기별 복리 이상의 채권 수익률을 올릴 수 있다.

이 예제는 Excel® **PV** 재무함수를 이용하는 아주 좋은 예가 된다. 앞서 살펴본 바와 같이 **PV** 재무함수의 매개변수는 **PV(rate,nper,pmt,fv,type)**이다. 따라서 Excel® 스프레드시트의 임의의 칸에

=PV(7%,6,−60,−1000)

을 입력하면 **$952.33**을 얻는다.

예제 3.8 채권 투자의 채권 수익률 계산

샬롯은 액면가 $1,000이고 채권 금리가 연 12% 분기별 복리인 채권을 $1,020에 구입하였다. 샬롯은 이 채권을 3년 동안 보유하여 12회에 걸쳐 이자를 받은 후 $950에 매각하였다. 이 채권 거래로부터 샬롯이 얻게 되는 분기별 채권 수익률은 얼마인가? 또한 채권투자의 연간 실효수익률은 얼마인가?

문제 요약 **주어진 정보**: $P = \$1{,}020$, $V = \$1{,}000$, $F = \$950$, $r = 3\%$, $n = 12$

구하는 해: i, i_{eff}

풀이 이 채권투자의 현재가치를 0으로 놓으면

$$-\$1{,}020 + (\$1{,}000)(0.03)(P|A\ i\%,12) + \$950(P|F\ i\%,12) = \$0$$

이 된다. 여기서 시행착오법을 이용하기로 하고, 먼저 $i = 2\%$/분기(즉, 연 8%의 분기별 복리)라 하면,

$$-\$1{,}020 + \$30(10.57534) + \$950(0.78849) > \$0 - \$46.32570 > \$0$$

이 된다. 다음으로 $i = 2.5\%$/분기(즉, 연 10%의 분기별 복리)라 하면,

$$-\$1{,}020 + \$30(10.25778) + \$950(0.74356) < \$0 -\$5.88520 < \$0$$

이 된다. 이로부터 선형보간법을 이용하면

$$0.02 + 0.005(\$46.32570)/(\$46.32570 + 5.88520) = 0.02444$$

이므로 2.444%/분기(즉, 연 9.776%의 분기별 복리)이다.

또한 채권투자의 연간 실효수익률은

$$i_{\text{eff}} = [(1 + 0.02444)^4 - 1]100\% = 10.140\%$$

이다.

이 예제는 Excel® **RATE** 재무함수와 **EFFECT** 재무함수를 이용하는 아주 좋은 예가 된다. 다만 반올림 오차 때문에[약간의 차이가 날 수 있다. 이제 Excel® 스프레드시트의 임의의 칸에 앞서 살펴본 바와 같이 **PV** 재무함수의 매개변수는

i_{qtr} **= RATE(12,30,−1020,950) = 2.442%**

을 입력하면 분기별 채권 수익률을 얻을 수 있다.

또한 Excel® **EFFECT** 재무함수의 매개변수에 **RATE** 재무함수를 내장시키면 채권 거래의 연간 실효수익률을 구할 수 있다.

i_{eff} **= EFFECT(4*RATE(12,30,−1020,950),4)**
= 10.132%

3.4 변동 이자율

학습목표: 변동이자율이 적용될 때 현금흐름 개요에 대한 가치를 계산하라.

이제까지는 금융 거래가 일어나는 기간 동안 이자율은 고정되어 있다고 가정하였다. 그러나 최근의 여러 사례들을 보면, 고려대상이 되는 투자대안에서 현금흐름이 여러 해에 걸쳐서 나타난다면 이와 같은 상황이 일반적이라고 할 수 없다.

단일금액의 경우와 이산 복리를 가정할 경우, i_t가 기간 t에 적용되는 이자율이라 하면 단일금액과 등가인 미래가치는 다음과 같이 표현된다.

$$F = P(1 + i_1)(1 + i_2)\ldots(1 + i_{n-1})(1 + i_n)$$

변동이자율을 적용하여 현금흐름 시리즈의 미래가치를 구하는 과정을 확대하여 현금흐름 시리즈의 현재가치를 구하는 과정에 응용하면 다음과 같은 식을 얻게 된다.

$$P = A_1(1+i_1)^{-1} + A_2(1+i_1)^{-1}(1+i_2)^{-1} + \ldots + An(1+i_1)^{-1}(1+i_2)^{-1}\ldots(1+i_n)^{-1} \quad (3.10)$$

마찬가지로 변동이자율을 적용하여 현금흐름 시리즈의 미래가치를 구하면 다음과 같다.

$$F = A_n + A_{n-1}(1+i_n) + A_{n-2}(1+i_{n-1})(1+i_n) + \ldots + A_1(1+i_2)(1+i_3)\ldots(1+i_{n-1})(1+i_n) \quad (3.11)$$

예제 3.9 변동이자율이 적용되는 현금흐름 시리즈

〈그림 3.9〉에 주어진 현금흐름도를 생각해 보자. 각 기간에 적용되는 이자율(변동이자율)을 고려하여 현금흐름 시리즈와 등가인 현재가치, 미래가치 및 균일급수의 크기를 결정하라.

풀이 현재가치의 계산은 다음과 같다.

$$\begin{aligned} P &= \$200(P|F\,10\%,1) - \$200(P|F\,10\%,1)(P|F\,10\%,1) \\ &\quad + \$300(P|F\,8\%,1)(P|F\,10\%,1)(P|F\,10\%,1) \\ &\quad + \$200(P|F\,12\%,1)(P|F\,8\%,1)(P|F\,8\%,1)(P|F\,10\%,1)(P|F\,10\%,1) \\ &= \$200(P|F\,10\%,1) - \$200(P|F\,10\%,2) + \$300(P|F\,8\%,1)(P|F\,10\%,2) \\ &\quad + \$200(P|F\,12\%,1)(P|F\,8\%,2)(P|F\,10\%,2) = \$372.63 \end{aligned}$$

미래가치의 계산은 다음과 같다.

$$\begin{aligned} F &= \$200 + \$300(F|P\,8\%,1)(F|P\,12\%,1) - \$200(F|P\,8\%,2)(F|P\,12\%,1) \\ &\quad + \$200(F|P\,10\%,1)(F|P\,8\%,2)(F|P\,12\%,1) \\ &= \$200 + \$300(1.08000)(1.12000) - \$200(1.16640)(1.12000) \\ &\quad + \$200(1.10000)(1.16640)(1.12000) = \$589.01 \end{aligned}$$

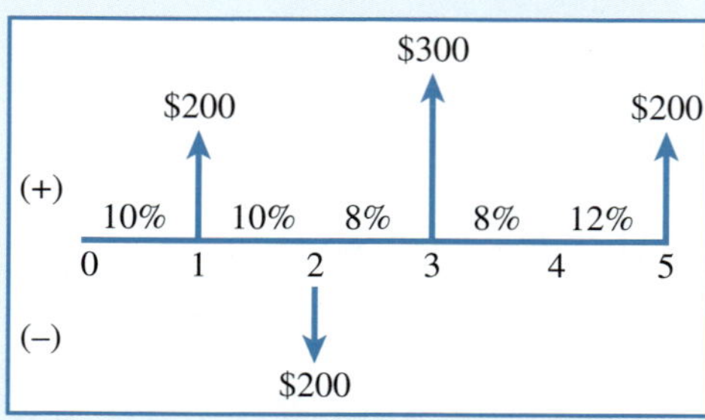

〈그림 3.9〉 변동이자율 예제 3.9의 현금흐름도

균일급수의 계산은 다음과 같다.

$$P = A(P|F\,10\%,1) + A(P|F\,10\%,2) + A(P|F\,8\%,1)(P|F\,10\%,2) + A(P|F\,8\%,2)(P|F\,10\%,2) + A(P|F\,12\%,1)(P|F\,8\%,2)(P|F\,10\%,2)$$

$$\$372.63 = A[(0.90909) + (0.82645) + (0.92593)(0.82645) + (0.85734)(0.82645) + (0.89286)(0.85734)(0.82645)] = 3.841958A$$

$$A = \$96.99$$

따라서 다섯 번의 이자기간마다 $96.99를 받는 것은 원래의 현금흐름 시리즈와 등가이다.

이 예제는 이 책에서 지금까지 사용하지 않았던 Excel® 재무함수인 **FVSCHEDULE** 재무함수를 이용하는 아주 좋은 예시가 된다. 이 재무함수의 매개변수는 **FVSCHEDULE(principal,schedule)**이고 이 재무함수는 단일 현금흐름에 적용된다. 예를 들면,

$$F = \text{FVSCHEDULE}(200,\{0.1,0.08,0.08,0.12\}) - \text{FVSCHEDULE}(200,\{0.08,0.08,0.12\}) + \text{FVSCHEDULE}(300,\{0.08,0.12\}) + 200 = \$589.01$$

3.5 연간 표시이자율

학습목표: 주택담보대출에서 흔히 사용되는 연간 표시이자율(APR)에 대하여 설명하라.

2장에서 연간 실효이자율이란 미리 정해진 단위기간 이자율과 동등한 연 이자율로 정의하였다. 구체적으로, 연 이자율 12%의 분기별 복리와 12.551%의 연간 실효이자율은 서로 동등하다는 것을 보여 주었다.

불행하게도, 대출 거래에서 돈을 빌려주는 사람(또는 대출 기관)은 돈을 빌리는 사람에게 연간 실효이자율에 대한 정보를 반드시 제공할 필요는 없다. 오히려, 대출 기관은 대출 거래에서 **연간 표시이자율**(annual percentage rate)에 대한 정보를 반드시 제공하여야 한다. APR이라고 줄여서 표현되는 연간 표시이자율은 경우에 따라서는 연간 명목이자율이거나 연간 실효이자율이거나 또는 이 두 가지가 아닌 전혀 다른 것일 수도 있다.

연간 표시이자율(APR) 자금을 빌려주는 사람이 빌리는 사람에게 고지하는 연간 이자율. 이 용어는 빌려주는 사람에 따라 그 계산법이 일정하지 않으며, 따라서 경우에 따라서 연간 명목이자율, 연간 실효이자율, 또는 전혀 다른 이자율일 수도 있다.

APR의 값은 통상적으로 주택담보 대출의 경우에 많이 계산된다. APR의 값을 계산하는 방법은 매우 다양하다. 그 값들이 모두 차이가 나는 이유는 하나의 APR 값을 계산할 때마다 내세우는 가정이 모두 다르기 때문이다. 이와 같은 가정들의 일부를 나열하여 보면 다음과 같다.

- 첫 번째 상환 시점이 언제인지(예를 들면 융자 시점으로부터 30일째 또는 45일째)
- 이자를 (월초에) 미리 지불하는지 또는 이자를 (월말에) 미루어서 지불하는지
- 연간 일수(1년 동안의 날짜를 365일로 보는지 또는 360일(30일/월*12월)로 보는지)
- 계산 과정에서 소수점 몇 자리까지 포함하는지

주택 담보대출에서 사용되는 APR을 계산할 때는, 여러 다양한 방식들이 있기는 하나, 기본적으로 다음의 두 가지 방식이 사용된다. 첫 번째 방식은 합산방식이라고 불리며, 구매자가 클로징 비용도 대출에 포함한다고 가정한다. 따라서 대출금을 갚아나갈 때 주택 구입에 필요한 자금과 클로징 비용을 합산한 액수를 고려하여 대출금 상환액을 산출하는 것이다. 주택을 구입하는 사람의 입장에서 계약 성사 시점에서의 순 현금흐름은 주택 구입가격이다. 따라서 APR은 구매자가 계약 성사 시점에서 주택 구입에 필요한 액수를 근거로 하여 대출기관에 매달 갚아야 하는 월간 상환액을 계산하는 데 사용되는 연간 명목 이자율이다.

두 번째 방식은 차감방식이라고 불리며, 구매자가 계약 성사 시점에 모든 클로징 비용을 지불하고 대출금 상환액은 단지 구입한 주택의 가격만을 고려하여 산출하는 것이다. 주택을 구입하는 사람의 입장에서 계약 성사 시점에서의 순 현금흐름은 주택을 구입하는데 따른 수입에서 대출 기관에 지불해야 하는 클로징 비용을 뺀 것이다. 따라서 APR은 계약 성사 시점에서의 구매자의 순 현금흐름을 근거로 하여 대출기관에 매달 갚아야 하는 월간 상환액을 계산하는데 사용되는 연간 명목이자율이다.

합산방식은 차감방식에 비하여 훨씬 더 많이 사용된다. 이와 관련하여 시중에는 월간 상환액을 계산하는데 도움을 주기 위한 합산방식 계산기(APR_{add})들을 장착한 많은 웹사이트들이 있다. 그 가운데 하나의 예로서 고정금리 대출에 대하여 월상환액을 계산해 주는 eFunda (**www.efunda.com**) 의 APR 계산기가 있다. 변동금리 대출에 대하여 월상환액을 계산해 주는 웹 기반의 APR 계산기들은 **http://www.dinkytown.net** 에서 찾아볼 수 있다.

핵심 개념

1. 둘 이상의 현금흐름의 개요 사이의 등가를 비교하라. (3.1절)

2개 또는 그 이상의 현금흐름 개요들이 같은 값을 가진다면 그들은 등가라고 말한다. 현금흐름 개요들이 등가인지 또는 아닌 지를 결정함으로써 우리는 어느 대안이 다른 대안보다 더 나은 지를 결정할 수 있다. 경제성 분석에서 통상적으로 많이 나타나는 문제는 2개 또는 그 이상의 현금흐름 개요들이 등가가 되도록 하는 매개변수의 값, 예를 들면, 이자율 등을 결정하는 것이다.

2. 즉시 상환대출과 지연 상환대출에 대하여 분석하라. 구체적으로 상환액, 미상환액, 이자상환액, 원금상환액 등에 대하여 분석하라. (3.2절)

대출금에 대한 상환액은 크게 원금상환액과 이자상환액의 두 부분으로 이루어져 있다. 앞서 언급한 바와 같이 대출금을 갚아 나갈 때는 먼저 이자부터 갚아야 한다. 상환액 가운데 이자상환액을 뺀 값이 원금상환액의 크기가 된다. 즉시 상환대출은 대출 원금을 받은 시점으로부터 1 단위기간 후에 대출금 상환이 시작된다. 이와 반면에 지연 상환대출은 대출 원금을 받은 시점으로부터 적어도 여러 단위기간이 지난 후에 대출금 상환이 시작된다. 이자상환액은 과세소득에서 공제가 가능하다. 9장 "소득세"에서는 이 주제와 관련된 내용에 대하여 다시 다룰 것이다.

3. 채권 투자에 대하여 분석을 실시하고, 구입가격, 매각가격, 채권 수익률 등을 결정하라. (3.3절)

채권은 사기업이나 공공 부문에서 대규모 프로젝트에 자금을 조달하기 위하여 사용되는 아주 중요한 금융자산이다. 채권 투자에 대해서는 채권의 매각가격 계산, 채권의 구입가격 계산, 구입가격과 매각가격이 주어졌을 때 채권 수익률 계산 등을 포함하는 내용들에 관한 분석을 실시한다.

채권 거래를 나타내는 일반식은 다음과 같다.

$$P = Vr(P|A\ i\%,n) + F(P|F\ i\%,n)$$

여기서

P = 채권의 구입가격

F = 채권의 매각가격(또는 액면가, 만기의 경우)

V = 액면가

r = 이자기간당 채권 금리

i = 이자기간당 채권 수익률

n = 채권 보유자가 이자를 받는 횟수
$A = Vr$ = 매이자기간마다 받는 이자의 크기
이다.

4. **변동이자율이 적용될 때 현금흐름 개요에 대한 가치를 계산하라. (3.4절)**
경제성 분석에서 문제를 단순화하기 위하여 금융 거래가 일어나는 기간 동안 이자율은 고정되어 있다고 가정하였다. 그러나 최근의 여러 사례들을 보면, 특히 지속기간이 매우 긴 경우들을 보면, 이와 같은 가정이 일반적이라고 할 수 없다. 따라서 이자율이 시간에 따라 변한다면, 변동이자율을 고려하여 분석을 실시하여야 한다.

5. **주택담보대출에서 흔히 사용되는 연간 표시이자율(APR)에 대하여 설명하라. (3.5절)**
주택 담보대출에서 사용되는 APR을 계산할 때는, 여러 다양한 방식들이 있으며, 이 장에서는 가장 기본적 두 가지 방식인 합산방식과 차감방식에 대하여 설명하였다. 또한, APR의 계산 결과는 첫 번째 상환 시점이 언제인지, 이자를 먼저 지불하는지 또는 나중에 지불하는지, 연간 일수를 어떻게 산정하는지, 계산 과정에서 소수점 몇 자리까지 포함하는지 등의 다양한 가정에 따라 그 값이 달라진다. 따라서 APR을 계산할 때는 어떤 가정을 포함하고 있느냐 하는 점에 유의하여야 한다. 다양한 가정들 아래 합산방식을 이용하여 APR을 계산하는데 도움이 되는 웹 기반의 APR 계산기들을 찾아볼 수 있다.

핵심용어

등가
만기
상환
액면가
연간 표시이자율
원금상환액
즉시 상환대출
지연 상환대출
채권
채권 수익률

기사시험 유사 문제

1. 1년도 말 \$5,000, 2년도 말 \$4,000, 3년도 말 \$3,000, 4 년도 말 \$2,000, 5년도 말 \$1,000인 현금흐름과 연리 10%에서 등가를 이루는 연간 균일급수 금액은 다음 중 어느 것인가?

a. \$3,000

b. \$3,000(1 + 0.1) = \$3,300

c. [\$5,000(*F*|*P* 10%,4) + \$4,000(*F*|*P* 10%,3) + \$3,000(*F*|*P* 10%,2) + \$2,000(*F*|*P* 10%,1) + 1,000]/5

d. \$5,000 − \$1,000(*A*|*G* 10%,5)

2. 당신은 \$10,000을 연 이자율 15%로 차입하고 1년에 한 번씩 동일액을 3회에 걸쳐 지불함으로써 채무관계를 종결하고자 한다. 단, 첫 번째 지불시점은 돈을 빌린 후 4년도 말이다. 이 경우 1회 상환액은 \$6,661.08이다. 첫 번째 상환액에 대한 다음 내용 중 어느 것이 옳은가?

a. 이자상환액 = \$6,661.08과 원금상환액 = \$0

b. 이자상환액 = \$2,281.31과 원금상환액 = \$4,379.77

c. 이자상환액 = \$1,500.00과 원금상환액 = \$5,161.08

d. 이자상환액 = \$0.00과 원금상환액 = \$6,661.08

3. 기간별 적용 이자율과 금액이 다음과 같이 주어진 현금흐름의 시리즈를 생각해 보자. 이 현금흐름의 시리즈의 3년도 말 가치는 다음 중 어느 것인가?

연도(말)	0	1	2	3
연말 현금흐름	−\$1,000	\$3,000	\$2,000	\$1,000
연 이자율	-	6%	8%	10%

a. \$5,000.00

b. \$5,504.72

c. \$5,994.56

d. \$5,440.00

4. 당신은 \$180,000짜리 주택을 구입하기로 하였다. 최초 지불금으로 집값의 10%를 내고, 나머지 잔액 \$162,000은 대출기간 30년인 연 이자율 7.5%의 주택자금 대출을 통해 매월 \$1,132.73씩 갚기로 하였다. 그리고 수수료는 없다. 첫 번째 달의 상환액 \$1,132.73 속에 포함되어 있는 이자는 얼마인가?

a. \$1,012.50

b. \$682.73

c. \$120.23

d. 추가 정보 없이는 계산할 수 없다.

연습문제

3.1절 등가

1. t = 1, 2, 3, 4, 5, 6, 7의 시점에 동일한 금액 \$1,000을 분기별로 입금한 후에 t = 12, 13, 14, 15의 시점에 동일한 금액 \$*A*를 분기별로 인출하고자 한다. 이 예금계좌가 제공하는 이자율이 연이자율 4%의 분기별 복리일 때 t = 15의 시점에 마지막으로 \$*A*를 인출한 직후 예금 잔고가 \$0이 되도록 하는 \$*A*의 크기는 얼마인가?

2. 가격이 "$7,000"라고 붙어 있는 중고 자동차가 한 대 있다. 구매자가 일시불로 구입하면 $6,500에 구입할 수 있다. 만약 할부로 사고자 하면, 최초 불입금 $1,000을 내고 나머지 잔금 $6,000은 연리 8%의 분기별 복리를 적용하여 8분기에 걸쳐 균등액으로 분할 상환해야 한다.

   a. 어떤 구매자의 돈의 시간가치가 연 10%의 분기별 복리와 같다면, 그는 어느 안을 더 선호하겠는가?

   b. 이 2개의 안이 등가가 되도록 하는 연간 실효이자율은 얼마인가?

3. 톰슨사에서는 자기 회사 사무기기를 일정액 이상 구매하는 고객에게 구매대금 지불방법에 대한 세 가지 옵션 중 하나를 선택할 수 있도록 하고자 한다. 예를 들어, 어떤 상품의 구매대금 지불방법으로 제공되는 세 가지 옵션은 아래 표와 같다. 톰슨사에서는 돈의 시간가치를 14%로 했을 때 각 옵션의 현금흐름이 모두 등가가 되기를 원한다. Q와 R의 값을 결정하라.

연도 말	옵션 1	옵션 2	옵션 3
0	$0	$0	$0
1	$1,800	$$Q$	$$R$
2	$1,800	$$2Q$	$$(1.1)R$
3	$1,800	$$3Q$	$$(1.1)^2R$
4	$1,800	$$4Q$	$$(1.1)^3R$
5	$1,800	$$5Q$	$$(1.1)^4R$

4. 당신의 TVOM이 연 이자율 11%의 연간 복리라 할 때, 다음 세 가지 현금흐름 시리즈가 서로 무차별하게 되도록 하는 X와 Y 값을 구하라.

연도 말	현금흐름 시리즈 A	현금흐름 시리즈 B	현금흐름 시리즈 C
0	$$3.0X$	$1,000	$$2Y$
1	$$2.5X$	$1,500	$$2Y$
2	$$2.0X$	$2,000	$$2Y$
3	$$1.5X$	$2,500	$$Y$
4	$$1.0X$	$3,000	$$Y$
5	−$1,000	−$2,500	$$Y$

3.2절 이자상환 및 원금상환

5. 자동차 구입을 위해 당신은 친구로부터 $25,000을 연리 12%의 월 복리로 4년 동안 빌렸다. 당신은 이 돈을 원리금 균등분할상환 방식으로 48개월에 걸쳐 갚고자 한다.

   a. 월 상환액은 얼마인가?

b. 23회차 상환액 속에 포함된 이자상환액은 얼마인가?
c. 37회차 상환액 지불 직후의 미상환 원금 잔액은 얼마인가?
d. 돈을 빌린 3년 반 뒤에 당신은 빚을 청산하고자 마음먹었다. 아직 42회 상환액을 지불하지 않은 상태다. 그렇다면 당신은 얼마를 지불함으로써 채무관계를 완전히 청산할 수 있는가?

6. 의료진단기(주)에서는 최신형 혈액분석기를 구입하기 위해 $200,000을 연리 6%의 월 단위 복리로 7년간 대출받았다. 당신은 매월 지불액이 같은 원리금 균등분할상환 방식으로 이 돈을 갚기로 약정하였다.
   a. 월 상환액은 얼마인가?
   b. 24회차 상환액 지불 직후에 남은 미상환 원금 잔액은 얼마인가?
   c. 24회차 상환액 지불 직후에 금리가 6%에서 8.5%로 올랐다. 그래서 돈을 빌려준 금융기관에서는 의료진단기(주)에 잔금을 일시에 갚으면 $*X* 를 깎아 주겠다고 제안하였다. 이 경우 금융기관과 의료진단기(주) 둘 다 이익이 되는 $*X* 범위는 얼마인가?

7. 유망 벤처회사인 바이오일렉트로메카닉시스템(BEMS)은 신기술 확보를 위한 자금으로 한 개인 투자자로부터 연 이자율 24%의 월 복리로 $500,000을 차입하고, 3년 거치 후 36개월에 걸쳐 매월 말에 균등액을 상환하기로 합의하였다(첫 번째 상환액은 돈을 빌린 후 37번째 달에 지불).
   a. 이 금융거래의 월 상환액은 얼마인가?
   b. 채권자에게 지불되는 이자상환액의 누적합계액은 얼마인가?
   c. 채권자에게 지불되는 원금상환액의 누적합계액은 얼마인가?
   d. BEMS의 사업이 기대 이상으로 잘 풀려 24회째 상환액 지불 직후 나머지 미상환 잔액을 모두 갚으려 한다면, 이때 얼마를 지불해야 하는가?

8. 샘은 연이자율 8%의 연 복리로 $25,000을 차입하고, 앞으로 5년 동안 매년 말에 일정액을 상환하기로 하였다. 다만 특정 연도 말에 상환하는 액수는 직전 연도 말에 상환하는 액수보다 $500 증가한 액수이다. 이럴 경우 2년도 말에 상환하는 액수 가운데 원금상환액은 얼마인가?

3.3절 채권 투자

9. 15년 만기, 액면가 $5,000, 6개월(반기)마다 6% 이자가 지급되는 어떤 회사채를 8년 전에 $7,000에 매입하여 지금까지 16번의 이자를 지급받았다. 만약 어떤 투자자가 이 채권을 현재 시점에 구입하여 반기당 4%의 기대수익률을 올리고자 한다면, 그는 이 회사채를 지금 얼마에 구입하면 되는가?

10. 당신은 현금이 급히 필요한 친구로부터 액면가 $1,000인 어떤 회사채를 인수하려 한다. 이 회사채는 만기까지의 잔여기간이 7년이고 이자는 분기에 한 번씩 지급된

다. 당신이 이 회사채를 $750.08에 인수하면 당신의 기대 투자수익률은 연이자율 16%의 분기별 복리가 정확히 충족된다. 이 회사채의 채권 금리는 연 몇 %인가?

11. 당신은 어떤 회사채를 $8,628.12에 매입하여 5년 동안 보유하면서 매년 말에 이자를 지급받았는데, 오늘까지 5번 지급받았다. 그런데 이제 당신은 이 회사채를 액면가보다 $500높은 가격에 팔려고 한다. 이 회사채의 채권 금리는 연 8%이고, 당신이 이 회사채에 투자하여 얻은 수익률은 연 10%이다.

    a. 이 회사채의 액면가를 $*X* 라 하고, 이 투자에 대한 현금흐름도를 그려라.
    b. 이 회사채의 액면가를 구하라.

12. 당신은 액면가가 $20,000인 어떤 국고채를 $18,000에 인수하는 것을 검토 중이다.이 채권은 연 6%의 이율로 6개월마다 이자를 지급하며, 만기일까지의 잔여기간은 5년이다. 이 채권을 구입하면 오늘부터 6개월 후에 처음으로 이자를 지급받게 된다. 당신은 실효 투자수익률이 적어도 연 8.16%는 되어야 이 국고채를 인수하려 한다. 당신은 이 채권을 인수할 것인가, 말 것인가? 그 이유를 말하라.

13. 당신은 액면가가 $1,000이고, 연 8%의 이율로 매년 이자를 지급하는 어떤 회사채 100매를 $95,250에 인수하였고, 이제 6년간 보유한 후 이를 매각하려고 한다. 이 투자에 대한 실효 투자수익률이 적어도 연 7%가 되기 위해서는 당신은 이 회사채를 지금 얼마에 매각하여야 하는가?

14. 당신은 액면가가 $1,000이고, 연 8%의 이율로 매분기마다 이자를 지급하는 어떤 회사채 100매를 $97,500에 인수하였고, 이제 4년간 보유한 후 이를 $95,000에 매각하였다. 당신이 이 채권 투자로부터 얻은 연간 실효 투자수익률은 얼마인가?

15. 당신은 액면가가 $1,000이고, 연 8%의 이율로 매분기마다 이자를 지급하는 어떤 회사채 25매를 $22,250에 인수하였고, 이제 5년간 보유한 후 이를 매각하려고 한다. 이 회사채는 5년 말에 이자를 지급받은 직후에 매각이 완료된다고 가정하자. 이 투자에 대한 실효 투자수익률이 적어도 연 6%가 되기 위해서는 당신은 이 회사채를 지금 얼마에 매각하여야 하는가?

3.4절 변동 이자율

16. 참 또는 거짓: 10년 동안 매년 동일한 액수를 투자하는 두 가지 대안들을 고려하고 있는데 이들의 차이점은 적용되는 이자율이 다르다는 점이다. 대안 A는 앞으로 10년 동안 매년 적용되는 연이자율이 각각 1%, 2%, 3%, 4%, 5%, 6%, 7%, 8%, 9%, 10% 이다. 대안 B의 경우에는 같은 이자율이 10년 동안 역순으로 적용된다. 10년 말의 시점에서 투자 효과를 따져 보았을 때, 대안 A를 선택하여야 한다.

17. 현금흐름도에 제시된 이자율과 현금흐름을 고려하여 $X의 결정하라.

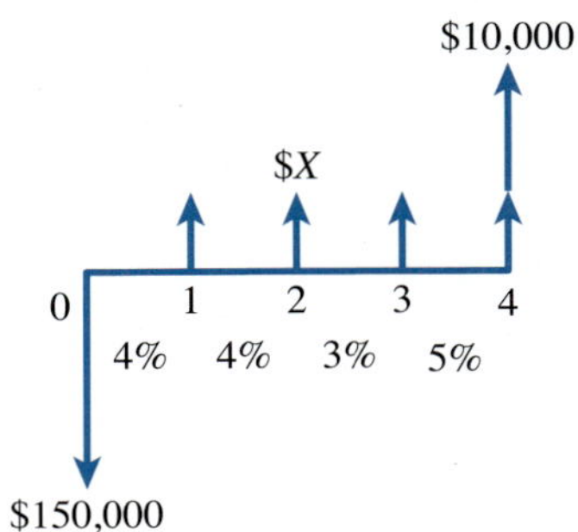

18. 마리아는 연 복리 3%로 이자를 지급하는 저축예금에 $2,000을 입금하였다. 입금한지 2년 후에 이자율이 연 복리 4%로 올랐다. 그리고, 이자율이 연 복리 4%로 오른 직후에 마리아는 추가로 $3,000을 입금하였다. 두 번째로 입금을 한 지 7년 후에 예금 잔고는 얼마가 되겠는가?

19. 당신은 연 복리 3%로 이자를 지급하는 저축예금에 $10,000을 입금하였다. 그런데 이자율이 입금 한지 1년 후에 연 복리 4%로, 2년 후에 연 복리 5%로, 3년 후에 연 복리 6%로 올랐다. 그렇다면, 지난 3년간 매년 말에 $2,500씩 인출하였다고 할 때, 처음 입금한 시점으로부터 4년 후의 예금 잔고는 얼마가 되겠는가?

20. 당신은 5년 동안 투자할 수 있는 자금 $2,000을 갖고 있다. 가능한 투자대안은 다음 세 가지이다. 5년도 말의 잔고를 비교할 때 가장 유리한 안은 무엇인가?

- 제1안: 1년도 연 7%, 2년도 연 6%, 3년도 연 5%, 4년도 연 4%, 5년도 연 3%의 이자율 적용
- 제2안: 1년도 연 3%, 2년도 연 4%, 3년도 연 5%, 4년도 연 6%, 5년도 연 7%의 이자율 적용
- 제3안: 5년 동안 연 5%의 고정이자율 적용

21. 다음과 같이 제시된 연도별 현금흐름과 이자율을 고려하여 보자.
    a. 이 현금흐름 시리즈의 미래가치를 구하라.
    b. 이 현금흐름 시리즈의 현재가치를 구하라.
    c. 원래의 현금흐름 시리즈와 등가인 3년에 걸친 균일급수를 구하라.

연도 말	기간당 이자율	현금흐름
0		$0
1	10%	$2,000
2	8%	–$3,000
3	12%	$4,000

경제성 분석의 실제 사례: 코노코필립스(ConocoPhillips)

코노코필립스는 기업의 시장가치, 석유와 천연가스의 생산량 및 매장량 등 어느 면에서나 세계 굴지의 기업으로 평가되는 종합에너지 회사인 동시에 정유 회사이다. 이 회사는 첨단의 석유 탐사 및 생산 기술, 저장소의 관리 및 운영 기술, 3차원 진동 기술, 고품질의 석유코크스 정제 기술 등으로 명성이 높다.

코노코필립스는 텍사스 주 휴스톤에 본부를 두고 세계 30여 국에 사업체를 운영하고 있다. 2011년 12월 31일 현재 이 회사는 종업원 수가 29,800명이고 자산 총액이 1,532억 달러이다. 2011년 한 해의 자본적 지출과 투자는 133억 달러이고 총 매출액은 2,512억 달러이다. 2011년 말 현재 이 회사의 부채비율은 26퍼센트이다.

이 회사의 주요 사업 활동은 석유 탐사 및 생산, 정유 및 마케팅, 천연가스 채굴 및 마케팅 등이며 더욱이 전력생산, 액화탄소 같은 신생 사업부문과 재생연료 또는 대체 에너지원 등의 신기술에도 투자하고 있다. 그리고 사업부문의 재편과 조정을 통해 다운스트림 파생사업을 자회사인 필립스 66으로 이관하는 3개년 전략계획을 2010년부터 추진하고 있다. 이 계획이 완료되면 코노코필립스는 석유 탐사 및 생산 전문 회사로 변모할 것이다.

> 이 회사가 주주들에게 제공하는 정보 속에는 "확인된 석유 및 가스 매장과 관련하여 앞으로 발생할 것으로 예상되는 미래의 순 현금흐름을 현재가치로 환산한 수치자료"가 포함된다. 이 때 회사 측은 "자료에 나타난 모든 금액은 연말 기준의 가격과 비용, 적정 세율, 그리고 10%의 할인율을 적용하여 산출되었음을 참고하기 바랍니다."라는 식의 설명을 덧붙인다. 이러한 자료를 작성할 때 당연히 미래의 경제상황에 대한 가정, 석유자원 매장량에 대한 추정치, 확인된 매장자원의 개발과 생산 시점, 생산 비용 등 가능한 모든 요소들을 계산에 반영한다.

코노코필립스와 같은 많은 기업들이 현재가치 분석 결과에 근거하여 투자를 결정한다. 현재가치 분석법을 사용하는 기업들의 실명을 모두 나열한다면 그 속에는 당연히 할인현금흐름법(Discounted Cash Flow Method: DCF법)을 사용하는 기업들 모두가 포함되어야 할 것이다.

현재가치법

Present Worth

토의 논제

1. 독자는 현재가치 분석법이 소규모 조직에서도 활용도가 높은 유용한 기법이 될 수 있을 것으로 생각하는가? 아니면 그러한 유형의 분석법이 코노코필립스와 같은 대규모 조직에서만 중요한 기법으로 인식되어야 할 것으로 생각하는가?
2. 코노코필립스는 투자자에게 투자 설명을 위해 사용하는 사업계획 보고서에 사용된 모든 수치가 추정 자원 매장량을 근거로 산출되었기에 실제와는 다소 거리가 있을 수 있음을 명시한다. 이 경우 경제성 분석 담당자는 투자자의 신뢰를 확보할 목적으로 사업의 투자가치를 측정하는 척도로 어떤 것들을 사용할 수 있는가?
3. 독자는 코노코필립스가 보고서에 사용한 수치 자료의 산출 근거를 자세히 밝힌다는 사실이 놀랍지 아니한가?
4. 코노코필립스는 그 밖의 어떤 사업 활동에 현재가치 분석법을 사용하고 있을까?

학습목표

이 장의 공부를 마친 후 다음의 내용들을 이행할 수 있는 능력을 갖추어야 한다:

1. 경제적 대안들의 비교에 사용되는 8가지 할인현금흐름법(Discounted Cash Flow Method: DCF법)을 열거하라. (4.1.1절)
2. 경제적 가치를 결정하는 방법으로서 서열법과 증분법의 차이를 설명하라. (4.1.2절)
3. 주어진 이자율에서 모든 현금흐름이 시점 0에서의 단일금액과 등가가 되도록 현재가치를 계산하라. (4.2절)
4. 주어진 이자율에서 편익-비용 분석으로 공공사업 투자의 경제성을 평가하라. (4.3절)
5. 주어진 이자율에서 계산한 누적 현재가치가 처음으로 양의 값을 갖는 데 걸리는 기간 즉 할인투자회수기간을 결정하라. (4.4절)
6. 주어진 이자율로 무한대의 기간에 걸쳐 현금흐름이 발생하는 어떤 투자의 자본화가치를 계산하라. (4.5절)

서론

1장에서 소개한 7단계의 체계적 경제성 분석 기법에서 5번째 단계가 대안의 비교임을 기억하라. 이 단계에는 대안을 비교할 때 사용할 방법에 대한 결정이 먼저 있어야 한다는 뜻이 내포되어 있다. 이 장에서 독자는 현재가치 분석으로 얻은 결과가 다른 경제적 가치 측정법으로 얻은 결과와 어떻게 다른지를 배우게 될 것이다. **현재가치 분석은 투자대안을 비교할 때 가장 많이 사용하는 할인현금흐름법이다.** 그리고 독자는 현재가치 분석의 특수한 형태인 편익-비용 비율 분석, 할인투자회수기간 분석, 자본화가치 분석에 대해서도 배우게 될 것이다.

체계적 경제성 분석 기법

1. 투자대안들을 확인하라.
2. 계획기간을 정의하라.
3. 할인율을 명시하라.
4. 현금흐름을 추정하라.
5. **대안을 비교하라.**
6. 보충적 분석을 실시하라.
7. 가장 바람직한 투자대안을 선정하라

4.1 대안의 비교

학습목표: 경제적 대안들의 비교에 사용되는 8가지 할인현금흐름법(Discounted Cash Flow Method: DCF법)을 열거하라.

이 절에서는 4, 5, 6장에서 다루어지는 8가지 할인현금흐름법(Discounted Cash Flow Method: DCF법)을 간략하게 요약하고자 한다. 그리고 대안들을 비교할 때, 사용하는 방법이 무엇이든, 납세 전 분석이든 납세 후 분석이든, 대안의 수명이 동일하든 다르든 항시 고려해야 할 몇 가지 중요한 사항과 "아무것도 하지 않는 대안(do-nothing alternative)"의 개념에 대해 짚어보고자 한다.

4.1.1 경제적 가치를 비교하는 방법

투자대안의 비교에 사용되는 8가지 할인현금흐름법으로는 현재가치법, 편익-비용 비율법, 할인투자회수기간법, 자본화가치법, 연간가치법, 미래가치법, 내부수익률법, 외부수익률법이 있다. 이러한 분석법들을 간략히 설명하면 다음과 같다.

1. 현재가치법(Present Worth Method; PW법)은 이자율 i = MARR로 하여 모든 현금흐름을 그것과 등가가 되는 시점 0에서의 단일금액으로 변환

한다.

2. 편익–비용 비율법(Benefit-Cost Ratio Method: B/C 비율법)은 이자율 i = MARR로 하여 편익의 현재가치(양의 값을 갖는 현금흐름의 현재가치)와 투자하는 자본의 현재가치(음의 값을 갖는 현금흐름의 현재가치)를 각각 구한 후 후자에 대한 전자의 비율을 결정한다.
3. 할인투자회수기간법(Discounted Payback Period Method: DPBP법)은 이자율 i = MARR로 하여 계산한 현재가치의 누적액, 즉 누적 현재가치가 처음으로 양의 값을 가질 때까지 걸리는 기간의 길이를 결정한다.
4. 자본화가치법(Capitalized Worth Method: CW법)은 이자율 i = MARR로 하여, 무한기간에 걸쳐 반복되는 현금흐름을 그것과 등가가 되는 시점 0에서의 단일금액으로 변환한다.
5. 연간가치법(Annual Worth Method: AW법)은 이자율 i = MARR로 하여 모든 현금흐름을 그것과 등가가 되는 계획기간 동안의 연간 균일급수 현금흐름으로 변환한다.
6. 미래가치법(Future Worth Method: FW법)은 이자율 i = MARR로 하여 모든 현금흐름을 그것과 등가가 되는 계획기간 종료시점에서의 단일금액으로 변환한다.
7. 내부수익률법(Internal Rate Of Return Method: IRR법)은 미래가치(현재가치 또는 연간가치)가 0이 되도록 하는 이자율을 결정한다.
8. 외부수익률법(External Rate Of Return Method: ERR법)은 투자되는 자본의 미래가치가, 회수되는 자본에 MARR을 적용하여 계산한 미래가치 값과 같아지도록 하는 이자율을 결정한다.

4.1.2 서열법과 증분법

학습목표: 경제적 가치를 결정하는 방법으로서 서열법과 증분법의 차이를 설명하라.

앞에서 간략히 소개된 8가지 할인현금흐름법은 크게 두 그룹, 즉 서열법(ranking method)과 증분법(incremental method)으로 구분된다.

서열법

현재가치법, 미래가치법, 연간가치법, 그리고 자본화가치법은 모두 서열법으로 분류된다. 따라서 계획기간 동안 발생할 것으로 추정되는 현금흐름의 PW, FW, AW 또는 CW 값이 가장 큰 대안이, 특별히 고려해야 할 금전외적인 요소가 없다는 전제하에, 가장 경제적인 대안으로 선정된다.[1] 할인투자회수기간법도 또한 서열법으로 분류된다. 하지만 이 방법은 서열법으로 분류되는 다른 경제적 가치 분석법과는 달리 투자회수기간이 가장 짧은 대안을 찾는 것을 목표로 한다.

증분법

내부수익률법, 외부수익률법, 그리고 편익-비용 비율법은 모두 증분법으로 분류된다. 따라서 가장 바람직한 대안은 "투자의 증분이 투자자의 돈의 시간가치(TVOM)를 상회하는 수익을 제공하는 한 투자를 계속하라."는 제 6원칙에 부합되는 안이다.

현재가치법, 미래가치법, 연간가치법, 그리고 자본화가치법은 대안들의 비교과정이 증분법 스타일로 진행된다 하더라도 서열법 스타일로 진행될 때와 동일한 결론에 도달하게 한다. 그러나 현재가치 분석, 미래가치 분석, 연간가치 분석, 자본화가치 분석을 서열법 스타일로 수행하지 않고 구태여 절차가 번거로운 증분법 스타일로 수행해야 할 이유는 없다. 왜냐하면 PW, FW, AW 또는 CW 값이 가장 큰 대안을 가장 바람직한 대안으로 채택하는 것이 절차가 훨씬 단순하고도 명료하기 때문이다.

4.1.3 방법의 동등성

8가지 할인현금흐름법 중 6가지 즉, 현재가치법, 미래가치법, 연간가치법, 내부수익률법, 외부수익률법, 편익-비용 비율법은 모두 동등하다. 다시 말해 어느 방법을 사용하든 정확성만 보장되면 가장 바람직한 대안으로 채택되는 대안이 같다는 의미이다. 하지만 자본화가치법과 할인투자회수기간법은 앞서 언급한 6가지 분석 방법과 동등한 분석 방법이 아니다. 다시 말하면 자본화가치법과 할인투자회수기간법이 제시하는 가장 바람직한 대안이 앞의 6가지 방법이 제시하는 가장 바람직한 대안과 항상 같다는 보장이 전혀 없다. 이 장의 뒷부분과 다음 장에서 왜 그런지에 대한 몇 가지 예를 볼 수 있을 것이다.

4.1.4 납세 전 분석과 납세 후 분석

투자대안의 비교를 위해 경제적 가치를 측정하고자 할 때 납세 전 현금흐름(before-tax cash flow)이나 납세 후 현금흐름(after-tax cash flow) 가운데 어

---

[1]앞으로는 어느 대안을 추천할 것인지 결정할 때마다 "금전외적인 요소가 없다는 전제하에"라고 언급하지 않고, 화폐를 유일한 평가기준으로 하여 경제적 가치가 가장 큰 대안을 선정하는 것을 목적으로 가정한다.

느 것을 사용해도 무방하다. 그러나 한 가지 명심해야 할 점은 일관성을 유지해야 한다는 것이다. 즉 동일 분석에서 납세 전 현금흐름 또는 납세 후 현금 흐름 중 어느 한쪽만 사용되어야 하지 두 가지가 혼용되어서는 안 된다는 의미이다. 납세 전 현금흐름을 이용하여 대안을 비교하고자 할 때는 납세 전 최저필수수익률(before-tax MARR)을 사용하여야 하고, 반면에 납세 후 현금흐름을 이용하여 대안을 비교하고자 할 때는 반드시 납세 후 최저필수수익률(after-tax MARR)을 사용해야 한다.

저자들은 경제성 분석을 할 때 가급적 납세 후 분석을 하는 것이 최선의 방안이라고 믿고 있지만, 경제적 대안을 비교하는 여러 가지 방법에 대한 내용을 충분히 논의할 때까지 당분간 세금에 관한 논의는 미루기로 한다.[2] 따라서 이 장과 5, 6장에서 소개하는 예제들은 납세 전 현금흐름에 납세 전 MARR을 적용하는 수준의 납세 전 분석일 수도 있고, 반대로 납세 후 현금흐름에 납세 후 MARR을 적용하는 수준의 납세 후 분석일 수도 있다.

4.1.5 대안들의 수명이 동일한 경우와 서로 다른 경우

독자들은 투자대안들을 비교할 때 반드시 계획기간(planning horizon)이라 부르는 동일 기간에 대해 비교해야 함에 유념해야 한다. 제8원칙이 "투자대안들을 비교할 때는 동일한 기간에 비교하라"임을 기억하라. 만약 계획기간의 길이가 대안들의 수명과 다르면, 수명이 계획기간보다 긴 대안들에 대해서는 계획기간 말 시점에 발생할 것으로 예상되는 잔존가치를 추정해야 하고, 수명이 계획기간보다 짧은 대안들에 대해서는 수명 종료 후부터 계획기간 말까지의 잔여기간을 채울 대체 안을 명확히 정의하고 그에 해당하는 현금흐름을 추정하여야 한다.

4.1.6 단일 대안의 경우

"단일 대안"이란 어법상 맞지 않은 표현이다. 선택의 여지가 없다는 것은 대안이 없다는 것을 의미하기 때문이다. 그러므로 여기서 "단일 대안"을 검토한다는 말은 "아무것도 하지 않는 대안"에 대해 "무엇을 하는 대안(do something)"을 비교하는 것을 의미하기로 하자. "아무것도 하지 않는 대안"을 선택하는 것이 가능하다는 전제 아래 "주어진 어떤 투자기회"를 검토한다는 것은 결국 두 가지 선택사항, 즉 "투자하는 것"과 "투자하지 않는 것"을 서로 비교하여 그 가운데 하나를 선택하려는 것으로 볼 수 있다. 주어진 단일 대안의 평가를 위해

[2]소득세와 납세 후 분석에 관한 내용은 9장에서 소개될 것이다.

사용되는 현금흐름은 "아무것도 하지 않는 대안'에 대해 "무엇을 하는 대안'이 가지고 있는 상대적 차이점을 나타낸 것이라 할 수 있다. 따라서 단일 대안에 대한 채택 여부의 판별기준은 다음과 같이 요약될 수 있다.

- 현재가치법, 미래가치법, 연간가치법에서는 PW, FW 또는 AW 값이 각각 0보다 큰 값을 가질 경우 "무엇을 하는 대안"을 채택한다.[3]
- 편익-비용 비율법에서는 B/C 비율의 값이 1보다 큰 경우 "무엇을 하는 대안"을 채택한다.
- 내부수익률법과 외부수익률법에서는 IRR, ERR 값이 각각 MARR보다 큰 경우 "무엇을 하는 대안"을 채택한다.
- 할인투자회수기간법에서는 투자 여부의 결정이 미리 지정한 기간의 길이에 따라 달라진다.

위에서 언급한 판별기준에는 기회비용에 대한 가정이 내포되어 있다. 다시 말해 여기에는 현재 보유하고 있는 돈이 MARR에 해당하는 수익을 내고 있다는 가정이 포함되어 있다. 따라서 주어진 어떤 투자기회에 투자할 것인지를 결정하는 문제는 "돈을 주어진 투자기회에 투자하는 경우와, 돈을 수익률이 MARR인 투자 풀(Investment Pool)에 단순히 예치하는 경우 중 어느 경우에 더 많은 돈을 벌수 있을 것인지"를 따지는 문제로 귀착된다. 만약 주어진 투자기회에 돈을 투자함으로써 더 많은 돈을 벌 수 없다는 결론이 나온다면, 당연히 투자 풀에 돈을 그대로 남겨두어야 할 것이다. 그리고 여기에는 또한 주어진 투자기회가 갖는 위험부담이나 투자 풀에 돈을 맡길 경우의 위험부담이 서로 같다는 가정도 내포되어 있다.

4.2 현재가치 분석

학습목표: 주어진 이자율에서 모든 현금흐름이 시점 0에서의 단일금액과 등가가 되도록 현재가치를 계산하라.

현재가치 주어진 일련의 현금흐름을 i = MARR일 때 시점 0에서 서로 등가가 되도록 단일금액으로 변환한 값

이 절에서는 현재가치(present worth), 순현재가치(net present worth), 현재가(present value), 순현재가(net present value) 등 다양한 이름을 갖고 있는 현재가치법에 초점을 맞추기로 한다. **현재가치** 분석(present worth analysis)에서는 계획기간에 걸쳐 발생하는 일련의 현금흐름을 '지금(time now)' 즉 '시점

[3]추후 논의되겠지만 자본화가치법이 적용되는 대부분의 상황에서는 '아무것도 하지 않는 대안'이 고려 대상에 포함되지 않기 때문에, 'CW > 0'는 일반적인 판별기준으로 적합하지 않다.

0(time zero)'에서 서로 등가가 되도록 단일금액으로 변환할 때 MARR을 이자율로 적용한다.

4.2.1 현재가치 분석: 단일 대안의 경우

주어진 어떤 단일 투자대안을 평가하기 위해 현재가치법을 사용한다면, 그 투자 대안의 채택 여부는 PW 값이 양의 값을 갖느냐 그렇지 않느냐에 따라 결정된다. 2장에서 이미 공부했듯이 어떤 투자대안의 현재가치는 수리적으로 다음과 같이 표현될 수 있다.

$$\text{PW}(i\%) = \sum_{i=0}^{n} A_t(1+i)^{-t} \qquad (4.1)$$

단일 대안의 현재가치 분석

예제 4.1

한 휴대폰 생산라인에서 인쇄회로기판에 전자부품들을 자동으로 삽입할 용도로 $500,000을 들여 표면장착 부품배치기(SMP 머신)를 도입하는 안이 검토되고 있다. SMP 머신은 계획기간 10년 동안 매년 $92,500에 상당하는 납세 후 비용절감을 가져올 것으로 예상된다. 그리고 이 부품배치기는 10년 동안 사용 후 잔존가치가 $50,000 정도일 것으로 추정된다. 이 회사의 납세 후 MARR이 10%라고 할 때, 이 투자가 과연 경제성이 있다고 할 수 있는가?

문제 요약

주어진 정보: 〈그림 4.1〉에 제시된 현금흐름; MARR = 10%; 계획기간 = 10년

구하는 해: 투자대안의 현재가치(PW)

풀이

2장에서 공부한 바와 같이 이 투자의 현재가치를 계산하면 다음과 같다.

$$\begin{aligned} \text{PW} &= -\$500{,}000 + \$92{,}500(P|A\ 10\%,10) + \$50{,}000(P|F\ 10\%,10) \\ &= -\$500{,}000 + \$92{,}500(6.14457) + \$50{,}000(0.38554) \\ &= \$87{,}649.73 \end{aligned}$$

또는 Excel®을 사용하여 계산하면,

PW **= PV(10%,10,−92500,−50000) − 500000**
= 87,649.62

이다.

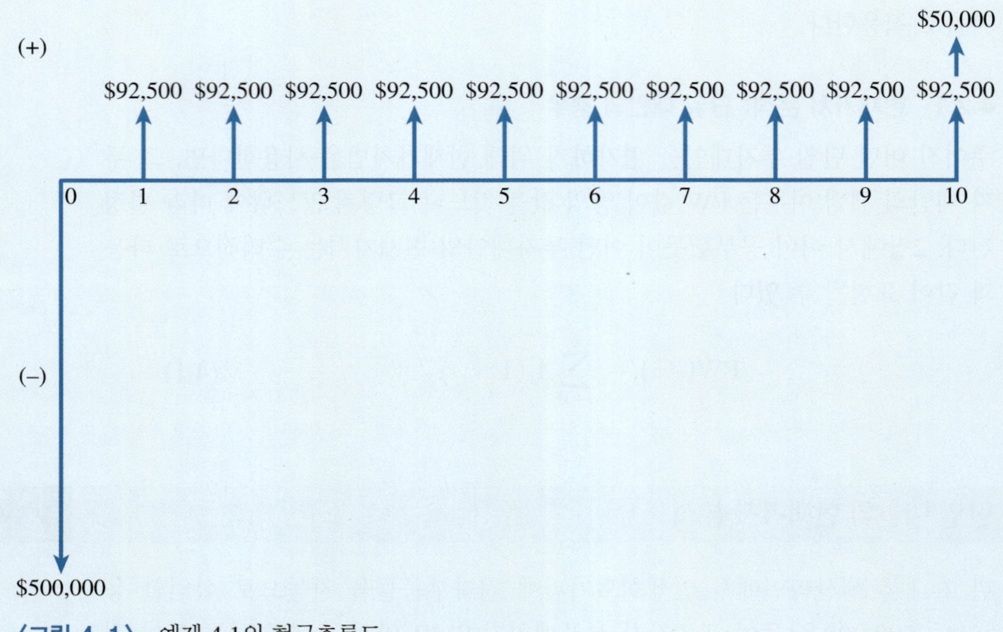

〈그림 4.1〉 예제 4.1의 현금흐름도

PW > $0이므로 이 투자는 경제성이 있는 것으로 평가된다.

풀이 탐구 계산된 현재가치 값이 **$87,649.62** 임을 감안하면 회사의 입장에서 이 투자가 매력적임이 거의 확실할 것이다. 그렇지만, 계획기간 10년에 걸쳐 현재가치 값이 어떠한 형태로 움직이는지를 살펴보는 것도 나름대로 의미가 있을 것이다.

B14 ▾ fx =NPV(B1,B4:B13)+B3

	A	B	C	D
1	MARR =	10%	(10년도 말까지 잔존가치는 무시함)	
2	연도 말	현금흐름	Cum(PW)	
3	0	-$500,000	-$500,000.00	=B3
4	1	$92,500	-$415,909.09	=NPV($B$1,$B$4:B4)+$B$3
5	2	$92,500	-$339,462.81	=NPV($B$1,$B$4:B5)+$B$3
6	3	$92,500	-$269,966.19	=NPV($B$1,$B$4:B6)+$B$3
7	4	$92,500	-$206,787.45	=NPV($B$1,$B$4:B7)+$B$3
8	5	$92,500	-$149,352.22	=NPV($B$1,$B$4:B8)+$B$3
9	6	$92,500	-$97,138.39	=NPV($B$1,$B$4:B9)+$B$3
10	7	$92,500	-$49,671.26	=NPV($B$1,$B$4:B10)+$B$3
11	8	$92,500	-$6,519.33	=NPV($B$1,$B$4:B11)+$B$3
12	9	$92,500	$32,709.70	=NPV($B$1,$B$4:B12)+$B$3
13	10	$142,500	$87,649.62	=NPV($B$1,$B$4:B13)+$B$3
14	PW =	$87,649.62	=NPV(B1,B4:B13)+B3	

〈그림 4.2〉 계획기간 동안 누적 현재가치 값의 변화를 보여주는 스프레드시트

〈그림 4.2〉를 보면 현재가치 값이 부품배치기를 도입하는 시점의 −$500,000에서 출발하여 이후 매년 조금씩 증가하여 결국 계획기간 말에 **$87,649.62**에 이르게 됨을 알 수 있다. 이 투자에서 손실을 보고 있는 기간(현재가치 값이 음인 기간)이 8년임에 주목하라. 투자 후 9년째가 되어서야 비로소 현재가치 값이 양으로 바뀐다. 그러므로 만약 예측하지 못한 뜻밖의 사태로 9년이 경과하기 전에 이 투자를 철회한다 하더라도 여전히 수익성이 있다고 할 수 있을까? 이 물음에 대한 답은 투자가 철회되는 시점에서 이 SMP 머신의 잔존가치가 얼마로 평가되느냐에 따라 달라진다.

할인투자회수기간에 관한 내용을 다루는 4.4절에서 누적 현재가치에 대해 좀 더 자세히 살펴보기로 하자.

4.2.2 현재가치 분석: 여러 대안의 경우

서열법 스타일로 현재가치법을 적용하여 여러 가지 상호 배타적 대안들 가운데 가장 바람직한 대안을 선정하는 작업은 매우 간단하다. 즉 각 대안에 해당하는 계획기간 동안의 현금흐름에 대해 현재가치 PW를 계산한 다음 PW 값이 가장 큰 대안을 가장 바람직한 대안으로 선정하면 된다. 이것을 수식으로 표현하면 다음과 같다.

$$\underset{\forall j}{\text{Maximize}}\ \text{PW}_j = \sum_{t=0}^{n} A_{jt}(1 + \text{MARR})^{-t} \qquad (4.2)$$

현재가치 분석에 의한 두 대안의 비교 — 예제 4.2

미국 오하이오 주에 거점을 두고 있는 엔터테인먼트 엔지니어사는 세계 도처의 놀이동산 또는 테마공원의 놀이기구 설계를 전문으로 하고 있다. 현재 플로리다 주의 한 테마공원에 설치될 스크림 머신이라 불리는 놀이기구에 대해 두 가지 설계안이 검토되고 있다. 설계안 *A*는 초기투자 $300,000을 필요로 하고 투자 후 10년 동안 매년 $55,000에 해당하는 납세 후 수익을 가져올 것으로 예상된다. 반면 설계안 *B*는 초기투자 $450,000을 필요로 하고 이후 10년 동안 매년 $80,000의 납세 후 수익을 가져올 것으로 기대된다. 10년 후의 잔존가치는 두 대안 모두 거의 무시할 정도로 작을 것으로 생각된다. 테마공원의 경영진은 “아무것도 하지 않는 대안”을 선택할 수도 있을 것이다. 만약 그렇다면 그 대안의 현재가치는 당연히 $0일 것이다. 납세 후 MARR 10%가 적용된다. 테마공원에서는 어느 대안을 채택해야 하는가?

문제 요약 **주어진 정보**: 〈그림 4.3〉에 제시된 현금흐름; MARR = 10%; 계획기간 = 10년

구하는 해: 각 대안의 현재가치(PW)

풀이 설계안 *A*와 *B* 각각의 현재가치를 계산하면 다음과 같다.

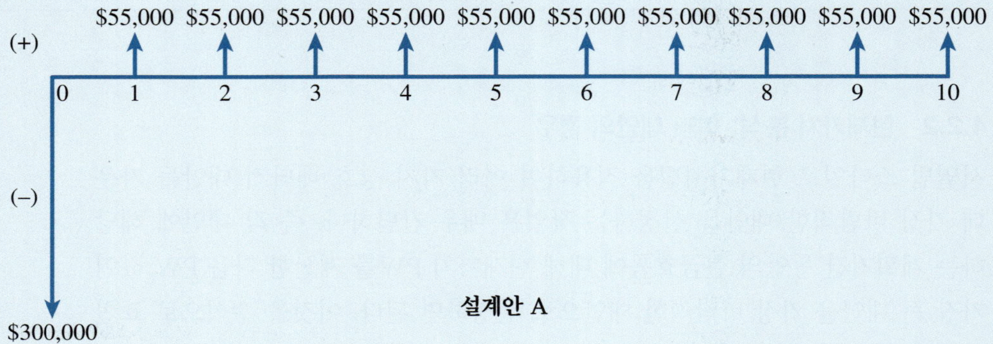

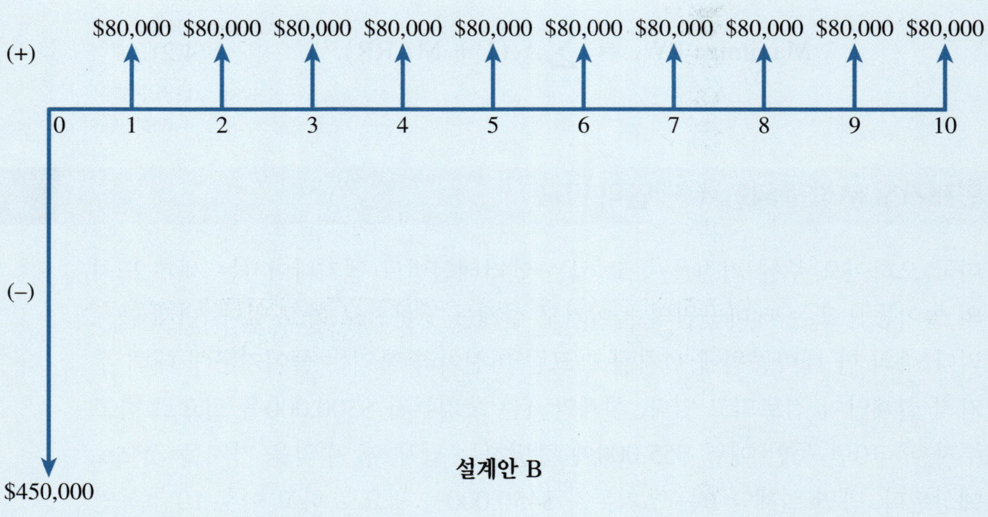

〈그림 4.3〉 예제 4.2의 현금흐름도

설계안 A

$$\begin{aligned} PW_A &= -\$300{,}000 + \$55{,}000(P|A\ 10\%,10) \\ &= -\$300{,}000 + \$55{,}000(6.14457) \\ &= \$37{,}951.35 > \$0.00 \end{aligned}$$

(그러므로 대안 A가 아무것도 하지 않는 대안보다 낫다.)

또는 Excel®을 사용할 경우,

$$\begin{aligned} PW_A &= \textbf{PV(10\%,10,-55000) - 30000} \\ &= \textbf{37,951.19} > \$0.00 \end{aligned}$$

(그러므로 대안 A가 아무것도 하지 않는 대안보다 낫다.)

설계안 B

$$\begin{aligned} PW_B &= -\$450{,}000 + \$80{,}000(P|A\ 10\%,10) \\ &= -\$450{,}000 + \$80{,}000(6.14457) \\ &= \$41{,}565.60 > \$37{,}951.35 \end{aligned}$$

(그러므로 대안 B가 대안 A보다 낫다.)

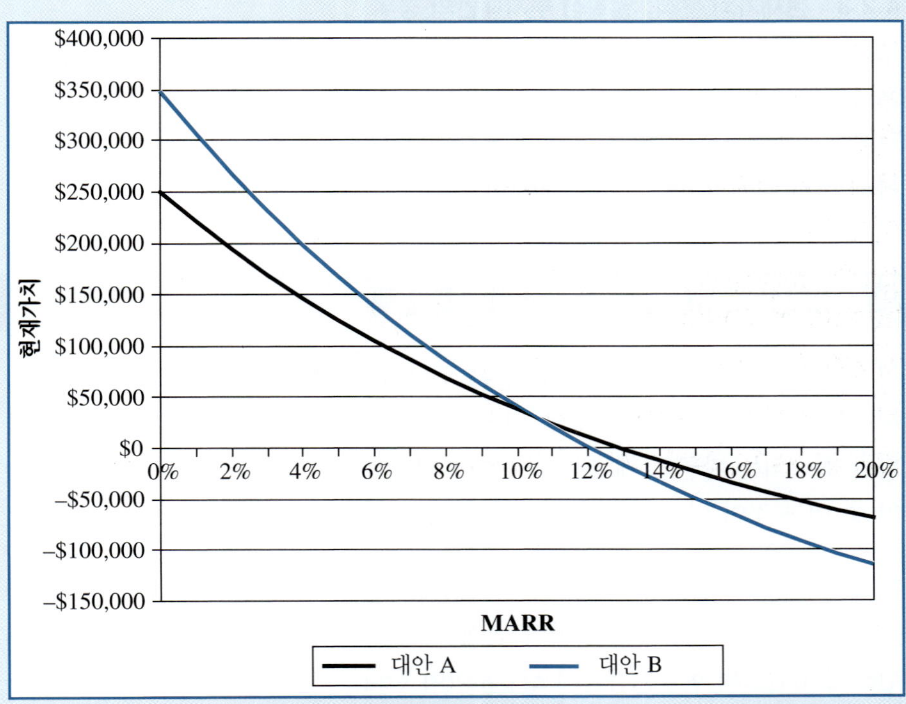

〈그림 4.4〉 예제 4.2에 대한 현재가치 그래프

또는 Excel®을 사용할 경우,

$$PW_B = \mathbf{PV(10\%,10,-80000) - 450000}$$
$$= \mathbf{41{,}565.37 > 37{,}951.19}$$

(그러므로 대안 *B*가 대안 *A*보다 낫다.)

현재가치 분석을 근거로 할 때 초기투자비용이 더 높은 설계안 *B*가 바람직한 대안으로 선정된다.

풀이 탐구 이 테마공원의 경영자는 경제성 분석에 사용되는 MARR 값의 변화에 따라 두 설계안의 현재가치 값이 어떻게 변동되는지 알고 싶어 한다. 〈그림 4.4〉를 보면 대략 MARR 값 10.5%를 경계로 하여 MARR 값이 그 이하일 때는 설계안 B의 현재가치가 더 크고, 그 이상일 때는 설계안 A의 현재가치가 더 큰 것을 알 수 있다. 그리고 이 경영자는 MARR 값이 13%보다 약간 더 커지면 두 대안 모두 현재가치가 양의 값이 될 수 없음을 알게 되었다.

4.2.3 현재가치 분석: 일회성 투자대안의 경우

일회성 투자 투자할 수 있는 기회가 단 한 번뿐인 투자

투자기회가 단 한 번밖에 없는 경우가 있는데, 그러한 경우의 투자를 **일회성 투자**(one-shot investment)라 한다. 일회성 투자대안들을 검토할 경우, 대상으로 하는 대안들의 수명 중 길이가 제일 긴 것을 계획기간으로 설정하고 각 대안에 대한 현재가치를 계산해야 한다.

예제 4.3 여러 일회성 투자대안들 중에서 하나를 선택

각각의 현금흐름이 〈그림 4.5〉와 같은 두 개의 일회성 투자대안이 있다. 그리고 미래에 가능한 투자대안으로서 어떤 것이 출현할지에 대한 정보가 전혀 없다. 다만 회수되는 자금의 재투자를 위하여 MARR 15%가 적용된다. 두 개의 대안 중 어느 것이 더 바람직한 대안인가?

문제 요약 대상으로 삼고 있는 두 개의 대안이 일회성 투자대안으로서 수명의 길이가 서로 다르다는 점에 유의하라. 따라서 계획기간을 6년으로 설정하여 대안 1의 5년도 및 6년도의 현금흐름을 0으로 보아야 한다.

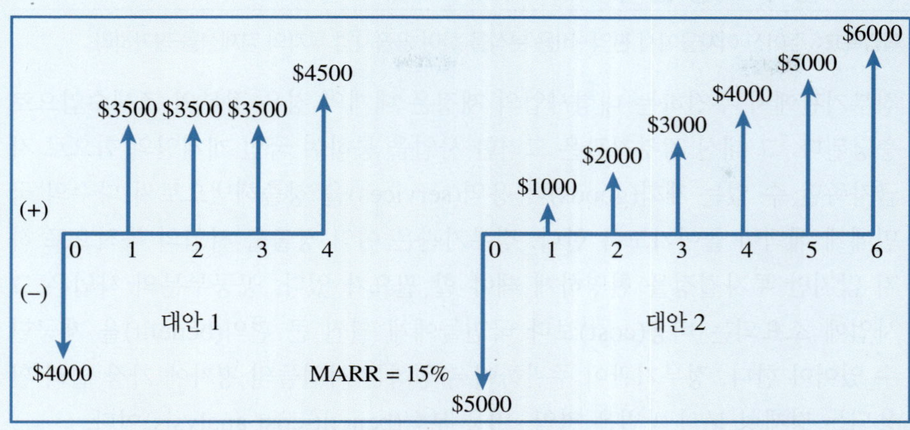

〈그림 4.5〉 예제 4.3에 해당하는 현금흐름

주어진 정보: 〈그림 4.5〉에서 제시된 현금흐름; MARR = 15%; 계획기간 = 6년

구하는 해: 각 대안의 현재가치 PW

풀이

대안 1, 2에 대한 현재가치를 각각 계산하면 다음과 같다.

$$\begin{aligned} PW_1(15\%) &= -\$4,000 + \$3,500(P|A\ 15\%,4) + \$1,000(P|F\ 15\%,4) \\ &= -\$4,000 + \$3,500(2.85498) + \$1,000(0.57175) \\ &= \$6,564.18 \\ &= \mathbf{NPV(15\%,3500,3500,3500,4500) - 4000} \\ &= \mathbf{6564.18} \end{aligned}$$

$$\begin{aligned} PW_2(15\%) &= -\$5,000 + \$1,000(P|A\ 15\%,6) + \$1,000(P|G\ 15\%,6) \\ &= -\$5,000 + \$1,000(3.78448) + \$1,000(7.93678) \\ &= \$6,721.26 \\ &= \mathbf{NPV(15\%,1000,2000,3000,4000,5000,6000) - 5000} \\ &= \mathbf{6721.26} \end{aligned}$$

따라서 더 바람직한 대안으로 대안 2를 채택한다.

4.3 편익-비용 분석

학습목표: 주어진 이자율에서 편익-비용 분석을 하여 공공사업 투자의 경제성을 평가하라.

정부기관에서 추진하는 대형사업의 재정은 대개의 경우 정부의 조세수입으로 충당된다. 그 대신 정부기관은 그러한 사업을 통하여 국민 개개인의 힘으로 자급자족할 수 없는 재화(goods)나 용역(services)을 창출해냄으로써 다수의 국민에게 혜택이 돌아가도록 한다. 정부기관은 이익 창출을 사업의 목적으로 하지 않지만 투자결정을 현명하게 해야 할 필요가 있다. 공공부문의 사업은 그 사업에 소요되는 비용(cost)보다 국민들에게 훨씬 큰 편익(benefit)을 제공할 수 있어야 한다. 정부기관이 주관하여 추진하는 사업들의 평가에 가장 널리 활용되는 경제성 분석 방법은 편익-비용 분석(benefit-cost analysis)이다.

정부가 주도하는 사업은 크게 4가지 유형으로 구분될 수 있는데, 문화계발 사업, 국민보호 사업, 경제적 편익제공 사업, 자연자원 사업이 바로 그것들이다.

- 문화계발 사업(cultural development)은 교육, 레크리에이션, 문화재 보전 등과 관련하여 추진되는 사업이다.
- 국민보호 사업(protection)은 군사 및 방위 시스템, 치안 및 소방 시스템, 사법 시스템 등과 관련성이 있다.
- 경제적 편익제공 사업(economic services)에는 교통시스템 개선, 발전시설 건립, 주택자금 대출 프로그램 등이 포함된다.
- 자연자원 사업(natural resource projects)에는 야생지 관리, 오염규제, 홍수조절 등과 관련하여 추진되는 사업들이 포함된다.

각 유형에 속하는 사업들을 불과 두세 가지씩 열거했음에도 그것들 중 일부는 서로 영역이 중첩되고 있음을 알 수 있다. 예를 들어 홍수조절 사업은 자연자원뿐만 아니라 경제적 편익제공과도 관계가 있다.

정부가 추진하는 사업은 민간부문의 사업과는 확실히 구분되는 몇 가지 특성을 지니고 있다. 우선, 대개의 경우 사업규모가 대단히 크며 초기투자비용만 하더라도 수천만 또는 수억 달러에 달한다. 그리고 사업의 수명도 대체로 장기적인 경향이 있다. 예를 들어, 댐 또는 교량은 수명이 50년을 훨씬 초과한다. 정부사업의 또 다른 공통적 특성으로는 사업의 목적이 다목적일 경우가 많다는 사실이다. 예를 들어 야생지 관리 사업에서는 토지의 용도로서 경제림 조성, 야생동물 보호, 레크리에이션 시설 등과 같은 것이 동시에 고려된다. 정부사업의 결과로 발생하는 편익의 수혜자와 자금부담자는 대개의 경우 서로 일치하지 않으며, 어느 사업이나 거의 항상 정부 산하 여러 기관들이 관련된다.

예를 들어 어떤 주의 지방도로 건설에 연방정부의 재정지원이 있을 수 있다. 마지막으로 공공부문의 사업은 편익의 크기를 정확히 추정하기 어려운 경우가 많고, 더구나 편익이 실현되기 위해서 상당한 기간이 경과해야 하는 경우가 많기 때문에 사업성의 평가가 결코 쉽지 않다.

4.3.1 편익-비용 분석: 단일 대안의 경우

편익-비용 분석은 정부에서 추진하는 각종 프로그램이나 프로젝트 같은 공공사업에 대한 공식적인 경제성 분석 방법으로 권장되고 있다. 편익-비용 분석에서 경제성을 측정하기 위해 가장 많이 사용되는 두 가지 척도는 **편익-비용 비율**(Benefit-Cost Ratio: B/C비율)과 비용 차감 후 편익($B - C$)이다. 이 두 가지 척도 중 어느 것을 사용하든, 돈의 시간가치를 나타내는 적절한 할인율을 적용하여 편익 B와 비용 C를 현재가치 또는 연간가치로 표현해야 한다. 편익-비용 분석을 할 때 실제로 편익의 내용을 분류하고 그것들의 크기를 화폐단위로 표현하는 것이 결코 쉬운 일이 아니지만, 분석에 사용되는 계산식 자체는 매우 간단하다.

편익-비용 비율 i = MARR로 하여 환산한 편익(양의 현금흐름)의 현재가치를, i = MARR로 하여 환산한 비용(음의 현금흐름)의 현재가치로 나눔으로써 구해지는 비율

B_{jt} = 대안 j와 관련하여 t년도에 발생하는 공공의 순편익, $t = 1, 2, \cdots, n$
C_{jt} = 대안 j와 관련하여 t년도에 발생하는 정부의 순비용, $t = 0, 1, 2, \cdots, n$
i = 적정 이자율 또는 할인율

이라 할 때, 현재가치로 환산된 순편익과 순비용의 비를 나타내는 B/C 비율은 다음과 같다.

$$B/C_j(i) = \frac{\sum_{t=1}^{n} B_{jt}(1+i)^{-t}}{\sum_{t=0}^{n} C_{jt}(1+i)^{-t}} \tag{4.3}$$

식 (4.3)의 B/C 비율은 편익과 비용의 현재가치를 기반으로 하고 있지만, 연간가치로 환산한 편익을 연간가치로 환산한 비용으로 나누어도 결과는 마찬가지이다.

현재가치를 기반으로 하는 비용 차감 후 편익 $B - C$ 는 다음의 식 (4.4)와 같이 표현될 수 있는데 이는 이 장의 앞부분에서 설명한 현재가치법과 유사하다.

$$(B - C)_j(i) = \sum_{t=0}^{n} (B_{jt} - C_{jt})(1+i)^{-t} \tag{4.4}$$

비용 차감 후 편익 $B - C$ 값을 직접 사용하여 대안들의 우열을 비교할 수 있는데 그 결과는 B/C 비율 분석을 할 때와 항상 일치한다.

예제 4.4 단일 대안의 편익-비용 분석

〈그림 4.6〉의 '비용' 열에 나타난 바와 같이 비용의 지출이 수반되는 사업기간이 10년인 어떤 공공투자사업이 있다. 이 사업이 창출하는 편익의 크기는 〈그림 4.6〉의 '편익' 열에 나타난 바와 같다. 할인율 7%를 적용할 때 이 사업은 경제성이 있는가?

풀이 편익의 현재가치는 \$1,424,102이고 비용의 현재가치는 \$1,063,987이다. 따라서 비용 차감 후 편익의 순 현재가치가 \$360,115이기 때문에 이 사업은 바람직한 투자로 평가된다.

또한 편익의 현재가치를 비용의 현재가치로 나눈 비율 $B/C = \$1,424,102/\$1,063,987 = 1.33$ 으로서 그 값이 1.00보다 크다. 따라서 이 사업은 바람직한 투자로 평가된다.

E10 ▾ *fx* =PV(0.07,A10,,-C10)

	A	B	C	D	E	F
1	연도말	비용	편익	PW(비용)	PW(편익)	
2	0	\$0	\$0	\$0	\$0	
3	1	\$100,000	\$0	\$93,458	\$0	
4	2	\$200,000	\$0	\$174,688	\$0	
5	3	\$300,000	\$50,000	\$244,889	\$40,815	
6	4	\$300,000	\$100,000	\$228,869	\$76,290	
7	5	\$200,000	\$300,000	\$142,597	\$213,896	
8	6	\$100,000	\$400,000	\$66,634	\$266,537	
9	7	\$50,000	\$400,000	\$31,137	\$249,100	
10	8	\$50,000	\$400,000	\$29,100	\$232,804	
11	9	\$50,000	\$400,000	\$27,197	\$217,573	=PV(0.07,A11,,-C11)
12	10	\$50,000	\$250,000	\$25,417	\$127,087	=PV(0.07,A12,,-B12)
13		현재가치		\$1,063,987	\$1,424,102	

〈그림 4.6〉 공공투자사업의 비용과 편익, $i = 7\%$

4.3.2 편익-비용 분석: 여러 대안의 경우

둘 이상의 투자대안들을 대상으로 우열을 비교하기 위하여 B/C 비율을 사용하고자 할 때는 반드시 증분법을 사용해야 함에 유의하여야 한다. 먼저 대안들을 비용이 낮은 것부터 높은 순서로 배열하고, 그 다음으로 첫 번째 대안에 대한 두 번째 대안의 증분편익$\Delta B_{2-1}(i)$을 첫 번째 대안에 대한 두 번째 대안의 증분비용$\Delta C_{2-1}(i)$로 나눈다. 즉, 첫 번째 대안에 대한 두 번째 대안의 증분 B/C 비율은 다음의 식 (4.5)와 같다.

$$\Delta B/C_{2-1}(i) = \frac{\Delta B_{2-1}(i)}{\Delta C_{2-1}(i)} = \frac{\sum_{t=1}^{n} (B_{2t} - B_{1t})(1 + i)^{-t}}{\sum_{t=0}^{n} (C_{2t} - C_{1t})(1 + i)^{-t}} \qquad (4.5)$$

아무것도 하지 않는 대안을 첫 번째 대안이라 하면, 첫 번째 대안에 대한 두 번째 대안의 증분B/C 비율은 보통의 B/C 비율과 동일하다. $\Delta B/C_{2-1}(i)$의 값이 1.0을 초과하면 대안 2가 대안 1에 비해 더 우수하며, 1.0보다 작으면 대안 1이 대안 2에 비해 더 우수하다. 이 때 더 우수한 해를 선호대안이라 한다. 그 다음 선호대안에 대한 세 번째 대안의 증분 B/C 비율을 새로 산출하고 그 값을 근거로 우열을 비교함으로써 상대적으로 우수한 것을 새로운 선호대안으로 삼는다. 고려하지 않은 대안이 더 이상 없을 때까지 이와 같은 절차로 짝을 지어 비교하면, 최종적으로 하나의 선호대안이 남게 되는데 그것이 바로 구하고자 하는 가장 바람직한 대안이다.

비용 차감 후 편익의 값 $B - C$를 근거로 가장 바람직한 대안을 선정하는 경우에도 B/C 비율을 사용할 때와 비슷한 절차에 따라 증분분석을 할 수 있다. 그러나 다음의 조건이 성립하는 경우에 한해 대안 2가 대안 1에 비해 더 우수하고 평가한다.

$$\Delta(B - C)_{2-1}(i) = \Delta B_{2-1}(i) - \Delta C_{2-1}(i) = \sum_{t=1}^{n} [B_{2t}(i) - B_{1t}(i)](1 + i)^{-t} - \sum_{t=0}^{n} [C_{2t}(i) - C_{1t}(i)](1 + i)^{-t} \geq 0 \qquad (4.6)$$

대안에 대한 편익과 비용의 크기를 직접적으로 계산할 수 있는 경우 식 (4.6)이 사실상 필요 없다. 왜냐하면 각 대안별로 비용 차감 후 편익의 값 $B - C$를 계산하여 그 중 가장 큰 값에 해당하는 대안을 가장 바람직한 대안으로 선택하면 되기 때문이다.

세 가지 도로 노선에 대한 편익-비용 분석 예제 4.5

워싱턴 주는 굴곡이 심하고 노후화하여 사고의 위험이 높은 특정 구간의 기존

도로를 대신할 고속도로 건설을 위해 세 가지 대안을 고려하고 있다. 기존도로의 노선길이는 26마일이다.

- 대안 A는 마일당 $2,000,000의 비용을 들여 기존의 도로를 대폭적으로 보수하고 재포장하는 안이다. 그런데 이 도로는 10년마다 재포장되어야 하며 그 때마다 마일당 $2,000,000의 비용이 소요된다. 연간 유지비는 마일당 $10,000이다.
- 대안 B는 지형을 따라 새 도로를 건설하는 안으로 노선길이는 22마일이고 초기건설비용은 마일당 $3,000,000이다. 그리고 10년을 주기로 마일당 $2,000,000의 재포장비가 소요되며 연간 유지비는 마일당 $12,000이다.
- 대안 C는 길이가 20.5마일인 직선도로를 건설하는 안이다. 이 노선에는 난공사 지역이 있기 때문에 마일당 $4,000,000의 초기건설비용이 예상된다. 이 노선 역시 10년을 주기로 마일당 $2,000,000의 재포장비가 소요되며 연간 유지비는 마일당 $20,000이다. 대안 C가 대안 A와 B에 비해 유지비가 높은 이유는 도로 양변의 추락방지용 구조물 유지를 위해 추가비용이 들기 때문이다.

각 노선의 교통량은 일별로 크게 변동이 있겠지만 1년 전체를 통해 보면 하루 평균 4,000대 꼴로 차량이 통행할 것으로 추정된다. 4,000대 중에는 350대의 경트럭, 250대의 중장비트럭, 80대의 이륜차가 포함되며 나머지 3,320대는 승용차이다. 마일당 차량운영비용은 차량 종류별로 각각 $0.70, $1.10, $0.30, $0.60이다.

각 노선별로 거리가 다르고 이용 차량이 유지할 수 있는 주행속도도 차이가 나기 때문에, 도로의 이용으로 기대할 수 있는 시간단축 효과에 차이가 있다. 노선 A에서는 제한속도가 중장비트럭의 경우 시속 35마일이며, 그 밖의 차량의 경우 시속 45마일이다. 노선 B와 노선 C에서는 제한속도가 대형트럭의 경우 시속 40마일, 나머지 차량의 경우 시속 50마일이다. 모든 차량에 대해서 시간의 가치를 화폐단위로 환산하면 업무용 차량은 시간당 $25, 비업무용 차량은 시간당 $10이다. 도로를 통행하는 승용차들의 25%와 모든 트럭이 업무용으로 간주된다.

마지막으로 안전요소가 고려되어야 한다. 기존 도로에서는 연간 교통사고 건수가 지나치게 많았다. 새 도로를 건설하면 현재보다 사고 건수가 줄어들겠지만 각 노선별 연간 사고 발생 건수는 노선 A에서는 105건, 노선 B에서는 75

건, 노선 C에서는 70건 정도일 것으로 예상된다. 사고 1건당의 평균손실은 물적 재산의 피해액, 상해로 인한 임금손실, 의료비 및 기타 제반비용을 모두 포함하여 $18,000로 추정된다.

주정부 및 일반인과 관련된 모든 비용 자료들을 요약하면 〈그림 4.7〉에서 보는 바와 같다.

워싱턴 주정부 당국의 사업계획 입안자는 편익-비용 분석을 통해 세 가지 대안을 비교하고자 한다. 각 노선의 계획기간을 30년으로 하고 30년 후의 잔존가치는 어느 노선이나 없는 것으로 가정하고 경제성 분석에 적용할 할인율을 8%로 정하였다. 세 가지 도로 노선 중 어느 것이 가장 바람직한 대안인가?

풀이

편익–비용 분석에는 주정부 부담의 초기건설비용, 재포장비용, 유지비용뿐만 아니라 도로 이용자인 일반인에 의해 발생하는 차량운영비, 시간비용, 사고비용이 모두 포함된다.

128 ▾ fx

	A	B	C	D
1		노선	노선	노선
2	일반정보			
3	노선길이(마일)	26	22	20.5
4	중장비트럭속도(마일/시간)	35	40	40
5	기타차량속도(마일/시간)	45	50	50
6	사고건수/년	105	75	50
7	사고비용/건	$18,000	$18,000	$18,000
8				
9	주정부 관련정보			
10	할인율	8.00%	8.00%	8.00%
11	계획기간(년)	30	30	30
12	초기비용/마일	$2,000,000	$3,000,000	$4,000,000
13	10년후 재포장비용/마일	$2,000,000	$2,000,000	$2,000,000
14	20년후 재포장비용/마일	$2,000,000	$2,000,000	$2,000,000
15	비업무용 승용차 비율	$10,000	$12,000	$20,000
16				
17	일반인 관련 정보	차량대수/일	운영비용/마일	시간비용/시간
18	경트럭	350	$0.70	$25
19	중장비트럭	250	$1.10	$25
20	이륜차	80	$0.30	$10
21	업무용 승용차	830	$0.60	$25
22	비업무용 승용차	2490	$0.60	$10
23				
24	총차량대수	4000		
25	승용차 대수	3320		
26	업무용 승용차 비율	25.00%		
27	비업무용 승용차 비율	75.00%		

〈그림 4.7〉 예제 4.5의 세 가지 도로 노선과 관련한 비용 자료의 요약

각 노선별 주정부 부담 비용을 항목별로 구분하여 연간 비용으로 환산하면 다음과 같다.

연간 비용으로 환산한 초기건설 및 재포장비용:

노선 A: AW(8%) = 26[2,000,000 + 2,000,000($P|F$ 8%,10) + 2,000,000($P|F$ 8%,20)]($A|P$ 8%,30) = $7,749,533/년

노선 B: AW(8%) = 22[3,000,000 + 2,000,000($P|F$ 8%,10) + 2,000,000($P|F$ 8%,20)]($A|P$ 8%,30) = $8,511,501/년

노선 C: AW(8%) = 20.5[4,000,000 + 2,000,000($P|F$ 8%,10) + 2,000,000($P|F$ 8%,20)]($A|P$ 8%,30) = $9,752,134/년

연간 유지비용:

노선 A: ($10,000/마일)(26마일) = $260,000/년

노선 B: ($12,000/마일)(22마일) = $264,000/년

노선 C: ($20,000/마일)(20.5마일) = $410,000/년

따라서 각 노선의 연간 주정부 부담 비용은 다음과 같다.

노선 A: $7,749,533 + $260,000 = $8,009,533/년

노선 B: $8,511,501 + $264,000 = $8,775,501/년

노선 C: $9,752,134 + $410,000 = $10,162,134/년

각 노선별로 일반인에 의해 발생하는 비용을 항목별로 구분하여 계산하면 다음과 같다.

연간 차량운영비용:

노선 A: [(350)(0.70) + (250)(1.10) + (80)(0.30) + (3,320)(0.60)] (26)(365) = $24,066,640/년

노선 B: [(350)(0.70) + (250)(1.10) + (80)(0.30) + (3320)(0.60)] (22)(365) = $20,364,080/년

노선 C: [(350)(0.70) + (250)(1.10) + (80)(0.30) + (3320)(0.60)] (20.5)(365) = $18,975,620/년

연간 시간비용:

노선 A: [(350)(1/45)(25) + (250)(1/35)(25) + (80)(1/45)(10) + (3,320)(0.25)(1/45)(25) + (3,320)(0.75)(1/45)(10)] (26)(365) = $13,335,710/년

노선 B: [(350)(1/50)(25) + (250)(1/40)(25) + (80)(1/50)(10)
+ (3,320)(0.25)(1/50))(25) + (3,320)(0.75)(1/50)(10)]
(22)(365) = $10,119,808/년

노선 C: [(350)(1/50)(25) + (250)(1/40)(25) + (80)(1/50)(10)
+ (3,320)(0.25)(1/50))(25) + (3,320)(0.75)(1/50)(10)]
(20.5)(365) = $9,429,821/년

연간 사고비용:

노선 A: (105)(18,000) = $1,890,000/년
노선 B: (75)(18,000) = $1,350,000/년
노선 C: (50)(18,000) = $900,000/년

편익-비용 분석을 하고자 하면 무엇을 편익으로 보고 무엇을 비용으로 볼 것인지에 대한 구분 기준이 있어야 한다. 그런데 여기에는 비용만 있고 편익이 무엇인지에 대한 구체적 언급이 없다. 따라서 무엇을 편익으로 보는 것이 적절한지부터 결정해야 한다.

앞에서 살펴본 바에 의하면 각 노선에 대한 비용은 주정부 부담 비용과 일반인 부담 비용으로 구분된다. 노선 A와 노선 B를 비교하면 노선 B의 주정부 부담 비용이 증가하는 대신 노선 B의 일반인 부담 비용이 감소하는 효과가 있음을 알 수 있다. 따라서 주정부 부담 비용의 증가를 증분비용으로, 일반인 부담 비용의 감소를 증분편익으로 보는 것이 타당할 것이다. 따라서 여기에서는 이러한 원칙을 적용하여 증분 편익–비용 비율을 계산한다.

할인율 8%를 적용하여 계산된 노선 A에 대한 노선 B의 증분편익과 증분비용은 다음과 같다.

$$\Delta B_{\mathrm{B-A}}(8\%) = \text{일반인 부담 비용}(8\%) - \text{일반인 부담 비용}(8\%)$$
$$\$39{,}292{,}350 - \$31{,}833{,}888 = \$7{,}458{,}462$$

$$\Delta C_{\mathrm{B-A}}(8\%) = \text{주정부 부담 비용}(8\%) - \text{주정부 부담 비용}(8\%)$$
$$\$8{,}775{,}501 - \$8{,}009{,}533 = \$765{,}968$$

즉, 워싱턴 주정부는 연간 $765,968의 추가비용을 지출하는 대신에, 도로를 이용하는 일반인에게 연간 $7,458,462에 상당하는 편익을 추가로 제공할 수 있다. 즉 증분 *B/C* 비율은,

$$\Delta B/C_{\mathrm{B-A}}(8\%) = \frac{\Delta B_{\mathrm{B-A}}(8\%)}{\Delta C_{\mathrm{B-A}}(8\%)} = \frac{\$7{,}458{,}462}{\$765{,}968} = 9.74$$

이다. 이 비율은 노선 B에 대한 추가 비용의 부담이 확실히 그럴만한 가치가 있음을 의미하므로 노선 A보다는 노선 B가 더 바람직하다고 할 수 있다.

같은 요령으로 증분편익, 증분비용, 증분 *B*/*C*비율을 계산하여 노선 C가 노선 B보다 더 바람직한지 여부를 결정하기로 하자.

$$\Delta B_{\text{C}-\text{B}}(8\%) = \text{일반인 부담 비용}(8\%) - \text{일반인 부담 비용}(8\%)$$
$$\$31{,}833{,}888 - \$29{,}305{,}441 = \$2{,}528{,}447$$

$$\Delta C_{\text{C}-\text{B}}(8\%) = \text{주정부 부담 비용 }(8\%) - \text{주정부 부담 비용 }(8\%)$$
$$\$10{,}162{,}134 - \$8{,}775{,}501 = \$1{,}386{,}633$$

$$\Delta B_{\text{C}-\text{B}}(8\%) = \frac{\Delta B_{\text{C}-\text{B}}(8\%)}{\Delta C_{\text{B}-\text{A}}(8\%)} = \frac{\$2{,}528{,}447}{\$1{,}386{,}633} = 1.82$$

증분 *B*/*C* 비율이 1보다 크기 때문에 노선 C의 건설 및 유지를 위해 주정부가 추가로 부담하는 연간비용 $1,386,633은 도로 이용자인 일반인에게 그 이상의 편익을 가져온다. 실제로 일반인의 연간 비용부담이 $2,528,447 줄어드는 효과가 있을 것이다. 따라서 앞의 세 가지 대안 중에서 노선 C가 제일 바람직한 대안으로 평가된다.

〈그림 4.8〉은 Excel®을 사용한 편익-비용 계산결과를 보여주고 있다.

B38 | *fx* =($B18*$C18+$B19*$C19+$B20*$C20+$B21*$C21+$B22*$C22)*B3*365

	A	B	C	D	E
29	주정부 및 일반인 부담 연간 등가비용의 요약				
30		노선 A	노선 B	노선 C	
31	주정부				
32	초기건설비용/년	$4,619,027	$5,862,611	$7,283,850	=-PMT(D10,D11,D12*D3)
33	재포장비용/년	$3,130,507	$2,648,890	$2,468,284	
34	유지비용/년	$260,000	$264,000	$410,000	=D15*D3
35	총비용/년	$8,009,533	$8,775,501	$10,162,134	=SUM(D32:D34)
37	일반인				
38	운영비용	$24,066,640	$20,364,080	$18,975,620	
39	시간비용	$13,335,710	$10,119,808	$9,429,821	
40	사고비용	$1,890,000	$1,350,000	$900,000	=D7*D6
41	총비용/년	$39,292,350	$31,833,888	$29,305,441	=SUM(D38:D40)
43	A에 대한 B의 증분편익		$7,458,462		
44	A에 대한 B의 증분비용		$765,968		
45	A에 대한 B의 증분B/C비율	Prefer B to A	9.74		
47	B에 대한 C의 증분편익			$2,528,447	=C41-D41
48	B에 대한 C의 증분비용			$1,386,633	=D35-C35
49	B에 대한 C의 증분B/C비율		Prefer C to B	1.82	=D47/D48
51	=PMT(D10,D11,PV(D10,10,,D13*D3)+PV(D10,20,,D14*D3))				
53	=($B18*$C18+$B19*$C19+$B20*$C20+$B21*$C21+$B22*$C22)*D3*365				
55	=($B18*$D18/D5+$B19*$D19/D4+$B20*$D20/D5+$B21*$D21/D5+$B22*$D22/D5)*D3*365				

〈그림 4.8〉 예제 4.5에 대한 편익-비용 계산결과

4.4 할인투자회수기간 분석

학습목표: 주어진 이자율에서 계산한 누적 현재가치가 처음으로 양의 값을 갖는 데 걸리는 기간 즉 할인투자회수기간을 결정하라.

돈의 시간가치를 고려한다는 가정 하에 어떤 투자대안과 관련하여 지출한 투자자금을 완전히 회수하는데 필요한 기간은 그 투자대안과 관련하여 발생하는 현금흐름의 누적 현재가치가 0의 값을 가질 때까지 걸리는 기간과 동일하다고 할 수 있다. 이러한 기간을 그 투자대안에 대한 **할인투자회수기간**(Discounted Payback Period: DPBP)이라 한다. 그러면 단일 대안의 경우와 여러 대안의 경우로 구분하여 할인투자회수기간 분석에 관해 좀 더 자세히 알아보기로 하자.

할인투자회수기간 i = MARR일 때 누적 현재가치의 값이 0이 될 때까지 걸리는 기간

4.4.1 할인투자회수기간 분석: 단일 대안의 경우

비교적 단순한 예제를 대상으로 할인투자회수기간 분석을 해보기로 하자.

단일 투자대안의 할인투자회수기간 계산 — 예제 4.6

어떤 신규 생산설비에 $400,000을 초기 투자하면 첫 해에 $150,000의 양의 현금흐름이 발생하고 이후 매년 $25,000씩 연간 현금흐름이 감소할 것으로 기대된다. 이 생산설비의 내용연수는 7년이고 MARR은 10%이다. 이 투자대안의 할인투자회수기간(DPBP)을 결정하라.

문제 요약

주어진 정보: 〈표 4.1〉에 제시된 순현금흐름; MARR = 10%; 계획기간 = 7년

구하는 해: DPBP

〈표 4.1〉 **예제 4.6의 순현금흐름**

연도 말	순현금흐름
0	–$400,000
1	150,000
2	125,000
3	100,000
4	75,000
5	50,000
6	25,000
7	0

〈표 4.2〉 예제 4.6의 현금흐름에 대한 현재가치 및 누적 현재가치

연도 말	순현금흐름	(P/F 10%, *n*)	현재가치	누적현재가치
0	−$400,000	1.00000	−400,000	−400,000
1	150,000	0.90909	136,363.64	−263,636.36
2	125,000	0.82645	103,305.79	−160,330.58
3	100,000	0.75131	75,131.48	−85,199.10
4	75,000	0.68301	51,226.01	−33,973.09
5	50,000	0.62092	31,046.07	−2,927.02
6	25,000	0.56447	14,111.85	11,184.83
7	0	0.51316	0	

풀이 이 투자대안의 DPBP를 결정하려면 현금흐름의 누적 현재가치가 0이 될 때까지 걸리는 기간을 계산해야 한다. 〈표 4.2〉에서 보는 바와 같이 5년도와 6년도 사이에서 누적 현재가치가 0이 됨으로써 투자한 자금이 완전히 회수됨을 알 수 있다. 보간법을 사용하여 DPBP를 계산하면 그것은 5 + (2,927.02/14,111.85) = 5.21년이다.

앞에서 다룬 예제 4.1을 대상으로 하여 Excel®로 단일 투자대안의 할인투자회수기간을 결정하는 법을 예시하고자 한다.

예제 4.7 Excel® NPER 함수를 사용한 단일 투자대안 할인투자회수기간의 결정

예제 4.1에서 경영진은 도입을 검토 중인 SMP 머신에 대해 돈의 시간가치를 감안할 때 초기비용 $500,000을 완전히 회수하는 데 시간이 얼마나 걸릴지에 관심을 갖고 있다고 하자.

문제 요약 **주어진 정보**: 〈그림 4.1〉에 제시된 현금흐름; MARR = 10%; 계획기간 = 10년

구하는 해: Excel® NPER 함수를 사용한 DPBP

풀이 Excel®의 **NPER** 함수를 사용하면 연간 수익이 $92,500일 때 $500,000의 초기비용을 회수하는 데 걸리는 시간이 얼마인지 쉽게 계산할 수 있다. 그러나 한 가지 모르고 있는 사실은, 그 부품배치기의 내용연수가 계획기간 10년보다

짧다고 할 때 그것의 잔존가치가 얼마가 되느냐는 것이다. 경영진에게 투자회수기간에 대한 더 많은 정보를 제공하기 위해 생산라인의 엔지니어는 다음과 같이 분석을 하였다.

우선, 잔존가치가 무시할 만큼 작다는 가정 하에 Excel®의 **NPER** 함수로 할인투자회수기간을 다음과 같이 계산해 보았다.

$$\text{할인투자회수기간} = \mathbf{NPER(10\%, 92500, -500000) = 8.16년}$$

그 다음, 계획기간 종료 전의 어느 시점에 SMP 머신이 처분된다는 가정 하에 각 시점의 잔존가치를 추정하였다. 그 SMP 머신의 사용과 더불어 잔존가치가 실제로 어떻게 될지 정확히 알 수 없으므로 두 가지 근사적 방법을 사용하

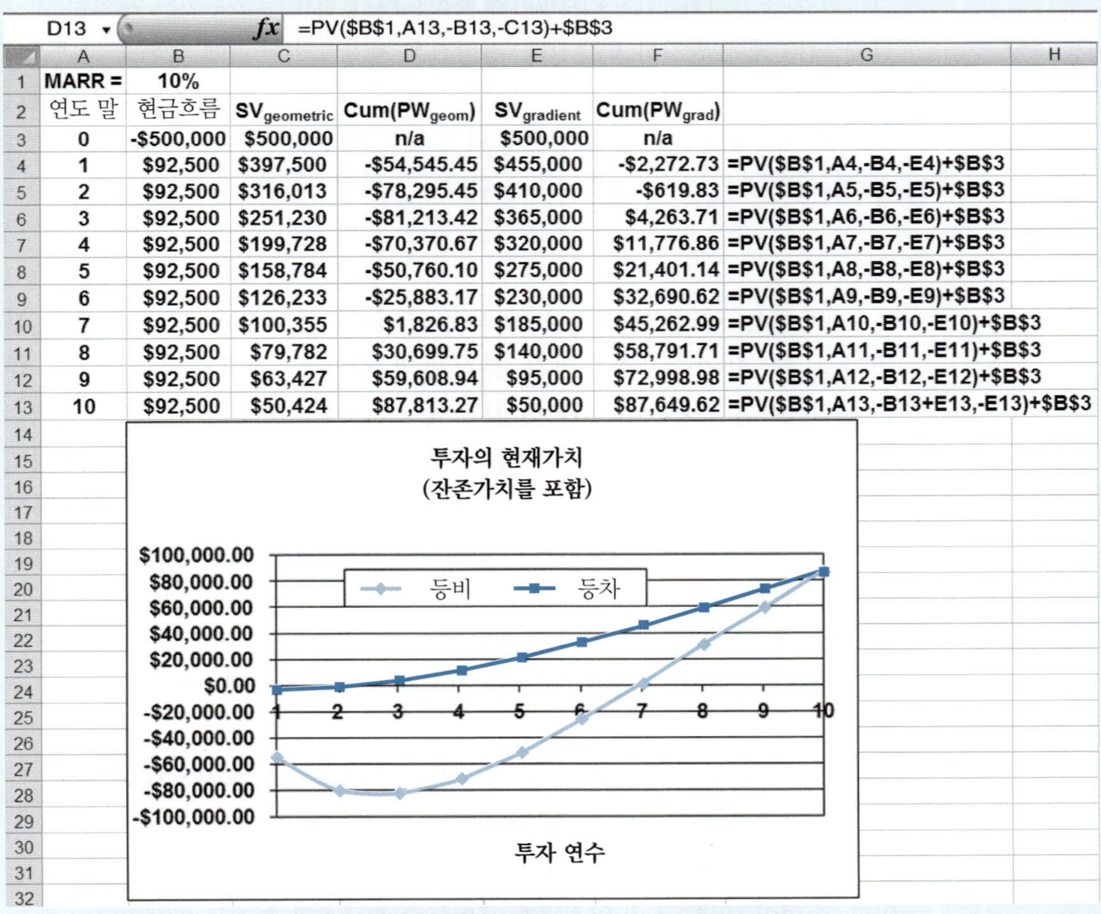

D13 fx =PV($B$1,A13,-B13,-C13)+$B$3

	A	B	C	D	E	F	G
1	MARR =	10%					
2	연도 말	현금흐름	$SV_{geometric}$	Cum(PW_{geom})	$SV_{gradient}$	Cum(PW_{grad})	
3	0	-$500,000	$500,000	n/a	$500,000	n/a	
4	1	$92,500	$397,500	-$54,545.45	$455,000	-$2,272.73	=PV($B$1,A4,-B4,-E4)+$B$3
5	2	$92,500	$316,013	-$78,295.45	$410,000	-$619.83	=PV($B$1,A5,-B5,-E5)+$B$3
6	3	$92,500	$251,230	-$81,213.42	$365,000	$4,263.71	=PV($B$1,A6,-B6,-E6)+$B$3
7	4	$92,500	$199,728	-$70,370.67	$320,000	$11,776.86	=PV($B$1,A7,-B7,-E7)+$B$3
8	5	$92,500	$158,784	-$50,760.10	$275,000	$21,401.14	=PV($B$1,A8,-B8,-E8)+$B$3
9	6	$92,500	$126,233	-$25,883.17	$230,000	$32,690.62	=PV($B$1,A9,-B9,-E9)+$B$3
10	7	$92,500	$100,355	$1,826.83	$185,000	$45,262.99	=PV($B$1,A10,-B10,-E10)+$B$3
11	8	$92,500	$79,782	$30,699.75	$140,000	$58,791.71	=PV($B$1,A11,-B11,-E11)+$B$3
12	9	$92,500	$63,427	$59,608.94	$95,000	$72,998.98	=PV($B$1,A12,-B12,-E12)+$B$3
13	10	$92,500	$50,424	$87,813.27	$50,000	$87,649.62	=PV($B$1,A13,-B13+E13,-E13)+$B$3

〈그림 4.9〉 예제 4.7에 대한 누적 현재가치 그래프

였다. SMP 머신의 잔존가치가 매년 일정 비율씩 즉 등비수열의 형태로(Geometrically) 감소한다고 할 때 매년 몇 %씩 감소하여야 10년 후 잔존가치가 $50,000이 될 것인지를 계산해본 결과 그 비율은 20.6%이었다. 그리고 SMP 머신의 잔존가치가 매년 일정금액씩 즉 등차수열의 형태로(Gradiently) 감소한다고 할 때 매년 얼마씩 감소하여야 10년 후 잔존가치가 $50,000이 될 것인지를 계산해보니 매년 감소액은 $45,000이었다. 잔존가치가 〈그림 4.9〉 상단의 표 C열과 E열에 나타난 바와 같다고 하고, SMP 머신을 1년, 2년, . . . , 10년 동안 보유한다는 가정 하에 현재가치를 계산하였다. 그 결과는 〈그림 4.9〉의 D열과 F열에서 보는 바와 같다.

잔존가치가 매년 20.6%씩 줄어든다고 가정하면 초기비용 $500,000은 투자한 지 7년째 되는 해에 전액이 회수됨을 〈그림 4.9〉를 통해 확인할 수 있다. 그리고 잔존가치가 매년 $45,000씩 줄어든다고 하면 초기투자는 투자한 지 3년째 되는 해에 완전히 회수된다. 경영진은 계획기간 10년에 대한 투자대안의 현재가치가 $87,649.62이라는 사실을 이미 알고 있고, 더욱이 상황이 어렵더라도 초기투자를 7년 내에, 경우에 따라서는 3년 내에 회수할 수 있다는 추가 정보를 갖게 되었으므로 더욱 마음 편하게 투자결정을 할 수 있게 되었다.

저자들은 여러 개의 상호 배타적 투자대안들로부터 어느 하나를 선택하는 데 할인투자회수기간 분석법의 사용을 권장하지 않는다. 대신 표면장착 부품배치기(SMP 머신)의 예에서 보여준 바와 같이 할인투자회수기간 분석을 보조도구로 활용하기를 권장한다. 만약 할인투자회수기간을 경제적 가치를 측정하는 유일한 척도로 사용한다고 가정하면, 산출된 할인투자회수기간의 길이가 과연 바람직한 것인지 아닌지 어떻게 식별하는지에 대한 논리적 설명이 어렵다. 가령 어떤 투자에 대한 할인투자회수기간이 5년이면 바람직하고 6년이면 바람직하지 않다고 평가하기로 기준을 정한다면, 이러한 기준은 어디까지나 임의적으로 설정된 것이지 논리적 근거에 의한 것이라 할 수 없다.

예제를 통해 보인 바와 같이 어떤 자산에 대한 초기투자액 $P에 대해, 그 자산의 사용기간에 관계없이 잔존가치가 거의 무시할 만한 수준이라 하면, Excel®의 NPER 함수를 사용하여 할인투자회수기간 DPBP 값을 계산할 수 있다. 수익이 매년 $A씩 일정하게 균일급수 현금흐름 형태로 발생한다고 하면 DPBP의 계산식은 다음과 같다.

DPBP = **NPER(MARR,A,−P)**

반면에 잔존가치가 어떤 수식에 따라 감소한다고 하면, Excel®의 도구인 SOLVER와 GOAL SEEK를 이용하여 DPBP 값을 계산할 수 있다. 예제 4.7에서는 잔존가치가 매년 일정 비율씩 또는 일정 금액씩 감소하는 것으로 가정했다. 다음의 예제 4.8은 앞에서 다룬 SMP머신의 DPBP의 계산과 관련한 Excel®의 SOLVER 사용법을 보여주기 위한 예이다.

Excel®의 SOLVER를 사용한 할인투자회수기간 DPBP의 계산 — 예제 4.8

Excel®의 SOLVER를 사용하여 SMP 머신에 대한 할인투자회수기간 DPBP를 계산하라.

문제 요약

〈그림 4.10〉은 입력해야 할 매개변수 값이 포함된 스프레드시트를 나타낸다.

풀이

잔존가치가 매년 20.6%씩 줄어든다고 할 때 n년 후의 잔존가치를 나타내는

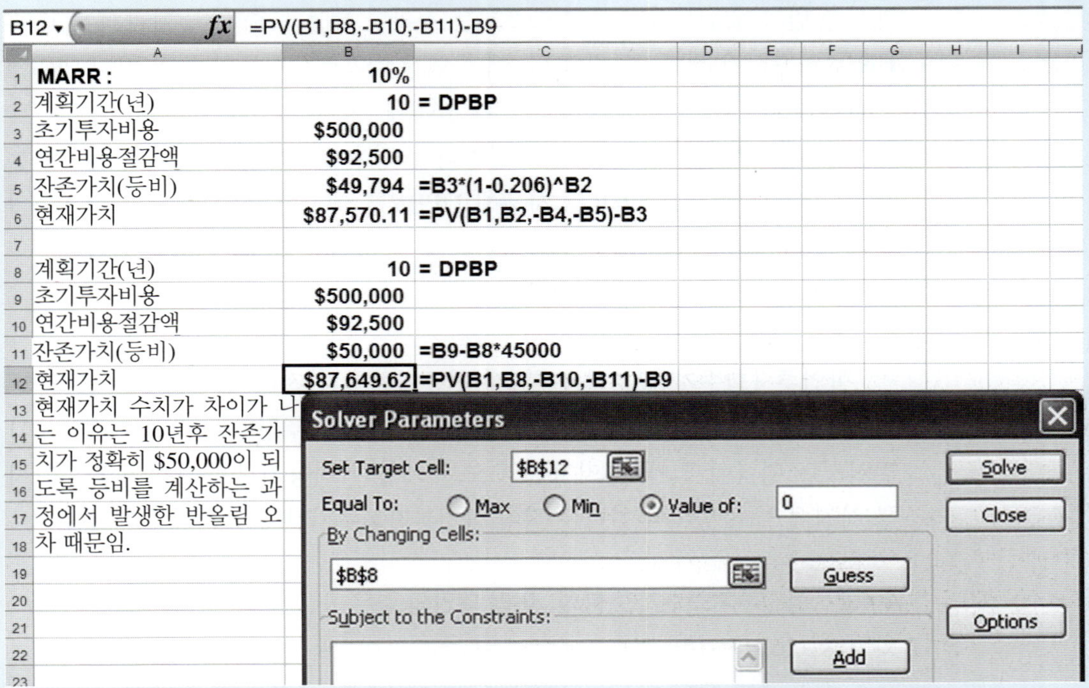

B12 fx =PV(B1,B8,-B10,-B11)-B9

	A	B	C
1	MARR :	10%	
2	계획기간(년)	10	= DPBP
3	초기투자비용	$500,000	
4	연간비용절감액	$92,500	
5	잔존가치(등비)	$49,794	=B3*(1-0.206)^B2
6	현재가치	$87,570.11	=PV(B1,B2,-B4,-B5)-B3
7			
8	계획기간(년)	10	= DPBP
9	초기투자비용	$500,000	
10	연간비용절감액	$92,500	
11	잔존가치(등비)	$50,000	=B9-B8*45000
12	현재가치	$87,649.62	=PV(B1,B8,-B10,-B11)-B9
13	현재가치 수치가 차이가 나		
14	는 이유는 10년후 잔존가		
15	치가 정확히 $50,000이 되		
16	도록 등비를 계산하는 과		
17	정에서 발생한 반올림 오		
18	차 때문임.		

〈그림 4.10〉 잔존가치가 등차수열 형태로 감소하는 경우의 DPBP를 계산하기 위한 Excel® SOLVER의 준비상태

B12 =PV(B1,B8,-B10,-B11)-B9

	A	B	C
1	MARR:	10%	
2	계획기간(년)	6.95187521	= DPBP
3	초기투자 비용	$500,000	
4	연간비용절감	$92,500	
5	잔존가치(등비)	$100,585	=B3*(1-0.206)^B2
6	현재가치	$0.00	=PV(B1,B2,-B4,-B5)-B3
7			
8	계획기간(년)	2.16997447	= DPBP
9	초기투자 비용	$500,000	
10	연간비용절감	$92,500	
11	잔존가치(등차)	$402,351	=B9-B8*45000
12	현재가치	$0.00	=PV(B1,B8,-B10,-B11)-B9

〈그림 4.11〉 예제 4.8에서 두 가지 경우의 잔존가치에 대해 SOLVER를 사용한 계산결과

식은 $500,000(0.794)^n 이다. 비슷하게 잔존가치가 매년 $45,000씩 줄어든다고 할 때 *n*년 후의 잔존가치는 $500,000 − $45,000*n* 이 된다.

DPBP 값을 결정하자면 **SOLVER**를 통해 PW 값이 0이 되는 *n* 값을 찾아야 한다. 이때 **SOLVER**는 *n* 값을 바로 찾는 것이 아니라 시행착오 방법으로 계산을 반복적으로 하여 목적으로 하는 정확한 해를 도출한다. 따라서 **SOLVER**를 시작하기 전에 〈그림 4.11〉에 주어진 스프레드시트의 셀 B2와 셀 B8에 적절한 초기 값을 입력해야 할 필요가 있음에 유의해야 한다.

잔존가치가 등비수열 형태로 감소하는 경우와 등차수열 형태로 감소하는 두 경우에 대해 **SOLVER**를 사용해 DPBP를 계산한 결과는 〈그림 4.11〉과 같다. 전자 경우의 DPBP는 6.95년이고 후자 경우의 DPBP는 2.17년이다.

할인투자회수기간 분석을 할 때 잔존가치를 완전히 무시해서는 안 된다. 그렇지만 1년도부터 *n*년도까지 매년의 잔존가치를 추정하는 작업은 정확도가 떨어지는 경향이 있다. 투자자산의 모든 가능한 사용기간에 대하여 잔존가치를 사전에 알고 있어야 한다는 점이 할인투자회수기간 분석법의 한계이다.

4.4.2 할인투자회수기간 분석: 여러 대안의 경우

저자들은 여러 개의 투자대안들을 비교할 경우 할인투자회수기간을 단독으로 사용하여 바람직한 대안을 선정하려 하지 말고 보조도구로 활용할 것을 강조한 바 있다. 그 이유를 다음 예제를 통해 알아보자.

세 가지 대안에 대한 할인투자회수기간 분석

예제 4.9

테마공원 놀이기구에 대한 두 개의 설계안을 다룬 예제 4.2를 다시 생각해보자. 원래의 대안 두 개 외에 세 번째 대안으로 설계안 C가 있다고 하자. 이 안은 초기투자비용이 $150,000인데, 기대되는 수익은 첫해가 $45,000이고 이후에는 매년 $5,000씩 감소하여 마지막 해에는 $0이 된다. 이 경우 세 개의 대안 중 어느 것의 할인투자회수기간 DPBP가 가장 짧은가?

문제 요약

주어진 정보: 〈그림 4.12〉에 제시된 현금흐름; MARR = 10%
구하는 해: 각 대안에 대한 할인투자회수기간 DPBP

풀이

각 대안별로 DPBP까지의 현재가치를 계산하면 다음과 같다.

$$PW_A = -\$300{,}000 + \$55{,}000(P|A\ 10\%, DPBP_A)$$
$$PW_B = -\$450{,}000 + \$80{,}000(P|A\ 10\%, DPBP_B)$$
$$PW_C = -\$150{,}000 + \$45{,}000(P|A\ 10\%, DPBP_C) - \$5{,}000(P|G\ 10\%, DPBP_C)$$

Excel®의 **NPER** 함수를 사용하여 대안 *A*, *B*에 대한 각각의 할인투자회수기간 $DPBP_A$ 와 $DPBP_B$를 계산하면 다음과 같다.

$DPBP_A$ = **NPER(10%,−55000,300000) = 8.273년**
$DPBP_B$ = **NPER(10%,−80000,450000) = 8.674년**

이번에는 〈그림 4.13〉과 같이 Excel®의 **SOLVER**를 사용하여 대안 C에 대한 할인투자회수기간 $DPBP_C$를 구하면 그 결과는 다음과 같다.

$DPBP_C$ = **6.273년**

풀이 탐구

할인투자회수기간을 기준으로 대안의 가장 바람직한 우선순위를 정하면 *C*, *A*, *B* 순인데 이는 현재가치를 기준으로 한 경우의 역순이다. 설계안 *C*에 대한 계획기간 10년 동안의 현재가치를 계산해보면 다음과 같다.

$$\begin{aligned} PW_C &= -\$150{,}000 + \$45{,}000(P|A\ 10\%,10) - \$5{,}000(P|G\ 10\%,10) \\ &= -\$150{,}000 + \$45{,}000(6.14457) - \$5{,}000(22.89134) \\ &= \$12{,}048.95 \end{aligned}$$

Excel®을 사용하면,

PW_C = **1000*NPV(10%,45,40,35,30,25,20,15,10,5,0) − 150000**
= **12,048.81**

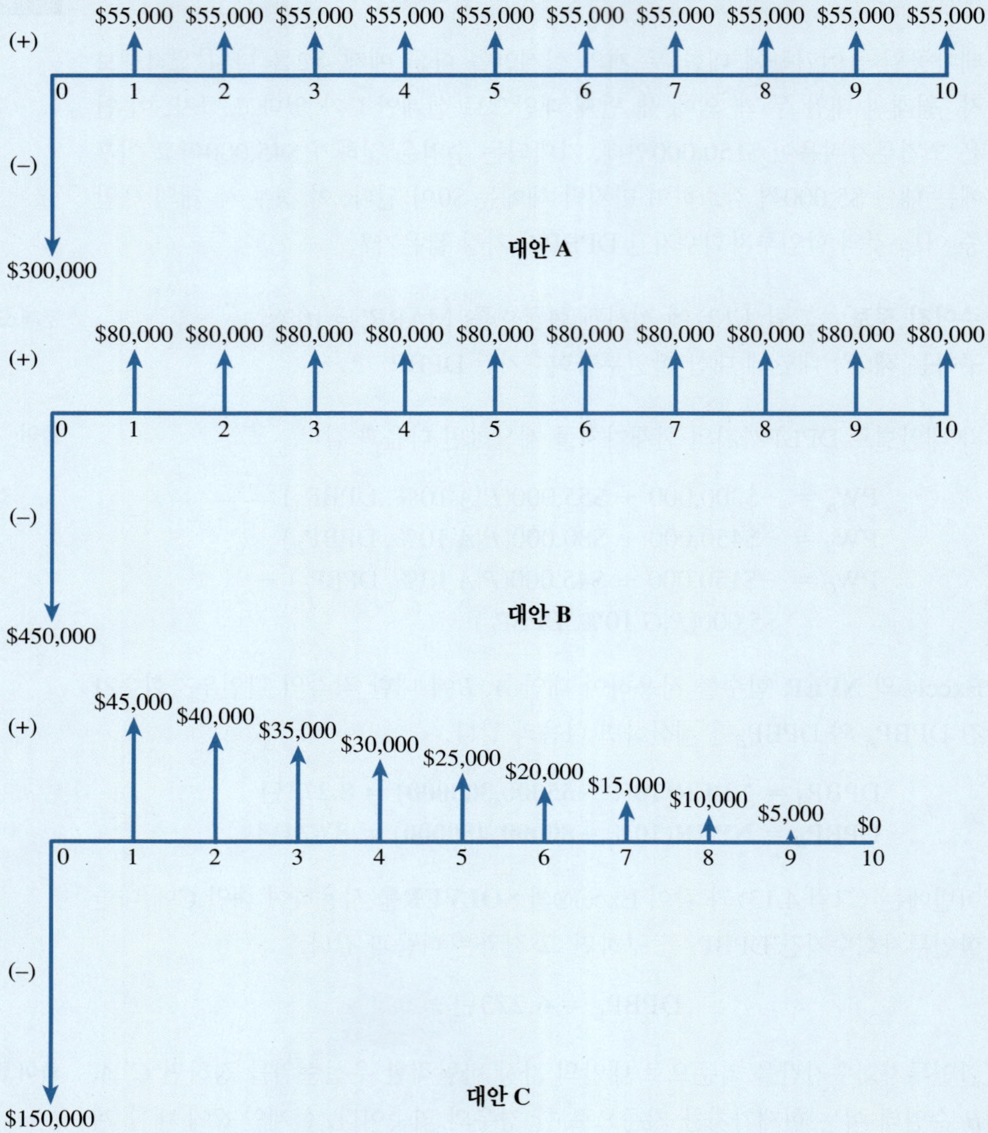

〈그림 4.12〉 예제 4.9의 세 가지 대안에 대한 현금흐름도

이다.

참고로 Excel®을 사용한 설계대안 A, B에 대한 현재가치는 PW_A = **37,951.19**이고 PW_B = **41,565.37**이다.

〈그림 4.14〉는 계획기간 범위 안에서 기간의 경과와 더불어 각 대안의 현재가치가 어떻게 변화하는지를 보여준다.

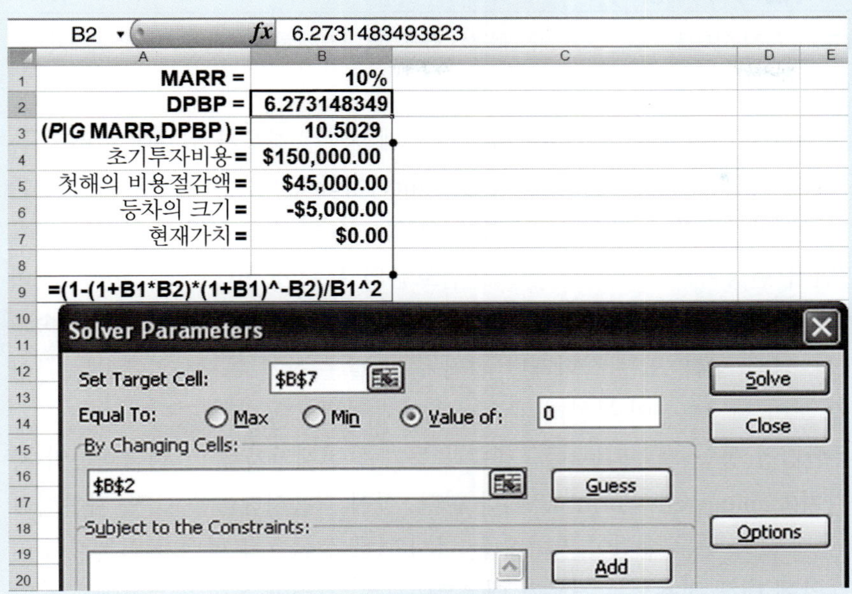

〈그림 4.13〉 예제 4.9의 설계안 C의 DPBP 결정을 위한 SOLVER의 계산결과

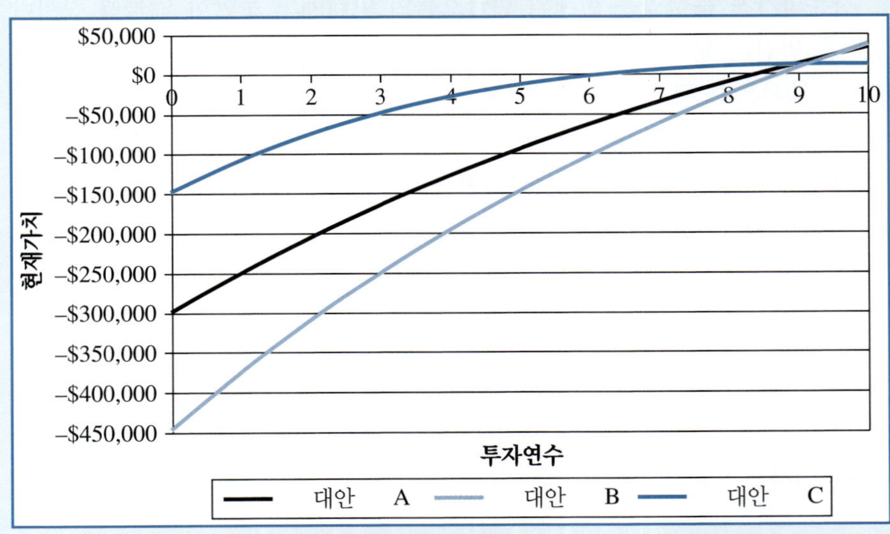

〈그림 4.14〉 예제 4.9에 대한 할인투자회수기간 분석

예제 4.9에서 살펴본 바와 같이 할인투자회수기간을 기준으로 선택한 대안은 경제적 가치를 최대화하는 투자대안과 일치하지 않아 잘못된 결론이 될 수도 있다.

4.5 자본화가치 분석

학습목표: 주어진 이자율로 무한대의 기간에 걸쳐 현금흐름이 발생하는 어떤 투자의 자본화가치를 계산하라.

균일급수의 현금흐름이 무한히 반복적으로 계속되는 경우가 있는데 이러한 특수한 형태의 현금흐름을 영구기금(perpetuity)이라 한다. 실제 상황에서 무한기간 동안 현금흐름이 계속될 가능성은 거의 전무하며 오히려 유한 현금흐름이 일반적 현상이므로, 영구기금을 현금흐름의 특수한 형태로 취급하는 것이 바람직하다고 할 수 있다. 그러나 사업 수명이 50년 이상인 교량 건설, 고속도로 건설, 삼림 채취, 또는 장학재단 설립 등과 같은 장기 투자사업에서는 근사적으로 보아 현금흐름이 무한히 계속된다고 가정해도 무방할 것이다.

자본화가치 무한기간 동안 계속되는 현금흐름을 i = MARR일 때 시점 0에서 서로 등가가 되도록 단일금액으로 변환한 값

무한기간 동안 계속되는 현금흐름과 등가인 현재가치를 그 현금흐름의 **자본화가치**(Capitalized Worth: CW)라 한다. 실제 적용사례들을 보면, 자본화가치는 양의 값을 갖는 수익이 거의 없는 다시 말해 현금흐름 형태가 비용 위주인 투자대안에 대해 적용되는 경우가 대부분이므로, 그러한 유형의 투자에서는 자본화가치 보다 자본화비용(Capitalized Cost: CC)란 용어가 더 자주 사용된다.

자본화가치 분석법은 현재의 현금흐름이 미래에도 무한히 반복될 것이라고 믿을 만한 충분히 합당한 사유가 있는 경우에 한해 사용되어야 한다. 자본화가치 분석은 계획기간을 무한대로 하여 수행되므로, 계획기간을 유한으로 하여 현재가치, 미래가치 또는 연간가치 분석을 할 때와 당연히 결과가 같을 수 없다. 무한기간 동안 계속되는 균일급수 현금흐름에 대한 현재가치, 즉 자본화가치는 다음과 같다.

$$\text{CW} = A(P|A\ i\%,\infty) = \frac{A}{i} \tag{4.7}$$

따라서 검토 대상인 사업계획의 수명주기가 무한히 반복된다면, 수명주기 동안 발생하는 비용을 일단 연간등가금액으로 변환한 다음 그것을 MARR로 나누어야 원하는 CW 값을 구할 수 있다.

4.5.1 자본화가치 분석: 단일 대안의 경우

다른 경제적 가치척도와 마찬가지로 자본화가치도 검토 대상인 사업계획이 하나뿐인 경우 즉 단일 대안의 경우에 적용될 수 있다. 그렇지만 자본화가치를 계산하는 경우는 일반적으로 "아무것도 하지 않는 대안"의 선택이 불가능한 경우이므로, CW >0을 그 사업계획의 추진 조건으로 삼는 것은 적절하지 못하다. 비용만 발생하는 사업에서는 자본화비용의 최소화를 목표로 해야 한다.

건물 유지의 자본화비용

예제 4.10

어떤 주정부 청사 건물은 10년을 주기로 대폭적인 보수공사를 요한다. 한 차례의 보수공사에 드는 비용은 $750,000이다. MARR이 5%라 할 때 이 주정부 청사 건물 보수공사의 자본화비용은 얼마인가?

문제 요약

주어진 정보: 〈그림 4.15〉에 제시된 현금흐름 개요
구하는 해: 자본화비용(CC)

풀이

$$\begin{aligned} \text{CC} &= \$750{,}000(A|P\ 5\%,10)/0.05 \\ &= \$750{,}000(0.12950)/0.05 \\ &= \$1{,}942{,}500 \end{aligned}$$

이것을 다음과 같이 다른 방법으로 계산할 수도 있다.

$$\begin{aligned} \text{CC} &= \$750{,}000 + \$750{,}000(A|F\ 5\%,10)/0.05 \\ &= \$750{,}000 + \$750{,}000(0.07950)/0.05 \\ &= \$1{,}942{,}500 \end{aligned}$$

두 번째 방법으로도 동일한 계산 결과가 나오는 이유는 $(A|P\ i\%,n) = (A|F\ i\%,n) + i$ 라는 관계가 항상 성립하기 때문이다.

풀이 탐구

계산결과로 구한 자본화비용에 대해 다음과 같이 해석할 수 있다. 즉, 매년 5%의 복리를 지급하는 어떤 기금에 $1,942,500을 예탁해두면 10년마다 보수공사에 필요한 대금 $750,000을 영구히 인출하여 사용할 수 있다.

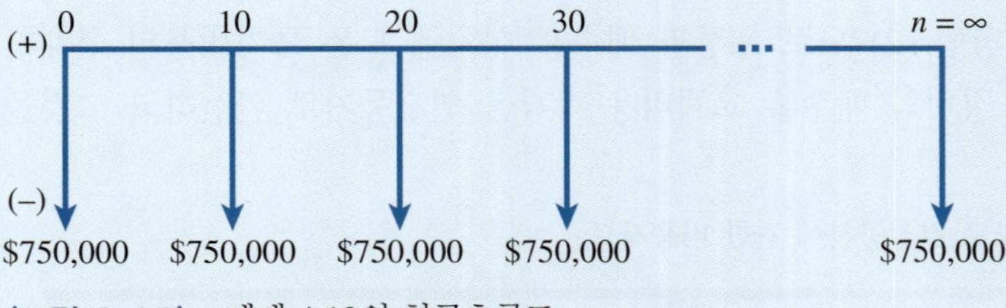

〈그림 4.15〉 예제 4.10의 현금흐름도

예제 4.11 고속도로 건설공사의 자본화비용

고속도로를 새로 건설하는데 아스팔트로 포장하고자 한다. 아스팔트 포장에는 재료비와 공사비용까지 모두 합해 1피트당 $150이 소요된다. 이 도로는 차량 통행이 잦아 5년마다 아스팔트로 재포장해야 한다. 아스팔트 포장비는 앞으로도 1피트당 $150이 그대로 유지될 것으로 보인다. 도로 양측 변에는 콘크리트로 배수홈을 각각 1개씩 만들어야 하는데 배수홈 설치에는 1피트당 $7.75의 비용이 든다. 배수홈은 15년마다 교체되어야 하는데, 교체비용은 마찬가지로 1피트당 $7.75이다. 그리고 이 도로에는 1마일당 4개씩 배수관을 설치해야 하는데 배수관 1개당 $8,000이 들 것으로 예상된다. 배수관은 10년마다 교체되는데, 배수관 1개당 교체비용은 앞으로 영원히 $10,000이 될 것으로 예상된다. 고속도로의 연간 유지비용은 1마일당 $9,000이다. 배수관 1개당 연간 청소비용은 $1,250이다. 1개의 배수홈에 대한 연간 청소 및 유지비용은 1피트당 $3.75이다. MARR 5%를 적용하여 이 고속도로에 대한 1마일당 자본화비용(CC)을 결정하라.

문제 요약 **주어진 정보**: 〈표 4.3〉에 제시된 관련 자료

구하는 해: CC(고속도로/마일) = CC(포장/마일) + CC(도로유지/마일) + CC(배수홈 청소/마일) + CC(배수관/마일)

풀이 먼저 도로 포장과 배수홈에 대한 자본화비용부터 계산해보기로 하자. 도로 포장은 5년 주기로, 배수홈은 15년 주기로 교체되므로 자본화비용을 계산하기 위한 방법으로 다음 두 가지가 있다: (1) 도로 포장과 배수홈 설치에 드는 초기비용을 연간등가비용으로 환산한 다음, 그것을 MARR로 나누어 자본화비용을 계산하는 방법 (2) 도로 포장과 배수홈 설치에 드는 초기비용의 현재가치에, 도로 재포장비와 배수홈 교체비용 각각을 연간등가로 환산하고 그것을

〈표 4.3〉 고속도로 건설공사에 관한 비용자료

	초기비용	내용연수	교체비용
도로 포장	$150/피트	5 년	$150/피트
도로 유지	$9,000/마일	1 년	
배수홈(설치, 교체)	$7.75/피트	15 년	$7.75/피트
배수홈(청소 및 유지)	$3.75/피트	1 년	
배수관(설치, 교체)	4 × $8,000/마일	10 년	4 × $10,000/마일
배수관(청소 및 유지)	4 × $1,250/마일	1 년	4 × $1,250/마일

MARR로 나눈 값을 합산하여 자본화가치를 계산하는 방법

1. $\text{CC(포장/마일)} = 5{,}280\ \text{ft/mi}[\$150/\text{ft}(A|P\ 5\%,5) + \$7.75/\text{ft}(A|P\ 5\%,15)]/(0.05)$
$= \$3{,}737{,}409$
$= (\text{PMT}((5\%,5,-5280^*150) + \text{PMT}(5\%,15,-5280^*7.75))/0.05$
$= \$3{,}737{,}487$

2. $\text{CC(포장/마일)} = 5{,}280\ \text{ft/mi}\{\$150/\text{ft}[1 + (A|F\ 5\%,5)] + \$7.75/\text{ft}[1 + (A|F\ 5\%,15)]\}/(0.05)$
$= \$3{,}737{,}409$
$= 5280^*(150 + \text{PMT}(5\%,5,,-150)/0.05 + 7.75 + \text{PMT}(5\%,15,,-7.75/0.05$
$= \$3{,}737{,}487$

이 예제를 완성하자면 도로의 연간 유지비용에 대한 자본화비용, 배수홈의 연간 청소 및 유지비용에 대한 자본화비용, 배수관과 관련하여 발생하는 설치, 유지, 교체비용에 대한 자본화비용을 모두 계산해야 한다.

$$\text{CC(도로유지/마일)} = \$9{,}000/0.05 = \$180{,}000$$
$$\text{CC(배수홈 청소/마일)} = [(2)(5{,}280\ \text{ft/mi})(\$3.75/\text{ft})]/(0.05) = \$792{,}000$$
$$\begin{aligned}\text{CC(배수관/마일)} &= (4)[\$8{,}000 + \$1{,}250/0.05 + \$10{,}000(A|F\ \ 5\%,10)/0.05] \\ &= \$195{,}600 \\ &= 4^*(8000 + 1250/0.05 + \text{PMT}(5\%,10,,\ -10000)/0.05) \\ &= \$195{,}604\end{aligned}$$

따라서

$$\begin{aligned}\text{CC(고속도로/마일)} &= \$3{,}737{,}487 + \$180{,}000 + \$792{,}000 + \$195{,}604 \\ &= \$4{,}905{,}091\end{aligned}$$

이다.

도로 포장과 배수홈 설치 및 교체에 대한 자본화비용은 $3,737,487이다. 도로를 유지하고 배수홈 청소를 위해 소요되는 돈의 자본화비용은 $972,000이다. 배수관을 설치하고 10년마다 교체하는 데 드는 비용과 매년 발생하는 배

수관 청소비용을 자본화비용으로 환산하기 위해 예제 4.10에서 예시한 두 번째 방법의 계산식을 사용했으며, 계산결과는 $195,604이다. 따라서 고속도로 건설 및 운영과 관련하여 발생하는 모든 비용에 대한 1마일당 자본화비용은 $4,905,091이다.

4.5.2 자본화가치 분석: 여러 대안의 경우

비교 대상인 대안이 여러 개인 경우, 무한대의 계획기간에 대해 계산한 자본화가치 CW 값이 가장 큰 대안을 가장 바람직한 대안으로 선정한다. 다시 한 번 말하지만, 자본화가치 분석으로 비교하고자 하는 대안들은 대개의 경우 수익은 없이 비용만 발생시킨다. 따라서 비용을 양의 값으로 보고 자본화비용 CC 값을 계산한 후 그 값이 가장 작은 대안을 가장 바람직한 대안으로 선정하는 것이 좋다.

예제 4.12

예제 4.12 급수시설의 자본화비용

어떤 개발도상국은 산악지역으로부터 남부의 건조지역으로 물을 운반하는 시설로 두 가지 대안을 고려하고 있다. 첫 번째 대안은 파이프라인을 매설하고 적절한 간격마다 수압을 높이기 위한 펌프를 설치하는 방안이다. 두 번째 대안은 운하를 건설하는 방안인데 이 경우 파이프라인에 비해 중간에 유실되는 수량이 더 많다. 유실되는 수량을 감안하면 운하는 파이프라인보다 물의 운반용량이 훨씬 크도록 건설되어야 한다.

파이프라인을 설치하는 데 필요한 공사비는 $125,000,000로 추정된다. 그리고 15년을 주기로 대규모 보수공사가 이루어져야 하는데 그때마다 $10,000,000의 비용이 발생할 것으로 예상된다. 그리고 매년 $5,000,000의 운영 및 유지 비용이 필요하다.

운하는 초기 공사비가 $200,000,000이고, 운영 및 유지 비용이 매년 $1,000,000이다. 그리고 10년마다 대규모 보수공사가 필요한데 그때마다 $5,000,000의 비용이 발생할 것으로 예상된다.

MARR이 5%이고 계획기간이 무한대로 길다고 할 경우 자본화비용이 더 낮은 대안은 어느 것인가?

문제 요약

주어진 정보:

대안	초기비용	연간 운영 및 유지비용	대규모 보수공사
파이프라인	\$125,000,000	\$5,000,000	매 15년마다 \$10,000,000
운하	\$200,000,000	\$1,000,000	매 10년마다 \$5,000,000

구하는 해: 각 대안의 자본화 비용(CC)

풀이

파이프라인:

$$\begin{aligned}\text{CC} &= \$125{,}000{,}000 + [\$10{,}000{,}000(A|F\ 5\%{,}15) + \$5{,}000{,}000]/0.05 \\ &= \$234{,}268{,}000.00 \\ &= \mathbf{125000000 + (PMT(5\%{,}15{,}-10000000) + 5000000)/0.05} \\ &= \mathbf{\$234{,}268{,}457.52}\end{aligned}$$

운하:

$$\begin{aligned}\text{CC} &= \$200{,}000{,}000 + [\$5{,}000{,}000(A|F\ 5\%{,}10) + \$1{,}000{,}000]/0.05 \\ &= \$227{,}950{,}000.00 \\ &= \mathbf{200000000 + (PMT(5\%{,}10{,}\ {,}-5000000) + 1000000)/0.05} \\ &= \mathbf{\$227{,}950{,}457.50}\end{aligned}$$

운하에 대한 자본화 비용이 더 작으므로 운하가 더 바람직한 대안으로 평가된다.

핵심 개념

1. 학습목표: 경제적 대안들의 비교에 사용되는 8가지 할인현금흐름법(Discounted Cash Flow Method: DCF법)을 열거하라. (4.1.1절)

경제적 대안들을 비교하는 데 사용되는 8가지 DCF법은 다음과 같다.

1. 현재가치법(PW법)
2. 편익–비용 비율법(B/C비율법)
3. 할인투자회수기간법(DPBP법)
4. 자본화가치법(CW법)
5. 연간가치법(AW법)

6. 미래가치법(FW법)
7. 내부수익률법(IRR법)
8. 외부수익률법(ERR법)

2. 학습목표: 경제적 가치를 결정하는 방법으로서 서열법과 증분법의 차이를 설명하라. (4.1.2절)

현재가치법, 미래가치법, 연간가치법, 그리고 자본화가치법이 서열법에 속한다. 따라서 계획기간 동안 발생하는 현금흐름의 PW, FW, AW 또는 CW 값이 가장 큰 대안이 가장 바람직한 대안으로 선정된다. 할인투자회수기간법 또한 서열법에 속하는데, 그것의 목표는 투자회수기간이 가장 짧은 대안을 찾는 것이다.

내부수익률법, 외부수익률법, 그리고 편익–비용 비율법이 증분법에 속한다. "투자의 증분이 투자자의 돈의 시간가치(TVOM)를 상회하는 수익을 제공하는 한 투자를 계속하라."는 제 6원칙을 충족하는 안이 가장 바람직한 대안이다.

3. 학습목표: 주어진 이자율에서 모든 현금흐름이 시점 0에서의 단일금액과 등가가 되도록 현재가치를 계산하라. (4.2절)

어떤 투자대안의 PW 값이 양이면 그 투자대안은 경제성이 있는 것으로 평가된다. 여러 개의 투자대안이 있을 경우 PW 값이 가장 큰 대안이 가장 바람직한 대안으로 선정된다. 이것을 수식으로 표현하면 다음과 같다.

$$\underset{\forall j}{\text{Maximize}}\ \text{PW}_j = \sum_{t=0}^{n} A_{jt}(1 + \text{MARR})^{-t} \qquad (4.2)$$

4. 학습목표: 주어진 이자율에서 편익–비용 분석을 하여 공공사업 투자의 경제성을 평가하라. (4.3절)

문화계발, 국민보호, 경제적 편익제공, 환경보호 등과 같은 대부분의 공공사업은 국민의 세금으로 조성된 막대한 자금의 투입을 요한다. 어떤 공공사업의 추진이 경제적으로 타당하기 위해서는 그 사업이 국민들에게 제공하는 편익(benefit)이 그 사업에 소요되는 비용(cost)을 초과하여야 한다. 다시 말해 B/C 비율이 1보다 커야 한다. 이것을 수식으로 표현하면 다음과 같다.

$$\text{B/C}_j(i) = \frac{\sum_{t=1}^{n} B_{jt}(1 + i)^{-t}}{\sum_{t=0}^{n} C_{jt}(1 + i)^{-t}} \qquad (4.3)$$

5. **학습목표: 주어진 이자율에서 계산한 누적 현재가치가 처음으로 양의 값을 갖는데 걸리는 기간 즉 할인투자회수기간을 결정하라. (4.4절)**

할인투자회수기간이란 지출한 투자자금이 돈의 시간가치를 고려했을 때 완전히 회수될 때까지 소요되는 기간을 의미한다. DPBP를 경제적 가치를 측정하는 유일한 척도로 하면, 산출된 DPBP의 값이 바람직한지 아닌지를 어떻게 가리는지에 대한 논리적 근거가 명확하지 못하다. 따라서 여러 개의 상호 배타적 투자대안들로부터 어느 하나를 선택하기 위해 할인투자회수기간 분석법을 단독으로 사용하지 말고, 다른 할인현금흐름법의 보조도구로 활용하기를 권장한다.

6. **학습목표: 주어진 이자율로 무한대의 기간에 걸쳐 현금흐름이 발생하는 어떤 투자의 자본화가치를 계산하라. (4.5절)**

무한기간 동안 현금흐름이 발생하는 경우가 실제 상황에서 일어날 가능성이 거의 없지만, 자본화가치법은 교량, 터널, 철도, 댐, 핵발전소등과 같이 사업의 수명이 매우 긴 장기 투자사업들을 근사적으로 평가하는데 매우 유용하다. 비교 대상인 대안이 여러 개인 경우, 무한대의 계획기간에 대해 계산한 자본화가치 CW 값이 가장 큰 대안을 가장 바람직한 대안으로 선정한다. CW의 계산공식은 다음과 같다.

$$CW = A(P|A\ i\%,\infty) = A/i \qquad (4.7)$$

핵심용어

일회성 투자

자본화가치(CW)

편익–비용 비율(B/C 비율)

할인투자회수기간(DPBP)

현재가치(PW)

기사시험 유사 문제

1. 어떤 가스정으로부터 기대되는 순수익은 첫해에 $200,000, 둘째 해에 $190,000, 셋째 해에 $180,000 등과 같이 전년대비 매년 $10,000씩 감소할 것으로 보인다. 이 가스정은 앞으로 10년 동안 운영되고 연간 실효이자율이 8%라고 가정하자. 이 경우 가스정의 현재가치에 가장 근접하는 값은 다음 중 어느 것인가?

   a. $1,770,000
   b. $1,508,000
   c. $1,253,000
   d. $1,082,000

2. 다음 그림과 같은 현금흐름도를 갖는 어떤 투자대안이 있다고 가정하자. 이 투자대안의 현재가치를 계산하는 식으로서 적절하지 못한 것은 다음 중 어느 것인가?

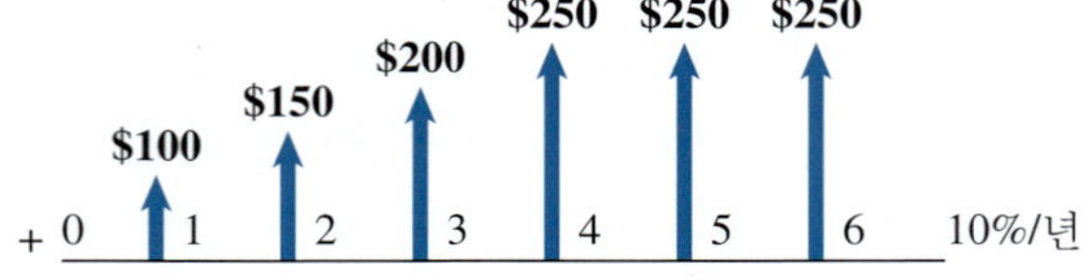

a. P = 100(P|A 10%,6) + 50(P|G 10%,3) + 150(P|A 10%,3)(P|F 10%,3)
b. P = 100(P|A 10%,3) + 50(P|G 10%,3) + 250(P|A 10%,3)(P|F 10%,3)
c. P = 250(P|A 10%,6) − 50(P|G 10%,3)
d. P = 100(P|A 10%,4) + 50(P|G 10%,4) + 250(P|A 10%,2)(P|F 10%,4)

3. 어떤 공원묘지는 고객으로부터 일시불로 돈을 받고 묘소 관리를 영구히 대행해주는 서비스를 제공하고자 한다. 공원묘지의 입장에서 묘소 한 기의 관리에 필요한 연간 비용은 $120로 추정된다. 이자율 8%를 적용하면 묘소 한 기당 일시불로 얼마를 받아야 되는가?

a. $96
b. $120
c. $1,500
d. $12,000

4. 가구당 창문을 통한 열손실을 비용으로 환산하면 연간 $412이다. 그러나 보온창을 설치하면 열손실을 93% 줄일 수 있다. 가구당 보온창 설치비는 $1,232, 수명은 8년, 수명을 다한 후 잔존가치는 $0이다. 이자율이 10%라고 가정하고 보온창에 대한 현재가치를 구하면 그 값은 얼마인가?

a. $412
b. $812
c. $1,044
d. $1,834

5. 시 위원회는 개울을 가로지르는 다리를 하나 건설하는 안을 승인하였다. 그 다리는 건설비가 $17,000이고 연간 유지비가 $1,000이다. 시 위원회에서는 다리의 초기 건설비와 향후 계속 발생하는 유지비를 모두 충당할 수 있는 예산을 확보하여 별도의 특별계좌에 예치해 두고자 한다. 특별계좌에 적용되는 이자율이 5%라고 하면 그 계좌에 얼마의 돈을 넣어야 하는가?

a. $1,000
b. $17,000
c. $18,000
d. $37,000

6. 어떤 도서관 서가시스템은 초기비용이 $20,000, 내용연수가 10년, 연간 유지비가 $2,500이다. 이 서가시스템의 도입으로 도서관 직원들이 얻게 되는 편익은 연간 $9,000이다. 연간 실효이자율이 10%라면 이 서가시스템의 편익-비용 비율은 얼마인가?

a. 1.51　　c. 1.73
b. 2.24　　d. 1.56

7. 편익-비용 분석을 사용하여 여러 개의 상호 배타적 대안들을 비교하고자 할 때 적절한 접근법은 어느 것인가?
   a. 서열법만 사용해야 함.
   b. 증분법만 사용해야 함.
   c. 증분법과 서열법 중 어느 것을 사용해도 무방함.
   d. 증분법과 서열법 둘 다 부적절함.

연습문제

4.1절 대안의 비교

1. 지오월드 시스템에서는 신입 엔지니어 채용 면접 시 아래에 주어진 문항 중 일부를 뽑아 사용한다. 각 문항에 대하여 '프로젝트를 추진함'과 '프로젝트를 추진하지 않음' 중 어느 것이 더 유리한지 결정하라. MARR은 14%임을 가정하라.
   a. 검토 중인 프로젝트의 현재가치는 $1,367이다.
   b. 검토 중인 프로젝트의 내부수익률은 12.9%이다.
   c. 검토 중인 프로젝트의 연간가치는 −$632이다.
   d. 검토 중인 프로젝트의 편익/비용 비율은 1.08이다.
   e. 검토 중인 프로젝트의 미래가치는 $3.75이다.
   f. 검토 중인 프로젝트의 외부수익률은 15.3%이다.
   g. 검토 중인 프로젝트의 현재가치는 −$47이다.
   h. 검토 중인 프로젝트의 내부수익률은 14.7%이다.
   i. 검토 중인 프로젝트의 연간가치는 $6,775이다.
   j. 검토 중인 프로젝트의 편익/비용 비율은 0.97이다.
   k. 검토 중인 프로젝트의 미래가치는 −$13,470이다.
   l. 검토 중인 프로젝트의 외부수익률은 3.7%이다.
   m. '프로젝트를 추진하지 않음'이 더 유리한 것으로 결론을 내린 경우가 있는가? 그렇다면 각 해당 경우에 있어서 투자되지 않은 자금으로부터 얻는 수익에 대해 어떠한 가정이 내포되었는지 말하라.
   n. 동일한 프로젝트를 대상으로 하였을 경우 (a)와 (b)의 계산결과가 둘 다 옳을 수 있는가? 그렇지 않다면 왜 그런가?
   o. 동일한 프로젝트를 대상으로 하였을 경우 (c)와 (d)의 계산결과가 둘 다 옳을 수 있는가? 그렇지 않다면 왜 그런가?
   p. (j)의 프로젝트에 대한 현재가치를 계산하면 어떤 결과가 나와야 하는가?

q. (j)의 프로젝트에 대한 내부수익률을 계산하면 어떤 결과가 나와야 하는가?

4.2.1절 현재가치 분석: 단일 대안의 경우

2. 듀라테크 공업사는 공정개선 프로젝트를 검토 중이다. 이 프로젝트와 관련하여 발생하는 수입과 지출은 아래와 같다. 이 회사의 MARR은 6%이다.

연도 말	수입	지출
0	$0	$5,000
1	$0	$200
2	$2,000	$300
3	$4,000	$600
4	$3,000	$1,000
5	$1,600	$1,500

a. 이 투자안의 현재가치는 얼마인가?
b. 현재가치를 근거로 투자매력을 판정하고자 할 때, 의사결정 규칙은 무엇인가?
c. 듀라테크 공업사는 검토 중인 공정개선 프로젝트를 실행해야 하는가?

3. 베일리사는 회로기판의 생산 효율에 도움이 되는 신형 천공기 구입을 고려중이다. 이 천공기는 초기비용이 $100,000, 내용연수가 15년, 내용연수를 다한 후 잔존가치가 $0이다. 이 천공기를 설치하기 위해서는 바닥 지지대와 진동흡입기를 추가하여야 하며, 그것들의 초기비용은 $35,000이다. 이 천공기를 사용하면 연간 노무비가 $2,000 증가하지만 연간 재료비는 $12,000 감소할 것으로 기대된다. MARR은 5%이다.

a. 이 투자안의 현재가치는 얼마인가?
b. 현재가치를 근거로 투자매력을 판정하고자 할 때, 의사결정 규칙은 무엇인가?
c. 베일리사는 이 천공기를 구입해야 하는가?

4. 칼리슬사는 법원에 소환되어 대기오염 가스 방출량을 기준 이하로 줄이는 설비를 설치하든지 아니면 연간 $18,500의 환경개선 분담금을 납부하라는 명을 받았다. 가스여과장치는 초기비용이 $75,000이고 내용연수가 5년이며 내용연수가 끝난 후 잔존가치는 $0이다. 이 회사의 MARR은 10%이다.

a. 이 투자안의 현재가치는 얼마인가?
b. 현재가치를 근거로 투자매력을 판정하고자 할 때, 의사결정 규칙은 무엇인가?
c. 가스여과장치의 설치가 경제성이 있다고 할 수 있는가?
d. 이 결정에 영향을 미칠 수 있는 경제외적인 요인을 적어도 하나 이상 말하라.

5. 팝코사는 향후 12년 동안 매년 $10,000씩 운영비 절감효과를 가져올 유압밸브 구

입을 검토 중이다. 이 회사의 MARR은 7%이다. 이 유압밸브의 구입이 정당화되기 위해서는 구입가격이 얼마를 넘지 않아야 하는가?

6. 퀄츠사는 동작패턴 인식기를 한 대 구입하고자 한다. 이 장비에 대한 투자와 관련된 현금흐름 개요는 아래와 같다. 이 회사의 MARR은 13.5%이다.

연도 말	현금흐름	연도 말	현금흐름
0	−$1,400	8	$600
1	$0	9	$700
2	$500	10	$800
3	$500	11	$900
4	$500	12	−$1,000
5	$500	13	−$2,000
6	$0	14	−$3,000
7	$500	15	$1,400

a. 이 투자안의 현재가치는 얼마인가?
b. 현재가치를 근거로 투자매력을 판정하고자 할 때, 의사결정 규칙은 무엇인가?
c. 퀄츠사는 동작패턴 인식기를 구입해야 하는가?

7. 쥬피터사는 매년 소액을 투자하여 어느 한 순간에 큰 수익을 가져다주는 어떤 투자안을 검토 중이다. 이 투자와 관련된 현금흐름 개요는 다음과 같다. 이 회사의 MARR은 12%이다.

연도 말	현금흐름($1,000)	연도 말	현금흐름($1,000)
0	−$2	6	$200
1	−$10	7	−$10
2	−$12	8	−$12
3	−$14	9	−$14
4	−$16	10	−$100
5	−$18		

a. 이 투자안의 현재가치는 얼마인가?
b. 현재가치를 근거로 투자매력을 판정하고자 할 때, 의사결정 규칙은 무엇인가?
c. 주피터사는 이 투자안을 채택해야 하는가?

8. 홈 이노베이션사는 신제품 설계안을 평가 중이다. 이 신제품 개발과 관련한 수입 및 지출은 아래와 같다. 이 회사의 MARR은 10%이다.

a. 이 투자안의 현재가치는 얼마인가?
b. 현재가치를 근거로 투자매력을 판정하고자 할 때, 의사결정 규칙은 무엇인가?
c. 홈 이노베이션사는 이 신제품 개발계획을 추진해야 하는가?

연도 말	수입	지출
0	$0	$1,000
1	$600	$300
2	$600	$300
3	$700	$300
4	$700	$300
5	$700	$300

9. 생활 잡화품을 만들어 파는 낸시는 배송업체를 이용하여 도시 전역으로 상품을 배달한다. 배송업체에 지불하는 연간 배송료는 $30,000이다. 낸시는 중고 트럭을 구입하여 직접 배달하는 방안을 검토 중이다. $10,000을 들여 중고 트럭을 구입하면 3년 동안 사용할 수 있을 것이고 3년 후 이 트럭의 잔존가치는 $3,000로 추정된다. 그리고 운영 및 유지비용이 매년 $25,000 정도 발생할 것으로 예상된다. 낸시의 MARR은 24%이다.

   a. 이 투자안의 현재가치는 얼마인가?
   b. 현재가치를 근거로 투자매력을 판정하고자 할 때, 의사결정 규칙은 무엇인가?
   c. 낸시는 이 중고트럭을 구입해야 하는가?

4.2.2절 현재가치 분석: 여러 대안의 경우

10. 파커 카운티 커뮤니티대학(PCCC)은 온수관에 절연체를 사용하지 않는 안, 1인치 두께의 절연체를 사용하는 안, 2인치 두께의 절연체를 사용하는 안 중 어느 것을 선택할 것인지를 결정하고자 한다. 온수관에 절연체를 사용하지 않을 경우 온수관 1피트 당 연간 $1.50의 열손실 비용이 발생한다. 1인치 두께의 절연체를 사용하면 온수관 1피트당 절연체 비용은 $0.40이고 대신에 열손실은 89%를 줄일 수 있다. 2인치 두께의 절연체를 사용하면 온수관 1피트당 절연체 비용은 $0.85이고 대신에 열손실은 92%나 줄일 수 있다. 이 대학에 설치된 온수관의 총 길이는 250,000 피트이다. 그리고 이 대학에서는 자본적 지출의 정당성을 평가하기 위해 MARR을 10%로 하고 있다. 절연체의 수명은 10년이다. 서열법 스타일로 현재가치법을 사용하여 어느 안을 채택할 것인지를 결정하라.

11. 콴텀 물류에서는 남동부 지역을 관할할 물류창고를 하나 신설하고자 한다. 물류창고의 설립 입지로 3군데가 고려중이다. 각 입지에 대한 현장 조사와 예산 분석을 거쳐 아래와 같은 수익과 비용에 대한 자료를 얻었다. 물류창고의 내용연수가 12년이고 MARR은 15%이다.

   a. 각 입지의 현재가치를 구하라.
   b. 서열법 스타일의 현재가치법을 근거로 선호 입지를 결정하고자 할 때, 의사결정 규칙은 무엇인가?

c. 어느 입지를 추천해야 하는가?

입지	초기비용	연간 순수익
라그랑지	$1,260,000	$480,000
어번	$1,000,000	$410,000
애니스톤	$1,620,000	$520,000

12. 델레이 식품은 캔디제조기를 새로 한 대 구입해야 한다. 두 가지 모델을 검토 중이다. 모델 7745는 초기비용이 $10,000, 내용연수가 10년, 잔존가치가 $1,000, 연간 운영비용이 캔디 1,000개당 $0.01이다. 모델 A37Y는 초기비용이 $8,000, 내용연수가 10년, 잔존가치가 $0이고 연간 운영비용은 캔디 생산 수량과 무관하게 $300이다. MARR은 6%이고 매년 30,000,000개의 캔디가 생산된다.

a. 각 제조기 모델의 현재가치를 구하라.

b. 서열법 스타일의 현재가치법을 근거로 선호 모델을 결정하고자 할 때, 의사결정 규칙은 무엇인가?

c. 어느 모델을 추천해야 하는가?

13. 어느 군사 기지에서는 보관시설로서 2가지 대안 Y와 Z를 고려중이다. 군에서는 이러한 유형의 의사결정에 계획기간 24년과 MARR 5%를 사용한다. 각 보관시설과 관련한 주요 내용은 아래와 같다.

	보관시설 Y	보관시설 Z
초기비용	$4,500	$10,000
내용연수	12년	24년
잔존가치	$0	$1,800
연간 유지비용	$1,000	$720

a. 각 보관시설의 현재가치를 구하라.

b. 서열법 스타일의 현재가치법을 근거로 선호 보관시설을 결정하고자 할 때, 의사결정 규칙은 무엇인가?

c. 어느 보관시설을 추천해야 하는가?

14. 파이널 연마공업에서는 세 가지 연마기 중 어느 하나의 구입을 검토하고 있다. 세 연마기 모두 수명은 10년이고 잔존가치는 없다. 연마기 1은 초기투자 $20,000를 필요로 하는 반면 연간 $4,465의 순수익을 발생시킨다. 연마기 2은 초기투자 $10,000를 필요로 하는 대신 연간 $1,770의 순수익을 발생시킨다. 연마기 3은 초기투자 $15,000를 필요로 하되 연간 $3,580의 순수익을 발생시킨다. MARR은 15%이다.

a. 각 연마기의 현재가치를 구하라.

b. 어느 연마기의 구입을 추천해야 하는가?

15. 다크 기상관측 서비스에서는 우주관측 망원경 구입을 검토하고 있다. 이 회사는 우주관측 망원경을 필요한 연구자에게 시간대별로 나누어 빌려줌으로써 수익을 발생시킬 수 있다. 현재 4가지 모델의 망원경을 검토하고 있다. 만약 이 4가지 모두가 경제성이 없으면 아무것도 구입하지 않을 수도 있다. 서열법 스타일로 현재가치 분석을 하고자 한다.

	T1	T2	T3	T4
수명	10년	10년	10년	10년
초기비용	$600,000	$800,000	$470,000	$540,000
잔존가치	$70,000	$130,000	$65,000	$200,000
연간수익	$400,000	$600,000	$260,000	$320,000
연간비용	$130,000	$270,000	$70,000	$120,000

a. MARR이 25%일 경우 선호 모델을 결정하라.
b. MARR이 42%일 경우 선호 모델을 결정하라.

16. 리얼터프 농원은 구입대금 전액인 $30,000를 융자받아 자동 스프링클러 시스템을 설치하고자 한다. 융자금은 연 이자율 12%로 4년에 걸쳐 매년 균등액으로 상환하고자 한다. 스프링클러 시스템은 9년 동안 사용할 수 있으며 잔존가치는 $2,000이고, 운영 및 유지비는 사용기간 동안 매년 $9,000이다. 자동 스프링클러 시스템이 도입되면 연간 $15,000의 비용 절감이 실현될 수 있다. 리얼터프 농원에서는 의사결정에 MARR 15%를 사용하고 있다. 현재가치법을 사용하여 자동 스프링클러 시스템의 설치가 경제성이 있는지를 결정하라.

4.2.3절 현재가치 분석: 일회성 투자대안의 경우

17. 어떤 벤처 회사는 아래와 같은 상호 배타적인 두 개의 투자대안을 검토하고 있다. 이 두 대안 모두 미래에 반복될 수 없는 일회성 투자이다. MARR은 12%이다. 현재가치법 분석으로 선호 투자대안을 결정하라.

	투자대안 1	투자대안 2
초기 투자	$100,000	$75,000
수명	12년	9년
연간 수익	$16,500	$14,300

4.3.1절 편익-비용 분석: 단일 대안의 경우

18. 오클로호마 시립 동물원은 홈페이지에 동물원 내부의 가상 여행을 가능하게 하는

가상 동물원 웹사이트의 추가를 검토 중이다. 사전 조사에 따르면 동물원 내부의 가상 여행은 동물원을 실제 방문하는 관람객 수의 증가에 긍정적 효과가 있을 것으로 분석된다. 동물원 측에서는 이 웹사이트의 개발을 전문기관에 위탁하고자 하는데 초기비용이 $325,000이다. 그리고 영상 및 과학적 설명 자료는 지속적으로 보완되고 업데이트되어야 하는데 그 비용이 매년 $80,000씩 발생할 것으로 추정된다. 이 웹사이트는 향후 영속적으로 운영되겠지만 경제성 분석 목적상 계획기간을 10년으로 정하였다. 이 웹사이트는 나중에 운영되지 않는다 하더라도 기록 보존의 가치가 있으므로 10년 후의 잔존가치가 $60,000로 추정된다. 이자율은 연 이자율 7%이다. 가상 동물원 방문객 수는 첫해에 100,000명이고 이후부터 매년 30,000명씩 증가할 것으로 기대된다. 그리고 가상 동물원의 방문객이 이 웹사이트의 방문으로 혜택을 본다고 느끼는 가치를 돈으로 환산하면 1회당 평균 $0.8이다. *B/C* 비율 분석으로 이 동물원이 계획하고 있는 가상 동물원 웹사이트 개발의 진행 여부를 결정하라.

19. 로간 도서관은 지역주민들이 주로 이용하는 공공 도서관인데 지역 주민들에게 좀 더 나은 서비스를 제공할 수 있도록 첨단장비와 최신형 시설을 갖춘 도서관으로 변모하기 위한 대규모 리노베이션 프로젝트를 계획 중이다. 초기비용으로는 건물 개보수 비용 $33,000, 비품 도입비 $21,000, 그리고 전자도서 검색 시스템 도입비 $17,500이 소요될 것으로 예상된다. 그리고 지금보다 유지비가 매년 $3,000씩 더 필요하고 거기다 추가로 전자도서 검색 시스템의 업데이트 비용이 매년 $4,000씩 발생할 것으로 기대된다. 이자율은 연 이자율 8%, 계획기간은 10년이다. 10년 후 잔존가치는 건물 개보수에 들어간 초기비용의 30% 정도만 인정되고 비품 및 검색 시스템의 경우는 전혀 없을 것으로 생각된다. 도서관의 대규모 시설 리노베이션 이후 늘어날 도서관 이용자 수는 첫해에 2,500명이고 이후 매년 500명씩 꾸준히 증가할 것으로 예상된다. 도서관 이용자 1인이 받게 되는 혜택을 돈으로 환산하면 $2로 추정된다.

a. 편익에서 비용을 뺀 $B - C$ 값을 계산하여 시 정부가 이 프로젝트를 승인하여야 할 것인지 여부를 판단하라.

b. 이 프로젝트의 추진이 바람직하기 위해서는 도서관 이용자 한 사람이 수혜받는 편익의 크기가 최소한 얼마 이상이어야 하는가?

20. 미네소타 주정부는 북동부의 야생지를 가족들이 함께 즐길 수 있는 레크리에이션 시설로 개발하는 사업을 계획 중이다. 이 시설의 개발 및 운영과 관련하여 소요되는 초기건설비용, 운영비, 유지비, 인명보호비 등을 포함한 모든 비용을 고려한 연간등가비용은 $30,000이다. 이 시설이 개발되면 여름시즌 동안 250가족이 평균 8일 동안 야영을 할 것으로 예상되고, 이와는 별도로 야영을 하지 않는 당일 이용자의 수가 2,200명 정도 있을 것으로 예상된다. 이 지역에서 야영을 하는 가족은 1

박에 기꺼이 $12의 시설이용료를 지불할 것이고 당일 이용자는 $4의 이용료를 내는데 불만이 없을 것으로 기대된다.

a. 이 레크리에이션 시설에 대한 *B*/*C* 비율을 계산하라.

b. 이 사업에 대한 *B* − *C* 값은 얼마인가?

4.3.2절 편익-비용 분석: 여러 대안의 경우

21. 두 도시를 연결하는 고속도로를 건설하고자 한다. 노선 A는 기존의 도로를 고속도로화 하는 것으로 초기비용이 $4,000,000이고 연간 유지비는 $210,000이다. 노선 B는 고속도로를 완전히 새로 건설하는 것으로 초기비용이 $6,000,000이고 연간 유지비가 $180,000이다. 노선 C는 노선 B에 비해 노폭을 약간 넓히고 노견을 갖춘 것으로 초기비용이 $9,000,000이고 연간 유지비가 $260,000이다. 시간, 차량운영비, 안전비용 등을 고려한 사용자에 대한 편익은 노선 A의 경우 연간 $500,000, 노선 B의 경우 연간 $850,000, 그리고 노선 C의 경우에는 연간 $1,000,000이다. 이자율 7%, 계획기간 15년, 그리고 15년 후 잔존가치가 초기비용의 50%라고 할 때 어느 노선을 선택할 것인지 결정하라.

22. 어떤 도로의 특정 구간을 대폭 보강하는 건설 프로젝트가 검토되고 있다. 대안 N은 초기 건설비가 $2,400,000이고 연간 유지비가 매년 $155,000씩 소요된다. 대안 SA는 초기 건설비가 $4,200,000, 연간 유지비가 $88,000이다. 또 다른 대안 SB는 초기 건설비가 $5,200,000이고 연간 유지비가 $125,000이다. 시간, 차량운영비, 안전비용 등을 총 망라한 사용자 비용은 대안 N인 경우 연간 $625,000, 대안 SA인 경우 연간 $410,000, 그리고 대안 SB인 경우에는 연간 $310,000이다. 각 대안의 20년 후 잔존가치는 각각 초기 건설비의 20% 정도로 추정된다. 이자율 7%와 계획기간 20년을 적용하여 어느 대안을 선택할 것인지 결정하라.

    a. 증분 *B*/*C* 분석을 사용하라.

    b. *B* − *C* 값을 계산하여 분석하라.

    c. 이자율 0%를 사용할 경우 어느 대안이 가장 바람직한가?

23. 두 개의 4차선 도로가 서로 만나는 어떤 교차로에서 녹, 황, 적 3색 신호등에 의해 교통이 통제된다. 교차로의 모든 진입방향에서의 좌회전은 1차선에서만 허용되고 있다. 그러나 비보호 좌회전을 위하여 1차선에서 대기 중인 차량들 때문에 직진차량의 교통흐름이 방해받는다. 이 신호등은 어느 방향에서나 녹-황색 신호가 60초 동안, 그 다음엔 적색 신호가 60초 동안 지속된다. 이 교차로를 통과하는 하루 평균 12,000대 차량 중 10%가 순전히 좌회전 차량에 의한 병목현상 때문에 한 번 더 신호를 받기 위해 2분의 주기를 더 기다리게 되며 이러한 현상은 연중 300일 동안 발생한다. 차량 1대가 정지했다가 다시 출발하는데 드는 비용 즉 정발차 비

용은 1대당 $0.03이다. 차량 1대가 신호를 한 번 더 받기 위해 기다리는 비용 즉 대기비용은 자가용의 경우 1시간당 $18이고 영업용의 경우는 1시간당 $45로 평가된다. 이 교차로를 통과하는 하루 평균 12,000대의 차량 중 3,000대가 영업용이고 나머지 9,000대는 자가용이다. 좌회전 차량을 소화하기 위해 교차로를 확장하여 좌회전 전용차선을 확보하고 좌회전 신호가 있는 새 신호등을 설치하는 프로젝트가 검토되고 있다. 이 프로젝트의 시행으로 공중이 받게 되는 편익은 대기비용과 정발차 비용이 지금보다 90% 정도 줄어드는 것이다. 이자율을 7%, 계획기간을 10년으로 할 경우 교차로의 확장 및 새 신호등의 설치 프로젝트가 정당화되기 위해서는 초기비용이 얼마 이하이어야 하나? 단 유지비용과 잔존가치는 전혀 없는 것으로 가정하라.

4.4.1절 할인투자회수기간 분석: 단일 대안의 경우

24. 홈 이노베이션사는 신제품 설계안을 평가 중이다. 이 신제품 개발과 관련한 수입 및 지출은 다음과 같이 예상된다. 이 회사의 MARR은 10%이다.

연도 말	수입	지출
0	$0	$1,000
1	$600	$300
2	$600	$300
3	$700	$300
4	$700	$300
5	$700	$300

a. 이 투자안의 할인투자회수기간은 몇 년인가?

b. 만약 이 회사의 허용 최장 할인투자회수기간이 3년이라면, 이 투자의 가치를 판정하는 의사결정 규칙은 무엇인가?

c. 홈 이노베이션사는 할인투자회수기간을 근거로 평가할 때 이 신제품 설계안을 채택해야 하는가?

4.4.2절 할인투자회수기간 분석: 여러 대안의 경우

25. 옥타비아 제과점은 두 종류의 오븐 중 어느 것을 구입할 것인지를 결정하고자 한다. 두 가지 오븐 모델에 대한 현금흐름은 아래와 같다. MARR은 8%이다.

a. 각 투자안의 할인투자회수기간은 몇 년인가?

b. 최단 할인투자회수기간을 근거로 투자안을 선택한다면 옥타비아 제과점은 어느 오븐을 구입해야 하는가?

	모델 127B	모델 334A
초기 투자	$50,000	$80,000
수명(년)	10	5
수명 종료 후 잔존가치	$10,000	$0
연간 수익	$19,400	$26,000
연간 비용	$10,000	$6,000

4.5절 자본화가치 분석

26. 어느 도시에서는 초기비용이 $10,000,000인 정수장을 건설하려 한다. 정수장은 5년을 주기로 대규모 수선 및 청소가 필요한데 그때마다 $2,000,000의 비용이 든다. 그리고 일상적 관리를 위한 연간 운영비는 대규모 수선 및 청소가 요구되는 5년을 한 주기로 하여 첫해 $700,000, 둘째 해 $775,000, 셋째 해 $850,000, 넷째 해 $925,000, 다섯째 해 $1,000,000와 같은 형태로 반복된다. 돈의 시간가치가 연 4%라 할 때 이 정수장의 자본화가치는 얼마인가?

27. 어떤 홍수조절 댐은 초기 건설비가 $2,000,000, 연간 유지비가 $50,000, 그리고 5년을 주기로 발생하는 정밀 점검과 복구를 위한 보수공사비가 $250,000이다. 연 이자율 10%를 적용하여 이 홍수조절 댐의 자본화가치를 계산하라.

28. 한 독지가가 지역의 대학에 $50,000을 기부하였다. 이 대학은 이 돈을 학생들 장학금 지급을 위한 재원으로 사용하려 한다. 이 대학의 자금 운용 수익률은 연 4%이다. 아래의 각 경우 매년 얼마의 장학금을 지급할 수 있는가?
    a. 이 돈을 재원으로 20년간 장학금을 지급하고자 함.
    b. 이 돈을 재원으로 30년간 장학금을 지급하고자 함.
    c. 이 돈을 재원으로 50년간 장학금을 지급하고자 함.
    d. 이 돈을 재원으로 영원히 장학금을 지급하고자 함.

29. 어떤 벤처사업에서 5년 동안 현금흐름의 개요는 다음과 같다. 이와 같은 현금흐름이 5년을 주기로 무한히 반복된다고 가정하면 이 벤처사업은 연 이자율 6%일 때 자본화가치가 얼마인가?

연도 말	수입	지출
0	$100	$1,100
1	$300	$50
2	$500	$250
3	$400	$150
4	$350	$100
5	$250	$0

5

경제성 분석의 실제 사례: 조시 류(Josh Liu)

조시 류는 고등학교 1학년 때부터 시작하여 지금까지 수년째 주식투자를 하고 있다. 최근에 구글(Google)과 아카마이(Akamai) 주식에 투자하여 상당히 재미를 봤다. 공과대학 졸업을 앞두고 있는 조시는 학업성적이 매우 우수하기 때문에 MBA 또는 공과대학 석사과정에 진학하는 것을 심사숙고하고 있다. 그는 투자에 관심이 많기 때문에 금융공학에 흥미를 느끼고 있으며 석사과정을 마친 후 월스트리트에서 일하기를 희망한다.

조시는 잠시 눈을 돌려 미래를 생각해 보았는데, 앞으로 30년 안에 2백만불을 저축하고자 한다. 조시는 이 자금을 조성하기 위해서 매년 얼마를 투자하여 얼마의 수익을 올려야 하는지 매우 궁금하다. 또한 그는 앞서와 같은 투자 전략을 유지하였을 때 순 가치가 1백만불을 초과하기 위해서는 최소한 몇 년이 필요한지에 대해서도 알고 싶어 한다.

개인 투자자뿐만 아니라 기업체도 미래의 재무 목표를 설정한다. 투자대안의 경제적 가치 측정을 위해 어느 회사가 미래가치법을 주 분석도구로 사용하는지에 대해 일일이 말할 수 없지만, 적어도 미래가치는 대안의 경제성 분석에서 현재가치를 보충하는 자료로 활용된다. 어떤 회사에서는 미래가치를 사용하여 인수하고자 하는 사업체의 최종가치를 추정한다. 그리고 미래가치 분석은 은퇴계획 수립에 있어 활용도가 대단히 높다.

연간가치법과 미래가치법

ANNUAL WORTH AND FUTURE WORTH

토의 논제

1. 조시는 지금까지 주식 투자를 해오고 있다. 주식 이외에 어떠한 투자 옵션이 있을 수 있는가? 조시는 주식투자 포트폴리오를 구성할 때 어떤 요인들을 고려해야 하는가?
2. 조시는 자신이 백만장자가 되기까지 어느 정도의 기간이 걸릴지 알고 싶어 한다. 이 기간에 영향을 미치는 요인들은 어떤 것이 있는가?
3. 조시는 30년 후 2백만불의 목표에 도달하기 위하여 매년 동일액으로 저축할 때 이 액수가 얼마인지 결정할 수도 있다. 그러나 시간의 흐름과 더불어 조시의 직장 경력이 길어질수록 수입이 늘어날 것이므로 투자 여력도 마찬가지로 늘어날 것이다. 이러한 점을 감안한다면 조시의 투자계획을 어떻게 수정할 수 있겠는가?
4. 미래가치 분석이 중요하게 생각되는 사업체의 인수합병이나 대규모 시설에 투자하는 프로젝트의 구체적 예를 생각해보라. 그러한 경우 이와 같은 투자의 최종가치(또는 미래가치)에 가장 관심이 많은 사람은 누구이겠는가? 왜일까?

학습목표

이 장의 공부를 마친 후 다음의 내용들을 이행할 수 있는 능력을 갖추어야 한다:

1. 계획기간 동안 발생하는 모든 현금흐름을 주어진 이자율에서 그것과 등가인 균일급수 현금흐름으로 변환하는 연간가치(Annual Worth: AW)를 계산하라. (5.1절)
2. 계획기간 동안 발생하는 모든 현금흐름을 주어진 이자율에서 그것과 등가인 계획기간 종료시점의 단일금액으로 변환하는 미래가치(Future Worth: FW)를 계산하라. (5.2절)

서론

이 장에서는 상호 배타적 투자대안들의 비교를 위한 경제적 가치 측정법에 관한 논의를 계속하기로 한다. 특별히 연간가치 분석과 미래가치 분석을 자세히 다루고자 한다.

체계적 경제성 분석 기법

1. 투자대안들을 확인하라.
2. 계획기간을 정의하라.
3. 할인율을 명시하라.
4. 현금흐름을 추정하라.
5. **대안을 비교하라.**
6. 보충적 분석을 실시하라.
7. 가장 바람직한 투자대안을 선정하라

미래가치 분석은 계획기간에 걸쳐 주어진 현금흐름의 경제적 가치를 "미래"라고 지칭되는 시점, 즉 계획기간 종료시점에서 등가인 단일금액으로 표현하기 위해 돈의 시간가치로 MARR을 사용한다. 대안의 경제성 분석에서 미래가치법(future worth method: FW법)은 주 분석도구로 사용되기보다 현재가치법을 보충하는 수단으로 널리 활용된다. 개인 투자자가 미래의 특정 시점, 예를 들어 자신의 은퇴 시점에 투자 포트폴리오가 얼마의 가치를 갖게 되는지 알고자 할 때 미래가치법은 매우 유용하다.

연간가치 계획기간 동안 발생하는 모든 현금흐름을 i = MARR을 이용하여 그것과 등가인 계획기간 동안의 균일급수 현금흐름으로 변환한 값

경제성 분석에서 연간가치법(Annual Worth Method: AW법)은 미래가치법보다 사용빈도가 훨씬 높다. **연간가치**(annual worth)는 그 이름이 말하듯이, 주어진 현금흐름을 그것과 등가인 계획기간 동안 매년 동일한 액수의 현금흐름이 발생하는 균일급수 현금흐름으로 표현하기 위해 사용된다.

연간가치법에 대해 먼저 알아보고 이어서 미래가치법을 살펴보기로 하자.

5.1 연간가치 분석

학습목표: 계획기간 동안 발생하는 모든 현금흐름을 주어진 이자율에서 그것과 등가인 균일급수 현금흐름으로 변환하는 연간가치(Annual Worth: AW)를 계산하라.

이 절에서는 주어진 투자대안의 현금흐름에 대한 계획기간 동안의 균일급수 현금흐름 등가액을 어떻게 산출하는지와, 여러 개의 상호 배타적 투자대안으로부터 경제적 가치가 가장 큰 대안을 어떻게 선택하는지에 관해 알아보기로 한다.

5.1.1 연간가치 분석: 단일 대안의 경우

2장에서 공부한 내용을 상기하면, 어떤 투자의 연간가치는 다음의 수식으로 표현될 수 있다.

$$AW = \left[\sum_{t=0}^{n} A_t (1 + \text{MARR})^{n-t} \right] (A|F\ \text{MARR}\%, n) \qquad (5.1)$$

물론 연간가치는 식 (4.1)을 사용하여 현재가치를 구한 다음 거기에 계수 (A|P MARR%, n)를 곱하여 계산할 수도 있다.

현재가치 분석에서와 마찬가지로, '아무것도 하지 않는 대안'의 선택이 가능하다면, 검토 중인 투자대안의 채택 여부는 AW > 0인가의 여부에 의해 결정된다. 만약 연간가치가 양의 값을 가진다면 그 투자대안은 당연히 채택되어야 할 것이다.

단일 대안의 연간가치 분석 — 예제 5.1

예제 4.1에서 다룬 표면장착 부품배치기(SMP 머신)의 취득과 관련한 예를 계속 사용하기로 한다. SMP 머신은 초기비용 $500,000을 필요로 하고, 계획기간 10년 동안 매년 $92,500에 상당하는 비용을 절감하며, 10년 동안 사용 후 잔존가치가 $50,000로 추정되었음을 기억하라.

문제 요약

주어진 정보: 〈그림 5.1〉에 제시된 현금흐름; MARR = 10%; 계획기간 = 10년
구하는 해: 투자대안의 연간가치 AW. 이 투자대안을 채택해야 하는가?

풀이

이 투자에 대한 연간가치를 계산하면 다음과 같다.

$$\begin{aligned} AW &= -\$500{,}000(A|P\ 10\%,10) + \$92{,}500 + \$50{,}000(A|F\ 10\%,10) \\ &= -\$500{,}000(0.16275) + \$92{,}500 + \$50{,}000(0.06275) = \$14{,}262.50 \end{aligned}$$

또는 Excel®을 사용해 계산하면,

AW = **PMT(10%,10,500000,−50000) + 92500 = 14,264.57**

이 된다.

이제 선택은 SMP 머신을 구입하지 않을 것(즉, 아무것도 하지 않는 대안을 선택)인가 아니면 구입하여 계획기간 10년 동안 매년 $14,264.57에 상당하는 가치를 얻을 것인지 양자택일해야 하는 것이며, 당연히 구입하는 안을 채택해야 할 것이다. 물론 계산한 결과 AW가 0보다 큰 값을 갖는 한 결론은 마찬가

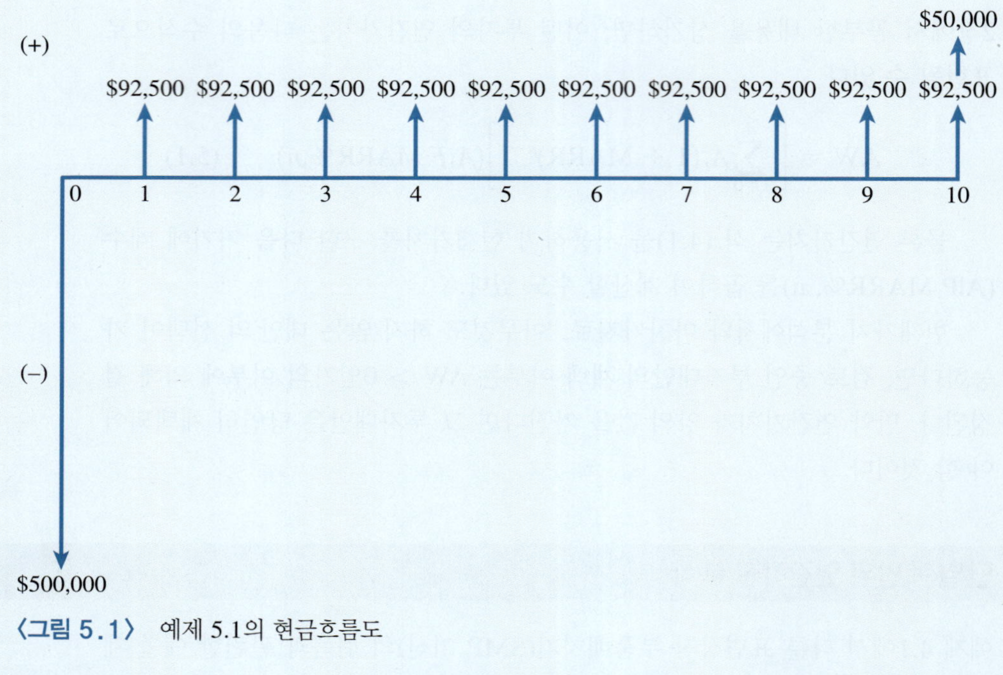

〈그림 5.1〉 예제 5.1의 현금흐름도

지이다.

바로 앞 4장에서 MARR 값의 변화가 투자대안의 경제적 가치에 미치는 영향에 대해 살펴보았는데, 그 때는 고려되는 대안이 여러 개인 경우이었다. 고려되는 대안이 하나뿐이라 하더라도 비슷한 분석을 수행하지 못할 이유가 전혀 없기에 여기에서 바로 수행하여 보기로 한다.

예제 5.2 Excel®을 이용한 MARR 값 변화에 따른 영향 분석

MARR의 값이 0%~20% 범위 안에서 변화함에 따라 연간가치가 어떻게 영향 받는지 알아보기로 하자. 계획기간을 10년으로 고정하고 MARR의 값을 변화시키면서 계산한 연간가치의 결과 및 그래프는 〈그림 5.2〉와 같다. 그림에서 보는 바와 같이 Excel®의 SOLVER를 사용하여 연간가치의 값이 $0이 되는 MARR 값을 탐색한 결과 그것은 13.8%이다.

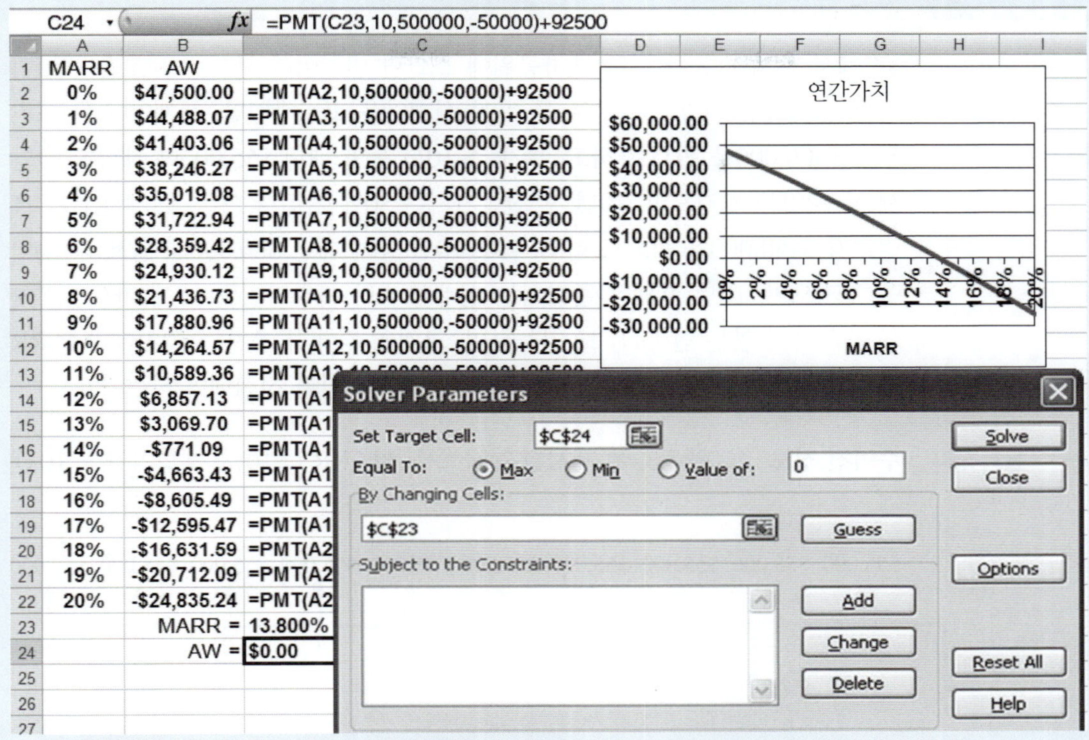

C24 fx =PMT(C23,10,500000,-50000)+92500

	A	B	C
1	MARR	AW	
2	0%	$47,500.00	=PMT(A2,10,500000,-50000)+92500
3	1%	$44,488.07	=PMT(A3,10,500000,-50000)+92500
4	2%	$41,403.06	=PMT(A4,10,500000,-50000)+92500
5	3%	$38,246.27	=PMT(A5,10,500000,-50000)+92500
6	4%	$35,019.08	=PMT(A6,10,500000,-50000)+92500
7	5%	$31,722.94	=PMT(A7,10,500000,-50000)+92500
8	6%	$28,359.42	=PMT(A8,10,500000,-50000)+92500
9	7%	$24,930.12	=PMT(A9,10,500000,-50000)+92500
10	8%	$21,436.73	=PMT(A10,10,500000,-50000)+92500
11	9%	$17,880.96	=PMT(A11,10,500000,-50000)+92500
12	10%	$14,264.57	=PMT(A12,10,500000,-50000)+92500
13	11%	$10,589.36	=PMT(A1
14	12%	$6,857.13	=PMT(A1
15	13%	$3,069.70	=PMT(A1
16	14%	-$771.09	=PMT(A1
17	15%	-$4,663.43	=PMT(A1
18	16%	-$8,605.49	=PMT(A1
19	17%	-$12,595.47	=PMT(A1
20	18%	-$16,631.59	=PMT(A2
21	19%	-$20,712.09	=PMT(A2
22	20%	-$24,835.24	=PMT(A2
23		MARR =	13.800%
24		AW =	$0.00

〈그림 5.2〉 MARR 값의 변화가 연간가치 크기에 미치는 영향

5.1.2 연간가치 분석: 여러 대안의 경우

여러 개의 상호 배타적 대안들로부터 연간가치를 경제적 가치척도로 하여 가장 바람직한 대안을 선정하고자 할 때는, 계획기간 n 에 대한 각 대안의 연간가치 AW 값을 계산한 후 그 중 가장 큰 값을 가지는 대안을 선정하면 된다. 이것을 수리적으로 표현하면 다음과 같다.

$$\underset{\forall j}{\text{Maximize}}\ \text{AW}_j = \left[\sum_{t=0}^{n} A_{jt}(1+\text{MARR})^{n-t}\right](A|F\ \text{MARR}\%,n) \qquad (5.2)$$

예제 5.3 연간가치 분석에 의한 두 대안의 비교

4장에서 플로리다 주의 한 테마공원에 스크림 머신이라 불리는 새로운 놀이기구를 설치하기 위한 계획으로 두 가지 설계안을 고려하였다. 설계안 A는 초기투자 $300,000을 필요로 하고, 투자 후 10년 동안 매년 $55,000에 해당하는 납세 후 수익을 가져오며, 10년 후 잔존가치는 $0에 가깝다. 반면 설계안 B는 초기투자 $450,000을 필요로 하고, 이후 10년 동안 매년 $80,000의 납세 후 수익을 가져오며, 10년 후의 잔존가치는 설계안 A와 마찬가지로 $0에 가깝다. "아무것도 하지 않는 안(DN)"도 가능하며, 그것의 경제적 가치는 $0이다. MARR 10%를 적용하여 연간가치 분석을 한다면 어느 대안을 선택해야 하는가?

문제 요약 **주어진 정보**: 〈그림 5.3〉에 제시된 현금흐름; MARR = 10%: 계획기간 = 10년

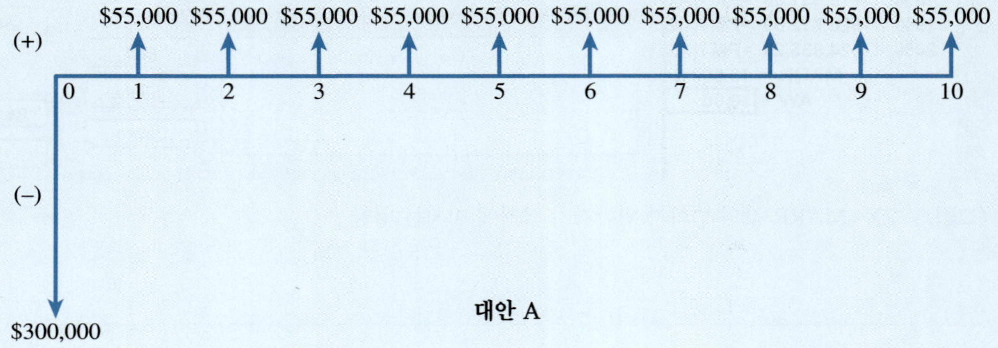

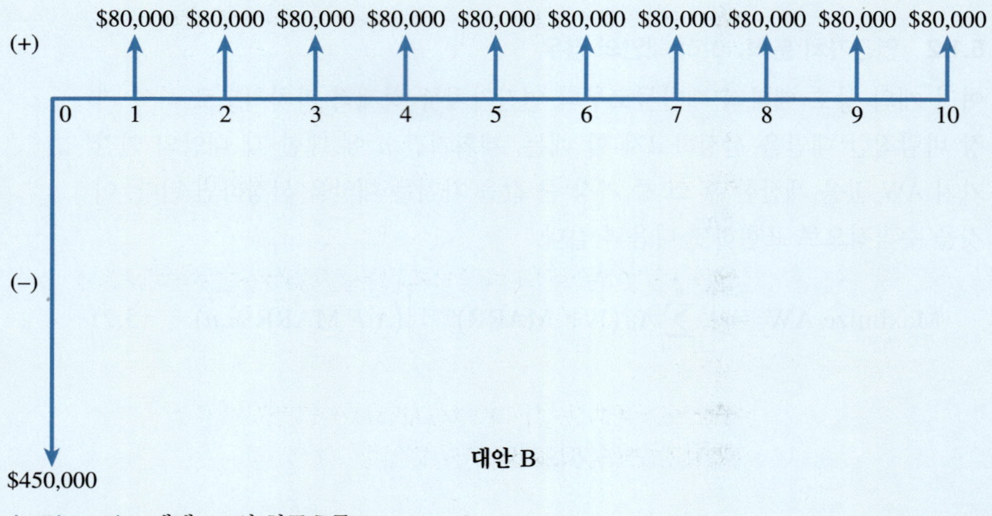

〈그림 5.3〉 예제 5.3의 현금흐름도

구하는 해: 각 투자대안의 연간가치 AW. 어느 대안을 가장 바람직한 대안으로 추천할 것인가?

풀이

$$
\begin{aligned}
AW_A &= -\$300{,}000(A|P\ 10\%,10) + \$55{,}000 \\
&= -\$300{,}000(0.16275) + \$55{,}000 \\
&= \$6{,}175.00 \\
&= \mathbf{PMT(10\%,10,300000) + 55000 = 6176.38}
\end{aligned}
$$

마찬가지로,

$$
\begin{aligned}
AW_B &= -\$450{,}000(A|P\ 10\%,10) + \$80{,}000 \\
&= -\$450{,}000(0.16275) + \$80{,}000 \\
&= \$6{,}762.50 \\
&= \mathbf{PMT(10\%,10,450000) + 80000 = 6764.57}
\end{aligned}
$$

계산결과를 비교하면 $AW_B > AW_A > AW_{DN}$ 이므로 설계안 B를 가장 바람직한 대안으로 추천한다.

5.2 미래가치 분석

학습목표: 계획기간 동안 발생하는 모든 현금흐름을 주어진 이자율에서 그것과 등가인 계획기간 종료시점의 단일금액으로 변환하는 미래가치(Future Worth: FW)를 계산하라.

이 절에서는 **미래가치**(future worth, future value), 최종가(terminal value) 등 다양한 이름을 갖고 있는 척도를 이용한 분석을 살펴보기로 한다. 미래가치 분석(future worth analysis)에서는 계획기간에 걸쳐 발생하는 현금흐름의 경제적 가치를, "미래"라고 지칭되는 시점 즉 계획기간 종료시점에서 등가인 단일금액으로 표현하기 위해 돈의 시간가치로 MARR을 사용한다.

미래가치 계획기간 동안 발생하는 모든 현금흐름을 $i = MARR$ 을 사용하여 그것과 등가인 계획기간 종료시점의 단일금액으로 변환한 값

4장에서 지적했듯이, 많은 투자자들은 투자대안의 현금흐름을 현재라고 지칭되는 시점 즉 계획기간 시작시점에서의 단일금액 등가로 표현하기를 좋아한다. 현재시점에서 등가인 단일금액을 계산하고자 하면 미래의 여러 시점에서 발생하는 현금흐름들을 할인해야 하는데, 이런 이유로 할인현금흐름 분석(discounted cash flow analysis)이란 용어가 사용된다.

실제 상황에서 돈을 할인하는 방법이 자주 사용되고 있지만, 일반적으로 사람들은 돈을 할증한다는 개념보다 할인한다는 개념을 훨씬 더 이해하기 어려워하는 것 같다. 많은 사람들이 시간이 경과하면 돈의 크기가 커진다는 개념

은 쉽게 이해하면서도, 시간을 거꾸로 거스르면 돈의 크기가 작아진다는 개념은 잘 이해하지 못하는 것 같다. 그러한 사람들에게는 현재가치 분석에 비해 미래가치 분석이 훨씬 더 호소력이 있을 것이다.

미래가치 분석을 수행하는 또 다른 이유는 목표 설정이다. 재무계획을 수립할 때 많은 사람들이 미래의 특정 시점에 자신들의 투자 포트폴리오가 얼마의 가치를 갖게 되는지 알고 싶어 한다. 그런 사람들은 현재가치보다 미래가치에 더 관심이 갈 것이다.

여기에서는 미래가치 분석을 통해 단일 투자대안의 경제적 타당성을 어떻게 평가하는지 공부하게 될 것이며, 또한 투자대안이 돈을 벌기 시작하는 시점이 언제인지 결정하는 법도 배우게 될 것이다. 아울러 미래가치 분석으로 여러 투자대안에서 경제적 가치가 가장 큰 것을 선택하는 방법에 대해서도 배우게 될 것이다. 마지막으로 특정한 투자대안에 투자된 돈과 투자되지 않은 가용자금을 동시에 고려함으로써 투자포트폴리오의 가치를 극대화하는 방법에 대해서도 공부하게 될 것이다.

5.2.1 미래가치 분석: 단일 대안의 경우

2장에서 공부한 내용을 상기하면서 기호 i 가 MARR을 나타낸다고 하면, 어떤 투자의 미래가치는 다음과 같은 수식으로 표현될 수 있다.

$$\mathrm{FW} = \sum_{t=0}^{n} A_t(1 + \mathrm{MARR})^{n-t} \tag{5.3}$$

현재가치 분석에서와 마찬가지로, 검토 중인 투자대안의 채택 여부는 FW > 0의 여부에 따라 결정된다. 만약 미래가치가 양의 값을 가진다면 그 투자대안은 당연히 채택되어야 할 것이다.

예제 5.4 단일 대안의 미래가치 분석

앞의 예제에서 $500,000 짜리 SMP 머신을 새로 구입하는 안을 다룬 바 있다. 이 투자는 납세 후 금액으로 평가할 때 10년 동안 매년 $92,500의 운영 및 유지비 절감효과를 가져올 것으로 기대되었다. 그리고 이 SMP 머신은 10년 동안 사용 후 잔존가치가 $50,000일 것으로 추정되었다. 납세 후 MARR 10%를 적용하여 미래가치 분석을 할 때 이 투자는 과연 경제성이 있는 것으로 평가되는가?

주어진 정보: 〈그림 5.1〉에 제시된 현금흐름; MARR = 10%; 계획기간 = 10년
구하는 해: 투자대안의 미래가치 FW. 이 투자대안을 채택해야 하는가?

이 투자에 대한 미래가치 계산은 다음과 같다. 문제 요약

$$\begin{aligned} FW &= -\$500{,}000(F|P\ 10\%,10) + \$92{,}500(F|A\ 10\%,10) + \$50{,}000 \\ &= -\$500{,}000(2.59374) + \$92{,}500(15.93742) + \$50{,}000 \\ &= \$227{,}341.40 \end{aligned}$$

풀이

Excel®을 사용하여 계산하면,

FW = **FV(10%,10,−92500,500000) + 50000 = 227,340.55**

이다.

FW > $0 이므로 이 투자는 경제성이 있는 것으로 평가되어 채택되어야 한다.

앞에서 지적했듯이 미래가치 분석은 미래의 특정 시점에 실현하고 싶은 목표치를 두고 재무계획을 수립할 때 유용하게 활용할 수 있다. 다음의 예제를 통해 재무계획 수립에 있어서 미래가치 분석법의 활용 예를 보여주고자 한다.

미래가치 분석에 의한 재무 목표 달성계획 (예제 5.5)

경영대학을 졸업하고 직장생활을 갓 시작한 한 재무설계사가 23세가 되는 오늘부터 자금을 적립하기 시작하여 58세가 될 때까지 은퇴자금으로 $5,000,000을 모은다는 목표를 설정하고 투자계획을 실행하기로 했다. 이 재무설계사는 매년 1회씩 36회에 걸쳐 적립식 투자펀드에 돈을 투자하고자 하는데, 연간 적립금 불입액을 처음(23세 생일)의 $5,000에서 시작하여 전년대비 매년 일정액 G만큼 증액하려 한다. 이 경우 투자수익률이 매년 6.5%일 것으로 예상된다면 등차 G의 크기를 얼마로 해야 하는가?

주어진 정보: $F = \$5{,}000{,}000$; $i = 6.5\%$; $A_1 = \$5{,}000$; $n = 36$ 문제 요약
구하는 해: G의 값

결국 이 문제는 재무설계사가 23세 생일부터 시작하여 35년 동안 36회에 걸쳐 불입하는 적립금의 현금흐름에 포함된 등차급수 현금흐름의 등차 G를 결정하는 문제로 귀착되므로 이를 계산하기 위한 식을 세우면 다음과 같다. 풀이

$$G = [\$5{,}000{,}000(A|F\ 6.5\%,36) - \$5{,}000]/(A|G\ 6.5\%,36)$$

그런데

$$(A|F\ 6.5\%,36) = 0.065/[(1.065)^{36} - 1] = 0.0075133$$

이고

$$(A|G\ 6.5\%,36) = \{(1.065)^{36} - [1 + 36(0.065)]\}/\{0.065[(1.065)^{36} - 1]\}$$
$$= 11.22339$$

이므로

$$G = [\$5,000,000(0.0075133) - \$5,000]/11.22339 = \$2,901.66$$

이 된다.

이와 별도로 〈그림 5.4〉에서 보는 바와 같이 SOLVER를 사용하여 G 값을 계산할 수도 있다. 이 경우 SOLVER의 대화상자 속 변경셀(changing cell) 난에 미지수 G 값이 나타나는 셀의 주소 $C$20이 입력되었음에 주목하라. 그리고 〈그림 5.5〉는 SOLVER를 이용하여 구한 계산결과를 보여준다.

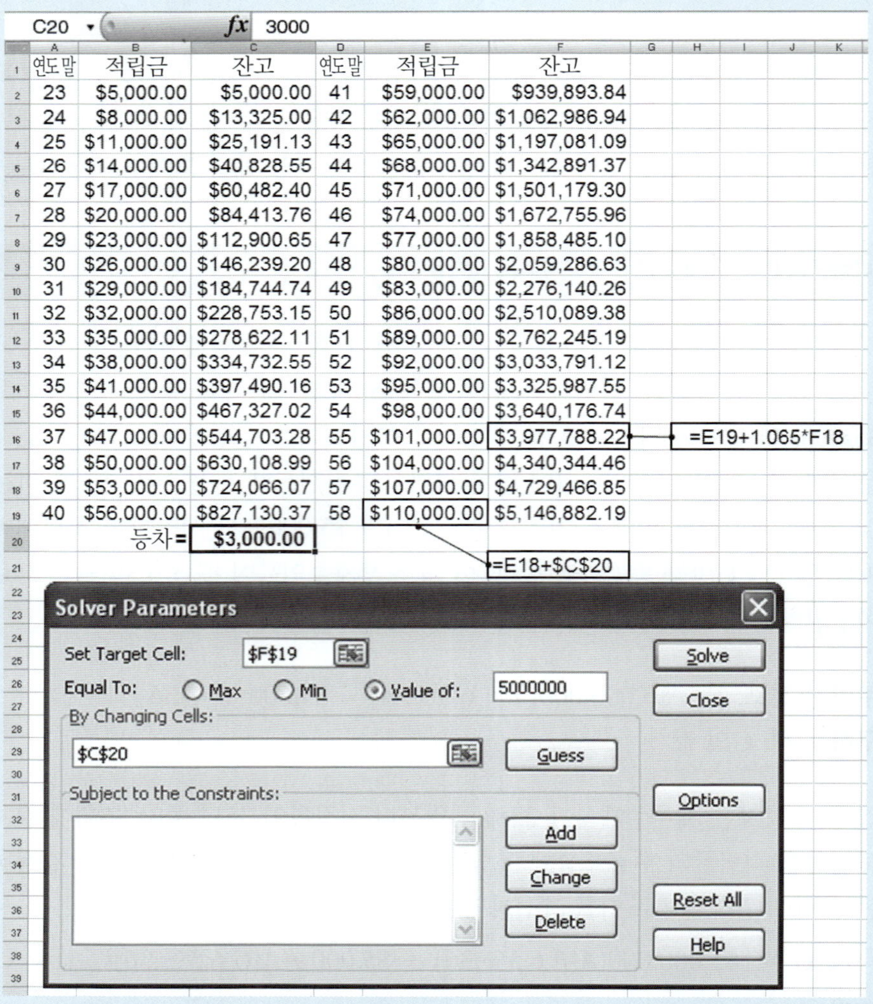

C20 fx 3000

	A	B	C	D	E	F
1	연도말	적립금	잔고	연도말	적립금	잔고
2	23	$5,000.00	$5,000.00	41	$59,000.00	$939,893.84
3	24	$8,000.00	$13,325.00	42	$62,000.00	$1,062,986.94
4	25	$11,000.00	$25,191.13	43	$65,000.00	$1,197,081.09
5	26	$14,000.00	$40,828.55	44	$68,000.00	$1,342,891.37
6	27	$17,000.00	$60,482.40	45	$71,000.00	$1,501,179.30
7	28	$20,000.00	$84,413.76	46	$74,000.00	$1,672,755.96
8	29	$23,000.00	$112,900.65	47	$77,000.00	$1,858,485.10
9	30	$26,000.00	$146,239.20	48	$80,000.00	$2,059,286.63
10	31	$29,000.00	$184,744.74	49	$83,000.00	$2,276,140.26
11	32	$32,000.00	$228,753.15	50	$86,000.00	$2,510,089.38
12	33	$35,000.00	$278,622.11	51	$89,000.00	$2,762,245.19
13	34	$38,000.00	$334,732.55	52	$92,000.00	$3,033,791.12
14	35	$41,000.00	$397,490.16	53	$95,000.00	$3,325,987.55
15	36	$44,000.00	$467,327.02	54	$98,000.00	$3,640,176.74
16	37	$47,000.00	$544,703.28	55	$101,000.00	$3,977,788.22
17	38	$50,000.00	$630,108.99	56	$104,000.00	$4,340,344.46
18	39	$53,000.00	$724,066.07	57	$107,000.00	$4,729,466.85
19	40	$56,000.00	$827,130.37	58	$110,000.00	$5,146,882.19
20		등차=	$3,000.00			

〈그림 5.4〉 재무목표 달성에 필요한 등차 G의 값을 계산하기 위한 Excel® SOLVER의 준비 상태

F19 fx =E19+1.065*F18

	A	B	C	D	E	F	G	H
1	연도말	적립금	잔고	연도말	적립금	잔고		
2	23	$5,000.00	$5,000.00	41	$57,230.10	$914,908.38		
3	24	$7,901.67	$13,226.67	42	$60,131.77	$1,034,509.19		
4	25	$10,803.34	$24,889.75	43	$63,033.44	$1,164,785.73		
5	26	$13,705.02	$40,212.60	44	$65,935.11	$1,306,431.92		
6	27	$16,606.69	$59,433.11	45	$68,836.79	$1,460,186.78		
7	28	$19,508.36	$82,804.62	46	$71,738.46	$1,626,837.37		
8	29	$22,410.03	$110,596.95	47	$74,640.13	$1,807,221.93		
9	30	$25,311.70	$143,097.46	48	$77,541.80	$2,002,233.16		
10	31	$28,213.38	$180,612.17	49	$80,443.47	$2,212,821.79		
11	32	$31,115.05	$223,467.01	50	$83,345.15	$2,440,000.35		
12	33	$34,016.72	$272,009.09	51	$86,246.82	$2,684,847.19		
13	34	$36,918.39	$326,608.07	52	$89,148.49	$2,948,510.75		
14	35	$39,820.06	$387,657.66	53	$92,050.16	$3,232,214.11		
15	36	$42,721.74	$455,577.14	54	$94,951.83	$3,537,259.86		
16	37	$45,623.41	$530,813.07	55	$97,853.51	$3,865,035.26		=E19+1.065*F18
17	38	$48,525.08	$613,841.00	56	$100,755.18	$4,217,017.73		
18	39	$51,426.75	$705,167.41	57	$103,656.85	$4,594,780.73		
19	40	$54,328.43	$805,331.72	58	$106,558.52	$5,000,000.00		
20		등차 =	**$2,901.67**					
21						=E18+$C$20		

〈그림 5.5〉 Excel® SOLVER로 구한 예제 5.5의 해

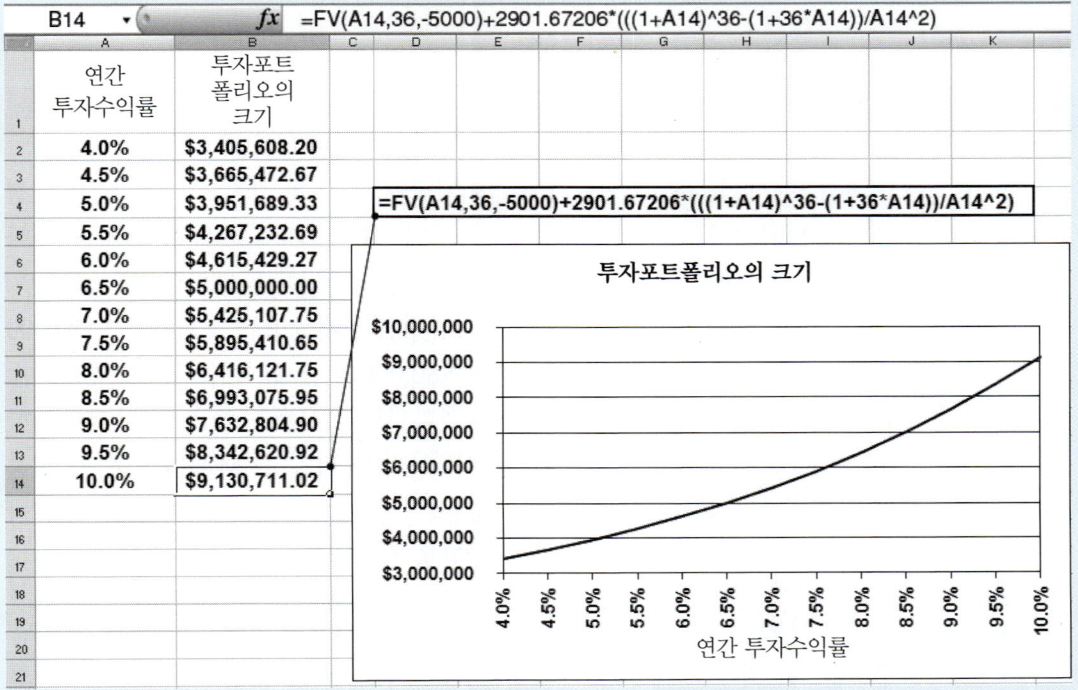

B14 fx =FV(A14,36,-5000)+2901.67206*(((1+A14)^36-(1+36*A14))/A14^2)

	A	B
1	연간 투자수익률	투자포트폴리오의 크기
2	4.0%	$3,405,608.20
3	4.5%	$3,665,472.67
4	5.0%	$3,951,689.33
5	5.5%	$4,267,232.69
6	6.0%	$4,615,429.27
7	6.5%	$5,000,000.00
8	7.0%	$5,425,107.75
9	7.5%	$5,895,410.65
10	8.0%	$6,416,121.75
11	8.5%	$6,993,075.95
12	9.0%	$7,632,804.90
13	9.5%	$8,342,620.92
14	10.0%	$9,130,711.02

〈그림 5.6〉 연간 투자수익률 변화에 따른 투자포트폴리오 미래가치의 변화

풀이 탐구 만약 투자수익률이 연 6.5%에 미치지 못할 때는 어떻게 될까? 투자수익률의 변화가 투자의 미래가치에 미치는 영향을 알아보기 위해 〈그림 5.6〉과 같은 그래프를 개발하였다. 이 그림은 투자수익률 변화에 따라 최종 투자 포트폴리오의 가치가 어떻게 변화하는지를 보여준다. 연간 투자수익률이 6~8% 사이에서 변화한다고 하면 이 재무설계사는 35년 후(즉, 58세 생일이며 동시에 36회 차 적립 시점)의 최종 투자포트폴리오의 가치가 \$4,600,000 ~\$6,400,000 사이에서 결정될 것으로 예상할 수 있다.

5.2.2 미래가치 분석: 여러 대안의 경우

여러 개의 상호 배타적 대안들로부터 미래가치를 경제적 가치척도로 하여 가장 바람직한 대안을 선정하고자 하면, 각 대안에 대해 미래가치 FW 값을 계산한 후 그 중 가장 큰 값을 가지는 대안을 선정하면 된다. MARR을 돈의 시간가치를 나타내는 이자율로 하여 이를 수리적으로 표현하면 다음과 같다.

$$\underset{\forall j}{\text{Maximize}}\ \text{FW}_j = \sum_{t=0}^{n} A_{jt}(1 + \text{MARR})^{n-t} \tag{5.4}$$

예제 5.6 미래가치 분석에 의한 두 대안의 비교

예제 5.3에서 스크림 머신이라는 놀이기구에 대한 두 가지 설계안 A, B의 경제성을 비교하였음을 기억하라. 설계안 A는 초기투자 \$300,000을 필요로 하고, 투자 후 10년 동안 매년 \$55,000에 상당하는 납세 후 수익을 발생시키며, 10년 후 잔존가치는 무시해도 좋을 정도이다. 설계안 B는 초기투자 \$450,000을 필요로 하고, 이후 10년 동안 매년 \$80,000의 납세 후 수익을 발생시키며, 10년 후의 잔존가치는 설계안 A와 마찬가지로 무시해도 좋을 정도이다. 또한 "아무것도 하지 않는 대안"도 가능하다. 이 경우 납세 후 MARR 10%를 적용하여 미래가치 분석을 하면 어느 대안을 선택하는 것이 가장 경제적일까? (아무것도 하지 않는 대안의 미래가치는 \$0로 가정한다.)

문제 요약 **주어진 정보**: 〈그림 5.3〉에 제시된 현금흐름; MARR = 10%; 계획기간 = 10년
구하는 해: 각 투자대안의 미래가치 FW. 어느 것을 가장 바람직한 대안으로

선택해야 하는가?

풀이

설계안 A의 미래가치는

$$\begin{aligned} FW_A &= -\$300{,}000(F|P\ 10\%,10) + \$55{,}000(F|A\ 10\%,10) \\ &= -\$300{,}000(2.59374) + \$55{,}000(15.93742) \\ &= \$98{,}436.10 \end{aligned}$$

이고, Excel®을 사용할 경우,

FW_A = **FV(10%,10,−55000,300000) = $98,435.62**

이다.

마찬가지 방법으로, 설계안 B의 미래가치는

$$\begin{aligned} FW_B &= -\$450{,}000(F|P\ 10\%,10) + \$80{,}000(F|A\ 10\%,10) \\ &= -\$450{,}000(2.59374) + \$80{,}000(15.93742) \\ &= \$107{,}810.60 \end{aligned}$$

이고, Excel®을 사용할 경우,

FW_B = **FV(10%,10,−80000,450000 = $107,809.86**

이다.

$FW_B > FW_A > \$0$이므로 설계안 B를 가장 바람직한 대안으로 추천한다.

미래가치 분석에 의한 퇴직금 적립계획의 선택

예제 5.7

문과대학을 갓 졸업한 한 회사의 신입사원은 회사의 인사부장을 만나고 나서 두 가지 퇴직금 적립계획 중 반드시 어느 하나를 선택해야 할 필요가 있음을 알게 되었다. 첫 번째 옵션은 사내의 근로자 운영위원회에서 투자를 관리해주는 단체연금 저축펀드에 가입하는 것이고, 두 번째 옵션은 본인이 직접 관리하는 개인연금 저축펀드에 가입하는 안이다. 두 가지 옵션 중 어느 것을 택하든 회사는 연봉의 4%를 초과하지 않는 범위 내에서 본인 부담금의 100%에 해당하는 대응자금을 지원해 준다. 그리고 연금저축은 세금이 유예되며, 62세가 되기 전에 중도에 해지할 경우 금전적으로 큰 손해를 보게 된다. 현재 이 신입사원의 나이는 22세이다.

첫 번째 퇴직금 적립계획, 즉 단체연금 저축펀드에서는 자금을 주식, 회사채, 국공채 등에 적절히 분산 투자하는데, 과거 15년 동안의 운영 실적을 보면 투자수익률이 안정적이며 평균적으로 연 복리 6% 수준이다.

반면에 두 번째 퇴직금 적립계획인 개인연금 저축펀드에 가입할 경우 자신이 투자종목을 직접 선택하여 투자 포트폴리오를 구성할 수 있으나, 매년 연간 투자예탁금의 1.5%에 해당하는 수수료를 지불해야 한다. 선택할 수 있는 투자종목의 과거 실적을 조사해 본 결과 연간 투자수익률이 2%~12% 사이에서 상당히 유동적임을 알게 되었다.

현재 이 신입사원의 연봉은 $55,000이지만 앞으로 매년 5%씩 인상될 것으로 기대되며, 매년 연봉의 4%에 해당하는 금액을 퇴직연금으로 적립하고자 한다. 두 가지 퇴직금 적립계획 중 어느 것을 선택하는 것이 더 유리한가?

문제 요약 **주어진 정보**: 퇴직금 적립계획에 대한 두 가지 옵션의 세부 정보는 다음 표와 같다.

	첫 번째 계획	두 번째 계획
연간 투자예탁금: 본인 부담금	연봉의 4%	연봉의 4%
연간 투자예탁금: 대응자금(회사 부담금)	연봉의 4%	연봉의 4%
현재의 연봉	$55,000	$55,000
연봉상승률	5%	5%
과거 연평균 투자수익률	6%	2%~12%
수수료	없음	연간 투자예탁금의 1.5%

풀이 **구하는 해**: 각 퇴직금 적립계획의 미래가치 FW

첫 번째 옵션을 선택할 경우에 40년 후의 투자 포트폴리오 총액은 다음과 같다.

$$\begin{aligned}\mathrm{FW}_1 &= 2(0.04)(\$55{,}000)(F|A_1 6\%,5\%,40)\\ &= \$4{,}400[(1.06)^{40} - (1.05)^{40}]/(0.06 - 0.05)\\ &= \$1{,}428{,}120.90\end{aligned}$$

두 번째 옵션을 선택하고 연평균 수익률을 비관적으로 전망하여 2%라 가정하면, 40년 후의 투자 포트폴리오 총액은 다음과 같다.

$$\begin{aligned}\mathrm{FW}_{2p} &= 2(0.04)(\$55{,}000)(0.985)(F|A_1 2\%,5\%,40)\\ &= \$4{,}334[(1.02)^{40} - (1.05)^{40}]/(0.02 - 0.05)\\ &= \$698{,}055.57\end{aligned}$$

마지막으로 두 번째 옵션을 선택하고 연평균 수익률을 낙관적으로 전망하여 12%라고 가정하면, 40년 후의 투자포트폴리오 총액은 다음과 같다.

$$\begin{aligned} FW_{2o} &= 2(0.04)(\$55{,}000)(0.985)(F|A_1 12\%,5\%,40) \\ &= \$4{,}334[(1.12)^{40} - (1.05)^{40}]/(0.12 - 0.05) \\ &= \$5{,}325{,}308.50 \end{aligned}$$

이 문제에 대하여 심사숙고한 다음 이 신입사원은 두 번째 옵션 즉 개인연금 저축펀드에 가입하기로 결정하였다. 만약 당신이라면 어떤 선택을 할 것인가? 2008년의 세계적 경제위기를 감안한다면 40년에 걸친 투자기간 동안 연봉 인상률과 연평균 투자수익률을 어떻게 조정하는 것이 더 합리적인가?

5.2.3 포트폴리오 분석

1장에서 이미 언급한 바와 같이 고려하고 있는 투자대안에 투자되지 않는 자금은 투자 풀(pool) 속에 그대로 남아 있으면서 MARR에 상응하는 수익을 발생시키는 것으로 가정하였음을 기억하라. 포트폴리오 분석이란 투자 풀에 남은 돈까지 포함하여 투자의 모든 가능한 포트폴리오에서의 금액을 대상으로 하여 분석하는 것이다. 포트폴리오 분석을 실시할 때는 미래가치 분석법을 사용하는 것이 바람직하다.

투자 포트폴리오의 미래가치 — 예제 5.8

스크림 머신 설계안 A, B 중 초기투자비용이 가장 많이 드는 안은 설계안 B로서 $450,000의 투자를 필요로 한다. 그런데 이 대안이 실행 가능하자면 투자할 수 있는 자금이 최소한 $450,000이 있어야 한다. 만일 이 자금이 테마공원 놀이기구 건립에 투자되지 않는다면, 이 돈은 연 10%의 복리로 이자수익을 얻을 수 있는 기회에 투자될 수 있을 것이다. 두 대안 각각에 대해 투자 풀에 남은 잔여자금까지 포함하여 10년 뒤 투자 포트폴리오의 총액을 계산함으로써 두 대안의 미래가치를 비교하라.

문제 요약

주어진 정보: 〈그림 5.3〉에 제시된 현금흐름; MARR = 10%: 계획기간 = 10년

구하는 해: “아무것도 하지 않는 대안”에 해당하는 투자 포트폴리오의 미래가치, 설계안 A와 B 각각에 해당하는 투자 포트폴리오의 미래가치

풀이 "아무것도 하지 않는 대안(DN)"의 미래가치는 다음과 같이 계산될 수 있다.

$$FW_{DN} = \$450,000(F|P\ 10\%,10) = \$450,000(2.59374) = \$1,167,183.00$$

또는 Excel®을 사용하여 계산하면,

$$FW_{DN} = \mathbf{FV(10\%,10,,-450,000) = \$1,167,184.11}$$

이 된다.

$450,000을 설계안 B에 투자하면 이로부터 10년 동안 매년 $80,000의 수익이 발생한다. 매년 회수되는 자금을 투자 풀에 넣으면 계획기간이 종료되는 시점인 10년도 말까지 적립되는 총금액은 다음과 같이 계산된다.

$$FW_B = \$80,000(F|A\ 10\%,10) = \$80,000(15.93742) = \$1,274,993.60$$

또는 Excel®을 사용하여 계산하면,

$$FW_B = \mathbf{FV(10\%,10,-80000) = \$1,274,993.97}$$

이 된다.

설계안 A에 투자하기로 결정한다면 10년 동안 매년 $55,000씩 수익이 발생할 것이다. 매년 회수되는 자금을 투자 풀에 넣으면 10년도 말까지 적립되는 총금액의 미래가치는 다음과 같이 계산된다.

$$FW_A = \$55,000(F|A\ 10\%,10) = \$55,000(15.93742) = \$876,558.10$$

또는 Excel®을 사용하여 계산하면,

$$FW_A = \mathbf{FV(10\%,10,-55000) = \$876,558.35}$$

이 된다.

그런데 설계안 A에 투자할 경우 가용자금 $450,000 중 $300,000만 사용되고 나머지 $150,000의 잔여자금(Residual Capital : RC)은 투자 풀에 그대로 남아 매년 10%의 이자수익을 발생시키게 된다. 따라서 이 $150,000의 잔여자금(RC)의 10년 후 미래가치는 다음과 같다.

$$FW_{RC} = \$150,000(F|P\ 10\%,10) = \$150,000(2.59374) = \$389,061$$

또는 Excel®을 사용하여 계산하면,

$$FW_{RC} = \mathbf{FV(10\%,10,,-150000) = \$389,061.37}$$

이 된다.

따라서 설계안 A가 선택되면 그것의 투자포트폴리오 총액은 $876,558.10 + $389,061.00 = $12,65,619.10(Excel®을 사용할 경우 **$876,558.35** + **$389,061.37** = **$1,265,619.72)**이 된다.

요약하면, 2개의 설계안 중 아무것도 채택되지 않으면, 즉 "아무것도 하지 않는 대안"을 선택하면, 투자포트폴리오 총액은 Excel®로 계산한 금액을 기준으로 할 때 **$1,167,184.11**이 된다. 만약 설계안 B가 채택되어 실행된다면 투자포트폴리오 총액은 **$1,274,993.97**이 될 것이고, 설계안 A가 채택되어 실행된다면 그것의 투자포트폴리오 총액은 **$1,265,619.72**이 될 것이다. 따라서 10년도 말의 투자포트폴리오 총액을 최대화하고자 하면 설계안 B를 채택하여야 한다는 결론에 이르게 된다.

핵심 개념

1. 학습목표: 계획기간 동안 발생하는 모든 현금흐름을 주어진 이자율에서 그것과 등가인 균일급수 현금흐름으로 변환하는 연간가치(Annual Worth: AW)를 계산하라. (5.1절)

어떤 투자대안의 연간가치 AW가 양의 값을 가지면 그 투자대안은 경제성이 있는 것으로 평가된다. 여러 개의 투자대안을 비교할 때는 가장 큰 AW 값을 갖는 대안이 가장 바람직한 대안이다. 대안의 경제성 분석에서 연간가치가 미래가치보다 더 자주 사용된다. 연간가치 분석의 목적을 수리적으로 나타내면 다음과 같다.

$$\underset{\forall j}{\text{Maximize}}\ \text{AW}_j = \left[\sum_{t=0}^{n} A_{jt}\,(1 + \text{MARR})^{n-t}\right](A|F\ \text{MARR}\%,n) \quad (5.2)$$

2. 학습목표: 계획기간 동안 발생하는 모든 현금흐름을 주어진 이자율에서 그것과 등가인 계획기간 종료시점의 단일금액으로 변환하는 미래가치(Future Worth: FW)를 계산하라. (5.2절)

미래가치 분석은 통상적으로 현재가치 분석을 보충하기 위한 수단으로 활용되지만, 투자자가 미래의 시점에서 기대하는 목표치를 설정하고자 할 때 유용하게 사용된다. 어떤 투자대안의 미래가치 FW가 양의 값을 가지면 그 투자대안은 경제성이 있는 것으로 평가된다. 여러 개의 투자대안을 비교할 때는 가장 큰 FW 값을 갖는 대안이 가장 바람직한 대안이다. 미래가치 분석의 목적을 수리적으로 나타내면 다음과 같다.

$$\underset{\forall j}{\text{Maximize}}\ \text{FW}_j = \sum_{t=0}^{n} A_{jt}(1 + \text{MARR})^{n-t} \tag{5.4}$$

핵심용어

미래가치(Future Worth: FW) 연간가치(Annual Worth: AW)

기사시험 유사 문제

1. 연간가치 분석을 이용하여 단일 투자대안의 투자매력을 평가하고자 할 때, 산출한 연간가치 값을 무엇과 비교해야 하는가?

   a. 현재가치(PW)
   b. 미래가치(FW)
   c. 0.0
   d. 최저필수수익율(MARR)

2. 고도로 자동화된 어떤 공장에서 제조간접비는 향후 7년 동안 매년 10%씩 증가할 것으로 예상된다. 첫 해의 제조간접비는 $200,000이다. 향후 7년 동안 발생하는 제조간접비의 연간등가비용은 얼마인가? 돈의 시간가치를 나타내는 이자율은 8%라고 가정하라.

   a. $263,250
   b. $231,520
   c. $200,000
   d. $187,020

3. 스콧은 지금부터 7년 후 하계 오두막 지붕 수리에 들어갈 비용 $2,500을 적립하기 위하여 연 복리 8%가 적용되는 예금계좌에 금년부터 매년 말에 일정액을 저축하고자 한다. 매년 얼마씩 저축해야 하는가?

   a. $244
   b. $259
   c. $280
   d. $357

4. 8%의 연 복리가 적용된 예금계좌에 매년 말에 $800씩 25년 동안 예금하기로 하였다. 그런데 사정이 생겨 10번째 해와 11번째 해에는 입금을 하지 못하고 나머지는 모두 예정대로 입금을 하였다. 이 계좌에는 25년도 말에 얼마의 돈이 적립되어 있겠는가?

   a. $55.397
   b. $57,539
   c. $59,537
   d. $53,597

5. 어떤 음료수 공장에 사용될 팰릿운반기는 초기비용이 $150,000, 연간 운영 및 유지비용이 $17,500이다. 그리고 이 팰릿운반기의 사용수명은 30년, 사용수명이 끝나는 시점의 잔존가치는 $25,000이다. 계획기간을 30년으로 하고, 이자율이 8%라고 가정하자. 이 팰릿운반기 투자와 등가인 계획기간 말의 미래가치는 얼마인가?

a. $3,371,000　　c. $3,623,000
b. $3,467,000　　d. $3,980,000

연습문제

5.1.1절 연간가치 분석: 단일 대안의 경우

1. 듀라테크 공업사는 공정개선 프로젝트를 검토 중이다. 이 프로젝트와 관련하여 발생하는 수입과 지출은 아래와 같다. 이 회사의 MARR은 6%이다.

연도 말	수입	지출
0	$0	$5,000
1	$0	$200
2	$2,000	$300
3	$4,000	$600
4	$3,000	$1,000
5	$1,600	$1,500

a. 이 투자안의 연간가치는 얼마인가?
b. 연간가치를 근거로 투자매력을 판정하고자 할 때, 의사결정 규칙은 무엇인가?
c. 듀라테크 공업사는 검토 중인 이 공정개선 프로젝트를 실행해야 하는가?

2. 팝코사는 향후 12년 동안 매년 $10,000의 운영비 절감효과를 가져올 유압밸브의 구입을 검토 중이다. 이 회사의 MARR은 7%이다. 연간가치 분석을 사용하여 이 유압밸브의 구입을 정당화하는 구입가격의 최대치를 구하라.

3. 퀼츠사는 동작패턴 인식기를 1대 구입하고자 한다. 이 장비에 대한 투자와 관련된 현금흐름 개요는 다음과 같다. 이 회사의 MARR은 13.5%이다.

연도 말	현금흐름	연도 말	현금흐름
0	−$1,400	8	$600
1	$0	9	$700
2	$500	10	$800
3	$500	11	$900
4	$500	12	−$1,000
5	$500	13	−$2,000
6	$0	14	−$3,000
7	$500	15	$1,400

a. 이 투자안의 연간가치는 얼마인가?
b. 연간가치를 근거로 투자매력을 판정하고자 할 때, 의사결정 규칙은 무엇인가?

c. 퀼츠사는 이 동작패턴 인식기를 구입해야 하는가?

4. 주피터사는 매년 소액을 투자하여 어느 한 순간에 큰 수익을 가져다주는 어떤 투자안을 검토 중이다. 이 투자와 관련한 현금흐름 개요는 다음과 같다. 이 회사의 MARR은 12%이다.

연도 말	현금흐름	연도 말	현금흐름
0	−$2		
1	−$10	6	$200
2	−$12	7	−$10
3	−$14	8	−$12
4	−$16	9	−$14
5	−$18	10	−$100

a. 이 투자안의 연간가치는 얼마인가?
b. 연간가치를 근거로 투자매력을 판정하고자 할 때, 의사결정 규칙은 무엇인가?
c. 주피터사는 이 투자안을 실행해야 하는가?

5. 홈 이노베이션사는 신제품 설계안을 평가 중이다. 이 신제품 개발과 관련한 수입 및 지출은 아래와 같다. 이 회사의 MARR은 10%이다.

연도 말	수입	지출
0	$0	$1,000
1	$600	$300
2	$600	$300
3	$700	$300
4	$700	$300
5	$700	$300

a. 이 투자안의 연간가치는 얼마인가?
b. 연간가치를 근거로 투자매력을 판정하고자 할 때, 의사결정 규칙은 무엇인가?
c. 홈 이노베이션사는 이 신제품 개발계획을 추진해야 하는가?

6. 생활 잡화품을 만들어 파는 낸시는 배송업체를 이용하여 도시 전역으로 상품을 배달한다. 배송업체에 지불하는 연간 배송료는 $30,000이다. 낸시는 중고트럭을 구입하여 직접 배달하는 방안을 검토 중이다. $10,000을 주고 중고트럭을 구입하면 3년 동안 사용할 수 있을 것이고 3년 후 이 트럭의 잔존가치는 $3,000로 추정된다. 그리고 운영 및 유지비용이 매년 $25,000 정도 발생할 것으로 예상된다. 낸시의 MARR은 24%이다.

a. 이 투자안의 연간가치는 얼마인가?
b. 연간가치를 근거로 투자매력을 판정하고자 할 때, 의사결정 규칙은 무엇인가?
c. 낸시는 이 중고트럭을 구입해야 하는가?

5.1.2절 연간가치 분석: 여러 대안의 경우

7. 파커 카운티 커뮤니티 대학(PCCC)은 온수관에 절연체를 사용하지 않는 안, 1인치 두께의 절연체를 사용하는 안, 2인치 두께의 절연체를 사용하는 안 중 어느 것을 선택할 것인지를 결정하고자 한다. 온수관에 절연체를 사용하지 않을 경우에는 온수관 1피트 당 연간 $1.50의 열손실 비용이 발생한다. 1인치 두께의 절연체를 사용하면 온수관 1피트당 절연체 비용은 $0.40이고 대신에 열손실은 89%를 줄일 수 있다. 2인치 두께의 절연체를 사용하면 온수관 1피트당 절연체 비용은 $0.85이고 대신에 열손실은 92%나 줄일 수 있다. 이 대학에 설치된 온수관의 총 길이는 250,000피트이다. 그리고 이 대학에서는 자본적 지출의 정당성을 평가하기 위해 MARR을 10%로 하고 있다. 절연체의 수명은 10년이다. 서열법 스타일의 연간가치 분석을 사용하여 어느 안을 채택할 것인지를 결정하라.

8. 콴텀 물류에서는 남동부 지역을 관할할 물류창고를 하나 신설하고자 한다. 물류창고의 설립 입지로 3 지역을 고려중이다. 각 입지에 대한 현장 조사와 예산 분석을 거쳐 아래와 같은 수익과 비용에 대한 자료를 얻었다. 물류창고의 수명은 12년이고 MARR은 15%이다.

입지	초기비용	연간 순수익
라그랑지	$1,260,000	$480,000
어번	$1,000,000	$410,000
애니스톤	$1,620,000	$520,000

a. 각 입지의 연간가치를 구하라.
b. 서열법 스타일의 연간가치 분석을 근거로 선호 입지를 결정하고자 할 때, 의사결정 규칙은 무엇인가?
c. 어느 입지를 추천해야 하는가?

9. 델레이 식품은 캔디제조기를 새로 한 대 구입해야만 한다. 두 가지 모델을 검토 중이다. 모델 7745는 초기비용이 $10,000, 수명이 10년, 잔존가치가 $1,000, 연간 운영비용이 캔디 1,000개당 $0.01이다. 모델 A37Y는 초기비용이 $8,000, 수명이 10년, 잔존가치가 $0이고 연간 운영비용은 캔디 생산 수량과 무관하게 $300이다. MARR은 6%이고 매년 30,000,000개의 캔디가 생산된다.

a. 각 제조기 모델의 연간가치를 구하라.
b. 서열법 스타일의 연간가치 분석을 근거로 선호 모델을 결정하고자 할 때, 의사결정 규칙은 무엇인가?
c. 어느 모델을 추천해야 하는가?

10. 템프라사는 상호 배타적인 두 가지 프로젝트 A와 B를 검토하고 있다. 프로젝트 A는 $50,000의 초기투자를 필요로 하고 20년 동안 매년 수익 $20,000과 비용

$12,500을 발생시킨다. 프로젝트 B는 $75,000의 초기투자를 필요로 하고 20년 동안 매년 수익 $28,000과 비용 $18,000을 발생시킨다. 두 프로젝트 모두 잔존가치가 없으며 MARR은 연 12%로 가정하라.

a. 각 프로젝트의 연간가치를 구하라.
b. 어느 프로젝트를 추천해야 하는가?

11. 시크링 포장에서는 자동 포장장비의 도입을 고려하고 있다. 이 장비를 사용하면 시크링사는 3년 동안 매년 $23,000의 비용을 절감할 수 있다. 만약 이 장비를 구입한다면 구입가격은 $60,000이고 3년 후 시장가격은 $10,000로 예상된다. 이 장비는 리스로 사용하는 것도 가능한데, 이 경우 사용료 $21,000을 매년 초에 선불로 지불하여야 한다. 시크링사의 MARR은 10%이다. 연간가치 분석을 근거로 자동 포장장비를 구입할 것인지 아니면 리스로 사용할 것인지를 결정하라.

12. 리얼터프 농원은 구입대금 전액인 $30,000를 융자받아 자동 스프링클러 시스템을 설치하고자 한다. 융자금은 연 이자율 12%로 4년에 걸쳐 매년 균등액으로 상환하고자 한다. 스프링클러 시스템은 9년 동안 사용할 수 있으며 잔존가치는 $2,000이고, 운영 및 유지비는 사용기간 동안 매년 $9,000이다. 자동 스프링클러 시스템이 도입되면 연간 $15,000의 비용 절감이 실현될 수 있다. 리얼터프 농원에서는 의사결정에 MARR 15%를 적용하고 있다. 연간가치 분석을 사용하여 자동 스프링클러 시스템의 설치가 경제성이 있는지를 결정하라.

5.2.1절 미래가치 분석: 단일 대안의 경우

13. 사회과학대학을 갓 졸업한 22세의 한 젊은 여성은 지금부터 40년 후 은퇴 시점까지 $2,000,000을 모으기를 원한다. 여러 가지 투자 상품들을 검토해 본 결과 주식형 펀드에 투자하기로 하였다. 조사한 바에 따르면 주식에 장기 투자할 경우 기대되는 연평균 수익률은 10.4%이다. 이 펀드는 장기 투자할 경우 세금이 면제되는 비과세 펀드이므로 세금에 대해서는 신경 쓸 필요가 없다고 판단된다.

a. 만약 그녀가 오늘부터 1년 뒤를 시작점으로 하여 매년 정기적으로 동일액을 펀드에 예치하고자 한다면 1회 입금액은 얼마로 해야 하는가?
b. 만약 그녀가 펀드의 첫 번째 입금일을 1년 뒤가 아닌 오늘로 하여 매년 1회씩 동일액을 40번 예치하고자 하면 1회 입금액은 얼마로 해야 하는가?
c. 만약 그녀가 매년 1회씩 40번에 걸쳐 입금하되 첫 번째 입금일을 오늘부터 1년 뒤로 하고 매년 입금액을 전년 대비 $200씩 증액하는 방식을 따른다고 하면,

(i) 첫 번째 입금액은 얼마인가?

(ii) 마지막 입금액은 얼마인가?

d. 만약 그녀가 매년 1회씩 40번에 걸쳐 입금하되 첫 번째 입금일을 오늘부터 1년

뒤로 하고 매년 입금액을 전년 대비 5%씩 증액하는 방식을 따른다고 하면,

(i) 첫 번째 입금액은 얼마인가?

(ii) 마지막 입금액은 얼마인가?

14. 당신은 곧 10살이 되는 딸의 교육자금 마련을 위해 연 이자율 5%를 지급하는 별도 계좌를 마련하고 매년 딸의 생일날에 소정의 돈을 저축하기로 결심하였다. 연간 저축계획은 아래와 같다.

생일	10세	11세	12세	13세	14세	15세	16세	17세	18세
저축액	$1,000	$1,000	$2,000	$1,500	-$1,500	$3,000	$2,500	$2,000	$2,000

a. 당신 딸의 18번 째 생일 직후 교육자금 계좌에는 얼마의 돈이 들어 있겠는가?

b. 당신 딸의 10번째 생일부터 18번째 생일까지 중간에 한 번도 인출하지 않고 매년 같은 크기의 금액을 입금하여 18번째 생일 직후까지 누적된 금액이 (a)와 같아지도록 하자면 매년 얼마씩 입금해야 하는가?

c. 당신 딸의 18번째 생일 직후까지 (a)와 같은 액수의 돈을 적립하기 위해 첫 번째 생일부터 18번째 생일까지 중간에 한 번도 인출하지 않고 매년 같은 크기의 금액을 입금하기로 했었다면 매년 얼마씩 입금했겠는가?

15. 당신은 노후 생활을 위한 은퇴자금 마련을 위해 지역 금융투자회사에 연 이자율 10%가 적용되는 개인연금저축 계좌를 하나 만들기로 하였다. 오늘 계좌를 개설하고 $2,000을 입금하였다. 당신은 향후 41년 동안 매년 말 $2,000씩 정기적으로 이 계좌에 입금하고자 한다. 이 계좌에 42번째 즉 마지막 입금을 하고 정확히 1년 뒤부터 당신은 그동안 적립된 은퇴자금의 인출을 시작하고자 한다.

a. 마지막 입금 직후 이 계좌에 적립된 잔고는 얼마인가?

b. 당신이 이 계좌로부터 매년 말 같은 크기의 금액을 15년 동안 인출하기를 원한다면 매년 얼마씩 인출할 수 있는가?

c. 당신이 이 계좌로부터 매년 말 같은 크기의 금액을 20년 동안 인출하기를 원한다면 매년 얼마씩 인출할 수 있는가?

d. 당신이 이 계좌로부터 매년 말 같은 크기의 금액을 25년 동안 인출하기를 원한다면 매년 얼마씩 인출할 수 있는가?

16. 재무 설계사들은 누구나 한시라도 일찍 은퇴준비를 시작하는 것이 유리하다며 이를 적극 권장한다. 이러한 점을 예시하기 위하여 그들은 아래와 비슷한 양식의 표를 만든다. 당신이 당신의 65세 생일까지 $1,000,000를 모으는 것을 목표로 정하고 아래의 각 나이에 해당하는 생일날에 저축을 시작하여 65세 생일날까지 매년 같은 크기의 금액을 저축하기로 계획을 하였다고 가정하고 빈칸을 채워라. 이자율은 10%의 연간 복리를 가정하라.

저축 시작 시점(생일)	25세	30세	35세	40세	45세	50세	55세	60세	65세
필요한 연간 저축액									$1,000,000

17. 베일리사는 회로 기판의 생산 효율 향상에 도움이 되는 신형 천공기의 구입을 고려중이다. 이 천공기는 초기비용이 $100,000, 유효수명이 15년, 유효수명이 끝난 후 잔존가치는 $0이다. 이 천공기를 사용하면 연간 노무비가 $2,000 증가하겠지만 연간 재료비가 $12,000 감소할 것으로 기대된다. MARR은 5%이다.

    a. 이 투자안의 미래가치는 얼마인가?
    b. 미래가치를 근거로 투자매력을 판정하고자 할 때, 의사결정 규칙은 무엇인가?
    c. 베일리사는 이 천공기를 구입해야 하는가?

18. 듀라테크 공업사는 공정개선 프로젝트를 검토 중이다. 이 프로젝트와 관련하여 발생하는 수입과 지출은 아래와 같다. 이 회사의 MARR은 6%이다.

연도 말	수입	지출
0	$0	$5,000
1	$0	$200
2	$2,000	$300
3	$4,000	$600
4	$3,000	$1,000
5	$1,600	$1,500

    a. 이 투자안의 미래가치는 얼마인가?
    b. 미래가치를 근거로 투자매력을 판정하고자 할 때, 의사결정 규칙은 무엇인가?
    c. 듀라테크 공업사는 검토 중인 이 공정개선 프로젝트를 실행해야 하는가?

19. 퀼츠사는 동작패턴 인식기를 1대 구입하고자 한다. 이 장비에 대한 투자와 관련된 현금흐름 개요는 다음과 같다. 이 회사의 MARR은 13.5%이다.

연도 말	현금흐름	연도 말	현금흐름
0	−$1,400	8	$600
1	$0	9	$700
2	$500	10	$800
3	$500	11	$900
4	$500	12	−$1,000
5	$500	13	−$2,000
6	$0	14	−$3,000
7	$500	15	$1,400

a. 이 투자안의 미래가치는 얼마인가?
b. 미래가치를 근거로 투자매력을 판정하고자 할 때, 의사결정 규칙은 무엇인가?
c. 퀼츠사는 이 동작패턴 인식기를 구입해야 하는가?

20. 주피터사는 매년 소액을 투자하여 어느 한 순간에 큰 수익을 가져다주는 어떤 투자안을 검토 중이다. 이 투자와 관련된 현금흐름 개요는 다음과 같다. 이 회사의 MARR은 12%이다.

연도 말	현금흐름	연도 말	현금흐름
0	−$2		
1	−$10	6	$200
2	−$12	7	−$10
3	−$14	8	−$12
4	−$16	9	−$14
5	−$18	10	−$100

a. 이 투자안의 미래가치는 얼마인가?
b. 미래가치를 근거로 투자매력을 판정하고자 할 때, 의사결정 규칙은 무엇인가?
c. 주피터사는 이 투자안을 실행해야 하는가?

5.2.2절 미래가치 분석: 여러 대안의 경우

21. 마누엘사의 엔지니어링 팀은 ERP 시스템의 도입을 계획하고 있다. 공급업체 A사의 제품을 도입하면 초기비용이 $380,000인 반면 매년 $125,000씩 수익이 늘어날 것으로 예상된다. 그리고 공급업체 B사의 제품을 도입하면 초기비용이 $280,000인 반면 매년 수익이 $95,000씩 늘어날 것으로 예상된다. 마누엘사에서는 투자안의 평가를 위해 계획기간으로는 4년, MARR은 10%를 사용하고 있다.
   a. 이 투자안의 미래가치는 얼마인가?
   b. 서열법 스타일의 미래가치법 분석을 근거로 선호 투자대안을 결정하고자 할 때, 의사결정 규칙은 무엇인가?
   c. 마누엘사는 어느 업체의 ERP 시스템을 도입해야 하는가?

22. 나딘은 발명 특허권을 하나 보유하고 있다. 그녀는 자신의 특허권 사용에 대한 어떤 제조업체와의 계약에 대한 두 가지 안을 검토 중이다. A안은 일시불로 $30,000의 사용료를 받는 것이다. 그리고 B안은 연간 $1,000과 판매되는 제품 1개당 $0.50을 받는 것이다. 이 특허권의 유효기간은 10년이다. 나딘은 MARR로 10%를 사용하고 있다. 미래가치를 근거로 평가할 때 두 가지 안이 서로 무차별하게 되기 위해서는 제품의 연간 판매량이 얼마이어야 하는가?

23. 파이널 연마공업에서는 세 가지 연마기 중 어느 하나의 구입을 검토하고 있다. 세 연마기 모두 수명은 10년이고 잔존가치는 없다. 연마기 1은 초기투자 $20,000

을 필요로 하는 반면 연간 $4,465의 순수익을 가져온다. 연마기 2는 초기투자 $10,000을 필요로 하는 대신 연간 $1,770의 순수익을 가져온다. 연마기 3은 초기투자 $15,000을 필요로 하되 연간 $3,580의 순수익을 발생시킨다. MARR은 15%이다.

a. 각 연마기의 미래가치를 구하라.
b. 어느 연마기의 구입을 추천해야 하는가?

24. 야니는 $12,000의 투자 자금을 보유하고 있다. 그의 거래 은행에서 $12,000의 투자 계획으로서 아래와 같은 3가지 안을 제안하였다.

(A안) 5년 동안 매달 $100씩 이자를 지불하고 마지막으로 5년도 말에 $13,000을 돌려주는 특별예금증서를 구입함.

(B안) 5년 후에 $20,000의 가치가 보장되는 경마주를 구입함.

(C안) 연 이자율 12%의 월간 복리로 이자를 지급하는 정기예금에 예탁함.

미래가치 분석을 사용하여 야니에게 어느 안을 추천할 것인지 결정하라.

25. 알파 전자는 제품생산에 필요한 서비스를 제품 1개당 $90을 주고 외부로부터 구입할 수 있다. 그리고 다른 방안으로는 그 서비스를 제공하는 장비를 구입하는 것인데, 그 장비는 구입 가격이 $100,000이고, 수명은 10년, 잔존가치는 $0이다. 그 장비의 연간 운영비는 고정비 $7,000과 제품 생산량 1개당 $25씩 발생하는 변동비로 나타난다. MARR은 12%이다.

a. 연간 생산량이 $200개라고 할 경우 새로 장비를 구입하는 것이 타당한지를 미래가치법으로 분석하라.
b. 연간 생산량이 $500개라고 할 경우 새로 장비를 구입하는 것이 타당한지를 미래가치법으로 분석하라.
c. MARR 12%에서 새 장비의 구입에 대한 손익분기점이 되는 연간 생산량을 구하라.

26. 리얼터프 농원은 구입대금 전액인 $30,000을 융자받아 자동 스프링클러 시스템을 설치하고자 한다. 융자금은 연 이자율 12%로 4년에 걸쳐 매년 균등액으로 상환하고자 한다. 스프링클러 시스템은 9년 동안 사용할 수 있으며 잔존가치는 $2,000이고, 운영 및 유지비는 사용기간 동안 매년 $9,000이다. 자동 스프링클러 시스템이 도입되면 연간 $15,000의 비용 절감이 실현될 수 있다. 리얼터프 농원은 의사결정에 MARR 15%를 적용하고 있다. 미래가치 분석을 사용하여 자동 스프링클러 시스템의 설치가 경제성이 있는지를 결정하라.

27. 딥시 서브마린사는 좀 더 조용하고 쾌적한 상태로 잠수함이 운행되기를 바라는 고객들의 요구를 충족하기 위해 모든 엔진을 신형으로 교체하는 프로젝트를 추진 중이다. 지금까지 검토된 기술적으로 가능한 신형 엔진 디자인은 두 가지이

다. 따라서 이제 그 중 어느 하나를 최종적으로 선택해야 할 시점이다. 디자인 1을 선택하면 엔진 제작비 $15,000,000을 선불로 지급해야 하고, 이와는 별도로 구형 엔진을 철거하고 신형 엔진을 장착하는 데 필요한 교체비용을 앞으로 3년 동안 매년 $2,500,000을 지급해야 한다. 디자인 2를 선택하게 되면 엔진 제작비 $20,000,000을 선불로 지급해야 하고, 역시 별도로 교체비용을 앞으로 3년 동안 매년 $2,500,000을 지급해야 한다. 이 회사의 MARR은 10%이다. 미래가치법에 의한 분석을 토대로 어느 디자인을 선택할지를 결정하라.

5.2.3절 포트폴리오 분석

28. 오르페움 프로덕션은 녹음 스튜디오에 설치된 조명시설의 성능을 향상시키고자 한다. 조명 성능을 향상시키면 스튜디오를 이용하는 고객 확보가 용이하게 되어 더 많은 수익을 기대할 수 있다. 3가지 조명 성능 향상 방안이 고려중인데 각 방안의 현금흐름 자료는 아래와 같다.

연도 말	바 방식	스팟 방식	빔 방식
0	−$6,000	−$14,000	−$20,000
1	$2,000	$3,500	$0
2	$2,000	$3,500	$2,300
3	$2,000	$3,500	$4,600
4	$2,000	$3,500	$6,900
5	$2,000	$3,500	$9,200
6	$2,000	$3,500	$11,500

조명시설 성능 향상에 투자되지 않은 돈은 MARR 10%에 해당하는 수익을 내는 계좌에 맡겨두었다가 나중에 스튜디오 현대화를 위해 사용할 수 있다고 가정하자.

a. 각 대안의 미래가치를 계산하기 위하여 포트폴리오 분석을 사용하라.

b. 각 대안의 미래가치를 계산하여 그것들을 (a)에서 구한 값과 서로 비교하고 그 결과로부터 결론을 유도하라.

6

경제성 분석의 실제 사례: 모토롤라 솔루션즈(Motorola Solutions)

모토롤라는 1928년 일리노이 주에서 창립되었다. 이 회사는 자동차용 라디오에서 텔레비전으로, 텔레비전에서 다시 양방향 무전기로, 이런 식의 진화를 하였으며, 오늘날에 이르러 가정, 기업, 자동차 등을 포함한 모든 영역에 걸쳐 음성, 데이터, 영상 등의 송수신과 관련된 장비, 서비스, 어플리케이션을 개발, 생산, 판매하는 세계 굴지의 정보통신업체로 성장하였다. 모토롤라는 2011년 1월 4일 모바일 디바이스와 홈 비즈니스 사업 부문을 따로 떼어 별도 법인인 모토롤라 모빌리티 지주회사를 설립하였으나, 이 회사는 다음 해 2012년에 구글에 매각되었다. 모회사인 모토롤라는 모바일 모빌리티를 분리한 후 회사명을 모토롤라 솔루션즈로 바꾸었다.

2011년 사내 연차보고서의 지면을 통해 모토롤라 솔루션즈의 그레그 브라운 회장은 "향후 우리 회사의 핵심 사업 분야는 정부기관과 기업을 대상으로 하여 미션 크리티컬(임무 수행에 필수적인 시스템을 말함) 커뮤니케이션 솔루션즈를 개발하고 공급하는 것이다."라고 말하였다. 여기서 중요한 단어는 바로 **미션 크리티컬 커뮤니케이션 솔루션즈**이다. 실제로 특수 군사작전, 비상대책, 응급구조 활동 등 비상 업무의 "최일선"에서 활동하는 많은 사람들이 모토롤라 솔루션즈의 제품들을 사용하고 있다.

공항의 안전 요원이나 경찰들이 양방향 무전기를 사용하고 있는 장면을 흔히 목격할 수 있는데, 그때 그들이 사용하고 있는 장비들이 대체로 모토롤라 솔루션즈의 제품임을 확인할 수 있을 것이다. 모토롤라 솔루션즈의 제품은 페덱스와 같은 택배회사의 화물 배송업무에도 유용하게 사용된다. 또한 물류센터에서 사용되는 바코드 판독기 등과 같이 겉으로는 보이지 않는 다양한 분야에서 모토롤라의 제품들이 활용되고 있다.

2011년 모토롤라 솔루션즈의 연간 수익은 82억 달러였다. 2011년 12월 31일 현재 이 회사 본사와 세계 65개국 사업장에 고용된 종업원 수는 23,000명 정도이다. 2011년 한 해에 이 회사로부터 제품을 구입한 거래처 수는 100여 개 국에 걸쳐 100,000 군데를 초과하였다. 약 7,000명의 기술자와 과학자가 연구개발 부문에 종사하고 있으며, 매년 10억 달러 이상의 R&D 비용을 지출하고 있다.

모토롤라 솔루션즈는 테크놀로지 회사로서 자금의 운영 및 관리가 매우 체계적이고 철저하다. 이 회사는 주주들이 투자한 자본에 대해 충분히 매력적일 정도의 수익을 돌려주기 위해 전사적으로 할인현금흐름법을 사용하고 있다. 특정 자본투자에 대해 요구되는 수익률을 산정하기 위해 투자의 형태, 투자기간, 위험부담 등을 고려함은 물론 가중평균 자본비용을 기초자료로 활용하고 있다.

수익률법
Rate of Return

토의 논제

1. 모토롤라 솔루션즈는 투자심사의 기준이 되는 수익률을 결정하기 위해 어떠한 요인들을 고려하는가?
2. 모토롤라 솔루션즈는 고도로 진화된 신제품을 개발하는 "하이테크" 회사이다. 이러한 "하이테크" 회사가 상대적으로 낮은 수준의 기술을 요하는 "로우테크" 회사와 달리, 투자사업의 기대 수익에 특별히 고려하는 요소는 무엇인가?
3. 모토롤라 솔루션즈는 세계 도처에 사업체를 가진 글로벌 기업이다. 이로 인해 자본투자의 의사결정에 영향을 미치는 복잡성으로는 어떤 것들이 있을 것으로 생각하는가?
4. 모회사인 모토롤라는 모토롤라 모빌리티(2012년에 구글에 매각)를 분리 독립시킴으로써 재정적으로 어떠한 이점을 확보할 수 있었겠는가?

학습목표

이 장의 공부를 마친 후 다음의 내용들을 이행할 수 있는 능력을 갖추어야 한다:

1. 개별 투자대안의 내부수익률(IRR)을 계산하고, 여러 개의 상호 배타적 투자대안들로부터 경제적 가치가 가장 높은 대안을 골라내기 위한 내부수익률 분석을 증분분석 절차를 이용하여 수행하라. (6.1절)
2. 데카르뜨 부호법칙과 노스트롬 기준을 적용하여 내부수익률 분석에서 여러 개의 근이 나올지 여부를 사전에 확인하라. (6.1.2절)
3. 개별 투자대안의 외부수익률(ERR)을 계산하고, 여러 개의 상호 배타적 투자대안들로부터 경제적 가치가 가장 높은 대안을 골라내기 위한 외부수익률 분석을 증분분석 절차를 이용하여 수행하라. (6.2절)

서론

이 장의 제목에 "가치(worth)"라는 단어가 포함되지 않았지만, 수익률 또한 경제적 가치를 측정하는 척도임에 틀림없다. 수익률법에서는 경제적 가치를 화폐 단위가 아닌 백분율로 측정한다.

경제적 가치의 측정에 활용되는 할인현금흐름 척도 가운데 수익률은 기업체에서 현재가치 다음으로 많이 사용하는 척도이다. 그렇지만 개인투자 부문의 의사결정에서는 수익률 분석이 현재가치 분석보다 훨씬 인기가 높다. 수익률 분석이 인기 높은 이유는 투자자들이 이자율과 친숙하고, 다른 한편으로 투자수익률을 자본비용과 쉽게 비교할 수 있기 때문이다.

지금까지 공부한 몇 가지 다른 할인현금흐름법(DCF법)과 마찬가지로, 수익률법도 여러 개의 상호 배타적 투자대안들 중에서 경제적 가치가 가장 큰 것을 골라내는 데 당연히 적용될 수 있다. 그러나 기업체에서는 흔히들 현재가치법이나 연간가치법 같은 전통적 가치 측정법을 보완하기 위한 수단으로 수익률법을 제한적으로 사용한다.

체계적 경제성 분석 기법

1. 투자대안들을 확인하라.
2. 계획기간을 정의하라.
3. 할인율을 명시하라.
4. 현금흐름을 추정하라.
5. **대안을 비교하라.**
6. 보충적 분석을 실시하라.
7. 가장 바람직한 투자대안을 선정하라

수익률법(rate of return method)은 현재가치법, 미래가치법, 연간가치법과 달리 서열법으로 분류되지 않는다. 그러므로 수익률법을 사용하여 금전적 요소만 고려한 여러 개의 상호 배타적 대안으로부터 가장 바람직한 대안을 선정하고자 하면 증분분석의 절차를 따라야 한다. 그러나 모든 과정과 절차가 과오 없이 정확하게 수행된다면, 서열법에 속하는 다른 분석법을 사용했을 때와 같은 결과, 즉 동일한 대안을 가장 바람직한 대안으로 선정하게 된다.

수익률의 종류는 다양하지만 이 장에서는 **내부수익률**(internal rate of return)과 **외부수익률**(external rate of return)만 다루고자 한다. 이 두 분석법은 모두 할인현금흐름법에 해당한다.

이 장에서는 수익률 분석을 근거로 여러 개의 상호 배타적 투자대안들을 어떻게 비교하는지에 대해 공부할 것이다. 특히 내부수익률 분석의 경우에는 수익률이 하나의 값이 아닌 여러 개의 값을 가질 수 있다는 사실을 알게 될 것이며, 또한 그러한 문제를 해결하기 위한 대처 요령에 대해서도 배우게 될 것이다.

6.1 내부수익률 분석

학습목표: 개별 투자대안의 내부수익률(IRR)을 계산하고, 여러 개의 상호 배타적 투자대안들로부터 경제적 가치가 가장 높은 대안을 골라내기 위한 내부수익률 분석을 증분분석 절차를 이용하여 수행하라.

내부수익률(IRR) 투자대안의 현재가치, 미래가치, 또는 연간가치를 0이 되도록 하는 이자율

내부수익률(Internal Rate Of Return: IRR)은 **할인현금흐름수익률**(discounted cash flow rate of return), **현금흐름수익률**(cash flow rate of return), **수익률**(Rate Of Return: ROR), **투자수익**(Return On Investment: ROI), **참수익률**(true rate of return) 등의 다양한 이름으로 표현되는데, 가장 일반적으로 사용되는 이름은 역시 **내부수익률**(Internal Rate Of Return; IRR)이다. 투자대안 j의 내부수익률 i_j^*는 다음 식을 만족해야 한다.

$$0 = \sum_{t=0}^{n} A_{jt}(1 + i_j^*)^{n-t} \qquad (6.1)$$

다시 말해 어떤 투자대안의 내부수익률은 그 투자대안의 미래가치를 0이 되도록 하는 이자율이다. 그것은 그 투자대안의 현재가치와 연간가치도 마찬가지로 0이 되도록 한다. 어떤 투자대안이 투자할 만한 가치를 가지려면 내부수익률의 값이 적어도 MARR과 같거나 그보다 커야 한다.

6.1.1 내부수익률 분석: 단일 대안의 경우

다른 할인현금흐름법(DCF법)과 마찬가지로 단일 대안에 대해 내부수익률 분석을 할 경우, IRR은 검토되고 있는 투자대안이 "아무것도 하지 않는 대안" 보다 더 좋은지 그렇지 않은지를 결정하는 지표로 활용된다.

표면장착 부품배치기의 내부수익률 계산 — 예제 6.1

앞 장의 예제에서 다룬 표면장착 부품배치기(SMP 머신)에 대해 다시 생각해 보자. 이 SMP 머신은 구입에 필요한 초기비용이 \$500,000인데, 구입 후 10년 동안 매년 \$92,500에 상당하는 비용을 절감시키며 10년 사용 후 잔존가치는 \$50,000 정도로 추정된다. MARR 10%에서 내부수익률 분석을 한다면 이 투자가 경제성이 있는 것으로 판명될 것인가?

문제 요약

주어진 정보: 〈그림 6.1〉에 제시된 현금흐름; MARR = 10%; 계획기간 = 10년

구하는 해: 투자대안의 내부수익률 IRR. 이 투자대안을 경제성이 있다고 추천할 것인가?

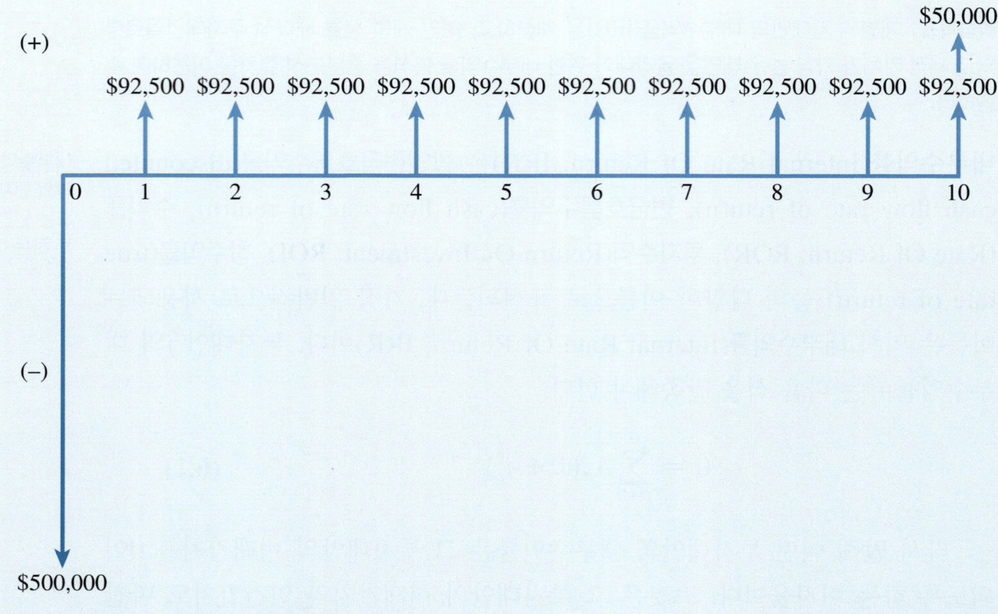

〈그림 6.1〉 예제 6.1의 현금흐름도

풀이 이 투자의 내부수익률을 구하기 위해 미래가치가 $0이 되도록 식을 세우면 다음과 같다.

$$0 = -\$500{,}000(F|P\ i^*\%,10) + \$92{,}500(F|A\ i^*\%,10) + \$50{,}000$$

그런데 이 식 대신에 자본화가치 계산에 사용되는 공식을 적용하여 다음과 같이 연간가치가 $0이 되게 식을 만들어도 그 의미가 전혀 다르지 않다.

$$0 = (\$500{,}000 - \$50{,}000)(A|P\ i^*,10) + \$50{,}000i^* - \$92{,}500$$

미지수 i의 값을 구하기 위해 시행착오 및 보간법을 적용해보기로 하자.

$i = 12\%$일 때

$$\$450{,}000(A|P\ 12\%,10) + \$50{,}000(0.12) - \$92{,}500 = -\$6{,}850$$

$i = 15\%$일 때

$$\$450{,}000(A|P\ 15\%,10) + \$50{,}000(0.15) - \$92{,}500 = \$4{,}685$$

이므로, 보간법을 적용하면 내부수익률 $i = 13.78\%$가 산출된다.

반면 Excel®의 함수 RATE를 사용하면 아래와 같이 i^* 값을 쉽게 구할 수 있다.

$$i^* = \text{RATE}(10,92500,-500000,50000) = 13.8\%$$

내부수익률 $i^* > 10\%$이므로 SMP 머신의 구입안은 경제성이 있는 것으로 평가된다.

예제 6.1은 내부수익률법이 지니고 있는 매력 중 하나를 보여주고 있다. 즉 "SMP 머신에 $500,000을 투자하면 그로부터 13.8%의 투자수익이 기대된다."라는 식으로 말한다면 이는 단순히 현재가치나 미래가치를 수치로 제시하는 것보다 훨씬 호소력이 클 것이다.

6.1.2 여러 개의 실근

학습목표: 데카르뜨 부호법칙과 노스트롬 기준을 적용하여 내부수익률 분석에서 여러 개의 근이 나올지 여부를 사전에 확인하라.

데카르뜨 부호법칙(decartes' rule of signs)에 의하면, 내부수익률을 계산하기 위한 방정식에서 나올 수 있는 양의 실근의 수는 주어진 현금흐름 개요에서 발생한 부호변화 회수를 초과할 수 없다. 예를 들어 현금흐름 개요에서 단 한 번의 부호변화(양에서 음으로 또는 음에서 양으로의 변화)가 발생하면, 내부수익률 계산 방정식은 최대 한 개의 양의 실근을 갖는다. 만약 세 번의 부호변화가 있으면 양의 실근의 수는 3개를 초과할 수 없다. 그러나 현실에서 만나게 되는 많은 경우의 현금흐름 개요는 여러 번의 부호변화에도 불구하고 하나의 내부수익률을 갖는다. 다음의 예제 6.2는 내부수익률이 여러 개인 현금흐름 개요를 보여준다.

여러 개의 근을 갖는 경우 예제 6.2

여러 개의 근을 갖는 현금흐름 개요의 예를 보이기 위해 〈표 6.1〉에 주어진 것과 같은 자료를 생각해보자. 이 현금흐름의 미래가치는 이자율 20%, 40%, 50%에서 모두 0이 된다.

$$FW_1(20\%) = -\$4,000(1.2)^3 + \$16,400(1.2)^2 - \$22,320(1.2) + \$10,080 = 0$$

$$FW_2(40\%) = -\$4,000(1.4)^3 + \$16,400(1.4)^2 - \$22,320(1.4) + \$10,080 = 0$$

〈표 6.1〉 현금흐름 개요

연도 말	현금흐름
0	–$4,000
1	$16,400
2	–$22,320
3	$10,080

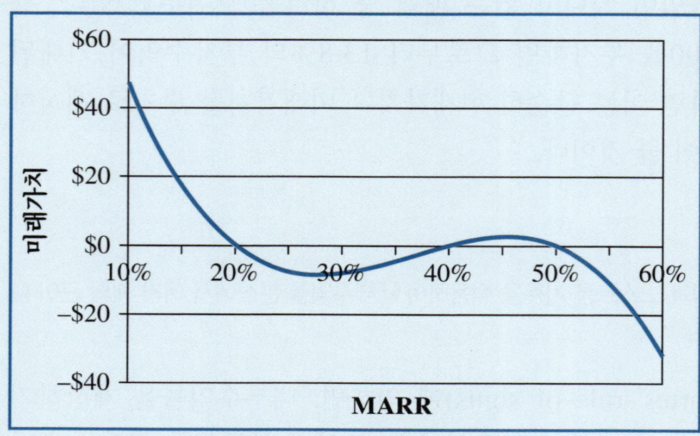

〈그림 6.2〉 예제 6.2의 미래가치 그래프

$$FW_3(50\%) = -\$4{,}000(1.5)^3 + \$16{,}400(1.5)^2 - \$22{,}320(1.5) + \$10{,}080 = 0$$

이 예제의 미래가치를 그래프로 나타내면 〈그림 6.2〉와 같다. 이 그래프는 10%~60% 사이의 이자율(또는 MARR)의 변화에 따른 미래가치를 나타내고 있다.

양의 값을 갖는 내부수익률이 최대 하나뿐인 것을 확인하기 위해 데카르트 부호법칙과 더불어 **노스트롬 기준**(norstrom's criterion)을 적용할 수 있다. **누적 현금흐름 시리즈**(cumulative cash flow series)에서 처음에 음의 값에서 시작하여 양의 값으로 단 한 차례의 부호 변화가 있으면 기껏해야 한 개의 양의 실근이 존재한다. 예제 6.3은 여러 번의 부호변화가 있음에도 불구하고 양의 내부수익률이 단 하나뿐인 경우를 예시한다. 그리고 이 예제는 또한 누적 현금흐름 시리즈가 음의 값에서 출발하여 양의 값으로 단 한 차례의 부호변화를 일으키면 양의 값 실근이 하나뿐이라는 노스트롬 기준을 예시한다. 만약 예제 6.3에서 추가 투자액을 $150,000이 아닌 $200,000으로 하면 노스트롬 기준이 충족되지 않는다. 흥미롭게도, 그럼에도 불구하고 양의 실근이 하나밖에 존재하지 않는다. 노스트롬의 기준은 최대 하나의 양의 값 실근이 존재하기 위한 **충분조건**이지 필요조건이 아니다.

여러 번의 부호변화가 있음에도 하나의 근을 갖는 경우 예제 6.3

줄리언 스튜어트는 천연가스 채굴사업에 $250,000를 공동 투자하였다. 투자 후 첫해에는 $45,000의 수익이 발생하고 그 다음 해부터 6년째 되는 해까지 매년 $10,000씩 수익이 증가하였다. 그리고 6년도 말에는 지하 깊숙이 채굴하기 위해 $150,000의 자금을 추가로 투입하였다. 추가 투자 후 연간 수익은 7년도의 $85,000에서 시작하여 이후 매년 10,000씩 감소하며, 15년도의 수익은 $5,000이다. 이 사업의 내부수익률 IRR은 얼마인가? 그리고 이 사업의 미래가치를 최대로 하는 MARR은 얼마인가?

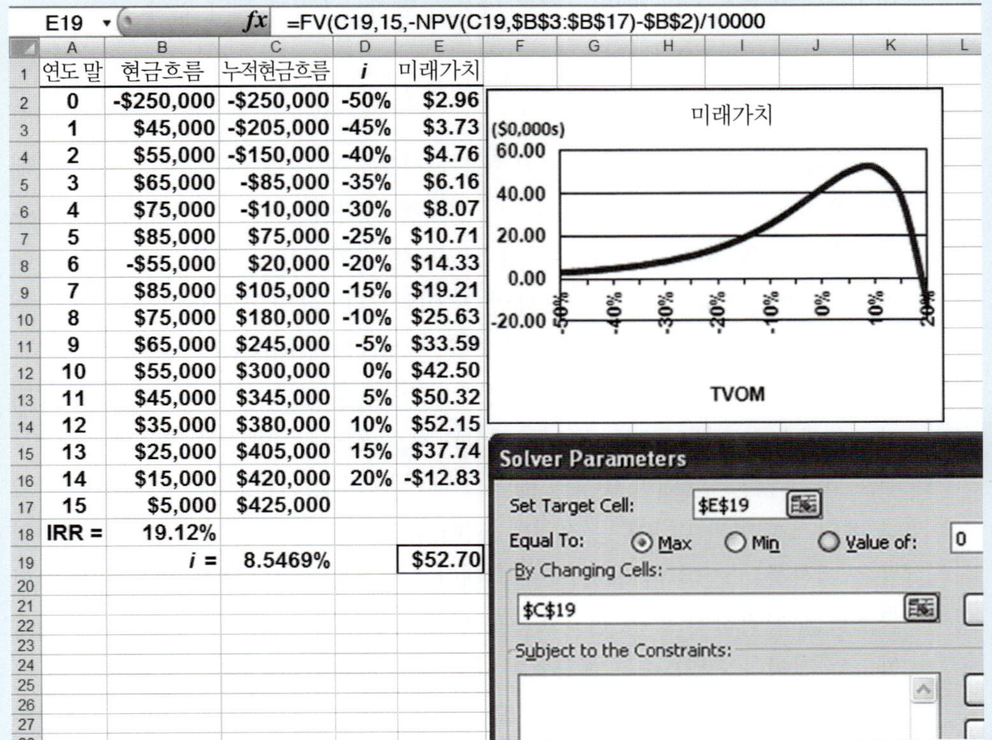

E19 =FV(C19,15,-NPV(C19,$B$3:$B$17)-$B$2)/10000

연도 말	현금흐름	누적현금흐름	*i*	미래가치
0	-$250,000	-$250,000	-50%	$2.96
1	$45,000	-$205,000	-45%	$3.73
2	$55,000	-$150,000	-40%	$4.76
3	$65,000	-$85,000	-35%	$6.16
4	$75,000	-$10,000	-30%	$8.07
5	$85,000	$75,000	-25%	$10.71
6	-$55,000	$20,000	-20%	$14.33
7	$85,000	$105,000	-15%	$19.21
8	$75,000	$180,000	-10%	$25.63
9	$65,000	$245,000	-5%	$33.59
10	$55,000	$300,000	0%	$42.50
11	$45,000	$345,000	5%	$50.32
12	$35,000	$380,000	10%	$52.15
13	$25,000	$405,000	15%	$37.74
14	$15,000	$420,000	20%	-$12.83
15	$5,000	$425,000		
IRR =	19.12%			
	i =	8.5469%		$52.70

〈그림 6.3〉 천연가스 채굴사업 투자의 IRR

문제 요약 **주어진 정보**: 줄리언의 투자사업에 대한 현금흐름은 〈그림 6.3〉의 B열에 주어져 있다.

구하는 해: 내부수익률 IRR, 사업의 미래가치를 최대로 하는 MARR

풀이 이자율 변화에 따른 이 사업의 미래가치를 보여주는 그래프인 〈그림 6.3〉에서 보는 바와 같이, 이 사업의 미래가치를 0으로 하는 양의 값 이자율은 $i^* =$ **19.2%** 하나뿐이다. 즉 이 사업의 내부수익률 IRR = **19.2%**이다. 그리고 이 사업의 미래가치를 최대로 하는 MARR을 Excel®의 **SOLVER**를 이용하여 구하면 그 값은 **8.5469%**이다.

6.1.3 내부수익률 분석: 여러 대안의 경우

여러 개의 투자대안 각각에 대한 내부수익률을 계산하고자 할 경우, 각 대안별로 그 대안의 경제적 가치를 0로 만드는 이자율을 찾아내면 된다. 투자대안 j의 내부수익률을 i_j^*라 하면 그것은 다음의 방정식을 만족해야 한다.

$$0 = \sum_{t=0}^{n} A_{jt}(1 + i_j^*)^{n-t}$$

앞에서 이미 지적했듯이 수익률법을 사용하여 여러 개의 상호 배타적 대안들을 비교하고자 하면, 증분분석의 절차를 따라야 한다. 즉 투자대안들을 초기비용이 작은 것부터 큰 것 순으로 배열하여 초기비용이 가장 낮은 대안을 대안 1, 그 다음으로 낮은 대안을 대안 2, 이와 같은 요령으로 대안들의 비교 순서를 정한다. 먼저 대안 1의 내부수익률을 계산하여 MARR과 크기를 비교함으로써 대안 1의 경제성 여부를 결정한다. 이때 대안 1이 경제성이 있으면 대안 1을 "베이스 대안(Base Alternative)"으로 정하고, 반대인 경우에는 "아무것도 하지 않는 안(대안 0)"을 "베이스 대안"으로 정한다. 다음 순서는 대안 2를 베이스 대안과 비교하는 것인데, 이때 유의해야 할 점은 대안 2의 내부수익률을 계산하는 것이 아니라, 반드시 대안 2의 현금흐름에서 베이스 대안의 현금흐름을 차감하여 증분 현금흐름을 만든 후, 그것의 내부수익률을 계산해야 한다는 것이다. 만약 증분 현금흐름의 내부수익률이 MARR과 비교하여 더 크다면, 대안 2가 더 우수한 대안이 되고 이를 새로운 베이스 대안으로 업데이트한다. 그러나 증분 현금흐름의 내부수익률이 MARR보다 작으면, 기존의 베이스 대안이 바뀌지 않는다. 이와 같은 과정을 계속하면 최종 베이스 대안이 바로 구하고자 하는 가장 바람직한 대안에 해당한다.

가장 바람직한 대안이라고 하더라도 그 대안의 내부수익률이 반드시 가장 크다고 할 수는 없다. 현재가치 분석, 미래가치 분석, 연간가치 분석에서는 0이 비교의 기준이 되는 반면, 수익률 분석에서는 MARR이 비교의 기준이 된다. 다음의 예제를 보면 수익률 분석으로 투자대안을 비교할 때 왜 증분분석의 절차를 따라야 할 필요가 있는지 이해할 수 있을 것이다.

상호 배타적 두 대안의 비교를 위한 내부수익률 분석 — 예제 6.4

스크림 머신이라는 놀이기구에 대해 두 가지 설계안 A, B를 고려하고 있는 플로리다의 한 테마공원의 예를 다시 살펴보기로 하자. 설계안 A는 초기투자 $300,000을 필요로 하되, 투자 후 10년 동안 매년 $55,000에 상당하는 납세 후 수익을 발생시킨다. 설계안 B는 초기투자 $450,000을 필요로 하며, 이후 10년 동안 매년 $80,000의 납세 후 수익을 발생시킨다. 설계안 A, B 모두 10년 후 잔존가치는 무시해도 좋을 정도다. MARR이 10%일 때 내부수익률 분석을 근거로 하면 어느 것이 더 바람직한 대안인가?

문제 요약

주어진 정보: 〈그림 6.4〉에 제시된 현금흐름; MARR = 10%; 계획기간 = 10년

구하는 해: 내부수익률 분석으로 더 바람직한 대안을 선택하라.

풀이

설계안 A가 설계안 B에 비해 초기투자 금액이 더 작기 때문에 설계안 A의 IRR을 먼저 계산한다.

$$i_A^* = \textbf{RATE(10,-55000,300000)}$$
$$= \textbf{12.87\%} > \text{MARR} = 10\%$$

설계안 A가 경제성이 있는 것으로 판명되었으므로, 이번에는 설계안 B의 설계안 A에 대한 증분투자 $150,000에 대한 내부수익률을 계산한다.

$$i_{B-A}^* = \textbf{RATE(10,-25000,150000)}$$
$$= \textbf{10.56\%} > \text{MARR} = 10\%$$

증분투자에 대한 내부수익률 10.56%가 MARR 10%보다 더 크기 때문에 증분투자는 경제성이 있다. 따라서 설계안 B가 선택되어야 한다.

설계안 B 전체의 내부수익률은

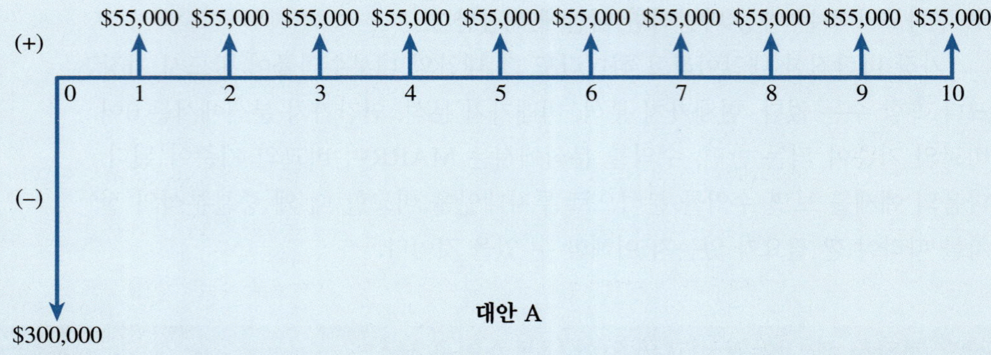

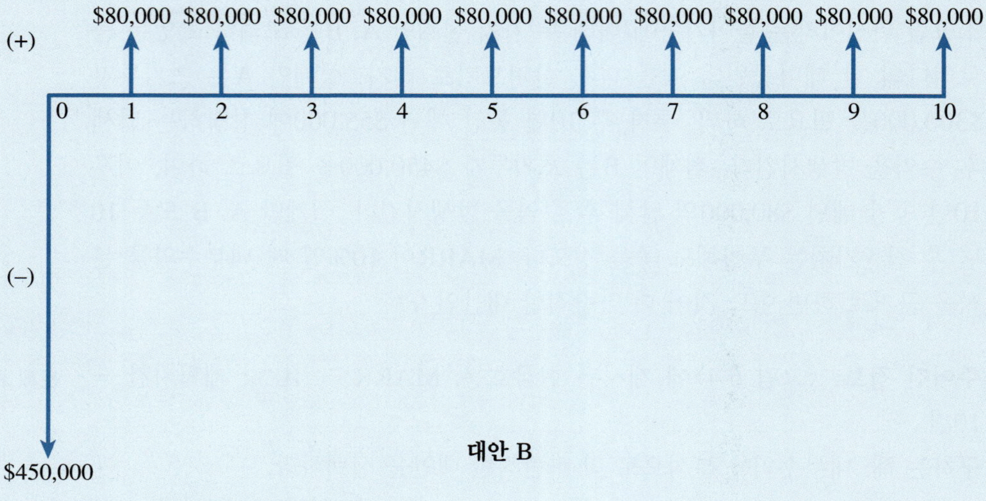

〈그림 6.4〉 예제 6.4의 현금흐름도

$$\begin{aligned} i_B^* &= \mathbf{RATE(10,-80000,450000)} \\ &= \mathbf{12.11\%} \end{aligned}$$

이다. 이 수치 **12.11%**는 처음 투자액 $300,000에 대한 내부수익률 **12.87%**와 증분투자 $150,000에 대한 내부수익률 **10.56%**의 가중평균과 일치한다.

풀이 탐구 설계안 A와 설계안 B 각각의 내부수익률을 따로 계산하여 그 중 내부수익률이 더 큰 대안을 선택한다면, 설계안 A의 IRR이 12.87%로서 설계안 B의 IRR 12.11%보다 크므로 설계안 A가 더 바람직한 안으로 선택될 것이다. 그런데 이것은 잘못된 결정이다. 따라서 내부수익률 분석으로 상호 배타적인 여러 개의 대안들을 비교하고자 할 때는 반드시 증분법의 절차를 따라야 한다.

예제 6.4는 "투자의 증분이 돈의 시간가치를 상회하는 수익을 제공하는 한 투자를 계속하라"는 제 6원칙이 적용되고 있음을 보여준다.

내부수익률 분석을 통해 여러 개의 상호 배타적 투자대안들을 비교할 경우, 투자대안 각각이 수학적으로 다루기 좋은 성질을 지닌 정상적 모양의 현금흐름 시리즈를 갖는다 하더라도, 분석 도중 여러 개의 근이 얻어질 가능성이 매우 높다. 그 이유는 최초 단계만 제외하고 그 다음 단계부터 증분분석을 수행하기 때문이다. 주어진 어떤 2개의 현금흐름 시리즈 각각은 성질이 좋은 정상적 모양이라 하더라도, 그 두 현금흐름 시리즈의 차이를 나타내는 현금흐름 시리즈는 원래의 좋은 성질을 유지하지 못하는 비정상적 모양이 될 수 있다. 다음의 예제를 통해 그러한 경우를 예시하고자 한다.

개별 현금흐름 시리즈는 정상적 모양이지만 증분 현금흐름 시리즈가 비정상적 모양인 경우의 내부수익률 분석

예제 6.5

2개의 상호 배타적 투자대안이 있다. MARR은 12%이다. 대안 1은 $100,000의 초기투자를 필요로 하고 첫해에 $33,600, 두 번째 해에 $72,320, 세 번째 해에 $39,920의 수익을 발생시킨다. 이 현금흐름은 단 한 번의 부호변화가 있는 정상적 모양의 현금흐름으로서 내부수익률 IRR이 20.8122%이다. 대안 2는 $104,000의 초기투자를 필요로 하고 3년 동안 매년 $50,000의 수익을 발생시킨다. 이 현금흐름 또한 부호변화가 한 번뿐인 정상적 모양의 현금흐름이다. 대안 1과 대안 2 중 어느 것이 더 바람직한가?

문제 요약

주어진 정보: 〈표 6.2〉에 제시된 현금흐름

구하는 해: 증분투자의 미래가치 FW

〈표 6.2〉 **예제 6.5의 현금흐름 자료**

연도 말	현금흐름(1)	현금흐름(2)	현금흐름(2-1)
0	−$100,000.00	−$104,000.00	−$4,000.00
1	$33,600.00	$50,000.00	$16,400.00
2	$72,320.00	$50,000.00	−$22,320.00
3	$39,920.00	$50,000.00	$10,080.00
IRR =	20.8122%		20.0000%
IRR =			40.0000%
IRR =			50.0000%

풀이 대안 1이 대안 2보다 초기투자비용이 더 낮으므로 대안 1부터 먼저 검토한다. 대안 1의 내부수익률 IRR1 = 20.8122% > MARR = 12%이므로 대안 1은 경제성이 있다.

다음 단계로 대안 2를 검토한다. 대안 1에서 대안 2로 이동하려면 $4,000의 초기투자가 더 필요하다. 하지만 수익이 첫해에 $16,400 증가, 두 번째 해에 $22,320 감소, 세 번째 해에 다시 $10,080 증가한다. 표 6.2에서 확인할 수 있듯이 증분현금흐름 CF(2-1)은 세 번의 부호변화가 있는 비정상적 모양의 현금흐름이다. 사실 이 현금흐름은 예제 6.2에서 다룬 현금흐름과 동일하다. 이 현금흐름에 대한 내부수익률 IRR은 3개의 값 즉, 20%, 40%, 50%를 갖는다. MARR의 변화에 따른 현금흐름 CF(2-1)의 미래가치를 계산하여 그래프로 표현하면 〈그림 6.5〉와 같다. 이 그래프는 예제 6.2의 〈그림 6.2〉와 동일하다.

〈그림 6.5〉를 보면 MARR < 20%이거나 40% < MARR < 50%이면 CF(2-1)의 미래가치가 양의 값을 가지므로 대안 2가 대안 1보다 더 낫다. 반면 20% < MARR < 40%이거나 MARR > 50%이면 현금흐름 CF(2-1)의 미래가치가 음의 값을 갖게 되어 대안 1이 대안 2보다 더 낫다. 그런데 이 예제에서는 MARR = 12%라고 가정하였으므로 대안 2가 바람직한 대안으로 선택된다.

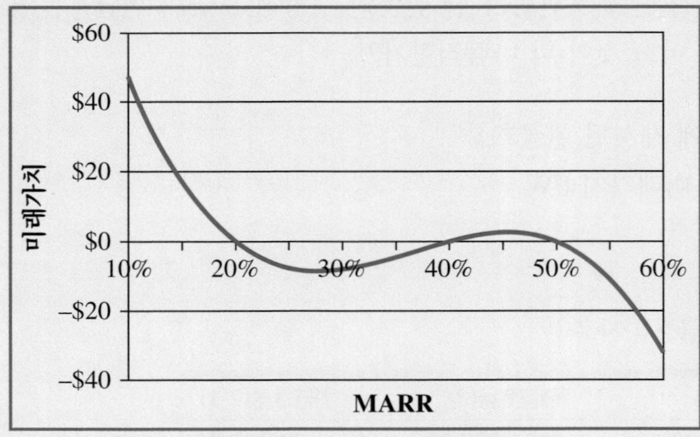

〈그림 6.5〉 예제 6.5의 증분투자 현금흐름 CF(2-1)의 미래가치 그래프

6.2 외부수익률 분석

학습목표: 개별 투자대안의 외부수익률(ERR)을 계산하고, 여러 개의 상호 배타적 투자대안들로부터 경제적 가치가 가장 높은 것을 골라내기 위한 외부수익률 분석을 증분분석 절차를 이용하여 수행하라.

내부수익률법을 사용하면 여러 개의 근이 나올 가능성이 있기 때문에, 이러한 약점을 보완하기 위한 방안으로 저자들은 1976년에 **외부수익률법**(External Rate Of Return Method; ERR Method)이란 새로운 방법을 개발하였다.[1] 우리가 개발한 방법은 다음의 수식을 기반으로 한다.

외부수익률(ERR) 음의 값을 갖는 현금흐름들의 미래가치 절대값과 MARR로 재투자되는 양의 값을 갖는 현금흐름들의 미래가치 값이 서로 같게 되도록 하는 이자율

$$\sum_{t=0}^{n} R_t(1+r)^{n-t} = \sum_{t=0}^{n} C_t(1+i')^{n-t} \qquad (6.2)$$

식 (6.2)에서 R_t는 주어진 현금흐름 시리즈에서 양의 값을 갖는 현금흐름을, C_t는 주어진 현금흐름 시리즈에서 음의 값을 갖는 현금흐름의 절대 값을 나타낸다. 그리고 r은 재투자 수익률로서 MARR에 해당하고, i'은 구하고자 하는 미지의 외부수익률을 나타낸다.

외부수익률(ERR)이란 개념이 창안된 논리적 근거는 다음과 같다: 투자 풀에 남아 있는 자금은 항시 MARR에 상응하는 이자수익을 발생시키는 것으로 가정한다. 따라서 어떤 투자로부터 회수되는 자금은 다시 투자 풀 속에 들어가기 때문에 MARR을 그것의 재투자 수익률로 볼 수 있다. 주어진 투자를 나타내는 현금흐름 시리즈가 경제성이 있으려면, 적어도 음의 값을 갖는 현금흐름들의 미래가치가 MARR로 재투자되는 양의 값을 갖는 현금흐름들의 미래가치 이상이 되어야 한다. 따라서 음의 값을 갖는 현금흐름들의 미래가치와 MARR로 재투자되는 양의 값을 갖는 현금흐름들을 미래가치가 서로 등가가 되도록 하는 이자율을 외부수익률(External Rate Of Return; ERR)이라 정의하였다. 그리고 "외부(external)" 라는 단어를 사용함으로써 투자로부터 회수되는 자금의 재투자 수익률이 그 투자의 내부수익률과 동일하지 않으며, 투자로부터 회수된 자금이 재투자로 발생시키는 수익은 그 투자의 내부에서 직접 얻은 수익이 아니라 외부에서 얻은 수익이라는 점을 분명히 한다.

식 (6.2)를 만족하는 미지수 i'의 값은 항상 하나밖에 존재하지 않는다. 내부수익률 분석에서와는 달리 근이 하나뿐이라는 사실이 외수수익률 분석이 지닌 장점이라 할 수 있다. 그리고 외부수익률 값 ERR이 항상 내부수익률 값

[1] White, J. A., K. E. Case, and M. H. Agee, "Rate of Return: An Explicit Reinvestment Rate Approach," *Proceedings of the 1976 AIIE Conference*, American Institute of Industrial Engineers, Norcross, GA, 1976.

IRR과 MARR 사이에 속한다는 사실이 수학적으로 증명되었다. 따라서 IRR > MARR이면 IRR > ERR > MARR이고, IRR < MARR이면 IRR < ERR < MARR 이며, IRR = MARR이면 IRR = ERR = MARR이다.

6.2.1 외부수익률 분석: 단일 대안의 경우

이미 앞에서 수차례 다루어 이미 친숙하게 된 SMP 머신을 예로 하여 단일 대안의 외부수익률 분석에 대해 좀 더 자세히 알아보기로 하자.

예제 6.6 단일 대안의 외부수익률 계산

$500,000을 들여 표면장착 부품배치기(SMP 머신)를 도입하여 설치하면 10년 동안 매년 $92,500에 상당하는 비용절감 효과가 있을 것으로 기대된다. 그리고 이 부품배치기는 10년 동안 사용 후 잔존가치가 $50,000 정도일 것으로 추정된다. MARR 10%에서 외부수익률 분석을 하면 이 투자가 경제성이 있는 것으로 판명될 것인가?

문제 요약

주어진 정보: 〈그림 6.1〉에 제시된 현금흐름; MARR = 10%; 계획기간 = 10년

구하는 해: 투자대안의 외부수익률 ERR. 이 투자대안을 경제성이 있다고 추천할 것인가?

풀이

초기투자에 해당하는 현금흐름만 유일하게 음의 값을 갖고 나머지는 모두 양의 값을 갖는 현금흐름이기 때문에 식 (6.2)를 이용하여 식을 세우면 다음과 같다.

$$\$500{,}000(F|P\ i',10) = \$92{,}500(F|A\ 10\%,10) + \$50{,}000$$
$$\$500{,}000(1 + i')^{10} = \$92{,}500(F|A\ 10\%,10) + \$50{,}000$$
$$(1 + i')^{10} = [\$92{,}500(15.93742) + \$50{,}000]/\$500{,}000 = 3.048423$$
$$i' = 11.79117\%$$

또는

i' = **RATE(10,,−500000,FV(10%,10,−92500)+50000)**
= **11.79117%**

외부수익률의 계산 값 i' > MARR이기 때문에, 이 SMP 머신은 경제성이 있는 것으로 판명되었다.

초기투자를 나타내는 현금흐름만 음의 값을 갖고 나머지는 모두 양의 현금흐름을 갖는 경우에 한해, Excel®의 함수 **MIRR**을 사용하여 ERR을 계산할 수 있다. 이 책에서는 수정내부수익률(modified internal rate of return: MIRR)에 대한 자세한 내용을 다루지 않는다. Excel® 함수 **MIRR**의 입력 형식은 **MIRR(values, finance_rate, reinvest_rate)**인데, ERR을 계산할 때 매개변수 finance_rate는 무시된다. 〈그림 6.6〉에서 보는 바와 같이 함수 **MIRR**을 사용하여 계산한 ERR의 정확한 값은 11.79118%이다. 이 예제의 IRR = 13.8%이었음을 기억하라.

초기투자를 나타내는 현금흐름 이외에 음의 값을 갖는 다른 현금흐름이 포함되어 있는 경우라도 Excel® 함수 **IRR**을 사용하여 ERR 값을 도출할 수 있다. Excel® 함수 **IRR**을 사용하여 이 예제의 SMP 머신에 대한 ERR을 계산하기 위해 다음과 같은 단계를 거쳤다.

1. 원래의 현금흐름 시리즈 CF를 두 개의 현금흐름 시리즈 CF(+) = $\{R_t, t = 0, 1, 2, \ldots, 10\}$(〈그림 6.6〉의 셀 C3:C13)와 CF(−) = $\{C_t, t = 1, 2, \ldots, 10\}$(〈그림 6.6〉의 셀 D3:D13)로 분리한다.
2. 현금 흐름시리즈 CF(−) 속의 모든 현금흐름의 부호를 반대로 하여 새로운 현금흐름 시리즈 CF = $\{-C_t, t = 1, 2, \ldots, 10\}$를 만든다.
3. MARR 10%를 적용하여 현금흐름 시리즈 CF(+)의 t = 10에서의 미래가치를 계산한 후 그 값을 새로 만든 현금흐름 시리즈 CF의 마지막 항(〈그림

	A	B	C	D	E	F	G
1	연도 말	CF	CF(+)	CF(-)	CF		
2			R_t	C_t			
3	0	-$500,000.00	$0.00	$500,000.00	-$500,000.00		
4	1	$92,500.00	$92,500.00	$0.00	$0.00		
5	2	$92,500.00	$92,500.00	$0.00	$0.00	=IF(B3<0,-B3,0)	
6	3	$92,500.00	$92,500.00	$0.00	$0.00		
7	4	$92,500.00	$92,500.00	$0.00	$0.00	=IF(B7<0,0,B7)	
8	5	$92,500.00	$92,500.00	$0.00	$0.00		
9	6	$92,500.00	$92,500.00	$0.00	$0.00		
10	7	$92,500.00	$92,500.00	$0.00	$0.00		
11	8	$92,500.00	$92,500.00	$0.00	$0.00		
12	9	$92,500.00	$92,500.00	$0.00	$0.00		
13	10	$142,500.00	$142,500.00	$0.00	$1,524,211.78		
14	ERR=	11.79118%		ERR=	11.79118%		
15							
16		=MIRR (B3:B13,,10%)			=IRR (E3:E13)		

〈그림 6.6〉 예제 6.6에서 Excel® 함수 MIRR와 IRR을 사용한 ERR의 계산

6.6〉의 셀 E13)에 들어 있는 금액 즉 $-C_{10}$에 더한다.

4. 새로 만든 현금흐름 시리즈 CF(〈그림 6.6〉의 셀 E3:E13) 속에는 0, 원래의 현금흐름 시리즈 CF에서 음의 부호를 갖는 값, 그리고 원래의 CF에서 양의 부호를 갖는 모든 현금흐름으로부터 계산한 미래가치(여기서는 셀 E13의 $1,524,211.78)이 포함되게 된다.

5. 외부수익률 정의(MARR을 적용하여 계산한 양의 현금흐름에 대한 미래가치와 음의 값을 갖는 현금흐름에 대한 미래가치의 절대값이 서로 같게 되도록 하는 이자율)를 다시 한 번 상기하면서 셀 E14에 Excel® 함수 ' = IRR(E3:E13)'를 입력하면, 그때 나타나는 수치(여기서는 11.79118%)가 바로 구하고자 하는 ERR에 해당한다.

예제 6.7 여러 개의 근이 나오는 문제점 해결에 활용된 외부수익률 분석

내부수익률 계산에서 여러 개의 근이 나올 수 있음을 보여준 예제 6.2의 데이터를 기억하기 바란다. $t = 0, 1, 2, 3$ 에서의 각 현금흐름은 −$4,000, $16,400, −$22,320, $10,080이다.

MARR = 12%에서 식 (6.2)를 이용하여 방정식을 세우면 다음과 같다.

풀이 $\$4{,}000(F|P\ i',3) + \$22{,}320(F|P\ i',1) = \$16{,}400(F|P\ 12\%,2) + \$10{,}080$

등식을 만족하는 미지수 i'의 값을 계산하기 위하여 시행착오 및 보간법을 사용할 수 있을 것이다. 현금흐름에서 음의 부호를 갖는 수치가 여러 개 있기 때문에 ERR 값 계산을 위해 Excel® 함수 **MIRR**은 사용할 수 없다. 그러나 Excel® 도구인 **SOLVER**와 **GOAL SEEK**는 사용이 가능하다. 〈그림 6.7〉은 **SOLVER** 사용을 위한 대화상자 입력내용과 계산결과를 보여준다. **SOLVER**와 **GOAL SEEK**로 계산한 ERR 값은 둘 다 **12.0911%**이다.

〈표 6.3〉은 여러 가지 MARR 값에 대한 ERR의 계산결과를 나타내고 있다. MARR $<$ 20%일 때 ERR $>$ MARR, 20% $<$ MARR $<$ 40%일 때 ERR $<$ MARR, 40% $<$ MARR $<$ 50%일 때 ERR $>$ MARR, 그리고 MARR $>$ 50%일 때 ERR $<$ MARR이란 사실에 주목하라.

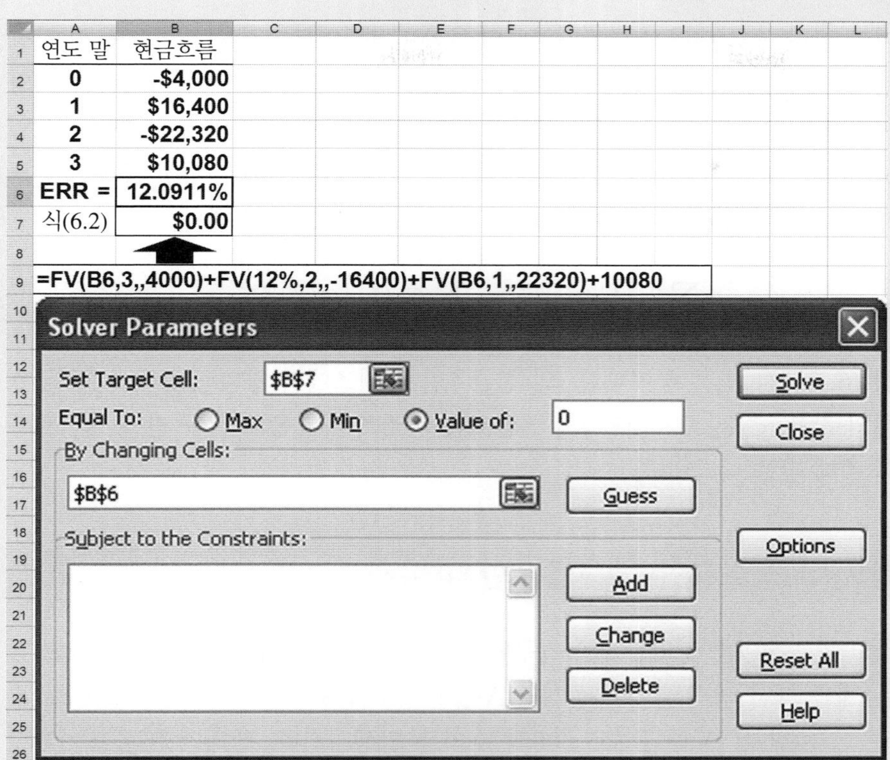

〈그림 6.7〉 예제 6.7에서 ERR 계산을 위한 SOLVER 대화상자의 입력내용과 계산결과

〈표 6.3〉 **예제 6.7에서 여러 가지 MARR 값에 대한 ERR의 계산결과**

MARR	ERR	MARR	ERR	MARR	ERR
0%	0.4654%	20%	20.0000%	40%	40.0000%
2%	2.3768%	22%	21.9900%	42%	42.0030%
4%	4.2999%	24%	23.9837%	44%	44.0049%
6%	6.2338%	26%	25.9805%	46%	46.0052%
8%	8.1775%	28%	27.9799%	48%	48.0037%
10%	10.1302%	30%	29.9812%	50%	50.0000%
12%	12.0911%	32%	31.9840%	52%	51.9939%
14%	14.0592%	34%	33.9877%	54%	53.9850%
16%	16.0399%	36%	35.9919%	56%	55.9732%
18%	18.0144%	38%	37.9962%	58%	57.9581%

6.2.2 외부수익률 분석: 여러 대안의 경우

여러 개의 상호 배타적 투자대안들이 존재할 때, 외부수익률 분석을 통해 가장 경제적인 대안을 선정할 수 있다. 그렇지만, 내부수익률 분석을 사용할 때와 마찬가지로 증분분석의 수행 절차를 따라야 한다. 여러 개의 투자대안들이 있고 그것들 모두가 각자의 외부수익률 i_j'를 갖지만, 거기에는 항상 공동의 재투자수익률 r이 있다. 투자대안 j에 대해 다음 식이 성립해야 한다.

$$\sum_{t=0}^{n} R_{jt}(1 + r)^{n-t} = \sum_{t=0}^{n} C_{jt}(1 + i_j')^{n-t} \qquad (6.3)$$

식 (6.3)에서 R_{jt}는 투자대안 j의 현금흐름 시리즈에서 양의 값을 갖는 현금흐름의 값을, C_{jt}는 투자대안 j의 현금흐름 시리즈에서 음의 값을 갖는 현금흐름의 절대 값을 나타낸다.

예제 6.8 상호 배타적 두 대안의 비교를 위한 외부수익률 분석

스크림 머신이라 불리는 놀이기구에 대한 두 가지 설계안 A, B를 포함하고 있는 예를 다시 생각해보자. 설계안 A는 초기투자 \$300,000을 필요로 하고, 투자 후 10년 동안 매년 \$55,000의 수익을 발생시킨다. 설계안 B는 초기투자 \$450,000을 필요로 하고 이후 10년 동안 매년 \$80,000의 수익을 발생시킨다. 두 대안 모두 10년 후의 잔존가치는 무시해도 좋을 정도다. MARR이 10%일 때 외부수익률 분석을 근거로 하면 어느 것이 더 바람직한 대안인가?

문제 요약 **주어진 정보**: 〈그림 6.4〉에 제시된 현금흐름; MARR = 10%; 계획기간 = 10년

구하는 해: 외부수익률 분석으로 더 바람직한 대안을 선택하라.

풀이 다음의 순서에 따라 문제를 해결한다. 단, MARR이 10%라고 하자.

1. 설계안 A가 설계안 B에 비해 초기투자 금액이 더 작기 때문에 설계안 A의 ERR을 먼저 계산한다.

$$\begin{aligned} \$300{,}000(1 + i_A')^{10} &= \$55{,}000(F|A\ 10\%,10) \\ (1 + i_A')^{10} &= \$55{,}000(15.93742)/\$300{,}000 \\ i_A' &= 11.31814\% > \text{MARR} = 10\% \end{aligned}$$

또는

i'_A = **RATE(10,,−300000,FV(10%,10,−55000))**
i'_A = **11.31814%** > MARR = 10%

따라서 설계안 A가 경제성이 있는 것으로 판명되었다. 그러므로 설계안 A가 베이스 대안이 된다.

2. 이제 설계안 B와 베이스 대안(설계안 A)를 비교하기 위해서는 추가로 필요한 투자, 즉 설계안 B의 설계안 A에 대한 증분투자 $150,000에 대한 ERR을 계산한다.

$$\$150{,}000(1 + i'_{B-A})^{10} = \$25{,}000(F|A\ 10\%,10)$$
$$(1 + i'_{B-A})^{10} = \$25{,}000(15.9374)/\$150{,}000$$
$$i'_{B-A} = 10.26219\% > \text{MARR} = 10\%$$

또는

i'_{B-A} = **RATE(10,,−150000,FV(10%,10,−25000))**
= **10.26219%** > MARR = 10%

증분투자의 ERR = 10.26219%가 MARR = 10%보다 더 크기 때문에 증분투자는 경제성이 있다. 즉, 설계안 B가 바람직한 대안으로 선택되어야 한다.

3. 참고로 설계안 B의 외부수익률 ERR을 계산하면 다음과 같다.

$$\$450{,}000(1 + i'_B)^{10} = \$80{,}000(F|A\ 10\%,10)$$
$$(1 + i'_B)^{10} = \$80{,}000(15.9374)/\$450{,}000$$
$$i'_B = 10.97611\%$$

또는

i'_B = **RATE(10,,−450000,FV(10%,10,−80000))**
= **10.97611%**

개별 현금흐름 시리즈는 정상적 모양이지만 증분 현금흐름 시리즈가 비정상적 모양인 경우의 외부수익률 분석

예제 6.9

2개의 상호 배타적 투자대안을 다룬 예제 6.5를 다시 생각해보자. MARR은

12%이다. 각 대안의 현금흐름 개요는 〈표 6.2〉에서 보는 바와 같다. 대안 1은 $100,000의 초기투자를 필요로 하고 첫해에 $33,600, 두 번째 해에 $72,320, 세 번째 해에 $39,920의 수익을 발생시킨다. 이 현금흐름은 단 한 번의 부호변화가 있는 정상적 모양의 현금흐름으로서 외부수익률 ERR이 17.7031%이다. 대안 2는 $104,000의 초기투자를 필요로 하고 3년 동안 매년 $50,000의 수익을 발생시킨다. 이 현금흐름 또한 부호변화가 한 번뿐인 정상적 모양의 현금흐름이다. ERR 분석을 근거로 하면 대안 1과 대안 2 중 어느 것이 더 바람직한가?

풀이 대안 1의 초기투자비용이 대안 2보다 더 작기 때문에 대안 1부터 먼저 검토한다. 대안 1의 외부수익률은 〈그림 6.8〉에서 보는 바와 같이 ERR1 = 17.7031% > MARR = 12%이므로 대안 1은 경제성이 있는 것으로 나타났다.

다음 단계로 대안 2를 검토한다. 대안 1에서 대안 2로 이동하려면 $4,000의 초기투자가 더 필요하다. 하지만 수익이 첫해에 $16,400 증가, 두 번째 해에 $22,320 감소, 세 번째 해에 다시 $10,080 증가한다. 〈그림 6.8〉의 D열에서 확인할 수 있듯이 증분현금흐름 CF(2−1)은 세 번의 부호변화가 있는 비정상적 모양의 현금흐름이다. 물론 이 현금흐름은 내부수익률 IRR이 3개의 값 즉, 20%, 40%, 50%를 갖는 경우로 예제 6.5에서 이미 다룬 현금흐름과 동일하다. 그리고 앞의 예제 6.7에서 이미 분석한 바와 같이 이 현금흐름의 ERR을 계산하면 12.0911%로서 단일 값을 갖는다.

ERR_{2-1} = 12.0911% > MARR = 12%이므로 대안 2가 더 바람직한 대안으로 선택된다.

	A	B	C	D	E
1	연도 말	CF(1)	CF(2)	CF(2-1)	
2	0	-$100,000.00	-$104,000.00	-$4,000.00	
3	1	$33,600.00	$50,000.00	$16,400.00	
4	2	$72,320.00	$50,000.00	-$22,320.00	
5	3	$39,920.00	$50,000.00	$10,080.00	
6	ERR=	17.7031%			SOLVER
7		=MIRR(B2:B5,,12%)			USED
8	ERR=	17.7031%		12.0911%	
9	FW=	$0.00		$0.00	
10	=-100000*(1+B8)^3+33600*(1+0.12)^2+72320*(1+0.12)+39920				
11					
12	=-4000*(1+D8)^3+16400*(1+0.12)^2-22320*(1+D8)+10080				

〈그림 6.8〉 예제 6.9의 데이터 및 ERR 분석

핵심 개념

요약

1. 개별 투자대안의 내부수익률(IRR)을 계산하고, 여러 개의 상호 배타적 투자대안들로부터 경제적 가치가 가장 높은 대안을 골라내기 위한 내부수익률 분석을 증분분석 절차를 이용하여 수행하라. (6.1절)

내부수익률법은 경제적 가치를 측정하는 매우 유용한 방법으로 특히 의사결정이 필요한 개인 투자자들 사이에서 인기가 높다. 이 방법은 현재가치법, 미래가치법, 연간가치법과 달리 서열법에 속하지 않으므로, 여러 개의 상호 배타적 대안으로부터 가장 바람직한 대안을 선정하고자 하면 증분분석의 절차를 따라야 한다. 하나의 투자대안에 대해 여러 개의 IRR이 존재할 수 있다.

투자대안 j의 IRR i_j^*는 다음 식을 만족해야 한다.

$$0 = \sum_{t=0}^{n} A_{jt}(1 + i_j^*)^{n-t} \qquad (6.1)$$

다시 말해 어떤 투자대안의 IRR은 그 투자대안의 미래가치가 0이 되도록 하는 이자율이다.

2. 데카르트 부호법칙과 노스트롬 기준을 적용하여 내부수익률 분석에서 여러 개의 근이 나올지 여부를 사전에 확인하라. (6.1.2절)

데카르트 부호법칙과 노스트롬 기준을 적용하면 내부수익률 분석을 할 때 여러 개의 근이 나올 가능성이 없는지 사전에 확인할 수 있다. 데카르트 부호법칙에 의하면, IRR을 계산하기 위한 방정식에서 나올 수 있는 양의 실근의 수는 주어진 현금흐름 개요에서 발생한 부호변화 회수를 초과할 수 없다. 양의 값을 갖는 IRR이 최대한 하나뿐인 것을 확인하기 위해서 노스트롬 기준을 적용할 수 있다.

3. 개별 투자대안의 외부수익률(ERR)을 계산하고, 여러 개의 상호 배타적 투자대안들로부터 경제적 가치가 가장 높은 것을 골라내기 위한 외부수익률 분석을 증분분석 절차를 이용하여 수행하라. (6.2절)

IRR법과 마찬가지로, ERR법도 경제적 가치를 측정하는 방법으로 인기가 높다. IRR법은 서열법에 속하지 않으므로, 여러 개의 상호 배타적 대안으로부터 가장 바람직한 대안을 선정하려 하면 증분분석의 수행 절차를 따라야 한다. 그리고 외부수익률(ERR)에 "외부(external)"라는 단어를 포함시킨 이유는, 투자에서 회수되는 자금의 재투자 수익률이 그 투자의 IRR과 동일하지 않다는 점과, 투자에서 회수된 자금이 재투자로 발생시키는 수익은 그 투자의 내부에서 얻은 수익이 아니라 외부에서 얻은 수익이라는 점을 분명히 지적하기 위함이다. ERR 분석을 하면 항상 해가 하나뿐이다.

ERR의 계산은 다음의 수식을 기반으로 한다.

$$\sum_{t=0}^{n} R_t(1 + r)^{n-t} = \sum_{t=0}^{n} C_t(1 + i')^{n-t} \tag{6.2}$$

식 (6.2)에서 R_t는 주어진 현금흐름 시리즈에서 양의 값을 갖는 현금흐름을, C_t는 주어진 현금흐름 시리즈에서 음의 값을 갖는 현금흐름의 절대값을 나타낸다. 그리고 r은 재투자 수익률로서 MARR에 해당하고, i'은 구하고자 하는 미지의 외부수익률을 나타낸다.

핵심용어

내부수익률(Interanal Rate Of Return: IRR)

외부수익률(External Rate Of Return: ERR)

기사시험 유사문제

1. 잘 정의된 어떤 투자대안의 내부수익률을 계산한 결과 MARR과 같은 값을 얻었다. 이 경우 이 투자대안에 대한 다음의 주장 중 옳은 것은?
   a. 현재가치 PW $= 0$, 연간가치 AW $\neq 0$
   b. 현재가치 PW $\neq 0$, 연간가치 AW $= 0$
   c. 현재가치 PW $\neq 0$, 연간가치 AW $\neq 0$
   d. 현재가치 PW $= 0$, 연간가치 AW $= 0$
2. 다음 현금흐름도의 내부수익률은 얼마인가?

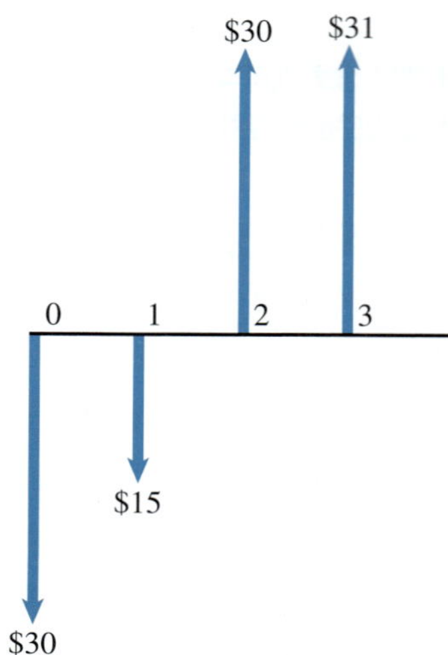

a. 20.0%
b. 18.2%
c. 17.5%
d. 15.0%

3. 아래 그래프의 점 B에서의 이자율이 20%라면 투자분석에 대한 다음의 주장 중 가장 적절한 것은?

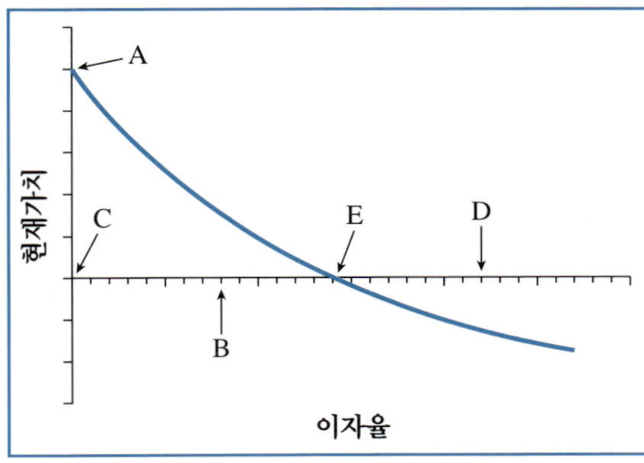

a. 이 투자의 내부수익률 IRR은 20%보다 작다.
b. 이 투자의 내부수익률 IRR은 20%이다.
c. 이 투자의 내부수익률 IRR은 20%보다 크다.
d. 위의 주장들은 모두 옳지 않다.

4. 어떤 회사는 두 가지 대안 A와 B를 고려 중인데 그 중 반드시 하나를 선택하여 실행하여야 한다. 대안 A는 유지비용이 상대적으로 높고, 반면 대안 B는 초기투자비가 상대적으로 높다. 대안 A에 대한 대안 B의 증분 현금흐름에 대한 내부수익률 IRR을 계산한 결과 그 값이 17.6%이었다. 이 회사의 MARR이 20%라 하면 대안 A와 대안 B중 어느 것이 선호되겠는가?

a. 대안 A
b. 대안 B
c. 대안 A와 대안 B는 무차별 관계이다.
d. 주어진 정보만으로는 판단할 수 없다.

5. MARR은 12%, 투자대안 A의 내부수익률 IRR은 18%, 투자대안 B의 내부수익률 IRR은 16%이다. 다음 중 옳은 것은?

a. 대안 B가 대안 A보다 유리하다.
b. 대안 A가 대안 B보다 유리하다.
c. 어느 것이 더 유리한지를 알 수 없다.
d. 대안 A와 대안 B 둘 다 바람직하지 못하다.

6. 투자가치를 측정하는 척도인 IRR과 ERR을 생각하여 보자. 만약 "근(root)"이라는 단어의 의미가 PW = 0, 즉 현재가치를 "0"으로 만드는 값이라고 정의하면, 다

음의 주장 중 옳은 것은?

a. IRR과 ERR 모두 여러 개의 근을 가질 수 있다.
b. IRR은 단 하나의 근을 가지며, ERR은 여러 개의 근을 가질 수 있다.
c. IRR은 여러 개의 근을 가질 수 있으며, ERR은 단 하나의 근을 가진다.
d. IRR과 ERR 모두 단 하나의 근을 가진다.

연습문제

6.0절 서론

1. 첫 번째 열에 주어진 각 가치척도를 두 번째 열에 주어진 측정 단위와 적절히 연결하라.

가치척도	측정 단위
(a)연간가치	(1) $
(b)외부수익률	(2) %
(c)미래가치	
(d)내부수익률	
(e)현재가치	

6.1.1, 6.1.2절 내부수익률 분석: 단일 대안의 경우

2. 다음과 같은 현금흐름 개요를 갖는 어떤 투자대안이 있다. 다음 각 경우의 MARR을 이용하여 내부수익률 분석을 할 때 이 투자대안이 투자매력이 있는 것으로 판정되기 위해서는 X의 값이 적어도 얼마 이상이어야 하는가?

연도 말	현금흐름
0	−$30,000
1	$6,000
2	$13,500
3	$*X*
4	$13,500

a. MARR이 12%/년
b. MARR이 15%/년
c. MARR이 24%/년
d. MARR이 8%/년
e. MARR이 0%/년

3. 카리슬사는 법원에 소환되어 대기오염 가스 방출량을 기준 이하로 줄이는 설비를 설치하든지 아니면 연간 $18,500의 환경개선 분담금을 납부하라는 명을 받았다.

가스여과장치는 초기비용이 $75,000이고 유효수명은 5년이며 수명을 다한 후 잔존가치가 $0이다. 이 회사의 MARR은 10%이다.

a. 이 투자안의 내부수익률은 얼마인가?
b. 내부수익률을 근거로 투자매력을 판정할 때, 의사결정 규칙은 무엇인가?
c. 가스여과장치의 설치가 경제성이 있다고 할 수 있는가?

4. 이메지니어링사는 투자와 관련한 현금흐름 개요가 다음과 같은 디자인 소프트웨어의 구입을 검토 중이다. 이 회사의 MARR은 18%이다.

연도 말	현금흐름(백만불)
0	−$12
1	$1
2	$5
3	$2
4	$5
5	$5
6	$2
7	$5

a. 이 투자안의 내부수익률은 얼마인가?
b. 내부수익률을 근거로 투자매력을 판정할 때, 의사결정 규칙은 무엇인가?
c. 이메지니어링사는 이 소프트웨어를 구입해야 하는가?

5. 메이베리사는 디자인 변경을 고려 중이다. 만약 디자인을 변경하면 초기비용으로 $6,000이 들게 될 것이고, 대신 6년 동안 매년 $1,000씩 비용이 절감되고 또 6년도 말에 별도로 비용 $2,000이 절감된다. 이 회사의 MARR은 8%이다.

a. 이 투자안의 내부수익률은 얼마인가?
b. 내부수익률을 근거로 투자매력을 판정할 때, 의사결정 규칙은 무엇인가?
c. 메이베리사는 이 디자인 변경 안을 추진해야 하는가?

6. 다음과 같은 현금흐름 개요를 갖는 어떤 투자대안이 있다. MARR은 10%이다.

연도 말	순현금흐름
0	−$70,000
1	$30,000
2	$30,000
3	$30,000
4	$30,000
5	$30,000
6	$30,000 + $2,000

a. 이 투자대안의 내부수익률은 얼마인가?
b. 내부수익률을 근거로 투자매력 여부를 판정할 때 의사결정 규칙은 무엇인가?
c. 이 투자안은 경제성이 있다고 할 수 있는가?

7. 에디 공업사는 회사 시설물 전액을 화재보험에 들었다. 현재 이 회사 시설물의 자산 평가액은 $700,000이고 연간 보험료는 대물 자산 $100당 $1이다. $20,000을 들여 수명이 20년이고 잔존가치가 $0인 스프링클러 시스템을 설치하는 안을 검토 중이다. 스프링클러 시스템의 연간 유지비는 $400이다. 만약 스프링클러 시스템을 설치하면 이 시스템도 당연히 회사의 대물 자산에 포함되어야 하지만, 보험료는 대물 자산 $100당 $0.40로 줄어들게 된다. 이 회사의 MARR은 15%이다.

a. 이 투자안의 내부수익률은 얼마인가?
b. 내부수익률을 근거로 투자매력을 판정할 때, 의사결정 규칙은 무엇인가?
c. 스프링클러 시스템의 설치가 경제성이 있다고 할 수 있는가?

8. 브록사는 현금흐름 개요가 다음과 같은 사업에 $80,000을 투자하였다. MARR 12%를 가정하여 내부수익률을 구한 다음 이 사업이 바람직한 투자인지 판정하라.

연도 말	현금흐름
0	−$80,000
1	$10,000
2	$16,000
3	$22,000
4	$28,000
5	$28,000
6	$22,000
7	$16,000
8	$10,000

9. $20,000을 주고 콘덴서를 하나 새로 구입하려 한다. 이 콘덴서는 구입 후 6년 동안 사용 가능하며 6년 뒤 잔존가치가 $5,000로 추정된다. 6년 동안 매년 $8,500의 수익과 $2,300의 비용이 발생할 것으로 예상된다. 돈의 시간가치를 연복리 15%라 가정하자. 이 투자의 내부수익률을 계산하고 콘덴서의 구입 여부를 결정하라.

10. 다음의 각 조건에서 어떤 프로젝트의 내부수익률을 계산한다고 할 때 그 결과로써 무엇을 알 수 있는가?

a. 이 프로젝트의 현재가치는 0보다 크다.
b. 이 프로젝트의 현재가치는 0이다.
c. 이 프로젝트의 현재가치는 0보다 작다.
d. 이 프로젝트의 미래가치는 0보다 크다.

e. 이 프로젝트의 미래가치는 0이다.
f. 이 프로젝트의 미래가치는 0보다 작다.
g. 이 프로젝트의 연간가치는 0보다 크다.
h. 이 프로젝트의 연간가치는 0이다.
i. 이 프로젝트의 연간가치는 0보다 작다.

11. 베이온 화학은 $100,000를 주고 자동제어 여과장치를 구입하고자 한다. 구입가격의 반에 해당하는 자금은 은행으로부터 연 이자율 15%에 대출받고자 한다. 대출금은 5년에 걸쳐 매년 균등액으로 상환될 예정이다. 이 여과장치는 10년 동안 사용되며 10년 후 잔존가치는 $10,000로 추정된다. 그리고 운영 및 유지비는 첫해에는 $20,000이고 이후 매년 $1,500씩 증가할 것으로 기대된다. 베이온사는 이 여과장치에 투자함으로써 매년 $50,000씩 납부해야 하는 오염물 배출에 대한 벌금을 더 이상 낼 필요가 없게 된다. 베이온 화학의 MARR은 12%이다. 내부수익률 분석을 사용하여 이 여과장치의 구입이 경제적으로 타당한지를 확인하라.

12. 갈바나이즈드사는 새로운 전산시스템을 도입하고자 한다. 이 전산시스템의 구입가격은 $100,000이다. 그런데 이 회사는 구입 자금이 일부 부족하여 이 구입가격의 4분의 1에 해당하는 금액을 연간복리 15%에 은행으로부터 대출을 받고자 한다. 이 대출금은 3년에 걸쳐 매년 말 균등액을 지불하여 갚고자 한다. 이 전산시스템의 수명은 5년이고 수명을 다한 후 잔존가치는 $5,000이다. 그리고 이 전산시스템을 구입하면 운영 및 유지를 위한 전담인력의 채용 등 연간 $25,000의 비용이 발생하지만, 업무효율로 인한 비용 절감은 연간 $55,000이 될 것으로 기대된다. 갈바나이즈드사의 투자 평가에 사용되는 MARR은 18%이다.

a. 이 투자안의 내부수익률은 얼마인가?
b. 내부수익률을 근거로 투자매력을 판정할 때, 의사결정 규칙은 무엇인가?
c. 이 전산시스템을 구입해야 하는가?

13. 델타 제과는 배달용 화물차를 구입하려고 한다. 화물차의 구입 가격은 $18,000인데, 이 중 $12,000은 은행으로부터 융자를 받고자 한다. 융자금은 연 이자율 4%이며 4년에 걸쳐 매년 말에 균등액으로 상환하고자 한다. 화물차는 6년간 사용될 계획이며 6년 후 잔존가치는 $500로 추정된다. 운영 및 유지비용은 6년 동안 매년 $700로 추정된다. 그리고 이 배달용 화물차를 구입하면 매년 $3,800의 비용이 줄어들 것으로 예상된다. 델타 제과에서는 MARR로 6%를 사용하고 있다. 내부수익률 분석을 사용하여 배달용 화물차의 구입이 경제성이 있는지를 분석하라.

14. 현금흐름 개요가 다음과 같은 어떤 사업이 있다고 하자. MARR은 10%라고 가정하라.

연도 말	0	1	2	3	4	5	6
순현금흐름	−$100	$25	$25	$25	$25	$25	$25

a. 데카르트 부호 규칙이 이 사업의 내부수익률에 관해 시사하는 바는 무엇인가?
b. 이 사업의 내부수익률에 관해 노스트롬 기준이 나타내는 바를 말하라.
c. 이 사업의 내부수익률을 구하라
d. 이 사업은 경제적으로 매력이 있다고 할 수 있는가?

15. 현금흐름 개요가 다음과 같은 어떤 사업이 있다고 하자. MARR은 10%라고 가정하라.

연도 말	0	1	2	3	4	5	6
순현금흐름	−$100	$25	$200	−$100	$250	−$200	−$100

a. 데카르트 부호 규칙이 이 사업의 내부수익률에 관해 시사하는 바는 무엇인가?
b. 이 사업의 내부수익률에 관해 노스트롬 기준이 나타내는 바를 말하라.
c. 이 사업의 내부수익률을 구하라.
d. 이 사업은 경제적으로 매력이 있다고 할 수 있는가?

16. 현금흐름 개요가 다음과 같은 어떤 사업이 있다고 하자. MARR은 10%라고 가정하라.

연도 말	0	1	2	3	4	5	6
순현금흐름	−$101	$411	−$558	$253	$2	$8	−$14

a. 이 사업의 내부수익률을 구하라.
b. 이 사업은 경제적으로 매력이 있다고 할 수 있는가?

6.1.3절 내부수익률 분석: 여러 대안의 경우

17. 콴텀 물류에서는 남동부 지역을 관할할 물류창고를 하나 신설하고자 한다. 물류창고의 설립 입지로 3군데가 고려중이다. 각 입지에 대한 현장 조사와 예산 분석을 거쳐 아래와 같은 수익과 비용에 대한 자료를 얻었다. 물류창고의 수명은 12년이고 MARR은 15%이다. 내부수익률 분석을 사용하여 어느 입지에 물류창고를 설립할 것인지를 결정하라.

입지	초기비용	연간 순수익
라그랑지	$1,260,000	$480,000
어번	$1,000,000	$410,000
애니스톤	$1,620,000	$520,000

18. 칭고스 건설은 세 가지 투자제안 A, B, C를 검토 중이다. 투자제안 A와 B는 상호 배타적이고, 투자제안 C는 B에 부수적이다. 계획기간 10년 동안 각 투자제안의 현금흐름 자료는 다음과 같다. 이 회사가 투자에 사용할 수 있는 예산은 $1,000,000이고 MARR은 15%이다. 내부수익률 분석을 사용하여 어떤 투자대안을 선택할 것인지를 결정하라.

	순현금흐름(A)	순현금흐름(B)	순현금흐름(C)
초기투자	$600,000	$800,000	$470,000
계획기간	10년	10년	10년
잔존가치	$70,000	$130,000	$65,000
연간수입	$400,000	$600,000	$260,000
연간지출	$130,000	$270,000	$70,000

19. 어느 대기업은 7개의 투자대안 A, B, C, D, E, F, G와 무투자(아무것도 하지 않음)안 중 어느 하나를 선택할 수 있는 기회를 갖고 있다. 투자대안은 아래에서 보는 바와 같이 모두 초기투자가 필요하다. 각 투자대안에 대한 현금흐름 정보를 입력한 후 투자대안들을 적절히 짝을 지어 증분 내부수익률을 계산한 결과는 아래 표에서 보는 바와 같다.

		'행'–'열'의 증분 내부수익률						
투자대안	초기투자	무투자	A	B	C	D	E	F
A	$10,000	10%						
B	$12,000	9%	7%					
C	$13,000	8%	2%	0.1%				
D	$15,000	7%	9%	5%	9%			
E	$16,000	6%	5%	1%	6%	3%		
F	$18,000	5%	8%	2%	5%	5%	5%	
G	$23,000	7%	3%	8%	7%	4%	3%	2%

예를 들어 투자대안 A의 내부수익률은 10%이고, 투자대안 C 마이너스 투자대안 B(C-B), 즉 투자대안 B에 대한 투자대안 C의 증분 내부수익률은 0.1%이다. 다음 각 경우의 MARR에 있어서 어느 대안이 선호대안인지 결정하고 그러한 결론에 이르게 된 이유를 말하라.

a. MARR = 12%
b. MARR = 9.5%
c. MARR = 8%
d. MARR = 3.5%
e. MARR = 1.5%

20. 오르페움 프로덕션은 녹음 스튜디오에 설치된 조명시설의 성능을 향상시키고자 한다. 조명 성능을 향상시키면 스튜디오를 이용하는 고객 확보가 용이하게 되어

더 많은 수익을 기대할 수 있다. 세 가지 조명성능 향상방안이 고려중인데 각 방안의 현금흐름 자료는 아래와 같다. MARR은 10%이다. 내부수익률 분석을 사용하여 어느 방안을 채택하는 것이 좋은지를 결정하라.

연도 말	바 방식	스팟 방식	빔 방식
0	−$6,000	−$14,000	−$20,000
1	$2,000	$3,500	$0
2	$2,000	$3,500	$2,300
3	$2,000	$3,500	$4,600
4	$2,000	$3,500	$6,900
5	$2,000	$3,500	$9,200
6	$2,000	$3,500	$11,500

21. 온사이트 서비스에서는 네 가지 투자제안을 받았다. 투자제안 X1과 X2는 상호 배타적이다. 투자제안 Y1과 Y2도 상호 배타적이다. 그리고 Y1은 X1에 부수적이고, Y2는 X2에 부수적이다. 이러한 제약을 제외하고는 투자제안들을 어떻게 조합하더라도 가능한 투자대안이 된다. MARR은 10%이다. 투자제안별 현금흐름은 아래와 같다. 내부수익률법으로 분석하고자 한다.

연도 말	X1	X2	Y1	Y2
0	−$10,000	−$15,000	−$6,000	−$9,000
1~8	$1,600	$2,600	$2,500	$3,500

a. 모든 가능한 투자대안을 열거하라.

b. 온사이트 서비스는 어느 투자대안을 채택해야 하는가?

22. 어떤 회사는 현금흐름 자료가 아래와 같은 네 가지 투자제안 A, B, C, D를 가지고 있다. 투자제안 A와 C는 상호 배타적이고 투자제안 D는 투자제안 B에 부수적이다. 투자에 사용할 수 있는 예산은 $750,000이고 MARR은 10%이다. 내부수익률 분석을 사용하여 어떤 투자대안을 선택할 것인지를 결정하라.

	순현금흐름(A)	순현금흐름(B)	순현금흐름(C)	순현금흐름(D)
초기투자	$400,000	$400,000	$600,000	$300,000
계획기간	10년	10년	10년	10년
연간수입	$205,000	$215,000	$260,000	$230,000
연간지출	$110,000	$125,000	$120,000	$150,000
잔존가치	$50,000	$50,000	$100,000	$50,000

23. 5개의 상호 배타적인 투자대안이 검토되고 있다. 현금흐름 자료는 아래와 같다.

각 투자대안에 대한 현금흐름 정보를 입력한 후 투자대안들을 적절히 짝을 지어 증분 내부수익률을 계산한 결과는 아래 표에서 보는 바와 같다. 그런데 XXXXX로 표시된 셀은 프린트 시 활자가 이중으로 찍혀 판독할 수 없음을 나타낸다.

	무투자	A	B	C	D
수명	10년	10년	10년	10년	10년
초기투자	$0	$600,000	$800,000	$470,000	$540,000
잔존가치	$0	$700,000	$130,000	$65,000	$200,000
연간수익	$0	$400,000	$600,000	$260,000	$320,000
연간비용	$0	$130,000	$270,000	$70,000	$120,000

	'행'–'열'의 증분 내부수익률			
투자대안	무투자	C	D	A
C	39%			
D	36%	18%		
A	44%	**XXXXX**	117%	
B	40%	41%	49%	28%

a. XXXXX로 표시된 셀에 들어갈 증분 내부수익률을 계산하기 위한 증분현금흐름을 만들라.

b. (a)에서 구한 증분 현금흐름에 대한 내부수익률을 계산하라.

c. MARR이 37%라면 어느 투자대안이 선호대안으로 선택될 것인가?

d. MARR 40%에서 구한 각 투자대안의 현재가치가 음, 양, 또는 0 중 어디에 해당되는지 주어진 표의 정보에 근거하여 밝혀라.

24. 마누엘사의 엔지니어링 팀은 ERP 시스템의 도입을 계획하고 있다. 공급업체 A사의 제품을 도입하면 초기비용이 $380,000인 반면 매년 $125,000씩 수익이 늘어날 것으로 예상된다. 그리고 공급업체 B사의 제품을 도입하면 초기비용이 $280,000인 반면 매년 수익이 $95,000씩 늘어날 것으로 예상된다. 마누엘사에서는 투자안의 평가를 위해 계획기간으로는 4년, MARR은 10%를 사용하고 있다. 내부수익률 분석을 사용하여 어느 업체로부터 ERP 시스템을 구입하는 것이 더 유리한지를 분석하라.

25. 제나두 광업에서는 아래와 같은 상호 배타적인 3가지 대안을 검토 중이다. MARR은 10%이다. 내부수익률 분석을 사용하면 어느 대안을 추천해야 하는가?

연도 말	A001	B002	C003
0	–$210	–$110	–$160
1	$80	$60	$80
2	$90	$60	$80
3	$100	$60	$80
4	$110	$70	$80

26. 수년 전 어떤 주에 $27,000,000 짜리 복권에 당첨된 사람이 있었다. 복권 당첨자는 당첨 복권을 제시하자마자 $1,000,000을 받고, 이어서 20년에 걸쳐 매년 말에 $1,300,000씩 받게 된다. 그런데 이 사람은 당첨금을 받기 전에 주정부에 일시불 $14,400,000로 이 복권을 되사라고 제의하였다. 만약 주정부의 MARR이 6%라고 하면 주정부는 이 사람의 제의를 받아들여야 하는가? 내부수익률법으로 분석하라.

27. 시크링 포장은 자동 포장장비의 도입을 고려하고 있다. 이 장비를 사용하면 시크링사는 3년 동안 매년 $23,000의 비용을 절감할 수 있다. 만약 이 장비를 구입한다면 구입가격은 $60,000이고 3년 후 시장가격은 $10,000로 예상된다. 이 장비는 임차하여 사용하는 것도 가능한데, 이 경우 매년 초에 당해 임차료 $21,000를 선납하여야 한다. 시크링사의 MARR은 10%이다. 내부수익률 분석을 사용하여 자동 포장장비를 구입할 것인지 아니면 임차하여 사용할 것인지 결정하라.

6.2.1절 외부수익률 분석: 단일 대안의 경우

28. 현금흐름 개요가 다음과 같은 어떤 프로젝트가 있다. MARR은 10%라 가정하라.

연도 말	0	1	2	3	4	5	6
순현금흐름	–$100	$25	$25	$25	$25	$25	$25

a. 이 프로젝트의 외부수익률을 계산하라.
b. 이 프로젝트는 경제적으로 매력이 있다고 할 수 있는가?

29. 현금흐름 개요가 다음과 같은 어떤 프로젝트가 있다. MARR은 10%라 가정하라.

연도 말	0	1	2	3	4	5	6
순현금흐름	–$101	$411	–$558	$253	$2	$8	–$14

a. 이 프로젝트의 외부수익률을 계산하라.
b. 이 프로젝트는 경제적으로 매력이 있다고 할 수 있는가?

30. 현금흐름 개요가 다음과 같은 어떤 프로젝트가 있다. MARR은 10%라 가정하라.

연도 말	0	1	2	3	4	5	6
순현금흐름	−$100	$25	$200	−$100	$250	−$200	−$100

a. 이 프로젝트의 외부수익률을 계산하라.

b. 이 프로젝트는 경제적으로 매력이 있다고 할 수 있는가?

31. 외부수익률법으로 8번 문제를 풀어라.

32. 외부수익률법으로 9번 문제를 풀어라.

33. 퀄츠사는 동작패턴 인식기를 한 대 구입하고자 한다. 이 장비에 대한 투자와 관련된 현금흐름 개요는 아래와 같다. 이 회사의 MARR은 13.5%이다.

연도 말	현금흐름	연도 말	현금흐름
0	−$1,400	8	$600
1	$0	9	$700
2	$500	10	$800
3	$500	11	$900
4	$500	12	−$1,000
5	$500	13	−$2,000
6	$0	14	−$3,000
7	$500	15	$1,400

a. 이 투자안의 외부수익률은 얼마인가?

b. 외부수익률을 근거로 투자매력을 판정하고자 할 때, 의사결정 규칙은 무엇인가?

c. 퀄츠사는 이 동작패턴 인식기를 구입해야 하는가?

34. 홈 이노베이션사는 신제품 설계안을 평가 중이다. 신제품 개발과 관련한 수입 및 지출은 아래와 같다. 이 회사의 MARR은 10%이다.

연도 말	수입	지출
0	$0	$1,000
1	$600	$300
2	$600	$300
3	$700	$300
4	$700	$300
5	$700	$300

a. 이 투자안의 외부수익률은 얼마인가?

b. 외부수익률을 근거로 투자매력을 판정하고자 할 때, 의사결정 규칙은 무엇인가?

c. 홈 이노베이션사는 이 신제품 개발계획을 추진해야 하는가?

6.2.2절 외부수익률 분석: 여러 대안의 경우

35. 브로운 엔지니어링에서는 직업안전위생관리국(OSHA)의 안전문에 관한 규정을 준수하기 위하여 기계공작실에 설치할 안전문 구입을 검토하고 있다. 아래에 제시된 세 모델은 모두 OSHA의 요구조건을 만족한다. 이들의 계획기간 동안의 현금흐름은 다음과 같다. MARR을 20%로 하여 어느 모델을 선호안으로 추천할지 외부수익률 분석을 사용하여 결정하라.

연도 말	모델 G1	모델 G2	모델 G3
0	−\$15,000	−\$19,000	−\$24,000
1	−\$6,500	−\$5,600	−\$4,000
2	−\$6,500	−\$5,600	−\$4,000
3	−\$6,500	−\$5,600	−\$4,000
4	−\$6,500	−\$5,600	−\$4,000
5	−\$6,500 + \$0	−\$5,600 + \$2,000	−\$4,000 + \$5,000

36. 템프라사는 상호 배타적 두 가지 프로젝트 A와 B를 검토하고 있다. 프로젝트 A는 \$50,000의 초기투자를 필요로 하고 20년 동안 매년 수익 \$20,000과 비용 \$12,500를 발생시킨다. 프로젝트 B는 \$75,000의 초기투자를 필요로 하고 20년 동안 매년 수익 \$28,000과 비용 \$18,000을 발생시킨다. 두 프로젝트 다 잔존가치가 없다고 하고 MARR을 12%로 가정하라. 외부수익률 분석을 사용하여 어느 프로젝트를 추천할지 결정하라.

37. 18번 문제를 외부수익률법으로 풀어라.

38. 22번 문제를 외부수익률법으로 풀어라.

경제성 분석의 실제 사례: 제이 비 헌트 운송 서비스(JBHT Service)

제이 비 헌트 운송 서비스사(J. B. Hunt Transport Services Inc., 이하 JBHT사)는 북미 대륙 육상 및 해상 운송업체들 중 규모가 가장 큰 회사이다. 이 회사의 트럭운송 사업부문에 속한 10,500명에 달하는 트럭 운전자들은 단거리 및 장거리 배송을 통해 미국 전역에 화물을 배달하고 있다. 2011년 이 회사의 매출액은 네 영역의 사업부문(복합운송, 운송계약 전용 서비스, 트럭운송, 통합물류 솔루션)을 모두 합쳐 45억 달러에 이른다. 복합운송 부문은 북미 대형 철도운송업체와 제휴관계를 맺고 미국, 캐나다, 멕시코를 포함한 북미 전 지역에 화물을 운송하고 있다. 2011년 복합운송 부문 매출액은 이 회사 총 매출액의 59퍼센트에 이른다. 운송계약 전용 서비스 부문은 홈디포, 월마트, 프록터 앤 갬블, 코카콜라와 같은 대기업들과 제휴관계를 맺고 이들에게 물류서비스를 제공하고 있다. 이러한 물류서비스에 동원되는 트럭이나 트레일러는 이 회사 로고가 아닌 제휴기업들의 로고를 부착한 채 운행하며, 이 사업부문의 매출액은 2011년에 전체 매출액의 22퍼센트를 차지하였다. 트럭운송 부문에 속한 JBHT사 트럭은 정기적으로 미국의 고속도로와 일반 국도 등을 통행하고 있어 미국 내에서 흔히 목격할 수 있으며, 2011년 이 부문 매출액은 총 매출액의 11퍼센트에 달한다. 최신 사업부문인 통합물류 솔루션 부문은 자사 소유 장비뿐만 아니라 제3자 물류업체의 장비를 임차하여 고객에게 물류 솔루션을 제공하고 있다. 통합물류 솔루션 부문은 일종의 화물중개 서비스라 할 수 있는데, 고객을 대신하여 운송서비스를 계약하고, 제공한 서비스에 대해 고객에게 비용을 청구한다. 통합물류 솔루션 부문의 서비스는 평상형 트레일러 운송, 냉동탑차 운송, 혼적화물 운송 및 다양한 유형의 유개탑차 운송과 복합운송 솔루션을 포함한다. 이 부문은 2011년도에 총 매출액의 8퍼센트를 차지하였다.

2011년에 자사에서 보유하고 있는 9,100대의 트랙터와 75,000대의 트레일러 및 컨테이너를 이용하여 거의 340만 건의 화물운송 업무를 처리한 JBHT사는 항시 트랙터와 트레일러 구입과 대체에 관한 의사결정 문제에 직면해 있다. 또한 자사 운송장비와 개인 트럭운전 이용에 대한 선택, 장거리 운송장비의 구입과 리스에 관한 선택은 이 회사가 통상적으로 행하는 의사결정의 예이다.

통상적으로 JBHT사는 대당 약 $100,000에 달하는 장거리 수송용 새 트랙터를 매년 수백 대 구매한다. 아울러 JBHT사는 대당 평균가격 $25,000인 트레일러와 탑차를 매년 대량 구매한다. 또한 대당 $15,000에 이르는 복합운송 컨테이너를 매년 수백 대 구매하고 있으며, 컨테이너 견인 장비인 차대새시를 대당 약 $13,000에 구입하고 있다.

대체분석

Replacement Analysis

통상적으로 트랙터는 600,000마일 정도 운행 후 교체되곤 한다. 트랙터는 수명주기 동안 대당 연간 $7,000 이상의 수리 및 정비 비용을 소요한다. 중고 트랙터의 교환보상가격은 용도와 상태에 따라 다소 차이가 있으나, 대체로 중고 트랙터는 $25,000 정도, 중고 트레일러나 탑차는 $10,000 정도이다. 매년 트랙터와 트레일러에 수억 달러의 자금이 투입되고 있으므로, 분명 이런 운송장비들의 경제적 대체시점을 결정하는 것은 JBHT사의 경제적 성과를 달성하는데 중요한 영향을 미칠 것이다.

토의 논제

1. JBHT사에서는 설비의 교체 여부를 결정하는 대체분석을 함에 있어 운송설비의 개별 단위로 분석하겠는가 아니면 동일 수송단에 속하는 운송설비 모두를 하나로 묶어 분석하겠는가? 수송단 단위로 설비 교체 여부를 결정할 경우에 있어서 장점과 단점은 무엇인가?
2. JBHT사에서 운송설비의 사용수명 결정에 영향을 미치는 요인으로는 어떤 것이 있는가?
3. JBHT사에서 대체분석의 매개변수로서 연수(시간) 대신 마일(운행거리)을 사용하는 이유는 무엇인가?
4. 대체분석 의사결정에 안전에 관한 요소를 반영하자면 어떻게 해야 하는가?

학습목표

이 장의 공부를 마친 후 다음의 내용들을 이행할 수 있는 능력을 갖추어야 한다:

1. **방어설비, 도전설비, 진부화, 매몰비용** 등 대체분석과 관련하여 사용되는 용어를 설명하라. (7.1절)
2. 현금흐름 접근법으로 대체분석을 수행하라. (7.2절)
3. 기회비용 접근법으로 대체분석을 수행하라. (7.2절)
4. 자산을 오랜 기간 사용해야 하는 상황에서 그 자산의 최적 대체기간을 결정하라. (7.3절)

서론

개인 또는 기업이 흔히 마주하는 투자대안 중 하나는 어떤 자산을 대체하는 것이다. 독자들은 지금까지 살아오면서 틀림없이 자동차, 컴퓨터, 계산기, 텔레비전, 통신서비스 제공업체 등 여러 가지 형태의 대체 관련 의사결정을 경험하였을 것이다. 마찬가지로 기업도 항시 설비 대체와 관련한 의사결정에 직면하게 된다. 대체와 관련한 결정은 경제적 여건, 설비의 용량, 설비가 제공하는 서비스의 질, 고객 요구의 변화, 기업의 명성, 유행의 변화 등 여러 가지 복합적 요인의 영향을 받는다.

4, 5, 6장에서 투자대안의 경제성을 비교하는 여러 가지 방법들을 살펴보았는데 주어진 상황을 단일 대안의 경우(투자를 할 것인가 말 것인가를 결정하는 경우)와 상호 배타적 여러 대안의 경우(가장 경제적인 대안을 선택하는 것)의 두 가지로 구분하였다. 이 두 가지 상황에서 고려의 대상으로 삼고 있는 대안들이 바로 대체대안일 수도 있는 것이다.

이 장에서는 대체분석을 수행할 때 적용할 수 있는 두 가지 동등한 접근법을 다루고자 한다. 하나는 **현금흐름 접근법**(cash flow approach)이고 다른 하나는 **기회비용 접근법**(opportunity cost approach)이다. 그리고 이 장의 마지막 부분에서 지속적으로 사용되는 장비의 최적 대체주기를 결정하는 문제를 다루고자 하는데, 이와 같은 유형의 분석을 **최적 대체기간 분석**(optimum replacement interval analysis)이라 한다.

7.1 대체분석의 기본

학습목표: *방어설비*, *도전설비*, *진부화*, *매몰비용* 등 대체분석과 관련하여 사용되는 용어를 설명하라.

기존 자산을 계속 사용하느냐 새로운 자산으로 대체하느냐를 결정하는 일은 일상에서 자주 발생하는 일이기에, 이것을 주제로 하여 많은 문헌들이 발표되고 있다. 이 책에서는 자산 대체를 포함하는 투자대안의 비교를 언급할 때 **대체분석**(replacement analysis)이라는 용어를 사용한다.

대체분석 자산의 교체에 관한 내용을 포함하고 있는 투자대안들의 우열을 비교하는 것

대체에 관한 결정은 그것의 필요성이 발생하는 사유가 다양하지만 보편적 사유는 다음과 같다.

방어설비 대체분석에서 교체의 대상으로 검토되고 있는 현재 사용 중인 기존의 자산

도전설비 대체분석에서 교체의 대상으로 검토되고 있는 잠재적인 대체 자산

1. **방어설비**(defender)로 불리는 현 자산이 몇 가지 단점, 즉 높은 준비비용, 과도한 유지비용, 떨어지는 생산성, 고에너지 비용, 제한된 생산능력, 물리적 장애 등을 갖고 있기 때문이다.
2. 방어설비를 대신할 수 있는 **도전설비**(challenger)라 불리는 잠재적 대체 자산이 존재하며, 그것이 기존설비에 비해 몇 가지 장점, 즉 신속한 준비와 사용의 간편성을 구현하는 기술, 보다 저렴한 노무비용과 유지비용, 저에너지 비용, 높은 생산성, 확장된 부가기능 등을 갖기 때문이다.

3. 아래와 같이 외부 환경의 변화
   a. 사용자와 고객의 선호도 및 기대감의 변화
   b. 설비에 대한 요구사항의 변화
   c. 방어설비가 제공하는 기능을 확보할 수 있는 새롭거나 대안적인 방안, 예를 들어 리스 계약, 제3자와의 서비스 공급계약 등의 출현
   d. 현 장비로 충족하기 어려운 수요의 증가(장비의 추가 또는 대체가 필요함.)

자산의 대체 사유로 **진부화**(obsolescence)가 자주 언급되는데, 진부화의 형태별 구분은 다음과 같다.

1. **기능적 진부화**(functional obsolescence)는 방어설비의 물리적 기능 저하의 결과, 또는 방어설비의 생산능력을 초과하는 수요 발생, 또는 방어설비로 충족시킬 수 없는 새로운 요구가 발생한다.
2. **기술적 진부화**(technological obsolescence)는 방어설비가 갖지 못한 능력을 도전설비가 갖추고 있는 것과 같이 신기술 도입으로 발생한다.
3. **경제적 진부화**(economic obsolescence)는 방어설비보다 경제적 가치가 더 높은 도전설비가 하나 이상 존재할 경우에 발생한다.

기능적 진부화 방어설비의 물리적 기능이 떨어짐으로 인하여 발생함.

기술적 진부화 도전설비가 신기술을 채택함으로써 방어설비에 비해 기술적으로 앞선 능력을 갖추게 됨으로써 발생함.

경제적 진부화 방어설비보다 경제적 가치가 더 높은 도전설비가 하나 이상 출현함으로써 발생함.

대체분석은 기본적으로 대안비교 방법들 가운데 한 가지일 뿐이기 때문에, 당연히 1장에서 언급한 7단계 체계적 경제성 분석 기법을 그대로 적용할 수 있다. 따라서 이전에 다룬 경제적 가치척도들을 일관되게 사용할 수 있다.

그러나 설비의 대체를 결정짓는 일에는 특유의 어려움이 있을 수 있다. 그러한 어려움은 아마 현재 보유중인 설비에 대한 정서적 애착 때문에, 또는 **매몰비용**(sunk cost)의 존재로 인해 발생할 수 있다. 매몰비용은 현재의 의사결정에 영향을 미칠 수 없는 과거비용이란 점을 명심하여야 한다. (장기간에 걸쳐 어떤 장비를 유지 및 관리해왔다면 그 장비의 대체를 꺼려할 수 있다. 즉, 필요 이상으로 그 장비를 오래 보유한 것에 대한 과거의 실수를 인정하는 것이기 때문이다.)

매몰비용 현재의 의사결정에 영향을 미치지 않는 과거비용

체계적 경제성 분석 기법

1. 투자대안들을 확인하라.
2. 계획기간을 정의하라.
3. 할인율을 명시하라.

(계속)

4. 현금흐름을 추정하라.
5. **대안을 비교하라.**
6. 보충적 분석을 실시하라.
7. 가장 바람직한 투자대안을 선정하라

많은 회사들이 할인현금흐름법을 이용한 대안의 비교를 통해 도전설비로 대체하는 것이 더 경제적이라는 사실을 확인한 후에도 기존의 장비를 상당 기간 계속하여 사용하는 경향이 있다. 그 이유를 요약하면 다음과 같다.

1. 회사는 현재 흑자로 운영되고 있다. 따라서 새로운 기술에 투자해야 할 납득할 만한 수준의 이유가 없다.
2. 현 장비는 수용 가능한 품질수준의 제품을 여전히 생산하고 있다. 즉, "작동하는 한 교체하는 것이 잘못이다."라는 태도가 만연해 있다.
3. 변화는 위험과 불확실성을 내포하고 있다. 이미 쓸 만하다고 입증된 기존의 설비를 입증되지 않은 도전설비로 대체하는 것은 위험부담이 너무 크다는 생각을 갖고 있다. (만화 캐릭터 포고(Pogo)가 말하는 "변화는 좋은 것이야! 네가 먼저 해!"를 상기하자.)
4. 기존의 설비를 계속해서 사용하는 것보다 새로운 것으로 대체하는 결정에는 미래 일정기간 동안 더 큰 책임이 따른다. 일부 경영자들은 세상이 급변하고 아웃소싱 및 국외이전 사업이 늘어남에 따라 국내 사업에 신규자본을 투자하지 않으려 한다.
5. 투자할 수 있는 자본의 제약으로 인해 대체(대체가 더 큰 경제적 가치를 가진다 하더라도)는 사업 확장과 신규 생산능력을 추가하는 투자에 비해 투자 고려대상 우선순위에서 밀린다.
6. 방어설비에 대해서는 과거의 사용실적이 있으므로 연간 비용을 비교적 정확하게 추정할 수 있지만, 도전설비에 대해서는 실적 자료가 없기 때문에 미래에 대한 불확실성이 크다. 부언하면 향후의 추정 수요가 실현되지 않을 수 있으며, 도전설비의 연간 비용에 대한 추정치도 정확성이 떨어진다.
7. 매몰비용의 심리적인 영향으로, 사람들은 과거에 이미 지출한 비용을 무시하기가 매우 어렵다. 결과적으로 대체해야 마땅할 장비를 유지하는 일에 자금을 계속하여 허비하게 된다.
8. 기술적 개량의 덫, 즉 기술적 개량이 자주 일어나기 때문에 방어설비를 당해 연도의 도전설비로 대체하는 것을 꺼리는 경우가 있다. 이는 도전설비

의 가격이 내년이면 떨어질 수도 있고, 내년에 나오는 도전설비의 용량이 올해에 비해 더 커질 수 있기 때문이다.

9. 일부 회사들은 새로운 기술을 먼저 도입하는 선두주자가 되기보다 남의 뒤를 안전하게 따라가길 원한다. 즉, 그들은 다른 사용자에 의해 신기술이 가지는 결함이 검출되어 제거되기를 원한다. 또한 기술의 진보 속도가 매우 빠르기 때문에 그들은 결코 독자적 판단으로 대체 결정을 하지 못한다.
10. 경영진이 자산에 대한 할인현금흐름 분석과 무관하게, 감각상각이 덜 된 자산을 퇴출시킴으로써 그것이 재무제표에 미치게 될 영향에 대해서만 관심을 표명한다.

7.2 현금흐름 접근법과 기회비용 접근법

학습목표: 현금흐름 접근법으로 대체분석을 수행하라. 기회비용 접근법으로 대체분석을 수행하라.

앞서 언급한 바와 같이 대체분석에서 사용되는 두 가지 접근방법은 현금흐름 접근법과 기회비용 접근법이다. 이 두 가지 접근방법은 동등한 접근방법이기는 하나 대체가 발생하는 경우 또는 대체가 발생하지 않는 경우에 현재 보유하고 있는 기존자산의 시장가치를 어떻게 다루느냐 하는 점에서 차이가 있다.

내부자관점법(insider's viewpoint approach)이라고도 불리는 현금흐름 접근법은 "실제로 발생하는 돈의 흐름을 따라간다." 구체적으로, 현금흐름 접근법을 사용하는 경우에 각 대체대안의 현금흐름은 계획기간 동안에 매년 실제로 발생하는 그 대체대안의 현금흐름을 나타낸다. 만약 대체를 하지 않게 되면, 연도 말 0(즉, 현재시점)의 현금흐름의 크기는 $0 이다. 그러나 만약 현재 보유하고 있는 자산을 계속 사용하기 위하여 추가로 자금을 지출하여야 한다면, 연도 말 0(즉, 현재시점)의 시점에 음의 현금흐름이 나타나게 된다. 반대로, 대체를 하게 되면, 연도 말 0(즉, 현재시점)의 시점에 현재 보유하고 있는 자산을 처분하여 얻게 되는 교환보상가격(주로 양의 현금흐름)이 나타나거나 또는 현재 보유하고 있는 자산을 처분하는데 들어가는 비용(주로 음의 현금흐름)이 나타나게 된다.

기회비용 접근법에서는 현재 보유하고 있는 자산을 계속하여 보유하기로 하였다면 그 자산의 **잔존가치**(salvage value) 또는 시장가치(market value)를 그 자산을 얻기 위한 투자비용으로 취급한다. **기회비용**(opportunity cost)이란 다른 대안을 선택하기 위하여 현재 고려하고 있는 대안(또는 기회)을 포기함으로써 발생하는 비용을 말한다. 대체분석에서 사용되는 기회비용 접근법에서는

잔존가치 자산을 내용연수까지 (또는 처분할 때까지) 사용한 후에 얻게 될 것으로 기대되는 매각가치의 추정된 값으로 시장가치라고도 함.

기회비용 다른 대안을 선택함으로써 현재 고려하고 있는 기존의 대안으로부터 얻을 수 있는 기회를 포기하여 발생하는 비용

현재 보유하고 있는 자산을 계속 보유하기로 결정하였다면, 그 자산을 처분하여 잔존가치를 받을 수 있는 기회를 포기하게 되는 것이다. 기회비용 접근법은 외부자관점법(outsider's viewpoint approach)이라고 부르기도 한다.

연간등가균일비용(EUAC) 자산을 보유 또는 운영하기 위하여 매년 동일하게 발생되는 비용

예제를 통해 현금흐름 접근법과 기회비용 접근법이 각각 어떻게 사용되는지 알아보기로 하자. 이 예제에서 **연간등가균일비용**(Equivalent Uniform Annual Cost: EUAC)이라는 새로운 용어가 등장하는데 이것은 자산을 보유 또는 운영하기 위해 매년 동일하게 소요되는 연간비용을 말하며 연간가치(Annual Worth: AW)와 비슷한 개념이다.

예제 7.1 현금흐름 접근법을 사용한 대체분석

8년 전에 $100,000을 주고 구입한 화학물질 혼합기가 있다. 이 혼합기를 앞으로도 계속 사용하려면 $50,000을 들여 업그레이드 할 필요가 있다. 이 혼합기는 업그레이드 후 앞으로 5년 동안 더 사용될 수 있을 것이며 매년 $35,000의 운영 및 유지비용이 소요되고 5년 후 잔존가치가 전혀 없을 것으로 추정된다. 새 혼합기를 구입하는 것도 가능한데 그것의 구입가격은 $120,000이다. 그리고 연간 $15,000의 운영 및 유지비용이 발생할 것이고 5년 사용 후 잔존가치는 $40,000일 것으로 예상된다. 또 다른 대안은 혼합기를 리스하는 것인데 이 경우 매년 초에 연간 사용료 $20,000을 지불해야 하고, 이와는 별개로 연간 $18,000의 운영 및 유지비용이 발생한다. 현재 사용 중인 기존 혼합기를 시장에 내놓으면 $15,000을 받을 수 있다. 이 회사의 MARR이 10%라 하면 현금흐름 접근법(내부자관점법)을 적용할 때 a) 기존의 혼합기를 보유하는 안, b) 새 혼합기로 대체하는 안, c) 새 혼합기를 리스하는 안의 연간등가균일비용(EUAC)은 각각 얼마인가?

문제 요약 **주어진 정보**: MARR = 10%. 내부자관점법으로 세 가지 대안 각각에 대한 5년간의 현금흐름을 표로 만들면 다음과 같다.

연도 말	현금흐름(보유)	현금흐름(대체)	현금흐름(리스)
0	−$50,000.00	−$105,000.00	−$5,000.00
1–4	−$35,000.00	−$15,000.00	−$38,000.00
5	−$35,000.00	$25,000.00	−$18,000.00

구하는 해: 각 대안에 대한 EUAC

풀이 각 대안에 대한 EUAC는 다음과 같다.

a) EUAC(기존 혼합기 보유(K)) = \$35,000 + \$50,000(*A*|*P* 10%,5) = \$35,000 + \$50,000(0.26380) = \$48,190.00

= PMT(10%,5,−50000) + 35000 = 48,189.87

b) EUAC(새 혼합기로 대체(R)) = \$15,000 + \$105,000(*A*|*P* 10%,5) − \$40,000(*A*|*F* 10%,5) = \$15,000 + \$105,000(0.26380) − \$40,000(0.16380) = \$36,147.00

= PMT(10%,5,−105000,40000) + 15000 = \$36,146.84

c) EUAC(새 혼합기를 리스(L)) = \$18,000 + \$20,000(*F*|*P* 10%,1) − \$15,000(*A*|*P* 10%,5) = \$18,000 + \$20,000(1.10) − \$15,000(0.26380) = \$36,043.00

= PMT(10%,5,15000) + 18000 − FV(10%,1,,20000) = \$36,043.04

8년 전에 혼합기 구입을 위해 사용된 돈 \$100,000은 매몰비용임에 주목하라. 그것은 계획기간 동안의 현금흐름에 아무런 영향을 미치지 않는다.

기회비용 접근법을 사용한 대체분석

예제 7.2

예제 7.1에서 다룬 문제의 해결을 위해 기회비용 접근법을 사용하기로 하자.

주어진 정보: MARR = 10%. 외부자관점법으로 세 가지 대안 각각에 대한 5년간의 현금흐름을 표로 만들면 다음과 같다. 문제 요약

연도 말	현금흐름(보유)	현금흐름(대체)	현금흐름(리스)
0	−\$65,000.00	−\$120,000.00	−\$20,000.00
1–4	−\$35,000.00	−\$15,000.00	−\$38,000.00
5	−\$35,000.00	\$25,000.00	−\$18,000.00

구하는 해: 각 대안에 대한 EUAC

각 대안에 EUAC는 다음과 같다. 풀이

a) EUAC(기존 혼합기 보유(K)) = \$35,000 + \$65,000(*A*|*P* 10%,5) =

$35,000 + $65,000(0.26380) = $52,147.00

= PMT(10%,5,−65000) + 35000 = $52,146.84

b) EUAC(새 혼합기로 대체(R)) = $15,000 + $120,000(*A*|*P* 10%,5) − $40,000(*A*|*F* 10%,5) = $15,000 + $120,000(0.26380) − $40,000(0.16380) = $40,104.00

= PMT(10%,5,−120000,40000) + 15000 = $40,103.80

c) EUAC(새 혼합기를 리스(L)) = $18,000 + $20,000(*F*|*P* 10%,1) = $18,000 + $20,000(1.10) = $40,000.00

= 18000 − FV(10%,1,,20000) = $40,000.00

풀이 탐구 두 가지 접근법이 "새 혼합기를 리스하는 안의 EUAC가 가장 낮다"는 동일한 결론을 도출하였음에 주목하라. 더구나 접근법을 달리 사용하여 각 대안의 EUAC를 계산했을 때 그 값의 차이가 $15,000(*A*|*P* 10%,5) = $3,957 (= **PMT(10%,5,−15000) = $3,956.96**) 로 동일하기 때문에 어느 접근법을 사용하든 두 대안 사이의 EUAC 차이는 서로 같음을 알 수 있다.

EUAC(K-R) = $52,147.00 − $40,104.00 = $12,043.00 (기회비용 접근법)
= $48,190.00 − $36,147.00 = $12,043.00 (현금흐름 접근법)
EUAC(K-L) = $52,147.00 − $40,000.00 = $12,147.00 (기회비용 접근법)
= $48,190.00 − $36,043.00 = $12,147.00 (현금흐름 접근법)

비록 두 접근법이 같은 결론을 도출하는 동등한 방법이지만 기회비용 접근법보다 현금흐름 접근법이 더 직접적 방법이므로 현금흐름 접근법의 사용을 권장한다. 특히 기존설비를 대체할 새로운 후보 설비가 다수이고 기존설비를 어느 후보 설비로 대체하느냐에 따라 교환보상가격이 달라지는 경우, 현금흐름 접근법이 훨씬 용이하다. 또한 세금을 고려하는 납세 후 분석에서도 현금흐름 접근법이 상대적으로 사용하기가 더 간편하다. 따라서 앞으로 특별한 언급이 없는 한 이 장의 마지막 부분에 제시된 연습문제를 풀 때에도 가급적 현금흐름 접근법을 사용하길 바란다.

7.3 최적 대체기간

학습목표: 자산을 오랜 기간 사용해야 하는 상황에서 그 자산의 최적 대체기간을 결정하라.

이 절에서는 특정 자산이 무한한 기간 동안 필요한 상황에 대해 생각해 보고자 한다. 그러한 환경에서는 사용 중인 어떤 자산이 마모되어 더 이상 못쓰게 되면 같은 종류의 새 자산으로 대체될 것이고, 당연히 그와 같은 과정이 무한히 반복될 것이다. 예를 들어 장거리 운송 트레일러, 지게차, 공작기계, 임대 자동차 등이 있다. 그러한 자산에 대한 경제성 분석을 위해 **최적 대체기간**(Optimum Replacement Interval: ORI)에 대해 알아보기로 하자. 어떤 자산의 최적 대체기간이란 그 자산의 반복적 사용에 따른 총비용을 최소화하는 교체 주기를 의미한다.

최적 대체기간(ORI) 비용을 최소화(가치를 최대화)하는 자산의 교체 주기

설비는 노후화됨에 따라 운영 및 유지비용이 증가하는 경향이 있다. 동시에 설비의 소유비용(cost of ownership)은 사용시간이 늘어남에 따라 감소하는 경향이 있다. 소유비용과 운영 및 유지비용을 합한 총비용과 자산 사용시간과의 함수 관계를 그림으로 나타내면 〈그림 7.1〉과 같다. 그림에서 보는 바와 같이 소유비용을 나타내기 위해 자본회수비용(capital recovery cost)을 사용하였고, 소유비용과 운영 및 유지비용을 합한 총비용을 나타내기 위해 연간등가균일비용(EUAC)을 사용하였다. 연간등가균일비용(EUAC)이 자산의 사용시간(수명)에 대하여 아래로 볼록함수(Convex Function)가 됨을 알 수 있다.

설비의 초기 투자비용을 P, n년 사용 후의 잔존가치를 F, 돈의 시간가치를 $i\%$라 하면 소유비용을 나타내는 **자본회수비용**(Capital Recovery Cost: CR)을 다음의 식 (7.1)과 같이 표현할 수 있다.

자본회수비용(CR) 자산의 소유비용을 말하며, 사용시간이 늘어남에 따라 감소하는 경향이 있음.

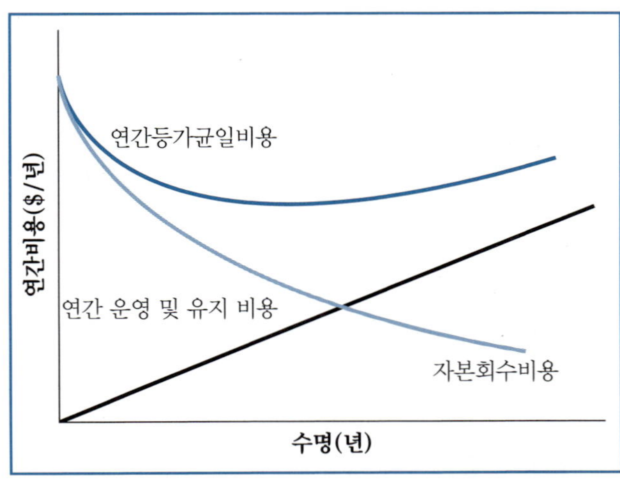

〈그림 7.1〉 최적 대체기간 설정에 사용되는 EUAC 그래프

$$\text{CR} = P(A|P\ i\%,n) - F(A|F\ i\%,n) \tag{7.1}$$

n의 값을 순차적으로 변화시켜 가면서 그에 따른 자본회수비용을 계산하고, n 기간 동안 발생한 운영 및 유지비용 총액을 연간등가로 환산하면 〈그림 7.1〉과 같은 그래프를 얻을 수 있다. 이 때 EUAC 값을 최소로 하는 n의 값이 바로 최적 대체기간에 해당한다.

예제 7.3 최적 대체기간의 계산

$500,000을 들여 표면장착 부품배치기(SMP 머신)를 한 대 구입하려 한다. 과거 경험에 의하면 이 기계의 잔존가치는 매년 25%씩 감소하는 것으로 나타났다. 따라서 n년 사용 후 이 기계의 잔존가치는 $500,000($0.75^n$)이다. 반면 연간 운영 및 유지비용은 첫 해에 $125,000이고 그 다음부터 매년 15%씩 증가할 것으로 추정된다. MARR이 10%라고 할 때 이 기계의 최적 대체기간은 몇 년이고 최소 연간등가균일비용(EUAC*)은 얼마인가?

문제 요약 **주어진 정보**: 초기투자 P = $500,000, 잔존가치 F = $500,000($0.75^n$), 연간 운영 유지비용(O&M)은 첫 해에 $125,000이고 이후 매년 15%씩 증가함.
구하는 해: 최적 대체기간과 최소 연간등가균일비용 EUAC*

풀이 이 예제의 연간등가균일비용(EUAC)를 계산하는 식은 다음과 같다. EUAC = [$500,000 + $125,000($P|A_1$ 10%,15%,n)]($A|P$ 10%,n) − $500,000($0.75^n$)($A|F$ 10%,n) 그리고 아래 표에서 보는 바와 같이 최적 대체기간 ORI = 5년이고, 최소 연간등가균일비용 EUAC* = $276,611이다.

n	$(A\|P\ 10\%,n)$	$(P\|A_1\ 10\%,15\%,n)$	$(A\|F\ 10\%,n)$	EUAC
4	0.31547	3.89190	0.21547	$277,119
5	0.26380	4.97789	0.16380	$276,611
6	0.22961	6.11325	0.12691	$278,729

〈그림 7.1〉에서 연간 운영 및 유지비용을 나타내는 곡선의 기울기가 증가하면 최적 대체기간이 늘어날까 아니면 줄어들까? 일반적으로 운영 및 유지비용이 높아질수록 최적 대체기간이 짧아지는 경향이 있다.

〈그림 7.1〉에서 초기투자비용이 증가하면 최적 대체기간이 늘어날까 줄어

들까? 대개의 경우 자산의 값이 비쌀수록 더 오래 사용하려는 경향이 있다. 따라서 초기투자비용이 증가하면 최적 대체기간이 길어진다.

예제 7.3에서 다른 매개변수의 값을 이리저리 변화시켜 봄으로써, MARR 값이 커지면 최적 대체기간이 길어지고 잔존가치의 하락률이 높아질수록 최적 대체기간이 늘어난다는 사실을 알 수 있을 것이다.

최적 대체기간을 구하는 계산과 관련하여 주목해야 할 점은 다음과 같다.

1. 계획기간의 길이는 최적 대체기간에 어떤 정수를 곱한 값과 같다(정수배가 된다)는 가정을 은연중에 내포하고 있다.
2. 이번 주기 초에 대체되어 새로 서비스를 시작하는 자산은 직전 주기에 사용된 자산과 현금흐름 개요가 동일하다.
3. 대체기간이 최적이라 함은 그것이 계획기간 동안 발생하는 비용흐름의 현재가치를 최소화 한다는 의미이다.

계획기간의 길이가 고정되어 있고 그것이 최적 대체기간보다 길다고 가정하자. 자산의 최적 대체시점을 어떻게 결정할 것인가? 다음 예제는 그러한 경우의 시나리오를 다룬다.

주어진 계획기간 하에서 최적 대체시점의 결정 예제 7.4

예제 7.3의 표면장착 부품배치기(SMP 머신)를 대상으로 하되 이번에는 계획기간이 9년이라고 가정하자. 예제 7.3에서 계산한 이 기계의 최적 대체기간이 5년이었음을 기억하라. 계획기간 9년이 최적 대체기간 5년의 정수배가 아니기 때문에, 다음의 대체 대안 중 어느 하나를 선택하여야 한다. 즉 대안 {5,4}, {6,3}, {7,2}, {8,1}, {9,0} 중에서 가장 경제적인 대안은 어느 것인가? 여기서 대안 {x, y}는 처음 도입한 기계를 x년 동안 사용 후 x년도 말에 새 기계로 대체하여 이후 y년 동안 후속 기계를 계속 사용하는 안을 의미한다.

문제 요약

주어진 정보: 초기투자 P = \$500,000, 잔존가치 F = \$500,000(0.75^n), 연간 운영 유지비용(O&M)은 첫 해에 \$125,000 이고 이후 매년 15%씩 증가함. 계획기간 = 9년

구하는 해: 계획기간 9년 동안 발생하는 총비용의 현재가치(PW)를 최소화하는 설비대체 방안

풀이

1부터 9까지 n 값 변화에 따른 EUAC를 계산한 결과는 다음과 같다.

n	$(A \vert P\ 10\%,n)$	$(P \vert A_1\ 10\%,15\%,n)$	$(A \vert F\ 10\%,n)$	EUAC
1	1.10000	0.90909	1.00000	$300,000
2	0.57619	1.85950	0.47619	$288,095
3	0.40211	2.85312	0.30211	$280,737
4	0.31547	3.89190	0.21547	$277,119
5	0.26380	4.97789	0.16380	$276,611
6	0.22961	6.11325	0.12961	$278,729
7	0.20541	7.30022	0.10541	$283,112
8	0.18744	8.54113	0.08744	$289,462
9	0.17364	9.83846	0.07364	$297,599

대안 $\{x, y\}$에 의해 계획기간 동안 발생하는 총비용의 현재가치 PW$\{x, y\}$를 계산하는 식은 다음과 같다.

$$PW\{x, y\} = EUAC(x)(P|A\ 10\%,x) + EUAC(y)(P|A\ 10\%,y)(P|F\ 10\%,x)$$

각 대안에 대한 총비용의 현재가치를 계산한 결과는 다음 표와 같다.

$\{x, y\}$	PW$\{x, y\}$
{5,4}	$1,593,998.52
{6,3}	$1,608,014.16
{7,2}	$1,634,857.37
{8,1}	$1,671,520.06
{9,0}	$1,713,885.95

표에서 보는 바와 같이 처음에 구입한 SMP 머신을 5년 동안 사용한 후 5년도 말에 새 기계로 대체하여 나머지 4년 동안 사용하는 안 즉 대안 {5,4}가 가장 경제적임을 알 수 있다. 아마도 독자는 대체 대안으로서 {1,8}, {2,7}, {3,6}, {4,5}를 왜 고려하지 않았는지 의문을 가질 수 있을 것이다. 그 이유는 돈의 시간가치를 고려할 때 계획기간 앞부분의 EUAC 값을 뒷부분보다 작게 하는 것이 더 유리하기 때문이다. n 값의 변화에 따른 EUAC 계산 결과가 나타난 앞의 표에서 이 예제에서 고려한 대안 $\{x, y\}$ 각각에서 EUAC(x) < EUAC(y) 라는 관계가 성립되고 있음을 확인할 수 있을 것이다.

핵심 개념

1. 학습목표: 방어설비, 도전설비, 진부화, 매몰비용 등 대체분석과 관련하여 사용되는 용어를 설명하라. (7.1절)

대체분석에서 방어설비(기존 자산)는 한 개 이상의 도전설비와 비교된다. 대개의 경우 방어설비의 기능적, 기술적, 경제적 진부화 등과 같은 요인 때문에 대체분석의 필요성이 생긴다. 방어설비와 관련된 매몰비용은 과거비용으로서 현재의 결정에 아무런 영향을 미치지 않는다.

2. 학습목표: 현금흐름 접근법으로 대체분석을 수행하라. (7.2절)

현금흐름 접근법은 또한 내부자관점법(insider's view point approach)이라 불리며 "돈의 실제 흐름을 따른다." 대체분석에서 현금흐름 접근법과 기회비용 접근법은 서로 동등하다. 그러나 현금흐름 접근법이 직접적이고 특히 세금을 고려하는 납세 후 분석에서 매 연도의 현금흐름 금액을 산정하는 데 훨씬 간편하다는 이유로 더 선호되고 있다.

3. 학습목표: 기회비용 접근법으로 대체분석을 수행하라. (7.2절)

기회비용 접근법은 외부자관점법(outsider's view point approach)라고도 하는데, 기존 자산을 계속 사용하는 안에서 그 자산의 현재 잔존가치는 초기 투자비용으로 취급된다. 기존 자산을 계속 사용하기로 결정한다는 것은 그 자산을 처분함으로써 발생하는 잔존가치 만큼의 수익을 포기하는 것이므로 당연히 기회비용으로 보아야 하기 때문이다.

4. 학습목표: 자산을 오랜 기간 사용해야 하는 상황에서 그 자산의 최적 대체기간을 결정하라. (7.3절)

장거리 운송 트레일러, 임대 자동차 등과 같이 어떤 자산이 아주 오랜 기간 사용되어야 할 경우가 있다. 이러한 상황에서는 동일한 자산을 무한대의 기간에 걸쳐 반복적으로 대체할 수 있다고 가정하는 것이 일반적이다. 이러한 가정은 계획기간의 길이는 최적 대체기간의 정수배이고, 후속 자산의 현금흐름이 직전 자산의 현금흐름과 동일하며, 최적 대체기간은 계획기간 동안 발생하는 현금흐름의 현재가치를 최소화해야 한다는 가정을 은연중에 내포하고 있다.

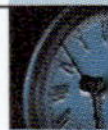

핵심용어

경제적 진부화	기술적 진부화
기능적 진부화	기회비용

대체분석	연간등가균일비용
도전설비	자본회수비용
매몰비용	잔존가치
방어설비	최적 대체기간

기사시험 유사 문제

1. 어떤 회사는 기어의 톱니를 가공하는 사용한 지 6년이 된 중고 공작기계를 한 대 보유하고 있다. 이 공작기계의 현재 장부가격은 $60,000이고 시장가격은 $80,000이다. 새로운 공작기계의 구입가격은 $450,000이다. 외부자관점법을 적용할 때 새로운 공작기계의 순 초기비용은 얼마인가?

   a. $310,000　　c. $390,000
   b. $370,000　　d. $450,000

2. 어떤 방사선 클리닉에서 $700,000에 새로운 엑스레이 장비를 구입하고자 한다. 이 장비는 폐기 시 매각 가능한 가격만큼의 비용이 들기 때문에, 잔존가치가 없다고 볼 수 있다. 이 장비의 유지비용이 보유기간 동안 매년 $24,000로 추정된다. 사용한 지 10년이 경과하면 엑스레이 공급원이 완전히 소진되기 때문에 이 장비는 폐기되어야 한다. 이 장비의 경제적 수명으로 가장 적절한 것은 다음 중 어느 것인가?

   a. 설치 후 잔존가치가 없으므로 1년
   b. 유지비용이 일정하므로 5년
   c. 유지비용이 증가하지 않으므로 10년
   d. 주어진 정보로는 알 수 없다.

3. 대체분석 시 계획기간을 설정하는 가장 보편적인 방법은 다음 중 어느 것인가?

   a. 최소수명　　c. 최대수명
   b. 중간수명　　d. 최소공배수

4. 어떤 회사는 장부가격이 $20,000인 5년 된 터릿선반을 보유하고 있다. 현재 시장가격은 $16,000이다. 새로운 선반의 구입가격은 $45,000이다. 내부자관점법을 적용하여 납세 전 분석을 할 경우 새로운 선반의 구입에 소요되는 초기비용은 얼마인가?

   a. $29,000　　c. $25,000
   b. $45,000　　d. $16,000

5. 초기투자 규모가 증가하면 최적 대체기간은 __________ 경향이 있다.

   a. 짧아지는　　c. 반대로 되는
   b. 길어지는　　d. 영향을 받지 않는

연습문제

7.1절 대체분석의 기본

1. 당신 또는 당신의 가족이 보유한 물건으로 (1) 기능적 진부화 (2) 기술적 진부화 (3) 경제적 진부화에 관한 예를 각각 두 가지씩 들어라.

7.2절 현금흐름 접근법과 기회비용 접근법

2. 아메리카 컨테이너 주식회사는 9년 전 $700,000에 구입한 자동 도장기계의 대체를 고려하고 있다. 이 기계의 현재 시장가격은 $40,000이며, 연간 운영 및 유지비용은 $350,000이다. 새로운 기계는 $800,000에 구입할 수 있고, 연간 운영 및 유지비용은 $120,000을 예상하고 있다. 만약 기존 기계를 계속 보유한다면 10년간의 잔여수명 말에 잔존가치는 없다. 새로운 기계를 구입한다면 10년 말에 $100,000의 잔존가치를 갖게 될 것이다. 자동 도장기계의 교환보상가격으로 시장가격인 $40,000을 받을 수 있다고 할 때, 이 기계의 대체 여부를 결정하기 위해 20% MARR에서 EUAC 척도를 이용한 납세 전 분석을 수행하라. 여기에 현금흐름 접근법(내부자관점법)을 적용하라.

3. 세금이 면제되는 비영리 법인인 온라인 에듀케이터(OE)사는 원격교육 장비와 관련된 특정 전자장비의 대체를 고려하고 있다. 3년 전에 이 장비 구입에 $100,000을 투입하였으며, 감가상각을 통해 현재 장부가격은 $40,000이다. 매년 말 운영 및 유지비용 $9,000이 발생한다. 고해상도 디지털 TV(HDTV)를 포함한 최신 장비가격은 $125,000이다. OE사는 현금으로 $108,000을 지불하거나(1안), 교환보상가격을 고려하여 현 장비를 넘기고 현금 $91,000을 지불하는 안(2안)에 대해 협의하고 있다. OE사는 현 여건을 파악하여 어떤 사람에게도 곧 진부화하게 될 장비를 파는 것이 좋지 않다고 판단하였다. OE사는 계획기간 5년을 적용하고자 한다. 새로운 장비를 구입하면 매년 말 운영 및 유지비용 $8,000이 발생하며, 계획기간 말의 잔존가치는 $20,000이 된다. 구형 장비를 보유한다면 3, 4, 5년도에 고해상도가 추가된 장치를 매년 초 $30,000을 지불하여 리스할 수 있으며, 이에 대한 운영 및 유지비용으로 매년 말 $7,000이 발생한다. 구형 장비의 잔존가치는 계획기간 말에 무시할 수 있으며, MARR은 10%이다.

   a. 기존장비의 시장가격은 얼마인가?

   b. 현금흐름 접근법(내부자관점법)을 적용하여 기존장비의 유지 또는 대체를 결정하라.

   c. 기회비용 접근법(외부자관점법)을 적용하여 기존장비의 유지 또는 대체를 결정하라.

4. 델사는 특정 자재취급 시스템의 대체를 고려하고 있다. 연간 운영 및 유지비용은 $48,000이며, 현재 잔여수명은 8년이고, 그때의 잔존가치는 $6,000로 추정된다. 새로운 시스템은 $175,000에 구입할 수 있으며, 8년 후 잔존가치는 $50,000이고, 신기술에 의해 연간 운영 및 유지비용은 $17,000이 될 것이다. 새로운 시스템을 구입한다면 구형 시스템은 시장에서 $45,000에 처분될 수 있지만, $55,000의 교환보상가격을 적용받을 수 있다. 새로운 시스템을 리스하는 경우 매년 초에 $31,000을 지불하며, 각 연도 말에 $15,000의 운영비가 발생한다. 새로운 시스템을 리스한다면 기존 시스템은 $45,000의 시장가격으로 처분된다. 계획기간 8년, 15% MARR, 연간가치법을 적용하여 (1) 기존 시스템 유지 (2) 기존 시스템 교환보상 및 새로운 시스템 구입 (3) 기존 시스템 매각 및 리스 중에서 하나를 추천하라. 여기에 현금흐름 접근법(내부자관점법)을 적용하라.

5. 미국 방위산업체인 레이시온사의 한 사업부는 구입한지 5년이 지난 터릿선반을 보유하고 있다. 이 선반은 비과세 대상으로 장부가격이 $24,000이며, 시장가격은 $18,000이다. 시장가격은 이 값에서 매년 $3,000씩 하락하여 최저 $3,000이 될 것으로 예상되며, 운영 및 유지비용은 연간 $8,000이다. 구형 선반을 유지하면 추가적인 생산능력이 필요하여 매년 말에 $13,000씩 지불하는 하청계약을 할 예정이다. 기존 선반을 대체하는 새로운 선반은 모든 요구를 충족시킬 수 있는 향상된 생산능력을 갖고 있어 외부에 하청을 줄 필요가 없다. 새로운 선반 구입에 $65,000이 필요하며, 기대수명은 8년으로 보고 있다. 그리고 시장가격은 t년도 말에 $65,000(0.7)^t$으로, 연간 운영 및 유지비용은 $10,000로 예상하고 있다. MARR은 15%이고 계획기간은 8년이다.

a. 현금흐름 접근법(내부자관점법)을 적용하여 각 대안에 대한 현금흐름 개요를 명확하게 보여라.

b. EUAC와 현금흐름 접근법(내부자관점법)으로 보다 유리한 대안을 결정하라.

6. 지역 건축/건설 도급업체인 아르콘사는 5년 전에 내용연수가 15년인 냉난방 및 환기 설비 HVAC를 $25,000에 구입하여 사용 중이다. 이 설비는 사용된 지 10년이 경과하면 잔존가치가 없어진다. 이 설비의 연간 운영비는 첫해에 $2,000로 시작하여, 이후 매년 $250씩 꾸준히 증가하여 지난해에 $3,000이 되었다. 현재 장부가격은 $13,000이다. 아르콘사는 고기능성, 고품질, 비용 대비 효율적 설계와 시공으로 명성을 쌓은 성공적인 기업으로 알려져 있다. 이 회사는 고성능 컴퓨터, 도면출력 시스템, 설계도면 자료 및 건축물 모형 등을 위한 전용 공간을 마련할 목적으로 본부 건물에 부속실을 새로 만드는 확장 공사를 하고자 한다. 건축물 확장 공사가 끝나면 건물의 용적이 늘어나게 되어 종전에 사용하던 HVAC설비의 용량이 부족하게 되므로 건물 전체의 냉난방 및 환기에 문제가 생기게 된다. 따라서 이 회사는 문제 해결을 위한 첫 번째 대안으로 기존의 HVAC에 부족 용량을 채울

수 있는 보조설비를 추가하는 방안을 생각하고 있다. 이 보조설비는 구입가격이 $18,000, 내용연수가 15년이며, 15년 사용 후 잔존가치는 $0이다. 그리고 이 보조설비의 10년 후의 시장가격은 $3,000이며, 연간 운영비는 첫해에 $1,800이고, 이후 매년 $100씩 증가한다. 이 회사는 두 번째 대안으로서 건물 전체가 사용하기에 충분한 용량의 완전히 새로운 HVAC를 $35,000에 구입하는 방안을 고려하고 있다. 신형 HVAC는 15년 동안 사용할 수 있으며, 15년 사용 후 잔존가치는 $0이고, 10년 사용 후 시장가격은 $8,500이 될 것으로 추정된다. 운영비는 첫해에 $3,700이고, 이후 매년 $200씩 증가할 것으로 예상된다. 보유중인 기존 HVAC의 현재 시장가치는 $7,000이다. MARR은 20%이고 계획기간은 10년이다.

a. 현금흐름 접근법(내부자관점법)을 적용하여 각 대안에 대한 현금흐름 개요를 명확하게 보여라.

b. PW 분석과 현금흐름 접근법(내부자관점법)을 적용하여 보다 유리한 대안을 결정하라.

7. 애프리콧 컴퓨터사는 현재 사용 중인 물자취급 시스템의 대체를 검토 중이다. 대안으로 신형 시스템을 구입하거나 리스하는 방안을 고려하고 있다. 현재 보유 중인 구형 시스템은 연간 $32,000의 운영 및 유지비용을 필요로 하고 앞으로 8년 정도 더 사용할 수 있다. 그리고 8년 후의 잔존가치는 $5,000로 추정된다. 신형 시스템은 구입가격이 $250,000인데 8년 사용 후 잔존가치는 $25,000로 추정된다. 신형 시스템의 사용 중에 발생하는 운영 및 유지비용은 연간 $18,000로 예상된다. 만약 신형 시스템을 구입하고자 하면 구형 시스템은 $20,000의 교환보상 가격을 적용받을 수 있다. 신형 시스템을 구입하지 않고 리스를 하게 되면 연간 리스비용으로 매년 초 $26,000씩 지급해야 한다. 그리고 시스템 사용에 따른 운영비는 자부담으로써 연간 $9,000씩 발생할 것으로 예상된다. 신형 시스템을 리스할 경우 구형 시스템은 $10,000을 받고 매각할 수 있다. MARR 15%, 계획기간 8년을 가정하고 구형 시스템을 계속 사용하는 안, 신형 시스템을 구입하는 안, 신형시스템을 리스하는 안 각각에 대하여 연간가치를 계산하고 이를 사용하여 경제성을 비교하라.

8. 어떤 회사가 장부가격이 $20,000인 5년 된 터릿선반을 보유하고 있다. 현재 이 선반의 시장가격은 $16,000인데 매년 $2,000씩 떨어질 것으로 보이나 $4,000이 하한으로서 더 낮아질 가능성은 없을 것으로 판단된다. 이 선반의 연간 운영 및 유지비용은 $4,200이다. 지금 사용 중인 구형 터릿선반 대신 신형 터릿선반의 구입을 검토 중인데 그것은 구입가격이 $45,000, 내용연수가 8년, 연간 운영 및 유지비용이 $1,600이다. 그리고 이 선반은 사용 기간과 더불어 시장가치가 떨어지는데, k년 후의 시장가치는 $\$45,000(0.70)^k$로 추정된다. 계획기간을 7년으로 한 현금흐름 접근법을 적용하여 연간등가균일비용을 계산한 다음 기존 터릿선반의 대체 여부를 결정하라.

9. 어떤 주물회사는 회철을 녹이는 용도로 현재 사용 중에 있는 큐폴라식 용광로를 대체할 수 있는 반사식 용광로의 도입을 검토 중이다. 이 회사는 반사식 용광로를 구입하더라도 그것의 주용도를 회철을 녹이는 것으로 한정할 것이기 때문에 연간 소요되는 원재료비는 현재와 크게 다를 바 없다. 각 용광로에 대한 정보와 비용 추정액은 다음과 같다.

   큐폴라식 용광로: 8년 전에 $20,000에 구입하여 현재까지 사용 중이다. 현재 시장가치는 $8,000이고 잔여수명이 7년이다. 앞으로 7년을 더 사용하면 잔존가치가 $2,000로 떨어지고 연간 비용이 다음과 같다.

연료비	$35,000
인건비(유지비 포함)	$40,000
인건비에 대한 세금	직접 인건비의 10%
용광로에 대한 세금과 보험료	구입가격의 1%
기타	$16,000

   반사식 용광로: 구입가격이 $32,000이나 기존의 큐폴라식 용광로를 철거한 후 설치하는데 $2,400의 비용이 추가로 소요된다. 7년 사용 후 잔존가치가 $3,000로 추정되고 연간비용은 다음과 같다.

연료비	$29,000
인건비(유지비 포함)	$30,000
인건비에 대한 세금	직접 인건비의 10%
용광로에 대한 세금과 보험료	구입가격의 1%
기타	$16,000

   그리고 용광로는 2년을 주기로 재정비가 필요하며 그 때마다 $4,000의 비용이 발생한다. 현재 사용 중인 큐폴라 용광로의 연 평균 수익률은 납세 전을 기준으로 15%이다. 현재 사용 중인 큐폴라 용광로를 반사 용광로로 대체하여야 하는가?

   a. 현금흐름 접근법(내부자관점법)으로 분석하라.
   b. 기회비용 접근법(외부자관점법)으로 분석하라.

10. 5년 전에 $12,000을 주고 기계를 한 대 구입하였다. 구입 당시 내용연수는 10년, 10년 후 잔존가치는 $1,200로 추정되었다. 운영 및 유지비용이 현재까지 연간 $14,000이었고 앞으로 5년 동안도 이 수준을 유지할 것으로 보인다. 반면 수익은 지금까지와 마찬가지로 앞으로 5년 동안도 연평균 $20,000 수준을 유지할 것으로 보인다. 신형 기계를 구입할 때 기존 기계에 대해 $5,000의 교환보상가격을 적용받을 수 있다. 신형 기계는 구입가격이 $15,000, 내용연수는 10년, 연간 운영 및 유지비용이 $7,500이고 매년 $13,000의 수익을 가져다 줄 것으로 예상된다. 그리

고 j년 사용 후의 잔존가치는 다음 식과 같을 것으로 추정된다.

$$S_j = \$15{,}000 - \$1{,}500j, \quad \text{for } j = 0, 1, 2, 3, 4, 5, 6, 7, 8, 9, 10$$

MARR 15%로 연간가치를 계산하여 기존 기계를 계속 사용할 것인지 신형 기계로 대체할 것인지 결정하라. 계획기간을 5년으로 하고 현금흐름 접근법을 사용하라.

11. 퀵클린 세차장은 세차 설비의 기능적 문제로 어려움을 겪고 있다. 이 업소의 사장은 현행 세차 설비를 완전 분해 수리하는 안과 새로운 설비로 교체하는 안을 검토하고 있다. 기존 설비를 완전 분해 수리하자면 $8,500의 비용이 소요된다. 기존 세차 설비의 연간 운영 및 유지비용은 $7,500이다. 현행 세차 설비는 완전 분해 수리 후 5년 정도 더 사용할 수 있을 것이고 이후 잔존가치는 없을 것으로 예상된다. 현행 세차 설비를 수리하지 않은 채 새로운 설비로 교체하고자 하면 그것의 교환보상가격은 $3,200이다. 새로운 세차 설비의 구입가격은 $28,000이고 5년 후 $12,000에 되팔 수 있으며 연간 운영 및 유지비용은 $3,000이다. MARR이 12%라고 할 때 현금흐름 접근법으로 현재가치를 계산하여 어느 안을 수용할 것인지 결정하라.

12. 내셔날 케미칼사는 지난 4년 동안 화학물 혼합기를 사용하고 있다. 이 혼합기는 구입 당시 $18,000 짜리였으나 지금 시장에 내놓으면 $10,000을 받을 수 있다. 이 혼합기는 앞으로 10년 더 사용할 수 있을 것으로 보이며 그때의 잔존가치는 $2,500로 추정된다. 그리고 운영 및 유지비용으로 매년 $6,000 정도가 소요될 것으로 예상된다. 최근 작업량의 증가로 인해 새 혼합기를 한 대 더 구입해야 할 필요성이 생겼다. 기존의 혼합기를 계속 사용할 경우에는 $25,000짜리 혼합기를 새로 구입하면 되는데 그 혼합기의 10년 뒤 잔존가치는 $4,000, 운영 및 유지비용은 매년 $5,000로 예상된다. 반면에 기존의 혼합기를 당장 처분하고 용량이 훨씬 큰 대용량의 혼합기를 새로 구입하는 방안도 고려하고 있다. 이 경우 새 혼합기의 구입가격은 $32,000, 10년 뒤 잔존가치는 $6,000, 운영 및 유지비용은 매년 $8,000로 추정된다. MARR이 15%일 때 현금흐름 접근법을 사용하여 어느 안을 추천할 것인지 결정하라.

13. 아메리카 통신은 5년 전에 $300,000을 주고 수치제어 공작기계를 한 대 구입하였다. 또한 다른 새 기계를 교체 구입할 때 적용받는 이 기계의 교환보상가격은 $70,000이다. 기존의 기계를 계속 사용하려면 그것을 보완하기 위한 새 기계 X를 한 대 구입해야 한다. 기계 X의 구입가격은 $200,000, 운영 및 유지비는 매년 $40,000, 10년 사용 후 잔존가치는 $30,000이다. 기존 기계의 운영 및 유지비는 매년 $55,000이고 10년 후 잔존가치는 $15,000이다. 기존 기계를 계속 사용하는 안의 대안으로서 기계 Y로 교체하는 안을 생각할 수 있다. 기계 Y는 구입

가격이 $400,000, 운영 및 유지비가 매년 $70,000이고 10년 사용 후 잔존가치가 $140,000이다. 현금흐름 접근법으로 MARR 15%에서의 현재가치를 계산하여 어느 안이 더 경제적인지 결정하라.

14. 고속도로 건설업체 범퍼사는 현재 보유 중인 운반겸용 트랙터를 대폭 수리하여 계속 사용하거나 아니면 새로운 장비로 교체하고자 한다. 기존 장비는 5년 전에 $130,000에 구입하였는데 당시에 예상한 내용연수는 12년이었다. 이 장비를 당장 처분하면 $60,000을 받을 수 있다. 이 장비를 대폭적으로 수리하는 비용은 $20,000이고 수리 후 운영 및 유지비용은 매년 $25,000이다. 그리고 앞으로 7년 동안 사용하게 되면 잔존가치는 없다고 봐도 무방하다. 새로운 장비로 교체할 경우에는 새 장비의 구입가격은 $150,000, 운영 및 유지비용은 매년 $12,000이고, 7년 사용 후 잔존가치는 $35,000이다. MARR 15%를 가정하여 기존의 장비를 대폭 수선 후 계속 사용하는 안과 당장 새로운 장비로 교체하는 안 중 어느 것이 더 경제적인지 결정하라.

7.3절 최적 대체기간

15. 그리핀 디워터링사는 스키드가 장착된 디젤엔진과 연결되는 웰포인트(well-point) 펌프를 $14,000에 구입하였다. 잔존가치에 해당되는 시장가격은 매년 30%씩 하락한다. 건설작업에 설치될 때 웰포인트 시스템은 실질적으로 일주일 내내 24시간 운영된다. 운영 및 유지비는 첫해에 $3,500이고, 이후 매년 $600씩 증가한다. MARR이 15%라면 최적 대체기간은 얼마인가?

16. 어떤 곡물창고에서 컨베이어를 구입하고자 한다. 이 컨베이어의 구입가격이 $70,000이고, 그것의 잔존가치에 해당하는 시장가격은 매년 20%씩 하락하는데, 최저 $3,000보다 더 떨어지지는 않는다. 운영 및 유지비용은 첫해에 $14,000이고, 이후 매년 $1,000씩 증가한다. MARR이 15%라고 할 때 이 컨베이어의 최적 대체기간은 얼마인가?

17. 한 회사가 특수 생산 작업용으로 현재 시장가치가 $11,000인 어떤 기계를 사용 중이다. 이 기계는 앞으로 6년 동안 현재와 같은 용도로 계속하여 사용될 필요가 있고 그 이후에는 구태여 필요가 없다. 현재 사용 중인 이 기계의 운영비와 잔존가치에 대한 추정치는 다음 표와 같다.

연도 말	1	2	3	4	5	6
운영비	$1,500	$1,800	$2,100	$2,400	$2,700	$3,000
잔존가치	8,000	6,000	5,000	5,000	3,000	2,000

이 회사에서 필요로 하는 특수 생산 작업에 적합한 새 기계가 최근에 개발되었는

데 그것의 구입가격은 $17,000이고 앞으로 6년 동안의 운영비와 잔존가치는 다음 표와 같이 추정된다.

연도 말	1	2	3	4	5	6
운영비	$ 1,000	$ 1,100	$ 1,200	$1,300	$1,400	$1,500
잔존가치	13,000	11,000	10,000	9,000	8,000	7,000

이자율을 0%라 가정하고 새 기계를 구입해야 할 최적 시기를 결정하라.

18. 내용연수가 12년인 어떤 장비를 새로 구입하여 사용한 지 t년 되는 해의 운영 및 유지비 C_t와, 그 장비의 n년도 말의 잔존가치 F_n이 아래의 식과 같이 표현된다고 하자.

$$C_t = \$4,000(1.10)^t \qquad t = 1, 2, \ldots, 12$$
$$F_n = \$44,000(0.50)^n \quad n = 0, 1, 2, \ldots, 12$$

이 장비의 현금흐름 개요는 12년을 주기로 위의 식과 같은 형태를 유지한 채 무한히 반복된다고 가정하자. MARR이 다음과 같은 각 경우에 있어서 최적 대체기간은 얼마인가?

a. MARR = 0%

b. MARR = 10%

19. 어떤 장비 구입에 $100,000을 투자하려 한다. 그런데 그 장비는 실제로 어느 시점에 교체가 이루어지는지와 상관없이 교체 시에 잔존가치가 전혀 없다. 연간 운영 및 유지비는 첫해에 $25,000이고 그 후 전년 대비 매년 15%씩 증가한다. MARR이 10%라 가정하여 최적 대체기간과 최소 연간등가균일비용(EUAC)을 구하라.

20. 잔존가치가 실제 사용연수 n에 따라 $\$250,000(0.8)^n$과 같이 결정되는 어떤 장비를 $250,000에 구입하고자 한다. 연간 운영 및 유지비는 첫해에 $60,000이고 그 후 전년 대비 매년 $8,000씩 증가한다. MARR이 10%라 가정하여 최적 대체기간과 최소 연간등가균일비용(EUAC)을 구하라.

21. 실제 사용연수와 상관없이 교체 시 잔존가치가 거의 없는 어떤 장비에 $500,000을 투자하려 한다. 연간 운영 및 유지비는 첫해에 $125,000이고 그 후 전년 대비 매년 $25,000씩 증가한다. MARR이 10%라 가정하여 최적 대체기간과 최소 연간등가균일비용(EUAC)을 구하라.

22. 잔존가치가 실제 사용연수 n에 따라 $\$500,000(0.75)^n$과 같이 결정되는 어떤 장비를 $500,000에 구입하고자 한다. 연간 운영 및 유지비는 첫해에 $125,000이고 그 후 전년 대비 매년 15%씩 증가한다. MARR이 10%라 가정하여 최적 대체기간과 최소 연간등가균일비용(EUAC)을 구하라.

23. 이 장의 예제 7.3과 유사한 전형적 최적 대체기간 결정 문제를 생각하자. 이 문제에서 연간 운영 및 유지비가 매년 일정액 G만큼씩 증가한다고 가정하자. 이 경우 G의 크기가 작아질수록 최적 대체기간이 길어지는 경향이 있다고 주장한다면 그것이 옳다고 할 수 있는가?

24. 이 장의 예제 7.3과 유사한 전형적 최적 대체기간 결정 문제를 생각하자. 이 문제에서 장비의 잔존가치는 실제 사용연수와 상관없이 무시해도 좋을 수준이고 연간 운영 및 유지비는 매년 같은 크기의 금액을 유지한다고 가정하자. 이 경우 고장이 나서 더 이상 사용할 수 없을 때까지 장비를 교체하지 않는 것이 가장 경제적이라고 주장한다면 그것이 옳다고 할 수 있는가?

25. 이 장의 예제 7.3과 유사한 전형적 최적 대체기간 결정 문제를 생각하자. 이 문제에서 장비의 실제 사용연수에 따른 잔존가치가 전년 대비 매년 40%씩 감소한다는 가정 하에 최적 대체기간을 구했더니 5년이라고 한다. 만일 장비의 실제 사용연수에 따른 잔존가치가 전년 대비 매년 20%씩 감소하는 것으로 가정하여 장비의 최적 대체기간을 다시 구하면 그 값이 결코 5년보다 크지 않을 것이란 주장이 있다. 그 주장이 옳다고 할 수 있는가?

8

경제성 분석의 실제 사례: 슈나이더 내셔날(Schneider National)

운송 및 물류업종에 속하는 비상장 기업인 슈나이더 내셔날사(이하 슈나이더사)의 2011년 기준 매출액은 34억 달러에 달한다. 본사는 미국 위스콘신 주 그린베이에 소재하고 있으며, 〈포춘〉이 선정한 100대 기업에 속하는 다수의 글로벌 기업을 고객으로 두고 있다. 슈나이더사는 북미와 중국에서 사업을 하고 있는데, 17,400명의 직원을 고용하고 있으며 3개의 주요 사업부문(트럭화물, 복합화물, 물류)으로 구성되어 있다.

가장 큰 사업부문인 트럭화물 사업부는 9,860명의 사내 운전자와 1,775명의 차주 운전자(자기 소유 트랙터를 보유한 개인 운전자)가 속해 있으며, 11,800대의 트랙터와 31,500대의 트레일러를 운영하고 있다. 두 번째로 큰 사업부문인 복합화물 사업부는 장거리에 효율적인 철도수송과 인접지역 내 트럭운송을 결합한 사업을 하는 부문이며, 복합화물 시장 고객에게 서비스를 제공하기 위해 1,350명의 사내 운전자와 140명의 차주 운전자를 고용하고, 13,500개의 컨테이너를 보유하고 있다. 마지막으로 물류 사업부는 전 세계적으로 2,000개에 이르는 협력사와 함께 고객에게 운송관리(화물 중개), 항만 물류(타 수송수단으로의 적재와 배분, 내륙 물류관리 및 중국 솔루션), 공급사슬 관리(운송망 설계), 공급자 관리, 종합 배송 서비스(혼적화물 운송(LTL)과 크로스도크 방식)와 컨설팅 등의 다양한 부가가치를 제공한다.

슈나이더사의 각 사업부문에서 필요한 자산 수준은 다르지만, 대차대조표(재무상태표)상에서 투자한 자본의 전체 포트폴리오가 무려 10억불에 달하고 있다. 따라서 주주 입장에서는 추가적으로 투자를 늘려갈 때마다 위험을 감수하는 대가로 가치창출을 보장받을 수 있도록 납세 후 소득에 확실한 기여를 하도록 하는 것이 매우 중요하다. 이에 따라 슈나이더사에서는 자본과 인적자원을 배분하는 의사결정에 경제성 분석의 원칙과 기법들을 활용하고 있다.

슈나이더사에서 최근 수행된 경제성 분석에 관한 세 가지 예로서 트레일러 차량군의 설계, 트레일러 추적 장치의 활용, 전략구매 등을 들 수 있다.

- 경제성 분석을 통해 53피트 구조복합재(dura-plate) 워바슈 트레일러에 22인치 돌출 레일형 알루미늄 스트립을 트레일러 측면 하부에 부착함으로써, 구매가격은 증가하였지만 지게차에 의한 손상과 트레일러 집하장의 작업자에 의한 오취급은 감소하였다고 보고하고 있다. 또한 분석 결과를 살펴 보면 정비비용이 절감되었을 뿐만 아니라 요구 수리시간의 감소로 인하여 필요 트레일러 수가 감소함에 따라 비용이 절약되었음을 알 수 있다.

감가상각

Depreciation

- 프로젝트를 시작할 때 경제성 분석을 도입함으로써 슈나이더사의 모든 트레일러에 설치된 트레일러 추적장치의 최종 디자인과 기능성에 큰 영향을 주었다. 초기의 성과 분석을 통해 트레일러의 위치를 항상 알고 있다는 점이 슈나이더사와 고객들을 위한 부가가치 창출에 상당히 기여하고 있다는 사실이 명백해졌다.
- 슈나이더사는 전략구매를 추진함에 있어서 신규투자에 따른 일련의 현금흐름이 적어도 위험을 감안한 가중평균 자본비용을 충족하거나 상회하도록 요구하였다. 즉, 경제적 타당성을 입증할 때 미래에 불가피하게 일어나는 경기하락을 고려하고 운송시장의 경기 순환적 측면을 고려하여 볼 때, 목표구매에 따라 수익이 어떻게 영향을 받는지를 보여 주는 잘 구성되고 문서화된 시나리오와 위험관리 계획을 포함하도록 요구하였다.

슈나이더사는 비상장기업이므로 상장법인에 적용되는 미 증권거래위원회 규정을 만족시킬 필요는 없다. 따라서 재무분석가에 의해 도출된 분기별 소득의 추정값을 넘어야 하는 압력이 적은 편이며, 회사의 재무적 의사결정은 투자의 납세 후 수익에 의해 판단된다.

슈나이더사와 달리 미국의 상장법인들은 일반적으로 두 종류의 장부 또는 회계기록을 유지하는데 이는 완전히 합법적이다. 따라서 두 종류의 상이한 감가상각 계획이 적용되는데, 하나는 재무보고용이고 다른 하나는 소득세 산출을 위한 세법용이다. 이 장에서는 두 가지 모두를 소개하고자 한다. 그리고 다음 장에서 다양한 감가상각방법의 세금에 대한 영향을 다룬다.

특히 회사의 자본자산이 전 세계적으로 분포되어 있는 경우 소득세법이 나라마다 다르므로, 자본재가 빈번하게 구입, 대체, 개량될 경우에 주주들이 보유한 자산 가치에 관해 정확한 기록을 유지하는 것은 우리가 당면한 과제에 속한다.

토의 논제

1. 감가상각은 슈나이더사의 자본투자 의사결정에 어떤 영향을 미치는가?
2. 자본투자 의사결정이 슈나이더사의 납세 후 소득에 미치는 영향은 어느 정도인가?
3. 두 종류의 장부를 갖추는 것은 합법이지만 여러분은, 만약 이런 관행에 대해 우려하고 있다면, 어떤 점에 대하여 우려하는가?
4. 7장의 대체분석에서 소개한 J. B. 헌트 서비스사(JBHT사)도 운송 및 물류회사에 속한다.

JBHT사와 슈나이더사 간에 상당한 양의 자산에 대한 감가상각에 관해 어떤 차이가 있는가? JBHT사는 북미에 기반을 둔 상장회사임에 유의하라.

학습목표

이 장의 공부를 마친 후 다음의 내용들을 이행할 수 있는 능력을 갖추어야 한다:

1. 감가상각이 소득세 관점에서 투자 의사결정에 미치는 영향을 설명하라. (8.1절)
2. 감가상각재산을 파악하고 이 재산이 유형인지 무형인지 구별하라. 또한 유형재산이면 이것이 동산 혹은 부동산인지 구별하라. (8.2절)
3. 정액법, 정률법, 이중정률법을 적용하여 감가상각비를 산출하라. (8.3절)
4. 정률법에서 정액법으로 전환하는 최적시점을 정하라. (8.3.3절)
5. 수정가속비용회수시스템(MACRS)을 적용하여 감가상각비를 산출하라. (8.4절)

서론

감가상각 대부분의 재산이 사용과 시간이 지남에 따라 가치가 떨어지는 현상을 반영한 개념.

대부분의 재산은 사용하거나 시간이 경과함에 따라 가치가 떨어지는데, 그 값을 **상각하는 감가상각**(depreciation)이 이 장의 주제이다. 여기서는 미국 세법에 의해 감가상각 대상이 되는 재산과 감가상각 대상이 되지 않는 재산에 대한 투자가 초래할 영향을 이해할 수 있도록 기술하고자 한다. 또한 감가상각방법이 어떻게 투자대안의 수익성에 영향을 미치는지 쉽게 이해할 수 있도록 설명하고자 한다.

이 장을 잘 공부하게 되면 감가상각비를 산출하는 방법을 배우는 것뿐만 아니라 경제성 분석에서 감가상각과 이를 반영한 소득세의 처리가 왜 중요한지를 잘 이해할 수 있을 것이다. 특히 엔지니어는 제품과 공정의 설계과정에서 다양한 의사결정을 하게 되는데 이와 같은 의사결정들이 납세 후 소득에 중요한 영향을 미칠 수 있다는 점에 유의하여야 한다.

따라서 이 장에서 다루는 내용들을 공부해 나가면서 '왜(WHY)' 감가상각을 배워야 하는지에 대한 이유를 잊어버려서는 안 된다. **투자와 관련된 의사결정은 소득세 관점에서 투자비와 연간 운영비가 처리되는 방식에 영향을 미칠 수 있으므로, 여러분은 감가상각을 공부해야 됨을 명심해야 한다.** 다음 장에서 대안의 경제성 분석에 연관된 소득세에 대한 주제를 심층적으로 다룰 것이다.

8.1 경제성 분석에서 감가상각의 역할

학습목표: 감가상각이 소득세 관점에서 투자 의사결정에 미치는 영향을 설명하라.

이 책은 현금흐름 접근법을 적용하고 있는데, 감가상각은 현금흐름이 아니기 때문에 지금까지 거의 언급하지 않았다. 통상적으로 자본자산과 관련된 현금흐름은 크게 두 가지로 나눌 수 있다. 하나는 그 자산을 취득할 때 내야 하는 돈과 그 자산을 팔거나 교환할 때 받게 되는 돈이다. 감가상각은 시간이 경과하거나 또는 사용함에 따라서 자산의 가치가 줄어드는 것을 반영하는 하나의 인위적인 수단이다.

감가상각이라는 개념이 중요한 첫 번째 이유는 기업주에게 특정 시점에서의 자산 가치에 관해 상당히 정확한 보고를 하기 위해서이다. 두 번째 이유는 사업을 수행하는 데 들어가는 비용에 관해 합리적인 추정값을 얻기 위해서인데, 이 값은 사업을 통해 판매되는 상품과 서비스를 생산하기 위해 사용되는 감가상각재산에 투입된 투자를 회수하는 수준에서 설정된다. 이에 따라 대상 자산을 대체할 시점에 도달하게 되면 (자산의 수명기간 동안 가격이 상승하지 않는다면) 이를 구입할 수 있는 가용자금을 확보할 수 있을 것이다.

기업주에게 제출하기 위하여 오로지 현금흐름만을 고려하여 수익성에 관한 사업보고서를 작성하게 되면 잘못된 정보를 제공하게 될 수도 있다. 예를 들면, 당신이 연간 수익이 연간 비용을 1백만 달러 초과하는 사업을 운영하고 있다고 가정하자. 올해는 그러나 앞으로 5년간 사용되어 수익을 창출하는 설비를 1.5백만 달러에 현금으로 구입했다면, 올해에 발생한 현금흐름의 계산결과는 0.5백만 달러의 손실로 나타나게 될 것이다. 반면에 1.5백만 달러의 투자를 5년간에 걸쳐 배분한다면, 이 사업에서 이익이 발생한다고 정확하게 나타낼 수 있을 것이다.

구입한 설비의 투자비를 내용연수에 걸쳐 배분하는 방식은 다양한데, 이 장에서는 이 방식들에 대하여 공부하고자 한다.

앞에서 언급한 감가상각을 고려하는 논거가 상당히 유용하지만, 이 책에서 감가상각의 처리를 다루는 유일한 이유는 아니다. 이를 다루는 또 다른 이유는 미국 소득세법에 의해 과세대상 소득으로부터 **감가상각충당금**(depreciation allowances)을 공제할 수 있기 때문이다. 다시 말해 감가상각충당금은 비록 그 자체가 현금흐름은 아니지만 비용으로 처리될 수 있다는 것이다(이에 따라 부채계정에 속하는 감가상각충당금이라는 용어 대신에 이후부터는 비용계정에 속하는 감가상각비란 용어를 주로 사용함). 결과적으로, 감가상각은 현금흐름인 소득세에 영향을 미친다. 따라서 납세 후 분석을 이용하여 투자대안을 비교할 때 감가상각을 정확하게 적용하는 것은 매우 중요하다.

감가상각충당금 과세소득으로부터 공제할 수 있는 금액으로서 정기적으로 계상된다 — 이 금액은 비록 현금흐름은 아니지만 비용으로 처리된다.

예를 들어 생산 공정을 설계할 때 해당 작업을 사람이 할 것인지 로봇이 할 것인지의 선택은 설계를 책임지고 있는 엔지니어가 당면하는 전형적인 문제이다. 하지만 어느 대안을 선택하느냐에 따라 납세 후 분석결과는 상당히 달라진다.

만약 사람이 작업을 수행한다면 노무비는 비용으로 처리되어 그 해 발생되는 과세소득으로부터 완전히 공제되지만, 로봇이 작업을 수행한다면 로봇 운영비만 비용으로 처리된다. 로봇의 구입비는 감가상각되어야 하므로, 이에 대한 투자비는 몇 해가 지나야 회수될 것이다.

8.2 감가상각 용어

학습목표: 감가상각재산을 파악하고 이 재산이 유형인지 무형인지 구별하라. 또한 유형재산이면 이것이 동산 혹은 부동산인지 구별하라.

사업적 지출은 비용으로 처리되거나 상각된다. 비용으로 처리되는 지출은 발생한 바로 그해에 완전히 상각한다고 볼 수 있다. 노무비, 재료비, 전력비 등은 과세소득으로부터 지출이 발생한 해에 완전히 공제되는 항목의 예이다. 그러나 생산 장비, 운송수단, 건물 등은 지출이 발생한 해에 과세소득으로부터 완전히 공제될 수 없으며, 대신에 허용 회수기간에 걸쳐 이 금액을 분할하거나 배분하여야 한다.

감가상각재산 미 국세청에서 규정된 특정 요건을 충족하는 재산. 즉, 사업용으로 사용되거나 소득의 창출을 위해 보유되어야 하며, 수명을 결정할 수 있어야 하고 그 수명이 1년 이상이며, 마모, 부식, 소모, 노후화, 진부화, 또는 자연적 원인으로 인하여 가치가 상실되는 재산.

전문적으로 말하면 미국 세법에서는 과세소득을 결정할 때, 사업이나 거래에 사용된 재산이나 소득을 창출하기 위해 보유한 재산의 마모, 파열, 자연적 부식 또는 감퇴, 소진 또는 진부화에 상당하는 적정 금액을 공제할 수 있도록 허용하고 있다. 구체적으로, 미 국세청에서 정의한 감가상각이 허용되는 **감가상각재산**(depreciable property)은 다음의 요건을 만족하여야 한다.

1. 사업용으로 사용되거나 소득 창출을 위해 보유되어야 한다.
2. 수명을 결정할 수 있어야 하며, 그 수명은 1년 이상이어야 한다.
3. 마모, 부식, 소모, 노후화, 진부화, 또는 자연적 원인으로 인하여 가치가 상실되는 것이어야 한다.

유형재산 볼 수 있거나 만질 수 있는 재산으로 동산과 부동산으로 분류함.

동산 자동차, 트럭, 기계류, 가구, 장비와 같은 재화, 그리고 부동산을 제외한 유형물.

부동산 토지와 더불어 통상적으로 토지 위에 건립되어 있는, 성장되고 있는, 또는 토지에 정착되어 있는 모든 것.

무형재산 보거나 만질 수 없지만 소유자에게 가치를 부여하는 것으로, 저작권, 상표, 소프트웨어, 영업권, 조제법, 설계, 특허권, 상표권, 자격증, 정보 데이터베이스, 독점 판매권(프랜차이즈)이 포함됨.

감가상각재산은 유형과 무형으로 분류된다. **유형재산**(tangible property)은 볼 수 있거나 만질 수 있으며, 동산 또는 부동산으로 분류할 수 있다. **동산**(personal property)은 자동차, 트럭, 기계류, 가구, 장비와 같은 재화, 그리고 부동산을 제외한 유형물을 포함한다. **부동산**(real property)은 토지와 더불어 통상적으로 토지 위에 건립되어 있는, 성장하고 있는, 또는 토지에 정착되어 있는 모든 것을 지칭한다. 그러나 토지 그 자체는 상기의 세 번째 요건을 만족하지 않아 결코 감가상각이 허용되지 않으나, 그 위에 있는 건물, 구조물, 장비는 감가상각이 허용된다. 유형재산과 달리 **무형재산**(intangible property)은 보거나 만질 수 없지만 소유자에게 가치를 부여하는 것으로, 저작권, 상표, 소프트웨어, 영업권, 조제법, 설계, 특허권, 상표권, 자격증, 정보 데이터베이스, 그리고 독점 판매권(프랜차이즈)등이 포함된다.

감가상각과 동의어로 **무형재산상각**(amortization)이 있는데, 전자는 동산과 토지를 제외한 부동산에, 후자는 무형재산에 연관지울 수 있다. 미국의 세금법전에서는 무형재산상각을 "일상적으로 공제할 수 없으며, 정액법과 유사한 방식으로 상각되는 어떤 자본적 지출에 대한 회수"라고 규정하고 있다.

무형재산상각 미국의 세금법전에서 "일상적으로 공제할 수 없으며, 정액법과 유사한 방식으로 상각되는 어떤 자본적 지출에 대한 회수"라고 규정됨.

(무형재산은 재무보고 목적으로 상각하는 반면에, 소득세 목적으로는 비용으로 처리할 수 있다. 예를 들어 소프트웨어에 대한 사업적 지출은 재무보고서에서 보통 무형재산 상각기간 동안 균등하게 배분하지만 과세소득에서 바로 공제할 수도 있다.)

8.3 정액법과 정률법

학습목표: 정액법, 정률법, 이중정률법을 적용하여 감가상각비를 산출하라.

감가상각비를 산출하는 데는 여러 가지 방법이 사용된다. 기업에서는 회계 및 재무보고서 작성 목적으로 이 절에서 다루는 가장 널리 쓰이는 정액(SLN)법을 비롯하여 정률(DB)법, 이중정률(DDB)법, 정액법으로 전환하는 이중정률법 중에서 어떤 방법이라도 채택할 수 있다. 그리고 기업의 소득세 산출 목적으로는 수정가속비용회수시스템(MACRS)의 한 가지를 적용해야 되는데, 이는 다음 절에서 살펴보기로 한다.

8.3.1 정액법

정액법(Straight Line(SLN) Depreciation)은 오늘날 사용되는 감가상각방법 중 가장 오래된 것으로, 그 명칭처럼 연간 감가상각비는 균일급수 형태가 된다. P가 감가상각자산의 획득과 설치에 지불된 **취득가격**(cost basis), F가 내용연수(회수기간, 상각수명) n년 말의 잔존가치(salvage value)일 때, 정액법을 적용한 t년의 연간 감가상각비 d_t는 다음과 같이 계산된다.

정액(SLN)법 연간 감가상각비를 균일급수 형태로 산출하는 감가상각방법.

취득가격 감가상각자산의 획득과 설치에 지불된 금액.

$$\begin{aligned} d_t &= (P - F)/n \\ &= \mathbf{SLN}(\boldsymbol{P},\boldsymbol{F},\boldsymbol{n}) \end{aligned} \tag{8.1}$$

여기서 **SLN**은 정액법으로 연간 감가상각비를 계산하는 Excel® 함수이며, **SLN** 함수의 입력 형식은 **SLN(Cost,Salvage,Life)** 형태로 쉽게 이해할 수 있다.

자산의 미상각액은 **장부가격**(book value)이라고 부르는데, 미회수 투자액(unrecovered investment), 조정 취득가격(adjusted cost basis), 조정가격(adjusted basis)으로 부르기도 한다. 정액법에 의한 t년 말의 장부가격 B_t는 다음과 같이 취득가격에서 누적 감가상각비를 빼면 된다.

장부가격 자산 취득가격에서 누적된 감가상각비를 차감하여 계산된 미상각분. 미회수 투자액, 조정 취득가격, 조정가격으로 불림.

$$B_t = P - td \\ = P - t(P - F)/n \tag{8.2}$$

따라서 장부가격은 직선형태가 된다. 더욱이 잔존가치가 감가상각비의 산정에 포함되므로 회수기간 말의 장부가격은 잔존가치와 일치하게 된다.

법인세 및 특정 대안의 납세 후 현금흐름은 8.4절의 MACRS 감각상각방법을 적용하여 구하지만 대안의 경제성을 평가할 때 정액법을 적용하도록 요구하는 여러 기업들을 볼 수 있다. 왜 그럴까? 여기서 그 이유를 살펴보면 다음과 같다.

1. 경영진은 투자대안의 경제적 실행 가능성이 채택된 감가상각방법에 따라 달라지는 것을 원하지 않는다. 즉, 현금흐름 추정은 단지 추정값일 뿐이기 때문에, 맞지 않을 가능성이 높다. 따라서 경영진은 현금흐름 추정값의 오차가 가속 감가상각방법을 채택하여 얻은 이점을 쉽게 상쇄할 수 있으므로 감가상각을 특별히 정확하게 할 필요성을 느끼지 않는다.
2. 경영진은 표준화된 접근법이 사용되기를 원하므로, 경제적 타당성 검증에 간편성을 고려하여 정액법을 채택한다.

예제 8.1 SMP 머신에 적용된 정액법

$500,000이 투자된 SMP 머신은 10년 후에 $50,000의 잔존가치를 가진다. 정액법을 적용하여 5년째의 감가상각비와 장부가격을 구하라.

문제 요약 **주어진 정보**: 취득가격 P = $500,000, 잔존가치 S = $50,000, 내용연수 n = 10년

구하는 해: d_5, B_5

풀이 정액법을 적용할 때 5년도의 감가상각비와 장부가격은 다음과 같다.

$$\begin{aligned} d_5 &= (\$500{,}000 - \$50{,}000)/10 \\ &= \$45{,}000 \\ &= \textbf{SLN(500000,50000,10)} \\ &= \textbf{45,000} \\ B_5 &= \$500{,}000 - 5(\$45{,}000) \\ &= \$275{,}000 \end{aligned}$$

8.3.2 정률법과 이중정률법

정률(DB)법 초반에 상대적으로 큰 감가상각비가 계상되나, 연도가 지남에 따라 감가상각비가 점진적으로 작아지는 패턴을 가지는 기하급수형태의 가속 감가상각방법의 일종.

정률법(Declining Balancing(DB) Depreciation, 체감잔액법)은 가속 감가상각방법의 일종으로 초반에 상대적으로 큰 감가상각비가 계상되나, 연도가 지남에 따라 감가상각비가 점점 작아진다.

가속 감가상각방법은 돈의 시간가치를 고려하기 때문에 바람직한 상각방식이다. 감가상각비는 과세소득으로부터 차감할 수 있으므로 TVOM이 0보다 크다면 감가상각비의 현재가치가 최대가 될 때 납세 후 현재가치는 최대가 된다. 즉, 사람들이 TVOM 때문에 조기에 더 많은 현금을 확보하는 것을 선호하는 것과 같이 자산을 후반보다는 초반에 더 빨리 상각하는 방식을 채택하는 것이 유리하다.

정액법의 연간 감가상각비는 균일하지만, 정률법에 의한 감가상각비는 감소형의 기하급수 형태로 점진적으로 줄어든다. 정률법에 의한 특정 연도의 감가상각비는 그 연도 초의 장부가격의 정해진 비율로 산출된다. p를 정률법의 감가상각률로 정의하면, t년도의 감가상각비와 그 연도 말의 장부가격은 다음과 같다.

$$\begin{aligned} d_t &= pB_{t-1} \\ &= pP(1-p)^{t-1} \end{aligned} \tag{8.3}$$

$$B_t = P(1-p)^t \tag{8.4}$$

여기서 정률법에 의해 감가상각비를 계산할 때 잔존가치가 반영되지 않는다는 점에 유의해야 한다. 따라서 회수기간 말의 장부가격은 자산의 잔존가치와 일치하지 않을 가능성이 높다. (잔존가치와 일치하지 않는 장부가격의 소득세에 대한 영향은 9장에서 다룬다.)

정률법에 의해 감가상각비를 계산할 때 어떤 감가상각률 p가 사용되어야 하는가? 주로 사용되는 값으로는 정액법에 의한 감가상각률($1/n$)의 125%, 150%, 200%(미 국세청에서 허용된 최대값)를 들 수 있다. 만약 n년 후(즉, 회수기간 말)에 장부가격과 잔존가치가 일치하는 감가상각률을 원한다면 다음과 같이 구한다. 즉, 식 (8.4)로부터

$$F = P(1-p)^n$$

가 되어 p를 다음 식으로부터 구할 수 있다.

$$\begin{aligned} p &= 1 - (F/P)^{1/n} \\ &= -\mathbf{RATE}(\boldsymbol{n},,-\boldsymbol{P},\boldsymbol{F}) \end{aligned} \tag{8.5}$$

이중정률(DDB)법 감가상각률이 정액법의 2배(200%)가 되는 가속 감가상각방법의 일종.

여기서 등호와 Excel® **RATE** 함수간의 마이너스 기호에 유의해야 하며, p가 정액법의 2배(200%)인 $2/n$인 감가상각방법을 **이중정률법**(Double(200%) Declining Balance(DDB) Depreciation)으로 부른다.

Excel®은 세 가지 종류의 정률법 함수(**DB**, **DDB**, **VDB**)를 제공한다. 특히 **VDB**(Variable Declining Balance) 함수는 이중정률법 혹은 다르게 명시된 정률법을 적용할 때 규정한 (일부)기간에 관한 자산의 감가상각비를 보여준다. 한편 Excel®의 **DB** 함수로부터 얻어진 결과는 가끔 식 (8.3)과 (8.4)로부터 구한 값과 달라진다. 따라서 Excel® 함수를 사용한다면 **DDB**, **VDB** 함수를 권장한다. 두 함수의 입력 형식은 다음과 같다.

DDB(cost,salvage,life,period,factor); and
VDB(cost,salvage,life,start_period,end_period,factor,no_switch)

여기서 괄호 안의 인수가 가지는 의미는 다음과 같다.

cost: 자산의 취득가격

salvage: 자산의 잔존가치

life: 자산의 비용회수기간(내용연수)

period: 감가상각의 계상을 원하는 기간

factor: 정률법의 상각률(p). 이 값이 생략되면 이중정률법이 적용된다.

start_period: 감가상각이 시작되는 시점으로 life와 같은 단위를 가져야 한다.

end_period: 감가상각이 끝나는 시점으로 life와 같은 단위를 가져야 한다.

no_switch: 정액법의 감가상각비가 정률법보다 클 경우 이의 전환여부를 규정하는 논리변수 값

Excel® **DDB** 함수가 사용될 때 감가상각률은 $2/n$가 된다. Excel® **VDB** 함수를 사용할 때는 정률법에서 정액법으로 전환할 것인지 선택할 수 있으며, 만약 정률법의 감가상각률이 명시되지 않을 경우 $2/n$가 적용된다.

그리고 감가상각방법을 전환하는 개념은 다음 소절에서 다루고자 한다. Excel®의 **VDB**함수에 관한 입력 형식 중에서 특히 **no_switch**가 참(TURE)이면 Excel®에서 정액법에 의한 감가상각비가 정률법보다 크더라도 전환되지 않음에 유의해야 한다. 또한 **no_switch**가 거짓(FALSE)이거나 생략되면 Excel®에서 정액법에 의한 감가상각비가 정률법보다 크면 정액법으로 전환된다. 마지막으로 **no_switch** 외의 인수는 양수여야 하므로 취득가격에 음수 값을 가지는 현금흐름을 입력하지 않아야 한다.

SMP 머신에 적용된 정률법

예제 8.2

예제 8.1의 SMP 머신에 대해 정률법을 적용하여 5년도의 감가상각비와 장부가격을 구하라.

주어진 정보: 취득가격 P = \$500,000, 잔존가치 S = \$50,000, 내용연수 n = 10년

구하는 해: d_5, B_5

문제 요약

먼저 d_5, B_5를 구하기 전에 잔존가치와 회수기간말의 장부가격이 같다는 관계를 이용한 식 (8.5)로부터 감가상각률을 계산한다.

풀이

앞의 예제에서 SMP 머신의 취득가격은 \$500,000이고 회수기간 말의 잔존가치는 \$50,000이므로, 상각률은 다음과 같이 계산된다.

$$\begin{aligned} p &= 1 - (\$50{,}000/\$500{,}000)^{0.1} \\ &= 20.5672\% \\ &= \mathbf{-RATE(10,,500000,50000)} \\ &= 20.5672\% \end{aligned}$$

그런데 이 감가상각률은 $2/n$을 초과하게 되어 미 국세청에서는 허용되지 않는다.

따라서 정률법의 감가상각률을 정액법 상각률(일반적으로 $1/n$ 여기서는 1/10)의 2배를 적용하면 $p = 2/10$이 되므로 식 (8.3)과 (8.4)로부터 다음과 같이 계산된다.

$$\begin{aligned} d_5 &= 0.20(\$500{,}000)(0.80)^4 \\ &= \$40{,}960.00 \\ B_5 &= \$500{,}000(0.80)^5 \\ &= \$163{,}840.00 \end{aligned}$$

또한 Excel®의 **DDB** 함수를 사용하면 다음과 같다.

$$\begin{aligned} d_5 &= \mathbf{DDB(500000,50000,10,5)} \\ &= \mathbf{\$40{,}960.00} \end{aligned}$$

한편 Excel®의 **VDB** 함수를 사용한다면 감가상각비가 계상되는 시작 연도와 끝나는 연도를 명시해야 된다. 다음은 이로부터 t = 5일 때 감가상각비를 구한 결과이다.

〈표 8.1〉 SMP 머신 투자안의 감가상각비와 장부가격

t	SLN d_t	SLN B_t	DDB d_t	DDB B_t	VDB d_t	VDB B_t
0		$500,000.00		$500,000.00		$500,000.00
1	$45,000.00	$455,000.00	$100,000.00	$400,000.00	$100,000.00	$400,000.00
2	$45,000.00	$410,000.00	$80,000.00	$320,000.00	$80,000.00	$320,000.00
3	$45,000.00	$365,000.00	$64,000.00	$256,000.00	$64,000.00	$256,000.00
4	$45,000.00	$320,000.00	$51,200.00	$204,800.00	$51,200.00	$204,800.00
5	$45,000.00	$275,000.00	$40,960.00	$163,840.00	$40,960.00	$163,840.00
6	$45,000.00	$230,000.00	$32,768.00	$131,072.00	$32,768.00	$131,072.00
7	$45,000.00	$185,000.00	$26,214.40	$104,857.60	$26,214.40	$104,857.60
8	$45,000.00	$140,000.00	$20,971.52	$83,886.08	$20,971.52	$83,886.08
9	$45,000.00	$95,000.00	$16,777.22	$67,108.86	$16,943.04	$66,943.04
10	$45,000.00	$50,000.00	$13,421.77	$53,687.09	$16,943.04	$50,000.00

$$d_5 = \text{VDB(500000,50000,10,4,5,2)}$$
$$= \$40,960.00$$

Excel®의 **DB**, **DDB**, **VDB** 함수를 이용하여 장부가격을 구하기 위해서는 이전 모든 연도의 감가상각비를 계산하여 취득가격으로부터 누적 감가상각비를 차감하는 계산과정이 필요하다.

〈표 8.1〉에 Excel®의 **SLN**, **DDB**, **VDB** 함수로 구한 SMP 머신의 10년간 감가상각비와 장부가격이 정리되어 있다. 여기서 **DDB**의 잔존가치는 $50,000과 일치하지 않지만, 또한 정률법에서 정액법으로 전환되는 시점인 9년도 이전까지 **DDB**와 **VDB**는 일치함을 알 수 있다.

8.3.3 Excel® VDB 함수로 이중정률법에서 정액법으로 전환하는 방법

학습목표: 정률법에서 정액법으로 전환하는 최적시점을 정하라.

앞에서 언급한 바와 같이 Excel®의 **VDB** 함수는 규정된 감가상각률을 적용하는 정률법에서 최적이 되는 시점에 정액법으로 전환할 수 있는 옵션 기능을 가지고 있다. 그러면 어떤 기준하에서 최적으로 정의되는가? 가속 감가상각방법은 특정 시점까지만 정액법보다 선호되는데, VDB는 이 시점을 정해 준다.

정률법은 감가상각 초기에 감가상각비가 훨씬 크다. 즉, 정률법은 장부가격의 일정한 비율로 감가상각비를 계산하므로 회수기간의 초반에는 감가상각

비가 크지만, 회수기간의 후반부로 접근해 감에 따라 장부가격이 작아지고 따라서 감가상각비가 가파르게 떨어진다. 그리고 앞의 예제 경우와 같이 이중정률법으로 계산된 장부가격이 회수기간 동안 잔존가치에 도달하지 못할 수도 있다.

Excel®의 **VDB** 함수는 처음에는 정률법이 적용되며, 매년 정률법에 의한 감가상각비와 회수기간 말의 장부가격이 잔존가치와 일치하도록 산출된 정액법에 의한 감가상각비를 비교한다. 전환되는 최적시점은 정액법의 감가상각비가 계속 적용되고 있는 정률법의 감가상각비보다 크게 되는 첫 번째 시점이 되므로, 다음 부등식을 만족하는 t의 최소 정수값으로 설정된다.

$$\frac{B_{t-1} - F}{n - (t - 1)} > pB_{t-1} \qquad (8.6)$$

이중정률법에서는 추정 잔존가치가 무시되지만, 정액법에 의한 감가상각비 계산에서는 이 값이 사용된다는 사실에 주목해라. 만약 추정 잔존가치 F가 회수기간 마지막 해에 정률법에 의해 계산된 미회수 잔액 B_n을 초과하면 이 전환방법은 바람직하지 않다.

SMP 머신에 적용된 DDB/SLN 전환방법 — 예제 8.3

앞에서 다룬 SMP 머신 예제에 이중정률법에서 정액법으로 전환하는 감가상각방법을 적용하면 최적 전환시점은 언제인가?

문제 요약

주어진 정보: 취득가격 $P = \$500,000$, 잔존가치 $S = \$50,000$, 내용연수 $n =$ 10년, 이중정률법에 의해 $p = 0.2$

구하는 해: $\frac{B_{t-1} - F}{n - (t - 1)} > pB_{t-1}$를 만족하는 t의 최소값

풀이

$t = 1$일 때 식 (8.6)의 좌변은 ($500,000 − $50,000)/10 = $45,000이며, 우변은 0.20($500,000) = $100,000이 되어 우변 값이 좌변 값보다 크므로 $t =$ 2로 넘어간다.

$t = 2$일 때 식 (8.6)의 좌변은 ($400,000 − $50,000)/9 = $38,888.89이며, 우변은 0.20($400,000) = $80,000이 되어 우변 값이 좌변 값보다 크므로 $t = 3$으로 넘어간다.

이런 접근법을 반복하면 $t = 9$일 때 식 (8.6)의 좌변이 우변보다 커진다. 따라서 9년도에 이중정률법에서 정액법으로 전환되며, 이 시점부터 n년(즉, 10

	A	B	C	D	E	F	G	H
1	*P*=	$500,000.00						
2	*F*=	$50,000.00						
3	*n*=	10						
4								
5	**t**	**DDB d_t**	**SLN d_t**	**SLN d_t> DDB d_t?**	**d_t Used**	**B_t**	**VDB d_t**	**VDB B_t**
6	0					$500,000.00		$500,000.00
7	1	**$100,000.00**	$45,000.00	No	$100,000.00	$400,000.00	$100,000.00	$400,000.00
8	2	**$80,000.00**	$38,888.89	No	$80,000.00	$320,000.00	$80,000.00	$320,000.00
9	3	**$64,000.00**	$33,750.00	No	$64,000.00	$256,000.00	$64,000.00	$256,000.00
10	4	**$51,200.00**	$29,428.57	No	$51,200.00	$204,800.00	$51,200.00	$204,800.00
11	5	**$40,960.00**	$25,800.00	No	$40,960.00	$163,840.00	$40,960.00	$163,840.00
12	6	**$32,768.00**	$22,768.00	No	$32,768.00	$131,072.00	$32,768.00	$131,072.00
13	7	**$26,214.40**	$20,268.00	No	$26,214.40	$104,857.60	$26,214.40	$104,857.60
14	8	**$20,971.52**	$18,285.87	No	$20,971.52	$83,886.08	$20,971.52	$83,886.08
15	9	$16,777.22	**$16,943.04**	Yes	$16,943.04	$66,943.04	$16,943.04	$66,943.04
16	10		**$16,943.04**		$16,943.04	$50,000.00	$16,943.04	$50,000.00
17			**=SLN(F9,B$2,B$3-A9)**			**=F7-E8**		**=H13-G14**
18		**=DDB(B$1,B$2,B$3,A13)**			**=MAX(B12:C12)**			
19						**=VDB(B$1,B$2,B$3,A10,A11)**		

〈그림 8.1〉 예제 8.3에 적용된 DDB/SLN 전환방법

년)까지의 감가상각비는 같은 금액이 된다.

〈그림 8.1〉에 이중정률법에서 정액법으로 전환되는 최적시점을 설정하는 계산과정이 나와 있다.

8.4 수정가속비용회수시스템(MACRS)

학습목표: 수정가속비용회수시스템(MACRS)을 적용하여 감가상각비를 산출하라.

수정가속비용회수시스템(MACRS)
미 국세청에서 소득세 산출용으로 승인한 유일한 감가상각방법.

정액법이 미국에서 재무보고용으로 가장 널리 쓰이는 감가상각방법이지만, **수정가속비용회수시스템**(Modified Accelerated Cost Recovery System: MACRS)은 소득세를 산출하기 위해 미 국세청이 승인한 유일한 감가상각방법이다. 대안의 경제성 분석을 할 때 투자 결정에 수반되는 실제 현금흐름(세금 포함)으로 분석하고자 한다면 통상적으로 MACRS 감가상각이 적용되어야 한다.

1986년 이후 사업에 투입되기 시작한 대부분의 감가상각재산에 대해서는 MACRS가 적용된다. MACRS는 2개의 시스템, 즉 **정규시스템**(General Depreciation System: GDS)과 **선택시스템**(Alternative Depreciation System: ADS)으로 구성되어 있다. MACRS-GDS는 우리의 관심 대상 중 대부분의 경우에 정액법으로 전환되는 이중정률법을 채택한다. 반면 MACRS-ADS는 GDS보다 회수기간이 더 길며, 정액법에 기반을 두고 있다.

MACRS-GDS 이중정률법에서 정액법으로 전환되는 감가상각방법에 기반을 둔 수정가속비용회수시스템(MACRS)의 감가상각방법.

MACRS-GDS와 MACRS-ADS는 대부분의 재산에 대해 회수기간(법정 내용연수에 해당)을 지정하고 있다. 특히 MACRS-GDS는 대부분의 재산을 여덟 가지 부류로 분류하며, 재산부류별로 재산이 회수되는 기간을 달리 규정하고 있다.

MACRS-ADS 정액법에 기반을 둔 수정가속비용회수시스템(MACRS)의 감가상각방법으로 GDS보다 회수기간이 더 길다.

두 시스템은 이때까지 다루지 않은 **반년규칙**(half-year convention)을 적용하고 있다. 즉, 재산은 운용 첫해에 평균적으로 반 정도 사용된다고 가정한다. 마찬가지로 운용 마지막 해에도 이 규칙이 적용된다고 가정한다. 이 장에서 H는 반년규칙을 나타내는데, 예를 들어 200% DBSLH-GDS는 정액법으로 전환되는 이중정률법으로 GDS 회수기간의 첫 해와 마지막 해에 반년규칙이 적용되는 감가상각방법을 가리킨다. 반년규칙의 예외로 27.5년과 39년 재산부류가 있다.

반년규칙 재산은 평균적으로 운용 첫해와 마지막 해에는 반년 정도 사용된다고 가정하는 MACRS-GDS와 MACRS-ADS의 특색적인 규칙.

8.4.1 MACRS-GDS

감가상각의 대상이 되는 유형자산은 〈표 8.2〉의 여덟 가지 MACRS 재산부류(property class)의 하나에 속한다(여기서 특별한 언급이 없으면 MACRS는 GDS를 가리킨다). 특정한 재산이 그 재산에 대한 재산부류를 설명한 내용으로부터 어느 재산부류에 해당되는지를 판단하는 것은 매우 어려운 업무이다. 따라서 적정한 부류의 판정이 힘들다면 세법 전문가에게 상담하거나 미 국세청(IRS)의 출판물을 참조할 것을 권한다.

MACRS 재산부류가 확정되면 Excel®의 **VDB** 함수를 자산의 감가상각비를 계산하는데 활용할 수 있다. 예를 들어 $P = 1$, $F = 0$, $n = 5$, start_period = 0.0, end_period = 0.5, factor = 2를 대입하면, **VDB** 함수는 5년 재산부류에 대한 첫 해의 감가상각률로 20%를 도출한다. 이를 다섯 기간(0.5, 1.5; 1.5, 2.5; 2.5. 3.5; 3.5, 4.5; 4.5, 5.0)에 대해 반복하면 〈표 8.3〉의 나머지 다섯 개의 값이 도출된다. 그렇지만 3, 5, 7, 10, 15, 20년 재산의 감가상각에 적용되는 상각률은 실제로 Excel®의 **VDB** 함수를 이용하여 계산하기 보다는 〈표 8.3〉에 있는 값들을 사용하는 것이 오히려 더 편리하다. 재산이 실제 사업에 투입된 월에 따른 27.5년과 39년 재산에 대한 연간 상각률은 〈표 8.4〉에 주어져 있다. 3, 5, 7, 10년 재산에 대한 연간 감가상각률은 200% DBSLH-GDS에, 15년과 20년 재산에 대해서는 150% DBSLH-GDS에, 27.5년과 39년 재

〈표 8.2〉 MACRS-GDS의 재산부류

재산부류	동산
3년 재산	표준수명이 4년 이하인 재산이 해당되며, 육상용 트랙터, 자동차 제작용 특수공구, 식음료 생산에 사용되는 특수운반구, 고무 · 플라스틱 · 유리 · 조립금속제품 제조용 특수공구가 포함됨.
5년 재산	표준수명이 4년을 초과 10년 미만인 재산이 해당되며, 승용차와 범용 소형트럭, 연구실험용 장비, 대체 에너지 및 바이오 매스 장비, 컴퓨터 및 주변기기, 우주선 부분품, 사무기기(타자기 · 계산기 · 복사기 · 프린터 · 팩시밀리 등), 범용 대형트럭, 벌목 및 제재용 장비, 해저 유전시추장비, 건설장비, 컴퓨터 제어식 전화교환기, 편물제품 · 양탄자 · 의료 및 치과용 물품 · 화학물질 · 전자부품 등의 생산에 사용되는 각종 자산이 포함됨.
7년 재산	표준수명이 10년 이상 16년 미만인 재산과 특별히 정해진 표준수명이 없으면서 27.5년 재산 또는 39년 재산에도 속하지 않는 재산이 해당되며, 사무실용 집기, 놀이공원 시설물, 석유 및 천연가스 탐사장비, 식품 · 방사 · 목제제품과 가구 · 펄프와 종이 · 고무제품 · 플라스틱제품 · 피혁제품 · 유리제품 · 주조물 · 금속조립제품 · 우주항공제품 · 운동경기용품 · 보석류 등의 제조에 사용되는 대부분의 자산이 포함됨.
10년 재산	표준수명이 16년 이상 20년 미만인 재산이 해당되며, 선박, 예인선과 그 밖의 유사한 해상 수송장비, 석유 정제용 설비, 곡물 · 설탕 · 식용유 · 대체 천연가스–석탄 기화 제조에 사용되는 자산이 포함됨.
15년 재산	표준수명이 20년 이상 25년 미만인 재산이 해당되며, 보도 · 도로 · 배수시설 · 하수도 · 교량 · 담벽 · 조경시설 등과 같은 토지개량 시설, 시멘트 제조설비, 수도 및 배관 자산, 도시 수처리 시설, 전화 분배시설 자산, 특정 전기와 가스 설비, 액화가스 제조설비가 포함됨.
20년 재산	27.5년 이상인 부동산을 제외한 표준수명이 25년 이상인 재산 및 공영 하수관이 해당되며, 농장건물, 철도용 구조물, 발전설비, 전송선 · 지상 및 지하 케이블 · 전파중계기와 기타 공익용 설비가 포함됨.
재산부류	**부동산**
27.5년 재산	주거용 임대재산이 해당되며, 주거단위로부터 발생하는 임대소득이 당해 사업연도 총 임대소득의 80%를 상회하는 임대주택 또는 구조물이 포함됨. 여기서 주거단위란 건물이나 구조물의 형태를 갖추고 생활공간을 제공하기 위하여 사용되는 가옥이나 아파트를 지칭하며, 호텔 · 모텔 · 여관 또는 시설의 2분의 1 이상이 일시적 숙박을 위해 사용되는 기타의 시설물은 해당되지 않음.
39년 재산	비주거용 부동산이 해당되며, 표준수명이 27.5년인 이상인 감가상각재산이면서 주거용 임대재산이 아닌 경우임.

산에 대해서는 반월규칙이 부가된 정액법(SLM)에 기반하고 있다.

주어진 재산부류에 대해 상각률의 합은 100%이므로, 대상 재산은 회수기간 동안 완전히 상각된다. 연도별 감가상각비는 취득가격과 〈표 8.3〉 또는 〈표 8.4〉에서 적절하게 선택된 상각률의 곱이 된다.

t년도 MACRS 감가상각률이 p_t이면 그 해의 감가상각비 d_t와 그해 말의 장부가격 B_t는 다음과 같이 계산된다.

$$d_t = p_t P \tag{8.7}$$

$$B_t = P - \sum_{j=1}^{t} d_j = P\left(1 - \sum_{j=1}^{t} p_j\right) \tag{8.8}$$

〈표 8.3〉 200% DBSLH-GDS(3, 5, 7, 10년 재산)와 150% DBSLH-GDS(15, 20년 재산)에 대한 MACRS-GDS 백분율

연도 말	3년 재산	5년 재산	7년 재산	10년 재산	15년 재산	20년 재산
1	33.33	20.00	14.29	10.00	5.00	3.750
2	44.45	32.00	24.49	18.00	9.50	7.219
3	14.81	19.20	17.49	14.40	8.55	6.677
4	7.41	11.52	12.49	11.52	7.70	6.177
5		11.52	8.93	9.22	6.93	5.713
6		5.76	8.92	7.37	6.23	5.285
7			8.93	6.55	5.90	4.888
8			4.46	6.55	5.90	4.522
9				6.56	5.91	4.462
10				6.55	5.90	4.461
11				3.28	5.91	4.462
12					5.90	4.461
13					5.91	4.462
14					5.90	4.461
15					5.91	4.462
16					2.95	4.461
17						4.462
18						4.461
19						4.462
20						4.461
21						2.231

〈표 8.4〉

a. 반월규칙이 적용된 27.5년 주거용 임대재산에 대한 MACRS-GDS 백분율

	과세연도에서 재산이 사업에 투입된 월											
연도	1	2	3	4	5	6	7	8	9	10	11	12
1	3.485%	3.182%	2.879%	2.576%	2.273%	1.970%	1.667%	1.364%	1.061%	0.758%	0.455%	0.152%
2–9	3.636%	3.636%	3.636%	3.636%	3.636%	3.636%	3.636%	3.636%	3.636%	3.636%	3.636%	3.636%
10–26*	3.637%	3.637%	3.637%	3.637%	3.637%	3.637%	3.637%	3.637%	3.637%	3.637%	3.637%	3.637%
11–27**	3.636%	3.636%	3.636%	3.636%	3.636%	3.636%	3.636%	3.636%	3.636%	3.636%	3.636%	3.636%
28	1.970%	2.273%	2.258%	2.879%	3.182%	3.485%	3.636%	3.636%	3.636%	3.636%	3.636%	3.636%
29							0.152%	0.455%	0.758%	1.061%	1.364%	1.667%

b. 반월규칙이 적용된 39년 비주거용 부동산에 대한 MACRS-GDS 백분율

	과세연도에서 재산이 사업에 투입된 월											
연도	1	2	3	4	5	6	7	8	9	10	11	12
1	2.461%	2.247%	2.033%	1.819%	1.605%	1.391%	1.177%	0.963%	0.749%	0.535%	0.321%	0.107%
2–39	2.564%	2.564%	2.564%	2.564%	2.564%	2.564%	2.564%	2.564%	2.564%	2.564%	2.564%	2.564%
40	0.107%	0.321%	0.535%	0.749%	0.963%	1.177%	1.391%	1.605%	1.819%	2.033%	2.247%	2.461%

* 짝수 해

** 홀 수 해

예제 8.4 SMP 머신 투자안에 적용된 MACRS

SMP 머신에 대해 MACRS 감가상각방법과 재산부류를 적용할 경우에 5년도의 감가상각비와 장부가격은 얼마인가?

문제 요약 재산부류와 MACRS 백분율을 구하기 위해 〈표 8.2〉와 〈표 8.3〉을 이용한다.

주어진 정보: 취득가격 $P = \$500{,}000$

구하는 해: d_t, B_t

풀이 미 국세청(IRS)에서는 $500,000이 투자된 SMP 머신을 5년 재산으로 인정한다. 5년 재산에 대한 MACRS 백분율과 식 (8.7)과 (8.8)을 적용하면 연도별 감가상각비와 장부가격은 다음과 같이 계산된다.

$$
\begin{aligned}
d_1 &= 0.20(\$500{,}000) = \$100{,}000 & B_1 &= \$500{,}000 - \$100{,}000 = \$400{,}000\\
d_2 &= 0.32(\$500{,}000) = \$160{,}000 & B_2 &= \$400{,}000 - \$160{,}000 = \$240{,}000\\
d_3 &= 0.192(\$500{,}000) = \$96{,}000 & B_3 &= \$240{,}000 - \$96{,}000 = \$144{,}000\\
d_4 &= 0.1152(\$500{,}000) = \$57{,}600 & B_4 &= \$144{,}000 - \$57{,}600 = \$86{,}400\\
d_5 &= 0.1152(\$500{,}000) = \$57{,}600 & B_5 &= \$86{,}400 - \$57{,}600 = \$28{,}800\\
d_6 &= 0.0576(\$500{,}000) = \$28{,}800 & B_6 &= \$28{,}800 - \$28{,}800 = \$0
\end{aligned}
$$

광범위한 보유 감가상각재산에 대해 감가상각비를 계상하는 다양한 방법이 존재한다. 이 장의 첫 머리에서 언급한 바와 같이, 이 책의 목표는 다양한 투자대안에 대해서 의사결정자가 납세 후 결과를 이해하게 하는 것이다. 따라서 감가상각은 소득세에 영향을 미치기 때문에 의사결정자는 감가상각비가 어떻게 계산되는지에 대해서 잘 이해하고 있어야 한다.

8.4.2 MACRS-ADS

MACRS-GDS가 매우 널리 쓰이기는 하지만 납세자는 MACRS-ADS를 이용하여 과세소득을 공제하도록 선택할 수 있다. 특정 재산에 대해서는 MACRS-ADS가 선택적이 아니라 반드시 적용되어야 하는데, 그러한 재산으로서는 (1) 미국 영토 밖에서 주로 사용되는 재산, (2) 면세 용도 재산, (3) 면세 채권으로 조달된 재산, (4) 대통령령에 포함된 국외 수입 재산 등이 있다. MACRS-ADS 방법은 반년규칙(SLH) 또는 반월규칙(SLM)을 적절하게 부가한 정액법을 채택하고 있다.

실제로는 MACRS-ADS의 적용이 의무적화 되어 있는 공적 부문의 경우를 제외하면 납세자가 스스로 MACRS-ADS의 적용을 선택하는 경우는 극히 드물다. 따라서 이 책에서는 MACRS-GDS에 대하여 보다 더 자세하게 다루었다.

핵심 개념

1. **학습목표: 감가상각이 소득세 관점에서 투자 의사결정에 미치는 영향을 설명하라. (8.1절)**

대부분의 재산은 사용하거나 시간이 경과함에 따라 가치가 떨어지므로 그 값을 상각한다. 미국과 한국의 세법은 감가상각충당금을 손비로 처리하여 과세소득에서 차감할 수 있도록 허용하고 있다. 납세 전 관점과는 다르게 감가상각은 납세 후 관점에서는 투자와 연간 운영비가 처리되는 방식에 영향을 미치기 때문에 경제성 분석에서 감가상각을 고려하는 것이 매우 중요하다. 즉 적용된 감가상각방법은 감가상각충당금의 현재가치에 상당한 영향을 미치며, 또한 기업에서 납부해야 하는 소득세에도 큰 영향을 미친다.

2. **학습목표: 감가상각재산을 파악하고 이 재산이 유형인지 무형인지 구별하라. 또한 유형재산이면 이것이 동산 혹은 부동산인지 구별하라. (8.2절)**

미 국세청(IRS)에서 정의하는 **감가상각재산**이 되기 위해서는 다음의 요건을 충족하여야 한다.

- 사업용으로 사용되거나 소득의 창출을 위해 보유되어야 한다.
- 수명을 결정할 수 있어야 하며, 그 수명은 1년 이상이어야 한다.
- 마모, 부식, 소모, 노후화, 진부화, 또는 자연적 원인으로 인하여 가치가 상실되는 것이어야 한다.

감가상각재산은 **유형**과 **무형**으로 분류된다. **유형재산**은 볼 수 있거나 만질 수 있으며, 이는 **동산** 또는 **부동산**으로 분류할 수 있다. **동산**은 자동차, 트럭, 기계류, 가구, 장비와 같은 재화, 그리고 부동산을 제외한 유형물을 포함한다. **부동산**은 토지와 보통 토지 위에 건립되어 있는, 성장되고 있는, 또는 토지에 정착되어 있는 모든 것을 지칭한다. **무형재산**은 보거나 만질 수 없지만 소유자에게 가치를 부여하는 것으로, 저작권, 상표, 소프트웨어, 영업권, 조제법, 설계, 특허권, 상표권, 자격증, 정보 데이터베이스, 그리고 독점 판매권(프랜차이즈) 등이 포함된다.

3. **학습목표: 정액법, 정률법, 이중정률법을 적용하여 감가상각비를 산출하라. (8.3절)**

감가상각방법의 첫 번째 범주로 통상 재무보고용으로 쓰이는 정액(SLN)법, 정률(DB)법, 이중정률(DDB)법이 있다. 정액법은 재산의 내용연수 동안 감각상각비가 균일하며, 정률법과 이중정률법은 감각상각 일정을 가속화하는 의도로 정액법을 확장시킨 방법이다. 다음 표에 이런 방법들의 감가상각비와 장부가격에 관한 중요 공식이 요약되어 있다.

감가상각방법	감가상각비	장부가격
정액법	$d_t = (P - F)/n$	$B_t = P - td$ $= P - t(P - F)/n$
정률법	$d_t = pB_{t-1}$ $= pP(1 - p)^{t-1}$	$B_t = P(1 - p)^t$

4. **학습목표: 정률법에서 정액법으로 전환하는 최적시점을 정하라. (8.3.3절)**

정액법의 감가상각비가 정률법의 감가상각비보다 크게 되는 첫 번째 시점에서 규정된 상각률을 적용하는 정률법에서 정액법으로 전환하는 것이 자주 바람직하게 여겨진다. 이 시점을 설정하는 부등식은 다음과 같다.

$$\frac{B_{t-1} - F}{n - (t - 1)} > pB_{t-1} \qquad (8.6)$$

5. **학습목표: 수정가속비용회수시스템(MACRS)을 적용하여 감가상각비를 산출하라. (8.4절)**

감가상각방법의 두 번째 범주는 소득세 산출에 적용되는 것인데, 미국에서는 MACRS가 미 국세청에서 승인된 유일한 감가상각방법이다. MACRS는 다양한 유형의 재산에 대해 반년규칙을 적용하는 가속비용회수시스템이다. 가속 감가상각방법은 감가상각비의 현재가치를 최대화하므로 비가속 감가상각방법보다 선호된다. 미 국세청에서 규정한 감가상각재산에 대한 회수기간은 보통 이 재산의 내용연수보다 짧은 편이다.

핵심용어

감가상각	유형재산
감가상각재산	이중정률(DDB)법
감가상각충당금	장부가격
동산	정률(DB)법
무형재산	정액(SLN)법
무형재산상각	취득가격
반년규칙	MACRS-ADS
부동산	MACRS-GDS
수정가속비용회수시스템(MACRS)	

기사시험 유사 문제

1. 어떤 목재회사가 $200,000에 나무를 잘게 자르는 기계(Chipper)를 구입하여 설치하였다. 이 기계는 MACRS-GDS에서 7년 재산으로 분류되며, 내용연수는 10년이고, 10년도 말 잔존가치가 $25,000으로 추정된다. 정액법을 적용하여 첫해 감가상각비를 계산하라.

   a. $28,517.43 c. $17,500
   b. $20,000 d. $25,000

2. 내용연수가 20년인 자산의 11년도 감가상각비는 $4,000이다. 만약 자산의 잔존가치가 0으로 추정되고 11년도 감가상각비를 계산하기 위해 정액법이 적용된다면, 자산의 초기비용(취득가격)은 얼마인가?

   a. $42,105 c. $72,682
   b. $67,682 d. $80,000

3. MACRS-GDS는 다음 중 어떤 감가상각방법들을 결합한 것인가?

   a. 연수합계법과 정액법
   b. 연수합계법과 정률법
   c. 이중정률법과 150% 정률법
   d. 이중정률법과 정액법

4. 취득가격이 $100,000인 MACRS-GDS 재산의 3년도 감가상각비가 $8,550이다. 2년도 감가상각비는 얼마인가?

   a. $8,550 c. $18,000
   b. $9,500 d. 주어진 정보로는 알 수 없다.

5. 치과병원의 엑스레이 기계는 MACRS에서 5년 재산으로 분류된다. 취득가격은 $6,000이며, 8년의 내용연수, 8년도 말 잔존가치는 $500로 예상된다. MACRS를 적용하면 3년도 말 장부가격은 얼마인가?

   a. $1,584　　c. $3,916
   b. $1,728　　d. $4,272

연습문제

8.1절 경제성 분석에서 감가상각의 역할

1. 세금은 매년 재무적 이익의 어떤 척도에 따라 납부된다. 우리는 일반적으로 재무적 이익을 "현금 유입－현금 유출"로 보나, 다년간 사용되는 공장과 설비의 자본 투자비를 단순하게 유출로 차감하는 것은 허용되지 않는다.
   a. 왜 이런 유출을 바로 차감하는 것이 허용되지 않는가?
   b. 특히 감가상각비가 현금흐름이 아님에도 불구하고 세금을 산출하는 상황의 어디에 적절하게 반영할 수 있는가?

2. 다음의 주장 중에서 어떤 것들이 참인가?
   a. 장부상에서 감가상각을 반영하는 이유는 기업주에게 특정 시점에서의 자산의 가치에 관해 상당히 정확한 보고를 하기 위해서이다.
   b. 감가상각은 구입된 설비의 내용연수 동안 투자비를 배분한다.
   c. 감가상각비는 현금흐름에 속하기 때문에 비용으로 처리될 수 있다.
   d. 감가상각은 현금흐름에 속하는 소득세에 영향을 미친다.

8.2절 감가상각 용어

3. 다음 각 자산을 유형/무형 재산, 동산/부동산 재산, 감가상각/비감가상각 재산으로 구분하라.
   a. 기업 연구소의 수지 용해성 측정기
   b. 소득을 창출하는 토지 구역
   c. 음식점 독점판매권
   d. 토지에 설치된 다중 안테나를 가진 아마추어 무선 타워
   e. 사무실 단지 주위의 울타리와 조경

4. 다음의 각 자산을 유형/무형 재산, 동산/부동산재산, 감가상각/비감가상각 재산 으로 구분하라.
   a. 개인용 이메일, 블로그, 취미활동에 사용되는 컴퓨터

b. 회사 사무실 내 파일 캐비넷
c. 상업용 배송트럭
d. 사업용 사무실 복합건물

8.3절 정액법과 정률법

5. 미국의 어느 주립대학교에서 본교와 주의 여러 곳에 분포되어 있는 모든 분교를 통합하는 강좌관리시스템(Course Management System, 이하 CMS)을 개량하였다. 이를 위해 15대의 서버와 CMS와 연관된 주변기기로 구성된 한 세트를 구입하였다. 총 취득가격은 $120,000이고 5년간 사용되며, 5년 사용 후의 잔존가치는 없을 것으로 추정된다. 연도별 감가상각비와 장부가격을 계산하라.

   a. 정액법을 적용하라.
   b. 장부가격과 잔존가치를 일치시키는 정률법을 적용하라.
   c. 이중정률법을 적용하라.
   d. 정액법으로 전환되는 이중정률법을 적용하라.

6. 표면장착 PCB 배치/납땜 라인이 $1,600,000에 설치되었는데, 5년 후 $100,000의 잔존가치를 가질 것으로 예상된다. 이 자산의 수명기간 동안 각 해의 감가상각비와 미회수 투자비를 구하라.

   a. 정액법을 적용하라.
   b. 장부가격과 잔존가치를 일치시키는 정률법을 적용하라.
   c. 이중정률법을 적용하라.
   d. 정액법으로 전환되는 이중정률법을 적용하라.

7. 윈드파워사는 바람 변동이 심하고 효율이 낮은 현장에서 연구와 실험을 위해 대체에너지의 일종인 풍력을 일정한 전압으로 변환시키는 발전기의 설계 및 제조를 의뢰하였다. 이 장비의 비용은 $35,000, 운송 및 설치비용은 $3,000이었다. 윈드파워사는 3년 후 더 이상 실험장치를 사용할 필요가 없어 $2,000에 팔 수 있었으나, 철거비용 $500이 발생하였다. 윈드파워사는 5년의 추정 내용연수와 최종 장부가격이 $1,000인 발전기를 3년간 상각하였다. 소득세 산출용이 아닌 재무보고용으로 다음 물음에 답하라.

   a. 이 발전기의 총 투자비(취득가격)는 얼마인가?
   b. 3년 후 실제로 받게 될 순 시장가격은 얼마인가?
   c. 다음의 감가상각방법을 적용하면 3년 말의 순 시장가격과 장부가격의 차액은 얼마인가?
      (i) 정액법
      (ii) 장부가격과 잔존가치를 일치시키는 정률법
      (iii) 이중정률법

(iv) 정액법으로 전환되는 이중정률법

8. 역년(Calendar-Year, 1월 1일~12월 31일) 납세자가 12월에 파일 서버와 주변기기를 $8,000에 구입하였다. 이 서버는 6년간 사용되며, 그 때의 잔존가치는 $200로 예상된다. 1, 3, 6년도의 감가상각비를 구하라.

   a. 정액법을 적용하라.
   b. 장부가격과 잔존가치를 일치시키는 정률법을 적용하라.
   c. 이중정률법을 적용하라.
   d. 정액법으로 전환되는 이중정률법을 적용하라.

8.4절 수정가속비용회수시스템(MACRS)

9. 다음의 주장 중에서 어떤 것들이 참인가?

   a. MACRS-GDS는 반년규칙을 적용하지만 MACRS-ADS는 이를 적용하지 않는다.
   b. 반년규칙은 $n - 1$개의 온전한 연도(2, 3, . . . , n)와 2개의 반년(1과 $n + 1$)에 걸쳐 감가상각을 실시한다.
   c. 투자자의 재산부류는 취득가격이 회수(감가상각)되는 연수를 규정한다.
   d. 통상적으로 MACRS-GDS는 MACRS-ADS보다 더 긴 회수기간(감가상각기간)을 가진다.

10. $17,000에 구입된 배달용 트럭(MACRS-GDS 5년 재산부류)은 회사에서 6년 동안 사용할 것으로 기대하며, 그 때 $2,500에 팔릴 것으로 예상한다. MACRS-GDS를 적용하여 이 자산의 수명기간 동안 연도별 감가상각비와 장부가격을 구하라.

11. 곡류 가공품의 제조에 쓰이는 자재취급설비(MACRS-GDS 10년 재산부류)를 $180,000에 구입하여 설치하였다. 납세연도의 중간에 사업에 투입되었으며, 이때부터 대략적으로 4.5년 후인 납세연도 말 직전에 제거할 예정이다. MACRS-GDS를 적용하여 이 자산의 수명기간에 포함된 납세연도별 감가상각비와 장부가격을 구하라.

12. 전력 송배전 설비(MACRS-GDS 20년 재산부류)가 $300,000의 비용으로 설치되어 사업에 투입되었다. 이 장비는 30년의 수명과 $15,000의 잔존가치를 가질 것으로 예상된다. MACRS-GDS를 적용하여 이 자산의 초반 4년간의 연도별 감가상각비와 장부가격을 구하라.

13. 역년 납세자가 $140,000이 투입된 탈수 시스템의 분해수리 용도로 쓰이는 건축물(MACRS-GDS 39년 재산부류)을 10월 10일부터 운영하기 시작하였다. 이 시스

템은 거의 4년 후가 되는 8월 15일에 팔린다. MACRS-GDS를 적용하여 1, 3, 5년도의 감가상각비와 1, 3, 5년 말의 장부가격을 구하라.

14. 역년 납세자가 $70,000을 투자하여 MACRS-GDS 27.5년 재산부류에 속하는 임대주택을 7월부터 운영하기 시작하였다. MACRS-GDS를 적용하여 각 해당연도의 감가상각비와 이에 따른 장부가격을 구하라.

15. 다음 각 자산에 대해 적용 가능할 경우 MACRS-GDS 재산부류와 해당되는 감가상각방법을 제시하라. (예를 들면, 15년 재산, 150% DBSLH).
    a. 휴대폰 중계 타워
    b. 사적 용도의 대지
    c. 업무용 컴퓨터
    d. 고분자 실험실용 무니(Mooney) 점도계
    e. 공익용으로 구입한 전기 발전기

16. 다음 각 자산에 대해 적용 가능할 경우 MACRS-GDS 재산부류와 해당되는 감가상각방법을 제시하라. (예를 들면, 15년 재산, 150% DBSLH).
    a. 트랙터(18륜 트랙터–트레일러 대형트럭의 일부)
    b. 저작권
    c. 업무용 복합기(복사, 스캔, 팩스 기능)
    d. 임대소득을 벌기 위한 임대 주택

17. 벨 놀이공원은 시 소유 엑스포 센터 내에 위치한 그들의 놀이공원에 고가의 놀이기구를 구입하였다. 벨사는 엑스포 센터와 다년간 계약하였다. 놀이기구의 취득가격은 $1,200,000이며, 내용연수는 12년, 순 잔존가치는 $0일 것이라 예상하였다. 4년 후 시와 벨사는 연장계약에 대해 협약을 할 수 없어, 벨사와의 신속한 청산을 위해 엑스포 센터가 놀이기구를 구입하여 철거하는 것에 합의하였다. 정확히 4차 회계연도 말에 엑스포 센터는 벨사의 미회수 투자비를 지불하였다(MACRS-GDS의 반년규칙을 기억할 것). 다음을 가정하여 이 금액을 구하라.
    a. 가치평가 목적으로 정액법에 합의하였다.
    b. 세법용인 MACRS-GDS 감가상각방법에 합의하였다(재산부류를 명시하라).

18. 밀리켄사는 가정용과 상업용으로 제조된 정사각형 카펫에 복합적이고 집적된 패턴을 배열하는 디지털 제어 염색기를 사용하고 있다. 이 기계는 4월 1일에 $350,000에 구입했으며, 8년 동안 사용할 수 있고 잔존가치는 $30,000로 예상된다.
    a. 어떤 MACRS-GDS 재산부류에 속하는가?
    b. 재산의 8년 수명기간 동안 각 연도별 감가상각비를 구하라.
    c. 8년간 각 연도 말에 미회수 투자액을 구하라.

19. 설탕 제조에 사용되는 자재취급설비를 $250,000에 구입하여 설치하였다. 과세연도 중간에 운영을 시작하여 5.5년이 지난 후 운영을 종료하였다.

a. 이 설비는 어떤 MACRS-GDS 재산부류에 속하는가?

b. 이 설비가 마지막 과세연도 말 하루 전에 운영을 종료할 경우, 각 과세연도별 MACRS-GDS 감가상각비를 구하라.

c. 이 설비가 마지막 과세연도 말 다음 날에 운영을 종료할 경우, 각 과세연도별 MACRS-GDS 감가상각비를 구하라.

20. 납세자가 콘크리트 표면의 평가와 명세작성을 위해 건설현장에서 사용되는 휴대용 콘크리트 시험장치(MACRS-GDS 5년 재산부류)를 12월에 $22,000을 지불하고 구입하였다. 이 장치는 6년간 사용되며, 그때 $2,000의 가치를 가질 것이다.

a. 1, 3, 6년의 감가상각비를 계산하라.

b. 만약 이 장치가 4년도에 팔린다고 할 경우 1, 3, 4년의 감가상각비를 구하라.

21. 석유정제에 사용되는 자산인 수소화 처리 반응로가 $2,700,000의 초기비용으로 사업에 투입되었다. 이 설비는 정기적인 정비 및 개조와 적절한 유지보수를 수행하면 18년의 내용연수를 가질 것으로 기대되며, 그때의 잔존가치는 무시할 정도라고 판단된다.

a. 어떤 MACRS-GDS 재산 부류에 속하는가?

b. 반응로의 감가상각기간 동안 감가상각비와 미회수 투자액을 구하라.

22. 전자부품을 제조하는 표면장착 PCB 배치/납땜 라인이 기대수명 6년으로 $1,600,000에 설치되었다. MACRS-GDS를 적용하여 자산 수명기간의 각 연도별 감가상각비와 미회수 투자액을 계산하라.

a. 어떤 MACRS-GDS 재산부류에 속하는가?

b. 라인 설비를 5년 후 바로 팔 것이라고 가정하라.

c. 라인 설비를 3년째 사용연도에 판다고 가정하라.

23. 장거리 도로 수송 트랙터를 $90,000에 구입하였다. 기대수명은 6년, 잔존가치는 $4,000이 될 것으로 예상하고 있다. MACRS-GDS를 적용하여 트랙터 수명기간의 각 연도별 감가상각비와 미회수 투자액을 계산하라.

a. 어떤 MACRS-GDS 재산부류에 속하는가?

b. 트랙터를 6년간 최대한 사용한다고 가정하라.

c. 트랙터를 4년째 사용연도에 판다고 가정하라.

d. 트랙터를 3년째 사용연도에 판다고 가정하라.

24. 여러분이 MACRS 표를 찾지 못했다고 가정하자. 이 표는 정액법으로 전환하는 200% 정률(DDB) 감가상각방법과 반년규칙, $0의 잔존가치를 적용하여 만든 것이다. 5년의 재산부류에 대한 MACRS 감가상각표를 작성하라. 작성된 표 값은

MACRS-GDS 5년 재산부류의 값과 일치해야 한다.

25. 미 국세청(IRS)에서 새로운 MACRS-GDS 4년 재산부류를 도입한다고 가정하자. 이 부류도 일반적인 감가상각방법의 관례를 따르므로, 3, 5, 7, 10년의 재산부류와 같은 방식으로 결정된다. 연도별 연간 MACRS-GDS의 상각비율을 구하라.

26. 거금을 가지고 있는 당신은 당신 배우자가 임대사업을 하는 신규사업에 참여할 것을 결정했다. 임대주택을 구입하고 수리하니 취득가격이 $85,000이 되었다. 역년 납세자로서 5월 중에 운영을 시작하여 4년을 조금 지나 9월에 팔았다.

   a. 어떤 MACRS-GDS 재산 부류에 속하는가?
   b. 관련된 기간 동안 각 연도별 감가상각비를 구하라.
   c. 관련된 기간 동안 각 연도 말 미회수 투자액을 구하라.

27. 어떤 납세자가 2월 27일에 $530,000에 해당하는 주거용 임대 아파트 단지를 운영하기 시작하였다. 이 아파트는 6년보다 조금 더 경과되어 3월 6일에 팔린다.

   a. 어떤 MACRS-GDS 재산부류에 속하는가?
   b. 관련된 7년간 각 연도별 감가상각비를 구하라.
   c. 관련된 7년간 각 연도 말 미회수 투자액을 구하라.

28. 1월 4일, 3명의 정형외과의사 그룹이 사무실, 접수처, 다수의 작은 진료실이 있는 빌딩을 $650,000에 구입하여 진료를 시작하였다.

   a. 어떤 MACRS-GDS 재산부류에 속하는가?
   b. 7년 이상 운영할 경우 1, 4, 7년의 감가상각비를 계산하라.
   c. 이 건물이 7년도 7월 1일에 팔릴 경우 1, 4, 7년의 감가상각비를 계산하라.
   d. 이 건물이 결국 완전히 상각될 가능성이 매우 적은 이유는 무엇인가?

9

경제성 분석의 실제 사례: 인텔(Intel)

인텔사는 2011년 매출액이 540억 달러인 세계 최대의 반도체 칩 제조사이다. 여러분의 컴퓨터에는 하나 이상의 인텔 제품[칩, 인쇄회로기판(PCB), 기타 반도체 부품]들이 들어 있을 가능성이 매우 높다. 즉, 인텔 제품으로는 마이크로프로세서, 칩 세트, 마더보드(주 회로기판), 플래시 메모리, 유무선 연결제품, 네트워크 프로세서를 포함한 통신 인프라 부품, 무선전화 기저대역 프로세서와 어플리케이션(application) 프로세서, 네트워크 스토리지 제품 등이 있다. 인텔 제품은 컴퓨터뿐만 아니라 서버와 네트워킹, 통신 제품 등에서도 찾아 볼 수 있다.

인텔은 오랫동안 실리콘 공정기술과 제조분야에서 선도자의 역할을 하고 있다. 2011년 12월 31일자로 전 세계에 100,100명을 고용하고 있으며, 이 중 55% 정도가 미국에 거주하는 사람들이다. 또한 인텔 직원 중 상당수는 엔지니어나 컴퓨터 과학자들이다. 인텔은 R&D에 집중적으로 투자하며, 특히 IC의 설계와 생산 면에서 세계 최첨단 급의 기술개발 투자에 전력하고 있다. 2011년 기준으로 R&D 비용은 총 84억 달러에 달하고 있다.

반도체 제조설비는 매우 큰 투자를 필요로 한다. 따라서 보통 인텔의 경쟁사들은 제조, 조립, 시험 시설을 소유하는 대신, 이런 기능들을 수행하는 제3자에게 위탁하고 있다. 이와 달리 인텔은 제조시설을 보유하는 것이 가장 중요한 전략적 우위의 하나라고 인식하고 있다. 일례로 인텔의 2011년 사업계획에는 22 nm 공정기술 제조능력의 구축과 확장이 포함되어 있다.

토의 논제

1. 인텔은 R&D가 중요한 첨단기술(high-tech) 기업에 속한다. 이런 회사는 소득세 관점에서 비첨단기술(low-tech) 기업과 비교하여 어떤 점을 고려해야 하는가?
2. 인텔 같은 글로벌 기업에게는 어떤 세금 영향이 있는가?
3. 여러분은 인텔을 큰 자산 투자가 필요한 기업으로 보는가? 그렇다면, 감가상각은 이런 투자에 어떤 영향을 미치는가?
4. 인텔의 경쟁기업들이 이 시장에 진출할 때 어떤 진입 장벽이 존재하는가?

소득세

Income Taxes

학습목표

이 장의 공부를 마친 후 다음의 내용들을 이행할 수 있는 능력을 갖추어야 한다:

1. 유효세율, 증분세율, 한계세율로 법인소득세를 산출하라. (9.1절)
2. 유보이익을 이용하는 투자대안에 대한 납세 후 영향을 분석하라. (9.2절)
3. 차입자본이 포함된 투자대안에 대해 납세 후 영향을 분석하라. (9.3절)
4. 리스 대 구매 대안과 같은 보편적인 문제에 관해 서로 다른 납세 후 분석결과를 보여라. (9.4절)

서론

감가상각방법을 다룬 9장을 통해 소득세가 자본투자의 경제적 실행 가능성에 중요한 영향을 미친다는 것을 알 수 있다. 세금지출은 현금흐름이며, 따라서 이를 임금, 재료, 장비, 에너지에 관한 비용처럼 명시적으로 고려해야 한다. 소득세에 영향을 미치는 주요 요소 중 하나는 감가상각이다. 비록 감가상각비가 현금흐름이 아니더라도 그 규모와 시점은 소득세에 영향을 준다. 따라서 세법에 대한 적절한 지식과 적용을 통해 기업 재무성과상의 손익뿐만 아니라 투자대안의 채택 또는 기각을 구별하는 경제적 차이를 분간할 수 있는 능력을 가지는 것이 중요하다.

이 장에서는 먼저 개인보다 기업 투자에 초점을 맞추어 소득세의 기본 개념을 다룬다. 다음으로 **납세 후** 현금흐름에 대한 감가상각비의 영향을 다루며, 가속 감가상각방법의 납세 후 효과를 보여주고자 한다. 또한 사업상 발생한 지급이자는 과세소득에서 공제할 수 있으므로, 차입자본 활용이 납세 후 현금흐름에 미치는 영향에 대해 다룬다.

법인체가 납부하는 세금은 사업활동에서 실제로 발생하는 비용이며 결과적으로 현금흐름 개요에 영향을 준다. 따라서 경제성 분석을 수행할 때는 납세 후를 기준으로 실시하는 것이 현명하다. 납세 후 경제성분석 절차는 현금흐름에 납부세액 또는 절세액을 반영하는 것을 제외하고는 납세 전 경제성분석 절차와 동일하다.

법인체는 보통 **종가재산**[(ad valorem(property)]**세**, **판매세**, **소비세**(상품의 제조, 판매, 소비에 부과되는), **소득세** 등을 포함하여 다양한 세금을 납부한다. 대안의 경제성 분석을 수행할 때, 이런 다양한 납부세금 유형 중에서 법인소득세가 가장 중요하게 취급된다. 왜냐하면 대부분의 다른 세금들은 일반적으로 대안의 경제성 분석에 포함되는 투자 유형에 영향을 받지 않기 때문이다. 반면 소득세는 총소득에서 특정 공제액을 차감하고 재산의 처분과정에서 발생하는 이득을 고려하여 산출된다.

미 연방정부와 주정부의 소득세 규정은 세밀하고 복잡할 뿐만 아니라, 시대적 여건에 따라 개정된다. 따라서 여기서는 납세 후 현금흐름 양상을 측정하고 납세 후 분석을 수행하기 위한 일반적 개념과 절차만을 강조하여 서술하고자 하며, 주마다 법이 다르므로 연방정부의 소득세만을 다루기로 한다.

체계적 경제성 분석 기법

1. 투자대안들을 확인하라.
2. 계획기간을 정의하라.
3. 할인율을 명시하라.
4. 현금흐름을 추정하라.
5. **대안을 비교하라.**
6. 보충적 분석을 실시하라.
7. 가장 바람직한 투자대안을 선정하라.

9.1 법인소득세율

학습목표: 유효세율, 증분세율, 한계세율로 법인소득세를 산출하라.

소득세의 관점에서 법인체는 협회, 사업신탁, 합자회사, 주식회사, 보험회사, 실제 협회나 법인으로 활동하는 기업합동(trust)과 합명회사를 포함한다. 그러나 법인소득세는 전형적인 사업체에만 국한되지 않으며 엔지니어, 의사, 변호사와 이외의 전문직 종사자들도 주정부의 전문직 단체 결성법에 의해 공식적으로 조직되었다면 법인체로 취급된다.

법인에 부과되는 통상적인 연방 소득세율은 〈표 9.1〉과 같다. 이 소득세율은 2012년 적용기준으로 1993년 이래 바뀌지 않고 있다. 관심 대상인 가장

〈표 9.1〉 **1993년 1월 1일 이후 과세연도에 적용되는 법인소득세율**

과세소득(TI, 단위: $)	세율(t)	소득세(T)
0 < TI ≤ 50,000	0.15	0.15(TI)
50,000 < TI ≤ 75,000	0.25	7,500 + 0.25(TI − 50,000)
75,000 < TI ≤ 100,000	0.34	13,750 + 0.34(TI − 75,000)
100,000 < TI ≤ 335,000	0.39(0.34 + 0.05)	22,250 + 0.39(TI − 100,000)
335,000 < TI ≤ 10,000,000	0.34	113,900 + 0.34(TI − 335,000)
10,000,000 < TI ≤ 15,000,000	0.35	3,400,000 + 0.35(TI − 10,000,000)
15,000,000 < TI ≤ 18,333,333	0.38(0.35 + 0.03)	5,150,000 + 0.38(TI − 15,000,000)
18,333,333 < TI	0.35	0.35(TI)

높은 계층대의 법인세율은 1915년의 1%에서부터 1918년의 12%, 1927년의 13.5%, 1939년의 19%, 1940년의 24%, 1945년의 40%, 1969년의 52.8%, 1979년에서 1986년까지의 46%, 1988년에서 1992년까지의 34%, 그리고 가장 최근인 1993년에서 2012년까지의 35%로 다양하게 변화해왔다. 소득세법이 개정되어 이 책에서 기술한 값과 다를 수 있으므로, 해당 국가의 국세청 웹사이트(예를 들어 미 국세청은 http://www.irs.gov)에 접속하여 세법에 대한 최신 정보를 참조할 것을 권한다.

법인소득세의 계산 예제 9.1

어느 소규모 기업은 현 시점에서 연간 $50,000의 과세소득을 예상하고 있다. 기업 소유주는 과세소득을 $45,000만큼 증대시킬 수 있는 투자를 고려하고 있다. 만약 이 투자를 추진하여 기대한 소득이 발생한다면, 이 신규투자가 초래한 소득세의 증가분은 얼마인가? 또한 이 회사가 연간 $400,000의 과세소득을 예상한다면 앞의 질문에 대한 답은 어떻게 되는가?

문제 요약

주어진 정보: 기준 과세소득 1 = $50,000, 기준 과세소득 2 = $400,000, 투자를 할 경우의 연간 소득 증가분 = $45,000
구하는 해: 각각의 시나리오에서 소득세 증가분

풀이

〈표 9.1〉에서 기준 과세소득이 $50,000이면 연방소득세는 0.15($50,000)인 $7,500이 된다. 그리고 $95,000의 과세소득에 대한 소득세는 $13,750 + 0.34($95,000 − $75,000) = $13,750 + 0.34($20,000) = $20,550이 될 것이다. 따라서 신규 투자에 따른 소득세의 증가분은 $20,550 − $7,500 = $13,050이 된다.

또한 〈표 9.1〉로부터 기준 과세소득이 $400,000이면 연방 소득세는 $113,900 + 0.34($400,000 − $335,000) = $113,900 + 0.34($65,000) = $136,000 또는 $400,000의 34%가 될 것이다. 현 과세소득에서 추가되는 $45,000은 $1당 34%비율로 세금이 책정된다. 따라서 신규 투자에 따른 소득세의 증가분은 0.34($45,000) = $15,300이 된다. 참고로 총 소득세는 $136,000 + $15,300 = $151,300이 된다.

위의 예제로부터 법인체에 적용되는 3가지 세율을 다음과 같이 정의할 수 있다:

유효세율 소득세를 과세소득으로 나눈 비율로 평균세율로도 불림.

증분세율 증분소득세를 증분투자로 나눈 비율.

한계세율 과세소득의 마지막 $1에 적용된 세율.

1. 소득세와 과세소득의 비율인 **유효세율**(effective tax rate, 실효세율) 혹은 **평균세율**(average tax rate)
2. 증분투자로 발생한 소득에 부과된 평균 비율인 **증분세율**(incremental tax rate)
3. 과세소득의 마지막 $1에 적용된 세율인 **한계세율**(marginal tax rate)

예제 9.2 유효, 증분, 한계 소득세율 계산

예제 9.1에서 기준 과세소득이 $50,000일 때 유효, 증분, 한계세율은 각각 얼마인가?

문제 요약

주어진 정보: 기준 과세소득 = $50,000, 기준 과세소득에 대한 소득세 = $7,500, 투자에 따른 과세소득 증가분 = $45,000, 투자에 따른 총과세소득 = $95,000, 투자에 따른 과세소득에 대한 총소득세 = $20,550, 투자에 따른 소득세 증가분 = $13,050

구하는 해: 유효, 증분, 한계 소득세율

풀이

기준 과세소득이 $50,000일 때, 이 기업의 유효세율은 $7,500/$50,000 = 15%이다. 과세소득에 $45,000이 추가되면 새로운 유효세율은 $20,550/$95,000 = 21.63%가 된다.

과세소득에서 $45,000이 증가되면 세금이 $7,500에서 $20,550로 늘어난다. 따라서 증분세율은 $13,050/$45,000 = 29%가 된다.

$95,000의 과세소득은 34%의 세금이 적용되는 범위이므로 한계세율은 34%가 된다. 즉, 과세소득에 더해지는 마지막 $1은 34¢의 법인세를 추가시킨다.

경제적 타당성 검증을 수행할 때 투자대안의 납세 후 경제적 가치는 보수적으로 한계세율을 이용해 계산되어야 한다.

세율이 적용되기 전에 먼저 과세소득부터 결정하여야 한다. 과세소득은 총소득에서 세법에서 인정되는 손금산입항목 금액을 차감한 잔액이다. 총소득은 일반적인 관점에서의 수입에서 비과세 수입을 제외한 금액이다. 법인의 손금산입항목은 보통 급여, 임금, 수선비, 임차료, 대손금, 제세공과금, 기부금, 재

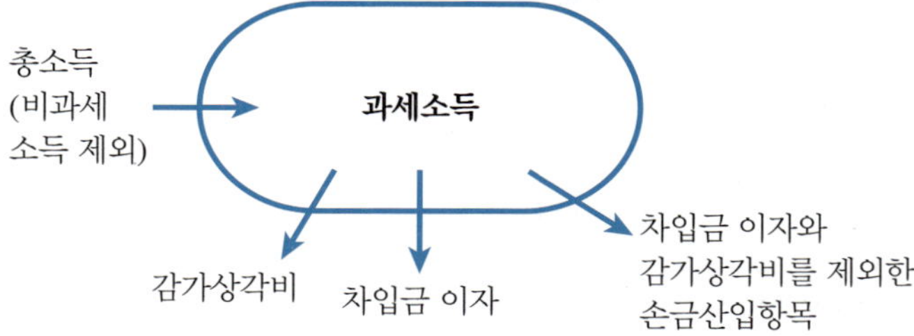

〈그림 9.1〉 과세소득을 표현한 그림

해손실, 지급이자, 감가상각비 등이 포함되며, 이들 항목을 총소득에서 차감한다. 차입금 이자와 감가상각비는 투자자금의 조달 방법과 회계 절차에 따라 어느 정도 조정할 수 있으므로 특히 중요하다.

과세소득은 〈그림 9.1〉과 같이 나타낼 수 있다. 감가상각비는 실제로 돈이 지출되지 않으면서 과세소득을 결정할 때 손비로 처리되기 때문에 〈그림 9.1〉의 손금산입항목 모두가 현금흐름에 속하는 것은 아니다.

9.2 차입금 없이 유보이익을 이용할 경우의 납세 후 분석

학습목표: 유보이익을 이용하는 투자대안에 대한 납세 후 영향을 분석하라.

납세 후 경제성 분석을 다루기 전에 납세 전 MARR(MARR_{BT})와 납세 후 MARR(MARR_{AT})의 개념 소개가 필요하다. 소득세를 계산과정에서 명시적으로 고려하지 않을 때, 이를 반영하는 근사방법은 유효 소득세율을 감안하여 MARR_{AT}보다 큰 MARR_{BT}를 설정하면 된다. 따라서 근사 MARR_{AT}는 다음과 같은 방식으로 소득세의 영향을 반영하게 된다.

$$\text{MARR}_{\text{AT}} \approx \text{MARR}_{\text{BT}}(1 - \text{유효 소득세율})$$

대안의 **납세 후 현금흐름**(After-Tax Cash Flow: **ATCF**)을 결정하기 위해 필요한 기본 요소들을 살펴보기로 하자. 이러한 요소들이 〈그림 9.2〉에 나타나 있다. 그림에서 보는 바와 같이, 납세 후 현금흐름은 총소득에서 차입금 이자, 차입금 이자와 감가상각비를 제외한 손금산입항목 금액, 소득세를 차감한 잔액을 나타낸다. 이후의 여러 가지 표와 스프레드시트에서 세금을 고려하지 않은 현금흐름은 **납세 전 현금흐름**(Before-Tax Cash Flow: **BTCF**)으로 표기하여 차입금이 포함되지 않을 때 사용되며, 총소득에서 감가상각비 이외의 손금산입항목 금액을 차감한 나머지 금액을 가리킨다. 그리고 차입금이 포함될 때는 BTCF와 구별하여 **납세 및 차입금 상환 전 현금흐름**(Before-Tax And

납세 후 현금흐름(ATCF) 총소득에서 차입금 이자, 이와 감가상각비를 제외한 손금산입항목 금액, 소득세를 차감한 나머지 금액.

납세 전 현금흐름(BTCF) 차입금이 포함되지 않을 때 사용되는 용어로 총소득에서 감가상각비 이외의 손금산입항목 금액을 차감한 나머지 금액.

납세 및 차입금 상환 전 현금흐름(BT&LCF) 차입금이 포함될 때 사용되는 용어로 총소득에서 차입금에 대한 원리금 및 감가상각비를 제외한 손금산입항목 금액을 차감하여 산출된 나머지 금액.

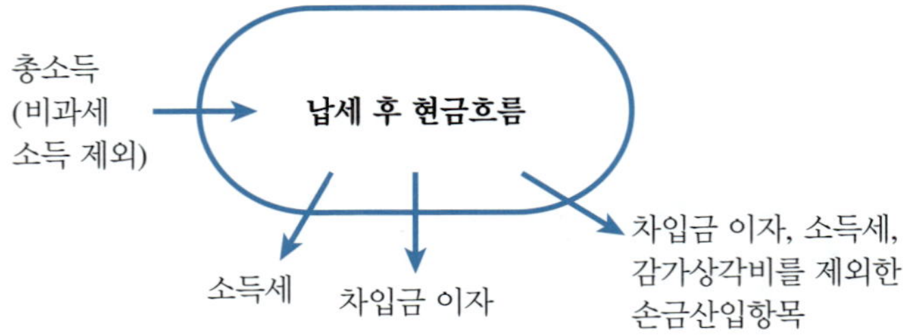

〈그림 9.2〉 납세 후 현금흐름(ATCF)을 표현한 그림

Loan Cash Flow: **BT&LCF**)으로 표기하며, 총소득에서 차입금에 대한 원리금 및 감가상각비를 제외한 손금산입항목 금액을 차감하여 산출된 나머지 금액을 나타낸다.

다음 기호는 자본의 차입이 없을 경우 투자대안의 경제적 가치에 대한 납세 후 분석에 사용된다.

BTCF = 납세 전 현금흐름
DWO = 감가상각비
TI = 과세소득
itr = 소득세율
T = 소득세
ATCF = 납세 후 현금흐름

감가상각재산의 투자에 대해 다음 등식이 성립한다.

$$\text{ATCF} = \text{BTCF} - \text{T} \tag{9.1}$$

여기서

$$\text{T} = \text{itr}(\text{TI}) \tag{9.2}$$

여기서

$$\text{TI} = \text{BTCF} - \text{DWO} \tag{9.3}$$

이다. 이로부터 ATCF 를 식 (9.4)로 정리할 수 있다.

$$\text{ATCF} = \text{BTCF}(1 - \text{itr}) + \text{itr}(\text{DWO}) \tag{9.4}$$

소득세율(itr) 연방과 주의 소득세율을 결합한 소득세율. 연방 소득세를 산출할 때 주의 소득세를 대개 공제할 수 있으므로, 이 세율은 보통 비가산적인 비율에 속함.

따라서 연방 소득세를 산출할 때 주의 소득세는 대개 공제할 수 있는 비용이므로, 종합 **소득세율**은 다음과 같이 된다.

$$\text{itr} = \text{str} + \text{ftr}(1 - \text{str}) \tag{9.5}$$

여기서

$$\text{str} = \text{"주 소득세율"},\ \text{ftr} = \text{"연방 소득세율"}$$

이다.

주 소득세율(str) 주정부의 소득세율.

연방 소득세율(ftr) 연방정부의 소득세율.

이 책의 대부분의 예제와 각 장 연습문제에서는 식 (9.5)의 두 소득세율을 결합한 소득세율로 40%의 값을 적용할 것이다. 40%는 연방 소득세율 35%와 주 소득세율 7%를 적용하여 다음과 같이 계산된 값이다.

$$0.07 + 0.35(1 - 0.07) = 0.3955 \text{ 또는 } 39.55\%$$

투자가 실행되는 특정 주와 국가에 따라 이와 다른 한계 소득세율이 더 적정할 수도 있다.

9.2.1 납세 후 분석: 단일 대안의 경우

예제 9.3~9.5를 통해 유보이익(이익잉여금)으로 투자한 단일 투자대안에 대한 납세 후 분석을 집중적으로 다룬다. 이후 여러 대안일 경우에 유사한 분석법을 살펴본다.

SLN 감가상각에 의한 납세 후 분석 — 예제 9.3

$500,000이 투자된 전자제품 제조공장의 표면장착 부품배치기(SMP 머신)를 다시 고려해 보자. 10년 동안 매년 $92,500의 순수익을 올렸으며, 10년 말의 잔존가치(SV)는 $50,000이다. 이 투자안의 납세 후 경제적 가치의 산정을 위해 40% 소득세율과 10% 납세 후 MARR를 적용한 납세 후 분석을 수행하고자 한다.

문제 요약

주어진 정보: P = $500,000, itr = 40%, MARR_{AT} =10%, ATCF(1~10년도) = $92,500, SV = $50,000

구하는 해: PW_{AT}, AW_{AT}, FW_{AT}, IRR_{AT}, ERR_{AT}

풀이

이전 장에서 순수익 $92,500은 납세 후의 금액이다. 비록 $92,500의 ATCF금액 산출에 적용된 감가상각법이 명시되지는 않았지만, 10년의 회수기간 동안 정액법으로 감가상각이 적용되었다고 하자. 잔존가치가 $50,000일 때 정액법을 적용하면 〈표 9.2〉와 같이 $124,166.67의 BTCF는 $92,500의 ATCF로 계산된다.

ATCF 계산결과는 〈표 9.2〉에 정리되어 있다. 여기서 10년도의 잔존가치가 어떻게 취급되고 있는지 유의하라. 즉, $500,000의 투자는 감가상각비의 충당을 통해 완전히 회수되지 않고 있다. 10년에 걸친 연 $45,000의 정액법에 의한 감가상각비는 10년 계획기간의 마지막 시점에 $50,000의 장부가격을 남기게 된다. 이 장부가격은 잔존가치와 정확히 일치하므로 SMP 머신을 $50,000로 판매할 경우 소득세가 발생하지 않는다. 따라서 10년도의 과세소득은 이전 9년간과 동일하다.

풀이 탐구 〈표 9.2〉는 앞 장에서 다루었던 여러 가지 할인현금흐름에 기초한 경제적 가치척도에 의한 계산결과를 보여주고 있다. 〈표 9.2〉의 ATCF 값과 납세 후 경제적 가치척도는 4장~6장에서 얻어진 값들과 일치한다.

이전 장에서처럼 BTCF에 대해 납세 전 분석이 수행된다면 납세 전 최저필수수익률($MARR_{BT}$)이 반드시 적용되어야 한다. $MARR_{BT}$의 산정은 납세 후 최저필수수익($MARR_{AT}$)을 (1-소득세율)에 의해 나누면 된다. 따라서 40% 세율과 10% $MARR_{AT}$을 적용하면 $MARR_{BT}$는 16.667%가 된다.

〈표 9.2〉 SLN 감가상각을 적용한 SMP 머신 투자안의 납세 후 분석

연도 말	BTCF	DWO	TI	T	ATCF
0	−$500,000.00				−$500,000.00
1	$124,166.67	$45,000.00	$79,166.67	$31,666.67	$92,500.00
2	$124,166.67	$45,000.00	$79,166.67	$31,666.67	$92,500.00
3	$124,166.67	$45,000.00	$79,166.67	$31,666.67	$92,500.00
4	$124,166.67	$45,000.00	$79,166.67	$31,666.67	$92,500.00
5	$124,166.67	$45,000.00	$79,166.67	$31,666.67	$92,500.00
6	$124,166.67	$45,000.00	$79,166.67	$31,666.67	$92,500.00
7	$124,166.67	$45,000.00	$79,166.67	$31,666.67	$92,500.00
8	$124,166.67	$45,000.00	$79,166.67	$31,666.67	$92,500.00
9	$124,166.67	$45,000.00	$79,166.67	$31,666.67	$92,500.00
10	$174,166.67	$45,000.00	$79,166.67	$31,666.67	$142,500.00
$MARR_{BT}$ =	16.667%			$MARR_{AT}$ =	10%
PW_{BT} =	$96,229.49			PW_{AT} =	$87,649.62
FW_{BT} =	$449,547.99			FW_{AT} =	$227,340.55
AW_{BT} =	$20,406.41			AW_{AT} =	$14,264.57
IRR_{BT} =	21.64%			IRR_{AT} =	13.80%
ERR_{BT} =	18.74%			ERR_{AT} =	11.79%

MACRS 감가상각을 적용한 납세 후 분석 예제 9.4

8장에서와 같이 $500,000에 취득한 SMP 머신은 MACRS 감가상각방법에 의하면 5년 재산부류에 속한다. 만약 MACRS가 40% 소득세율과 10% 납세 후 MARR와 함께 적용된다면 경제적 가치 척도로 구한 납세 후 효과는 얼마인가?

문제 요약

주어진 정보: P = \$500,000, itr = 40%, $MARR_{AT}$ =10%, ATCF(1~10년도) = \$92,500, SV = \$50,000
구하는 해: PW_{AT}, AW_{AT}, FW_{AT}, IRR_{AT}, ERR_{AT}

풀이

〈표 9.3〉은 납세 후 분석결과를 보여 준다. MACRS에 의해 투자비가 완전히 회수되면 10년 말의 장부가격은 0이 됨에 주목하라. 이 장비가 $50,000에 팔렸다면, 잔존가치의 총 금액이 과세소득이 된다. (감가상각재산이 장부가격보다 높게 팔렸을 때 그 이득을 감가상각취소액(depreciation recapture)라 부르며 현 세법에 의해 일상적 소득으로 인정되어 과세된다.)

〈표 9.3〉 **MACRS 감가상각에 의한 SMP 머신 투자안의 납세 후 분석**

연도 말	BTCF	DWO	TI	T	ATCF
0	−\$500,000.00				−\$500,000.00
1	\$124,166.67	\$100,000.00	\$24,166.67	\$9,666.67	\$114,500.00
2	\$124,166.67	\$160,000.00	−\$35,833.33	−\$14,333.33	\$138,500.00
3	\$124,166.67	\$96,000.00	\$28,166.67	\$11,266.67	\$112,900.00
4	\$124,166.67	\$57,600.00	\$66,566.67	\$26,626.67	\$97,540.00
5	\$124,166.67	\$57,600.00	\$66,566.67	\$26,626.67	\$97,540.00
6	\$124,166.67	\$28,800.00	\$95,366.67	\$38,146.67	\$86,020.00
7	\$124,166.67	\$0.00	\$124,166.67	\$49,666.67	\$74,500.00
8	\$124,166.67	\$0.00	\$124,166.67	\$49,666.67	\$74,500.00
9	\$124,166.67	\$0.00	\$124,166.67	\$49,666.67	\$74,500.00
10	\$174,166.67	\$0.00	\$174,166.67	\$69,666.67	\$104,500.00
$MARR_{BT}$ =	16.667%				
PW_{BT} =	\$96,229.49			PW_{AT} =	\$123,988.64
FW_{BT} =	\$449,547.99			FW_{AT} =	\$321,594.61
AW_{BT} =	\$20,406.41			AW_{AT} =	\$20,178.58
IRR_{BT} =	21.64%			IRR_{AT} =	16.12%
ERR_{BT} =	18.74%			ERR_{AT} =	12.46%

예제 9.3과 예제 9.4를 관찰하면 중요한 특징을 찾을 수 있다. MACRS 감가상각방법을 적용한 〈표 9.3〉의 하단에 표시된 납세 후 PW, FW, AW, IRR, ERR는 SLN 감가상각방법을 적용한 〈표 9.2〉의 하단의 납세 후 PW, FW, AW, IRR, ERR보다 모두 큰 수치 값을 보여 준다. 8장에서 언급한 바와 같이 감가상각비는 과세소득에서 공제되므로, 가속감가상각방법은 정액법보다 더 큰 경제적 가치를 제공한다.

SLN 감가상각방법을 적용한 예제 9.3처럼 잔존가치가 계획기간 말의 장부가격과 일치할 경우에 세금의 영향은 없다. 만약 잔존가치가 장부가격을 초과한 예제 9.4에서 SMP 머신이 계획기간 말에 장부가격보다 높은 $50,000에 팔린다면 초과 금액만큼 소득세(40%의 세율)가 부과된다. 한편 감가상각 대상이 되는 자산이 장부가격보다 낮게 팔릴 경우 그 차액은 **장부상 손실**(book loss)이 되므로 과세소득에서 공제된다. 일반적으로 재산처분 연도의 과세소득을 산출할 때 다음 관계식의 적용을 추천한다. 특히 n년 말에 잔존가치 F_n(즉, SV)으로 처분된다면 다음과 같이 된다.

$$\text{TI}_n = \text{BTCF}_n(F_n \text{ 포함}) - \text{DWO}_n - B_n \qquad (9.6)$$

식 (9.6)을 보면 감가상각재산의 처분연도 과세소득은 잔존가치를 포함한 납세 전 현금흐름($\text{BTCF}_n(F_n$ 포함))에서 감가상각비와 처분시점의 장부가격을 차감한 값과 동일함을 알 수 있다.

만약 감가상각재산이 회수기간이 되기 전에 처분된다면 MACRS 감가상각방법을 채택할 때 반년규칙(동산일 경우) 혹은 반월규칙(부동산일 경우)을 처분 연도에 적용할 수 있다. 예를 들어 7년 재산에 속할 경우 6년도 과세연도 말에 재산이 매각된다면 MACRS 감가상각 백분율은 14.29%, 24.49%, 17.49%, 12.49%, 8.93%, 4.46%가 되는데, 통상적인 6년도 감가상각 백분율은 8.92%이다.

모든 지출이 감가상각재산을 취득하기 위해 사용되는 것은 아니다. 그 예로 비용절감을 위한 컨설팅 용역에 투입된 지출을 들 수 있다. 또 하나의 예로 상이한 납세 후 발생결과를 보여주는 대안들로서 장비의 리스 대 구매를 들 수 있다. 마찬가지로 수익증대를 위한 광고 지출을 들 수 있다. 과세목적상 이런 지출형태는 발생한 연도에 손비처리되거나 탕감된다. 그 밖에 손비처리되는 지출로는 대부분의 소프트웨어와 R&D비용이 포함된다.

다음의 예는 손비처리 지출 대 자본화되어 감가상각되어야 하는 지출의 납세 후 영향을 보여준다.

비상각 지출에 대한 납세 후 분석

예제 9.5

예제 9.4에서 $500,000이 향후 9년간 매년 납세 전 수익 $124,166.67과 10년도에 $174,166.67을 얻을 수 있는 감가상각재산에 투자되었다. 여기서 $500,000을 동일한 BTCF를 창출하는 비용절감 기회를 찾는 컨설팅 용역에 투자된 비용이라고 간주하자. 40%의 소득세율과 10%의 납세 후 MARR로서 이 투자에 대한 경제적 가치의 납세 후 척도는 얼마인가?

문제 요약

주어진 정보: P = $500,000, itr = 40%, $MARR_{AT}$ =10%, BTCF(1~9년도) = $124,166.67, BTCF(10년도) = $174,166.67
구하는 해: PW_{AT}, AW_{AT}, FW_{AT}, IRR_{AT}, ERR_{AT}

풀이

〈표 9.4〉는 납세 후 분석결과를 보여 주고 있다.

〈표 9.4〉 컨설팅 용역에 투자된 $500,000의 납세 후 분석

연도 말	BTCF	TI	T	ATCF
0	−$500,000.00	−$500,000.00	−$200,000.00	−$300,000.00
1	$124,166.67	$124,166.67	$49,666.67	$74,500.00
2	$124,166.67	$124,166.67	$49,666.67	$74,500.00
3	$124,166.67	$124,166.67	$49,666.67	$74,500.00
4	$124,166.67	$124,166.67	$49,666.67	$74,500.00
5	$124,166.67	$124,166.67	$49,666.67	$74,500.00
6	$124,166.67	$124,166.67	$49,666.67	$74,500.00
7	$124,166.67	$124,166.67	$49,666.67	$74,500.00
8	$124,166.67	$124,166.67	$49,666.67	$74,500.00
9	$124,166.67	$124,166.67	$49,666.67	$74,500.00
10	$174,166.67	$174,166.67	$69,666.67	$104,500.00
			PW_{AT} =	$169,336.56
			FW_{AT} =	$439,215.43
			AW_{AT} =	$27,558.75
			IRR_{AT} =	21.64%
			ERR_{AT} =	15.03%

여기서도 예제 9.4와 예제 9.5를 관찰하면 흥미로운 점을 찾을 수 있다. 투자비가 손비처리된 〈표 9.4〉의 하단 수치 값들이 투자비가 자본화되어

MACRS에 의해 감가상각되는 〈표 9.3〉의 하단의 수치 값보다 모두 큰 수치 값을 보여 준다.

이런 현상은 손비처리를 가속감가상각방법의 극단으로 간주할 수 있는 점을 통해 설명할 수 있다. 자산의 가치를 SLN 상각방법처럼 시간에 따라 균등하거나 상대적으로 가속화된 패턴(DDB 방법 등)으로 배분하는 방식보다 0년도에 전체금액을 손비처리함으로써 가장 큰 세금 혜택을 얻을 수 있다. 손비처리가 감각상각보다 선호될 수 있지만, 세법은 어떤 경우에 손비처리를 하거나 할 수 없는지를, 또한 어떤 방식으로 감가상각을 해야 하는지를 규정하고 있다.

9.2.2 납세 후 분석: 여러 대안의 경우

투자대안의 납세 후 비교는 이전 장들에서 설명한 절차를 따른다. 단지 차이가 있다면 ATCF를 명확하게 계산하며 MARR_{AT}을 적용하는 점이다. 고려 대상이 되는 대안에 따라 상이한(서로 다른) 감가상각 부류가 적용되거나 어떤 대안은 손비처리될 수도 있다.

예제 9.6 상이한 재산부류를 가진 대안들의 납세 후 비교

어떤 제조회사가 상이한 재산부류에 속하는 두 투자대안을 고려하고 있다. 대안 A는 3년 재산부류에 속하는 전용공구로 $300,000의 투자가 요구되며 납세 전 기준으로 10년간 매년 $70,000을 절감한다. 대안 B는 7년 재산부류에 속하는 생산장비로 $450,000의 투자가 요구되며 납세 전 기준으로 10년간 매년 $102,000을 절감한다. 10%의 납세 후 MARR의 적용은 40%의 소득세율 하에서 16.67%의 납세 전 MARR와 동등하다. 어느 대안이 선호되는가?

문제 요약 **주어진 정보**: 대안 A: P = $300,000, 3년 재산, itr = 40%, MARR_{AT} = 10%, BTCF(1~10년도) = $70,000
대안 B: P = $450,000, 7년 재산, itr = 40%, MARR_{AT} =10%, BTCF(1~10년도) = $102,000
구하는 해: 대안 A와 B의 PW_{BT} 와 PW_{AT}

풀이 〈표 9.5〉를 보면 대안 A의 납세 후 현재가치가 $57,940.19이고 대안 B의 납세 후 현재가치가 $55,908.46이므로 대안 A가 선호되는 투자대안이다. 하지만 납세 전으로 비교하면 대안 B가 대안 A보다 선호된다.

〈표 9.5〉 상이한 재산부류를 가진 투자대안들의 납세 후 비교

연도 말	BTCF(A)	DWO(A)	TI(A)	T(A)	ATCF(A)
0	−$300,000.00				−$300,000.00
1	$70,000.00	$99,990.00	−$29,990.00	−$11,996.00	$81,996.00
2	$70,000.00	$133,350.00	−$63,350.00	−$25,340.00	$95,340.00
3	$70,000.00	$44,430.00	$25,570.00	$10,228.00	$59,772.00
4	$70,000.00	$22,230.00	$47,770.00	$19,108.00	$50,892.00
5	$70,000.00	$0.00	$70,000.00	$28,000.00	$42,000.00
6	$70,000.00	$0.00	$70,000.00	$28,000.00	$42,000.00
7	$70,000.00	$0.00	$70,000.00	$28,000.00	$42,000.00
8	$70,000.00	$0.00	$70,000.00	$28,000.00	$42,000.00
9	$70,000.00	$0.00	$70,000.00	$28,000.00	$42,000.00
10	$70,000.00	$0.00	$70,000.00	$28,000.00	$42,000.00
BTPW(A) =	$30,095.51			ATPW(A) =	$57,940.19

연도 말	BTCF(B)	DWO(B)	TI(B)	T(B)	ATCF(B)
0	−$450,000.00				−$450,000.00
1	$102,000.00	$64,305.00	$37,695.00	$15,078.00	$86,922.00
2	$102,000.00	$110,205.00	−$8,205.00	−$3,282.00	$105,282.00
3	$102,000.00	$78,705.00	$23,295.00	$9,318.00	$92,682.00
4	$102,000.00	$56,205.00	$45,795.00	$18,318.00	$83,682.00
5	$102,000.00	$40,185.00	$61,815.00	$24,726.00	$77,274.00
6	$102,000.00	$40,140.00	$61,860.00	$24,744.00	$77,256.00
7	$102,000.00	$40,185.00	$61,815.00	$24,726.00	$77,274.00
8	$102,000.00	$20,070.00	$81,930.00	$32,772.00	$69,228.00
9	$102,000.00	$0.00	$102,000.00	$40,800.00	$61,200.00
10	$102,000.00	$0.00	$102,000.00	$40,800.00	$61,200.00
BTPW(B) =	$30,996.31			ATPW(B) =	$55,908.46

수동 대 자동화: 납세 후 비교 예제 9.7

유통센터에서 선적된 화물은 수동으로 화물 팔레트에 얹는다. 이 작업의 수행에 로봇을 활용하는 방법이 제안되었다. 팔레트에 얹는 대형 상자는 일정한 치수가 아니므로 로봇과 함께 최적화 소프트웨어가 장착된 영상 시스템이 필요하다.

현재는 두 사람이 이 작업을 수행하고 있으며, 관련 노무비는 매년 $50,000에 달한다. 이 작업을 수행할 수 있도록 완전하게 장비를 갖춘 로봇은 $125,000의 구입비용이 들고, 매년 $500의 운영비용이 발생하며, 3년 재산에 속한다. 40% 세율과 10% 납세 전 MARR가 적용될 때 반드시 로봇을 구입할 필요가 있는가? 계획기간 5년으로 납세 후 연간가치 분석을 수행하라. 5년 사용 후 로봇의 잔존가치는 $25,000이라고 가정한다.

문제 요약 **주어진 정보**: 수동 팔레트 작업: A = \$50,000/년, itr = 40%, MARR_{BT} =10%, N = 5
로봇에 의한 팔레트 작업: P = \$125,000, A = \$500/년, 3년 재산, itr = 40%, MARR_{BT} = 10%, N = 5, SV = \$25,000
구하는 해: EUAC_{AT}

풀이 수동 팔레트 작업: 노무비는 발생연도에 손비처리되므로 수동 팔레트 작업의 납세 후 연간균일비용(EUAC)은 $50,000(0.6)인 $30,000이 된다. 로봇에 의한 팔레트 작업: 〈표 9.6〉과 같이 로봇에 의한 팔레트 작업의 연간균일비용은 $19,840.63이다. 따라서 로봇의 도입은 경제적으로 타당하다.

〈표 9.6〉 수동 대 로봇에 의한 팔레트 작업의 납세 후 비교

연도 말	BTCF	DWO	TI	T	ATCF
0	–$125,000.00				–$125,000.00
1	–$500.00	$41,662.50	–$42,162.50	–$16,865.00	$16,365.00
2	–$500.00	$55,562.50	–$56,062.50	–$22,425.00	$21,925.00
3	–$500.00	$18,512.50	–$19,012.50	–$7,605.00	$7,105.00
4	–$500.00	$9,262.50	–$9,762.50	–$3,905.00	$3,405.00
5	$24,500.00	$0.00	$24,500.00	$9,800.00	$14,700.00
EUAC_{BT} =	$29,379.75			EUAC_{AT} =	$19,840.63

9.3 차입자본이 포함될 경우의 납세 후 분석

학습목표: 차입자본이 포함된 투자대안에 대해 납세 후 영향을 분석하라.

이전의 납세 후 분석에서 투자비는 유보이익으로 충당한다고 가정하였다. 그

러나 감가상각재산은 빈번하게 차입자본으로 구입된다. 지급이자는 과세소득에서 공제받을 수 있으므로 차입자본을 활용할 때 납세 후 분석이 어떻게 수행되는지를 다루는 것은 매우 유용하다.

차입금이 활용될 때 다음 기호가 추가로 필요하다.

PPMT = 원금상환액
IPMT = 차입금 이자
LCF = **차입금 현금흐름** = PPMT + IPMT

차입금 현금흐름(LCF)
원금 상환액과 이자의 합을 나타내는 현금흐름

차입자금을 활용할 경우 다음 공식이 사용된다.

$$\text{ATCF} = \text{BT\&LCF} - \text{LCF} - \text{T} \tag{9.7}$$

즉, 납세 후 현금흐름은 납세 및 차입금 상환 전 현금흐름에서 차입금 상환액과 소득세를 차감하면 된다. 여기서,

$$\text{T} = \text{itr(TI)}$$

이며 다음 관계를 이용한다.

$$\text{TI} = \text{BT\&LCF} - \text{IPMT} - \text{DWO} \tag{9.8}$$

과세소득은 납세 및 차입금 상환 전 현금흐름에서 차입금 이자와 감가상각비를 차감하면 되므로 다음 식이 성립한다.

$$\text{ATCF} = \text{BT\&LCF}(1 - \text{itr}) - \text{LCF} + \text{itr}(\text{DWO} + \text{IPMT}) \tag{9.9}$$

끝으로 감가상각재산의 처분연도에는 다음 식이 성립한다.

$$\text{TI}_n = \text{BT\&LCF}_n(F_n \text{ 포함}) - \text{IPMT}_n - \text{DWO}_n - B_n \tag{9.10}$$

이자는 과세소득에서 공제될 수 있으므로 차입자본에 대한 납세 후 실제 이자율은 다음과 같이 된다.

$$i_{\text{eff}} = i(1 - \text{itr}) \tag{9.11}$$

따라서 MARR_{BT}는 $\text{MARR}_{\text{AT}}/(1 - \text{itr})$로 주어진다. 즉, 만약 소득세율이 40%이면 MARR_{AT}은 10%, MARR_{BT}은 0.10/0.60인 16.667%가 된다. 예를 들어 i = 12%이라면 이자율이 MARR_{BT}보다 작으므로 가능한 많이 차입해야 하고, 가능한 차입금 상환을 연기해야 한다. 반면 이자율이 MARR_{BT}보다 클 경우 가능한 적게 차입해야 하며, 가능한 빨리 원금을 상환해야 한다.

돈을 차입할 경우의 단일 대안에 대한 납세 후 분석은 유보이익으로 자금을 충당하는 단일 대안의 분석과 매우 유사하다. 차입금이 활용될 때 과세소득(TI)

은 BT&LCF로부터 차입금 이자(IPMT)를 차감하여 구한다. 또한 원금과 이자 모두가 현금흐름인 점을 명심하라. 이런 과정이 예제 9.8을 통해 설명된다.

예제 9.8 엑셀을 이용한 차입자본의 납세 후 영향 분석 – 단일 대안

앞의 예제들에서 다룬 $500,000으로 취득한 SMP 머신 자금 중에서 $300,000을 외부에서 조달하기 위해 적용할 수 있는 다음의 네 가지 상환방안에 대해 검토해 보자. a) 상환방안 1—매 이자기간 말에 해당 발생이자를 지불하고 차입기간 말에 원금을 일시에 상환하는 방법; b) 상환방안 2—매 기간 말에 균일한 원금상환액과 미상환 원금에 대한 이자를 더하여 갚는 방법; c) 상환방안 3—매 기간 말에 균일한 원리금을 갚는 방법; d) 상환방안 4—차입기간 말에 원금과 이자를 일시에 상환하는 방법 여기서 차입금 이자율은 12%이다.

문제 요약 **주어진 정보**: 차입금액 = $300,000, P = $500,000, itr = 40%, MARR_{AT} =10%, BTCF(1~9년도) = $124,166.67, BTCF(10년도) = $174,166.67

구하는 해: 상환방안 1, 2, 3, 4에 대한 PW_{AT}, AW_{AT}, FW_{AT}, IRR_{AT}, ERR_{AT}

풀이 a) 〈그림 9.3〉은 이자만 매년 지불되며 10년도 말에 $300,000의 원금이 상환되는 상환방안 1의 납세 후 분석을 보여 준다. 여기서 납세 후 현재가치(PW_{AT})는 $300,000의 차입금에 대한 12% 이자율과 10% MARR_{AT}에 근거한 것으로 $175,603.01이 된다. 어떤 차입금도 없을 경우에 PW_{AT}는 $123,988.64이 된다(예제 9.4 참고). 연복리 12%의 이자율로 $300,000을 빌리면 PW_{AT}가 증가되는데, 이는 차입금 이자가 과세소득에서 공제되기 때문이다.

여기서 10년도에 원금의 일시상환으로 인해 ATCF는 음수가 된다. 이에 따라 ATCF 열에는 두 개의 음수 값이 들어 있다. 데카르트의 부호법칙에 의하면 0 또는 2개의 근이 존재한다. 즉, 두 근은 −18.62%와 41.54%이다. 다수의 음수 값이 존재하므로 Excel® **MIRR** 함수로서 ERR 계산에 적용할 수 없다. 하지만 이 경우는 예제 6.6에서 최초로 기술된 과정을 따라가면, **IRR** 함수로서 ERR_{AT}을 계산할 수 있다. 그 값은 〈그림 9.3〉의 17.16%가 된다.

b) 〈표 9.7〉은 매년 균일한 원금상환액과 미상환 원금에 대한 이자를 더하여 갚는 상환방안 2에 대한 납세 후 분석결과를 제공하고 있다. 여기서 PW_{AT}는 $156,374.28이다. 상환방안 2는 상환방안 1만큼 매력적이지 않는데, 이는 납세 후 이자율이 MARR보다 작으므로 원금상환을 연기하는 것이 더 좋기 때문이다.

〈표 9.7〉 **$300,000의 차입자본이 포함된 SMP 머신 투자안에 대한 납세 후 분석: 상환방안 2**

$MARR_{AT}$ = 10%
소득세율 = 40%
이자율 = 12%

연도 말	BT&LCF	PPMT	IPMT	DWO	TI	Tax	ATCF
0	−$500,000.00	−$300,000.00					−$200,000.00
1	$124,166.67	$30,000.00	$36,000.00	$100,000.00	−$11,833.33	−$4,733.33	$62,900.00
2	$124,166.67	$30,000.00	$32,400.00	$160,000.00	−$68,233.33	−$27,293.33	$89,060.00
3	$124,166.67	$30,000.00	$28,800.00	$96,000.00	−$633.33	−$253.33	$65,620.00
4	$124,166.67	$30,000.00	$25,200.00	$57,600.00	$41,366.67	$16,546.67	$52,420.00
5	$124,166.67	$30,000.00	$21,600.00	$57,600.00	$44,966.67	$17,986.67	$54,580.00
6	$124,166.67	$30,000.00	$18,000.00	$28,800.00	$77,366.67	$30,946.67	$45,220.00
7	$124,166.67	$30,000.00	$14,400.00	$0.00	$109,766.67	$43,906.67	$35,860.00
8	$124,166.67	$30,000.00	$10,800.00	$0.00	$113,366.67	$45,346.67	$38,020.00
9	$124,166.67	$30,000.00	$7,200.00	$0.00	$116,966.67	$46,786.67	$40,180.00
10	$174,166.67	$30,000.00	$3,600.00	$0.00	$170,566.67	$68,226.67	$72,340.00
						PW_{AT} =	$156,374.28
						FW_{AT} =	$405,594.61
						AW_{AT} =	$25,449.19
						IRR_{AT} =	28.51%
						ERR_{AT} =	16.54%

〈표 9.8〉 **$300,000의 차입자본이 포함된 SMP 머신 투자안에 대한 납세 후 분석: 상환방안 3**

$MARR_{AT}$ = 10%
소득세율 = 40%
이자율 = 12%

연도 말	BT&LCF	PPMT	IPMT	DWO	TI	Tax	ATCF
0	−$500,000.00	−$300,000.00					−$200,000.00
1	$124,166.67	$17,095.25	$36,000.00	$100,000.00	−$11,833.33	−$4,733.33	$75,804.75
2	$124,166.67	$19,146.68	$33,948.57	$160,000.00	−$69,781.90	−$27,912.76	$98,984.18
3	$124,166.67	$21,444.28	$31,650.97	$96,000.00	−$3,484.30	−$1,393.72	$72,465.14
4	$124,166.67	$24,017.59	$29,077.65	$57,600.00	$37,489.02	$14,995.61	$56,075.81
5	$124,166.67	$26,899.71	$26,195.54	$57,600.00	$40,371.13	$16,148.45	$54,922.97
6	$124,166.67	$30,127.67	$22,967.58	$28,800.00	$72,399.09	$28,959.64	$42,111.78
7	$124,166.67	$33,742.99	$19,352.26	$0.00	$104,814.41	$41,925.76	$29,145.66
8	$124,166.67	$37,792.15	$15,303.10	$0.00	$108,863.57	$43,545.43	$27,525.99
9	$124,166.67	$42,327.21	$10,768.04	$0.00	$113,398.63	$45,359.45	$25,711.97
10	$174,166.67	$47,406.47	$5,688.78	$0.00	$168,477.89	$67,391.16	$53,680.26
						PW_{AT} =	$160,734.89
						FW_{AT} =	$416,904.92
						AW_{AT} =	$26,158.86
						IRR_{AT} =	31.65%
						ERR_{AT} =	16.68%

c) 〈표 9.8〉에서 10년간 매년 동일액으로 상환하는 방안 3의 결과를 볼 수 있다. 상환방안 3에 대한 PW_{AT}는 $160,734.89이 되어 예상대로 원금상환액이 시간에 따라 증가되는 상환방안 3이 상환방안 2보다 보다 나은 결과를 보여주지만 차입기간 말까지 원금상환을 하지 않는 상환방안 1보다 나은 결과를 보여주지 못한다.

d) 〈그림 9.4〉는 상환방안 4의 결과를 보여 주는데, 차입기간 말에 도달할 때까지 어떤 지불도 행해지지 않았다. PW_{AT} 가치가 $162,184.44가 되는 상환방안 4는 PW_{AT} 최대화 기준으로 보면 상환방안 1에 이어 두 번째 순위가 된다.

상환방안 4에서는 10년도까지 어떤 지불도 행해지지 않아서 마지막 시점에 가장 큰 음수값을 가지는 현금흐름이 발생된다. 데카르트 부호법칙은 0 또는 2개의 근이 존재함을 알려준다. 〈그림 9.4〉에서와 같이, 두 근은 −3.65%와 53.49%가 된다. 다수의 음수 값이 존재하므로 Excel® **MIRR** 함수로서

H15 fx =NPV($D$1,H5:H14)+H4

	A	B	C	D	E	F	G	H	I
1			MARR =	10%			이자율 =	12%	
2			소득세율 =	40%					
3	연도 말	BT&LCF	PPMT	IPMT	DWO	TI	Tax	ATCF	*ATCF*
4	0	-$500,000.00	-$300,000.00					-$200,000.00	-$200,000.00
5	1	$124,166.67	$0.00	$36,000.00	$100,000.00	-$11,833.33	-$4,733.33	$92,900.00	$0.00
6	2	$124,166.67	$0.00	$36,000.00	$160,000.00	-$71,833.33	-$28,733.33	$116,900.00	$0.00
7	3	$124,166.67	$0.00	$36,000.00	$96,000.00	-$7,833.33	-$3,133.33	$91,300.00	$0.00
8	4	$124,166.67	$0.00	$36,000.00	$57,600.00	$30,566.67	$12,226.67	$75,940.00	$0.00
9	5	$124,166.67	$0.00	$36,000.00	$57,600.00	$30,566.67	$12,226.67	$75,940.00	$0.00
10	6	$124,166.67	$0.00	$36,000.00	$28,800.00	$59,366.67	$23,746.67	$64,420.00	$0.00
11	7	$124,166.67	$0.00	$36,000.00	$0.00	$88,166.67	$35,266.67	$52,900.00	$0.00
12	8	$124,166.67	$0.00	$36,000.00	$0.00	$88,166.67	$35,266.67	$52,900.00	$0.00
13	9	$124,166.67	$0.00	$36,000.00	$0.00	$88,166.67	$35,266.67	$52,900.00	$0.00
14	10	$174,166.67	$300,000.00	$36,000.00	$0.00	$138,166.67	$55,266.67	-$217,100.00	$974,217.47
15							PW_{AT} =	$175,603.01	
16							FW_{AT} =	$455,468.98	
17							AW_{AT} =	$28,578.58	
18							IRR_{AT} =	41.54%	
19							ERR_{AT} =	17.16%	

=IRR(I4:I14)

=FV(10%,10,,-NPV(10%,H5:H13))+H14

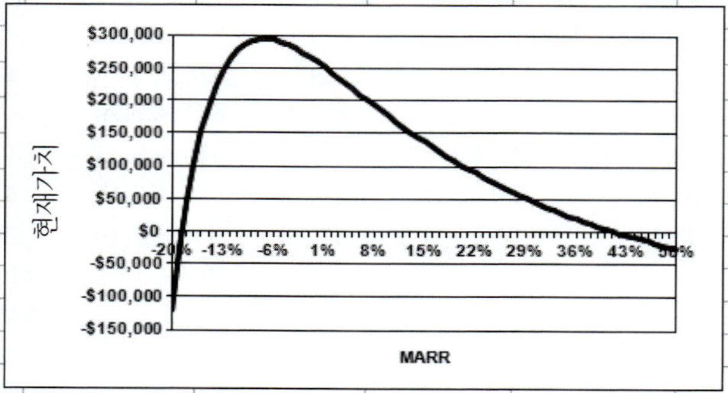

〈그림 9.3〉 $300,000의 차입자본이 포함된 SMP 머신 투자안에 대한 납세 후 분석: 상환방안 1

ERR 계산에 적용할 수 없다. 하지만 〈그림 9.4〉의 수정된 ATCF 열로서 Excel® **IRR** 함수를 사용하여 ERR를 계산할 수 있으며 그 값은 16.73%가 된다. 여기서 $MARR_{AT}$이 9.328%일 때 PW_{AT}가 최대화가 됨에 유의하라. (PW_{AT}를 최대화하는 $MARR_{AT}$값을 구하기 위해 Excel® **SOLVER** 도구를 이용하면 된다.)

풀이 탐구

네 가지 상환방안에 대한 분석결과를 보면, 차입금액이 증가될수록 PW_{AT}가 증가할 것으로 예상된다. 〈그림 9.5〉는 투자를 전적으로 차입금으로 충당할 경우 상환방안 1의 결과를 나타난다. 기대한대로 $210,012.58의 PW_{AT}는 $300,000만 일부 차입할 경우의 $175,603.01보다 크다.

투자자본의 100%가 차입으로 조성될 때, 어떤 초기투자도 ATCF 급수의 시작시점에 발생하지 않는다. 〈그림 9.5〉에서 보듯이 10년도 말에만 오직 음수 값의 현금흐름이 나타난다. 이에 따라 MARR가 높아지면 PW_{AT}가 증대된다. 이는 이전에 관찰한 것과 정반대가 된다. 그리고 계획기간의 최종시점

L15 fx =NPV(K15,$H$5:$H$14)+$H$4

	A	B	C	D	E	F	G	H	I	J	K	L
1			MARR =	10%			연도 말 =	12%			MARR	PW
2			소득세율 =	40%							-4%	-$12,692.97
3	연도 말	BT&LCF	PPMT	IPMT	DWO	TI	Tax	ATCF	ATCF		-3%	$22,099.59
4	0	-$500,000.00	-$300,000.00					-$200,000.00	-$200,000.00		-2%	$51,321.21
5	1	$124,166.67	$0.00	$0.00	$100,000.00	$24,166.67	$9,666.67	$114,500.00	$0.00		-1%	$75,720.99
6	2	$124,166.67	$0.00	$0.00	$160,000.00	-$35,833.33	-$14,333.33	$138,500.00	$0.00		0%	$95,947.34
7	3	$124,166.67	$0.00	$0.00	$96,000.00	$28,166.67	$11,266.67	$112,900.00	$0.00		1%	$112,561.97
8	4	$124,166.67	$0.00	$0.00	$57,600.00	$66,566.67	$26,626.67	$97,540.00	$0.00		2%	$126,051.87
9	5	$124,166.67	$0.00	$0.00	$57,600.00	$66,566.67	$26,626.67	$97,540.00	$0.00		3%	$136,839.58
10	6	$124,166.67	$0.00	$0.00	$28,800.00	$95,366.67	$38,146.67	$86,020.00	$0.00		4%	$145,291.93
11	7	$124,166.67	$0.00	$0.00	$0.00	$124,166.67	$49,666.67	$74,500.00	$0.00		5%	$151,727.62
12	8	$124,166.67	$0.00	$0.00	$0.00	$124,166.67	$49,666.67	$74,500.00	$0.00		6%	$156,423.69
13	9	$124,166.67	$0.00	$0.00	$0.00	$124,166.67	$49,666.67	$74,500.00	$0.00		7%	$159,621.03
14	10	$174,166.67	$300,000.00	$631,754.46	$0.00	-$457,587.79	-$183,035.12	-$574,552.68	$939,413.16		8%	$161,529.26
15							PW_{AT} =	$162,184.44			9.328%	$162,380.12
16							FW_{AT} =	$420,664.67			10%	$162,184.44
17							AW_{AT} =	$26,394.77			11%	$161,228.48
18							IRR_{AT} =	53.49%	=IRR(H4:H14,50%)		12%	$159,583.33
19							ERR_{AT} =	16.73%	=IRR(I4:I14)		13%	$157,353.86
20											14%	$154,631.37
21							=FV(10%,10,,-NPV(10%,H5:H13))+H14				15%	$151,495.36

납세 후 현재가치

$175,000
$150,000
$125,000
$100,000
$75,000
$50,000
$25,000
$0
-$25,000
-4% 1% 6% 11% 16% 21% 26% 31% 36% 41% 46% 51% 56%
MARR

Solver Parameters
Set Target Cell: $L$15
Equal To: Max Min Value of: 0
By Changing Cells:
$K$15
Subject to the Constraints:
Solve
Close
Guess
Options
Add

〈그림 9.4〉 $300,000의 차입자본이 포함된 SMP 머신 투자안에 대한 납세 후 분석: 상환방안 4

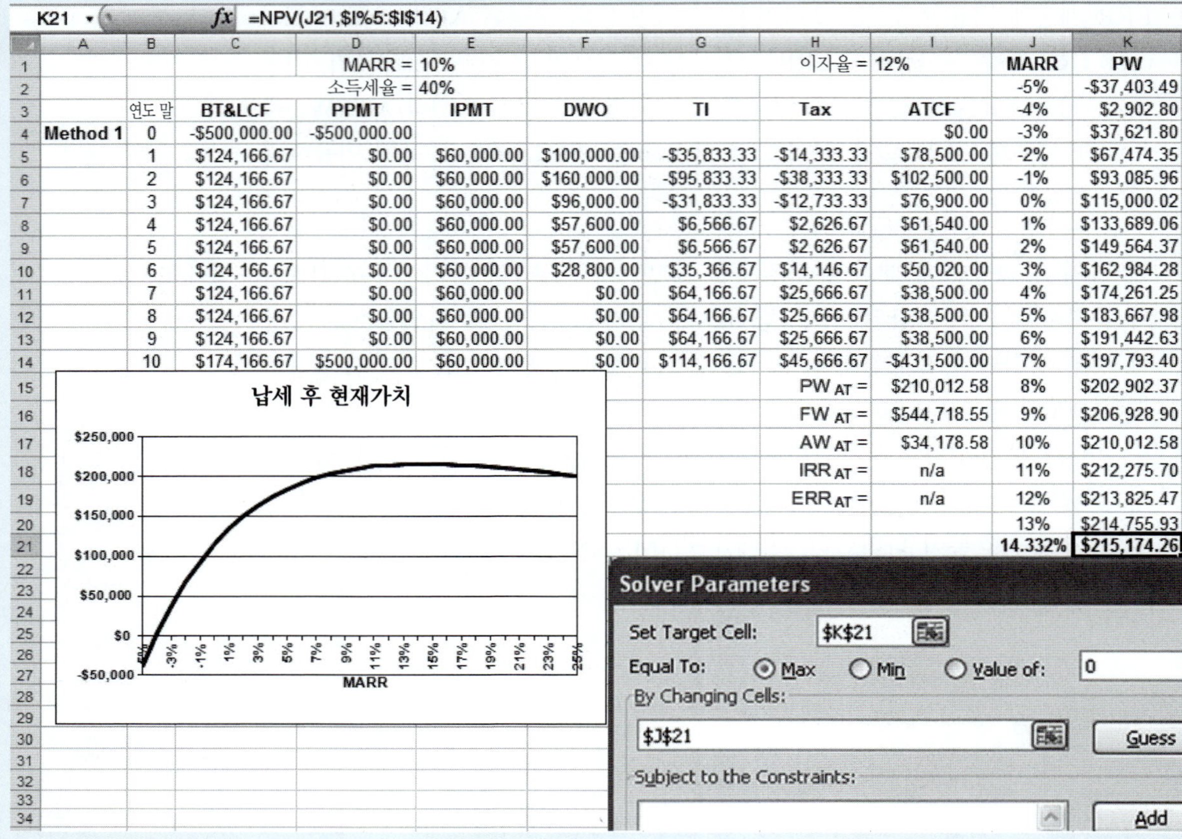

K21 =NPV(J21,$I%5:$I$14)

	A	B	C	D	E	F	G	H	I	J	K
1				MARR =	10%			이자율 =	12%	**MARR**	**PW**
2				소득세율 =	40%					-5%	-$37,403.49
3		연도 말	**BT&LCF**	**PPMT**	**IPMT**	**DWO**	**TI**	**Tax**	**ATCF**	-4%	$2,902.80
4	**Method 1**	0	-$500,000.00	-$500,000.00					$0.00	-3%	$37,621.80
5		1	$124,166.67	$0.00	$60,000.00	$100,000.00	-$35,833.33	-$14,333.33	$78,500.00	-2%	$67,474.35
6		2	$124,166.67	$0.00	$60,000.00	$160,000.00	-$95,833.33	-$38,333.33	$102,500.00	-1%	$93,085.96
7		3	$124,166.67	$0.00	$60,000.00	$96,000.00	-$31,833.33	-$12,733.33	$76,900.00	0%	$115,000.02
8		4	$124,166.67	$0.00	$60,000.00	$57,600.00	$6,566.67	$2,626.67	$61,540.00	1%	$133,689.06
9		5	$124,166.67	$0.00	$60,000.00	$57,600.00	$6,566.67	$2,626.67	$61,540.00	2%	$149,564.37
10		6	$124,166.67	$0.00	$60,000.00	$28,800.00	$35,366.67	$14,146.67	$50,020.00	3%	$162,984.28
11		7	$124,166.67	$0.00	$60,000.00	$0.00	$64,166.67	$25,666.67	$38,500.00	4%	$174,261.25
12		8	$124,166.67	$0.00	$60,000.00	$0.00	$64,166.67	$25,666.67	$38,500.00	5%	$183,667.98
13		9	$124,166.67	$0.00	$60,000.00	$0.00	$64,166.67	$25,666.67	$38,500.00	6%	$191,442.63
14		10	$174,166.67	$500,000.00	$60,000.00	$0.00	$114,166.67	$45,666.67	-$431,500.00	7%	$197,793.40
15								PW AT =	$210,012.58	8%	$202,902.37
16								FW AT =	$544,718.55	9%	$206,928.90
17								AW AT =	$34,178.58	10%	$210,012.58
18								IRR AT =	n/a	11%	$212,275.70
19								ERR AT =	n/a	12%	$213,825.47
20										13%	$214,755.93
21										14.332%	$215,174.26

〈그림 9.5〉 100% 차입자본에 의한 $500,000 SMP 투자안에 대한 납세 후 분석: 상환방안 1

이전에 음수 값을 가지는 현금흐름이 없어 IRR와 ERR는 정의되지 않는다. (PW_{AT}는 MARR = 14.332%일 때 최대가 된다.)

예제 9.8은 단일 투자대안이 대상이다. 차입자본이 포함된 여러 대안들에 대한 납세 후 분석도 유사하다. 부언하면 대안들의 비교는 BTCF가 아닌 ATCF, 차입자본의 활용과 상환, $MARR_{BT}$가 아닌 $MARR_{AT}$를 기반으로 수행된다. 또한 고려되는 대안에 따라 상이한 감가상각방법이 대안에 적용될 수도 있다. 예제 9.6, 9.7, 9.8은 차입자본을 활용할 경우를 포함하여 여러 대안의 납세 후 분석에 관한 충분한 지침을 제공하고 있다.

9.4 장비의 리스 대 구매 대안 선택

학습목표: 리스 대 구매 대안과 같은 보편적인 문제에 관해 서로 다른 납세 후 분석결과를 보여라.

이전에 언급한 바와 같이, 상이한 세금 발생결과를 가진 대안들에 관한 또 다른 예시가 리스 대 구매 문제이다.

리스 대 구매: 납세 후 비교 — 예제 9.9

에크미 브릭사는 전체 차량군에 지게차 5대를 추가할 것을 고려하고 있다. 구매와 리스의 두 대안에 대해 지게차 제조업자와 상의하였다. 만약 지게차를 구매한다면 초기비용은 대당 $18,000, 매년 운영 및 유지비는 대당 $3,750이 예상된다. 5년 계획기간의 말에 지게차는 대당 $3,000의 잔존가치를 가질 것으로 예측된다. 지게차는 MACRS 3년 재산부류에 속한다.

만약 지게차를 리스한다면 매년 초에 대당 $5,900을 지불해야 한다. 공급업자는 이 리스가격에 유지비를 포함시키고 있다. 그리고 회사는 대당 $1,800의 연간 운영비를 지불해야 한다. 리스비용은 세법상 비용으로 처리된다.

40%의 소득세율과 12%의 납세 후 MARR를 적용하면, 회사는 지게차를 리스할 필요가 있을까?

문제 요약

주어진 정보: 구매 대안: P = $18,000, 대당 A = $3,750, 5년 계획기간 말에 대당 SV = $3,000, itr = 40%, MARR_{AT} = 12%
리스 대안: A = $3,750/대(매년 초) 외에 연간 운영비 = $1,800/대
구하는 해: 지게차가 MACRS 3년 재산부류에 속한다고 가정할 때 지게차를 리스할 것인가, 구매할 것인가?

풀이

〈표 9.9〉을 보면, 납세 후 분석은 지게차가 리스되어야 함을 보여준다. 구매 대안의 현재가치(비용)은 $96,486.74인 반면, 리스 대안의 현재가치(비용)은 $90,926.87이다. 현재가치(비용) 차액인 $5,559.87은 회사가 지게차를 리스하는 대안을 선택할 매우 충분한 근거가 된다.

〈표 9.9〉와 같이 납세 전 MARR인 0.12/(1 − 0.4) = 20%를 적용하여 의사결정이 이루어진다면, 구매 대안의 납세 전 현재가치(비용)은 $140,045.81이고 리스 대안의 현재가치(비용)은 $132,783.18이 된다. 여기서도 현재가치 기준으로 $7,262.63의 차액은 회사가 지게차 리스를 선택하는 근거로 충분할 것이다.

〈표 9.9〉 지게차 구매 대 리스에 관한 납세 후 비교

연도 말	BTCF(P)	DWO(P)	TI(P)	T(P)	ATCF(P)
0	−\$90,000.00				−\$90,000.00
1	−\$18,750.00	\$29,997.00	−\$48,747.00	−\$19,498.80	\$748.80
2	−\$18,750.00	\$40,005.00	−\$58,755.00	−\$23,502.00	\$4,752.00
3	−\$18,750.00	\$13,329.00	−\$32,079.00	−\$12,831.60	−\$5,918.40
4	−\$18,750.00	\$6,669.00	−\$25,419.00	−\$10,167.60	−\$8,582.40
5	−\$3,750.00	\$0.00	−\$3,750.00	−\$1,500.00	−\$2,250.00
$PW_{BT}(P)$ =	−\$140,045.81		$PW_{AT}(P)$ =		−\$96,486.74

연도 말	BTCF(L)	DWO(L)	TI(L)	T(L)	ATCF(L)
0	−\$29,500.00		−\$29,500.00	−\$11,800.00	−\$17,700.00
1	−\$38,500.00	\$0.00	−\$38,500.00	−\$15,400.00	−\$23,100.00
2	−\$38,500.00	\$0.00	−\$38,500.00	−\$15,400.00	−\$23,100.00
3	−\$38,500.00	\$0.00	−\$38,500.00	−\$15,400.00	−\$23,100.00
4	−\$38,500.00	\$0.00	−\$38,500.00	−\$15,400.00	−\$23,100.00
5	\$9,000.00	\$0.00	−\$9,000.00	−\$3,600.00	−\$5,400.00
$PW_{BT}(L)$ =	−\$132,783.18		$PW_{AT}(L)$ =		−\$90,926.87

핵심 개념

1. 학습목표: 유효세율, 증분세율, 한계세율로 법인소득세를 산출하라. (9.1절)

법인체가 납부하는 세금은 사업활동에서 실제 발생하는 비용으로, 최선의 투자대안 선택에 영향을 미친다. 따라서 세금의 영향이 고려될 수 있도록 납세 후를 기반으로 경제성 분석을 행하는 것이 최선이다. 투자의 경제적 실행 가능성을 결정할 때, 소득세가 주요 역할을 할 경우에 소득세율과 법령은 급변하므로 소득세 전문가에게 자문할 것을 권장한다.

2. 학습목표: 유보이익을 이용하는 투자대안에 대한 납세 후 영향을 분석하라. (9.2절)

특정 투자대안의 실행 가능성 또는 선호여부는 세금 영향이 고려될 때 바뀔 수 있다. 여러 예제들에서 예시한 바와 같이, 일반적으로 투자비가 빠르게 감가상각될수록 납세 후 현재가치가 보다 더 커진다.

차입자본이 없는 투자대안의 납세 후 현금흐름은 다음과 같이 나타낼 수 있다.

$$ATCF = BTCF(1 - itr) + itr(DWO) \quad (9.4)$$

여기서

BTCF = 납세 전 현금흐름

DWO = 감가상각비

TI = 과세소득

itr = 소득세율

ATCF = 납세 후 현금흐름

종합 소득세율은 다음과 같이 나타낼 수 있다.

$$itr = str + ftr(1 - str) \quad (9.5)$$

여기서 str = 주 소득세율, ftr = 연방 소득세율

3. **학습목표: 차입자본이 포함된 투자대안에 대해 납세 후 영향을 분석하라. (9.3절)**

차입자본에 대해 사업체가 지불하는 이자는 과세소득에서 공제된다. 이에 따라 투자매력을 결정하기 위해서는 납세 후 분석을 수행하는 것이 필요하다. 이 장에서 타인의 돈을 활용하면 자신에게 돈을 더 많이 벌 수 있게도 한다는 것을 학습하였다.

차입자본이 포함될 경우 투자대안의 납세 후 현금흐름은 다음과 같이 표현된다.

$$ATCF = BT\&LCF(1 - itr) - LCF + itr(DWO + IPMT) \quad (9.9)$$

여기서

PPMT = 원금 상환액

LCF = 차입금 현금흐름

IPMT = 이자 지불액

감가상각재산의 처분연도에는 다음 식이 성립된다.

$$TI_n = BT\&LCF_n \text{ (including } F_n) - IPMT_n - DWO_n - B_n \quad (9.10)$$

여기서

TI_n = 재산의 처분연도의 과세소득

B_n = 처분시점의 장부가격

F_n = 처분시점의 잔존가치

차입금에 대한 이자는 과세소득에서 공제될 수 있으므로 차입금에 지불된 납세 후 실제 이자율은 다음과 같다.

$$i_{\text{eff}} = i(1 - \text{itr}) \tag{9.11}$$

4. **학습 목표: 리스 대 구매 대안과 같은 보편적인 문제에 관해 서로 다른 납세 후 분석결과를 보여라. (9.4절)**

리스 대 구매에 관한 의사결정은 소득세를 고려하면 투자에 관한 추천결과가 바뀔 수 있으므로, 납세 후 분석을 이용하여 분석해야 하는 보편적인 투자대안의 일종이다. 예를 들면 리스 대 구매의 경우에 감가상각비는 구매대안을 꽤 매력적으로 만들 수 있다.

핵심용어

납세 및 차입금 상환 전 현금흐름 (BT&LCF)
납세 전 현금흐름(BTCF)
납세 후 현금흐름(ATCF)
소득세율(itr)
연방 소득세율(ftr)
유효세율
주 소득세율(str)
증분세율
차입금 현금흐름(LCF)
한계세율

기사시험 유사 문제

1. 법인소득이 \$87,000일 때 다음 중에서 평균세율에 가장 근접한 값은? (〈표 9.1〉 또는 유사 표 참고)
   a. 15%
   b. 20.5%
   c. 25%
   d. 34%

2. 법인체에서 총소득으로부터 과세소득을 산출할 때 다음 중 참인 것은 무엇인가?
   a. 감가상각, 이자, 원금은 모두 공제된다.
   b. 감가상각과 이자는 공제되고 원금은 아니다.
   c. 감가상각은 공제되고 이자와 원금은 아니다.
   d. 이자와 원금은 공제되고 감가상각은 아니다.

3. 납세 후 현금흐름 계산에서 얻은 다음 데이터를 고려하자.

   납세 전 현금흐름 = \$22,500,
   차입금 원금 상환 = \$7,434,
   차입금 이자 지급 = \$892,
   MACRS에 의한 감가상각비 = \$7,405,
   세금 = \$5,397

다음 중 납세 후 현금흐름에 가장 가까운 값은 무엇인가?

a. $1,372
c. $8,806
b. $8,777
d. $16,211

4. 2012년도 납세 후 현금흐름 분석으로부터 얻은 다음 데이터에서 2012년도 차입금 이자는 얼마가 되는가?

납세 전 현금흐름 = $20,000,
차입금 원금 상환 = $4,018,
감가상각비 = $8,920,
과세 소득 = $8,018,
세금 = $2,726,
납세 후 현금흐름 = $10,194

a. $1,274
c. $7,062
b. $3,062
d. $11,080

5. 2010년도의 납세 후 현금흐름 분석으로부터 얻은 다음 데이터에서 2010년도의 납세 후 현금흐름은 얼마인가?

납세 전 현금흐름 = $23,000,
차입금 원금 상환 = $3,203,
차입금 이자 지급 = $3,877,
MACRS에 의한 감가상각비 = $12,490,
과세소득 = $6,633,
세금 = $2,255

a. $20,744
c. $3,430
b. $13,665
d. $1,175

연습문제

9.0절 서론

1. 소득세는 총소득에서 허용 가능한 소득공제 항목을 차감하여 산출된다. 소득세는 재산처분에 의해 발생된 이득에도 적용된다. 아래 용어를 위키 백과사전을 참고하여 10개의 단어 이하로 정의하라.

a. 총소득
b. 손비(손실과 비용)
c. 감가상각
d. 이자
e. 재산(예를 들어 장비)처분

2. 다음의 주요 영향을 설명하라
   a. 1981년 경제회복법(Economic Recovery Act)
   b. 1986년 조세개혁법(Tax Reform Act)
   c. 1993년 일괄조정법(Omnibus Reconciliation Act)

9.1절 법인소득세율

3. 다음의 법인 과세소득에 대한 연방 소득세는 각각 얼마인가?
   a. $25,000
   b. $70,000
   c. $95,000
   d. $200,000
   e. $1,000,000
   f. $12,000,000
   g. $17,000,000
   h. $25,000,000

4. 다음과 같은 기업의 과세소득에 대해 법인소득세를 산출하라. 각각에 대해 유효(평균)와 한계 소득세율을 구하라.
   a. $12,000
   b. $65,000
   c. $220,000
   d. $1,000,000
   e. $19,300,000

5. 다음의 각 경우에 **가장 작은** 과세소득을 구하라.
   a. **마지막** $1에 35% 이상의 세율로 과세한다.
   b. **매** $1마다 34% 이상의 세율로 과세한다.
   c. **매** $1마다 35% 이상의 세율로 과세한다.

6. 엔지니어인 도니는 토목기술 실무자문을 하는 소규모 법인을 운영하고 있다. 도니의 회사에 대한 지난해 과세소득은 $41,000이다. 작년 한 해 동안 그는 신규 고속도로, 건물, 주차구역 건설로 인한 지표 유출수의 변화를 분석할 수 있는 전산화 도구 개발에 일과 외의 많은 시간을 투입하였다. 공인기술사로서의 그의 전문기술과 능력을 감안할 때, 올해 그의 회사는 과세소득을 $175,000만큼 증대시킬 수 있는 두 가지의 프로젝트를 따내는 기회가 주어질 것으로 예상된다.
   a. 작년 총 과세소득에 대한 유효(평균)세율을 구하라.
   b. 올해 총 과세소득에 대한 유효(평균)세율을 구하라.
   c. 증분세율을 구하라.
   d. 올해의 한계세율을 구하라.

7. 매트릭스 용역회사는 정유, 전력, 석유화학, 가스/LNG 등의 관련 업종에 명성이 높은 산업용역 도급업을 하고 있다. 이 회사의 매출액은 $490,000,000이고 기준 과세소득은 $19,200,000이다. 다음 해에 두 가지의 대형 육상 저장용 탱크 프로젝트에 착수하여, 매출액이 $540,000,000, 과세소득이 $25,700,000로 증대될 것으

로 예상하고 있다.

a. 지난해의 총 과세소득에 대한 유효(평균)세율을 구하라.
b. 올해 총 과세소득에 대한 유효(평균)세율을 구하라.
c. 증분세율을 구하라.
d. 올해의 한계세율을 구하라.

9.2.1절 차입금 없이 유보이익을 이용할 경우의 납세 후 분석–단일 대안

8. 4명으로 구성된 신생 회사인 뉴매틱스는 올해 과세소득이 $20,000 증가하였다. 이 회사의 세금 증가분은 정확히 $6,350이었다.
   a. 지난해의 과세소득은 얼마인가?
   b. 올해 총 소득세는 얼마인가?

9. 웨스트우드 특산물점은 올해 과세소득이 $5,000,000 증가하였다. 이 상점의 세금 증가분은 정확히 $1,720,000이었다.
   a. 지난해의 과세소득은 얼마인가?
   b. 올해 총 소득세는 얼마인가?

10. 식품 생산용 특수 이송장치를 설치하여 운영을 시작하였다. $30,000의 초기비용이 투입되었으며, 5년의 내용연수 후에 잔존가치는 $2,000이 될 것으로, 그리고 연간 $14,000의 비용을 절감시킬 것으로 예상된다. 법인소득세율은 40%이다. 다음 경우에 각 연도별 납세 후 현금흐름을 구하라.
    a. 1~5년도의 감가상각비가 각각 $9,999, $13,335, $4,443, $2,223, $0이다(MACRS-GDS 3년 재산 부류임).
    b. 감가상각비는 1~4년도까지 매년 $7,500이고 마지막 5년도에 $0이다(SLN 감가상각방법은 최초 4년만 적용).

11. 레이시온사는 전자부품 제조에 쓰이는 자동화된 환경시험 장비를 도입하고자 한다. 환경시험 장비는 엄격한 신뢰성 시험과 번인(burn-in) 용도로 쓰인다. 이 장비의 구입 및 설치 비용은 $1,400,000이고, 8년 후 $200,000의 잔존가치를 예상한다. 이 장비의 도입으로 인해 매년 $650,000의 매출액을 올리는 기회를 창출할 것이고, 운영비는 매년 $250,000이 될 것으로 예상된다. 법인소득세율은 40%이다. 이 환경시험 장비가 8년 동안 유지된다면, 매년 ATCF와 납세 후 PW, AW, IRR, ERR를 구하는 표를 스프레드시트로 작성하라. 납세 후 MARR는 10%이다.
    a. 감가상각은 정액법을 적용하라(반년규칙을 적용하지 않음).
    b. 감가상각은 MACRS-GDS를 적용하고 적정한 재산부류를 명시하라.
    c. 이중정률법을 적용하라(반년규칙을 적용하지 않으며 정액법으로의 전환은 없음).

12. 밀리켄사는 가장 뛰어난 컨설턴트 그룹의 시장조사에 용역비로 $400,000을 투자할 수 있다. 이를 통한 기대 순수익은 7년간 매년 $95,000, 그리고 8년도에 $125,000을 예상한다. 밀리켄사의 세율은 40%, 납세 후 MARR는 9%이다.

    a. 8년에 걸친 연도별 ATCF와 납세 후 PW, AW, IRR, ERR를 구하는 표를 스프레드시트로 작성하라.

    b. 동일한 현금흐름이지만 시장조사 용역비 대신 디지털 제어 염색기(8년 동안 사용하며, 그 때의 잔존가치는 $30,000임)를 구입했다고 가정하여 초기 투자비에 대해 MACRS(5년 재산부류)에 의해 감가상각을 할 경우에 (a) 문항에 대해 답하고 비교하라.

13. 벨 놀이공원은 시 소유의 엑스포 센터 내에 위치한 그들의 테마 및 놀이 공원에 고가의 놀이기구를 구입하였다. 벨사는 엑스포 센터와 다년간 계약하였다. 놀이기구는 $1,350,000의 비용으로 설치되었으며, 매년 총 수익은 $420,000이고 운영비는 $120,000이다. 벨사는 내용연수를 12년, 순 잔존가치를 $0으로 예상한다. 4년 후 시와 벨사는 연장계약에 대해 협약을 할 수 없어, 벨사와의 신속한 청산을 위해 엑스포 센터가 놀이기구를 구입하여 철거하는 안에 합의하였다. 정확히 4차 회계연도 말에 엑스포 센터는 정액법에 의한 감가상각을 적용하여 벨사의 미회수 투자비로 $900,000을 지불하였다. 법인소득세율이 40%, 납세 후 MARR가 9%일 때 연도별 ATCF와 납세 후 PW, AW, IRR, ERR를 구하는 표를 스프레드시트로 작성하라.

    a. 감가상각은 정액법을 적용하라(반년규칙을 적용하지 않음).

    b. 감가상각은 MACRS-GDS를 적용하고 적정한 재산부류를 명시하라.

    c. 이중정률법을 적용하라(반년규칙을 적용하지 않으며 정액법으로의 전환은 없음).

14. 헨리돈사는 초현대식 문화조류를 반영하기 위해 두바이 도심지역에서 색다른 공공시설물 외관을 가진 디자인 포트폴리오 용도로 $190,000을 쓸 수 있다. 일부에서는 이 사업을 도박으로 보기도 하지만, 이번 신규사업은 11년간 매년 $45,000, 12년도에 $50,000의 순수익을 증대시킬 수 있음을 널리 인정받고 있다. 헨리돈사의 한계세율은 40%이고 납세 후 MARR는 10%이다.

    a. 연도별 ATCF와 납세 후 PW, AW, IRR, ERR를 구하는 표를 스프레드시트로 작성하라.

    b. 동일한 현금흐름이지만 초기투자비에 대해 MACRS(7년 재산부류)에 의한 감가상각을 할 경우에 (a) 문항에 대해 답하고 비교하라.

15. 애그리그로우사는 고객 서비스를 향상시키기 위한 100일간의 단기 프로젝트 비용으로 $90,000을 투자할 수 있다. 이 프로젝트에 의한 보상으로 순 매출액이 3년간 매년 $37,000, 4년도에 $43,000 증가할 것이라 믿고 있다. 애그리그로우사의

한계세율은 40%이고 납세 후 MARR는 10%이다.

a. 연도별 ATCF와 납세 후 PW, AW, IRR, ERR를 결정하는 표를 스프레드시트로 작성하라.

b. 동일한 현금흐름이지만 초기투자비에 대해 MACRS(3년 재산부류)에 의한 감가상각을 할 경우에 (a) 문항에 대해 답하고 비교하라.

16. 어떤 회사가 $800,000의 기계를 구입하였다. MACRS-GDS 감가상각에서 5년 재산부류에 속한다. 납세 전 현금흐름은 5년 후의 잔존가치 $200,000를 포함하여 아래의 표와 같다. 40%의 소득세율을 적용하여 각 연도별로 ATCF와 8% $MARR_{AT}$를 적용하여 납세 후 PW, AW, IRR, ERR를 구하라.

연도 말	BTCF
0	–$800,000
1	100,000
2	200,000
3	300,000
4	400,000
5	700,000

17. MACRS-GDS 감가상각에서 3년 재산부류에 속하는 장비에 $800,000이 투자되었다. 납세 전 현금흐름 개요는 5년 계획기간 말의 잔존가치 $200,000을 포함하여 아래의 표와 같다. 만약 3년간 사용 후에 $300,000에 매각한다면 각 연도별 ATCF와 납세 후 PW, AW, IRR, ERR를 구하라. 40%의 소득세율을 적용하며 납세 후 MARR는 8%이다.

연도 말	BTCF
0	–$800,000
1	100,000
2	200,000
3	300,000
4	400,000
5	700,000

9.2.2절 차입금 없이 유보이익을 이용할 경우의 납세 후 분석–여러 대안

18. 치과용 치관 생산용도의 가상 주형장치는 치과의사에 의해 선택된 임프린트 주형에 기반하여 무수한 형상을 주문 생성할 수 있다. 선택 가능한 두 모델 중 한 모델은 $58,500의 비용이 들고 9년간 사용할 수 있으며, 그 때 잔존가치가 없을 것으로 예상된다. 사용 수수료는 치관당 $30이고 연간 5,000개의 치관이 생산된다. 다른 주형장치의 비용은 $87,500이고 9년간 사용할 수 있으며. 그 때 잔존가치는 없다. 또한 사용 수수료는 앞의 모델보다 작은 치관당 $25이다. 치관 공급자는

MACRS에 의해 재산을 감가상각하며, 또한 정액법에 의해 회사재산의 가치를 매긴다. 한계세율은 40%이고 납세 후 MARR는 10%이다.

a. MACRS-GDS 감가상각(재산부류 명시)을 적용하여 대안 선정을 위해 각 대안의 납세 후 AW를 비교하라.

b. 정액법에 의한 감가상각을 적용하여, 대안의 선정을 위해 각 대안의 납세 후 AW를 비교하라.

19. 곡물창고에 대한 두 가지 투자대안은 서로 다른 재산부류에 속한다. 투자대안 A는 초기비용이 $70,000이고, 16년 후의 잔존가치가 $3,000이며, 10년 재산부류로 MACRS-GDS에 의해 상각된다. 투자대안 B는 초기비용이 $110,000이고, 16년 후의 잔존가치가 $4,000이며, 5년 재산부류로 MACRS-GDS에 의해 상각된다. 두 대안의 운영과 유지비는 각각 연간 $18,000과 $14,000이다. 한계세율은 40%이고 납세 후 MARR는 9%이다.

a. 납세 후 연간가치의 비교에 의해 어떤 대안이 비용이 적게 드는지 검토하라.

b. 두 대안의 경제적 가치가 동등하려면, 두 번째(비용이 더 드는) 대안의 초기비용이 얼마여야 하는가?

20. 어떤 회사가 가구 제조에 필요한 수치제어기계(MACRS-GDS 7년 재산부류)를 구입하기 위해 $30,000을 투자할 수 있다. 이 기계는 11년 동안 사용할 수 있으며 그 때 잔존가치는 $0이다. 이의 대안으로 회사는 작업방법 개선연구에 $*X*를 투자할 수 있다(이 경우는 비감가상각 대상임). 두 투자대안은 각각 11년 동안 매년 $15,000의 수익을 증대시킬 것으로 예상하고 있다. 회사의 세율이 40%이라면, $*X*의 값이 얼마가 되어야 두 투자대안이 무차별 되는가? 납세 후 MARR는 15%이다. (힌트: 문제를 풀기 위해 Excel®의 Solver를 이용하라.)

9.3절 차입자본이 포함될 경우의 납세 후 분석–단일 대안

21. 납세 전 현금흐름과 납세 및 차입금 상환 전 현금흐름의 차이점 또는 구분점은 무엇인가? 명확하게 설명하라.

22. 미국의 현대법인에는 다수의 로봇 용접기와 영상 검사기가 있다. 한 대의 하부 로봇 용접기가 설치되면 2.5%의 생산성 향상으로 매년 $500,000을 절감할 수 있다. 감가상각과 로봇 용접기의 설치에 연관된 이자를 제외한 공제 가능 비용은 $120,000이다. 올해의 감가상각비는 $171,480이고 차입금 이자는 $60,500이며, 올해는 어떤 원금도 상환하지 않았다.

a. 올해의 과세소득을 구하라.

b. 한계세율이 40%라고 가정하여 올해의 소득세를 구하라.

c. 올해의 납세 후 현금흐름을 구하라.

23. 대형 여객기 랜딩기어 일부분의 생산을 맡고 있는 보잉사의 하청업체는 복잡한 대형 부품의 공차를 0.001인치 이내로 가공하기 위한 다축 연삭 도중 폭발과 연관된 작은 전기적 문제를 경험하였다. 부품 가치와 장비의 손상분의 합은 $300,000이다. 위험분석 결과는 어떤 조치도 취하지 않으면 이와 비슷한 사고가 평균 연 1회 일어날 수 있음을 보여주고 있다. 피뢰와 서지 보호의 선도기업인 폴리페이저사는 이 공정의 중요 부분을 보호할 수 있도록 턴키 설치를 의뢰받았다. 이 설치에 대한 초기비용은 $480,000이다. 이 중 $275,000은 연 12%의 이자율로 차입되었으며, 첫해는 원금을 상환하지 않는다. 공제 가능 연간비용은 $*Y*이고 감가상각은 7년 재산부류(즉, 첫해의 상각비율은 14.29%)로 MACRS-GDS에 의해 상각된다. 과세소득은 $15,000이다.

   a. 첫해 공제금액인 $*Y*는 얼마인가?

   b. 한계세율이 40%라고 가정하면, 첫해에 내야 하는 소득세는 얼마인가?

   c. 첫해의 납세 후 현금흐름은 얼마인가?

문제 24-27번은 다음의 차입금 상환방안 중에서 하나 또는 다수를 적용한다.

- 상환방안 1—매 이자기간 말에 해당 발생이자를 지불하고 차입기간 말에 원금을 일시에 상환하는 방법
- 상환방안 2—매 기간 말에 균일한 원금상환액과 미상환 원금에 대한 이자를 더하여 갚는 방법
- 상환방안 3—매 기간 말에 균일한 원리금을 갚는 방법
- 상환방안 4—차입기간 말에 원금과 이자를 일시에 상환하는 방법

24. 어떤 회사가 $800,000의 기계를 구입하였다. 이 기계는 MACRS-GDS 감가상각에서 5년 재산부류에 속한다. 이 기계 구입을 위해 12%의 복리로 5년간 상환하는 조건으로 $500,000을 차입하여 지불하였다. 납세 전 세금흐름은 5년 후의 잔존가치 $200,000을 포함하여 아래의 표와 같다. 소득세율은 40%이며 8% $MARR_{AT}$를 적용한다.

연도 말	BTCF
0	−$800,000
1	100,000
2	200,000
3	300,000
4	400,000
5	700,000

다음 조건 하에서 ATCF의 PW를 구하라.

   a. 차입금 상환방안 2

   b. 차입금 상환방안 4

c. 두 가지 차입금 상환방안 중 어느 쪽이 유리한가? 차입금 이자율과 $MARR_{AT}$의 관계 측면에서 그 이유를 설명하라.

25. 미국의 현대법인에는 다수의 로봇 용접기와 영상 검사기가 있다. 대당 초기비용이 $1,200,000(7년 재산부류)인 하부 로봇 용접기가 설치되면 2.5%의 생산성 향상으로 매년 $500,000을 절감할 수 있다. 감가상각과 로봇 용접기의 설치에 연관된 이자를 제외한 공제 가능 비용은 $120,000이다. 현대는 5년간 11%로 $550,000을 차입하였으며, 8년간 이 장비를 사용하기로 계획하고 있다. 한계세율은 40%이고 납세 후 MARR는 9%이다. 다음의 각 상환방안하에서 이 투자안에 대한 PW, FW, AW, IRR, ERR를 구하라.

a. 차입금은 상환방안 1에 의해 상환된다.
b. 차입금은 상환방안 2에 의해 상환된다.
c. 차입금은 상환방안 3에 의해 상환된다.
d. 차입금은 상환방안 4에 의해 상환된다.

26. 대형 여객기 랜딩기어 일부분의 생산을 맡고 있는 보잉사의 하청업체는 복잡한 대형 부품의 공차를 0.001인치 이내로 가공하기 위한 다축 연삭 도중 폭발과 연관된 작은 전기적 문제를 경험하였다. 부품 가치와 장비의 손상분의 합은 $300,000이다. 위험분석 결과는 어떤 조치도 취하지 않으면 이와 비슷한 사고가 평균 연 1회 일어날 수 있음을 보여주고 있다. 피뢰와 서지 보호의 선도기업인 폴리페이저사는 이 공정의 중요 부분을 보호할 수 있도록 턴키 설치를 의뢰받았다. 이 설치에 대한 초기비용은 $480,000이다. 이 중 $275,000은 10년 계획기간 동안 연간 12%의 이자율로 차입되었다. 공제 가능 연간 운영 및 유지비용은 $*Y*이고, 7년 재산부류로 MACRS-GDS에 의해 감가상각이 적용된다. 한계세율은 40%이고 납세 후 MARR는 10%이다, 폴리페이저사 장비의 기대수명은 10년이며, 잔존가치는 없다. 다음의 각 상환방안에 대해 정확하게 MARR 요건을 만족하는 *Y*의 값을 구하기 위해 Excel®의 Goal Seek 또는 Solver를 이용하라.

a. 차입금은 상환방안 1에 의해 상환된다.
b. 차입금은 상환방안 2에 의해 상환된다.
c. 차입금은 상환방안 3에 의해 상환된다.
d. 차입금은 상환방안 4에 의해 상환된다.

27. 미국 전력회사(AEP)의 자회사는 $300,000의 초기비용으로 발전 및 송전장비를 설치하였다. 이 중 절반인 $1,500,000은 8년간 11%의 이자율로 차입하였으며, 사용연한은 30년이고 그 때의 잔존가치 $250,000로 추산한다. 이 장비는 첫해에 순 소득을 $500,000을 증가시키고, 이후 매년 2.4%씩 점증된다. 자회사의 세율은 40%이고 납세 후 MARR는 9%이다. 이 장치에 대한 요구는 오직 10년간만 지속되고, 그때 $550,000으로 매각할 필요가 있다고 보고 있다. 이 신규사업이 경제적

가치가 있는지 파악하기 위해 다음의 각 조건하에서 연도별 ATCF와 납세 후 PW, AW, IRR, ERR를 구하는 표를 스프레드시트로 작성하라. (a), (b), (c)는 반년규칙이 없는 정액법을, (d), (e), (f)는 MACRS-GDS 감가상각방법을 적용한다.

a. 차입금은 상환방안 1에 의해 상환된다.
b. 차입금은 상환방안 2에 의해 상환된다.
c. 차입금은 상환방안 3에 의해 상환된다.
d. 차입금은 상환방안 1에 의해 상환된다.
e. 차입금은 상환방안 2에 의해 상환된다.
f. 차입금은 상환방안 3에 의해 상환된다.

28. 10년 동안 보유할 의도로 어떤 재산을 $90,000에 구입했으나 3년 만에 처분하였다. 총 차입금은 $30,000으로, 이의 원리금은 3년간 매년 균일액으로 상환되었다. 감가상각은 적정한 MACRS 회수기간에 맞게 계상되었다. 다음 표를 이용하여 답하라.

연도 말	차입금전 및 납세전현금흐름 (+: 유입, −:유출)	차입금	차입금 이자상환액	차입금 원금상환액	감가상각비	장부가격	과세소득	소득세	납세 후 현금흐름	납세 후 현재가치
0	−$90,000.00	$30,000.00				$90,000.00			−$60,000.00	−$60,000.00
1	$35,000.00		−$4,500.00	−$8,639.31	$12,861.00	$77,139.00	$17,639.00	−$7,408.38	$14,452.31	$12,903.85
2	$35,000.00		−$3,204.10				$9,754.90	−$4,097.06	$17,763.63	$14,161.06
3	$40,000.00				$7,870.50	$47,227.50				

a. 이 재산의 재산부류는 어디에 속하는가?
b. MARR는 얼마인가?
c. 3년 말에 받은 잔존가치는 얼마인가?
d. 차입금의 이자율은 얼마인가?
e. 표에서 테두리를 굵게 표시한 빈칸을 채워라.

9.3절 차입자본이 포함될 경우의 납세 후 분석-여러 대안

문제 29-31번은 다음의 차입금 상환방안 중에서 하나 또는 다수를 적용한다.

- 상환방안 1—매 이자기간 말에 해당 발생이자를 지불하고 차입기간 말에 원금을 일시에 상환하는 방법
- 상환방안 2—매 기간 말에 균일한 원금상환액과 미상환 원금에 대한 이자를 더하여 갚는 방법
- 상환방안 3—매 기간 말에 균일한 원리금을 갚는 방법
- 상환방안 4—차입기간 말에 원금과 이자를 일시에 상환하는 방법

29. 문제 18번에서 두 모델이 17%의 연 이자율로 $40,000의 차입금을 필요로 한다면, 4년에 걸쳐 상환하는 방안 1을 적용하여 문제를 다시 풀어라.

30. 문제 19번에서 두 투자대안이 10%의 연 이자율로 $14,000의 차입금을 필요로 한다면 3년 기간 후 상환하는 방안 4를 적용하여 문제를 다시 풀어라.

31. 문제 20번에서 두 대안이 투자비의 40%에 해당되는 차입금을 필요로 할 때, 매력적인 2%의 연방정부 대부 이자율로 10년 기간 후 상환하는 방안 4를 적용하여 문제를 다시 풀어라.

9.4절 장비의 리스 대 구매 대안 선택

32. 그리핀 배수기 회사는 세 가지 대안을 고려하고 있다. 첫 번째 대안은 그들의 배수장비(엔진, 펌프, 집수관)의 분해수리를 위해 소유장비를 보관하는 영구적인 철골 건축물을 구입하는 안이다. $240,000이 소요되는 이 건축물은 당해 1월초에 사용되기 시작하며, 계획기간은 10년이고, 10년도 12월 말에 이 건축물을 $120,000에 팔 수 있다. 장비의 정비와 유지, 분해수리에 드는 노무비와 재료비로 매년 $130,000이 든다. 두 번째 대안은 매년 초에 연간 $15,000로 건축물을 리스하는 안이다. 이 경우 총 운영비는 리스 재산의 불편한 위치로 인해 매년 $4,000이 추가되는 것 외에는 첫 번째 대안과 동일하다. 세 번째 대안은 현 보유장비의 잔존가치 $45,000을 즉시 인정받는 조건하에 분해수리 작업을 매년 말 연간 $17,000로 간편하게 하청을 주는 안이다. 한계세율은 40%이고 납세 후 MARR는 12%이다.

    a. 건축물의 구입대안에 대한 연간가치를 구하라. 먼저 적정한 MACRS-GDS 재산부류를 명시하라.
    b. 리스안의 연간가치를 구하라.
    c. 이 작업을 하청하는 안의 연간가치를 구하라.
    d. 하청안과 리스안을 경제적으로 등가가 되도록 하는 연간 하청금액을 구하라.

10

경제성 분석의 실제 사례: 캐터필러(Caterpillar)

1890년에 벤자민 홀트와 다니엘 베스트는 누가 가장 좋은 농업용 증기 트랙터를 생산하는지 경쟁하였다. 1925년에 그들은 두 회사를 합병하여 캐터필러 트랙터 회사를 설립하였다. 현재 미국 일리노이주 피오리어에 본사를 두고 있는 캐터필러사는 건설 및 광산 장비, 디젤 및 천연가스 엔진, 산업용 가스터빈 그리고 디젤 전기 기관차를 생산하는 세계적 선도기업이 되었다.

캐터필러사의 회장이자 최고경영자인 더글라스 R. 오버헬먼은 2011년 연차 보고서에서 "비즈니스는 변화한다. 우리가 종사하는 산업도 변화한다. 경쟁은 치열해지고 고객의 요구는 과중해지며, 그리고 우리 산업은 급속히 발전하지만 또한 복잡해진다."라고 주장했다.

2011년 매출액 및 영업수익을 합한 회사 총매출액이 2010년 대비 41% 증가한 601억 달러에 달했다. 캐터필러사는 2011년의 매출액 및 영업수익 중 70%가 미국 이외의 지역에서 발생한 글로벌 기업이다. 또한 2011년 캐터필러사의 종업원 수는 125,099명인데, 이 중 53,236명은 미국 내에, 71,863명은 미국 외의 지역에 근무하고 있다. 캐터필러사의 이익과 자본적 지출은 2010년 각각 39.6억 달러와 15.8억 달러에서 2011년 71.5억 달러와 26억 달러로 증가하였다. 그리고 2011년의 R&D 지출은 23억 달러로 매출액의 3.8%에 달하였다.

2011년 연차보고서에서 회사 사업이 국제경제 환경과 산업 및 시장에서의 경제여건에 매우 민감하다는 점을 인정했다. 특히 캐터필러사가 미국뿐만 아니라 지난 10년간 엄청난 물가상승을 경험한 브라질과 아시아 지역에서 건설장비 생산을 늘리기 위해 상당한 투자를 하고 있는 점을 고려할 때, 물가상승은 중요한 경제 요인의 하나로 볼 수 있다. 캐터필러사와 같은 글로벌 기업들은 사업을 운영하고 일하는 국가의 물가상승률에 반드시 주의를 기울여야 한다. 물가상승률은 소득세법과 마찬가지로 국가마다 현저하게 다르다.

토의 논제

1. 2011년도 캐터필러사의 매출액 및 영업수익의 70%가 미국 외의 지역에서 발생하였다. 왜 이것이 물가상승에 관한 우리의 학습과 연관이 있는가?
2. 캐터필러사가 생산시설을 보유하고 있는 지역의 물가상승률이 매우 높을 경우 경영자는 어떤 의

물가상승

Inflation

사결정을 고려해야 하는가?

3. 미국의 물가상승률은 최근 수년간 꽤 안정적으로 유지되고 있다. 그렇다면 캐터필러사가 미국 내와 미국 외의 지역에서 신규사업을 위한 사업전략을 다르게 수립해야 할 필요가 있는가?
4. 세계 여러 지역에서의 물가상승률은 캐터필러사의 입장에서 통제를 할 수 없는 사항이다. 그렇다면 회사는 상품 또는 부품 가격과 인건비의 상승과 같은 물가상승의 부작용들로부터 스스로를 보호하기 위해 무엇을 할 수 있는가?

학습목표

이 장의 공부를 마친 후 다음의 내용들을 이행할 수 있는 능력을 갖추어야 한다:

1. 구매력에 대한 물가상승의 영향과 물가상승률이 어떻게 측정되는지 설명하라. (10.1절)
2. 현금흐름과 할인율의 양쪽에 물가상승의 영향을 올바르게 반영하여 물가상승을 감안한 납세 전 분석을 수행하라. (10.2절)
3. 감가상각비는 물가상승에 따라 상승하지 않는 점을 올바르게 적용하여 물가상승을 감안한 납세 후 분석을 수행하라. (10.3절)
4. 차입자본이 포함될 경우에 물가상승을 고려한 납세 후 분석을 수행하라. (10.4절)

서론

이전 장까지는 물가상승과 물가상승이 경제적 타당성 검증에 미치는 영향을 거의 언급하지 않았다. 1장에서 "물가상승이 없는 여건에서 돈은 시간가치를 가진다."고 정의하였다. 그리고 2장에서 등비급수 형태의 현금흐름으로 나타나는 연간비용의 증가는 물가상승에 의해서도 발생할 수 있음을 지적하였다.

이 장에서는 자본이 유보이익으로 조달될 때와 차입금이 포함될 때 물가상승의 납세 전 및 납세 후 효과를 다룬다. 또한 물가상승이 자본투자의 경제적 실행 가능성에 상당한 영향을 줄 수 있다는 것을 보여 주고자 한다. 이 때문에 물가상승이 존재하는 경제여건 하에서 투자대안들을 비교할 때 물가상승을 명시적으로 고려하는 것이 중요하다.

체계적 경제성 분석 기법

1. 투자대안들을 확인하라.
2. 계획기간을 정의하라.
3. **할인율을 명시하라.**
4. **현금흐름을 추정하라.**
5. **대안을 비교하라.**
6. 보충적 분석을 실시하라.
7. 가장 바람직한 투자대안을 선정하라.

10.1 물가상승의 의미와 측정

학습목표: 구매력에 대한 물가상승의 영향과 물가상승률이 어떻게 측정되는지 설명하라.

물가상승 상품과 서비스 가치의 증가를 수반하지 않고, 상품과 서비스의 전반적 가격수준이 상승되어 돈의 구매력이 감소되는 현상.

소비자들은 상품과 서비스의 구매력에서 물가상승이 미치는 영향을 이해하고 있다. 시간이 경과함에 따라 화폐가치가 떨어지면 물가상승의 영향이 분명하다. 보다 정확하게 언급하면 **물가상승**(inflation)이란 상품과 서비스 가치의 증가를 수반하지 않고, 상품과 서비스의 전반적 가격수준이 상승되어 돈의 구매력이 감소되는 현상이다. 즉, 상품과 서비스의 증가 없이 더 많은 자금이 국가경제에 풀릴 때 물가상승 압력을 초래한다. 다시 말하면 경제적 산출물의 증가 없이 더 많은 돈을 발행할 때 물가상승을 유발시킨다.

물가상승은 투자대안들을 비교할 때 고려되어야 하는 투자안의 경제적 가치에 큰 영향을 미친다. 특정 국가 내에서 이루어지는 투자에 대한 물가상승 영향을 감안하는 것도 중요하지만 다국적 투자 상황에서 이를 고려하는 것은 더욱 중요하다. 국가별로 물가상승률은 매우 다를 수 있다. 따라서 여러 국가에 자본투자를 결정해야 하는 상황에 직면한 기업은 쟁점이 되는 국가의 물가상승 여건을 철저하게 고려해야 한다.

물가상승은 돈의 구매력에 부정적 영향을 준다고 언급하였다. 이를 예시하기 위해 돈의 구매력이 의미하는 바를 알아보자. 어떤 기업이 매년 백만 파운드의 특정 자재를 구매하는데 자재가격이 매년 3% 인상된다고 가정하자. 이 기업이 가지고 있는 일정한 자금으로 구입할 수 있는 자재량(즉, 회사자금의 구매력)은 시간이 지나면서 감소한다. 회사가 지속적으로 이 자재를 구입할 수 있는 유일한 방안은 사용률을 감소시키거나 투입자금을 증대시키는 것이다. 후자의 경우에 이 기업은 판매제품 가격을 올려야 하며, 이로 인해 고객의 구매력은 감소될 것이다. 이런 여건에서 가격의 지속적인 상승은 기업이익의 실질적 증대에는 도움이 되지 않는다. 대신 회사의 이익이 부풀려진다. 상품이나 서비스의 가치 또는 품질의 제고가 수반되지 않고 가격이 상승하는 전반적인 과정을 물가상승으로 볼 수 있다.

어떻게 물가상승률을 산정하는가? 이에 대한 접근법은 어떤 비율을 원하는 가에 따라 달라진다. 예를 들면, 미국에서 소비자를 위한 물가상승률을 추정하기 위하여 가장 널리 사용되는 방법은 미국 노동부의 노동통계국(U. S. Department of Labor, Bureau of Labor Statistics)에서 개발한 소비자물가지수이다. **소비자물가지수**(Consumer Price Index: CPI)는 지정된 제품군에 대해 지난달로부터 이번 달의 물가변동량을 측정하여 매달 발표한다. 또한 미국 언론매체에서 물가상승률을 참고할 때 가장 널리 인용되는 지수로, 소매물가지수(retail price index)라고도 한다.

소비자물가지수(CPI) 미국 노동부의 노동통계국에서 물가상승률을 산출하는 데 사용하기 위해 개발된 지수로, 지정된 제품군에 대해 지난달로부터 이번 달의 물가변동량을 측정하여 매달 발표함. 또한 소매물가지수로도 불림.

CPI는 87개 도시지역에서 측정된 80,000종의 물가에 기초한 시장바스켓율(market basket rate)이다. 소위 시장바스켓은 소비자가 매달 구매하는 것으로, 일상적으로 구입하는 물품 등을 반영하고 있다. 시장바스켓은 200가지 이상의 소비 범주가 포함되며, 식품과 음료, 주거, 피복, 교통, 의료, 오락, 교육과 통신, 기타 상품과 서비스의 8가지 대분류로 구성되어 있다.

노동통계국은 1913년부터 자료들을 수집하고 있으며, 그동안 정의와 방법론에 대해서도 여러 번에 걸쳐 주요한 개정이 이루어졌다. CPI는 미국의 두 인구집단(모든 도시 소비자와 도시지역 임금소득자 및 사무직군)의 생계비가 아닌 소비패턴을 반영하고 있다.

〈표 10.1〉은 1913년부터 2012년까지의 CPI 값, 또한 이 표와 〈그림 10.1〉에서 CPI의 연간 변화율(%)을 보여 주고 있다. CPI의 연간 변화백분율은 많은 기업과 금융기관에서 사용되는 물가상승 추정값이다. 이를 보면 과거에 연간 두 자릿수의 물가상승이 발생한 경우도 있었다. 2007년부터 2012년까지의 연간 물가상승률은 각각 2.8%, 3.8%, −0.4%, 1.6%, 3.2%, 2.1%이었다.

혹자는 CPI의 시장바스켓에 포함된 모든 것을 구입하지 않기 때문에 이 지수가 올바르게 물가상승을 측정하고 있는 것이 아니라고 주장한다. 하나의 예를 들면, 그들이 주택을 사거나 팔지 않는다면 주택가격의 변동은 그들에게 영향을 주지 않는다고 주장한다.

더욱이 그들이 채식주의자라면 소고기, 돼지고기, 닭고기에 대한 가격변동은 그들에게 영향을 주지 않는다고 주장한다. CPI를 산출하기 위하여 사용되는 노동통계국의 시장바스켓의 많은 항목에 대해 위와 유사한 주장이 나올 수 있다.

〈표 10.1〉 CPI 자료 (1913~2012)

연도	CPI	%변화율	연도	CPI	%변화율	연도	CPI	%변화율
1913	9.9		1946	19.5	8.3%	1979	72.6	11.3%
1914	10.0	1.0%	1947	22.3	14.4%	1980	82.4	13.5%
1915	10.1	1.0%	1948	24.1	8.1%	1981	90.9	10.3%
1916	10.9	7.9%	1949	23.8	−1.2%	1982	96.5	6.2%
1917	12.8	17.4%	1950	24.1	1.3%	1983	99.6	3.2%
1918	15.1	18.0%	1951	26.0	7.9%	1984	103.9	4.3%
1919	17.3	14.6%	1952	26.5	1.9%	1985	107.6	3.6%
1920	20.0	15.6%	1953	26.7	0.8%	1986	109.6	1.9%
1921	17.9	−10.5%	1954	26.9	0.7%	1987	113.6	3.6%
1922	16.8	−6.1%	1955	26.8	−0.4%	1988	118.3	4.1%
1923	17.1	1.8%	1956	27.2	1.5%	1989	124.0	4.8%
1924	17.1	0.0%	1957	28.1	3.3%	1990	130.7	5.4%
1925	17.5	2.3%	1958	28.9	2.8%	1991	136.2	4.2%
1926	17.7	1.1%	1959	29.1	0.7%	1992	140.3	3.0%
1927	17.4	−1.7%	1960	29.6	1.7%	1993	144.5	3.0%
1928	17.1	−1.7%	1961	29.9	1.0%	1994	148.2	2.6%
1929	17.1	0.0%	1962	30.2	1.0%	1995	152.4	2.8%
1930	16.7	−2.3%	1963	30.6	1.3%	1996	156.9	3.0%
1931	15.2	−9.0%	1964	31.0	1.3%	1997	160.5	2.3%
1932	13.7	−9.9%	1965	31.5	1.6%	1998	163.0	1.6%
1933	13.0	−5.1%	1966	32.4	2.9%	1999	166.6	2.2%
1934	13.4	3.1%	1967	33.4	3.1%	2000	172.2	3.4%
1935	13.7	2.2%	1968	34.8	4.2%	2001	177.1	2.8%
1936	13.9	1.5%	1969	36.7	5.5%	2002	179.9	1.6%
1937	14.4	3.6%	1970	38.8	5.7%	2003	184.0	2.3%
1938	14.1	−2.1%	1971	40.5	4.4%	2004	188.9	2.7%
1939	13.9	−1.4%	1972	41.8	3.2%	2005	195.3	3.4%
1940	14.0	0.7%	1973	44.4	6.2%	2006	201.6	3.2%
1941	14.7	5.0%	1974	49.3	11.0%	2007	207.3	2.8%
1942	16.3	10.9%	1975	53.8	9.1%	2008	215.3	3.8%
1943	17.3	6.1%	1976	56.9	5.8%	2009	214.5	−0.4%
1944	17.6	1.7%	1977	60.6	6.5%	2010	218.1	1.6%
1945	18.0	2.3%	1978	65.2	7.6%	2011	224.9	3.2%
						2012	229.6	2.1%

어떤 사람도 CPI 시장바스켓에 포함된 모든 항목을 구매하지 않으므로 이런 주장이 사실처럼 보이지만, 특정 물가의 상승이 다른 항목에 영향을 주지 않는다고 결론 내리는 것은 옳지 않다. 현대의 경제는 상호 연동되어 있다. 채식주의자를 예로 들어 생각해보자. 만일 육류가격이 상승하게 되면, 채식주의

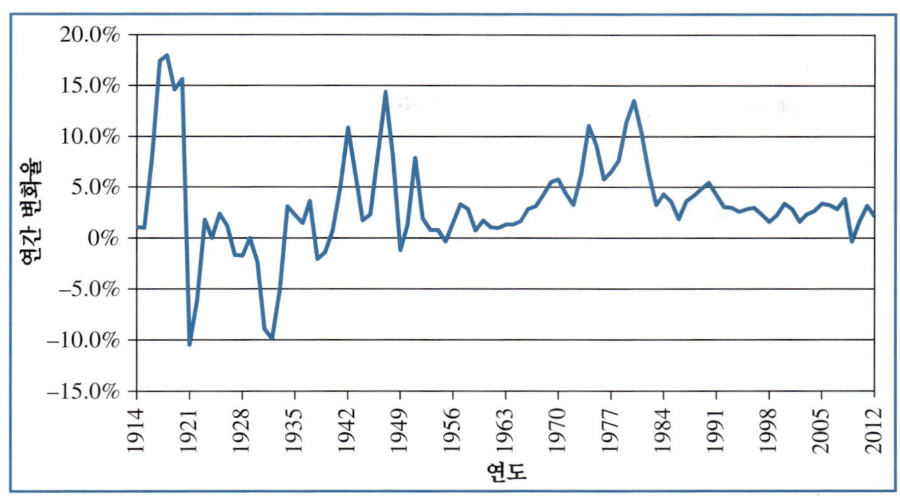

〈그림 10.1〉 CPI의 연간 변화율(%) (1913~2012)

자의 가정경제는 얼마나 많은 영향을 받는가? 만일 육류를 섭취하는 채식가게 소유자들이 육류가격 인상으로 인해 그들 가게도 가격을 올린다면, 채식주의자는 육류가격 상승으로 인한 간접적인 영향을 받는다. 일반적으로 상점주들이 그들이 구매하는 CPI 시장바스켓 항목의 가격상승에 반응하여 그들이 판매하는 상품의 가격을 인상한다면, 그들의 모든 고객들은 CPI 시장바스켓의 가격상승에 간접적으로 영향을 받게 되는 것이다. 이런 현상을 통해 우리가 직접적으로 구매하지 않는 물건의 가격인상에 의해 우리 모두가 영향을 받게 된다.

사업에서도 이와 유사한 현상이 발생한다. 설탕을 대량으로 구입하고 석유를 매우 적게 구입하는 청량음료 제조사는 유가가 상승하게 되면 여전히 영향을 받는다. 청량음료 제조사에서 사용되는 플라스틱 용기와 알루미늄 캔에 석유가 소비되며, 또한 사무실과 생산시설의 냉난방용 연료비도 석유가격의 상승에 영향을 받는다. 경제의 한 부문에서의 가격상승은 일반적으로 경제의 모든 분야로 영향을 미치게 된다.

모든 사업체가 CPI를 측정하기 위하여 시장바스켓에 반영된 것과 같은 물가상승을 경험하는 것은 아니므로, 상품과 서비스 생산자에게는 다른 지수가 사용된다. **생산자물가지수**(Producers Price Index, **PPI**)는 노동통계국에 의해 매월 발표되는 10,000종 이상의 지수들의 집합으로 구성된다. 이들 지수들은 판매자나 생산자의 관점에서 물가의 변동을 측정하는 것이다. 예전에 도매물가지수라 불렸던 PPI는 특정 사업이나 특정 장비구입 시에 물가상승 영향에 관한 보다 나은 측정값을 제공한다고 볼 수 있다.

생산자물가지수(PPI) 노동통계국에 의해 매월 발표되는 10,000종 이상의 지수들의 집합으로, 판매자나 생산자의 관점에서 물가변동을 측정.

고등교육물가지수(HEPI) 고등교육 부문에서 물가상승률을 측정하기 위해 사용하는 지수.

또 다른 지수로서 고등교육비용의 연간 변화정도를 측정하기 위해 개발된 **고등교육물가지수**(Higher Educational Price Index, **HEPI**)도 있다. HEPI는 도서관 장서 보유량, 인터넷 업그레이드, 무선통신, 전산 및 실험장비, 건강보험, 공공시설, 중점 육성 학문분야 교원 급료에 대한 지출의 급속한 증가로 인해 일반적으로 CPI보다 빠르게 상승한다.[1]

10.2 납세 전 분석

학습목표: 현금흐름과 할인율의 양쪽에 물가상승의 영향을 올바르게 반영하여 물가상승을 감안한 납세 전 분석을 수행하라.

경제성 분석에서 물가상승 영향을 고려할 때, 할인율과 현금흐름이 일관성을 갖도록 하는 것은 매우 중요하다. 특히 물가상승을 명시적으로 반영할 수 있다면, 물가상승 영향은 현금흐름과 할인율에 모두 고려되어야 한다. 마찬가지로 물가상승을 분석과정에 포함시키지 않는다면, 현금흐름과 할인율에 모두 물가상승을 배제하여야 한다. 그렇게 하지 않을 경우 분석에 결함이 발생하게 될 것이다.

불변가격(constant dollar) 물가상승과 무관하게 설정한 가격으로, 실제가격, 현재가격, 물가상승 무관가격, 불변구매력가격, 불변가치가격이라고도 불림.

경상가격(then-current dollar) 물가상승을 포함하는 가격으로, 미래가격, 명목가격, 현행가격, 등귀가격이라고도 불림

실제이자율(real interest rate) 물가상승을 포함하지 않는 이자율로, 투자에 대해 실제 원하는 보상률로 표현되는 순할인율임.

물가상승률(inflation rate) $1의 연간 구매력 손실을 나타내는 비율.

복합이자율(combined rate) 투자에서 실제로 요구된 보상률과 물가상승률을 모두 포함한 비율로, 시장률, 물가상승에 의해 조정된 이자율이라고도 불림.

경제성 분석에서 물가상승을 용이하게 고려하기 위해서는 두 용어, **불변가격**(constant dollar)과 **경상가격**(then-current dollar)의 정의가 유용하다. 불변가격은 물가상승과 무관하며, 실제가격(real dollars), 현재가격(today's dollars), 물가상승 무관가격(inflation-free dollars), 불변구매력가격(constant purchasing power dollars), 불변가치가격(constant value or worth dollars)이라고도 한다. 경상가격은 물가상승을 포함하며, 미래가격(future dollars), 명목가격(nominal dollars), 현행가격(actual dollars), 등귀가격(inflated dollars)이라고도 한다.

또한 다음과 같은 3가지 비율, **실제이자율**(real interest rate), **물가상승률**(inflation rate), **복합이자율**(combined rate)을 정의하는 것도 유용하다. 실제이자율은 물가상승을 포함하지 않는 것으로, 진정으로 원하는 투자수익률로 표현되는 순할인율(pure discount rate)이다. 물가상승률은 백분율로 표시되며, $1의 연간 구매력 손실을 나타낸다. 또한 시장률(market rate)과 물가상승에 의해 조정된 이자율(inflation-adjusted interest rate)이라고도 하는 복합이자율은 투자에서 진정으로 요구하는 투자수익률과 물가상승률을 모두 포함한다.

i_r을 실제이자율, f를 물가상승률, i_c를 복합이자율이라 하면, 세 가지 비율

---

[1]CPI와 HEPI의 연도별 비교는 White, J. A., K. E. Case, D. B. Pratt, *Principles of Engineering Economic Analysis*, 6th edition, John Wiley & Sons, NY, 2012를 참고하면 된다. 그리고 CPI는 노동통계국의 웹 사이트(www.bls.gov/cpi/cpifact2htm), HEPI는 커먼펀드 인스티튜트(Commonfund Institute)의 웹 사이트(www.commonfund.org/Commonfund)에서 더 많은 정보를 얻을 수 있다.

사이의 관계는 다음과 같다.

$$(1 + i_c) = (1 + i_r)(1 + f) \tag{10.1}$$

이를 정리하면 다음과 같다.

$$i_c = i_r + f + i_r(f) \tag{10.2}$$

실제 최저필수수익률($MARR_r$), 물가상승률, 복합 최저필수수익률($MARR_c$) 사이에도 동일한 관계가 성립한다.

$$\text{MARR}_c = \text{MARR}_r + f + \text{MARR}_r(f) \tag{10.3}$$

i_c와 f가 주어질 때 i_r는 식 (10.2)로부터 얻은 다음 관계에 의해 구할 수 있다.

$$i_r = (i_c - f)/(1 + f) \tag{10.4}$$

마찬가지로 다음 관계도 성립한다.

$$\text{MARR}_r = (\text{MARR}_c - f)/(1 + f) \tag{10.5}$$

실제이자율 계산 　예제 10.1

연간 물가상승률이 평균적으로 4%이고 투자수익률을 경상가격기준으로 10%로 원한다면 실제 투자수익률은 얼마인가?

주어진 정보: $f = 4\%$, $i_c = 10\%$ 　문제 요약

구하는 해: i_r

식 (10.4)로부터 다음과 같이 구해진다. 　풀이

$$i_r = (i_c - f)/(1 + f) = (0.10 - 0.04)/(1 + 0.04)$$
$$= 0.057692 \text{ 또는 } 5.7692\%$$

$\$T_k$가 k년도 말의 경상가격 현금흐름의 크기로, $\$C_k$가 k년도 말의 불변가격 현금흐름의 크기이면 다음과 같은 관계를 가진다.

$$\$T_k = \$C_k(1 + f)^k \tag{10.6}$$

$$\$T_k = \$C_k(F|P\ f\%,k) \tag{10.7}$$

마찬가지로 다음 관계도 성립한다.

$$\$C_k = \$T_k(1 + f)^{-k} \tag{10.8}$$

$$\$C_k = \$T_k(P|F\ f\%,k) \tag{10.9}$$

예제 10.2 납세 전 원재료 비용의 현재가치에 대한 물가상승의 영향

소규모 사업체가 2012년 한 해 동안의 원재료 구입비로 $125,000를 사용했다. 물가상승으로 인해 매년 3%씩 원재료 비용이 오를 것으로 예상하고 있다. 또한 회사 제품에 대한 수요 증가로 인해 매년 8%씩 원재료 필요량이 증대할 것으로 보고 있다. 이 회사는 투자에 대해 10%의 실제 투자수익률을 원한다면, 5년간(2012~2017) 원재료 비용의 현재가치는 얼마인가?

문제 요약 **주어진 정보**: 〈표 10.2〉의 현금흐름, $f = 3\%$, $\text{MARR}_r = 10\%$

구하는 해: 원재료 비용의 PW

풀이 〈표 10.2〉는 이 예제의 연간 현금흐름을 불변 및 경상가격으로 보여주고 있다. 불변 가격으로 나타낸 현금흐름은 $\$125,000(1.08)^{k-2012}$, 경상가격으로 나타낸 현금흐름은 $\$125,000[1.08(1.03)]^{k-2012}$와 일치한다.

불변가격 현금흐름으로 구한 현재가치 $591,724.35은 10%의 MARR_r을 적용하여 Excel®의 **NPV** 재무함수를 이용해 구할 수 있다. 마찬가지로, 경상가격 현금흐름으로 구한 현재가치 $591,724.35은 10% + 3% + 10%(3%)

〈표 10.2〉 **예제 10.2의 현금흐름과 현재가치**

k	$\$C_k$	$(P\|F,$ $10\%,n)$	불변가격 현재가치	$\$T_k$	$(P\|F,$ $13.3\%,n)$	경상가격 현재가치
2013	$135,000.00	0.90909	$122,727.27	$139,050.00	0.88261	$122,727.27
2014	$145,800.00	0.82645	$120,495.87	$154,679.22	0.77900	$120,495.87
2015	$157,464.00	0.75131	$118,305.03	$172,065.16	0.68756	$118,305.03
2016	$170,061.12	0.68301	$116,154.03	$191,405.29	0.60685	$116,154.03
2017	$183,666.01	0.62092	$114.042.14	$212,919.24	0.53561	$114.042.14
			PW_{total} = $591,724.35			PW_{total} = $591,724.35

또는 13.3%의 $MARR_c$을 적용하여 구할 수 있다. 또한 이들 현재가치는 〈표 10.2〉와 같이 계산된 값이나 표 값을 이용해 수작업으로도 구할 수 있다.

10.3 납세 후 분석

학습목표: 감가상각비는 물가상승에 따라 상승하지 않는 점을 올바르게 적용하여 물가상승을 감안한 납세 후 분석을 수행하라.

이전 장에서 두 가지 가정 중 하나가 적용되었다. 즉, 납세 전 분석은 물가상승과 무관하거나 물가상승 영향이 있는 현금흐름과 이자율에 근거하였다. 현금흐름이 불변가격이고 최저필수수익률이 실제 요구수익률일 때, 납세 전 분석을 할 경우 특별히 물가상승을 감안할 필요는 없다. 그러나 이는 납세 후 분석에서 사실이 아니다.

왜 다른 것인가? 미국과 한국에서는 감가상각비가 물가상승에 따라 증가하는 것을 인정하지 않기 때문이다. 감가상각비는 불변가격이 아닌 경상가격으로 표현된다. 이에 따라 불변가격으로 표현하기 위해서는 감가상각비에서 물가상승의 영향을 제거하거나, 또는 모든 다른 현금흐름을 경상가격으로 표현해야 한다.

SMP 투자안에서 물가상승의 납세 후 영향 분석: Excel 활용 — 예제 10.3

$500,000을 투자한 표면장착 부품배치기(SMP)는 10년 동안 매년 납세 전 기준으로 $124,166.67을 벌어들이며, 10년 말의 잔존가치는 $50,000이다. 여기서 이런 추정값들은 불변가격이다. SMP 머신은 MACRS-GDS 감각상각에 의하면 5년 재산부류에 속한다. 납세 후 분석에 40% 소득세율과 10% $MARR_r$이 적용된다. 납세 후 분석에서 물가상승의 영향을 예시하기 위하여 매년 물가상승률을 4%라고 하자. 경상가격으로 분석한 이 투자안의 PW와 IRR는 얼마인가?

문제 요약

주어진 정보: 〈그림 10.2〉의 현금흐름과 감가상각비, $MARR_r = 10\%$, $f = 4\%$, 소득세 = 40%

구하는 해: 4% 물가상승률 하에서 SMP 투자안의 현재가치, IRR_c, IRR_r

B9 fx =1.04^A9*124166.67

	A	B	C	D	E	F	G
1	연도말	$TBTCF	$TDWO	$TTI	$TT	$TATCF	
2	0	-$500,000.00				-$500,000.00	
3	1	$129,133.34	$100,000.00	$29,133.34	$11,653.33	$117,480.00	
4	2	$134,298.67	$160,000.00	-$25,701.33	-$10,280.53	$144,579.20	
5	3	$139,670.62	$96,000.00	$43,670.62	$17,468.25	$122,202.37	
6	4	$145,257.44	$57,600.00	$87,657.44	$35,062.98	$110,194.47	
7	5	$151,067.74	$57,600.00	$93,467.74	$37,387.10	$113,680.64	
8	6	$157,110.45	$28,800.00	$128,310.45	$51,324.18	$105,786.27	
9	7	$163,394.87	$0.00	$163,394.87	$65,357.95	$98,036.92	
10	8	$169,930.66	$0.00	$169,930.66	$67,972.26	$101,958.40	
11	9	$176,727.89	$0.00	$176,727.89	$70,691.16	$106,036.73	
12	10	$257,809.22	$0.00	$257,809.22	$103,123.69	$154,685.53	
13					$PW_{\$T}$ =	$109,201.18	=NPV(14.4%,F3:F12)+F2
14			=1.04^A7*124166.67		$FW_{\$T}$ =	$419,264.00	=FV(14.4%,10,,-F13)
15					$AW_{\$T}$ =	$21,263.15	=PMT(14.4%,10,-F13)
16	=1.04^A12*(50000+124166.67)				IRR_c =	19.99%	=IRR(F2:F12)
17					ERR_c =	16.68%	=MIRR(F2:F12,,14.4%)

〈그림 10.2〉 4% 물가상승률하에서 SMP 투자안의 납세 후 경상가격 분석

풀이 〈그림 10.2〉에서와 같이 경상가격 기준인 납세 전 현금흐름($TBTCF)은 불변가격 기준인 납세 전 현금흐름($CBTCF)에 연간 4% 복리율로 점증시켜 얻어진다. 하지만 여기서 감가상각비는 이미 경상가격으로 표시된 값이다. 결과를 보면 납세 후 현재가치는 $109,201.18로 물가상승이 무시될 경우인

C4 fx =500000*0.32/1.04^2

	A	B	C	D	E	F	G
1	연도말	$CBTCF	$CDWO	$CTI	$CT	$CATCF	
2	0	-$500,000.00				-$500,000.00	
3	1	$124,166.67	$96,153.85	$28,012.82	$11,205.13	$112,961.54	
4	2	$124,166.67	$147,928.99	-$23,762.32	-$9,504.93	$133,671.60	
5	3	$124,166.67	$85,343.65	$38,823.02	$15,529.21	$108,637.46	
6	4	$124,166.67	$49,236.72	$74,929.95	$29,971.98	$94,194.69	
7	5	$124,166.67	$47,343.00	$76,823.67	$30,729.47	$93,437.20	
8	6	$124,166.67	$22,761.06	$101,405.61	$40,562.24	$83,604.43	
9	7	$124,166.67	$0.00	$124,166.67	$49,666.67	$74,500.00	
10	8	$124,166.67	$0.00	$124,166.67	$49,666.67	$74,500.00	
11	9	$124,166.67	$0.00	$124,166.67	$49,666.67	$74,500.00	
12	10	$174,166.67	$0.00	$174,166.67	$69,666.67	$104,500.00	
13					$PW_{\$c}$ =	$109,201.18	=NPV(10%,F3:F12)+F2
14					$FW_{\$c}$ =	$283,239.74	=FV(10%,10,,-F13)
15			=500000*0.1152*1.04^-5		$AW_{\$c}$ =	$17,771.99	=PMT(10%,10,-F13)
16					IRR_r =	15.38%	=IRR(F2:F12)
17					ERR_r =	12.19%	=MIRR(F2:F12,,10%)

〈그림 10.3〉 4% 물가상승률하에서 SMP 투자안의 납세 후 불변가격 분석

$123,988.64와 비교된다. 또한 물가상승을 무시할 때의 납세 후 내부수익률은 16.12%였다. 물가상승률이 4%이면 납세 후 복합내부수익률은 19.99%이므로, 납세 후 실제내부수익률은 다음과 같이 계산된다.

$$IRR_r = (0.199 - 0.04)/(1.04) = 0.1538 \text{ 또는 } 15.38\%$$

풀이 탐구

다른 접근법으로 식 (10.8) 또는 (10.9)에 의해 감가상각비를 불변가격으로 환산하는 방법이 있다. 〈그림 10.3〉에서와 같이 불변가격기준인 납세 후 현재가치는 $109,201.18로 경상가격 결과와 일치한다. 납세 후 실제내부수익률은 15.38%가 된다.

10.4 차입자본이 포함될 경우의 납세 후 분석

학습목표: 차입자본이 포함될 경우에 물가상승을 고려한 납세 후 분석을 수행하라.

자금을 고정이자율로 차입할 때 차입금 상환(원금과 이자)은 경상가격 현금흐름이 된다. 또한 감가상각비도 경상가격 현금흐름이므로 물가상승과 차입금이 존재할 경우 경상가격 현금흐름을 이용한 납세 후 분석을 수행하는 것이 편리하다. 여하튼 불변가격 접근법을 적용하고자 한다면 원금상환액, 이자상환액, 감가상각비를 불변가격으로 환산해야 한다. 이는 앞에서 설명한 바와 같이 식 (10.8) 또는 (10.9)를 통해 환산할 수 있다.

자금이 차입될 경우 SMP 투자안에서 물가상승의 납세 후 영향 분석: Excel 활용 — 예제 10.4

연 복리 12%로 네 가지 상환방안 중 하나를 적용하여 10년 동안 갚기로 하고 $300,000을 차입한다고 가정하자. 예제 9.8에서 다룬 경우와 동일한 시나리오하에 여기서는 물가상승률로 연간 4%를 반영한다. 네 가지 상환방안은 다음과 같다. a. 상환방안 1—매 이자기간 말에 해당 발생이자를 지불하고 차입기간 말에 원금을 일시에 상환하는 방법; b. 상환방안 2—매 기간 말에 균일한 원금상환액과 미상환 원금에 대한 이자를 더하여 갚는 방법; c. 상환방안 3—매 기간 말에 균일한 원리금을 갚는 방법; d. 상환방안 4—차입기간 말에 원금과 이자를 일시에 상환하는 방법

MARR$_r$이 10%라면 어떤 상환방안을 채택되어야 하는가?(이전과 같이 40% 소득세율이 적용됨).

문제 요약 **주어진 정보**: $i = 12\%, f = 4\%, \text{MARR}_r = 10\%$, 세율 = 40%, 네 가지 상환방안의 각각에 대한 차입금 $300,000

구하는 해: 각 상환방안별 PW_{AT}

풀이 〈그림 10.4〉는 방안 1에 대한 분석결과이며, 〈표 10.3〉부터 〈표 10.5〉까지는 각각 상환방안 2, 3, 4에 대한 납세 후 결과를 보여주고 있다.

- 상환방안 1의 납세 후 현재가치는 $220,132.29
- 상환방안 2의 납세 후 현재가치는 $182,165.68
- 상환방안 3의 납세 후 현재가치는 $191,157.40
- 상환방안 4의 납세 후 현재가치는 $232,335.64.

이 값들에 근거하여 상환방안 4가 10년간 차입금 $300,000을 상환하는데 채택된다. (FW 또는 AW의 경상가격 비교로도 유사한 결론에 도달한다.)

상환방안 1과 상환방안 4의 ATCF에서 다수의 음수 값들이 존재함에 유의해야 한다. 이에 따라 Excel® **MIRR** 재무함수로는 ERR 계산에 적용할 수 없

	A	B	C	D	E	F	G	H	I	J
1			MARR_r =	10%			이자율 =	12%		
2			소득세율 =	40%			물가상승률 =	4%		
3	연도 말	$TBTCF	$TPPMT	$TIPMT	$TDWO	$TTI	$TTax	$TATCF	$TATCF	
4	0	-$500,000.00	-$300,000.00					-$200,000.00	-$200,000.00	
5	1	$129,133.34	$0.00	$36,000.00	$100,000.00	-$6,866.66	-$2,746.67	$95,880.00	$0.00	
6	2	$134,298.67	$0.00	$36,000.00	$160,000.00	-$61,701.33	-$24,680.53	$122,979.20	$0.00	
7	3	$139,670.62	$0.00	$36,000.00	$96,000.00	$7,670.62	$3,068.25	$100,602.37	$0.00	
8	4	$145,257.44	$0.00	$36,000.00	$57,600.00	$51,657.44	$20,662.98	$88,594.47	$0.00	
9	5	$151,067.74	$0.00	$36,000.00	$57,600.00	$57,467.74	$22,987.10	$92,080.64	$0.00	
10	6	$157,110.45	$0.00	$36,000.00	$28,800.00	$92,310.45	$36,924.18	$84,186.27	$0.00	
11	7	$163,394.87	$0.00	$36,000.00	$0.00	$127,394.87	$50,957.95	$76,436.92	$0.00	
12	8	$169,930.66	$0.00	$36,000.00	$0.00	$133,930.66	$53,572.26	$80,358.40	$0.00	
13	9	$176,727.89	$0.00	$36,000.00	$0.00	$140,727.89	$56,291.16	$84,436.73	$0.00	
14	10	$257,809.22	$300,000.00	$36,000.00	$0.00	$221,809.22	$88,723.69	-$166,914.47	$1,613,044.36	
15							$\text{PW}_{\$T}$ =	$220,132.29	=NPV($D$1+$H$2+$H$2*$D$1,H5:H14)+H4	
16							$\text{FW}_{\$T}$ =	$845,169.87	=FV($D$1+$H$2+$H$2*$D$1,10,,-H15)	
17							$\text{AW}_{\$T}$ =	$42,863.15	=PMT($D$1+$H$2+$H$2*$D$1,10,-H15)	
18							IRR_c =	47.70%	=IRR(H4:H14)	
19							ERR_c =	23.21%	=IRR(I4:I14)	
20							IRR_r =	42.02%	=(H18-H2)/(1+H2)	
21							ERR_r =	18.48%	=(H19-H2)/(1+H2)	

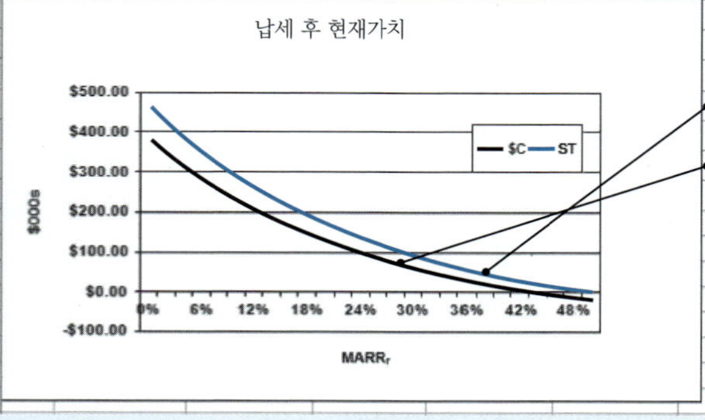

〈그림 10.4〉 4% 물가상승률 여건하에서 $300,000을 차입한 SMP 투자안의 납세 후 분석: 상환방안 1

〈표 10.3〉 4% 물가상승률 여건하에서 $300,000을 차입한 SMP 투자안의 납세 후 분석: 상환방안 2

MARR$_r$ = 10%
소득세율 = 40%

이자율 = 12%
물가상승율 = 4%

연도 말	$TBTCF	$TPPMT	$TIPMT	$TDWO	$TTI	$TTax	$TATCF
0	−$500,000.00	−$300,000.00					−$200,000.00
1	$129,133.34	$30,000.00	$36,000.00	$100,000.00	−$6,866.66	−$2,746.67	$65,880.00
2	$134,298.67	$30,000.00	$32,400.00	$160,000.00	−$58,101.33	−$23,240.53	$95,139.20
3	$139,670.62	$30,000.00	$28,800.00	$96,000.00	$14,870.62	$5,948.25	$74,922.37
4	$145,257.44	$30,000.00	$25,200.00	$57,600.00	$62,457.44	$24,982.98	$65,074.47
5	$151,067.74	$30,000.00	$21,600.00	$57,600.00	$71,867.74	$28,747.10	$70,720.64
6	$157,110.45	$30,000.00	$18,000.00	$28,800.00	$110,310.45	$44,124.18	$64,986.27
7	$163,394.87	$30,000.00	$14,400.00	$0.00	$148,994.87	$59,597.95	$59,396.92
8	$169,930.66	$30,000.00	$10,800.00	$0.00	$159,130.66	$63,652.26	$65,478.40
9	$176,727.89	$30,000.00	$7,200.00	$0.00	$169,527.89	$67,811.16	$71,716.73
10	$257,809.22	$30,000.00	$3,600.00	$0.00	$254,209.22	$101,683.69	$122,525.53
						$PW_{\$T}$ =	$182,165.68
						$FW_{\$T}$ =	$699,401.91
						$AW_{\$T}$ =	$35,470.47
						IRR_c =	35.34%
						ERR_c =	22.05%
						IRR_r =	30.13%
						ERR_r =	17.36%

〈표 10.4〉 4% 물가상승률 여건하에서 $300,000을 차입한 SMP 투자안의 납세 후 분석: 상환방안 3

MARR$_r$ = 10%
소득세율 = 40%

이자율 = 12%
물가상승율 = 4%

연도 말	$TBTCF	$TPPMT	$TIPMT	$TDWO	$TTI	$TTax	$TATCF
0	−$500,000.00	−$300,000.00					−$200,000.00
1	$129,133.34	$17,095.25	$36,000.00	$100,000.00	−$6,866.66	−$2,746.67	$78,784.75
2	$134,298.67	$19,146.68	$33,948.57	$160,000.00	−$59,649.90	−$23,859.96	$105,063.38
3	$139,670.62	$21,444.28	$31,650.97	$96,000.00	$12,019.65	$4,807.86	$81,767.51
4	$145,257.44	$24,017.59	$29,077.65	$57,600.00	$58,579.79	$23,431.91	$68,730.28
5	$151,067.74	$26,899.71	$26,195.54	$57,600.00	$67,272.20	$26,908.88	$71,063.61
6	$157,110.45	$30,127.67	$22,967.58	$28,800.00	$105,342.87	$42,137.15	$61,878.05
7	$163,394.87	$33,742.99	$19,352.26	$0.00	$144,042.61	$57,617.04	$52,682.57
8	$169,930.66	$37,792.15	$15,303.10	$0.00	$154,627.56	$61,851.02	$54,984.39
9	$176,727.89	$42,327.21	$10,768.04	$0.00	$165,959.85	$66,383.94	$57,248.70
10	$257,809.22	$47,406.47	$5,688.78	$0.00	$252,120.44	$100,848.18	$103,865.79
						$PW_{\$T}$ =	$191,157.40
						$FW_{\$T}$ =	$733,924.46
						$AW_{\$T}$ =	$37,221.30
						IRR_c =	38.58%
						ERR_c =	22.34%
						IRR_r =	33.25%
						ERR_r =	17.63%

〈표 10.5〉 **4% 물가상승률 여건하에서 $300,000을 차입한 SMP 투자안의 납세 후 분석: 상환방안 4**

	MARR$_r$ = 10% 소득세율 = 40%						이자율 = 12% 물가상승율 = 4%	
연도 말	$TBTCF	$TPPMT	$TIPMT	$TDWO	$TTI	$TTax	$TATCF	$TATCF
0	−$500,000.00	−$300,000.00					−$200,000.00	−$200,000.00
1	$129,133.34	$0.00	$0.00	$100,000.00	$29,133.34	$11,653.33	$117,480.00	$0.00
2	$134,298.67	$0.00	$0.00	$160,000.00	−$25,701.33	−$10,280.53	$144,579.20	$0.00
3	$139,670.62	$0.00	$0.00	$96,000.00	$43,670.62	$17,468.25	$122,202.37	$0.00
4	$145,257.44	$0.00	$0.00	$57,600.00	$87,657.44	$35,062.98	$110,194.47	$0.00
5	$151,067.74	$0.00	$0.00	$57,600.00	$93,467.74	$37,387.10	$113,680.64	$0.00
6	$157,110.45	$0.00	$0.00	$28,800.00	$128,310.45	$51,324.18	$105,786.27	$0.00
7	$163,394.87	$0.00	$0.00	$0.00	$163,394.87	$65,357.95	$98,036.92	$0.00
8	$169,930.66	$0.00	$0.00	$0.00	$169,930.66	$67,972.26	$101,958.40	$0.00
9	$176,727.89	$0.00	$0.00	$0.00	$176,727.89	$70,691.16	$106,036.73	$0.00
10	$257,809.22	$300,000.00	$631,754.46	$0.00	−$373,945.24	−$149,578.10	−$524,367.15	$1,659,897.55
						$PW_{\$T}$ =	$232,335.64	
						$FW_{\$T}$ =	$892,023.06	
						$AW_{\$T}$ =	$45,239.33	
						IRR_c =	58.76%	
						ERR_c =	23.57%	
						IRR_r =	52.66%	
						ERR_r =	18.82%	

다. 대신 예제 9.8처럼 수정된 ATCF 열로써 Excel® **MIRR** 재무함수를 이용해 ERR을 계산할 수 있다.

(풀이 탐구) 9장에서 상환방안 1에 대한 PW_{AT}는 $175,603.01, 상환방안 2에 대해서는 $156,374.28, 상환방안 3에 대해서는 $160,734.89, 상환방안 4에 대해서는 $162,184.44이었다. 결과를 비교하면 차입금 상환방안에 따라 PW_{AT}의 차이가 상당히 달라짐을 알 수 있다. 그리고 〈표 10.6〉에 요약한 바와 같이 차입금이 있을 경우 물가상승의 영향으로 인하여 모든 상환방안에서 PW_{AT} 의 값이 더 크게 나타나는 것을 볼 수 있다.

〈표 10.6〉 **물가상승 포함여부에 따른 4가지 상환방안의 PW_{AT} 비교**

방안	PW_{AT} (0% 물가상승률)	PW_{AT} (4% 물가상승률)	차액
1	$175,603.01	$220,132.29	$44,529.28
2	$156,374.28	$182,165,68	$25,791.40
3	$160,734.89	$191,157.40	$30,422.51
4	$162,184.44	$232,335.64	$70,151.20

여기서 유의해야 할 점은 물가상승의 영향에 따라 선호대안이 달라진다는 것이다. 즉, 물가상승이 없는 경우는 상환방안 1이, 4% 물가상승률 하에서는 상환방안 4가 가장 바람직한 대안이다.

핵심 개념

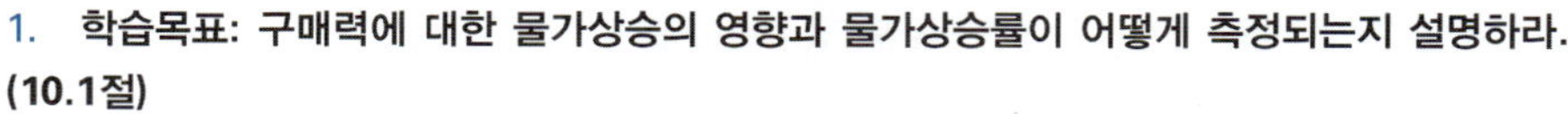

1. 학습목표: 구매력에 대한 물가상승의 영향과 물가상승률이 어떻게 측정되는지 설명하라. (10.1절)

물가상승은 화폐의 구매력을 감소시키며, 특히 여러 해에 지속되는 의사결정을 하는 경우 등 경제적 의사결정의 어떤 유형에서도 고려해야 할 중요 요인이다. 물가상승률은 다음과 같은 여러 가지 방법으로 측정된다.

- **CPI:** 소비자물가지수(CPI)는 미국 내에서 물가상승률을 측정하기 위해 자주 사용된다. CPI는 특정 달과 비교하여 다음 달에 발생하는 규정된 상품 묶음의 가격 변화를 측정한다. 만약 누군가가 규정된 상품 묶음 이외의 상품을 구매한다고 해도, 우리는 경제가 상호 연동된 국제사회에 생활하고 있으므로 그들도 비슷한 물가상승 영향을 받게 된다. 일례로 중동의 유가 상승은 소비자가 상품을 구매하는 상점에 상품을 운송하는 트럭의 연료인 휘발유를 생산하는 데 중동산 석유가 사용되므로, 미국 내 소비재 가격의 상승을 초래한다.
- **PPI:** 모든 사업체가 CPI를 측정하기 위해 사용되는 시장바스켓에 반영된 것과 같은 물가상승을 경험하는 것은 아니기 때문에, 10,000종 이상의 지수들의 집합으로 구성된 생산자물가지수(PPI)가 대안적인 방법으로 쓰인다.

2. 학습목표: 현금흐름과 할인율의 양쪽에 물가상승의 영향을 올바르게 반영하여 물가상승을 감안한 납세 전 분석을 수행하라. (10.2절)

물가상승이 납세 전 분석에 고려된다면, 현금흐름과 할인율은 모두 물가상승을 포함하도록 보정하거나, 아니면 모두 배제하여야 한다. 그렇지 않으면 분석 시에 결함이 발생하게 된다. 우리는 불변가격과 경상가격 중 어떤 것이 분석에 사용되어야 하는지 신중하게 고려해야 한다. 이와 같은 것들이 적절하게 수행될 때, 불변가격 접근법과 경상가격 접근법은 동일한 현재가치를 가진다.

실제이자율(i_r), 물가상승률(f), 복합이자율(i_c) 사이의 관계는 다음과 같다.

$$i_c = i_r + f + i_r(f) \tag{10.2}$$

실제 최저필수수익률(MARR_r), 물가상승률, 복합 최저필수수익률(MARR_c)간에도 다음과 같은 관계로 나타낼 수 있다.

$$\text{MARR}_c = \text{MARR}_r + f + \text{MARR}_r(f) \tag{10.3}$$

k년도 말의 불변가격($\$C_k$), 경상가격($\$T_k$)과 관련된 두 가지 핵심 등식은 다음과 같다.

$$\$T_k = \$C_k(1 + f)^k \tag{10.6}$$

$$\$C_k = \$T_k(1 + f)^{-k} \tag{10.8}$$

3. 학습목표: 감가상각비는 물가상승에 따라 상승하지 않는 점을 올바르게 적용하여 물가상승을 감안한 납세 후 분석을 수행하라. (10.3절)

미국과 한국에서 감가상각비는 물가상승에 따라 상승을 허용되지 않기 때문에, 물가상승을 고려한 납세 후 분석은 납세 전 분석보다 조금 더 까다로울 수 있다. 따라서 납세 후 분석을 수행할 때 다음의 두 가지 중에서 하나를 선택할 수 있다.

- 불변가격으로 표시하기 위해 감가상각비에서 물가상승 효과를 제거한다.
- 또는 경상가격으로 현금흐름을 나타내는 것이 종종 가장 간편한 방식이 된다.

물가상승은 차입자본이 사용되지 않을 경우 자본으로 투자한 장비의 납세 후 현재가치를 감소시킨다.

4. 학습목표: 차입자본이 포함될 경우에 물가상승을 고려한 납세 후 분석을 수행하라. (10.4절)

고정 이자율로 자본을 차입할 때, 차입금 상환액과 감가상각비는 경상가격 현금흐름이 된다. 물가상승과 차입자본이 모두 포함될 때 과세소득은 이자상환액과 감가상각비를 차감하여 구해지므로, 경상가격 접근법에 의해 납세 후 분석을 수행하는 것이 가장 쉬운 방법이다. 자본을 차입할 경우 물가상승은 차입자본의 점유 비율에 따라 자본으로 투자한 장비의 납세 후 현재가치를 보다 증가시킬 수 있다.

핵심용어

고등교육물가지수(HEPI)
경상가격
복합이자율
불변가격
생산자물가지수(PPI)
소비자물가지수(CPI)
실제이자율
물가상승
물가상승률

기사시험 유사 문제

1. 마이크가 운영하는 합판상점은 매년 유지관리가 필요한 진공프레스를 보유하고 있다. 마이크는 향후 5년간 유지비용을 부담하는 하청계약을 하였다. 이 계약에 따른 연간 유지비는 $600이며 물가상승을 고려하여 매년 조정한다. 이 기간 동안 물가상승률은 연간 6%로 일정하게 유지될 것으로 예상된다. 이 비용에 대한 경상가격 현금흐름 패턴은 다음 중 어느 급수로 표현되는가?

   a. 균일급수(uniform series)
   b. 등차급수(gradient series)
   c. 등비급수(geometric series)
   d. 연속급수(continuous series)

2. 어떤 경제학자가 향후 10년간 물가상승률은 연간 7%일 것이라고 예측했다. 만일 이 예측이 맞는 것으로 입증된다면 현재 $10에 판매되는 제품은 10년 후 얼마에 판매되는가?

   a. $5.08
   b. $10.70
   c. $17.00
   d. $19.67

3. 실제할인율이 7%이고 물가상승률이 10%라면 불변가격으로 현금흐름 시리즈의 현재가치를 산출하기 위해 사용되는 이자율은 어느 것인가?

   a. 10.0%
   b. 17.7%
   c. 7.0%
   d. 10.7%

4. 제니퍼는 10년 전 $100,000로 투자재산을 구입하였다. 10년간 물가상승률은 연간 3%로 일정하였다. 제니퍼가 실제수익률을 연간 13%로 기대한다면, 현 시점에서 투자재산을 얼마에 팔 수 있겠는가?

   a. $116,000
   b. $134,400
   c. $339,500
   d. $456,200

연습문제

10.1절 물가상승의 의미와 측정

1. 최근의 물가상승 현상을 보여 주는 상품이나 서비스 네 가지를 예시하라.

2. 과거 몇 년간 가격이 인상적으로 상승하다가 하락한 상품이나 서비스를 두 가지 예시하라.

3. 소비자물가지수(CPI)와 생산자물가지수(PPI)의 차이점은 무엇인가?

4. 한 친구가 시장바스켓에서 큰 비중을 차지하는 물건들을 구입하지 않았기 때문에 CPI가 이들을 대표하지 않는다고 주장하였다. 우리에게 CPI는 관련 없다고 결론을 내릴 수 있는가? 각자의 견해를 적어라.

5. 62세 이상 미국 노년층에 대한 CPI-U(미국 도시 평균, 모든 아이템)가 다음과 같은 연간 물가상승률로 주어졌다.

연도	비율(%)
2001	1.6
2002	2.4
2003	1.9
2004	3.3
2005	3.4

   a. 2000년도 지수를 100.0이라고 가정하여 2001년부터 2005년까지 각 해의 지수를 소수점 아래 한 자리까지 구하라.
   b. 이자처럼 물가상승률은 기간별 복리로 계산된다. 2001년부터 2005년까지 전반적인 연간 물가상승률을 추정하라. (주의: 단순하게 위 비율의 평균을 취하지 말라.)

6. 한국의 시간당 임률은 다음과 같이 증가된다.

연도	비율(%)
2001	–14.84
2002	13.75
2003	10.09
2004	18.87
2005	18.79

   a. 2000년도 지수 값이 165.9라고 가정하자. 2001년부터 2005년까지 각 해의 지수를 소수점 아래 한 자리까지 구하라.

b. 물가상승률처럼 지수는 기간별(연간) 복리로 계산되므로, 2001년부터 2005년까지의 전반적인 연간 증가율을 추정하라. (주의: 단순하게 위 비율의 평균을 취하지 말라.)

10.2절 납세 전 분석

7. 연간 6.2%로 이자를 지불하는 채권을 고려하자. 물가상승률은 지속적으로 4%가 될 것으로 예상된다. 실제이자율은 얼마인가?

8. 쉐브론필립스사 경영진이 설정한 실제수익률은 14.2%이다. 물가상승률이 3.8%로 유지될 경우 경상가격으로 분석할 때, 자본투자에 대한 MARR 또는 "장애율(hurdle rate)"은 얼마로 설정해야 하는가?

9. 지금으로부터 20년 후에 현재의 구매력으로 $500,000을 갖기 위해서는 지금부터 정확하게 5년째에 얼마를 투자해야 하는가? 연간 10%의 복합이자율로 투자할 수 있으며 물가상승률은 4%/년이다.

10. 2004년 1월 1일에 연 복리 7%로 $10,000을 투자하였다. 이후 투자액에는 손을 대지 않고 있으며, 2014년 1월 1일에 투자를 끝내고 돈을 인출할 계획을 가지고 있다.

    a. 평균 물가상승률이 3.7%면 연간 실제이자율은 얼마인가?
    b. 최초 투자할 때 $8,000의 값어치로 평가되는 보트가 있었다. 시간이 지남에 따라 보트는 연간 7% 비율로 인상되고 있다. 또한 $4,000 상당의 해양 네비게이션 시스템에 관심을 가졌다. 유사제품의 가격이 연간 2%의 비율로 하락하고 있다. 만일 이 투자를 마감할 때 각 1대씩 구입한다면 각각의 구입가격은 얼마가 되겠는가?
    c. 이들을 구입한 후 얼마나 남는가(또는 부족한가)?

11. 시어는 새 집을 짓기 위하여 재료(원목, 전선, 파이프 등)의 가격을 단위 기준(1채당)으로 책정하고 있다. 이들 재료에 대한 과거 3년간의 물가상승률은 16.0%로 유지되었고, 향후 10년간 이 비율이 지속될 것으로 기대한다. 지금 지불되는 현행가격은 1채당 $55,000이다.

    a. 3년 전 동일 재료세트에 대한 가격은 얼마인가?
    b. 이런 경향이 지속된다면 지금으로부터 10년 후 재료비는 얼마가 되는가?

12. 세계적으로 철강가격이 매년 12.4%의 물가상승률로 상승하고 있다. 튜브 팹사는 올 1년간 탄소강 $700,000을 구입하였다. 사업이 번창하여 향후 5년간 전년의 구매량 대비 20% 많은 철강을 구입하려 한다. 튜브 팹사는 그들의 자금에 대해 9%의 실제수익률을 올리고 있다.

a. 5년간 매년 말에 철강에 지불되는 경상가격 금액을 구하라.

b. 5년간 매년 말에 철강에 지불되는 불변가격 금액을 구하라.

c. 경상가격 기준으로 튜브 팹사의 향후 5년간 지출에 대한 PW를 구하라.

d. 불변가격 기준으로 튜브 팹사의 향후 5년간 지출에 대한 PW를 구하라.

13. 2012년 12월에 졸업하는 24세 대학생은 40년 후인 2053년 1월 1일에 2013년 1월 1일의 $2,500,000과 등가인 구매력을 갖기를 원한다. 그는 2014년 1월 1일에 $Z를 처음으로 투자하여, 2053년 1월 1일에 마지막으로 매년 $Z를 지불하는 투자안을 계획하고 있다. 그는 이 투자에 대해 8% 수익을 올릴 수 있으며 물가상승률은 5%로 예상한다.

a. 마지막 지불 직후 경상가격 기준으로 그의 계좌금액은 얼마가 되는가?

b. $Z는 얼마인가?

14. 복권당첨자에게 당첨금 $1,000,000을 바로 지불하는 방법과, 오늘 $100,000을 지급하고 이후 19년 동안 매년 $100,000씩 지불하는 방법(총 $2,000,000) 중에서 선택하도록 하였다. 물가상승률은 보상기간 동안 일정하게 연간 4%이다. 그리고 당첨자의 TVOM(실제이자율)은 연간 3.5%이다.

a. 당첨자에게 어떤 방법이 유리한가? 세금의 영향, 수명기간, 불확실성은 무시한다.

b. 두 방안이 경제적으로 등가가 되는 물가상승률은 얼마인가?

c. 만일 수명기간과 불확실성을 무시할 수 없다면 어떻게 해야 하는가?

15. 4년간의 노무비가 경상가격 기준으로 $10,000, $12,000, $15,000, $17,500로 예측된다. 4년간의 전반적인 연간 물가상승률이 5%로 예상될 때, 각 해의 노무비를 불변가격 기준으로 구하라.

16. 당신이 물가상승률이 3%일 때 자기 자금에 대해 8%의 실제수익률을 바라고 있다면, 이 투자에 요구되는 복합수익률은 얼마가 되어야 하는가?

17. 향후 5년간의 재료비가 $9,000, $11,000, $14,000, $18,000, $23,000로 예상된다. 대상기간 동안 연간 물가상승률은 4%로 추산되며, 재료비는 경상가격 기준이다. 물가상승을 배제한 돈의 시간가치가 7%일 때 다음 기준에서 재료비와 등가인 현재가치를 구하라.

a. 경상가격 비용

b. 불변가격 비용

18. 쓰레기 매립장의 초기비용은 $270,000이다. 첫 해 운영 및 유지비용은 $40,000이고, 이 비용은 연간 11%씩 상승한다. 쓰레기 매립장에서 매립권리에 대한 수입은 연간 $120,000으로 일정하며, 쓰레기 매립장은 10년간 운영된다. 물가상승률은

평균적으로 4.5%이며, 원하는 실제수익률은 3.6%이다. 이 프로젝트의 현재가치는 다음 기준에서 얼마인가?

a. 경상가격 비용

b. 불변가격 비용

19. 생산 공정에 필요한 재료량을 절감하는 프로그램에 $90,000이 투자되었다. 이 투자의 결과로 연간 재료소요량 10,000파운드가 감소된다. 현재 재료의 단가는 파운드당 $2인데, 재료의 파운드당 가격은 물가상승으로 인해 연간 8%의 비율로 증가할 것으로 예상한다. 이 투자의 5년간의 현재가치와 절감액의 현재가치를 같게 하는 복합이자율을 구하라. 또한 이 결과로부터 두 현재가치를 같게 하는 실제이자율도 구하라.

20. 2005년도에 모토롤라사는 소매가격이 $250인 새로운 스마트폰을 출시하였다. 이 휴대폰의 생산비용은 개당 $50이었다. 2005년도에 5백만 개의 스마트폰이 판매되었으며, 2009년도까지 판매량이 매년 10%의 비율로 증가하였다. 2010년도에 애플이 신제품을 출시하면서 모토롤라 스마트폰에 대한 수요는 2009년의 판매량의 절반으로 격감하였다. 5년 동안(2006, 2007, 2008, 2009, 2010) 모토롤라 스마트폰의 소매가격(경상가격)은 매년 20%씩, 스마트폰 생산비용(2005년 기준의 불변가격)은 매년 25%씩 하락하였다. 5년간 연간 물가상승률은 2%, 모토롤라사의 투자에 대한 실제수익률은 10%이다. 모토롤라사가 2005년부터 2010년까지 이 스마트폰으로 얻은 이익의 누적 현재가치는 얼마인가?

21. 참 혹은 거짓: 복합 최저필수수익률이 12%이고 물가상승률이 3%일 때, 9%의 실제 외부수익률을 창출하는 투자는 경제적으로 타당하지 않다.

10.3절 납세 후 분석

22. 경제성 분석이 경상가격이 아닌 불변가격으로 수행되고 있다. 기업의 복합 MARR가 10%이고 물가상승률은 4%이다. 재산의 초기비용은 $10,000이며, MACRS 3년 재산에 속하여 33.33%, 44.45%, 14.81%, 7.41%의 비율로 상각된다. 이 분석에서 3년도의 감가상각비는 얼마가 되는가?

23. 일렉트로닉 게임사는 새로운 비디오 게임 세트를 출시하기 위해 매우 빠르게 움직이고 있다. 필요한 전자부품을 생산하기 위한 장비의 초기투자비가 $9,000,000이며, 6년 후 잔존가치는 $700,000이다. 수익에 대한 예상 순 기여도는 첫해에 $6,000,000이고, 이 후 6년간 매년 $1,000,000씩 감소한다. 여기서 모든 금액은 불변가격이다. 감가상각은 MACRS 5년 재산부류를 따르며, 세율은 40%, 납세 후 실제 MARR는 18%, 물가상승률은 4%이다.

a. 연간 납세 후 실제 현금흐름(불변가격 기준)을 구하라.
b. 납세 후 현금흐름의 PW를 구하라.
c. 납세 후 현금흐름의 AW를 구하라.
d. 납세 후 현금흐름의 FW를 구하라.
e. 납세 후 현금흐름의 실제 IRR를 구하라.
f. 납세 후 현금흐름의 실제 ERR를 구하라.
g. 납세 후 현금흐름의 복합 IRR를 구하라.
h. 납세 후 현금흐름의 복합 ERR를 구하라.

24. 헨리돈 가구회사는 가구부품의 목형용 프로그램을 짤 수 있는 고정밀 라우터(홈을 파는 기구)를 $190,000에 구입하고자 한다. 이 기계는 12년 동안 사용되며 잔존가치는 $5,000로 예상된다. 이 기간 동안 연간 순수익은 $45,000이며, 여기서 모든 금액은 불변가격이다. 감가상각은 MACRS 7년 재산부류를 따르며, 세율은 40%이고 납세 후 실제 MARR는 10%, 물가상승률은 3.9%이다.

a. 연간 납세 후 실제 현금흐름(불변가격 기준)을 구하라.
b. 납세 후 현금흐름의 PW를 구하라.
c. 납세 후 현금흐름의 AW를 구하라.
d. 납세 후 현금흐름의 FW를 구하라.
e. 납세 후 현금흐름의 실제 IRR를 구하라.
f. 납세 후 현금흐름의 실제 ERR를 구하라.
g. 납세 후 현금흐름의 복합 IRR를 구하라.
h. 납세 후 현금흐름의 복합 ERR를 구하라.

25. 레이시온사는 전자부품 제조에 쓰이는 자동화된 환경시험 장비를 원한다. 이 장비는 엄격한 신뢰성 시험과 번인(burn-in)용으로 사용된다. 이 장비 설치에 $1,400,000이 소요되며, 8년 후 잔존가치는 $200,000이다. 이 장비는 연간 $650,000의 매출을 증대시킬 기회를 창출하며, 운영비는 연간 $250,000로 예상된다. 여기서 모든 금액은 불변가격이다. 감가상각은 MACRS 5년 재산부류를 따르며 세율은 40%, 납세 후 실제 MARR는 10%, 물가상승률은 4.2%이다.

a. 연간 납세 후 실제 현금흐름(불변가격 기준)을 구하라.
b. 납세 후 현금흐름의 PW를 구하라.
c. 납세 후 현금흐름의 AW를 구하라.
d. 납세 후 현금흐름의 FW를 구하라.
e. 납세 후 현금흐름의 실제 IRR를 구하라.
f. 납세 후 현금흐름의 실제 ERR를 구하라.
g. 납세 후 현금흐름의 복합 IRR를 구하라.
h. 납세 후 현금흐름의 복합 ERR를 구하라.

26. 헨리돈 가구회사는 가구부품의 목형용 프로그램을 짤 수 있는 고정밀 라우터(홈을 파는 기구)를 $190,000에 구입하고자 한다. 이 기계는 12년 동안 사용되며 잔존가치는 $5,000로 예상된다. 이 기간 동안 연간 순수익은 $45,000이며, 여기서 모든 금액은 경상(현행)가격이다. 감가상각은 MACRS 7년 재산부류를 따르며, 세율은 40%, 납세 후 복합 MARR는 14.62%, 물가상승률은 3.9%이다.

   a. 연간 납세 후 실제 현금흐름(경상가격 기준)을 구하라.
   b. 납세 후 현금흐름의 PW를 구하라.
   c. 납세 후 현금흐름의 AW를 구하라.
   d. 납세 후 현금흐름의 FW를 구하라.
   e. 납세 후 현금흐름의 실제 IRR를 구하라.
   f. 납세 후 현금흐름의 실제 ERR를 구하라.
   g. 납세 후 현금흐름의 복합 IRR를 구하라.
   h. 납세 후 현금흐름의 복합 ERR를 구하라.

27. MACRS-GDS 감가상각방법의 3년 재산부류에 속하는 장비에 대해 $600,000을 투자하였다. 5년간의 계획기간 동안 불변가격으로 추산된 납세 전 현금흐름은 연간 $200,000의 균일 현금흐름과 계획기간 말의 잔존가치인 $200,000로 구성된다. 세율은 40%, 물가상승률은 3%, 납세 후 실제 MARR는 10%이다.

   a. 불변가격 기준으로 연도별 납세 후 현금흐름을 구하라.
   b. 이 투자의 현재가치를 구하라.
   c. 이 투자의 실제 내부수익률을 구하라.

28. 어떤 제조회사가 $800,000 상당의 컴퓨터를 구입하기로 결정하였다. 이 장비는 MACRS-GDS 감가상각방법의 5년 재산부류에 속한다. 7년간의 계획기간 동안 불변가격으로 구한 납세 전 현금흐름은 첫해 $125,000, 매년 $25,000씩 증가하는 등차급수 형태로 추산되며, 계획기간 말의 잔존가치는 $100,000이다. 세율은 40%, 연간 물가상승률은 5%, 납세 후 실제 MARR는 10%이다.

   a. 불변가격 기준으로 연도별 납세 후 현금흐름을 구하라.
   b. 이 투자의 현재가치를 구하라.
   c. 이 투자의 실제 내부수익률을 구하라.

29. MACRS-GDS 감가상각방법의 5년 재산부류에 해당되는 장비 구입에 $450,000을 투자하였다. 5년간의 계획기간 동안 경상가격으로 구한 납세 전 현금흐름은 첫해 $100,000, 매년 $50,000씩 증가하는 등차급수 형태로 추산되며, 계획기간 말의 잔존가치는 $50,000이다. 세율은 40%, 물가상승률은 4%, 납세 후 실제 MARR는 8%이다.

   a. 불변가격 기준으로 연도별 납세 후 현금흐름을 구하라.
   b. 이 투자의 현재가치를 구하라.

c. 이 투자의 실제 내부수익률을 구하라.

10.4절 차입자본이 포함될 경우의 납세 후 분석

30. 한 아마추어 무선사가 인터넷으로 제어되고 원거리에서 접근할 수 있으며, 전기적으로 안정된 지역에 세계적인 수준의 안테나 시스템, 휴대용 무선기, 증폭기를 구축하기 위해 $160,000을 차입하고자 한다. 즉, 마이크로폰, 모스 부호, 무선 텔레타이프, 저속주사 TV, 이외의 다양한 형태의 호스트가 원거리 방송수신 관련 DX 상을 획득하기 위해 전 세계 거의 모든 지역에서 집결, 경쟁, 채팅을 위해 사용되고 있다. 차입금은 5년 동안 상환할 계획이며 다음의 상환방안을 고려하고 있다.

- 상환방안 1—매 이자기간 말에 해당 발생이자를 지불하고 차입기간 말에 원금을 일시에 상환하는 방법
- 상환방안 2—매 기간 말에 균일한 원금상환액과 미상환 원금에 대한 이자를 더하여 갚는 방법
- 상환방안 3—매 기간 말에 균일한 원리금을 갚는 방법
- 상환방안 4—차입기간 말에 원금과 이자를 일시에 상환하는 방법

물가상승률은 3.8%로 측정되고, 복합 MARR가 9%일 때, 차입금에 대한 이자율이 5%에서 1%씩 증가되어 15%까지 변할 경우 각 차입금 이자율에서 어떤 상환방안이 선호되는가? 여러분의 답변이 이 책에서 언급한 예측결과와 일치하는가?

31. 스타인웨이 R&D사는 그랜드피아노 내부를 쉽게 청소할 수 있는 부착기구 개발을 추진하고 있다. 이 혁신적 제품은 여러 장치의 제작과 시험용도로 $500,000의 차입금이 필요하다. 차입금은 4년 동안 상환할 계획이며 연습문제 30번과 같이 네 가지의 상환방안을 고려하고 있다. 물가상승률은 3.9%이고, 복합 MARR는 17%일 때, 차입금에 대한 이자율이 7%에서 1%씩 증가되어 20%까지 변할 경우 각 차입금 이자율에서 어떤 상환방안이 선호되는가? 여러분의 답변이 이 책에서 언급한 예측결과와 일치하는가?

32. 일렉트로닉 게임사는 새로운 비디오 게임 세트를 소개하기 위해 매우 빠르게 움직이고 있다. 필요한 전자부품을 생산하기 위한 장비의 초기투자비가 $9,000,000이며, 이 중 $400,000을 6년간 12%의 연 이자율로 차입하고자 하자. 차입금은 매년 말에 이자만 지불하고 6년도 말에 원금을 일시에 상환한다. 6년 후 잔존가치는 $700,000이며, 수익에 대한 예상 순기여도는 첫해에 $6,000,000이고, 이후 6년간 매년 $1,000,000씩 감소한다. 여기서 모든 금액은 불변(실제)가격이다. 감가상각은 MACRS 5년 재산부류를 따르며, 세율은 40%, 납세 후 실제 MARR는 18%, 물가상승률은 4%이다.

a. 연간 납세 후 실제 현금흐름(불변가격 기준)을 구하라.

b. 납세 후 현금흐름의 PW를 구하라.
c. 납세 후 현금흐름의 AW를 구하라.
d. 납세 후 현금흐름의 FW를 구하라.
e. 납세 후 현금흐름의 실제 IRR를 구하라.
f. 납세 후 현금흐름의 실제 ERR를 구하라.
g. 납세 후 현금흐름의 복합 IRR를 구하라.
h. 납세 후 현금흐름의 복합 ERR를 구하라.

33. 헨리돈 가구회사는 가구부품의 목형용 프로그램을 짤 수 있는 고정밀 라우터(홈을 파는 기구)를 $190,000에 구입하고자 한다. 이 기계는 12년 동안 사용되며 잔존가치는 $5,000로 예상된다. 헨리돈사는 $100,000을 6년간 13%의 연 이자율로 차입하고자 한다. 차입금은 매년 말에 이자만 지불하고 6년도 말에 원금을 일시상환한다. 이 기간 동안 연간 순수익은 $45,000이며, 여기서 모든 금액은 불변(실제)가격이다. 감가상각은 MACRS 7년 재산부류를 따르고, 세율은 40%, 납세 후 실제 MARR는 10%, 물가상승률은 3.9%이다.

a. 연간 납세 후 실제 현금흐름(불변가격 기준)을 구하라.
b. 납세 후 현금흐름의 PW를 구하라.
c. 납세 후 현금흐름의 AW를 구하라.
d. 납세 후 현금흐름의 FW를 구하라.
e. 납세 후 현금흐름의 실제 IRR를 구하라.
f. 납세 후 현금흐름의 실제 ERR를 구하라.
g. 납세 후 현금흐름의 복합 IRR를 구하라.
h. 납세 후 현금흐름의 복합 ERR를 구하라.

34. 일렉트로닉 게임사는 새로운 비디오 게임 세트를 소개하기 위해 매우 빠르게 움직이고 있다. 필요한 전자부품을 생산하기 위한 장비의 초기투자비가 $9,000,000인데, 이 중 $4,000,000을 6년간 12%의 연이자율로 차입하고자 한다. 6년 후 잔존가치는 $700,000이며, 수익에 대한 예상 순기여도는 첫해에 $6,000,000이고, 이후 6년간 매년 $1,000,000씩 감소한다. 여기서 모든 금액은 불변(실제)가격이다. 감가상각은 MACRS 5년 재산부류를 따르며, 세율은 40%, 납세 후 실제 MARR는 18%, 물가상승률은 4%이다. 매년 납세 후 현행(경상) 현금흐름을 구하고 다음과 같은 차입금 상환방안(연습문제 30번 참고)에 따라 연간 PW, FW, AW, IRR_c, ERR_c, IRR_r, ERR_r를 구하라.

a. 상환방안 1
b. 상환방안 2
c. 상환방안 3
d. 상환방안 4
e. 일렉트로닉사는 어떤 상환방안을 선호하겠는가?

35. MACRS-GDS 감가상각방법의 7년 재산부류에 해당되는 장비 구입에 $250,000을 투자하였다. 5년간의 계획기간 동안 불변가격으로 구한 이 투자의 연간 수익은 $40,000로, 계획기간 말의 잔존가치인 $100,000로 추산된다. 투자자본 중 $200,000을 5년간의 상환기간과 연간 복합이자율 18%로 차입하고자 한다. 세율은 40%, 물가상승률은 4%, 납세 후 실제 MARR는 8%가 적용된다. 이 장에서 다룬 4가지 상환방안 중 납세 후 현재가치를 최대화하는 방안을 택하여 이 투자의 납세 후 현재가치를 구하라.

경제성 분석의 실제 사례: 영국국영석유회사(British Petroleum: BP)

세계 최대 석유 및 가스 회사의 하나인 BP사에게 2010년은 힘든 한 해였다. 4월 멕시코만에서의 원유 유출 사고는 11명의 목숨을 앗아갔고, 다수의 부상자 발생과 수천 명의 소득에 영향을 미쳤으며, 헤아릴 수 없을 정도로 환경을 훼손했다. 칼-헨릭 스밴버그 BP사 회장은 2010년 연차보고서에서 "멕시코만 사고 이후에 회사는 복잡하고 급변하는 위기에 직면했다. 기름이 바다로 유출되는 것과 더불어, 유정을 봉합하고 오염된 해역을 복구하는 우리의 능력에 대한 의구심은 증가했으며, 거의 매일 상황이 악화되는 매우 견디기 힘든 시기였다. 2010년 6월 16일 오바마 대통령과의 만남을 통해 BP가 멕시코만에서 의무를 다하고 있다고 미국 정부를 안심시키게 되는 전환점을 맞이하였으며, 근면성과 창의성으로 7월에 원유 유출을 막고, 9월에 유정 감압작업을 완료했다."고 밝혔다.

차후에 이루어진 조사는 멕시코만에서 발생한 사건이 여러 원인과 복수 집단이 포함된 복합적 사고라고 결론을 내렸다. BP사는 재정적인 측면에서 기름유출 방제비용을 충당하고 보상금과 소송비를 지불하였으며, 연구지원, 관광진흥, 환경복원을 위해 납세 전 기준으로 2010년과 2011년에 260억 달러의 대가를 치렀다.

2011년은 BP사에게 회복, 강화, 변화의 한 해였다. 2011년에 이사회는 안전을 최우선하고, 신뢰를 되찾으며, 가치를 창출하는 데 관련된 회사의 세 가지 우선순위를 정하고 이러한 우선순위를 지원하는 10가지 전략 계획을 입안했다. 그들의 2011년 연차보고서에 서술된 첫 번째 전략 계획에서, "우리는 BP가 안전, 위험도 관리 및 운영 부문에서 세계 최상급의 성과를 달성할 것으로 확고하게 보고 있다. 우리는 단일 팀으로서 글로벌 표준을 체계적으로 적용하는 회사가 될 것이다."라고 명시했다.

BP사는 2010년 4월까지 성공적으로 운영되었지만 회사와 제품 포트폴리오에 대한 장래를 정확히 예측하지 못했다. 이런 불확실성은 중동 지역의 정치적 불안정, 기후, 지진, 경제 전반, 그리고 환경에 대한 관심과 같은 많은 외생적 요인에 주로 기인한다. 이런 불확실성은 BP사에만 해당되는 것은 아니다. 어떤 사업체나 정부도 자본투자의 경제적 성과에 대해 알려지지 않거나 알 수 없는 요인의 영향을 받지 않을 수 없다. 실제 상장기업의 10-K 양식 서류에는 회사의 수익성에 큰 영향을 미칠 수 있는 위험의 광범위한 리스트가 포함되어 있다.

분기점 분석, 민감도 분석 및 위험도 분석

Break-even, Sensitivity, and Risk Analysis

토의 논제

1. BP가 경험한 위험은 재무위험에 한정되어 있는가? 그렇지 않다면 어떤 다른 위험이 존재하는가?
2. BP의 위험에 대한 노출은 주주와 직원에 한정되는가? 그렇지 않다면 다른 누가 위험에 노출되는가?
3. BP가 자신의 위험을 한정하기 위해 취할 수 있는 몇 가지 구체적인 절차는 어떤 것이 있는가?
4. 민감도 분석은 BP가 당면한 위험을 완화하는데 어떻게 사용할 수 있는가?
5. BP 같은 회사가 복합투자에 관한 의사결정을 할 경우에 경제적 비김값 분석은 의사결정을 하는데 충분한가? 그렇지 않다면 어떤 다른 요인을 고려할 필요가 있으며, 이를 어떻게 반영해야 하는가?

학습목표

이 장의 공부를 마친 후 다음의 내용들을 이행할 수 있는 능력을 갖추어야 한다:

1. 분기점 분석을 통해 비김값을 계산하라. (11.1절)
2. 하나 이상의 매개변수의 값이 명시된 범위 내에서 변할 때 경제적 가치 척도와 경제적 의사결정의 강건성에 미치는 영향을 검토하기 위해 민감도 분석을 수행하라. (11.2절)
3. 경제적 가치 척도의 기대값과 표준편차에 대한 정확한 값 또는 추정값을 도출하는 분석적 해법을 이용하여 위험도 분석을 수행하라. (11.3.1절)
4. 경제적 가치 척도의 기대값과 표준편차에 대한 정확한 값 또는 추정값을 도출하는 시뮬레이션 해법을 이용하여 위험도 분석을 수행하라. (11.3.2절)

서론

이전 장까지 경제적 타당성 검증에 포함된 모든 매개변수 값을 정할 때 완벽하게 확실한 값을 가진다고 가정했다. 우리는 초기투자 규모, 연간 현금흐름의 크기, 계획기간의 길이, 할인율, 투자에 대한 최종 잔존가치 및 물가상승률에 대해 수치로 된 값을 부여했다.

하지만 예상하지 못할 일들이 발생한다. 최근까지의 몇 가지 예로, 2012년 10월 하순 미국 카리브해 연안과 북동부 및 중부 대서양 지역 일부를 황폐화시킨 허리케인 샌디, 2010년 멕시코만에서 BP사의 원유 유출, 2007년과 2008년 글로벌 경제위기, 그리고 2001년 9월 11일에 발생한 테러리스트의 미국 공격을 들 수 있다. 이들 각각은 많은 인명과 기업에 충격을 준 중대 사건이지만, 신문의 헤드라인을 장식하지 않더라도 자본투자의 재무성과에 영향을 미치는 보다 작은 수천 개의 사건도 있다. 그래도 여러분은 배럴당 유가가 그처럼 빨리 변화하는지 알기 위해 꼭 신문을 읽을 필요는 없지만, 반드시 해야 할 일은 본인 자동차 또는 트럭을 휘발유 또는 디젤 연료로 채워야 한다는 것이다.

이 장에서 불확실성에 당면하여 자본투자 의사결정을 해야 하는 관리자의 신뢰를 높이기 위해 사용되는 여러 기법을 살펴본다. 1장에서 언급한 바와 같이 이 장에서는 체계적 경제성 분석 기법의 제6단계인 **"보충적 분석을 실시하라"**를 다룬다.

체계적 경제성 분석 기법

1. 투자대안들을 확인하라.
2. 계획기간을 정의하라.
3. 할인율을 명시하라.
4. 현금흐름을 추정하라.
5. 대안을 비교하라.
6. **보충적 분석을 실시하라.**
7. 가장 바람직한 투자대안을 선정하라.

이 장에서는 먼저 특정 대안의 투자여부를 무차별하게 만드는 특정 매개변수의 단일 값을 파악하고자 하는 첫 번째 유형을 다룬다. 이러한 분석법을 **분기점 분석**(break-even analysis)이라 한다.

우리가 다룰 보충적 분석의 두 번째 유형은 **민감도 분석**(sensitivity analysis)이다. 이러한 분석의 수행을 통해, 우리는 단일 또는 여러 투자안의 경제적 가치가 하나 이상의 매개변수의 다양한 값에 따라 얼마나 민감한지를 학습하는 데 관심을 가지게 된다.

보충적 분석의 세 번째 유형은 **위험도 분석**(risk analysis)이다. 민감도 분석과 달리 하나 이상의 파라미터의 다양한 값에 확률을 할당하여, 단일 또는 여러 투자대안의 경제적 가치를 확률적으로 표현한다. 전형적인 확률적 표현은 "투자대안이 양의 현재가치 값을 가질 확률 . . ." 또는 "투자대안의 IRR이 MARR보다 클 확률 . . ." 또는 "양의 현재가치를 가질 확률이 가장 큰 투자대안 . . ."의 형태로 주어진다.

11.1 분기점 분석

학습목표: 분기점 분석을 통해 비김값을 계산하라.

분기점 분석 매개변수 값의 정확한 추정값이 제공되지 않을 경우에 활용되는 방법으로, 이 값이 비김값에 비해 작거나 큰 여부에 따라 합리적인 판단을 할 수 있게 한다.

비김값 경제적 가치 척도가 0이 되도록 하는 매개변수의 값. 비김점(또는 분기점)이라는 용어가 비김값(분기값) 대신에 가끔 사용되는데, 이 책에서는 후자를 채택함.

분기점 분석(break-even Analysis)은 보통 매개변수의 정확한 추정값이 제공되지 않을 경우에 활용되며, 이 값이 비김값에 비해 작거나 큰 여부에 따라 합리적인 판단을 할 수 있게 한다. **비김값**(break-even value, 분기값)은 대안의 투자여부를 무차별하게 만드는 값으로, 보다 정확하게는 사용되는 경제적 가치의 척도(PW, FW, AW)를 0이 되도록 하는 매개변수의 값이다. 즉, 분기점 분석을 수행하여 비김값을 구할 수 있다.

비김값이라 명시하지는 않았지만 3장에서 여러 분기점 분석을 수행했으며, 이런 과정을 **등가**로 언급했다. 특히 두 가지 현금흐름 개요가 등가가 되기 위한 특정 매개변수 값을 결정하는 경우를 들 수 있다. 이런 문제를 표현하는 또 다른 방식은 "두 대안 간 비김값이 되는 *X*의 값을 구하라."이다. 이 경우 *X*는 구해야 될 매개변수이다. 또한 두 대안에 대한 현금흐름 개요가 등가가 될 때 비김값이 두 대안 사이에 존재한다고 볼 수 있다.

내부수익률은 투자대안의 경제적 가치가 0이 되는 이자율이기 때문에 내부수익률 자체가 하나의 비김값이다. 즉, 내부수익률은 음의 현금흐름의 현재가치와 양의 현금흐름의 현재가치를 같게 하는 이자율이다. 다시 말하면 재투자 수익률은 단일 대안의 현금흐름 또는 두 대안의 현금흐름의 차이에 대한 미래가치를 0이 되게 하므로, 내부수익률은 재투자 수익률에 관한 비김값이 된다. (마찬가지로 외부수익률도 비김값에 속한다. 이 값은 양의 현금흐름이 재투자를 통해 MARR과 같은 이자를 얻을 때 양의 현금흐름의 미래가치와 음의 현금흐름의 미래가치가 같도록 하는 이자율이기 때문이다.)

4장에서 우리는 분기점 분석의 또 다른 예를 소개하였다. 즉, TVOM이 0보다 클 때 초기투자비를 회수하는 데 걸리는 시간인 할인투자회수기간을 구했다. (또한 Excel®의 **NPER** 함수가 원하는 투자수익률이 주어질 때 초기투자비를 완전히 회수하기 위해 균일한 연간절감액이 어느 정도의 기간 동안 발생해야 하는지를 결정하는 데 사용될 수 있다는 점을 기억하자.)

대안의 경제성 분석에서 분기점 분석은 특정 자본투자를 정당화하기 위해 필요한 연간 절감수준을 구하는 데 자주 활용된다. 대체분석에서 분기점 분석은 종종 대체안의 구입가격 또는 잔존가치에 대해 종종 적용된다. 마찬가지로 경제적으로 특정 투자를 정당화하기 위해 연간 비용절감이 발생해야 될 기간을 결정하는 데 활용될 수 있다.

예제 11.1 판매량에 관한 비김값 결정

기즈모 제조회사는 신제품을 생산 및 판매하는 것을 고려하고 있다. 다음 데이터가 경영진에게 제공되었다.

판매가격	$17.50/단위
장비 구입비용	$250,000
간접경비 증가분	$50,000/년
판매 및 마케팅 비용	$150,000/년
운영 및 유지 비용	$25/운영시간
생산시간/1,000 단위	100시간
포장 및 배송 비용	$0.50/단위
계획기간	5년
MARR	15%

일부 관리자는 향후 매출의 불확실성 때문에 신제품을 출시하기를 꺼려하고 있다. 올바른 결론을 보다 쉽게 도출할 수 있도록 경영진에게 정보를 제공하기 위해 신제품 출시를 경제적으로 정당화하기 위한 연간 판매량에 대해 분기점 분석을 수행하고자 한다.

연간 판매량의 비김값은 얼마인가?

문제 요약 **주어진 정보**: 상기 표에 명시된 제품 비용 매개변수
구하는 해: 연간 판매량의 비김값(X단위/년)

풀이 5년도 말의 모든 장비의 잔존가치는 무시할 정도라고 가정할 때, X를 제품의 연간 판매량으로 두면 투자대안의 연간가치는 다음과 같이 구할 수 있다.

$$\begin{aligned} \text{AW}(15\%) &= -\$250{,}000(A|P\ 15\%,5) - \$50{,}000 \\ &\quad - \$150{,}000 - 0.1(\$25)X - \$0.50X + \$17.50X \\ &= -\$274{,}578.89 + \$14.50X \end{aligned}$$

연간가치가 0이 되는 연간 판매량의 비김값 X는 18,936.475단위/년이 된다.

풀이 탐구 경영진은 이 비김값을 어떻게 해석해야 하는가? 연간 판매량이 20,000~30,000단위 사이일 것이라고 확신한다면, 이 예상값은 비김값 이상이기 때문에 이 제품은 출시되어야 한다. 물론 연간 판매량이 정확하게 얼마가 될지 알 필요는 없지만, 대신 비김값보다 크거나 작은지는 파악할 필요가 있다.

비김값이 매개변수의 실현가능 값이라고 여길 수 있는 범위를 항상 벗어나

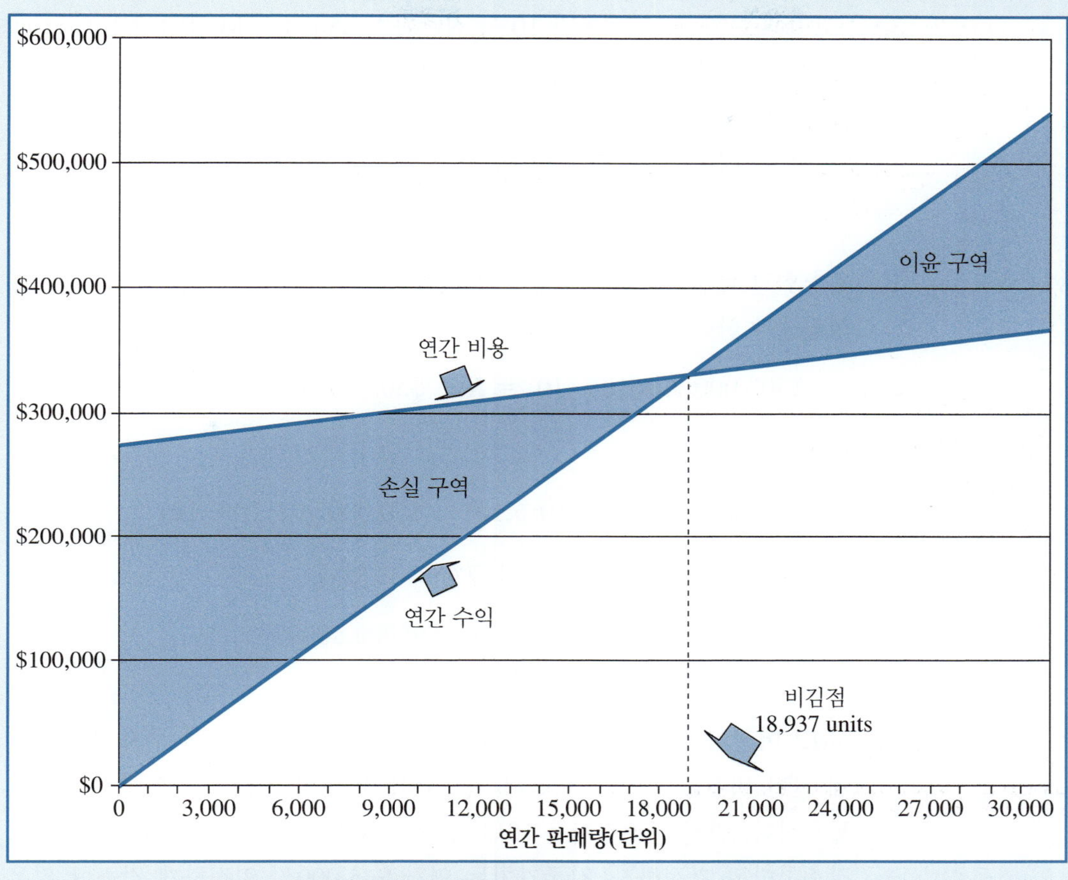

〈그림 11.1〉 신제품의 연간 판매량에 관한 분기점 분석

는 것은 아니다. 일례로 연간 판매량이 15,000~20,000단위 사이일 경우 어떤 의사결정을 해야 할지 명백하지 않다.

이 예제를 도표로 나타내면 〈그림 11.1〉과 같이 표현할 수 있다. 이 도표를 이용하여 연간 수익과 연간 비용이 같아지는 X의 값을 찾아 도식적으로 **비김점**(또는 분기점)을 구할 수 있으므로 이 도표를 **분기점 도표**(break-even chart)라고 한다.

SMP 머신 투자안의 분기점 분석: Excel 활용 예제 11.2

이전 장에서 다루었던 $500,000이 투자된 표면장착 부품배치기(SMP 머신)를 다시 고려해 보자. a) 계획기간 10년, 잔존가치 \$50,000, MARR이 10%일 때 이 투자를 위해 요구되는 연간 비용절감액의 비김값은 얼마인가? b) SMP 머신 투자로부터 얻는 연간 비용절감액인 \$92,500은 정확하게 추정된 값으로 볼 수 있지만 이 장비를 얼마나 사용할 수 있을지는 명확하지 않다. 이 투자의 지속기간에 관한 비김값은 얼마인가?

문제 요약 **a.** X가 연간 비용절감액에 관한 비김값을 나타낼 때 다음의 연간가치 관계가 성립해야 한다.

$$\$500{,}000(A|P\ 10\%,10) = X + \$50{,}000(A|F\ 10\%,10)$$

풀이 또는

$$X = \$500{,}000(A|P\ 10\%,10) - \$50{,}000(A|F\ 10\%,10)$$

Excel® **PMT** 함수를 이용하여 구할 수도 있다.

$$\begin{aligned} X &= \mathbf{PMT(10\%,10,-500000,50000)} \\ &= \mathbf{\$78{,}235.43} \end{aligned}$$

b. SMP 머신이 얼마나 오래 사용될 수 있을지 알지 못할 때 투자 지속기간에 관한 비김값을 구하기 위해서는 SMP 머신의 잔존가치에 대한 가정이 필요하다. 먼저 잔존가치는 10년 동안 \$500,000에서 \$50,000로 선형으로 감소한다고 가정하자. 잔존가치는 연간 \$45,000씩 일정하게 감소할 경우로 연간 비용절감액과 잔존가치의 연간가치가 SMP 머신 구입액의 연간등가균일비용(EUAC)과 같게 되도록 설정하면 다음과 같이 된다.

$$\$500{,}000(A|P\ 10\%,n) = \$92{,}500 + (\$500{,}000 - \$45{,}000n)(A|F\ 10\%,n).$$

위의 등식이 성립하기 위한 n은 〈그림 11.2〉와 같이 Excel® **SOLVER** 도구를 이용해 구하면, n의 비김값은 2.17년이 된다.

두 번째로 잔존가치는 10년 동안 \$500,000에서 \$50,000로 등비적으로 감소한다고 가정하면, Excel® **RATE** 함수를 이용하여 구한 감소비율은 다음과 같다.

$$\begin{aligned} j &= \mathbf{RATE(10,,-500000,50000)} \\ &= \mathbf{-20.5672\%} \end{aligned}$$

따라서

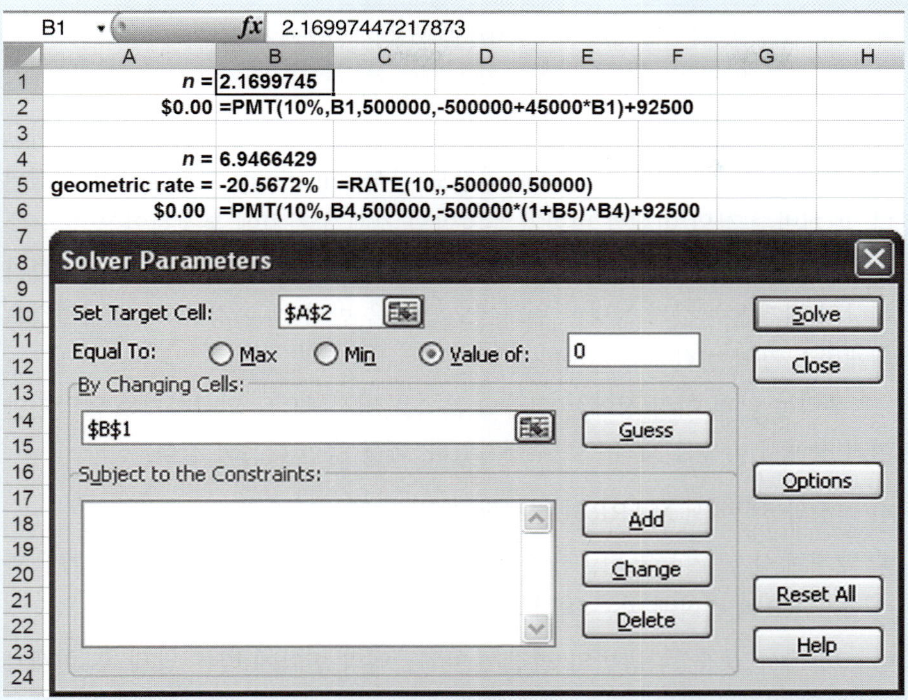

〈그림 11.2〉 계획기간에 관한 비김값: Excel® SOLVER 도구 이용

$$\$500{,}000(A|P\ 10\%,n) = \$92{,}500 + \$500{,}000(0.794328^n)(A|F\ 10\%,n)$$

이 성립하므로, 〈그림 11.2〉에 나타난 바와 같이 Excel® **SOLVER** 도구를 이용하면 n의 비김값은 6.95년이 된다.

만약 잔존가치를 n의 함수가 아니고 투자 지속기간에 관련 없이 항상 $50,000라고 가정하면 Excel® **NPER** 함수를 이용하여 비김값을 구할 수 있다.

$$\begin{aligned} n &= \mathbf{NPER(92500,-500000,50000)} \\ &= \mathbf{7.57668\ 년} \end{aligned}$$

마찬가지로 투자기간에 상관없이 잔존가치를 무시할 수 있다면. n의 비김값은 다음과 같이 구해진다.

$$\begin{aligned} n &= \mathbf{NPER(92500,-500000)} \\ &= \mathbf{8.15972\ 년} \end{aligned}$$

11.2 민감도 분석

학습목표: 하나 이상의 매개변수의 값이 명시된 범위 내에서 변할 때 경제적 가치 척도와 경제적 의사결정의 강건성에 미치는 영향을 검토하기 위해 민감도 분석을 수행한다.

민감도 분석 하나 이상의 매개변수의 값이 명시된 범위 내에서 변할 때 경제적 가치 척도에 미치는 영향을 파악하는데 사용하는 방법.

하나 이상의 매개변수의 값이 명시된 범위 내에서 변할 때 경제적 가치 척도에 미치는 영향을 파악하기 위해 **민감도 분석**(sensitivity analysis)이 수행된다. 매개변수 값의 미세한 변화가 투자안의 경제적 가치에 부정적인 영향을 주는 경우, 특정 매개변수의 변화에 민감하다고 한다. 한편 경제적 선택이 하나 이상의 매개변수 값의 상당한 변화에도 영향을 받지 않는 경우, 이 의사결정은 매개변수 값의 변화에 강건하다고 한다.

우리는 앞의 여러 장에서 민감도 분석을 명시적으로 언급하지는 않았지만 여러 장에서 이를 실제적으로 수행하였다. 예를 들면 다음과 같다.

- 4장과 5장에서 MARR의 경제적 가치에 대한 영향 검토
- 7장에서 초기투자비, 잔존가치, 연간 운영 및 유지비용의 증가율과 MARR의 변화에 따른 최적 대체기간의 민감도 검토
- 9장에서 감가상각방법의 변경과 차입금액의 변화에 따른 납세 후 현재가치의 민감도 검토
- 10장에서 물가상승률의 변화에 따른 납세 후 현재가치의 민감도 검토 및 차입금 상환방법의 선호도에 미치는 물가상승의 영향 검토
- 12장에서 최저필수수익률과 실행가능한 투자자산 수준의 변화에 따른 최적 투자 포트폴리오의 민감도 검토

때때로 분석적 모형을 묘사하는데 사용되는 비꼬는 용어로 GIGO(Garbage-In, Garbage-Out; "쓰레기를 넣으면 쓰레기가 나온다.")가 있다. 다시 말해 분석적 모형에서 얻는 것은 분석적 모형에 넣은 것보다 나을 수 없다는 것이다. 현실 모형에서 얻은 결과를 항상 신뢰할 수 있는 것이 아니므로, 올바른 의사결정을 도출하기 위해 흔히 완벽한 정보가 요구되지 않는다. 민감도 분석은 완벽하지 않은 매개변수 추정값이 있더라도 최선의 의사결정을 할 수 있는지를 파악하기 위해 사용될 수 있다.

예제 11.3 단일 대안에 대한 민감도 분석

민감도 분석을 수행하는 방법을 예시하기 위해 SMP 투자안에 대해 한 번 더 고려하자. 초기투자액은 $500,000, 10년간 연간 비용절감액은 $92,500, 잔존

가치는 $50,000이며, 이전과 같이 MARR은 10%를 적용한다.

투자에 대한 연간가치가 초기투자비, 연간 비용절감액, 잔존가치, 투자 지속기간 및 MARR의 추정오차에 얼마나 민감한지 고려해 보자. 구체적으로 각 매개변수에 대해 ±50%의 오차 범위에서 연간가치(AW)에 미치는 영향은 어느 정도인가?

풀이

연간 비용절감액을 제외한 모든 추정값들은 정확하다고 가정하면 대안의 연간 가치는 다음과 같이 주어진다.

$$\text{AW}(10\%) = -\$500{,}000(A|P\ 10\%{,}10) + \$50{,}000(A|F\ 10\%{,}10) + \$92{,}500(1 + X)$$

여기서 X는 연간 비용절감액에 대한 추정값의 오차 비율을 나타낸다. 연간 비용절감액 추정값의 오차 비율(백분율)에 관한 함수인 연간가치를 그래프로 나타내면 〈그림 11.3〉과 같이 양의 기울기를 갖는 직선이 된다. 필요한 초기투자

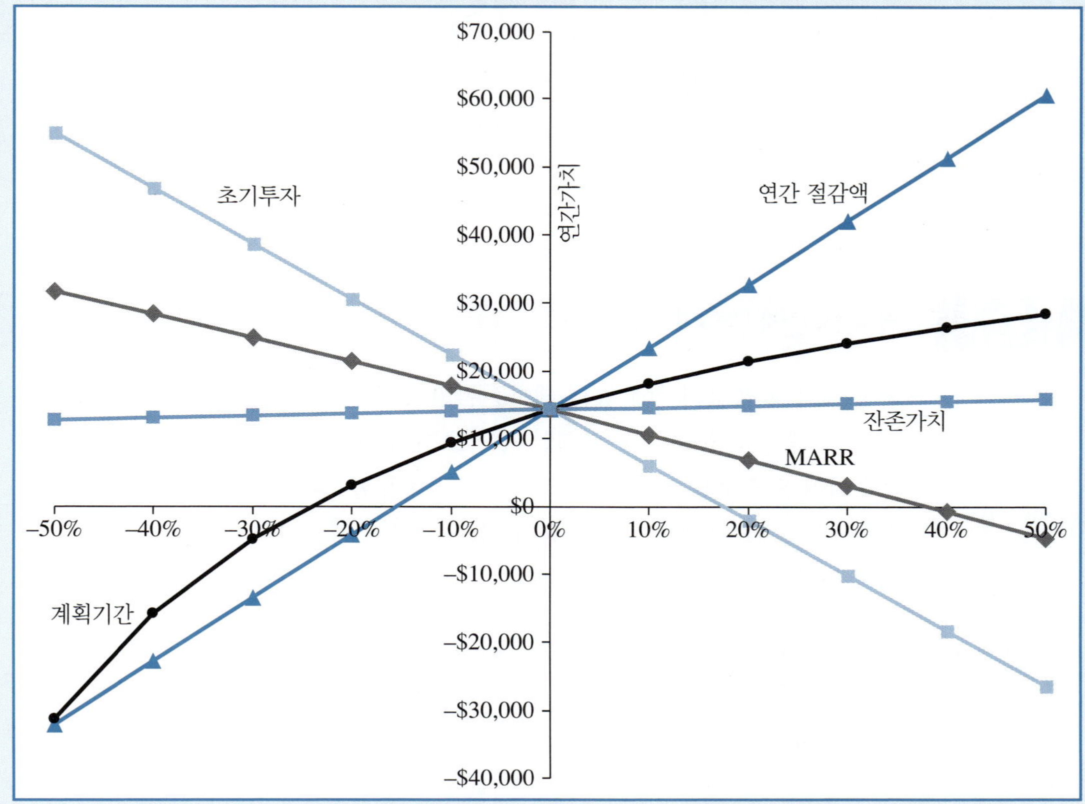

〈그림 11.3〉 예제 11.3에 대한 민감도 분석

액, 잔존가치, 투자 지속기간(계획기간) 및 MARR에 대해 유사한 분석을 수행하면 〈그림 11.3〉의 결과를 얻을 수 있다.

(주: 이 예제에서 투자 지속기간에 무관하게 잔존가치를 $50,000라고 가정했는데, 실제로 잔존가치는 투자 지속기간에 따라 달라진다. 또한 민감도 분석에서는 계획기간이 변하므로 현재가치 대신에 연간가치를 사용한다.)

〈그림 11.3〉에 나타낸 바와 같이 투자의 순연간가치는 다양한 매개변수 값의 추정오차에 의한 영향을 다르게 받는다. 민감도 곡선의 기울기를 보면 연간가치는 초기투자비, 연간 비용절감액 및 계획기간의 추정값 오차에 매우 민감하다. 그리고 연간가치는 잔존가치의 변화에 둔감하며, MARR 값의 변화에는 적당히 민감하다.

풀이 탐구 민감도 분석을 수행하는 과정에서 또한 비김값에 미치는 영향을 탐색할 수 있다. 각 매개변수에 관한 비김값은 초기투자비에 대해 $587,649.62, 연간 비용절감액에 대해 $78,235.43, 잔존가치에 대해 −$177,340.55, 투자 지속기간에 대해 7.5767년, MARR에 대해 13.8%이다. 이 값들은 대안의 연간가치를 0으로 두고 대상 비김값에 관한 해를 구한 것이다. (이전에 언급한 바와 같이, 할인투자회수기간(DPBP)은 투자 지속기간에 관한 비김값이고, 내부수익률(IRR)은 MARR에 관한 비김값이다.)

예제 11.4 여러 대안에 대한 민감도 분석

이전 장에서 플로리다에 있는 테마공원의 스크림 머신 놀이기구에 대한 두 가지 설계 대안을 고려했다. 설계안 A는 초기비용이 $300,000이고 연간 납세 후 순수익이 $55,000이다. 설계안 B는 초기비용이 $450,000이고 연간 납세 후 순수익이 $80,000이다. MARR이 10%, 계획기간이 10년일 때, 민감도 분석을 통해 설계안 A가 설계안 B보다 선호되거나 역전되는 상황을 찾아라.

문제 요약 **주어진 정보**: 〈그림 11.4〉에 제시된 현금흐름, MARR = 10%, 계획기간 = 10년

구하는 해: 연간 수익의 추정오차에 관한 설계안 선택의 민감도

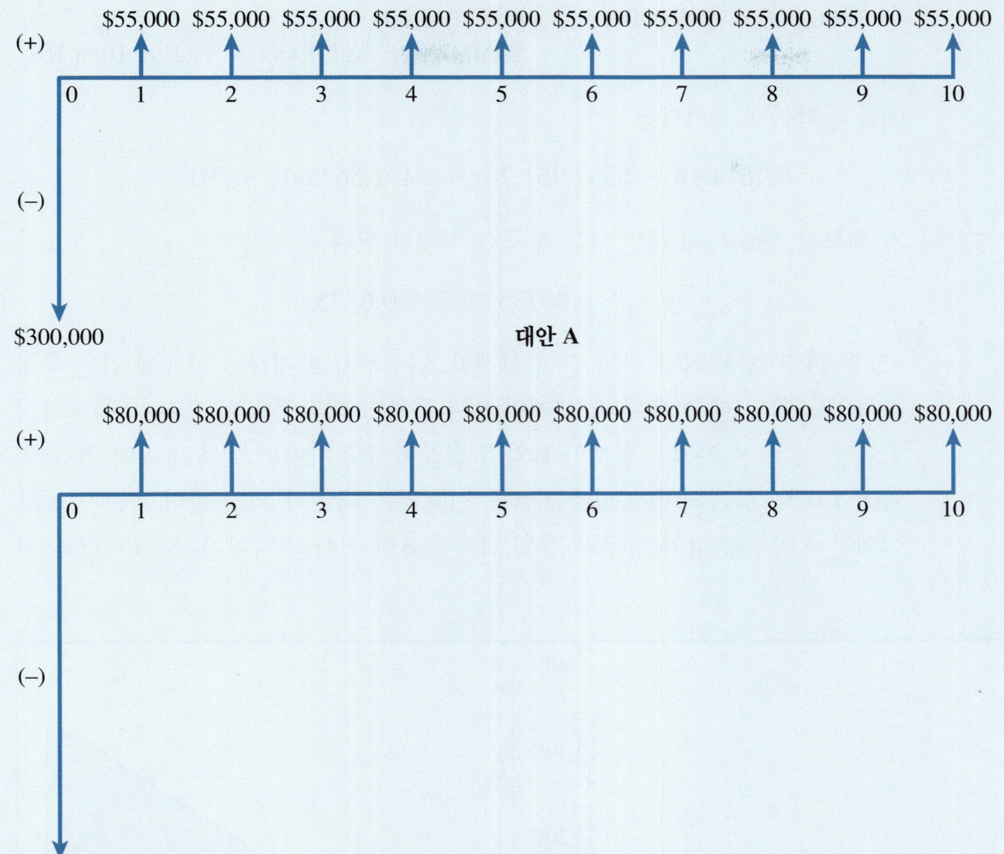

〈그림 11.4〉 예제 11.4의 현금흐름도

풀이

x가 설계안 A의 연간 수익에 관한 추정오차, y가 설계안 B의 연간 수익에 관한 추정오차일 때, 각 대안의 현재가치는 다음과 같다.

$$PW_A = -\$300{,}000 + \$55{,}000(1 + x)(P|A\ 10\%,10)$$
$$PW_B = -\$450{,}000 + \$80{,}000(1 + y)(P|A\ 10\%,10)$$

설계안 A가 설계안 B보다 선호될 경우, 즉, PW(A) > PW(B)가 되므로, 설계안 A나 설계안 B 중 하나를 꼭 선택해야 할 경우 다음 조건을 만족하면 설계안 A가 선호될 것이다.

$$-\$300{,}000 + \$55{,}000(1 + x)(P|A\ 10\%,10) >$$
$$-\$450{,}000 + \$80{,}000(1 + y)(P|A\ 10\%,10)$$

이를 간략하게 정리하면

$$\$3{,}614.18 - \$337{,}951.20x + \$491{,}565.00y < \$0$$

가 되므로, y에 관해 풀면 다음 부등식 형태가 된다.

$$y < -0.007352385 + 0.6875x$$

〈그림 11.5〉에 나타난 바와 같이 설계안 A는 무차별 대각선 아래에 있는 추정오차의 조합일 때 선호된다. 설계안 B는 무차별 대각선 위에 있는 추정오차의 조합일 경우 선호된다. 설계안 B의 추정값이 정확하다면 설계안 A의 연간 수익이 1.07% 증가되어야 설계안 A를 선호되는 대안이 되게 한다. 마찬가지로 설계안 A의 추정값이 정확할 경우 설계안 B의 연간 수익이 0.735% 감소되면

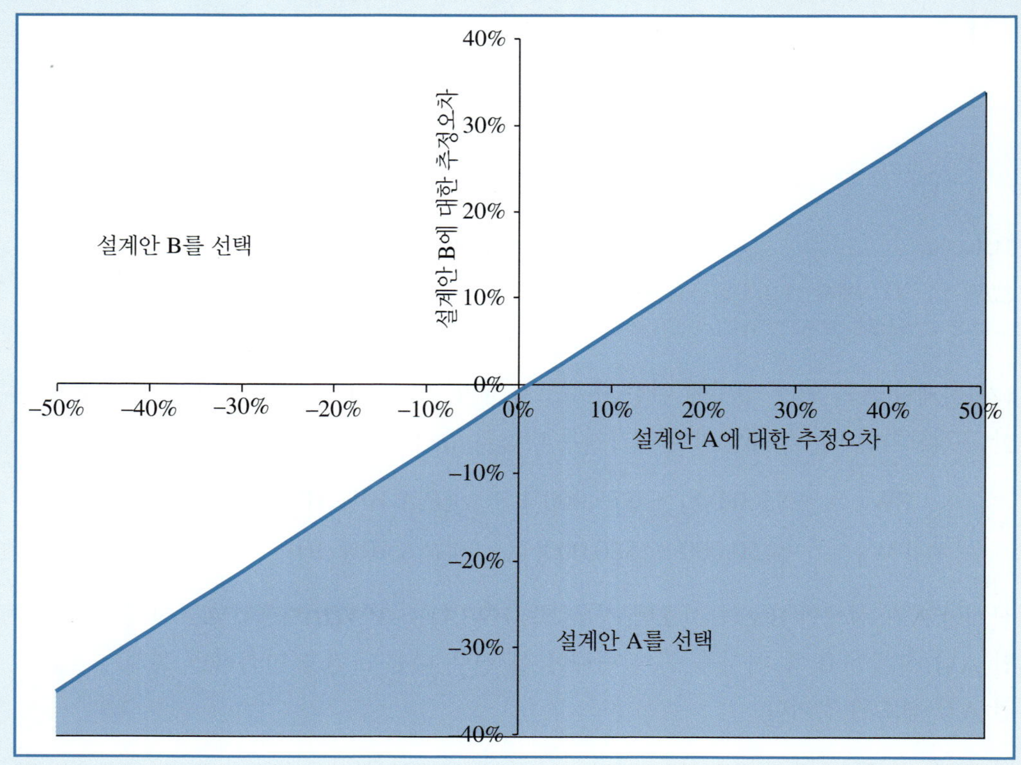

〈그림 11.5〉 예제 11.4에 대한 민감도 분석

설계안 B가 더 이상 선호되는 대안이 되지 않는다. 따라서 선호 설계안은 연간 수익의 추정오차에 민감하다.

지금까지는 한 번에 하나의 매개변수만 포함하는 민감도 분석을 다루었다. 실제로 추정오차는 여러 개의 매개변수에 대해 동시에 발생한다. 이때 다중 매개변수 민감도 분석을 수행하는 보편적인 방법은 추정오차를 가진 각 매개변수에 대해 3점 추정값을 제공하는 것이다. 이들 추정값은 보통 각 매개변수에 관한 낙관값, 비관값, 최빈값을 나타낸다. 다음 예제에서는 이러한 접근방법을 보여준다.

다중 매개변수 민감도 분석 예제 11.5

예제 11.4의 두 설계안에 대해 요구 초기투자와 이로부터 얻게 되는 연간 수익에 불확실성이 존재한다고 가정하자. 네 매개변수에 관한 활용가능한 추정값은 〈표 11.1〉과 같다. 어떤 상황에서 설계안 B보다 설계안 A가 선호되는가? 그 반대의 경우는?

풀이

〈표 11.1〉를 보면 각 설계안에 대해 비관적 시나리오가 발생한다고 가정하면 설계안 A가 선호된다. 하지만 낙관적이거나 가장 실현 가능성이 높은 시나리오(최빈값)이 발생하면 설계안 B가 선호된다.

두 설계안에서 모든 네 매개변수에 관해 비관적 추정값이 발생할 가능성은 적다. 마찬가지로 두 설계안에서 모든 네 매개변수에 관해 낙관적 추정값이 발생할 가능성도 적다. 그리고 공교롭게도 네 매개변수(각 설계안에 대한 두 매개변수) 모두가 최빈값으로 실현될 가능성도 높지 않다. 대신 통상적으로 비관

〈표 11.1〉 스크림 머신의 네 매개변수에 관한 낙관, 비관, 최빈 추정값

매개변수	낙관값	비관값	최빈값
초기투자(A)	\$285,000	\$310,000	\$300,000
초기투자(B)	\$400,000	\$510,000	\$450,000
연간 수익(A)	\$65,000	\$40,000	\$55,000
연간 수익(B)	\$85,000	\$70,000	\$80,000
PW_A	\$114,396.86	−\$64,217.32	\$37,951.19
PW_B	\$122,288.20	−\$79,880.30	\$41,565.37

E10 =IF(PV(10%,10,–$B10)–$A10>PV(10%,10,–E$3)–E$2,"A","B")

	A	B	C	D	E	F	G	H	I	J	K
1							설계안 B				
2			$400,000	$400,000	$400,000	$510,000	$510,000	$510,000	$450,000	$450,000	$450,000
3	설계안 A		$85,000	$70,000	$80,000	$85,000	$70,000	$80,000	$85,000	$70,000	$80,000
4	$285,000	$65,000	B	A	A	A	A	A	A	A	A
5	$285,000	$40,000	B	B	B	B	A	B	B	B	B
6	$285,000	$55,000	B	A	B	A	A	A	B	A	A
7	$310,000	$65,000	B	A	B	A	A	A	A	A	A
8	$310,000	$40,000	B	B	B	B	A	B	B	B	B
9	$310,000	$55,000	B	B	B	A	A	A	B	A	B
10	$300,000	$65,000	B	A	A	A	A	A	A	A	A
11	$300,000	$40,000	B	B	B	B	A	B	B	B	B
12	$300,000	$55,000	B	A	B	A	A	A	B	A	B
13											
14											
15											
16			=IF(PV(10%,10,-$B12)-$A12>PV(10%,10,-E$3)-E$2,"A","B")								
17											

〈그림 11.6〉 네 매개변수와 3점 추정값의 81가지 가능한 조합을 고려할 경우

값, 낙관값, 최빈값의 여러 조합 경우가 발생할 것이다.

각 설계안에 대해 네 매개변수와 3점 추정값의 가능한 조합은 81(3^4 = 81)가지가 된다. 각 설계안의 각각의 가능한 조합에 대해 현재가치를 계산한 후에 〈그림 11.6〉에 선호 설계안을 표시하였다. 고려된 81가지의 조합 중에서 41가지 경우에 설계안 A가 보다 큰 현재가치를 가진다.

어떤 사람은 가능한 조합의 50%를 초과하여 설계안 A가 선호되므로 설계안 A가 최선이라고 결론을 내릴 수도 있다. 하지만 각 조합이 발생할 확률이 결코 동일하다고 볼 근거는 없다. 결과의 실현 가능성을 명시적으로 반영하기 위해서는 하나 이상의 매개변수에 관해 확률을 부여하고 위험도 분석을 수행할 필요가 있다. 이런 과정은 다음 절의 예제 11.7에서 다룬다.

11.3 위험도 분석[1]

위험도 분석 하나 이상의 매개변수에 명시적으로 확률 변동을 반영하는 과정

위험도 분석(risk analysis)은 하나 이상의 매개변수의 다양한 값에 확률을 부여할 수 있을 때 수행된다. 하나 이상의 매개변수에 명시적으로 확률 변동을 반영하는 과정을 위험도 분석으로 정의한다. 예를 들면, 연간 비용절감액의 가

[1]이 절에서는 확률이론 및 몬테카를로 시뮬레이션에 대한 기본적인 이해를 하고 있다고 가정한다.

능한 값에 대한 확률 추정값과 잔존가치의 가능한 값에 대한 확률 추정값은 새 공작기계에 대한 투자안의 경제적 가치를 분석하는 데 사용할 수 있다.

위험도 분석은 민감도 분석과 달리 대안의 경제성 분석에서 매개변수 값을 할당할 때 본래의 부정확도를 반영하고 있다. 이러한 부정확도는 확률분포의 형태로 표현되며, 매개변수 자체는 확률변수로 취급된다.

대상 확률변수의 확률분포는 종종 주관적 확률에 기반하고 있다. 어떤 경우에는 확률분포의 기반이 될 수 있는 실적자료가 있을 수 있다. 통상적으로 사건이 지금으로부터 미래시점으로 멀어질수록 사건 결과의 추정값은 덜 정확해진다. 따라서 분산이 정확도의 정도를 반영한다고 볼 때, 확률분포의 분산은 시간에 따라 증가하리라고 예상할 수 있다.

확률분포 중에서 위험도 분석에 널리 쓰이는 분포로 정규분포와 베타분포를 들 수 있다. 이들 분포의 예시를 〈그림 11.7〉과 〈그림 11.8〉에서 볼 수 있다. 시뮬레이션 관점에서 여러 확률분포와 이들의 프로세스 발생기에 관한 자세한 정보는 여러 시뮬레이션 교재로부터 얻을 수 있다.

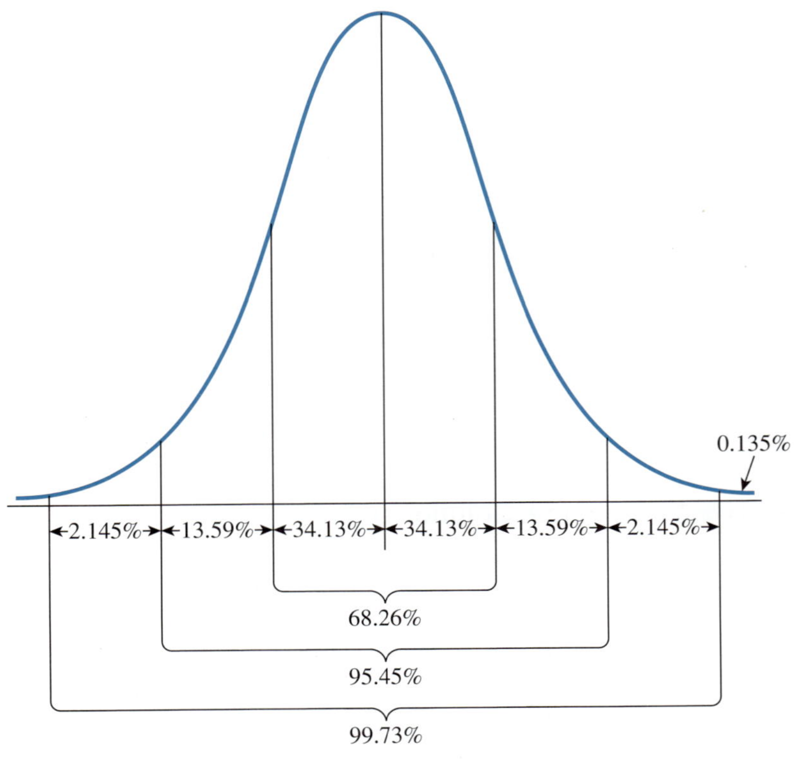

〈그림 11.7〉 정규분포

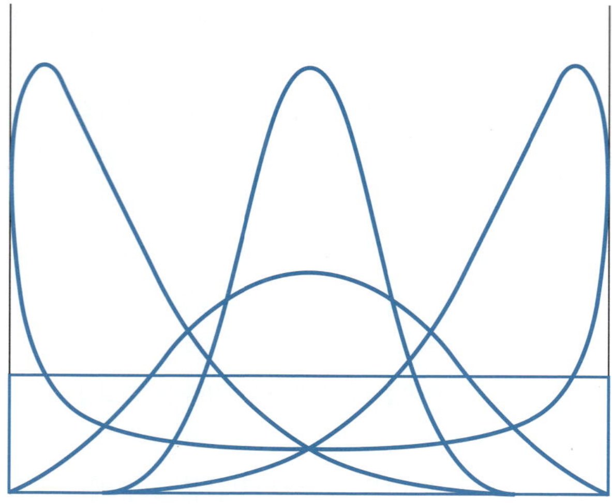

〈그림 11.8〉 베타분포의 예시

분석적 접근법이나 시뮬레이션 접근법을 이용한 위험도 분석은 경제적 가치 척도의 기대값과 표준편차의 정확한 값 또는 추정값을 제공한다. 또한 현재가치, 미래가치, 연간가치가 0보다 클 확률과 내부수익률 또는 외부수익률이 MARR보다 클 확률은 보편적으로 분석적 방법이나 시뮬레이션을 이용한 위험도 분석을 통해 구해진다.

현금흐름의 크기, 계획기간의 길이, MARR 값은 자주 확률변수로 간주할 수 있다. 예를 들면 특정 해에 발생하는 현금흐름은 종종 판매가격, 시장규모 및 점유율, 시장 성장률, 필요 투자비, 물가상승률, 세율, 운영비, 고정비, 모든 자산의 잔존가치와 같은 여러 다양한 요인들의 함수가 된다. 이런 다수 확률변수의 값은 서로 상관관계를 가질 수 있으며, 또한 **자기상관**(autocorrelated)될 수 있다. 따라서 경제적 가치의 척도에 관한 확률분포의 분석적 도출은 대부분의 현실 상황에서 쉽게 달성할 수 없다. 따라서 시뮬레이션이 위험도 분석을 수행하는데 광범위하게 활용된다.

자기상관 시간에 따른 자신과의 상관관계

11.3.1 분석적 해법(Analytical Solutions)

학습목표: 경제적 가치 척도의 기대값과 표준편차에 대한 정확한 값 또는 추정값을 도출하는 분석적 해법을 이용하여 위험도 분석을 수행하라.

현재가치에 관한 확률분포를 도출하기 위한 분석적 접근법을 예시하기 위해 다음의 현재가치 공식을 고려하자.

$$\text{PW} = \sum_{t=0}^{n} A_t(1+i)^{-t} \qquad (11.1)$$

현금흐름 A_t가 기대값 $E(A_t)$와 분산 $V(A_t)$를 갖는 확률변수라면, 확률변수들의 합에 관한 기대값은 확률변수 기대값들의 합이 되므로 현재가치의 기대값은 다음과 같이 주어진다.

$$E(\mathrm{PW}) = \sum_{t=0}^{n} E[A_t(1 + i)^{-t}] \tag{11.2}$$

또한 상수와 확률변수의 곱의 기대값은 상수와 확률변수 기대값의 곱으로 주어지므로 식 (11.2)는 다음과 같이 된다.

$$E(\mathrm{PW}) = \sum_{t=0}^{n} E(A_t)(1 + i)^{-t} \tag{11.3}$$

따라서 현금흐름 시리즈의 현재가치의 기대값은 개별 현금흐름의 현재가치의 기대값들을 합하여 구할 수 있다.

현재가치의 분산을 구하는 데는 독립인 확률변수들의 합에 관한 분산은 각 확률변수의 분산의 합이 되는 성질을, 또한 확률변수와 상수의 곱의 분산은 확률변수의 분산과 상수의 제곱과의 곱이 됨을 이용한다. 따라서 확률적 현금흐름이 독립일 때 현재가치의 분산은 식 (11.1)로부터 다음과 같이 주어진다.

$$V(\mathrm{PW}) = \sum_{t=0}^{n} V(A_t)(1 + i)^{-2t} \tag{11.4}$$

연간 현금흐름이 통계적으로 독립인 경우 중심극한정리로부터 현재가치의 분포를 정규분포에 근사시킬 수 있다. 즉, Excel® **NORMSDIST** 함수를 현재가치가 0보다 크게 되는 근사 확률을 구하는 데 이용할 수 있다. **NORMSDIST** 함수의 입력형식은 셀에 **=NORMSDIST((z-m)/s)**를 입력하는 것으로, 평균이 m이고 표준편차가 s인 정규 확률변수가 z 이하인 확률을 제공한다. 정규분포의 대칭성으로 인해 셀에 **=NORMSDIST((m-z)/s)**를 입력하면 평균이 m이고 표준편차가 s인 정규 확률변수가 z 이상인 확률을 얻을 수 있다. 따라서 $z = 0$일 경우에

Pr(PW > 0) =**NORMSDIST(E(PW)/SD(PW))** (11.5)

가 되며, 여기서 E(PW) 및 SD(PW)는 각각 현재가치의 기대값과 표준편차를 나타낸다.

SMP 투자안에 대한 위험도 분석 — 예제 11.6

현재가치의 기대값과 분산을 계산하는 과정을 보이기 위해 SMP 투자안을

〈표 11.2〉 SMP 투자안에서 연간 비용절감액과 잔존가치에 관한 평균, 분산, 표준편차 및 확률분포

A	p(A)	Ap(A)	A^2p(A)	SV	p(SV)	SVp(SV)	SV^2p(SV)
$75,000	0.070	$5,250	393,750,000	$40,000	0.10	$4,000	160,000,000
$80,000	0.095	$7,600	608,000,000	$45,000	0.20	$9,000	405,000,000
$85,000	0.131	$11,135	946,475,000	$50,000	0.40	$20,000	1,000,000,000
$90,000	0.178	$16,020	1,441,800,000	$55,000	0.20	$11,000	605,000,000
$95,000	0.183	$17,385	1,651,575,000	$60,000	0.10	$6,000	360,000,000
$100,000	0.181	$18,100	1,809,999,998	**Sum**	1.00	$50,000	2,530,000,000
$105,000	0.162	$17,010	1,786,050,000				
Sum	1.000	$92,500	8,637,649,998				
***E*(*A*) =**	$92,500			***E*(SV) =**	$50,000		
***V*(*A*) =**	81,400,001.7			***V*(SV) =**	30,000,000		
SD(*A*) =	$9,022.19			**SD(SV) =**	$5,477.23		

다시 고려하자. 초기투자액 $500,000, 연간 비용절감액 $92,500, 잔존가치 $50,000, 계획기간 10년, MARR은 10%이다. 연간 비용절감액과 잔존가치는 〈표 11.2〉와 같이 분포하는 확률변수라고 가정한다.

연간 현금흐름에 대한 기대값을 계산하면 $92,500이 되며, 마찬가지로 잔존가치에 대한 기대값도 $50,000이 된다. 연간 비용절감액에 대한 분산은

$$\begin{aligned} V(A) &= E(A^2) - [E(A)^2] \\ &= 8{,}637{,}650{,}000 - (92{,}500)^2 \\ &= 81{,}400{,}000 \end{aligned}$$

가 되며(Excel®의 결과와 미세한 차이 발생함), 잔존가치의 분산은 다음과 같이 구해진다.

$$\begin{aligned} V(\mathrm{SA}) &= E(\mathrm{SV}^2) - [E(\mathrm{SV})]^2 \\ &= 2{,}530{,}000{,}000 - (50{,}000)^2 \\ &= 30{,}000{,}000 \end{aligned}$$

〈표 11.3〉은 SMP 투자안의 현재가치에 관한 통계적 모수를 얻기 위해 연간 비용절감액과 잔존가치의 기대값과 분산을 적용한 결과를 나타낸다. 이를 보면 현재가치의 기대값은 $87,649.62이고 분산은 334,461,261.82이 된다. 여기서 유의할 것은 10년 말의 현금흐름의 기대값은 연간 비용절감액의 기대값과 잔존가치의 기대값의 합과 같다는 점이며, 마찬가지로, 10년 말의 현금흐름의 분산은 연간 비용절감액의 분산과 잔존가치의 분산의 합과 같다.

〈표 11.3〉 **SMP 투자안의 현재가치에 관한 기대값 및 분산 계산 결과와 현재가치가 0보다 클 확률**

$E(A)$ =	$92,500			$E(SV)$ =	$50,000	
$V(A)$ =	81,400,001.7			$V(SV)$ =	30,000,000	
$SD(A)$ =	$9,022.19			$SD(SV)$ =	$5,477.23	

연도 말	$E(CF)$	$(1.10)^{-t}$	$E(CF)(1.10)^{-t}$	$V(CF)$	$(1.10)^{-2t}$	$V(CF)(1.10)^{-2t}$
0	−$500,000	1.0000	−$500,000.00	0.0	1.0000	0.00
1	$92,500	0.9091	$84,090.91	81,400,001.7	0.8264	67,272,728.68
2	$92,500	0.8264	$76,446.28	81,400,001.7	0.6830	55,597,296.43
3	$92,500	0.7513	$69,496.62	81,400,001.7	0.5645	45,948,178.87
4	$92,500	0.6830	$63,178.74	81,400,001.7	0.4665	37,973,701.54
5	$92,500	0.6209	$57,435.22	81,400,001.7	0.3855	31,383,224.41
6	$92,500	0.5645	$52,213.84	81,400,001.7	0.3186	25,936,549.10
7	$92,500	0.5132	$47,467.13	81,400,001.7	0.2633	21,435,164.55
8	$92,500	0.4665	$43,151.93	81,400,001.7	0.2176	17,715,012.02
9	$92,500	0.4241	$39,229.03	81,400,001.7	0.1799	14,640,505.80
10	$142,500	0.3855	$54,939.92	111,400,001.7	0.1486	16,558,900.41
		$E(PW)$ =	$87,649.62		$V(PW)$ =	334,461,261.82
					$SD(PW)$ =	$18,288.28
					$Pr(PW > 0)$* =	0.999999178

*중심극한정리에 의한 근사치

스크림 머신 투자안에 대한 위험도 분석

예제 11.7

플로리다 테마공원의 새로운 놀이기구(스크림 머신)에 대한 두 가지 설계안(A와 B)에 관한 예제를 다시 고려하자. 설계안 A는 초기비용이 $300,000이고 연간 납세 후 순수익이 $55,000이다. 설계안 B는 초기비용이 $450,000이고 연간 납세 후 순수익이 $80,000이다. MARR은 10%, 계획기간은 10년이다. 여기서 각 놀이기구에 대한 연간 수익이 통계적으로 독립인 확률변수라 가정한다. 또한 설계안 A의 연간 수익은 평균 $55,000이고 표준편차 $5,000인 정규분포를, 설계안 B의 연간 수익은 평균 $80,000이고 표준편차 $7,500인 정규분포를 따른다고 가정한다. 각 설계안이 양의 현재가치를 가질 확률은 얼마인가? 설계안 B가 설계안 A보다 더 큰 현재가치를 가질 확률은 얼마인가?

문제 요약 **주어진 정보**: MARR = 10%, 계획기간 = 10년

설계안 A: 초기비용 $300,000, 연간 수익은 평균 $55,000이고 표준편차 $5,000인 정규분포를 따름

설계안 B: 초기비용 $450,000, 연간 수익은 평균 $80,000이고 표준편차 $7,500인 정규분포를 따름

구하는 해: Pr[PW(A) > 0], Pr[PW(B) > 0], Pr[PW(B) > PW(A)]

풀이 연간 수익은 서로 독립이고 정규분포를 따르는 확률변수이므로 현재가치도 정규분포를 따른다. 각 설계대안의 현재가치의 기대값은 4장과 같이 설계안 A가 $37,951.19, 설계안 B가 $41,565.37가 된다. 각 설계대안의 현재가치의 분산과 표준편차가 〈표 11.4〉에 요약되어 있다. 또한 두 대안의 현금흐름 차이 (B − A)에 대한 분산도 보여준다. 유의할 것은 보다 수익성이 높은 설계안을 찾기 위해 Pr[PW(B) > PW(A)]가 Pr[PW(B − A) > 0]와 같다는 점을 이용한다.

〈표 11.4〉 스크림 머신 설계안 선택에 대한 위험도 분석

EOY(t)	$(1.10)^{-2t}$	$V(A_t)$	$V(A_t)(1.10)^{-2t}$	$V(B_t)$	$V(B_t)(1.10)^{-2t}$	$V(B_t - A_t)$	$V(B_t - A_t)(1.10)^{-2t}$
0	1.0000	0	0.0000	0	0.0000		
1	0.8264	25,000,000	20661157.0248	56,250,000	46487603.3058	81,250,000	67148760.3306
2	0.6830	25,000,000	17075336.3841	56,250,000	38419506.8643	81,250,000	55494843.2484
3	0.5645	25,000,000	14111848.2513	56,250,000	31751658.5655	81,250,000	45863506.8169
4	0.4665	25,000,000	11662684.5052	56,250,000	26241040.1368	81,250,000	37903724.6420
5	0.3855	25,000,000	9638582.2357	56,250,000	21686810.0304	81,250,000	31325392.2661
6	0.3186	25,000,000	7965770.4428	56,250,000	17922983.4962	81,250,000	25888753.9390
7	0.2633	25,000,000	6583281.3577	56,250,000	14812383.0547	81,250,000	21395664.4124
8	0.2176	25,000,000	5440728.3948	56,250,000	12241638.8882	81,250,000	17682367.2829
9	0.1799	25,000,000	4496469.7477	56,250,000	10117056.9324	81,250,000	14613526.6801
10	0.1486	25,000,000	3716090.7006	56,250,000	8361204.0764	81,250,000	12077294.7770
	V[PW(A)] =		101351949.0447		**V[PW(B − A)] =**		329393834.3954
	SD[PW(A)] =		$10,067.37		**SD[PW(B − A)] =**		$18,149.21
	Pr[PW(A) > 0][14] =		0.999918		**Pr[PW(B − A) > 0]* =**		0.578922
			V[PW(B)] =		228041885.3507		
			SD[PW(B)] =		$15,101.06		
			Pr[PW(B) > 0]* =		0.997043		

*중심극한정리에 의한 근사

통계적으로 독립인 확률변수의 차에 관한 분산은 두 확률변수의 분산의 합과 같으므로, 연간 수익 차에 관한 분산은 설계안 A에서의 $(5{,}000)^2$과 설계 B에서의 $(7{,}500)^2$의 합과 같은 81,250,000이 된다.

설계안 A가 양의 현재가치를 가질 확률은 0.999918, 설계안 B가 양의 현재가치를 가질 확률은 0.997043이며, 설계안 B가 설계안 A보다 더 큰 현재가치를 갖는 확률은 0.578922가 된다. 따라서 설계안 A가 경제적으로 최선의 선택이 될 확률은 0.421078이므로, 설계안 A가 최선일 가능성은 42%이고 설계안 B가 최선일 가능성은 58%가 된다.

이들 확률은 Excel® **NORMSDIST** 함수를 사용하여 다음과 같이 계산할 수 있다.

$$\begin{aligned}
\Pr[\mathrm{PW}(A) > 0] &= \mathbf{NORMSDIST(37951.19/10067.37)} \\
&= \mathbf{0.999918} \\
\Pr[\mathrm{PW}(B) > 0] &= \mathbf{NORMSDIST(41565.37/15101.06)} \\
&= \mathbf{0.997043} \\
\Pr[\mathrm{PW}(B - A) > 0] &= \mathbf{NORMSDIST(3614.18/18149.21)} \\
&= \mathbf{0.578922}
\end{aligned}$$

11.3.2 시뮬레이션 해법(Simulation Solutions)[2]

학습목표: 경제적 가치 척도의 기대값과 표준편차에 대한 정확한 값 또는 추정값을 도출하는 시뮬레이션 해법을 이용하여 위험도 분석을 수행하라.

위험도 분석에서 시뮬레이션을 채택하는 몇 가지 중요한 이유들은 다음과 같다.

1. 매우 단순한 문제를 제외하면 분석적 해를 얻기 어렵다.
2. 시뮬레이션은 경영진에게 시스템 변경을 설득하는 데 유용하다.
3. 시뮬레이션은 분석적 해법의 검증에 사용될 수 있다.
4. 시뮬레이션은 매우 다양하게 쓰인다.
5. 일반적으로 수학적 해석과 확률이론에 관한 배경지식이 덜 필요하다.

---

[2]독자는 몬테카를로 시뮬레이션에 친숙하다고 가정한다. 여러 가지 다른 분석적 해법과 시뮬레이션 해법에 대해서는 White, J. A., K. E. Case, and D. B. Pratt, *Principles of Engineering Economic Analysis*, 6th edition, John Wiley & Sons, Inc., NY, 2012를 참조하기 바란다.

시뮬레이션의 주요 단점으로는 다음을 들 수 있다.

1. 시뮬레이션 모형을 작성하는 데 꽤 시간이 많이 소요될 수 있다.
2. 시뮬레이션은 분석적 해에 존재하지 않는 임의성(randomness)이 문제에 도입되도록 한다(즉, 표집 오차).
3. 몬테카를로 시뮬레이션은 입력분포를 정확하게 재현하지 못한다(특히 분포의 꼬리 부분).[3]
4. 시뮬레이션 모형에 대한 타당성 확인(validation)이 쉽게 간과된다.
5. 상당히 적은 비용으로 분석적 해를 보다 수월하게 얻을 수 있는 경우에도 시뮬레이션은 종종 채택되고 쉽사리 적용된다.

시뮬레이션 분석을 지원하기 위해 컴퓨터 소프트웨어를 이용할 수 있다. 이 책에서는 시뮬레이션을 위한 많은 소프트웨어들 가운데 쉽게 사용할 수 있는 Excel® 기반의 소프트웨어인 팰리세이드(Palisade)사의 **@RISK**를 선택하였다. 이와 더불어 경제적 투자대안에 관한 시뮬레이션을 수행하는데 Excel과 함께 마이크로소프트사의 VBA(Visual Basic for Application) 소프트웨어 언어를 사용할 수 있다.

@RISK 소프트웨어에는 몬테카를로 시뮬레이션 또는 라틴 하이퍼큐브(Latin hypercube) 시뮬레이션을 사용하는 옵션이 포함되어 있다. 실제 거의 알려진 모든 확률분포가 **@RISK**의 입력분포의 메뉴에 포함되어 있다. 이용가능한 이산 확률질량함수로는 이항, 이산, 이산 균일(직사각형), 초기하, 음이항, 포아송 분포가, 이용가능한 연속 확률밀도함수로는 베타, 카이제곱, 얼랑(Erlang), 감마, 지수, 대수정규, 정규, 파레토(Pareto), PERT, 삼각형, 균일, 와이블(Weibull) 분포 등이 포함되어 있다.

다음 예제는 **@RISK 4.5** 시뮬레이션 소프트웨어로써 대안의 경제성 분석 과정을 보여 준다.

---

[3]확률변수의 전 영역에 걸쳐 표집을 하기 위해 입력분포의 층화 샘플링을 적용하는 라틴 하이퍼큐브 시뮬레이션은 팰리세이드사의 **@RISK** 소프트웨어에 포함되어 있다. 단지 하나의 표본만이 각 계층으로부터 랜덤하게 추출되므로 비복원 추출에 속한다.

SMP 투자안에 대한 몬테카를로 시뮬레이션: Excel과 @RISK 활용

예제 11.8

예제 11.6에서 연간 비용절감액과 잔존가치가 통계적으로 독립인 확률변수라 가정하고 SMP 투자안에 대해 분석적 해법을 적용하였다. 채택된 확률분포는 〈표 11.5〉에 주어져 있다. 분석적 해법에서는 현재가치의 기대값으로 $87,649.62, 현재가치의 분산으로 334,461,261.82, 양의 현재가치를 가질 확률로 0.99999918를 얻었다.

@RISK를 이용하여 몬테카를로 시뮬레이션을 수행하였다. 즉, 100,000회

〈표 11.5〉 **예제 11.8의 확률분포**

연간 비용절감액	확률	잔존가치	확률
$75,000	0.070	$40,000	0.1
$80,000	0.095	$45,000	0.2
$85,000	0.131	$50,000	0.4
$90,000	0.178	$55,000	0.2
$95,000	0.183	$60,000	0.1
$100,000	0.181		
$105,000	0.162		

의 모의 투자를 통해 현재가치의 평균으로 $87,677.55, 분산으로 336,070,498, 양의 현재가치를 가질 확률로 0.99999914(중심극한정리에 기반)의 추정값을 얻었다. 0보다 큰 현재가치의 시행회수는 100,000회로 0보다 작은 현재가치인 경우는 한 번도 없었다. 0보다 작은 현재가치 경우의 기대회수는 (0.00000082)(100,000)인 0.082가 되므로 이는 놀라운 일이 아니다. 몬테카를로 시뮬레이션으로부터 얻은 히스토그램을 〈그림 11.9〉에서 볼 수 있다.[4]

내부수익률은 수치적 방법으로 구해야 하므로, 예제 11.6에서는 내부수익률의 분포에 대해 언급하지 않았다. 그러나 **@RISK** 소프트웨어 및 Excel® **IRR** 함수를 이용하면 내부수익률 분포의 근사값뿐만 아니라 내부수익률이 MARR보다 작을 확률의 추정값도 구할 수 있다. (Pr(IRR < 0) = Pr(PW < 0)이므로 100,000회 시뮬레이션 시행에서 내부수익률이 10% 미만일 경우가 몇 번인지 이미 알고 있다. 즉, 0회이다!)

연간 비용절감액과 잔존가치가 통계적으로 독립인 확률변수일 때 몬테카를로 시뮬레이션을 통해 SMP 투자안에 대한 내부수익률의 기대값으로 13.80126%의 추정값을 얻었다. 내부수익률의 표본 표준편차는 0.7926308%

[4]이 절의 여러 그림과 표는 팰리세이드사의 소프트웨어인 **@RISK 4.5**에 의해 생성된 것이다.

였다. 앞에서 언급한 바와 같이 모든 모의 투자에서 MARR값 이상인 IRR값을 도출하였다. 몬테카를로 시뮬레이션으로부터 얻은 IRR에 관한 히스토그램은 〈그림 11.10〉에서 볼 수 있다.

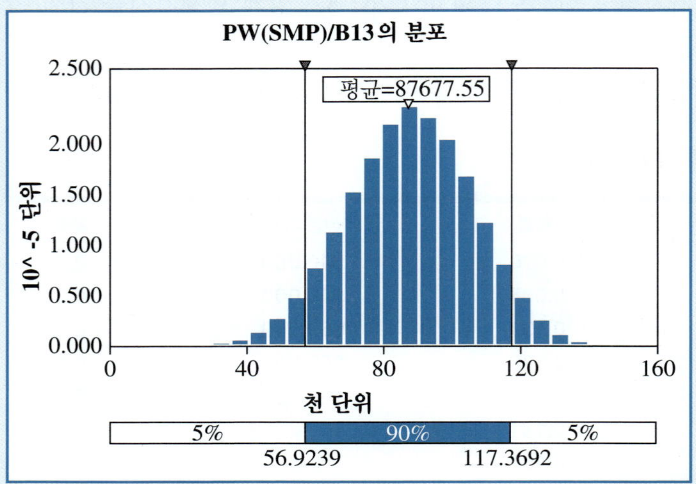

〈그림 11.9〉 예제 11.8에 대하여 100,000회의 시뮬레이션 시행으로부터 얻은 현재가치 히스토그램(그림은 팰리세이드사의 @RISK 소프트웨어로 생성된 것임.)

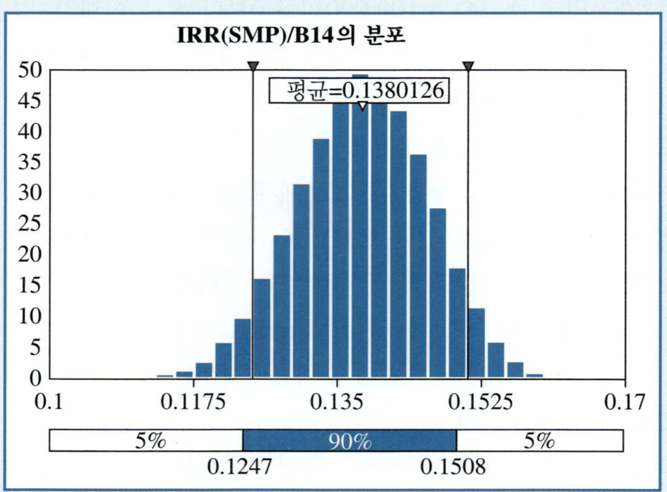

〈그림 11.10〉 예제 11.8에 대하여 100,000회의 시뮬레이션 시행으로부터 얻은 IRR 히스토그램(그림은 팰리세이드사의 @RISK 소프트웨어로 생성된 것임.)

스크림 머신 투자안에 대한 몬테카를로 시뮬레이션: Excel과 @RISK 활용 예제 11.9

예제 11.7에서 스크림 머신 놀이기구에 대해 고려된 두 설계대안에 관한 분석 결과를 보여주었다. 특히 설계안 A가 수익성이 있을 확률과 설계안 B가 수익성이 있을 확률과 더불어 설계안 B가 설계안 A 보다 더 큰 현재가치를 가질 확률을 추정했다. 여기서 새로운 놀이기구로부터 얻을 수 있는 연간 순수익이 통계적으로 독립인 확률변수라 가정하여 몬테카를로 시뮬레이션을 이용하여 분석을 다시 해보자.

특정 연도의 수익은 다른 연도의 수익과 독립이기 때문에 〈그림 11.11〉과 같이 Excel® **NPV** 함수를 현재가치를 계산하는 데 이용한다. 100,000회의 모의 투자로부터 얻은 PW(A), PW(B), PW(P − A)에 관한 히스토그램이 〈그림 11.12〉에 나타나 있다. 100,000회 시뮬레이션 시행 중에서 설계안 A는 12회를 제외한 모든 경우에 양의 현재가치를, 설계안 B는 280회를 제외한 모든 경우에 양의 현재가치를, 57,877회 시행에서 설계안 B가 설계안 A보다 더 큰 현재가치를 가지는 결과로 도출되었다. 따라서 설계안 B가 더 경제적일 확률은 0.57877로 추정된다.

분석적으로 구한 PW(A), PW(B), PW(P − A)의 평균과 분산으로부터 양의 현재가치를 가질 확률을 추정한 결과는 각각 0.999918, 0.997043 및 0.578922이었는데, 대응되는 시뮬레이션 결과인 0.99988, 0.99720, 0.57877

C5 fx =RiskNormal(80000, 7500)

	A	B	C	D	E	F	G	H	I	J
1	연도 말	CF(*A*)	CF(*B*)	CF(*B-A*)						
2	0	-$300,000	-$450,000	-$150,000						
3	1	$55,000	$80,000	$25,000		=RiskNormal(55000, 5000)				
4	2	$55,000	$80,000	$25,000						
5	3	$55,000	$80,000	$25,000		=RiskNormal(80000, 7500)				
6	4	$55,000	$80,000	$25,000						
7	5	$55,000	$80,000	$25,000		=C5-B5				
8	6	$55,000	$80,000	$25,000						
9	7	$55,000	$80,000	$25,000						
10	8	$55,000	$80,000	$25,000						
11	9	$55,000	$80,000	$25,000						
12	10	$55,000	$80,000	$25,000						
13	PW =	$37,951.19	$41,565.37	$3,614.18		=RiskOutput("PW(*B-A*)") + NPV(10%,D3:D12)+D2				
14	IRR =	12.870%	12.109%	10.558%		=RiskOutput("IRR(*B-A*)") + IRR(D2:D12)				
15										
16			=RiskOutput("IRR(*B*)") + IRR(C2:C12)							
17										
18		=RiskOutput("PW(*A*)") + NPV(10%,B3:B12)+B2								
19										

〈그림 11.11〉 예제 11.9의 몬테카를로 시뮬레이션을 위한 @RISK 설정. (그림은 팰리세이드사의 @RISK 소프트웨어로 생성된 것임.)

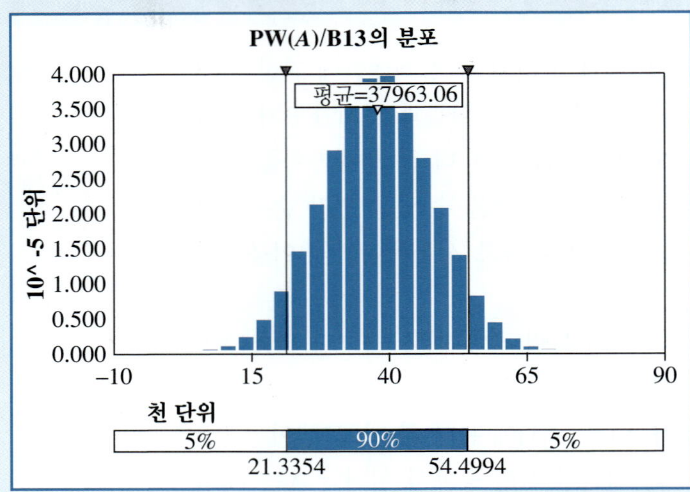

〈그림 11.12a〉 설계안 A에 대한 100,000회 모의 투자에 의한 현재가치 히스토그램

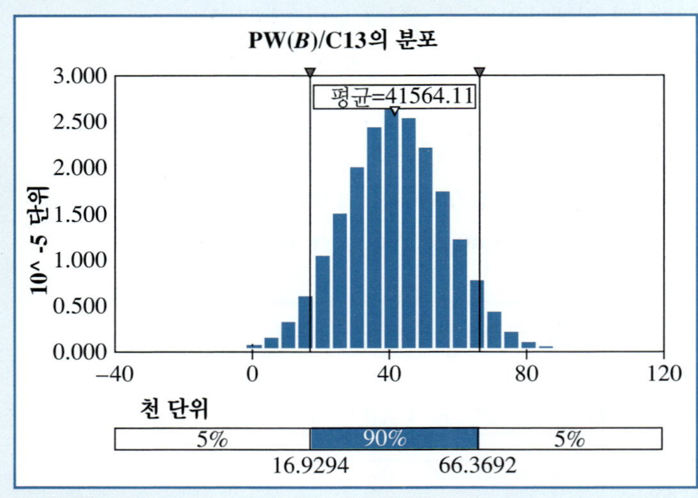

〈그림 11.12b〉 설계안 B에 대한 100,000회 모의 투자에 의한 현재가치 히스토그램

과 비교할 만하다. 또한 몬테카를로 시뮬레이션으로 도출된 현재가치의 평균은 설계안 A가 \$37,963.06, 설계안 B가 \$41,564.11, 설계안 B와 설계안 A의 차가 \$3,601.05이다. 정확한 기대값은 설계안 A가 \$37,951.19, 설계안 B가 \$41,565.37, 그리고 설계안 B와 A의 차가 \$3,614.18이다.

몬테카를로 시뮬레이션 결과를 보면 설계안 A가 양의 현재가치를 가질 확률과 설계안 B가 설계안 A보다 수익성이 더 있을 확률뿐만 아니라 설계안 B 및 설계안 B와 A의 차에 관한 현재가치의 기대값도 약간 작은 값을 도출한다. 하지만 분석적으로 얻은 결과와 시뮬레이션을 통해 얻어진 결과는 사실상 무시해도 될 정도의 차이다.

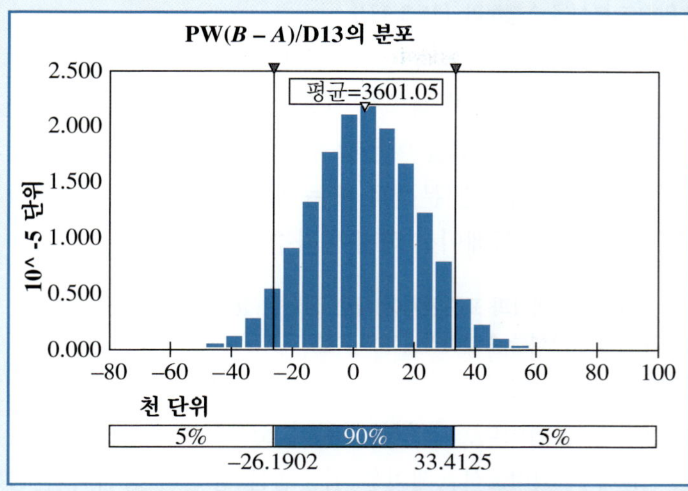

〈그림 11.12c〉 설계안 B의 설계안 A에 대한 증분투자에 대한 100,000회 모의 투자에 의한 현재가치 히스토그램

핵심 개념

1. **학습목표: 분기점 분석을 통해 비김값을 계산하라. (11.1절)**

비김값은 두 대안을 무차별하게 만드는, 즉 등가가 되게 하는 값이다. 내부수익률은 투자안의 경제적 가치가 0이 되는 이자율이기 때문에 내부수익률 자체가 하나의 비김값이다. 대안의 경제성 분석에서 분기점 분석은 종종 특정 자본투자를 정당화하기 위해 필요한 연간 비용절감액의 수준을 구하는 데 활용된다.

2. **학습목표: 하나 이상의 매개변수의 값이 명시된 범위 내에서 변할 때 경제적 가치 척도와 경제적 의사결정의 강건성에 미치는 영향을 검토하기 위해 민감도 분석을 수행하라. (11.2절)**

하나 이상의 매개변수의 값이 명시된 범위 내에서 변할 때 경제적 가치 척도에 미치는 영향을 파악하기 위해 민감도 분석을 수행한다. 우리는 통상적으로 투자대안에 대해 다른 추천의견을 초래하는 매개변수의 변화율(%)이 어느 정도인지 관심이 있다. 매개변수를 추정하는 하나의 보편적인 방법은 추정오차를 가진 각 매개변수에 대해 낙관값, 비관값, 최빈값으로 표현되는 3점 추정값을 제공하는 것이다. 위험도 분석은 민감도 분석과 달리 대안의 경제성 분석에서 매개변수 값을 할당할 때 본래의 부정확도를 반영하고 있다. 이러한 부정확도는 확률분포의 형태로 표현되며, 매개변수 자체는 확률변수로 취급된다.

3. **학습목표: 경제적 가치 척도의 기대값과 표준편차에 대한 정확한 값 또는 추정값을 도출하는 분석적 해법을 이용하여 위험도 분석을 수행하라. (11.3.1절)**

위험도 분석은 매개변수 값에 관한 확률적 추정값을 반영하므로, 보통 수익성이 있을 투자안의 확률이나 경제적 가치 척도가 최소한 특정 값 이상일 확률을 구할 수 있다. 경우에 따라 분석적 방법을 이용할 수 있으므로 특정 결과의 확률을 수학적으로 얻을 수 있다. 하지만 분석적 해는 매우 단순한 문제를 제외하면 얻기 어려울 수 있으므로, 시뮬레이션 해법이 자주 선호된다.

4. **학습목표: 경제적 가치 척도의 기대값과 표준편차에 대한 정확한 값 또는 추정값을 도출하는 시뮬레이션 해법을 이용하여 위험도 분석을 수행하라. (11.3.2절)**

시뮬레이션은 분석적 해법으로 얻기 어려운 보다 복잡한 상황에 대해 위험도 분석을 수행하는 보편적인 방법이다. 다양한 컴퓨터 소프트웨어 패키지들이 시뮬레이션 분석을 지원하고 있다. 시뮬레이션 접근법은 당연히 장점과 단점을 가지고 있다. 시뮬레이션의 장점으로 경영진에게 시스템 변경을 설득하는 데 유용하며, 분석적 해법의 검증에 사용될 수 있고, 다용도이며, 일반적으로 수학적 해석과 확률이론에 관한 배경지식이 덜 필요하다. 반면에 몇 가지 주요한 단점으로는 시뮬레이션을 작성하는 데 꽤 시간이 많이 소요되며, 분석적 해법에 존재하지 않는 임의성을 초래하는 원인이 표집오차 형태로 포함되고, 입력분포를 정확하게 재현하지 못하며, 시뮬레이션 모형에 대한 타당성 확인이 쉽게 간과되고, 상당히 적은 비용으로 분석적 해를 보다 수월하게 얻을 수 있는 경우에도 종종 채택되고 쉽게 적용되는 점을 들 수 있다.

핵심용어

민감도 분석
분기점 분석
비김값
위험도 분석
자기상관

기사시험 유사 문제

1~3번은 다음의 민감도 그래프를 참고하라.

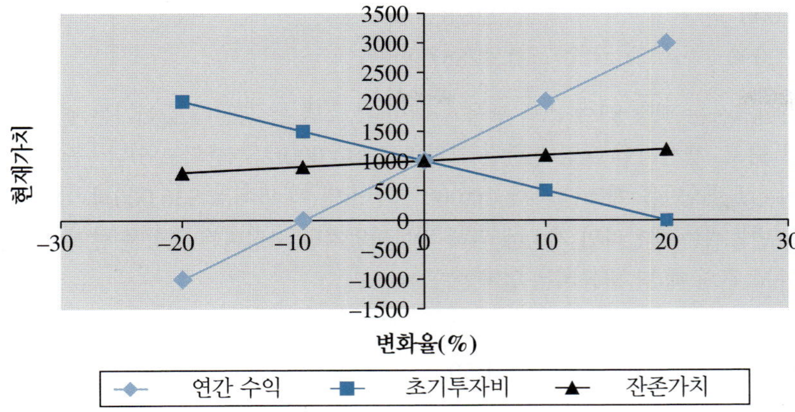

1. 위 분석은 어떤 요소의 변화에 가장 민감한가?
   a. 연간 수익
   b. 초기투자비
   c. 잔존가치
   d. 주어진 정보로는 알 수 없다.

2. 본래의 프로젝트(즉, 변화가 없을 경우)에서 현재가치의 값은 얼마인가?
   a. −10
   b. 20
   c. 1,000
   d. 주어진 정보로는 알 수 없다.

3. 만약 "연간 비용"에 대한 직선이 그래프에 추가된다면 직선은 어떤 기울기를 가질 것으로 예상하는가?
   a. 양의 기울기(왼쪽에서 오른쪽으로 상승하는 직선)
   b. 음의 기울기(왼쪽에서 오른쪽으로 하락하는 직선)
   c. 0의 기울기(수평선)
   d. 무한대의 기울기(수직선)

4. 일반적으로 재배기간 동안 날씨와 관련된 농작물 피해 확률은 아래 표와 같다. 이자율이 8%인 경우, 향후 5년간 농작물 피해에 관한 현재가치의 기대값은 얼마가 되는가?

농작물 피해액	확률
$0	60%
$100,000	25%
$200,000	13%
$300,000	2%

a. $57,000
b. $167,000
c. $228,000
d. $285,000

5. 구이 바이츠사는 팩당 $3에 스낵 팩을 판매한다. 스낵 팩 생산에 들어가는 변동비는 팩당 $1로, 생산라인 운영에 관한 고정비는 $14,000로 추산되고 있다. 구이 바이츠사는 생산라인을 개조한 후에 20,000개의 스낵 팩 판매로 $36,000의 이익을 얻었다. 변동비는 생산라인 개조에 의해 변화되었지만 고정비는 영향을 받지 않았다면, 개조 후의 팩 당 변동비는 얼마인가?

a. 0.33
b. 0.50
c. 1.00
d. 1.50

연습문제

11.0절 서론

1. 첫 번째 열의 용어에 대한 적절한 정의를 두 번째 열에서 택하라.

용어	정의
(a) 분기점 분석	(1) 투자안의 가치가 하나 이상의 매개변수의 변화에 따라 어떻게 변하는지를 파악함
(b) 민감도 분석	(2) 하나 이상의 매개변수에 할당된 확률값에 기반하여 투자안의 가치에 관해 확률적으로 표현함
(c) 위험도 분석	(3) 특정 매개변수의 무차별 값을 구함

11.1절 분기점 분석

2. 세실 제조사는 신제품 생산을 고려중이다. 판매단가는 $10.25, 장비 구입비는 $100,000, 운영 및 유지비용은 연간 $3,500로 예상된다. 계획기간 7년, MARR 12%이다.

다음의 각 경우에 대해 손익분기점을 구하는 설명이 각각 참인지, 거짓인지 판정하라. 각 경우는 다른 경우와는 독립이다.

a. 만약 장비 구입비가 2배가 되면 비김점이 되는 판매량은 2배가 된다.
b. 만약 단위당 수익이 2배가 되면 비김점이 되는 판매량은 절반이 된다.
c. 만약 운영 및 유지비용이 2배가 되면 비김점이 되는 판매량은 2배가 된다.

3. 어떤 제조업체가 특허를 받은 설계의 제조와 판매에 관한 독점적 권리 계약과 관련하여 발명자에게 두 가지 선택방안을 제안하였다. 방안 I은 즉시 $50,000을 일시불로 지불한다. 방안 II는 연간 $2,000 지불금에 판매단위당 $1.00의 특허 사용료를 추가로 지불한다. 특허 만료기간은 10년, MARR은 10%이다.

a. 방안 I과 방안 II가 동등한 매력을 가지도록 하고자 한다면 연간 균일 판매량은 몇 개가 되어야 하는가?

b. 만약 (a)에서 구한 값보다 작은 수량을 생산과 판매량으로 계획한다면, 어떤 방안이 더 매력적인가?

4. 회사는 연간 650,000단위의 제품을 생산하는 능력을 가지고 있다. 현재는 생산능력의 64%로 가동되고 있다. 이 회사의 단위당 수익은 \$1.00이고, 연간 고정비는 \$192,000, 제품 단위당 변동비는 \$0.376이다.

a. 이 회사의 현재 연간 손익은 얼마인가?

b. 이 회사에서 비김점(손익분기점)이 되는 제품수량은 몇 개인가?

c. 생산능력의 80%로 가동한다면 손익은 얼마인가?

5. 쿠퍼사는 폐열회수 열교환기에 대한 투자를 고려하고 있다. 폐열회수 열교환기의 초기비용은 \$20,000이고, 사용기간은 10년이다. 운영 및 유지 비용은 첫 해에 \$1,500, 이후 매년 \$100씩 증가할 것으로 추정된다. 그리고 폐열회수 열교환기의 잔존가치는 초기비용의 20%가 될 것으로 추산된다. 폐열회수 열교환기는 사용기간 동안 매년 균일한 연료 절감을 가져올 것으로 예상한다. MARR이 12%라고 가정할 때 이 장비에 대한 투자가 매력적이기 위한 연료 절감액의 최소값은 얼마인가?

6. 소규모 공익기업에서 말뚝을 박을 구덩이를 파는 동력 구동식 채굴기 구입을 고려하고 있다. 이 장비는 \$8,000의 비용이 필요하며, 수명은 8년, 잔존가치는 \$1,000로 추정된다. 이 장비에 대한 연간 유지비는 운용수준에 관계없이 초기비용의 15%이며, 운영비는 하루에 25개 구덩이를 뚫는 생산율 기준으로 \$40이다. 현재 한계비용이 일당 \$11.20인 작업자가 수동으로 하루에 1.5개의 생산율로 구덩이를 파고 있다. 비김값이 되는 연간 구덩이 개수를 구하라. MARR은 8%이다.

7. 정밀 주물 제조업체는 연 1,000,000단위의 주물 생산능력을 보유하고 있으며, 단위당 \$15에 판매한다. 주물 생산 변동비는 단위당 \$9, 공장의 연간 고정비는 \$3,500,000이다.

a. 현재 생산능력의 50%로 가동하고 있다면, 얼마의 손익을 얻게 되는가?

b. 손익분기점이 되기 위해서는 생산능력의 몇 %를 가동하여야 하는가?

8. 유명 가구회사의 자회사는 목재 팔레트를 제조하고 있다. 이 공장은 연 300,000단위의 팔레트를 생산할 수 있는 능력을 가지고 있는데, 현재 생산능력의 70%로 가동 중이다. 팔레트의 판매가격은 단위당 \$18.25이고, 변동비는 단위당 \$15.75이다. 생산량이 전무하더라도 이 공장의 연간 고정비는 \$550,000이다. 즉, 이 금액은 생산능력 이내의 어떤 생산율에서도 일정하게 유지된다.

a. 현재 생산능력의 70%로 가동중이라면 예상되는 이 자회사의 연간 손익은 얼

마인가?

b. 이 공장에서 비김점이 되기 위해 요구되는 연간 판매량(단위)은 얼마인가?

c. 생산능력의 90%로 가동할 경우 연간 손익은 얼마인가?

d. 만약 고정비가 40% 감소한다면 새로운 비김 판매량은 얼마인가?

9. 마이티 기계회사에서는 두 종의 100마력 모터를 고려하고 있다. 모터 Q의 비용은 $5,000이고 90%의 효율로 작동한다. 모터 R의 비용은 $3,500이고 효율은 88%이다. 연간 운영 및 유지 비용은 초기 구입가격의 15%로 추정되며, 전력비용은 3.2 ₵/kWh이다. 모터 Q의 구입을 정당화하기 위해서는 최대부하 조건에서 연간 몇 시간 정도의 운용이 필요한가? 계획기간 15년, 잔존가치는 초기 구입가격의 20%로 가정하며 MARR은 15%이다. (참고: 0.746 kWh = 1마력)

10. 전국적인 모텔 체인의 사장은 아칸소주의 스나이더시에 모텔의 신축을 고려하고 있다. 150객실을 가진 모텔의 전체 건축비용(가구 제외)은 $5,000,000, 모텔 내의 가구는 5년 마다 $1,875,000의 비용으로 교체해야 한다. 이 시설의 연간 운영 및 유지 비용은 $125,000으로 추정된다. 객실의 평균 요금은 하루당 $55로 예상되며, 계획기간 15년이 이러한 유형의 신규투자 평가에 적용된다. 건물의 잔존가치는 최초 건축비의 20%, 가구의 잔존가치는 5년의 교체주기 말에 없는 것으로 간주한다. 그리고 대지 구입비는 포함되지 않는다. (a) 0%, (b) 10%, (c) 15%, (d) 20%의 MARR에 기반하여 일일 객실 점유율에 대한 비김값을 결정하라. (모텔은 연간 365일 운영한다고 가정한다.)

11. 어떤 사업체는 포장 부서와 완제품 창고 사이에 개선된 자재 취급 시스템 설치를 계획하고 있다. 두 가지 설계 대안을 고려하고 있다. 첫 번째 대안은 세 대의 차량이 순환하는 무인반송차량시스템(AGVS)으로, 두 번째 대안은 포장 부서와 창고 사이에 팔레트 컨베이어를 설치하는 것으로 구성되어 있다. AGVS의 초기비용은 $280,000, 연간 운영 및 유지비용은 $50,000이며, 팔레트 컨베이어의 초기비용은 $360,000, 연간 운영 및 유지비용은 $35,000이다. 이 사업체가 분석에 적용하는 계획기간을 확신할 수는 없으나, 다양한 계획기간에 대한 잔존가치 추정값이 다음 표에 주어져 있다. MARR을 10%로 적용하여 계획기간 N에 관한 비김값을 구하라.

잔존가치 추정값		
계획 기간	무인반송 차량시스템	팔레트 컨베이어
1	$230,000	$300,000
2	185,000	245,000
3	145,000	200,000
4	110,000	160,000
5	80,000	125,000
6	55,000	95,000

12. 작은 주조공장에서 가스를 연료로 사용하는 용광로의 모터를 대체해야 하는데, 세 가지의 15마력 전기모터를 고려하고 있다. 모터 X는 $2,500에 판매되며 90%의 효율을, 모터 Y는 $1,750에 판매되며 85%의 효율을, 모터 Z는 $1,000에 판매되며 80%의 효율을 가지고 있다. 그리고 전기료는 $0.065/kWh이다. 계획기간 8년이 적용되며, 세 가지 모터에 대한 잔존가치는 0으로 가정한다. MARR은 12%이며, 선택된 모터는 최대출력의 부하로 작동하는 것으로 가정한다. 각 모터를 선호하는 모터의 연간 사용률(시간)에 관한 범위를 결정하라. (참고: 0.746 kWh = 1 마력)

13. 아약스사는 두 가지의 응축기를 고려하고 있다. 구리 응축기는 $5,000에 구입할 수 있으며, 연간 운영 및 유지비용은 $500이다. 또한 철 응축기는 $3,500에 구입할 수 있으나, 아약스사는 이전에 철 응축기를 사용해 본 경험이 없기 때문에 적절한 연간 운영 및 유지비용은 얼마가 될지 확신할 수 없다. 계획기간은 5년이 적용되며, 잔존가치는 초기 구입가격의 15%로 추정되고, MARR은 20%이다. 철 응축기의 연간 운영 및 유지비용의 비김값을 구하라.

11.2절 민감도 분석

14. 회사에서는 시설 현대화 계획에 관한 연간 순비용절감액을 추정할 때 잠재적인 오류의 영향을 파악하기 위해 민감도 분석을 수행하도록 요구하고 있다. 현대화의 초기투자비는 $30,000, 기대되는 연간 순비용절감액은 $13,000이다. 7년의 계획기간 말 잔존가치는 $7,000이며, MARR은 12%이다.
    a. 현대화가 최초 추정값과 연간가치(AW) 분석법에 기반하여 경제적으로 매력적인지 판정하라.
    b. 연간 순비용절감액이 최초 추정값에서 −80%, −60%, −40%, −20%, +20%, +40% 비율로 변할 때 AW를 구하라.
    c. 프로젝트의 매력에 관한 결정이 역전되는 연간 순비용절감액의 변화비율을 구하라.

15. 신규 프로젝트는 착수 시에 $80,000의 비용이 소요되며 7년간 지속되는데, 잔존가치는 $2,500로 추산된다. 연간 수익은 매년 $15,000로 예상된다. MARR이 12%일 경우 ±50%의 범위 내에서 한 번에 하나의 매개변수를 변화시켜 초기비용, 연간 수익, 잔존가치에 관한 연간가치를 민감도 그래프로 그려라.

16. 아래 표에 주어진 초기비용, 연간 수익, 잔존가치 데이터를 기반으로 연간가치 민감도 그래프를 그려라. 각각 −20%에서 +20%의 범위 내에서 한 번에 한 가지 매개변수만 바꾸어라. MARR이 20%이고 프로젝트 수명은 10년이다.

초기비용	$800,000
연간 수익	$330,000
잔존가치	$130,000

그래프에서 어떤 매개변수가 가장 민감한가? 가장 덜 민감한 매개변수는?

17. 할인 모텔체인의 소유주는 새로운 모텔을 건축하려고 한다. 몇 가지 핵심 매개변수의 낙관값, 비관값, 최빈값에 대한 추정값은 지역 건설업체와 상공회의소에서 얻을 수 있으며, 추정값은 아래 표와 같다. 모텔의 수명은 15년으로 예상되며, MARR은 20%이다.

매개변수	비관값	최빈값	낙관값
초기비용	$10,500,000	$8,875,000	$6,000,000
연간 운영비	$350,000	$175,000	$150,000
연간 수익	$1,500,000	$2,500,000	$3,500,000

a. 모두 비관값을 적용하면 이 대안은 경제적으로 매력적인가?
b. 모두 최빈값을 적용하면 이 대안은 경제적으로 매력적인가?
c. 모두 낙관값을 적용하면 이 대안은 경제적으로 매력적인가?
d. 기대값을 베타 근사값((비관값 + 4 최빈값 + 낙관값)/6; PERT 추정값)으로 추정하면 이 대안은 경제적으로 매력적인가?

18. 어떤 투자안의 매개변수에 관한 초기 추정값은 다음과 같다.

매개변수	초기 추정값	민감도
초기투자비	$15,000	해당 없음
연간 순수익	$2,500	−30%, 0%, +30%
프로젝트 수명	10년	−20%, 0%, +20%
잔존가치	$500	−50%, 0%, +50%
MARR	연 15%	해당 없음

추정값의 모든 가능한 조합에 대해 현재가치를 구한 후에 현재가치 척도에 기반한 다중 매개변수 민감도 분석을 수행하라.

11.3절 위험도 분석

19. 초기투자비 $12,000, 연간 수입액 $4,500로, 이 투자안의 수명은 불확실한 것으로 가정한다. MARR은 15%를 적용하며, 이 투자안의 수명에 관한 확률분포는 다음과 같다고 하자.

N	$p(N)$
1	0.10
2	0.15
3	0.20
4	0.25
5	0.15
6	0.10
7	0.05

분석적 해법을 적용하여 이 투자안이 수익성 있을 확률을 구하라.

20. 19번 문제에서 연간 수입액(R)의 크기도 확률 변동을 가진다고 가정한다. 즉, 각 연도의 수입액은 동일하며, 다음과 같은 확률분포를 갖는다.

R	$p(R)$
$5,000	0.20
$4,500	0.60
$4,000	0.20

분석적 해법을 적용하여 이 투자안이 수익성 있을 확률을 구하라.

21. 20번 문제에서 MARR도 확실하게 알 수 없지만, 다음과 같은 확률분포를 따를 것으로 예상한다.

i	$p(N)$
0.10	0.20
0.12	0.60
0.15	0.20

또한 초기투자비가 $9,000 또는 $11,000이 될 실현가능성이 동일하다고 가정할 때, 분석적 해법을 적용하여 이 투자안이 수익성이 있을 확률을 구하라.

22. 6년의 계획기간과 통계적으로 독립적이며 다음 표의 기대값과 분산을 가진 현금흐름을 가지는 투자안을 고려하자.

j	$E(C_j)$	$V(C_j)$
0	−$22,500	625×10^4
1	4,000	16×10^4
2	5,000	25×10^4
3	6,000	36×10^4
4	7,000	49×10^4
5	8,000	64×10^4
6	9,000	81×10^4

10%의 할인율을 적용하여 현재가치와 연간가치의 기대값과 분산을 구하라. 중심극한정리에 기반하여 양의 현재가치를 가질 확률을 계산하라. 또한 양의 연간가치를 가질 확률도 계산하라.

23. 두 가지 투자대안을 고려하고 있다. 대안 A는 장비에 $15,000의 초기투자가 필요하며, 연간 운영 및 유지 비용은 평균 $5,000, 표준편차 $500의 정규분포를, 계획기간 말인 8년의 잔존가치는 평균 $2,000, 표준편차 $800의 정규분포를 따른다고 예상한다. 대안 B는 계획기간 동안 매년 연말에 비용지출이 요구되는데, 연간 지출액은 평균 $8,000, 표준편차 $750인 정규분포를 따른다. MARR로 15%를 적용할 때 대안 A가 B 보다 더 경제적 대안일 확률은 얼마인가?

24. W사는 어떤 기계에 $12,500의 투자를 고려하고 있다. 이 기계는 앞으로 N년 동안 사용될 것이며, N년 말에 $$L$로 매각된다. 이 기계의 유지비는 수명기간 동안 연간 10%씩 증가할 것으로 추정된다. 첫 해의 유지비는 $1,500로 추정되며, 회사는 10%의 MARR을 적용한다. 아래에 주어진 N과 L의 확률분포로부터 이 기계의 연간등가균일비용의 기대값은 얼마인가?

N	L	$p(N)$
6	$5,000	0.2
8	3,000	0.4
10	1,000	0.4

25. 메인 일렉트릭사는 공장 신설을 위한 $10,600,000의 투자여부를 결정하고자 한다. 투자분석가는 이 공장이 매년 말에 아래 표와 같은 독립적인 확률적 현금흐름을 가져올 것으로 예측하고 있다. MARR은 15%이다.

연도 말	순현금흐름의 기대값	순현금흐름의 표준편차
0	−$19,700,000	$0
1	$1,200,000	$120,000
2	$3,600,000	$240,000
3	$6,000,000	$650,000
4	$9,600,000	$750,000
5	$11,000,000	$1,080,000

a. 현재가치의 평균과 표준편차를 분석적 해법으로 답하라.
b. 만약 현재가치가 정규분포를 따른다면 현재가치가 0보다 클 확률을 분석적 해법으로 답하라.
c. 매년 말의 현금흐름은 평균과 표준편차가 위의 표와 같은 정규분포를 따른다고 가정할 때 몬테카를로 시뮬레이션을 10,000회 반복하여 평균 및 표준편차와 양의 현재가치를 가질 확률을 추정하라.

26. 두 개의 상호 배타적인 대안 중 하나는 추진을 위해 반드시 선택되어야 한다. 대안 A는 장비를 구입하는 안이고, 대안 B는 매년 지불하는 리스 방식이다. 두 투자대안의 특징은 다음 표와 같다. 계획기간 8년과 연간 MARR로 15%를 적용한다.

대안	매개변수	평균	표준편차	분포
A	초기비용	$13,000	해당 없음	없음
A	연간 유지비	$5,000	$500	정규
A	잔존가치	$2,000	$800	정규
B	연도 말 리스 지불액	$7,500	$750	정규

a. 대안 A가 선호 대안일 확률을 분석적 해법으로 구하라.
b. 몬테카를로 시뮬레이션을 10,000회 반복하여 현재가치의 평균 및 표준편차와 양의 현재가치를 가질 확률을 추정하라.

27. 고려중인 프로젝트는 10년의 프로젝트 수명을 가지고 있다. 프로젝트의 초기투자비의 평균은 $10,000, 표준편차는 $1,000로 추정된다. 연간 수입액은 평균이 $1,800이고 표준편차가 $200가 될 것으로 기대하며, 각 연도의 수입액은 독립적이다. MARR이 12%이다.

a. 현재가치가 음수가 될 확률을 분석적 해법으로 구하라.
b. 초기투자액과 연간 수입액은 독립이고 정규분포를 따른다고 가정할 때 몬테카를로 시뮬레이션을 10,000회 반복하여 현재가치가 음수일 확률을 추정하라.

28. 제안된 프로젝트는 다음의 현금흐름 추정값을 가진다.

연도 말	순현금흐름의 평균	순현금흐름의 표준편차
0	−$800,000	$250,000
1	$1,000,000	$450,000
2	$1,000,000	$600,000

독립적 현금흐름, 정규분포를 따르는 순 현재가치, 15%의 MARR을 가정하여 다음을 구하라.

a. 순 현재가치의 평균과 표준편차를 분석적 해법으로 구하라.
b. 순 현재가치가 음수일 확률을 분석적 해법으로 구하라.
c. 순 현재가치가 $1,000,000보다 클 확률을 분석적 해법으로 구하라.
d. 초기투자비와 연간 수입액은 정규분포를 따른다고 가정할 때 몬테카를로 시뮬레이션을 10,000회 반복하여 현재가치가 음수일 확률을 추정하라.

부록 A
Appendix A

〈표 A-a-1〉

	단일금액		균일급수				등차급수	
n	To Find *F* Given *P* (*F*|*P i*%,*n*)	To Find *P* Given *F* (*P*|*F i*%,*n*)	To Find *F* Given *A* (*F*|*A i*%,*n*)	To Find *A* Given *F* (*A*|*F i*%,*n*)	To Find *P* Given *A* (*P*|*A i*%,*n*)	To Find *A* Given *P* (*A*|*P i*%,*n*)	To Find *P* Given *G* (*P*|*G i*%,*n*)	To Find *A* Given *G* (*A*|*G i*%,*n*)
1	1.00250	0.99751	1.00000	1.00000	0.99751	1.00250	0.00000	0.00000
2	1.00501	0.99502	2.00250	0.49938	1.99252	0.50188	0.99502	0.49938
3	1.00752	0.99254	3.00751	0.33250	2.98506	0.33500	2.98009	0.99834
4	1.01004	0.99006	4.01503	0.24906	3.97512	0.25156	5.95028	1.49688
5	1.01256	0.98759	5.02506	0.19900	4.96272	0.20150	9.90065	1.99501
6	1.01509	0.98513	6.03763	0.16563	5.94785	0.16813	14.82630	2.49272
7	1.01763	0.98267	7.05272	0.14179	6.93052	0.14429	20.72235	2.99001
8	1.02018	0.98022	8.07035	0.12391	7.91074	0.12641	27.58391	3.48689
9	1.02273	0.97778	9.09053	0.11000	8.88852	0.11250	35.40614	3.98335
10	1.02528	0.97534	10.11325	0.09888	9.86386	0.10138	44.18420	4.47940
11	1.02785	0.97291	11.13854	0.08978	10.83677	0.09228	53.91328	4.97503
12	1.03042	0.97048	12.16638	0.08219	11.80725	0.08469	64.58858	5.47025
13	1.03299	0.96806	13.19680	0.07578	12.77532	0.07828	76.20532	5.96504
14	1.03557	0.96565	14.22979	0.07028	13.74096	0.07278	88.75874	6.45943
15	1.03816	0.96324	15.26537	0.06551	14.70420	0.06801	102.24409	6.95339
16	1.04076	0.96084	16.30353	0.06134	15.66504	0.06384	116.65666	7.44694
17	1.04336	0.95844	17.34429	0.05766	16.62348	0.06016	131.99172	7.94008
18	1.04597	0.95605	18.38765	0.05438	17.57953	0.05688	148.24459	8.43279
19	1.04858	0.95367	19.43362	0.05146	18.53320	0.05396	165.41059	8.92510
20	1.05121	0.95129	20.48220	0.04882	19.48449	0.05132	183.48508	9.41698
21	1.05383	0.94892	21.53341	0.04644	20.43340	0.04894	202.46341	9.90845
22	1.05647	0.94655	22.58724	0.04427	21.37995	0.04677	222.34096	10.39951
23	1.05911	0.94419	23.64371	0.04229	22.32414	0.04479	243.11313	10.89014
24	1.06176	0.94184	24.70282	0.04048	23.26598	0.04298	264.77534	11.38036
25	1.06441	0.93949	25.76457	0.03881	24.20547	0.04131	287.32301	11.87017
26	1.06707	0.93714	26.82899	0.03727	25.14261	0.03977	310.75160	12.35956
27	1.06974	0.93481	27.89606	0.03585	26.07742	0.03835	335.05657	12.84853
28	1.07241	0.93248	28.96580	0.03452	27.00989	0.03702	360.23340	13.33709
29	1.07510	0.93015	30.03821	0.03329	27.94004	0.03579	386.27760	13.82523
30	1.07778	0.92783	31.11331	0.03214	28.86787	0.03464	413.18468	14.31296
36	1.09405	0.91403	37.62056	0.02658	34.38647	0.02908	592.49878	17.23058
40	1.10503	0.90495	42.01320	0.02380	38.01986	0.02630	728.73988	19.16735
48	1.12733	0.88705	50.93121	0.01963	45.17869	0.02213	1040.05520	23.02092
50	1.13297	0.88263	53.18868	0.01880	46.94617	0.02130	1125.77667	23.98016
52	1.13864	0.87824	55.45746	0.01803	48.70484	0.02053	1214.58847	24.93774
55	1.14720	0.87168	58.88194	0.01698	51.32644	0.01948	1353.52863	26.37098
60	1.16162	0.86087	64.64671	0.01547	55.65236	0.01797	1600.08454	28.75142
72	1.19695	0.83546	78.77939	0.01269	65.81686	0.01519	2265.55685	34.42214
75	1.20595	0.82922	82.37922	0.01214	68.31075	0.01464	2447.60694	35.83048
80	1.22110	0.81894	88.43918	0.01131	72.42595	0.01381	2764.45681	38.16942
84	1.23335	0.81080	93.34192	0.01071	75.68132	0.01321	3029.75923	40.03312
90	1.25197	0.79874	100.78845	9.9218E−03	80.50382	0.01242	3446.86997	42.81623
96	1.27087	0.78686	108.34739	9.2296E−03	85.25460	0.01173	3886.28316	45.58444
100	1.28362	0.77904	113.44996	8.8145E−03	88.38248	0.01131	4191.24173	47.42163
108	1.30952	0.76364	123.80926	8.0769E−03	94.54530	0.01058	4829.01247	51.07618
120	1.34935	0.74110	139.74142	7.1561E−03	103.56175	9.6561E−03	5852.11160	56.50843
132	1.39040	0.71922	156.15817	6.4038E−03	112.31206	8.9038E−03	6950.01441	61.88128
144	1.43269	0.69799	173.07425	5.7779E−03	120.80407	8.2779E−03	8117.41331	67.19487
180	1.56743	0.63799	226.97269	4.4058E−03	144.80547	6.9058E−03	1.1987E+04	82.78122
240	1.82075	0.54922	328.30200	3.0460E−03	180.31091	5.5460E−03	1.9399E+04	107.58631
360	2.45684	0.40703	582.73688	1.7160E−03	237.18938	4.2160E−03	3.6264E+04	152.89019
480	3.31515	0.30165	926.05950	1.0798E−03	279.34176	3.5798E−03	5.3821E+04	192.66991
600	4.47331	0.22355	1389.32309	7.1977E−04	310.58071	3.2198E−03	7.0581E+04	227.25400

〈표 A-a-2〉

	단일금액		균일급수				등차급수	
n	To Find F Given P (F|P i%,n)	To Find P Given F (P|F i%,n)	To Find F Given A (F|A i%,n)	To Find A Given F (A|F i%,n)	To Find P Given A (P|A i%,n)	To Find A Given P (A|P i%,n)	To Find P Given G (P|G i%,n)	To Find A Given G (A|G i%,n)
1	1.00500	0.99502	1.00000	1.00000	0.99502	1.00500	0.00000	0.00000
2	1.01003	0.99007	2.00500	0.49875	1.98510	0.50375	0.99007	0.49875
3	1.01508	0.98515	3.01502	0.33167	2.97025	0.33667	2.96037	0.99667
4	1.02015	0.98025	4.03010	0.24813	3.95050	0.25313	5.90111	1.49377
5	1.02525	0.97537	5.05025	0.19801	4.92587	0.20301	9.80260	1.99003
6	1.03038	0.97052	6.07550	0.16460	5.89638	0.16960	14.65519	2.48545
7	1.03553	0.96569	7.10588	0.14073	6.86207	0.14573	20.44933	2.98005
8	1.04071	0.96089	8.14141	0.12283	7.82296	0.12783	27.17552	3.47382
9	1.04591	0.95610	9.18212	0.10891	8.77906	0.11391	34.82436	3.96675
10	1.05114	0.95135	10.22803	0.09777	9.73041	0.10277	43.38649	4.45885
11	1.05640	0.94661	11.27917	0.08866	10.67703	0.09366	52.85264	4.95013
12	1.06168	0.94191	12.33556	0.08107	11.61893	0.08607	63.21360	5.44057
13	1.06699	0.93722	13.39724	0.07464	12.55615	0.07964	74.46023	5.93018
14	1.07232	0.93256	14.46423	0.06914	13.48871	0.07414	86.58346	6.41896
15	1.07768	0.92792	15.53655	0.06436	14.41662	0.06936	99.57430	6.90691
16	1.08307	0.92330	16.61423	0.06019	15.33993	0.06519	113.42380	7.39403
17	1.08849	0.91871	17.69730	0.05651	16.25863	0.06151	128.12311	7.88031
18	1.09393	0.91414	18.78579	0.05323	17.17277	0.05823	143.66343	8.36577
19	1.09940	0.90959	19.87972	0.05030	18.08236	0.05530	160.03602	8.85040
20	1.10490	0.90506	20.97912	0.04767	18.98742	0.05267	177.23221	9.33419
21	1.11042	0.90056	22.08401	0.04528	19.88798	0.05028	195.24341	9.81716
22	1.11597	0.89608	23.19443	0.04311	20.78406	0.04811	214.06109	10.29929
23	1.12155	0.89162	24.31040	0.04113	21.67568	0.04613	233.67676	10.78060
24	1.12716	0.88719	25.43196	0.03932	22.56287	0.04432	254.08203	11.26107
25	1.13280	0.88277	26.55912	0.03765	23.44564	0.04265	275.26856	11.74072
26	1.13846	0.87838	27.69191	0.03611	24.32402	0.04111	297.22805	12.21953
27	1.14415	0.87401	28.83037	0.03469	25.19803	0.03969	319.95231	12.69751
28	1.14987	0.86966	29.97452	0.03336	26.06769	0.03836	343.43317	13.17467
29	1.15562	0.86533	31.12439	0.03213	26.93302	0.03713	367.66255	13.65099
30	1.16140	0.86103	32.28002	0.03098	27.79405	0.03598	392.63241	14.12649
36	1.19668	0.83564	39.33610	0.02542	32.87102	0.03042	557.55983	16.96205
40	1.22079	0.81914	44.15885	0.02265	36.17223	0.02765	681.33469	18.83585
48	1.27049	0.78710	54.09783	0.01849	42.58032	0.02349	959.91881	22.54372
50	1.28323	0.77929	56.64516	0.01765	44.14279	0.02265	1035.69659	23.46242
52	1.29609	0.77155	59.21803	0.01689	45.68975	0.02189	1113.81615	24.37781
55	1.31563	0.76009	63.12577	0.01584	47.98145	0.02084	1235.26857	25.74471
60	1.34885	0.74137	69.77003	0.01433	51.72556	0.01933	1448.64580	28.00638
72	1.43204	0.69830	86.40886	0.01157	60.33951	0.01657	2012.34779	33.35041
75	1.45363	0.68793	90.72650	0.01102	62.41365	0.01602	2163.75249	34.66794
80	1.49034	0.67099	98.06771	0.01020	65.80231	0.01520	2424.64551	36.84742
84	1.52037	0.65773	104.07393	9.6086E−03	68.45304	0.01461	2640.66405	38.57628
90	1.56655	0.63834	113.31094	8.8253E−03	72.33130	0.01383	2976.07688	41.14508
96	1.61414	0.61952	122.82854	8.1414E−03	76.09522	0.01314	3324.18460	43.68454
100	1.64667	0.60729	129.33370	7.7319E−03	78.54264	0.01273	3562.79343	45.36126
108	1.71370	0.58353	142.73990	7.0057E−03	83.29342	0.01201	4054.37473	48.67581
120	1.81940	0.54963	163.87935	6.1021E−03	90.07345	0.01110	4823.50506	53.55080
132	1.93161	0.51770	186.32263	5.3670E−03	96.45960	0.01037	5624.58677	58.31029
144	2.05075	0.48763	210.15016	4.7585E−03	102.47474	9.7585E−03	6451.31165	62.95514
180	2.45409	0.40748	290.81871	3.4386E−03	118.50351	8.4386E−03	9031.33557	76.21154
240	3.31020	0.30210	462.04090	2.1643E−03	139.58077	7.1643E−03	1.3416E+04	96.11309
360	6.02258	0.16604	1004.51504	9.9551E−04	166.79161	5.9955E−03	2.1403E+04	128.32362
480	10.95745	0.09126	1991.49073	5.0214E−04	181.74758	5.5021E−03	2.7588E+04	151.79491
600	19.93596	0.05016	3787.19108	2.6405E−04	189.96787	5.2640E−03	3.1974E+04	168.31425

〈표 A-a-3〉

n	단일금액		균일급수				등차급수	
	To Find F Given P (F|P i%,n)	To Find P Given F (P|F i%,n)	To Find F Given A (F|A i%,n)	To Find A Given F (A|F i%,n)	To Find P Given A (P|A i%,n)	To Find A Given P (A|P i%,n)	To Find P Given G (P|G i%,n)	To Find A Given G (A|G i%,n)
1	1.00750	0.99256	1.00000	1.00000	0.99256	1.00750	0.00000	0.00000
2	1.01506	0.98517	2.00750	0.49813	1.97772	0.50563	0.98517	0.49813
3	1.02267	0.97783	3.02256	0.33085	2.95556	0.33835	2.94083	0.99502
4	1.03034	0.97055	4.04523	0.24721	3.92611	0.25471	5.85250	1.49066
5	1.03807	0.96333	5.07556	0.19702	4.88944	0.20452	9.70581	1.98506
6	1.04585	0.95616	6.11363	0.16357	5.84560	0.17107	14.48660	2.47821
7	1.05370	0.94904	7.15948	0.13967	6.79464	0.14717	20.18084	2.97011
8	1.06160	0.94198	8.21318	0.12176	7.73661	0.12926	26.77467	3.46077
9	1.06956	0.93496	9.27478	0.10782	8.67158	0.11532	34.25438	3.95019
10	1.07758	0.92800	10.34434	0.09667	9.59958	0.10417	42.60641	4.43836
11	1.08566	0.92109	11.42192	0.08755	10.52067	0.09505	51.81736	4.92529
12	1.09381	0.91424	12.50759	0.07995	11.43491	0.08745	61.87398	5.41097
13	1.10201	0.90743	13.60139	0.07352	12.34235	0.08102	72.76316	5.89541
14	1.11028	0.90068	14.70340	0.06801	13.24302	0.07551	84.47197	6.37860
15	1.11860	0.89397	15.81368	0.06324	14.13699	0.07074	96.98758	6.86055
16	1.12699	0.88732	16.93228	0.05906	15.02431	0.06656	110.29735	7.34126
17	1.13544	0.88071	18.05927	0.05537	15.90502	0.06287	124.38875	7.82072
18	1.14396	0.87416	19.19472	0.05210	16.77918	0.05960	139.24940	8.29894
19	1.15254	0.86765	20.33868	0.04917	17.64683	0.05667	154.86708	8.77592
20	1.16118	0.86119	21.49122	0.04653	18.50802	0.05403	171.22969	9.25165
21	1.16989	0.85478	22.65240	0.04415	19.36280	0.05165	188.32527	9.72614
22	1.17867	0.84842	23.82230	0.04198	20.21121	0.04948	206.14200	10.19939
23	1.18751	0.84210	25.00096	0.04000	21.05331	0.04750	224.66820	10.67139
24	1.19641	0.83583	26.18847	0.03818	21.88915	0.04568	243.89233	11.14216
25	1.20539	0.82961	27.38488	0.03652	22.71876	0.04402	263.80295	11.61168
26	1.21443	0.82343	28.59027	0.03498	23.54219	0.04248	284.38879	12.07996
27	1.22354	0.81730	29.80470	0.03355	24.35949	0.04105	305.63869	12.54701
28	1.23271	0.81122	31.02823	0.03223	25.17071	0.03973	327.54162	13.01281
29	1.24196	0.80518	32.26094	0.03100	25.97589	0.03850	350.08668	13.47737
30	1.25127	0.79919	33.50290	0.02985	26.77508	0.03735	373.26310	13.94069
36	1.30865	0.76415	41.15272	0.02430	31.44681	0.03180	524.99236	16.69462
40	1.34835	0.74165	46.44648	0.02153	34.44694	0.02903	637.46933	18.50583
48	1.43141	0.69861	57.52071	0.01739	40.18478	0.02489	886.84045	22.06906
50	1.45296	0.68825	60.39426	0.01656	41.56645	0.02406	953.84863	22.94756
52	1.47483	0.67804	63.31107	0.01580	42.92762	0.02330	1022.58522	23.82115
55	1.50827	0.66301	67.76883	0.01476	44.93161	0.02226	1128.78691	25.12233
60	1.56568	0.63870	75.42414	0.01326	48.17337	0.02076	1313.51888	27.26649
72	1.71255	0.58392	95.00703	0.01053	55.47685	0.01803	1791.24629	32.28818
75	1.75137	0.57098	100.18331	9.9817E−03	57.20267	0.01748	1917.22249	33.51631
80	1.81804	0.55004	109.07253	9.1682E−03	59.99444	0.01667	2132.14723	35.53908
84	1.87320	0.53385	116.42693	8.5891E−03	62.15396	0.01609	2308.12830	37.13566
90	1.95909	0.51044	127.87899	7.8199E−03	65.27461	0.01532	2577.99605	39.49462
96	2.04892	0.48806	139.85616	7.1502E−03	68.25844	0.01465	2853.93524	41.81073
100	2.11108	0.47369	148.14451	6.7502E−03	70.17462	0.01425	3040.74530	43.33112
108	2.24112	0.44620	165.48322	6.0429E−03	73.83938	0.01354	3419.90409	46.31545
120	2.45136	0.40794	193.51428	5.1676E−03	78.94169	0.01267	3998.56214	50.65210
132	2.68131	0.37295	224.17484	4.4608E−03	83.60642	0.01196	4583.57014	54.82318
144	2.93284	0.34097	257.71157	3.8803E−03	87.87109	0.01138	5169.58283	58.83144
180	3.83804	0.26055	378.40577	2.6427E−03	98.59341	0.01014	6892.60143	69.90935
240	6.00915	0.16641	667.88687	1.4973E−03	111.14495	8.9973E−03	9494.11617	85.42103
360	14.73058	0.06789	1830.74348	5.4623E−04	124.28187	8.0462E−03	1.3312E+04	107.11448
480	36.10990	0.02769	4681.32027	2.1361E−04	129.64090	7.7136E−03	1.5513E+04	119.66198
600	88.51826	0.01130	1.1669E+04	8.5696E−05	131.82705	7.5857E−03	1.6673E+04	126.47762

〈표 A-a-4〉

	단일금액		균일급수				등차급수	
n	To Find F Given P (F|P i%,n)	To Find P Given F (P|F i%,n)	To Find F Given A (F|A i%,n)	To Find A Given F (A|F i%,n)	To Find P Given A (P|A i%,n)	To Find A Given P (A|P i%,n)	To Find P Given G (P|G i%,n)	To Find A Given G (A|G i%,n)
1	1.01000	0.99010	1.00000	1.00000	0.99010	1.01000	0.00000	0.00000
2	1.02010	0.98030	2.01000	0.49751	1.97040	0.50751	0.98030	0.49751
3	1.03030	0.97059	3.03010	0.33002	2.94099	0.34002	2.92148	0.99337
4	1.04060	0.96098	4.06040	0.24628	3.90197	0.25628	5.80442	1.48756
5	1.05101	0.95147	5.10101	0.19604	4.85343	0.20604	9.61028	1.98010
6	1.06152	0.94205	6.15202	0.16255	5.79548	0.17255	14.32051	2.47098
7	1.07214	0.93272	7.21354	0.13863	6.72819	0.14863	19.91681	2.96020
8	1.08286	0.92348	8.28567	0.12069	7.65168	0.13069	26.38120	3.44777
9	1.09369	0.91434	9.36853	0.10674	8.56602	0.11674	33.69592	3.93367
10	1.10462	0.90529	10.46221	0.09558	9.47130	0.10558	41.84350	4.41792
11	1.11567	0.89632	11.56683	0.08645	10.36763	0.09645	50.80674	4.90052
12	1.12683	0.88745	12.68250	0.07885	11.25508	0.08885	60.56868	5.38145
13	1.13809	0.87866	13.80933	0.07241	12.13374	0.08241	71.11263	5.86073
14	1.14947	0.86996	14.94742	0.06690	13.00370	0.07690	82.42215	6.33836
15	1.16097	0.86135	16.09690	0.06212	13.86505	0.07212	94.48104	6.81433
16	1.17258	0.85282	17.25786	0.05794	14.71787	0.06794	107.27336	7.28865
17	1.18430	0.84438	18.43044	0.05426	15.56225	0.06426	120.78340	7.76131
18	1.19615	0.83602	19.61475	0.05098	16.39827	0.06098	134.99569	8.23231
19	1.20811	0.82774	20.81090	0.04805	17.22601	0.05805	149.89501	8.70167
20	1.22019	0.81954	22.01900	0.04542	18.04555	0.05542	165.46636	9.16937
21	1.23239	0.81143	23.23919	0.04303	18.85698	0.05303	181.69496	9.63542
22	1.24472	0.80340	24.47159	0.04086	19.66038	0.05086	198.56628	10.09982
23	1.25716	0.79544	25.71630	0.03889	20.45582	0.04889	216.06600	10.56257
24	1.26973	0.78757	26.97346	0.03707	21.24339	0.04707	234.18002	11.02367
25	1.28243	0.77977	28.24320	0.03541	22.02316	0.04541	252.89446	11.48312
26	1.29526	0.77205	29.52563	0.03387	22.79520	0.04387	272.19566	11.94092
27	1.30821	0.76440	30.82089	0.03245	23.55961	0.04245	292.07016	12.39707
28	1.32129	0.75684	32.12910	0.03112	24.31644	0.04112	312.50472	12.85158
29	1.33450	0.74934	33.45039	0.02990	25.06579	0.03990	333.48630	13.30444
30	1.34785	0.74192	34.78489	0.02875	25.80771	0.03875	355.00207	13.75566
36	1.43077	0.69892	43.07688	0.02321	30.10751	0.03321	494.62069	16.42848
40	1.48886	0.67165	48.88637	0.02046	32.83469	0.03046	596.85606	18.17761
48	1.61223	0.62026	61.22261	0.01633	37.97396	0.02633	820.14601	21.59759
50	1.64463	0.60804	64.46318	0.01551	39.19612	0.02551	879.41763	22.43635
52	1.67769	0.59606	67.76889	0.01476	40.39419	0.02476	939.91752	23.26863
55	1.72852	0.57853	72.85246	0.01373	42.14719	0.02373	1032.81478	24.50495
60	1.81670	0.55045	81.66967	0.01224	44.95504	0.02224	1192.80614	26.53331
72	2.04710	0.48850	104.70993	9.5502E−03	51.15039	0.01955	1597.86733	31.23861
75	2.10913	0.47413	110.91285	9.0161E−03	52.58705	0.01902	1702.73397	32.37934
80	2.21672	0.45112	121.67152	8.2189E−03	54.88821	0.01822	1879.87710	34.24920
84	2.30672	0.43352	130.67227	7.6527E−03	56.64845	0.01765	2023.31531	35.71704
90	2.44863	0.40839	144.86327	6.9031E−03	59.16088	0.01690	2240.56748	37.87245
96	2.59927	0.38472	159.92729	6.2528E−03	61.52770	0.01625	2459.42979	39.97272
100	2.70481	0.36971	170.48138	5.8657E−03	63.02888	0.01587	2605.77575	41.34257
108	2.92893	0.34142	192.89258	5.1842E−03	65.85779	0.01518	2898.42028	44.01029
120	3.30039	0.30299	230.03869	4.3471E−03	69.70052	0.01435	3334.11485	47.83486
132	3.71896	0.26889	271.89586	3.6779E−03	73.11075	0.01368	3761.69441	51.45200
144	4.19062	0.23863	319.06156	3.1342E−03	76.13716	0.01313	4177.46642	54.86764
180	5.99580	0.16678	499.58020	2.0017E−03	83.32166	0.01200	5330.06592	63.96975
240	10.89255	0.09181	989.25537	1.0109E−03	90.81942	0.01101	6878.60156	75.73933
360	35.94964	0.02782	3494.96413	2.8613E−04	97.21833	0.01029	8720.43230	89.69947
480	118.64773	8.4283E−03	1.1765E+04	8.5000E−05	99.15717	0.01008	9511.15793	95.92002
600	391.58340	2.5537E−03	3.9058E+04	2.5603E−05	99.74463	0.01003	9821.23859	98.46384

1.00%

〈표 A-a-5〉

	단일금액		균일급수				등차급수	
n	To Find *F* Given *P* (*F*|*P i*%,*n*)	To Find *P* Given *F* (*P*|*F i*%,*n*)	To Find *F* Given *A* (*F*|*A i*%,*n*)	To Find *A* Given *F* (*A*|*F i*%,*n*)	To Find *P* Given *A* (*P*|*A i*%,*n*)	To Find *A* Given *P* (*A*|*P i*%,*n*)	To Find *P* Given *G* (*P*|*G i*%,*n*)	To Find *A* Given *G* (*A*|*G i*%,*n*)
1	1.01250	0.98765	1.00000	1.00000	0.98765	1.01250	0.00000	0.00000
2	1.02516	0.97546	2.01250	0.49689	1.96312	0.50939	0.97546	0.49689
3	1.03797	0.96342	3.03766	0.32920	2.92653	0.34170	2.90230	0.99172
4	1.05095	0.95152	4.07563	0.24536	3.87806	0.25786	5.75687	1.48447
5	1.06408	0.93978	5.12657	0.19506	4.81784	0.20756	9.51598	1.97516
6	1.07738	0.92817	6.19065	0.16153	5.74601	0.17403	14.15685	2.46377
7	1.09085	0.91672	7.26804	0.13759	6.66273	0.15009	19.65715	2.95032
8	1.10449	0.90540	8.35889	0.11963	7.56812	0.13213	25.99494	3.43479
9	1.11829	0.89422	9.46337	0.10567	8.46234	0.11817	33.14870	3.91720
10	1.13227	0.88318	10.58167	0.09450	9.34553	0.10700	41.09733	4.39754
11	1.14642	0.87228	11.71394	0.08537	10.21780	0.09787	49.82011	4.87581
12	1.16075	0.86151	12.86036	0.07776	11.07931	0.09026	59.29670	5.35202
13	1.17526	0.85087	14.02112	0.07132	11.93018	0.08382	69.50717	5.82616
14	1.18995	0.84037	15.19638	0.06581	12.77055	0.07831	80.43196	6.29824
15	1.20483	0.82999	16.38633	0.06103	13.60055	0.07353	92.05186	6.76825
16	1.21989	0.81975	17.59116	0.05685	14.42029	0.06935	104.34806	7.23620
17	1.23514	0.80963	18.81105	0.05316	15.22992	0.06566	117.30207	7.70208
18	1.25058	0.79963	20.04619	0.04988	16.02955	0.06238	130.89580	8.16591
19	1.26621	0.78976	21.29677	0.04696	16.81931	0.05946	145.11145	8.62767
20	1.28204	0.78001	22.56298	0.04432	17.59932	0.05682	159.93161	9.08738
21	1.29806	0.77038	23.84502	0.04194	18.36969	0.05444	175.33919	9.54502
22	1.31429	0.76087	25.14308	0.03977	19.13056	0.05227	191.31742	10.00062
23	1.33072	0.75147	26.45737	0.03780	19.88204	0.05030	207.84986	10.45415
24	1.34735	0.74220	27.78808	0.03599	20.62423	0.04849	224.92039	10.90564
25	1.36419	0.73303	29.13544	0.03432	21.35727	0.04682	242.51321	11.35507
26	1.38125	0.72398	30.49963	0.03279	22.08125	0.04529	260.61282	11.80245
27	1.39851	0.71505	31.88087	0.03137	22.79630	0.04387	279.20402	12.24778
28	1.41599	0.70622	33.27938	0.03005	23.50252	0.04255	298.27192	12.69106
29	1.43369	0.69750	34.69538	0.02882	24.20002	0.04132	317.80191	13.13230
30	1.45161	0.68889	36.12907	0.02768	24.88891	0.04018	337.77969	13.57150
36	1.56394	0.63941	45.11551	0.02217	28.84727	0.03467	466.28302	16.16385
40	1.64362	0.60841	51.48956	0.01942	31.32693	0.03192	559.23198	17.85148
48	1.81535	0.55086	65.22839	0.01533	35.93148	0.02783	759.22956	21.12993
50	1.86102	0.53734	68.88179	0.01452	37.01288	0.02702	811.67385	21.92950
52	1.90784	0.52415	72.62710	0.01377	38.06773	0.02627	864.94093	22.72110
55	1.98028	0.50498	78.42246	0.01275	39.60169	0.02525	946.22770	23.89362
60	2.10718	0.47457	88.57451	0.01129	42.03459	0.02379	1084.84285	25.80834
72	2.44592	0.40884	115.67362	8.6450E−03	47.29247	0.02115	1428.45610	30.20472
75	2.53879	0.39389	123.10349	8.1232E−03	48.48897	0.02062	1515.79039	31.26052
80	2.70148	0.37017	136.11880	7.3465E−03	50.38666	0.01985	1661.86513	32.98225
84	2.83911	0.35222	147.12904	6.7968E−03	51.82219	0.01930	1778.83839	34.32581
90	3.05881	0.32692	164.70501	6.0715E−03	53.84606	0.01857	1953.83026	36.28548
96	3.29551	0.30344	183.64106	5.4454E−03	55.72457	0.01795	2127.52438	38.17929
100	3.46340	0.28873	197.07234	5.0743E−03	56.90134	0.01757	2242.24109	39.40577
108	3.82528	0.26142	226.02255	4.4243E−03	59.08651	0.01692	2468.26361	41.77373
120	4.44021	0.22521	275.21706	3.6335E−03	61.98285	0.01613	2796.56945	45.11844
132	5.15400	0.19402	332.31981	3.0091E−03	64.47807	0.01551	3109.35041	48.22338
144	5.98253	0.16715	398.60208	2.5088E−03	66.62772	0.01501	3404.60974	51.09900
180	9.35633	0.10688	668.50676	1.4959E−03	71.44964	0.01400	4176.90718	58.45945
240	19.71549	0.05072	1497.23948	6.6790E−04	75.94228	0.01317	5101.52883	67.17640
360	87.54100	0.01142	6923.27961	1.4444E−04	79.08614	0.01264	5997.90267	75.84012
480	388.70068	2.5727E−03	3.1016E+04	3.2241E−05	79.79419	0.01253	6284.74422	78.76193
600	1725.91392	5.7940E−04	1.3799E+05	7.2467E−06	79.95365	0.01251	6368.48047	79.65216

1.25%

〈표 A-a-6〉

	단일금액		균일급수				등차급수	
n	To Find *F* Given *P* (*F*|*P i*%,*n*)	To Find *P* Given *F* (*P*|*F i*%,*n*)	To Find *F* Given *A* (*F*|*A i*%,*n*)	To Find *A* Given *F* (*A*|*F i*%,*n*)	To Find *P* Given *A* (*P*|*A i*%,*n*)	To Find *A* Given *P* (*A*|*P i*%,*n*)	To Find *P* Given *G* (*P*|*G i*%,*n*)	To Find *A* Given *G* (*A*|*G i*%,*n*)
1	1.01500	0.98522	1.00000	1.00000	0.98522	1.01500	0.00000	0.00000
2	1.03023	0.97066	2.01500	0.49628	1.95588	0.51128	0.97066	0.49628
3	1.04568	0.95632	3.04522	0.32838	2.91220	0.34338	2.88330	0.99007
4	1.06136	0.94218	4.09090	0.24444	3.85438	0.25944	5.70985	1.48139
5	1.07728	0.92826	5.15227	0.19409	4.78264	0.20909	9.42289	1.97023
6	1.09344	0.91454	6.22955	0.16053	5.69719	0.17553	13.99560	2.45658
7	1.10984	0.90103	7.32299	0.13656	6.59821	0.15156	19.40176	2.94046
8	1.12649	0.88771	8.43284	0.11858	7.48593	0.13358	25.61574	3.42185
9	1.14339	0.87459	9.55933	0.10461	8.36052	0.11961	32.61248	3.90077
10	1.16054	0.86167	10.70272	0.09343	9.22218	0.10843	40.36748	4.37721
11	1.17795	0.84893	11.86326	0.08429	10.07112	0.09929	48.85681	4.85118
12	1.19562	0.83639	13.04121	0.07668	10.90751	0.09168	58.05708	5.32267
13	1.21355	0.82403	14.23683	0.07024	11.73153	0.08524	67.94540	5.79169
14	1.23176	0.81185	15.45038	0.06472	12.54338	0.07972	78.49944	6.25824
15	1.25023	0.79985	16.68214	0.05994	13.34323	0.07494	89.69736	6.72231
16	1.26899	0.78803	17.93237	0.05577	14.13126	0.07077	101.51783	7.18392
17	1.28802	0.77639	19.20136	0.05208	14.90765	0.06708	113.93999	7.64306
18	1.30734	0.76491	20.48938	0.04881	15.67256	0.06381	126.94349	8.09973
19	1.32695	0.75361	21.79672	0.04588	16.42617	0.06088	140.50842	8.55394
20	1.34686	0.74247	23.12367	0.04325	17.16864	0.05825	154.61536	9.00569
21	1.36706	0.73150	24.47052	0.04087	17.90014	0.05587	169.24532	9.45497
22	1.38756	0.72069	25.83758	0.03870	18.62082	0.05370	184.37976	9.90180
23	1.40838	0.71004	27.22514	0.03673	19.33086	0.05173	200.00058	10.34618
24	1.42950	0.69954	28.63352	0.03492	20.03041	0.04992	216.09009	10.78810
25	1.45095	0.68921	30.06302	0.03326	20.71961	0.04826	232.63103	11.22758
26	1.47271	0.67902	31.51397	0.03173	21.39863	0.04673	249.60654	11.66460
27	1.49480	0.66899	32.98668	0.03032	22.06762	0.04532	267.00017	12.09918
28	1.51722	0.65910	34.48148	0.02900	22.72672	0.04400	284.79585	12.53132
29	1.53998	0.64936	35.99870	0.02778	23.37608	0.04278	302.97790	12.96102
30	1.56308	0.63976	37.53868	0.02664	24.01584	0.04164	321.53101	13.38829
36	1.70914	0.58509	47.27597	0.02115	27.66068	0.03615	439.83026	15.90092
40	1.81402	0.55126	54.26789	0.01843	29.91585	0.03343	524.35682	17.52773
48	2.04348	0.48936	69.56522	0.01437	34.04255	0.02937	703.54615	20.66667
50	2.10524	0.47500	73.68283	0.01357	34.99969	0.02857	749.96361	21.42772
52	2.16887	0.46107	77.92489	0.01283	35.92874	0.02783	796.87737	22.17938
55	2.26794	0.44093	84.52960	0.01183	37.27147	0.02683	868.02846	23.28936
60	2.44322	0.40930	96.21465	0.01039	39.38027	0.02539	988.16739	25.09296
72	2.92116	0.34233	128.07720	7.8078E−03	43.84467	0.02281	1279.79379	29.18927
75	3.05459	0.32738	136.97278	7.3007E−03	44.84160	0.02230	1352.56005	30.16306
80	3.29066	0.30389	152.71085	6.5483E−03	46.40732	0.02155	1473.07411	31.74228
84	3.49259	0.28632	166.17264	6.0178E−03	47.57863	0.02102	1568.51404	32.96677
90	3.81895	0.26185	187.92990	5.3211E−03	49.20985	0.02032	1709.54387	34.73987
96	4.17580	0.23947	211.72023	4.7232E−03	50.70168	0.01972	1847.47253	36.43810
100	4.43205	0.22563	228.80304	4.3706E−03	51.62470	0.01937	1937.45061	37.52953
108	4.99267	0.20029	266.17777	3.7569E−03	53.31375	0.01876	2112.13479	39.61708
120	5.96932	0.16752	331.28819	3.0185E−03	55.49845	0.01802	2359.71143	42.51851
132	7.13703	0.14011	409.13539	2.4442E−03	57.32571	0.01744	2588.70855	45.15789
144	8.53316	0.11719	502.21092	1.9912E−03	58.85401	0.01699	2798.57842	47.55119
180	14.58437	0.06857	905.62451	1.1042E−03	62.09556	0.01610	3316.90537	53.41614
240	35.63282	0.02806	2308.85437	4.3312E−04	64.79573	0.01543	3870.69117	59.73682
360	212.70378	4.7014E−03	1.4114E+04	7.0854E−05	66.35324	0.01507	4310.71648	64.96618
480	1269.69754	7.8759E−04	8.4580E+04	1.1823E−05	66.61416	0.01501	4415.74120	66.28833
600	7579.23459	1.3194E−04	5.0522E+05	1.9794E−06	66.65787	0.01500	4438.58047	66.58749

〈표 A-a-7〉

	단일금액		균일급수				등차급수	
n	To Find F Given P (F|P i%,n)	To Find P Given F (P|F i%,n)	To Find F Given A (F|A i%,n)	To Find A Given F (A|F i%,n)	To Find P Given A (P|A i%,n)	To Find A Given P (A|P i%,n)	To Find P Given G (P|G i%,n)	To Find A Given G (A|G i%,n)
1	1.01750	0.98280	1.00000	1.00000	0.98280	1.01750	0.00000	0.00000
2	1.03531	0.96590	2.01750	0.49566	1.94870	0.51316	0.96590	0.49566
3	1.05342	0.94929	3.05281	0.32757	2.89798	0.34507	2.86447	0.98843
4	1.07186	0.93296	4.10623	0.24353	3.83094	0.26103	5.66334	1.47832
5	1.09062	0.91691	5.17809	0.19312	4.74786	0.21062	9.33099	1.96531
6	1.10970	0.90114	6.26871	0.15952	5.64900	0.17702	13.83671	2.44941
7	1.12912	0.88564	7.37841	0.13553	6.53464	0.15303	19.15057	2.93062
8	1.14888	0.87041	8.50753	0.11754	7.40505	0.13504	25.24345	3.40895
9	1.16899	0.85544	9.65641	0.10356	8.26049	0.12106	32.08698	3.88439
10	1.18944	0.84073	10.82540	0.09238	9.10122	0.10988	39.65354	4.35695
11	1.21026	0.82627	12.01484	0.08323	9.92749	0.10073	47.91623	4.82662
12	1.23144	0.81206	13.22510	0.07561	10.73955	0.09311	56.84886	5.29341
13	1.25299	0.79809	14.45654	0.06917	11.53764	0.08667	66.42596	5.75733
14	1.27492	0.78436	15.70953	0.06366	12.32201	0.08116	76.62270	6.21836
15	1.29723	0.77087	16.98445	0.05888	13.09288	0.07638	87.41495	6.67653
16	1.31993	0.75762	18.28168	0.05470	13.85050	0.07220	98.77919	7.13182
17	1.34303	0.74459	19.60161	0.05102	14.59508	0.06852	110.69257	7.58424
18	1.36653	0.73178	20.94463	0.04774	15.32686	0.06524	123.13283	8.03379
19	1.39045	0.71919	22.31117	0.04482	16.04606	0.06232	136.07832	8.48048
20	1.41478	0.70682	23.70161	0.04219	16.75288	0.05969	149.50799	8.92431
21	1.43954	0.69467	25.11639	0.03981	17.44755	0.05731	163.40134	9.36529
22	1.46473	0.68272	26.55593	0.03766	18.13027	0.05516	177.73847	9.80341
23	1.49036	0.67098	28.02065	0.03569	18.80125	0.05319	192.49999	10.23868
24	1.51644	0.65944	29.51102	0.03389	19.46069	0.05139	207.66706	10.67111
25	1.54298	0.64810	31.02746	0.03223	20.10878	0.04973	223.22138	11.10069
26	1.56998	0.63695	32.57044	0.03070	20.74573	0.04820	239.14512	11.52744
27	1.59746	0.62599	34.14042	0.02929	21.37173	0.04679	255.42098	11.95135
28	1.62541	0.61523	35.73788	0.02798	21.98695	0.04548	272.03215	12.37243
29	1.65386	0.60465	37.36329	0.02676	22.59160	0.04426	288.96226	12.79069
30	1.68280	0.59425	39.01715	0.02563	23.18585	0.04313	306.19544	13.20613
36	1.86741	0.53550	49.56613	0.02018	26.54275	0.03768	415.12498	15.63986
40	2.00160	0.49960	57.23413	0.01747	28.59423	0.03497	492.01087	17.20665
48	2.29960	0.43486	74.26278	0.01347	32.29380	0.03097	652.60539	20.20838
50	2.38079	0.42003	78.90222	0.01267	33.14121	0.03017	693.70101	20.93167
52	2.46485	0.40570	83.70547	0.01195	33.95972	0.02945	735.03220	21.64424
55	2.59653	0.38513	91.23016	0.01096	35.13545	0.02846	797.33210	22.69310
60	2.83182	0.35313	104.67522	9.5534E−03	36.96399	0.02705	901.49545	24.38848
72	3.48721	0.28676	142.12628	7.0360E−03	40.75645	0.02454	1149.11809	28.19476
75	3.67351	0.27222	152.77206	6.5457E−03	41.58748	0.02405	1209.77384	29.08986
80	4.00639	0.24960	171.79382	5.8209E−03	42.87993	0.02332	1309.24819	30.53289
84	4.29429	0.23287	188.24499	5.3122E−03	43.83614	0.02281	1387.15838	31.64417
90	4.76538	0.20985	215.16462	4.6476E−03	45.15161	0.02215	1500.87981	33.24089
96	5.28815	0.18910	245.03739	4.0810E−03	46.33703	0.02158	1610.47158	34.75560
100	5.66816	0.17642	266.75177	3.7488E−03	47.06147	0.02125	1681.08862	35.72112
108	6.51204	0.15356	314.97378	3.1749E−03	48.36790	0.02067	1816.18525	37.54939
120	8.01918	0.12470	401.09620	2.4932E−03	50.01709	0.01999	2003.02686	40.04685
132	9.87514	0.10126	507.15073	1.9718E−03	51.35632	0.01947	2170.82384	42.26985
144	12.16063	0.08223	637.75045	1.5680E−03	52.44385	0.01907	2320.13512	44.24036
180	22.70885	0.04404	1240.50595	8.0612E−04	54.62653	0.01831	2668.57763	48.85131
240	64.30730	0.01555	3617.56017	2.7643E−04	56.25427	0.01778	3001.26781	53.35183
360	515.69206	1.9391E−03	2.9411E+04	3.4001E−05	57.03205	0.01753	3219.08332	56.44341
480	4135.42921	2.4181E−04	2.3625E+05	4.2327E−06	57.12904	0.01750	3257.88395	57.02676
600	3.3163E+04	3.0154E−05	1.8950E+06	5.2772E−07	57.14113	0.01750	3264.17380	57.12476

〈표 A-a-8〉

	단일금액		균일급수				등차급수	
n	To Find *F* Given *P* (*F*|*P i*%,*n*)	To Find *P* Given *F* (*P*|*F i*%,*n*)	To Find *F* Given *A* (*F*|*A i*%,*n*)	To Find *A* Given *F* (*A*|*F i*%,*n*)	To Find *P* Given *A* (*P*|*A i*%,*n*)	To Find *A* Given *P* (*A*|*P i*%,*n*)	To Find *P* Given *G* (*P*|*G i*%,*n*)	To Find *A* Given *G* (*A*|*G i*%,*n*)
1	1.02000	0.98039	1.00000	1.00000	0.98039	1.02000	0.00000	0.00000
2	1.04040	0.96117	2.02000	0.49505	1.94156	0.51505	0.96117	0.49505
3	1.06121	0.94232	3.06040	0.32675	2.88388	0.34675	2.84581	0.98680
4	1.08243	0.92385	4.12161	0.24262	3.80773	0.26262	5.61735	1.47525
5	1.10408	0.90573	5.20404	0.19216	4.71346	0.21216	9.24027	1.96040
6	1.12616	0.88797	6.30812	0.15853	5.60143	0.17853	13.68013	2.44226
7	1.14869	0.87056	7.43428	0.13451	6.47199	0.15451	18.90349	2.92082
8	1.17166	0.85349	8.58297	0.11651	7.32548	0.13651	24.87792	3.39608
9	1.19509	0.83676	9.75463	0.10252	8.16224	0.12252	31.57197	3.86805
10	1.21899	0.82035	10.94972	0.09133	8.98259	0.11133	38.95510	4.33674
11	1.24337	0.80426	12.16872	0.08218	9.78685	0.10218	46.99773	4.80213
12	1.26824	0.78849	13.41209	0.07456	10.57534	0.09456	55.67116	5.26424
13	1.29361	0.77303	14.68033	0.06812	11.34837	0.08812	64.94755	5.72307
14	1.31948	0.75788	15.97394	0.06260	12.10625	0.08260	74.79992	6.17862
15	1.34587	0.74301	17.29342	0.05783	12.84926	0.07783	85.20213	6.63090
16	1.37279	0.72845	18.63929	0.05365	13.57771	0.07365	96.12881	7.07990
17	1.40024	0.71416	20.01207	0.04997	14.29187	0.06997	107.55542	7.52564
18	1.42825	0.70016	21.41231	0.04670	14.99203	0.06670	119.45813	7.96811
19	1.45681	0.68643	22.84056	0.04378	15.67846	0.06378	131.81388	8.40732
20	1.48595	0.67297	24.29737	0.04116	16.35143	0.06116	144.60033	8.84328
21	1.51567	0.65978	25.78332	0.03878	17.01121	0.05878	157.79585	9.27599
22	1.54598	0.64684	27.29898	0.03663	17.65805	0.05663	171.37947	9.70546
23	1.57690	0.63416	28.84496	0.03467	18.29220	0.05467	185.33090	10.13169
24	1.60844	0.62172	30.42186	0.03287	18.91393	0.05287	199.63049	10.55468
25	1.64061	0.60953	32.03030	0.03122	19.52346	0.05122	214.25924	10.97445
26	1.67342	0.59758	33.67091	0.02970	20.12104	0.04970	229.19872	11.39100
27	1.70689	0.58586	35.34432	0.02829	20.70690	0.04829	244.43113	11.80433
28	1.74102	0.57437	37.05121	0.02699	21.28127	0.04699	259.93924	12.21446
29	1.77584	0.56311	38.79223	0.02578	21.84438	0.04578	275.70639	12.62138
30	1.81136	0.55207	40.56808	0.02465	22.39646	0.04465	291.71644	13.02512
36	2.03989	0.49022	51.99437	0.01923	25.48884	0.03923	392.04045	15.38087
40	2.20804	0.45289	60.40198	0.01656	27.35548	0.03656	461.99313	16.88850
48	2.58707	0.38654	79.35352	0.01260	30.67312	0.03260	605.96572	19.75559
50	2.69159	0.37153	84.57940	0.01182	31.42361	0.03182	642.36059	20.44198
52	2.80033	0.35710	90.01641	0.01111	32.14495	0.03111	678.78489	21.11638
55	2.97173	0.33650	98.58653	0.01014	33.17479	0.03014	733.35269	22.10572
60	3.28103	0.30478	114.05154	8.7680E−03	34.76089	0.02877	823.69753	23.69610
72	4.16114	0.24032	158.05702	6.3268E−03	37.98406	0.02633	1034.05570	27.22341
75	4.41584	0.22646	170.79177	5.8551E−03	38.67711	0.02586	1084.63929	28.04344
80	4.87544	0.20511	193.77196	5.1607E−03	39.74451	0.02516	1166.78677	29.35718
84	5.27733	0.18949	213.86661	4.6758E−03	40.52552	0.02468	1230.41912	30.36159
90	5.94313	0.16826	247.15666	4.0460E−03	41.58693	0.02405	1322.17008	31.79292
96	6.69293	0.14941	284.64666	3.5131E−03	42.52943	0.02351	1409.29734	33.13699
100	7.24465	0.13803	312.23231	3.2027E−03	43.09835	0.02320	1464.75275	33.98628
108	8.48826	0.11781	374.41288	2.6708E−03	44.10951	0.02267	1569.30251	35.57742
120	10.76516	0.09289	488.25815	2.0481E−03	45.35539	0.02205	1710.41605	37.71142
132	13.65283	0.07324	632.64148	1.5807E−03	46.33776	0.02158	1833.47151	39.56755
144	17.31509	0.05775	815.75446	1.2259E−03	47.11235	0.02123	1939.79497	41.17381
180	35.32083	0.02831	1716.04157	5.8274E−04	48.58440	0.02058	2174.41310	44.75537
240	115.88874	8.6290E−03	5744.43676	1.7408E−04	49.56855	0.02017	2374.87999	47.91102
360	1247.56113	8.0156E−04	6.2328E+04	1.6044E−05	49.95992	0.02002	2483.56794	49.71121
480	1.3430E+04	7.4459E−05	6.7146E+05	1.4893E−06	49.99628	0.02000	2498.02683	49.96426
600	1.4458E+05	6.9167E−06	7.2289E+06	1.3833E−07	49.99965	0.02000	2499.77521	49.99585

〈표 A-a-9〉

	단일금액		균일급수				등차급수	
n	To Find *F* Given *P* (*F*|*P i*%,*n*)	To Find *P* Given *F* (*P*|*F i*%,*n*)	To Find *F* Given *A* (*F*|*A i*%,*n*)	To Find *A* Given *F* (*A*|*F i*%,*n*)	To Find *P* Given *A* (*P*|*A i*%,*n*)	To Find *A* Given *P* (*A*|*P i*%,*n*)	To Find *P* Given *G* (*P*|*G i*%,*n*)	To Find *A* Given *G* (*A*|*G i*%,*n*)
1	1.03000	0.97087	1.00000	1.00000	0.97087	1.03000	0.00000	0.00000
2	1.06090	0.94260	2.03000	0.49261	1.91347	0.52261	0.94260	0.49261
3	1.09273	0.91514	3.09090	0.32353	2.82861	0.35353	2.77288	0.98030
4	1.12551	0.88849	4.18363	0.23903	3.71710	0.26903	5.43834	1.46306
5	1.15927	0.86261	5.30914	0.18835	4.57971	0.21835	8.88878	1.94090
6	1.19405	0.83748	6.46841	0.15460	5.41719	0.18460	13.07620	2.41383
7	1.22987	0.81309	7.66246	0.13051	6.23028	0.16051	17.95475	2.88185
8	1.26677	0.78941	8.89234	0.11246	7.01969	0.14246	23.48061	3.34496
9	1.30477	0.76642	10.15911	0.09843	7.78611	0.12843	29.61194	3.80318
10	1.34392	0.74409	11.46388	0.08723	8.53020	0.11723	36.30879	4.25650
11	1.38423	0.72242	12.80780	0.07808	9.25262	0.10808	43.53300	4.70494
12	1.42576	0.70138	14.19203	0.07046	9.95400	0.10046	51.24818	5.14850
13	1.46853	0.68095	15.61779	0.06403	10.63496	0.09403	59.41960	5.58720
14	1.51259	0.66112	17.08632	0.05853	11.29607	0.08853	68.01413	6.02104
15	1.55797	0.64186	18.59891	0.05377	11.93794	0.08377	77.00020	6.45004
16	1.60471	0.62317	20.15688	0.04961	12.56110	0.07961	86.34770	6.87421
17	1.65285	0.60502	21.76159	0.04595	13.16612	0.07595	96.02796	7.29357
18	1.70243	0.58739	23.41444	0.04271	13.75351	0.07271	106.01367	7.70812
19	1.75351	0.57029	25.11687	0.03981	14.32380	0.06981	116.27882	8.11788
20	1.80611	0.55368	26.87037	0.03722	14.87747	0.06722	126.79866	8.52286
21	1.86029	0.53755	28.67649	0.03487	15.41502	0.06487	137.54964	8.92309
22	1.91610	0.52189	30.53678	0.03275	15.93692	0.06275	148.50939	9.31858
23	1.97359	0.50669	32.45288	0.03081	16.44361	0.06081	159.65661	9.70934
24	2.03279	0.49193	34.42647	0.02905	16.93554	0.05905	170.97108	10.09540
25	2.09378	0.47761	36.45926	0.02743	17.41315	0.05743	182.43362	10.47677
26	2.15659	0.46369	38.55304	0.02594	17.87684	0.05594	194.02598	10.85348
27	2.22129	0.45019	40.70963	0.02456	18.32703	0.05456	205.73090	11.22554
28	2.28793	0.43708	42.93092	0.02329	18.76411	0.05329	217.53197	11.59298
29	2.35657	0.42435	45.21885	0.02211	19.18845	0.05211	229.41367	11.95582
30	2.42726	0.41199	47.57542	0.02102	19.60044	0.05102	241.36129	12.31407
36	2.89828	0.34503	63.27594	0.01580	21.83225	0.04580	313.70284	14.36878
40	3.26204	0.30656	75.40126	0.01326	23.11477	0.04326	361.74994	15.65016
48	4.13225	0.24200	104.40840	9.5778E−03	25.26671	0.03958	455.02547	18.00890
50	4.38391	0.22811	112.79687	8.8655E−03	25.72976	0.03887	477.48033	18.55751
52	4.65089	0.21501	121.69620	8.2172E−03	26.16624	0.03822	499.51915	19.09021
55	5.08215	0.19677	136.07162	7.3491E−03	26.77443	0.03735	531.74111	19.86004
60	5.89160	0.16973	163.05344	6.1330E−03	27.67556	0.03613	583.05261	21.06742
72	8.40002	0.11905	246.66724	4.0540E−03	29.36509	0.03405	693.12255	23.60363
75	9.17893	0.10895	272.63086	3.6680E−03	29.70183	0.03367	717.69785	24.16342
80	10.64089	0.09398	321.36302	3.1117E−03	30.20076	0.03311	756.08652	25.03534
84	11.97642	0.08350	365.88054	2.7331E−03	30.55009	0.03273	784.54337	25.68056
90	14.30047	0.06993	443.34890	2.2556E−03	31.00241	0.03226	823.63021	26.56665
96	17.07551	0.05856	535.85019	1.8662E−03	31.38122	0.03187	858.63770	27.36151
100	19.21863	0.05203	607.28773	1.6467E−03	31.59891	0.03165	879.85405	27.84445
108	24.34559	0.04108	778.18627	1.2850E−03	31.96416	0.03129	917.60126	28.70719
120	34.71099	0.02881	1123.69957	8.8992E−04	32.37302	0.03089	963.86347	29.77366
132	49.48957	0.02021	1616.31893	6.1869E−04	32.65979	0.03062	999.75206	30.61110
144	70.56029	0.01417	2318.67634	4.3128E−04	32.86092	0.03043	1027.33721	31.26319
180	204.50336	4.8899E−03	6783.44532	1.4742E−04	33.17034	0.03015	1076.33852	32.44883
240	1204.85263	8.2998E−04	4.0128E+04	2.4920E−05	33.30567	0.03002	1103.54910	33.13397
360	4.1822E+04	2.3911E−05	1.3940E+06	7.1735E−07	33.33254	0.03000	1110.79761	33.32473
480	1.4517E+06	6.8886E−07	4.8389E+07	2.0666E−08	33.33331	0.03000	1111.09932	33.33300
600	5.0389E+07	1.9846E−08	1.6796E+09	5.9537E−10	33.33333	0.03000	1111.11069	33.33332

〈표 A-a-10〉

	단일금액		균일급수				등차급수	
n	To Find F Given P (F|P i%,n)	To Find P Given F (P|F i%,n)	To Find F Given A (F|A i%,n)	To Find A Given F (A|F i%,n)	To Find P Given A (P|A i%,n)	To Find A Given P (A|P i%,n)	To Find P Given G (P|G i%,n)	To Find A Given G (A|G i%,n)
1	1.04000	0.96154	1.00000	1.00000	0.96154	1.04000	0.00000	0.00000
2	1.08160	0.92456	2.04000	0.49020	1.88609	0.53020	0.92456	0.49020
3	1.12486	0.88900	3.12160	0.32035	2.77509	0.36035	2.70255	0.97386
4	1.16986	0.85480	4.24646	0.23549	3.62990	0.27549	5.26696	1.45100
5	1.21665	0.82193	5.41632	0.18463	4.45182	0.22463	8.55467	1.92161
6	1.26532	0.79031	6.63298	0.15076	5.24214	0.19076	12.50624	2.38571
7	1.31593	0.75992	7.89829	0.12661	6.00205	0.16661	17.06575	2.84332
8	1.36857	0.73069	9.21423	0.10853	6.73274	0.14853	22.18058	3.29443
9	1.42331	0.70259	10.58280	0.09449	7.43533	0.13449	27.80127	3.73908
10	1.48024	0.67556	12.00611	0.08329	8.11090	0.12329	33.88135	4.17726
11	1.53945	0.64958	13.48635	0.07415	8.76048	0.11415	40.37716	4.60901
12	1.60103	0.62460	15.02581	0.06655	9.38507	0.10655	47.24773	5.03435
13	1.66507	0.60057	16.62684	0.06014	9.98565	0.10014	54.45462	5.45329
14	1.73168	0.57748	18.29191	0.05467	10.56312	0.09467	61.96179	5.86586
15	1.80094	0.55526	20.02359	0.04994	11.11839	0.08994	69.73550	6.27209
16	1.87298	0.53391	21.82453	0.04582	11.65230	0.08582	77.74412	6.67200
17	1.94790	0.51337	23.69751	0.04220	12.16567	0.08220	85.95809	7.06563
18	2.02582	0.49363	25.64541	0.03899	12.65930	0.07899	94.34977	7.45300
19	2.10685	0.47464	27.67123	0.03614	13.13394	0.07614	102.89333	7.83416
20	2.19112	0.45639	29.77808	0.03358	13.59033	0.07358	111.56469	8.20912
21	2.27877	0.43883	31.96920	0.03128	14.02916	0.07128	120.34136	8.57794
22	2.36992	0.42196	34.24797	0.02920	14.45112	0.06920	129.20242	8.94065
23	2.46472	0.40573	36.61789	0.02731	14.85684	0.06731	138.12840	9.29729
24	2.56330	0.39012	39.08260	0.02559	15.24696	0.06559	147.10119	9.64790
25	2.66584	0.37512	41.64591	0.02401	15.62208	0.06401	156.10400	9.99252
26	2.77247	0.36069	44.31174	0.02257	15.98277	0.06257	165.12123	10.33120
27	2.88337	0.34682	47.08421	0.02124	16.32959	0.06124	174.13846	10.66399
28	2.99870	0.33348	49.96758	0.02001	16.66306	0.06001	183.14235	10.99092
29	3.11865	0.32065	52.96629	0.01888	16.98371	0.05888	192.12059	11.31205
30	3.24340	0.30832	56.08494	0.01783	17.29203	0.05783	201.06183	11.62743
36	4.10393	0.24367	77.59831	0.01289	18.90828	0.05289	253.40520	13.40181
40	4.80102	0.20829	95.02552	0.01052	19.79277	0.05052	286.53030	14.47651
48	6.57053	0.15219	139.26321	7.1806E−03	21.19513	0.04718	347.24455	16.38322
50	7.10668	0.14071	152.66708	6.5502E−03	21.48218	0.04655	361.16385	16.81225
52	7.68659	0.13010	167.16472	5.9821E−03	21.74758	0.04598	374.56381	17.22324
55	8.64637	0.11566	191.15917	5.2312E−03	22.10861	0.04523	393.68897	17.80704
60	10.51963	0.09506	237.99069	4.2018E−03	22.62349	0.04420	422.99665	18.69723
72	16.84226	0.05937	396.05656	2.5249E−03	23.51564	0.04252	481.01697	20.45519
75	18.94525	0.05278	448.63137	2.2290E−03	23.68041	0.04223	493.04083	20.82062
80	23.04980	0.04338	551.24498	1.8141E−03	23.91539	0.04181	511.11614	21.37185
84	26.96500	0.03709	649.12512	1.5405E−03	24.07287	0.04154	523.94309	21.76488
90	34.11933	0.02931	827.98333	1.2078E−03	24.26728	0.04121	540.73692	22.28255
96	43.17184	0.02316	1054.29603	9.4850E−04	24.42092	0.04095	554.93118	22.72360
100	50.50495	0.01980	1237.62370	8.0800E−04	24.50500	0.04081	563.12487	22.98000
108	69.11951	0.01447	1702.98772	5.8720E−04	24.63831	0.04059	576.89491	23.41455
120	110.66256	9.0365E−03	2741.56402	3.6476E−04	24.77409	0.04036	592.24276	23.90573
132	177.17433	5.6442E−03	4404.35813	2.2705E−04	24.85890	0.04023	602.84668	24.25074
144	283.66180	3.5253E−03	7066.54508	1.4151E−04	24.91187	0.04014	610.10550	24.49056
180	1164.12891	8.5901E−04	2.9078E+04	3.4390E−05	24.97852	0.04003	620.59757	24.84525
240	1.2246E+04	8.1658E−05	3.0613E+05	3.2666E−06	24.99796	0.04000	624.45902	24.98040
360	1.3552E+06	7.3790E−07	3.3880E+07	2.9516E−08	24.99998	0.04000	624.99290	24.99973
480	1.4997E+08	6.6680E−09	3.7492E+09	2.6672E−10	25.00000	0.04000	624.99992	25.00000
600	1.6596E+10	6.0255E−11	4.1490E+11	2.4102E−12	25.00000	0.04000	625.00000	25.00000

〈표 A-a-11〉

	단일금액		균일급수				등차급수	
n	To Find *F* Given *P* (*F*|*P i*%,*n*)	To Find *P* Given *F* (*P*|*F i*%,*n*)	To Find *F* Given *A* (*F*|*A i*%,*n*)	To Find *A* Given *F* (*A*|*F i*%,*n*)	To Find *P* Given *A* (*P*|*A i*%,*n*)	To Find *A* Given *P* (*A*|*P i*%,*n*)	To Find *P* Given *G* (*P*|*G i*%,*n*)	To Find *A* Given *G* (*A*|*G i*%,*n*)
1	1.05000	0.95238	1.00000	1.00000	0.95238	1.05000	0.00000	0.00000
2	1.10250	0.90703	2.05000	0.48780	1.85941	0.53780	0.90703	0.48780
3	1.15763	0.86384	3.15250	0.31721	2.72325	0.36721	2.63470	0.96749
4	1.21551	0.82270	4.31013	0.23201	3.54595	0.28201	5.10281	1.43905
5	1.27628	0.78353	5.52563	0.18097	4.32948	0.23097	8.23692	1.90252
6	1.34010	0.74622	6.80191	0.14702	5.07569	0.19702	11.96799	2.35790
7	1.40710	0.71068	8.14201	0.12282	5.78637	0.17282	16.23208	2.80523
8	1.47746	0.67684	9.54911	0.10472	6.46321	0.15472	20.96996	3.24451
9	1.55133	0.64461	11.02656	0.09069	7.10782	0.14069	26.12683	3.67579
10	1.62889	0.61391	12.57789	0.07950	7.72173	0.12950	31.65205	4.09909
11	1.71034	0.58468	14.20679	0.07039	8.30641	0.12039	37.49884	4.51444
12	1.79586	0.55684	15.91713	0.06283	8.86325	0.11283	43.62405	4.92190
13	1.88565	0.53032	17.71298	0.05646	9.39357	0.10646	49.98791	5.32150
14	1.97993	0.50507	19.59863	0.05102	9.89864	0.10102	56.55379	5.71329
15	2.07893	0.48102	21.57856	0.04634	10.37966	0.09634	63.28803	6.09731
16	2.18287	0.45811	23.65749	0.04227	10.83777	0.09227	70.15970	6.47363
17	2.29202	0.43630	25.84037	0.03870	11.27407	0.08870	77.14045	6.84229
18	2.40662	0.41552	28.13238	0.03555	11.68959	0.08555	84.20430	7.20336
19	2.52695	0.39573	30.53900	0.03275	12.08532	0.08275	91.32751	7.55690
20	2.65330	0.37689	33.06595	0.03024	12.46221	0.08024	98.48841	7.90297
21	2.78596	0.35894	35.71925	0.02800	12.82115	0.07800	105.66726	8.24164
22	2.92526	0.34185	38.50521	0.02597	13.16300	0.07597	112.84611	8.57298
23	3.07152	0.32557	41.43048	0.02414	13.48857	0.07414	120.00868	8.89706
24	3.22510	0.31007	44.50200	0.02247	13.79864	0.07247	127.14024	9.21397
25	3.38635	0.29530	47.72710	0.02095	14.09394	0.07095	134.22751	9.52377
26	3.55567	0.28124	51.11345	0.01956	14.37519	0.06956	141.25852	9.82655
27	3.73346	0.26785	54.66913	0.01829	14.64303	0.06829	148.22258	10.12240
28	3.92013	0.25509	58.40258	0.01712	14.89813	0.06712	155.11011	10.41138
29	4.11614	0.24295	62.32271	0.01605	15.14107	0.06605	161.91261	10.69360
30	4.32194	0.23138	66.43885	0.01505	15.37245	0.06505	168.62255	10.96914
36	5.79182	0.17266	95.83632	0.01043	16.54685	0.06043	206.62370	12.48719
40	7.03999	0.14205	120.79977	8.2782E−03	17.15909	0.05828	229.54518	13.37747
48	10.40127	0.09614	188.02539	5.3184E−03	18.07716	0.05532	269.24673	14.89431
50	11.46740	0.08720	209.34800	4.7767E−03	18.25593	0.05478	277.91478	15.22326
52	12.64281	0.07910	232.85617	4.2945E−03	18.41807	0.05429	286.10125	15.53372
55	14.63563	0.06833	272.71262	3.6669E−03	18.63347	0.05367	297.51040	15.96645
60	18.67919	0.05354	353.58372	2.8282E−03	18.92929	0.05283	314.34316	16.60618
72	33.54513	0.02981	650.90268	1.5363E−03	19.40379	0.05154	345.14853	17.78769
75	38.83269	0.02575	756.65372	1.3216E−03	19.48497	0.05132	351.07215	18.01759
80	49.56144	0.02018	971.22882	1.0296E−03	19.59646	0.05103	359.64605	18.35260
84	60.24224	0.01660	1184.84483	8.4399E−04	19.66801	0.05084	365.47273	18.58209
90	80.73037	0.01239	1594.60730	6.2711E−04	19.75226	0.05063	372.74879	18.87120
96	108.18641	9.2433E−03	2143.72821	4.6648E−04	19.81513	0.05047	378.55553	19.10436
100	131.50126	7.6045E−03	2610.02516	3.8314E−04	19.84791	0.05038	381.74922	19.23372
108	194.28725	5.1470E−03	3865.74499	2.5868E−04	19.89706	0.05026	386.82363	19.44125
120	348.91199	2.8661E−03	6958.23971	1.4371E−04	19.94268	0.05014	391.97505	19.65509
132	626.59580	1.5959E−03	1.2512E+04	7.9924E−05	19.96808	0.05008	395.14839	19.78900
144	1125.27603	8.8867E−04	2.2486E+04	4.4473E−05	19.98223	0.05004	397.08516	19.87192
180	6517.39184	1.5344E−04	1.3033E+05	7.6730E−06	19.99693	0.05001	399.38626	19.97238
240	1.2174E+05	8.2143E−06	2.4348E+06	4.1072E−07	19.99984	0.05000	399.95729	19.99803
360	4.2476E+07	2.3542E−08	8.4953E+08	1.1771E−09	20.00000	0.05000	399.99982	19.99999
480	1.4821E+10	6.7474E−11	2.9641E+11	3.3737E−12	20.00000	0.05000	400.00000	20.00000
600	5.1711E+12	1.9338E−13	1.0342E+14	9.6692E−15	20.00000	0.05000	400.00000	20.00000

〈표 A-a-12〉

n	단일금액		균일급수				등차급수	
	To Find F Given P (F|P i%,n)	To Find P Given F (P|F i%,n)	To Find F Given A (F|A i%,n)	To Find A Given F (A|F i%,n)	To Find P Given A (P|A i%,n)	To Find A Given P (A|P i%,n)	To Find P Given G (P|G i%,n)	To Find A Given G (A|G i%,n)
1	1.06000	0.94340	1.00000	1.00000	0.94340	1.06000	0.00000	0.00000
2	1.12360	0.89000	2.06000	0.48544	1.83339	0.54544	0.89000	0.48544
3	1.19102	0.83962	3.18360	0.31411	2.67301	0.37411	2.56924	0.96118
4	1.26248	0.79209	4.37462	0.22859	3.46511	0.28859	4.94552	1.42723
5	1.33823	0.74726	5.63709	0.17740	4.21236	0.23740	7.93455	1.88363
6	1.41852	0.70496	6.97532	0.14336	4.91732	0.20336	11.45935	2.33040
7	1.50363	0.66506	8.39384	0.11914	5.58238	0.17914	15.44969	2.76758
8	1.59385	0.62741	9.89747	0.10104	6.20979	0.16104	19.84158	3.19521
9	1.68948	0.59190	11.49132	0.08702	6.80169	0.14702	24.57677	3.61333
10	1.79085	0.55839	13.18079	0.07587	7.36009	0.13587	29.60232	4.02201
11	1.89830	0.52679	14.97164	0.06679	7.88687	0.12679	34.87020	4.42129
12	2.01220	0.49697	16.86994	0.05928	8.38384	0.11928	40.33686	4.81126
13	2.13293	0.46884	18.88214	0.05296	8.85268	0.11296	45.96293	5.19198
14	2.26090	0.44230	21.01507	0.04758	9.29498	0.10758	51.71284	5.56352
15	2.39656	0.41727	23.27597	0.04296	9.71225	0.10296	57.55455	5.92598
16	2.54035	0.39365	25.67253	0.03895	10.10590	0.09895	63.45925	6.27943
17	2.69277	0.37136	28.21288	0.03544	10.47726	0.09544	69.40108	6.62397
18	2.85434	0.35034	30.90565	0.03236	10.82760	0.09236	75.35692	6.95970
19	3.02560	0.33051	33.75999	0.02962	11.15812	0.08962	81.30615	7.28673
20	3.20714	0.31180	36.78559	0.02718	11.46992	0.08718	87.23044	7.60515
21	3.39956	0.29416	39.99273	0.02500	11.76408	0.08500	93.11355	7.91508
22	3.60354	0.27751	43.39229	0.02305	12.04158	0.08305	98.94116	8.21662
23	3.81975	0.26180	46.99583	0.02128	12.30338	0.08128	104.70070	8.50991
24	4.04893	0.24698	50.81558	0.01968	12.55036	0.07968	110.38121	8.79506
25	4.29187	0.23300	54.86451	0.01823	12.78336	0.07823	115.97317	9.07220
26	4.54938	0.21981	59.15638	0.01690	13.00317	0.07690	121.46842	9.34145
27	4.82235	0.20737	63.70577	0.01570	13.21053	0.07570	126.85999	9.60294
28	5.11169	0.19563	68.52811	0.01459	13.40616	0.07459	132.14200	9.85681
29	5.41839	0.18456	73.63980	0.01358	13.59072	0.07358	137.30959	10.10319
30	5.74349	0.17411	79.05819	0.01265	13.76483	0.07265	142.35879	10.34221
36	8.14725	0.12274	119.12087	8.3948E−03	14.62099	0.06839	170.03866	11.62977
40	10.28572	0.09722	154.76197	6.4615E−03	15.04630	0.06646	185.95682	12.35898
48	16.39387	0.06100	256.56453	3.8977E−03	15.65003	0.06390	212.03505	13.54854
50	18.42015	0.05429	290.33590	3.4443E−03	15.76186	0.06344	217.45738	13.79643
52	20.69689	0.04832	328.28142	3.0462E−03	15.86139	0.06305	222.48229	14.02666
55	24.65032	0.04057	394.17203	2.5370E−03	15.99054	0.06254	229.32225	14.34112
60	32.98769	0.03031	533.12818	1.8757E−03	16.16143	0.06188	239.04279	14.79095
72	66.37772	0.01507	1089.62859	9.1774E−04	16.41558	0.06092	255.51462	15.56537
75	79.05692	0.01265	1300.94868	7.6867E−04	16.45585	0.06077	258.45274	15.70583
80	105.79599	9.4522E−03	1746.59989	5.7254E−04	16.50913	0.06057	262.54931	15.90328
84	133.56500	7.4870E−03	2209.41674	4.5261E−04	16.54188	0.06045	265.21627	16.03302
90	189.46451	5.2780E−03	3141.07519	3.1836E−04	16.57870	0.06032	268.39461	16.18912
96	268.75903	3.7208E−03	4462.65050	2.2408E−04	16.60465	0.06022	270.79093	16.30814
100	339.30208	2.9472E−03	5638.36806	1.7736E−04	16.61755	0.06018	272.04706	16.37107
108	540.79597	1.8491E−03	8996.59954	1.1115E−04	16.63585	0.06011	273.93570	16.46659
120	1088.18775	9.1896E−04	1.8120E+04	5.5188E−05	16.65135	0.06006	275.68459	16.55629
132	2189.64755	4.5669E−04	3.6477E+04	2.7414E−05	16.65906	0.06003	276.64619	16.60636
144	4406.00107	2.2696E−04	7.3417E+04	1.3621E−05	16.66288	0.06001	277.17002	16.63398
180	3.5897E+04	2.7858E−05	5.9826E+05	1.6715E−06	16.66620	0.06000	277.68647	16.66165
240	1.1842E+06	8.4449E−07	1.9736E+07	5.0669E−08	16.66665	0.06000	277.77417	16.66646
360	1.2886E+09	7.7605E−10	2.1476E+10	4.6563E−11	16.66667	0.06000	277.77777	16.66667
480	1.4022E+12	7.1316E−13	2.3370E+13	4.2789E−14	16.66667	0.06000	277.77778	16.66667
600	1.5259E+15	6.5536E−16	2.5431E+16	3.9322E−17	16.66667	0.06000	277.77778	16.66667

6.00%

〈표 A-a-13〉

	단일금액		균일급수				등차급수	
n	To Find F Given P (F|P i%,n)	To Find P Given F (P|F i%,n)	To Find F Given A (F|A i%,n)	To Find A Given F (A|F i%,n)	To Find P Given A (P|A i%,n)	To Find A Given P (A|P i%,n)	To Find P Given G (P|G i%,n)	To Find A Given G (A|G i%,n)
1	1.07000	0.93458	1.00000	1.00000	0.93458	1.07000	0.00000	0.00000
2	1.14490	0.87344	2.07000	0.48309	1.80802	0.55309	0.87344	0.48309
3	1.22504	0.81630	3.21490	0.31105	2.62432	0.38105	2.50603	0.95493
4	1.31080	0.76290	4.43994	0.22523	3.38721	0.29523	4.79472	1.41554
5	1.40255	0.71299	5.75074	0.17389	4.10020	0.24389	7.64666	1.86495
6	1.50073	0.66634	7.15329	0.13980	4.76654	0.20980	10.97838	2.30322
7	1.60578	0.62275	8.65402	0.11555	5.38929	0.18555	14.71487	2.73039
8	1.71819	0.58201	10.25980	0.09747	5.97130	0.16747	18.78894	3.14654
9	1.83846	0.54393	11.97799	0.08349	6.51523	0.15349	23.14041	3.55174
10	1.96715	0.50835	13.81645	0.07238	7.02358	0.14238	27.71555	3.94607
11	2.10485	0.47509	15.78360	0.06336	7.49867	0.13336	32.46648	4.32963
12	2.25219	0.44401	17.88845	0.05590	7.94269	0.12590	37.35061	4.70252
13	2.40985	0.41496	20.14064	0.04965	8.35765	0.11965	42.33018	5.06484
14	2.57853	0.38782	22.55049	0.04434	8.74547	0.11434	47.37181	5.41673
15	2.75903	0.36245	25.12902	0.03979	9.10791	0.10979	52.44605	5.75829
16	2.95216	0.33873	27.88805	0.03586	9.44665	0.10586	57.52707	6.08968
17	3.15882	0.31657	30.84022	0.03243	9.76322	0.10243	62.59226	6.41102
18	3.37993	0.29586	33.99903	0.02941	10.05909	0.09941	67.62195	6.72247
19	3.61653	0.27651	37.37896	0.02675	10.33560	0.09675	72.59910	7.02418
20	3.86968	0.25842	40.99549	0.02439	10.59401	0.09439	77.50906	7.31631
21	4.14056	0.24151	44.86518	0.02229	10.83553	0.09229	82.33932	7.59901
22	4.43040	0.22571	49.00574	0.02041	11.06124	0.09041	87.07930	7.87247
23	4.74053	0.21095	53.43614	0.01871	11.27219	0.08871	91.72013	8.13685
24	5.07237	0.19715	58.17667	0.01719	11.46933	0.08719	96.25450	8.39234
25	5.42743	0.18425	63.24904	0.01581	11.65358	0.08581	100.67648	8.63910
26	5.80735	0.17220	68.67647	0.01456	11.82578	0.08456	104.98137	8.87733
27	6.21387	0.16093	74.48382	0.01343	11.98671	0.08343	109.16556	9.10722
28	6.64884	0.15040	80.69769	0.01239	12.13711	0.08239	113.22642	9.32894
29	7.11426	0.14056	87.34653	0.01145	12.27767	0.08145	117.16218	9.54270
30	7.61226	0.13137	94.46079	0.01059	12.40904	0.08059	120.97182	9.74868
36	11.42394	0.08754	148.91346	6.7153E−03	13.03521	0.07672	141.19902	10.83213
40	14.97446	0.06678	199.63511	5.0091E−03	13.33171	0.07501	152.29277	11.42335
48	25.72891	0.03887	353.27009	2.8307E−03	13.73047	0.07283	169.49812	12.34467
50	29.45703	0.03395	406.52893	2.4598E−03	13.80075	0.07246	172.90512	12.52868
52	33.72535	0.02965	467.50497	2.1390E−03	13.86212	0.07214	176.00368	12.69673
55	41.31500	0.02420	575.92859	1.7363E−03	13.93994	0.07174	180.12433	12.92146
60	57.94643	0.01726	813.52038	1.2292E−03	14.03918	0.07123	185.76774	13.23209
72	130.50646	7.6625E−03	1850.09222	5.4051E−04	14.17625	0.07054	194.63648	13.72976
75	159.87602	6.2548E−03	2269.65742	4.4060E−04	14.19636	0.07044	196.10351	13.81365
80	224.23439	4.4596E−03	3189.06268	3.1357E−04	14.22201	0.07031	198.07480	13.92735
84	293.92554	3.4022E−03	4184.65058	2.3897E−04	14.23711	0.07024	199.30463	13.99895
90	441.10298	2.2670E−03	6287.18543	1.5905E−04	14.25333	0.07016	200.70420	14.08122
96	661.97663	1.5106E−03	9442.52329	1.0590E−04	14.26413	0.07011	201.70162	14.14047
100	867.71633	1.1525E−03	1.2382E+04	8.0765E−05	14.26925	0.07008	202.20008	14.17034
108	1490.89820	6.7074E−04	2.1284E+04	4.6983E−05	14.27613	0.07005	202.90990	14.21323
120	3357.78838	2.9782E−04	4.7954E+04	2.0853E−05	14.28146	0.07002	203.51031	14.24997
132	7562.38275	1.3223E−04	1.0802E+05	9.2576E−06	14.28383	0.07001	203.80529	14.26826
144	1.7032E+04	5.8713E−05	2.4330E+05	4.1102E−06	14.28488	0.07000	203.94887	14.27726
180	1.9457E+05	5.1395E−06	2.7796E+06	3.5977E−07	14.28564	0.07000	204.06737	14.28479
240	1.1275E+07	8.8694E−08	1.6107E+08	6.2086E−09	14.28571	0.07000	204.08131	14.28569
360	3.7858E+10	2.6414E−11	5.4083E+11	1.8490E−12	14.28571	0.07000	204.08163	14.28571
480	1.2712E+14	7.8666E−15	1.8160E+15	5.5066E−16	14.28571	0.07000	204.08163	14.28571
600	4.2684E+17	2.3428E−18	6.0977E+18	1.6400E−19	14.28571	0.07000	204.08163	14.28571

8.00%

돈의 시간가치 이산복리계수

〈표 A-a-14〉

n	단일금액		균일급수				등차급수	
	To Find F Given P (F|P i%,n)	To Find P Given F (P|F i%,n)	To Find F Given A (F|A i%,n)	To Find A Given F (A|F i%,n)	To Find P Given A (P|A i%,n)	To Find A Given P (A|P i%,n)	To Find P Given G (P|G i%,n)	To Find A Given G (A|G i%,n)
1	1.08000	0.92593	1.00000	1.00000	0.92593	1.08000	0.00000	0.00000
2	1.16640	0.85734	2.08000	0.48077	1.78326	0.56077	0.85734	0.48077
3	1.25971	0.79383	3.24640	0.30803	2.57710	0.38803	2.44500	0.94874
4	1.36049	0.73503	4.50611	0.22192	3.31213	0.30192	4.65009	1.40396
5	1.46933	0.68058	5.86660	0.17046	3.99271	0.25046	7.37243	1.84647
6	1.58687	0.63017	7.33593	0.13632	4.62288	0.21632	10.52327	2.27635
7	1.71382	0.58349	8.92280	0.11207	5.20637	0.19207	14.02422	2.69366
8	1.85093	0.54027	10.63663	0.09401	5.74664	0.17401	17.80610	3.09852
9	1.99900	0.50025	12.48756	0.08008	6.24689	0.16008	21.80809	3.49103
10	2.15892	0.46319	14.48656	0.06903	6.71008	0.14903	25.97683	3.87131
11	2.33164	0.42888	16.64549	0.06008	7.13896	0.14008	30.26566	4.23950
12	2.51817	0.39711	18.97713	0.05270	7.53608	0.13270	34.63391	4.59575
13	2.71962	0.36770	21.49530	0.04652	7.90378	0.12652	39.04629	4.94021
14	2.93719	0.34046	24.21492	0.04130	8.24424	0.12130	43.47228	5.27305
15	3.17217	0.31524	27.15211	0.03683	8.55948	0.11683	47.88566	5.59446
16	3.42594	0.29189	30.32428	0.03298	8.85137	0.11298	52.26402	5.90463
17	3.70002	0.27027	33.75023	0.02963	9.12164	0.10963	56.58832	6.20375
18	3.99602	0.25025	37.45024	0.02670	9.37189	0.10670	60.84256	6.49203
19	4.31570	0.23171	41.44626	0.02413	9.60360	0.10413	65.01337	6.76969
20	4.66096	0.21455	45.76196	0.02185	9.81815	0.10185	69.08979	7.03695
21	5.03383	0.19866	50.42292	0.01983	10.01680	0.09983	73.06291	7.29403
22	5.43654	0.18394	55.45676	0.01803	10.20074	0.09803	76.92566	7.54118
23	5.87146	0.17032	60.89330	0.01642	10.37106	0.09642	80.67259	7.77863
24	6.34118	0.15770	66.76476	0.01498	10.52876	0.09498	84.29968	8.00661
25	6.84848	0.14602	73.10594	0.01368	10.67478	0.09368	87.80411	8.22538
26	7.39635	0.13520	79.95442	0.01251	10.80998	0.09251	91.18415	8.43518
27	7.98806	0.12519	87.35077	0.01145	10.93516	0.09145	94.43901	8.63627
28	8.62711	0.11591	95.33883	0.01049	11.05108	0.09049	97.56868	8.82888
29	9.31727	0.10733	103.96594	9.6185E−03	11.15841	0.08962	100.57385	9.01328
30	10.06266	0.09938	113.28321	8.8274E−03	11.25778	0.08883	103.45579	9.18971
36	15.96817	0.06262	187.10215	5.3447E−03	11.71719	0.08534	118.28385	10.09490
40	21.72452	0.04603	259.05652	3.8602E−03	11.92461	0.08386	126.04220	10.56992
48	40.21057	0.02487	490.13216	2.0403E−03	12.18914	0.08204	137.44276	11.27584
50	46.90161	0.02132	573.77016	1.7429E−03	12.23348	0.08174	139.59279	11.41071
52	54.70604	0.01828	671.32551	1.4896E−03	12.27151	0.08149	141.51214	11.53177
55	68.91386	0.01451	848.92320	1.1780E−03	12.31861	0.08118	144.00645	11.69015
60	101.25706	9.8759E−03	1253.21330	7.9795E−04	12.37655	0.08080	147.30001	11.90154
72	254.98251	3.9218E−03	3174.78140	3.1498E−04	12.45098	0.08031	152.10756	12.21652
75	321.20453	3.1133E−03	4002.55662	2.4984E−04	12.46108	0.08025	152.84485	12.26577
80	471.95483	2.1188E−03	5886.93543	1.6987E−04	12.47351	0.08017	153.80008	12.33013
84	642.08934	1.5574E−03	8013.61677	1.2479E−04	12.48053	0.08012	154.37137	12.36897
90	1018.91509	9.8144E−04	1.2724E+04	7.8592E−05	12.48773	0.08008	154.99254	12.41158
96	1616.89019	6.1847E−04	2.0199E+04	4.9508E−05	12.49227	0.08005	155.41120	12.44059
100	2199.76126	4.5459E−04	2.7485E+04	3.6384E−05	12.49432	0.08004	155.61073	12.45452
108	4071.60456	2.4560E−04	5.0883E+04	1.9653E−05	12.49693	0.08002	155.88006	12.47347
120	1.0253E+04	9.7532E−05	1.2815E+05	7.8034E−06	12.49878	0.08001	156.08846	12.48829
132	2.5819E+04	3.8731E−05	3.2272E+05	3.0986E−06	12.49952	0.08000	156.18004	12.49489
144	6.5016E+04	1.5381E−05	8.1269E+05	1.2305E−06	12.49981	0.08000	156.21991	12.49779
180	1.0382E+06	9.6322E−07	1.2977E+07	7.7057E−08	12.49999	0.08000	156.24768	12.49983
240	1.0512E+08	9.5126E−09	1.3140E+09	7.6101E−10	12.50000	0.08000	156.24997	12.50000
360	1.0778E+12	9.2779E−13	1.3473E+13	7.4223E−14	12.50000	0.08000	156.25000	12.50000
480	1.1051E+16	9.0489E−17	1.3814E+17	7.2391E−18	12.50000	0.08000	156.25000	12.50000
600	1.1331E+20	8.8257E−21	1.4163E+21	7.0605E−22	12.50000	0.08000	156.25000	12.50000

8.00%

〈표 A-a-15〉

	단일금액		균일급수				등차급수	
n	To Find *F* Given *P* (*F*|*P i*%,*n*)	To Find *P* Given *F* (*P*|*F i*%,*n*)	To Find *F* Given *A* (*F*|*A i*%,*n*)	To Find *A* Given *F* (*A*|*F i*%,*n*)	To Find *P* Given *A* (*P*|*A i*%,*n*)	To Find *A* Given *P* (*A*|*P i*%,*n*)	To Find *P* Given *G* (*P*|*G i*%,*n*)	To Find *A* Given *G* (*A*|*G i*%,*n*)
1	1.09000	0.91743	1.00000	1.00000	0.91743	1.09000	0.00000	0.00000
2	1.18810	0.84168	2.09000	0.47847	1.75911	0.56847	0.84168	0.47847
3	1.29503	0.77218	3.27810	0.30505	2.53129	0.39505	2.38605	0.94262
4	1.41158	0.70843	4.57313	0.21867	3.23972	0.30867	4.51132	1.39250
5	1.53862	0.64993	5.98471	0.16709	3.88965	0.25709	7.11105	1.82820
6	1.67710	0.59627	7.52333	0.13292	4.48592	0.22292	10.09238	2.24979
7	1.82804	0.54703	9.20043	0.10869	5.03295	0.19869	13.37459	2.65740
8	1.99256	0.50187	11.02847	0.09067	5.53482	0.18067	16.88765	3.05117
9	2.17189	0.46043	13.02104	0.07680	5.99525	0.16680	20.57108	3.43123
10	2.36736	0.42241	15.19293	0.06582	6.41766	0.15582	24.37277	3.79777
11	2.58043	0.38753	17.56029	0.05695	6.80519	0.14695	28.24810	4.15096
12	2.81266	0.35553	20.14072	0.04965	7.16073	0.13965	32.15898	4.49102
13	3.06580	0.32618	22.95338	0.04357	7.48690	0.13357	36.07313	4.81816
14	3.34173	0.29925	26.01919	0.03843	7.78615	0.12843	39.96333	5.13262
15	3.64248	0.27454	29.36092	0.03406	8.06069	0.12406	43.80686	5.43463
16	3.97031	0.25187	33.00340	0.03030	8.31256	0.12030	47.58491	5.72446
17	4.32763	0.23107	36.97370	0.02705	8.54363	0.11705	51.28208	6.00238
18	4.71712	0.21199	41.30134	0.02421	8.75563	0.11421	54.88598	6.26865
19	5.14166	0.19449	46.01846	0.02173	8.95011	0.11173	58.38679	6.52358
20	5.60441	0.17843	51.16012	0.01955	9.12855	0.10955	61.77698	6.76745
21	6.10881	0.16370	56.76453	0.01762	9.29224	0.10762	65.05094	7.00056
22	6.65860	0.15018	62.87334	0.01590	9.44243	0.10590	68.20475	7.22322
23	7.25787	0.13778	69.53194	0.01438	9.58021	0.10438	71.23594	7.43574
24	7.91108	0.12640	76.78981	0.01302	9.70661	0.10302	74.14326	7.63843
25	8.62308	0.11597	84.70090	0.01181	9.82258	0.10181	76.92649	7.83160
26	9.39916	0.10639	93.32398	0.01072	9.92897	0.10072	79.58630	8.01556
27	10.24508	0.09761	102.72313	9.7349E−03	10.02658	0.09973	82.12410	8.19064
28	11.16714	0.08955	112.96822	8.8520E−03	10.11613	0.09885	84.54191	8.35714
29	12.17218	0.08215	124.13536	8.0557E−03	10.19828	0.09806	86.84224	8.51538
30	13.26768	0.07537	136.30754	7.3364E−03	10.27365	0.09734	89.02800	8.66566
36	22.25123	0.04494	236.12472	4.2350E−03	10.61176	0.09424	99.93194	9.41709
40	31.40942	0.03184	337.88245	2.9596E−03	10.75736	0.09296	105.37619	9.79573
48	62.58524	0.01598	684.28041	1.4614E−03	10.93358	0.09146	112.96246	10.33170
50	74.35752	0.01345	815.08356	1.2269E−03	10.96168	0.09123	114.32507	10.42952
52	88.34417	0.01132	970.49077	1.0304E−03	10.98534	0.09103	115.51926	10.51577
55	114.40826	8.7406E−03	1260.09180	7.9359E−04	11.01399	0.09079	117.03621	10.62614
60	176.03129	5.6808E−03	1944.79213	5.1419E−04	11.04799	0.09051	118.96825	10.76832
72	495.11702	2.0197E−03	5490.18906	1.8214E−04	11.08867	0.09018	121.59166	10.96540
75	641.19089	1.5596E−03	7113.23215	1.4058E−04	11.09378	0.09014	121.96458	10.99396
80	986.55167	1.0136E−03	1.0951E+04	9.1319E−05	11.09985	0.09009	122.43064	11.02994
84	1392.59819	7.1808E−04	1.5462E+04	6.4674E−05	11.10313	0.09006	122.69793	11.05075
90	2335.52658	4.2817E−04	2.5939E+04	3.8552E−05	11.10635	0.09004	122.97576	11.07256
96	3916.91189	2.5530E−04	4.3510E+04	2.2983E−05	11.10827	0.09002	123.15295	11.08660
100	5529.04079	1.8086E−04	6.1423E+04	1.6281E−05	11.10910	0.09002	123.23350	11.09302
108	1.1017E+04	9.0769E−05	1.2240E+05	8.1700E−06	11.11010	0.09001	123.33666	11.10131
120	3.0987E+04	3.2272E−05	3.4429E+05	2.9045E−06	11.11075	0.09000	123.40978	11.10724
132	8.7156E+04	1.1474E−05	9.6839E+05	1.0326E−06	11.11098	0.09000	123.43855	11.10960
144	2.4514E+05	4.0793E−06	2.7238E+06	3.6714E−07	11.11107	0.09000	123.44976	11.11052
180	5.4547E+06	1.8333E−07	6.0608E+07	1.6500E−08	11.11111	0.09000	123.45640	11.11108
240	9.6020E+08	1.0415E−09	1.0669E+10	9.3731E−11	11.11111	0.09000	123.45679	11.11111
360	2.9754E+13	3.3609E−14	3.3060E+14	3.0248E−15	11.11111	0.09000	123.45679	11.11111
480	9.2197E+17	1.0846E−18	1.0244E+19	9.7617E−20	11.11111	0.09000	123.45679	11.11111
600	2.8569E+22	3.5003E−23	3.1744E+23	3.1502E−24	11.11111	0.09000	123.45679	11.11111

〈표 A-a-16〉

	단일금액		균일급수				등차급수	
n	To Find F Given P (F|P i%,n)	To Find P Given F (P|F i%,n)	To Find F Given A (F|A i%,n)	To Find A Given F (A|F i%,n)	To Find P Given A (P|A i%,n)	To Find A Given P (A|P i%,n)	To Find P Given G (P|G i%,n)	To Find A Given G (A|G i%,n)
1	1.10000	0.90909	1.00000	1.00000	0.90909	1.10000	0.00000	0.00000
2	1.21000	0.82645	2.10000	0.47619	1.73554	0.57619	0.82645	0.47619
3	1.33100	0.75131	3.31000	0.30211	2.48685	0.40211	2.32908	0.93656
4	1.46410	0.68301	4.64100	0.21547	3.16987	0.31547	4.37812	1.38117
5	1.61051	0.62092	6.10510	0.16380	3.79079	0.26380	6.86180	1.81013
6	1.77156	0.56447	7.71561	0.12961	4.35526	0.22961	9.68417	2.22356
7	1.94872	0.51316	9.48717	0.10541	4.86842	0.20541	12.76312	2.62162
8	2.14359	0.46651	11.43589	0.08744	5.33493	0.18744	16.02867	3.00448
9	2.35795	0.42410	13.57948	0.07364	5.75902	0.17364	19.42145	3.37235
10	2.59374	0.38554	15.93742	0.06275	6.14457	0.16275	22.89134	3.72546
11	2.85312	0.35049	18.53117	0.05396	6.49506	0.15396	26.39628	4.06405
12	3.13843	0.31863	21.38428	0.04676	6.81369	0.14676	29.90122	4.38840
13	3.45227	0.28966	24.52271	0.04078	7.10336	0.14078	33.37719	4.69879
14	3.79750	0.26333	27.97498	0.03575	7.36669	0.13575	36.80050	4.99553
15	4.17725	0.23939	31.77248	0.03147	7.60608	0.13147	40.15199	5.27893
16	4.59497	0.21763	35.94973	0.02782	7.82371	0.12782	43.41642	5.54934
17	5.05447	0.19784	40.54470	0.02466	8.02155	0.12466	46.58194	5.80710
18	5.55992	0.17986	45.59917	0.02193	8.20141	0.12193	49.63954	6.05256
19	6.11591	0.16351	51.15909	0.01955	8.36492	0.11955	52.58268	6.28610
20	6.72750	0.14864	57.27500	0.01746	8.51356	0.11746	55.40691	6.50808
21	7.40025	0.13513	64.00250	0.01562	8.64869	0.11562	58.10952	6.71888
22	8.14027	0.12285	71.40275	0.01401	8.77154	0.11401	60.68929	6.91889
23	8.95430	0.11168	79.54302	0.01257	8.88322	0.11257	63.14621	7.10848
24	9.84973	0.10153	88.49733	0.01130	8.98474	0.11130	65.48130	7.28805
25	10.83471	0.09230	98.34706	0.01017	9.07704	0.11017	67.69640	7.45798
26	11.91818	0.08391	109.18177	9.1590E−03	9.16095	0.10916	69.79404	7.61865
27	13.10999	0.07628	121.09994	8.2576E−03	9.23722	0.10826	71.77726	7.77044
28	14.42099	0.06934	134.20994	7.4510E−03	9.30657	0.10745	73.64953	7.91372
29	15.86309	0.06304	148.63093	6.7281E−03	9.36961	0.10673	75.41463	8.04886
30	17.44940	0.05731	164.49402	6.0792E−03	9.42691	0.10608	77.07658	8.17623
36	30.91268	0.03235	299.12681	3.3431E−03	9.67651	0.10334	85.11938	8.79650
40	45.25926	0.02209	442.59256	2.2594E−03	9.77905	0.10226	88.95254	9.09623
48	97.01723	0.01031	960.17234	1.0415E−03	9.89693	0.10104	94.02168	9.50009
50	117.39085	8.5186E−03	1163.90853	8.5917E−04	9.91481	0.10086	94.88887	9.57041
52	142.04293	7.0401E−03	1410.42932	7.0900E−04	9.92960	0.10071	95.63512	9.63132
55	189.05914	5.2894E−03	1880.59142	5.3175E−04	9.94711	0.10053	96.56192	9.70754
60	304.48164	3.2843E−03	3034.81640	3.2951E−04	9.96716	0.10033	97.70101	9.80229
72	955.59382	1.0465E−03	9545.93818	1.0476E−04	9.98954	0.10010	99.14189	9.92458
75	1271.89537	7.8623E−04	1.2709E+04	7.8685E−05	9.99214	0.10008	99.33171	9.94099
80	2048.40021	4.8819E−04	2.0474E+04	4.8842E−05	9.99512	0.10005	99.56063	9.96093
84	2999.06275	3.3344E−04	2.9981E+04	3.3355E−05	9.99667	0.10003	99.68657	9.97198
90	5313.02261	1.8822E−04	5.3120E+04	1.8825E−05	9.99812	0.10002	99.81178	9.98306
96	9412.34365	1.0624E−04	9.4113E+04	1.0625E−05	9.99894	0.10001	99.88738	9.98980
100	1.3781E+04	7.2566E−05	1.3780E+05	7.2571E−06	9.99927	0.10001	99.92018	9.99274
108	2.9540E+04	3.3852E−05	2.9539E+05	3.3854E−06	9.99966	0.10000	99.96005	9.99634
120	9.2709E+04	1.0786E−05	9.2708E+05	1.0787E−06	9.99989	0.10000	99.98598	9.99871
132	2.9096E+05	3.4369E−06	2.9096E+06	3.4369E−07	9.99997	0.10000	99.99512	9.99955
144	9.1316E+05	1.0951E−06	9.1316E+06	1.0951E−07	9.99999	0.10000	99.99831	9.99984
180	2.8228E+07	3.5426E−08	2.8228E+08	3.5426E−09	10.00000	0.10000	99.99993	9.99999
240	8.5950E+09	1.1635E−10	8.5950E+10	1.1635E−11	10.00000	0.10000	100.00000	10.00000
360	7.9683E+14	1.2550E−15	7.9683E+15	1.2550E−16	10.00000	0.10000	100.00000	10.00000
480	7.3874E+19	1.3537E−20	7.3874E+20	1.3537E−21	10.00000	0.10000	100.00000	10.00000
600	6.8487E+24	1.4601E−25	6.8487E+25	1.4601E−26	10.00000	0.10000	100.00000	10.00000

〈표 A-a-17〉

n	단일금액		균일급수				등차급수	
	To Find F Given P ($F\|P$ i%,n)	To Find P Given F ($P\|F$ i%,n)	To Find F Given A ($F\|A$ i%,n)	To Find A Given F ($A\|F$ i%,n)	To Find P Given A ($P\|A$ i%,n)	To Find A Given P ($A\|P$ i%,n)	To Find P Given G ($P\|G$ i%,n)	To Find A Given G ($A\|G$ i%,n)
1	1.11000	0.90090	1.00000	1.00000	0.90090	1.11000	0.00000	0.00000
2	1.23210	0.81162	2.11000	0.47393	1.71252	0.58393	0.81162	0.47393
3	1.36763	0.73119	3.34210	0.29921	2.44371	0.40921	2.27401	0.93055
4	1.51807	0.65873	4.70973	0.21233	3.10245	0.32233	4.25020	1.36995
5	1.68506	0.59345	6.22780	0.16057	3.69590	0.27057	6.62400	1.79226
6	1.87041	0.53464	7.91286	0.12638	4.23054	0.23638	9.29721	2.19764
7	2.07616	0.48166	9.78327	0.10222	4.71220	0.21222	12.18716	2.58630
8	2.30454	0.43393	11.85943	0.08432	5.14612	0.19432	15.22464	2.95847
9	2.55804	0.39092	14.16397	0.07060	5.53705	0.18060	18.35204	3.31441
10	2.83942	0.35218	16.72201	0.05980	5.88923	0.16980	21.52170	3.65442
11	3.15176	0.31728	19.56143	0.05112	6.20652	0.16112	24.69454	3.97881
12	3.49845	0.28584	22.71319	0.04403	6.49236	0.15403	27.83878	4.28793
13	3.88328	0.25751	26.21164	0.03815	6.74987	0.14815	30.92896	4.58216
14	4.31044	0.23199	30.09492	0.03323	6.98187	0.14323	33.94489	4.86187
15	4.78459	0.20900	34.40536	0.02907	7.19087	0.13907	36.87095	5.12747
16	5.31089	0.18829	39.18995	0.02552	7.37916	0.13552	39.69533	5.37938
17	5.89509	0.16963	44.50084	0.02247	7.54879	0.13247	42.40945	5.61804
18	6.54355	0.15282	50.39594	0.01984	7.70162	0.12984	45.00743	5.84389
19	7.26334	0.13768	56.93949	0.01756	7.83929	0.12756	47.48563	6.05739
20	8.06231	0.12403	64.20283	0.01558	7.96333	0.12558	49.84227	6.25898
21	8.94917	0.11174	72.26514	0.01384	8.07507	0.12384	52.07712	6.44912
22	9.93357	0.10067	81.21431	0.01231	8.17574	0.12231	54.19116	6.62829
23	11.02627	0.09069	91.14788	0.01097	8.26643	0.12097	56.18640	6.79693
24	12.23916	0.08170	102.17415	9.7872E−03	8.34814	0.11979	58.06561	6.95552
25	13.58546	0.07361	114.41331	8.7402E−03	8.42174	0.11874	59.83220	7.10449
26	15.07986	0.06631	127.99877	7.8126E−03	8.48806	0.11781	61.49004	7.24430
27	16.73865	0.05974	143.07864	6.9892E−03	8.54780	0.11699	63.04334	7.37539
28	18.57990	0.05382	159.81729	6.2571E−03	8.60162	0.11626	64.49652	7.49818
29	20.62369	0.04849	178.39719	5.6055E−03	8.65011	0.11561	65.85418	7.61310
30	22.89230	0.04368	199.02088	5.0246E−03	8.69379	0.11502	67.12098	7.72056
36	42.81808	0.02335	380.16441	2.6304E−03	8.87859	0.11263	73.07116	8.23004
40	65.00087	0.01538	581.82607	1.7187E−03	8.95105	0.11172	75.77886	8.46592
48	149.79695	6.6757E−03	1352.69958	7.3926E−04	9.03022	0.11074	79.17988	8.76832
50	184.56483	5.4182E−03	1668.77115	5.9924E−04	9.04165	0.11060	79.73405	8.81853
52	227.40232	4.3975E−03	2058.20294	4.8586E−04	9.05093	0.11049	80.20238	8.86123
55	311.00247	3.2154E−03	2818.20424	3.5484E−04	9.06168	0.11035	80.77119	8.91349
60	524.05724	1.9082E−03	4755.06584	2.1030E−04	9.07356	0.11021	81.44610	8.97620
72	1833.38837	5.4544E−04	1.6658E+04	6.0031E−05	9.08595	0.11006	82.24254	9.05162
75	2507.39877	3.9882E−04	2.2785E+04	4.3888E−05	9.08728	0.11004	82.33975	9.06099
80	4225.11275	2.3668E−04	3.8401E+04	2.6041E−05	9.08876	0.11003	82.45294	9.07197
84	6414.01865	1.5591E−04	5.8300E+04	1.7153E−05	9.08949	0.11002	82.51269	9.07781
90	1.1997E+04	8.3355E−05	1.0905E+05	9.1698E−06	9.09015	0.11001	82.56954	9.08341
96	2.2439E+04	4.4565E−05	2.0398E+05	4.9024E−06	9.09050	0.11000	82.60205	9.08663
100	3.4064E+04	2.9356E−05	3.0967E+05	3.2293E−06	9.09064	0.11000	82.61551	9.08797
108	7.8502E+04	1.2738E−05	7.1365E+05	1.4013E−06	9.09079	0.11000	82.63107	9.08953
120	2.7464E+05	3.6412E−06	2.4967E+06	4.0053E−07	9.09088	0.11000	82.64035	9.09047
132	9.6080E+05	1.0408E−06	8.7345E+06	1.1449E−07	9.09090	0.11000	82.64329	9.09077
144	3.3613E+06	2.9750E−07	3.0557E+07	3.2725E−08	9.09091	0.11000	82.64421	9.09087
180	1.4392E+08	6.9481E−09	1.3084E+09	7.6429E−10	9.09091	0.11000	82.64462	9.09091
240	7.5425E+10	1.3258E−11	6.8568E+11	1.4584E−12	9.09091	0.11000	82.64463	9.09091
360	2.0714E+16	4.8276E−17	1.8831E+17	5.3103E−18	9.09091	0.11000	82.64463	9.09091
480	5.6889E+21	1.7578E−22	5.1717E+22	1.9336E−23	9.09091	0.11000	82.64463	9.09091
600	1.5624E+27	6.4005E−28	1.4203E+28	7.0405E−29	9.09091	0.11000	82.64463	9.09091

〈표 A-a-18〉

	단일금액		균일급수				등차급수	
n	To Find F Given P (F|P i%,n)	To Find P Given F (P|F i%,n)	To Find F Given A (F|A i%,n)	To Find A Given F (A|F i%,n)	To Find P Given A (P|A i%,n)	To Find A Given P (A|P i%,n)	To Find P Given G (P|G i%,n)	To Find A Given G (A|G i%,n)
1	1.12000	0.89286	1.00000	1.00000	0.89286	1.12000	0.00000	0.00000
2	1.25440	0.79719	2.12000	0.47170	1.69005	0.59170	0.79719	0.47170
3	1.40493	0.71178	3.37440	0.29635	2.40183	0.41635	2.22075	0.92461
4	1.57352	0.63552	4.77933	0.20923	3.03735	0.32923	4.12731	1.35885
5	1.76234	0.56743	6.35285	0.15741	3.60478	0.27741	6.39702	1.77459
6	1.97382	0.50663	8.11519	0.12323	4.11141	0.24323	8.93017	2.17205
7	2.21068	0.45235	10.08901	0.09912	4.56376	0.21912	11.64427	2.55147
8	2.47596	0.40388	12.29969	0.08130	4.96764	0.20130	14.47145	2.91314
9	2.77308	0.36061	14.77566	0.06768	5.32825	0.18768	17.35633	3.25742
10	3.10585	0.32197	17.54874	0.05698	5.65022	0.17698	20.25409	3.58465
11	3.47855	0.28748	20.65458	0.04842	5.93770	0.16842	23.12885	3.89525
12	3.89598	0.25668	24.13313	0.04144	6.19437	0.16144	25.95228	4.18965
13	4.36349	0.22917	28.02911	0.03568	6.42355	0.15568	28.70237	4.46830
14	4.88711	0.20462	32.39260	0.03087	6.62817	0.15087	31.36242	4.73169
15	5.47357	0.18270	37.27971	0.02682	6.81086	0.14682	33.92017	4.98030
16	6.13039	0.16312	42.75328	0.02339	6.97399	0.14339	36.36700	5.21466
17	6.86604	0.14564	48.88367	0.02046	7.11963	0.14046	38.69731	5.43530
18	7.68997	0.13004	55.74971	0.01794	7.24967	0.13794	40.90798	5.64274
19	8.61276	0.11611	63.43968	0.01576	7.36578	0.13576	42.99790	5.83752
20	9.64629	0.10367	72.05244	0.01388	7.46944	0.13388	44.96757	6.02020
21	10.80385	0.09256	81.69874	0.01224	7.56200	0.13224	46.81876	6.19132
22	12.10031	0.08264	92.50258	0.01081	7.64465	0.13081	48.55425	6.35141
23	13.55235	0.07379	104.60289	9.5600E−03	7.71843	0.12956	50.17759	6.50101
24	15.17863	0.06588	118.15524	8.4634E−03	7.78432	0.12846	51.69288	6.64064
25	17.00006	0.05882	133.33387	7.5000E−03	7.84314	0.12750	53.10464	6.77084
26	19.04007	0.05252	150.33393	6.6519E−03	7.89566	0.12665	54.41766	6.89210
27	21.32488	0.04689	169.37401	5.9041E−03	7.94255	0.12590	55.63689	7.00491
28	23.88387	0.04187	190.69889	5.2439E−03	7.98442	0.12524	56.76736	7.10976
29	26.74993	0.03738	214.58275	4.6602E−03	8.02181	0.12466	57.81409	7.20712
30	29.95992	0.03338	241.33268	4.1437E−03	8.05518	0.12414	58.78205	7.29742
36	59.13557	0.01691	484.46312	2.0641E−03	8.19241	0.12206	63.19703	7.71409
40	93.05097	0.01075	767.09142	1.3036E−03	8.24378	0.12130	65.11587	7.89879
48	230.39078	4.3405E−03	1911.58980	5.2312E−04	8.29716	0.12052	67.40684	8.12408
50	289.00219	3.4602E−03	2400.01825	4.1666E−04	8.30450	0.12042	67.76241	8.15972
52	362.52435	2.7584E−03	3012.70289	3.3193E−04	8.31035	0.12033	68.05756	8.18950
55	509.32061	1.9634E−03	4236.00505	2.3607E−04	8.31697	0.12024	68.40821	8.22513
60	897.59693	1.1141E−03	7471.64111	1.3384E−04	8.32405	0.12013	68.81003	8.26641
72	3497.01610	2.8596E−04	2.9133E+04	3.4325E−05	8.33095	0.12003	69.25301	8.31274
75	4913.05584	2.0354E−04	4.0934E+04	2.4430E−05	8.33164	0.12002	69.30310	8.31806
80	8658.48310	1.1549E−04	7.2146E+04	1.3861E−05	8.33237	0.12001	69.35943	8.32409
84	1.3624E+04	7.3398E−05	1.1353E+05	8.8084E−06	8.33272	0.12001	69.38797	8.32717
90	2.6892E+04	3.7186E−05	2.2409E+05	4.4625E−06	8.33302	0.12000	69.41397	8.32999
96	5.3080E+04	1.8840E−05	4.4232E+05	2.2608E−06	8.33318	0.12000	69.42806	8.33152
100	8.3522E+04	1.1973E−05	6.9601E+05	1.4368E−06	8.33323	0.12000	69.43364	8.33214
108	2.0680E+05	4.8356E−06	1.7233E+06	5.8028E−07	8.33329	0.12000	69.43976	8.33281
120	8.0568E+05	1.2412E−06	6.7140E+06	1.4894E−07	8.33332	0.12000	69.44312	8.33318
132	3.1389E+06	3.1858E−07	2.6158E+07	3.8230E−08	8.33333	0.12000	69.44407	8.33329
144	1.2229E+07	8.1772E−08	1.0191E+08	9.8126E−09	8.33333	0.12000	69.44434	8.33332
180	7.2318E+08	1.3828E−09	6.0265E+09	1.6593E−10	8.33333	0.12000	69.44444	8.33333
240	6.4912E+11	1.5405E−12	5.4093E+12	1.8487E−13	8.33333	0.12000	69.44444	8.33333
360	5.2298E+17	1.9121E−18	4.3582E+18	2.2945E−19	8.33333	0.12000	69.44444	8.33333
480	4.2136E+23	2.3733E−24	3.5113E+24	2.8479E−25	8.33333	0.12000	69.44444	8.33333
600	3.3948E+29	2.9457E−30	2.8290E+30	3.5348E−31	8.33333	0.12000	69.44444	8.33333

〈표 A-a-19〉

	단일금액		균일급수				등차급수	
n	To Find F Given P (F|P i%,n)	To Find P Given F (P|F i%,n)	To Find F Given A (F|A i%,n)	To Find A Given F (A|F i%,n)	To Find P Given A (P|A i%,n)	To Find A Given P (A|P i%,n)	To Find P Given G (P|G i%,n)	To Find A Given G (A|G i%,n)
1	1.15000	0.86957	1.00000	1.00000	0.86957	1.15000	0.00000	0.00000
2	1.32250	0.75614	2.15000	0.46512	1.62571	0.61512	0.75614	0.46512
3	1.52088	0.65752	3.47250	0.28798	2.28323	0.43798	2.07118	0.90713
4	1.74901	0.57175	4.99338	0.20027	2.85498	0.35027	3.78644	1.32626
5	2.01136	0.49718	6.74238	0.14832	3.35216	0.29832	5.77514	1.72281
6	2.31306	0.43233	8.75374	0.11424	3.78448	0.26424	7.93678	2.09719
7	2.66002	0.37594	11.06680	0.09036	4.16042	0.24036	10.19240	2.44985
8	3.05902	0.32690	13.72682	0.07285	4.48732	0.22285	12.48072	2.78133
9	3.51788	0.28426	16.78584	0.05957	4.77158	0.20957	14.75481	3.09223
10	4.04556	0.24718	20.30372	0.04925	5.01877	0.19925	16.97948	3.38320
11	4.65239	0.21494	24.34928	0.04107	5.23371	0.19107	19.12891	3.65494
12	5.35025	0.18691	29.00167	0.03448	5.42062	0.18448	21.18489	3.90820
13	6.15279	0.16253	34.35192	0.02911	5.58315	0.17911	23.13522	4.14376
14	7.07571	0.14133	40.50471	0.02469	5.72448	0.17469	24.97250	4.36241
15	8.13706	0.12289	47.58041	0.02102	5.84737	0.17102	26.69302	4.56496
16	9.35762	0.10686	55.71747	0.01795	5.95423	0.16795	28.29599	4.75225
17	10.76126	0.09293	65.07509	0.01537	6.04716	0.16537	29.78280	4.92509
18	12.37545	0.08081	75.83636	0.01319	6.12797	0.16319	31.15649	5.08431
19	14.23177	0.07027	88.21181	0.01134	6.19823	0.16134	32.42127	5.23073
20	16.36654	0.06110	102.44358	9.7615E−03	6.25933	0.15976	33.58217	5.36514
21	18.82152	0.05313	118.81012	8.4168E−03	6.31246	0.15842	34.64479	5.48832
22	21.64475	0.04620	137.63164	7.2658E−03	6.35866	0.15727	35.61500	5.60102
23	24.89146	0.04017	159.27638	6.2784E−03	6.39884	0.15628	36.49884	5.70398
24	28.62518	0.03493	184.16784	5.4298E−03	6.43377	0.15543	37.30232	5.79789
25	32.91895	0.03038	212.79302	4.6994E−03	6.46415	0.15470	38.03139	5.88343
26	37.85680	0.02642	245.71197	4.0698E−03	6.49056	0.15407	38.69177	5.96123
27	43.53531	0.02297	283.56877	3.5265E−03	6.51353	0.15353	39.28899	6.03190
28	50.06561	0.01997	327.10408	3.0571E−03	6.53351	0.15306	39.82828	6.09600
29	57.57545	0.01737	377.16969	2.6513E−03	6.55088	0.15265	40.31460	6.15408
30	66.21177	0.01510	434.74515	2.3002E−03	6.56598	0.15230	40.75259	6.20663
36	153.15185	6.5295E−03	1014.34568	9.8586E−04	6.62314	0.15099	42.58717	6.43006
40	267.86355	3.7332E−03	1779.09031	5.6209E−04	6.64178	0.15056	43.28299	6.51678
48	819.40071	1.2204E−03	5456.00475	1.8328E−04	6.65853	0.15018	43.99967	6.60802
50	1083.65744	9.2280E−04	7217.71628	1.3855E−04	6.66051	0.15014	44.09583	6.62048
52	1433.13697	6.9777E−04	9547.57978	1.0474E−04	6.66201	0.15010	44.17154	6.63036
55	2179.62218	4.5880E−04	1.4524E+04	6.8851E−05	6.66361	0.15007	44.25583	6.64142
60	4383.99875	2.2810E−04	2.9220E+04	3.4223E−05	6.66515	0.15003	44.34307	6.65298
72	2.3455E+04	4.2634E−05	1.5636E+05	6.3954E−06	6.66638	0.15001	44.42209	6.66360
75	3.5673E+04	2.8033E−05	2.3781E+05	4.2050E−06	6.66648	0.15000	44.42918	6.66456
80	7.1751E+04	1.3937E−05	4.7833E+05	2.0906E−06	6.66657	0.15000	44.43639	6.66555
84	1.2549E+05	7.9686E−06	8.3661E+05	1.1953E−06	6.66661	0.15000	44.43963	6.66600
90	2.9027E+05	3.4450E−06	1.9351E+06	5.1676E−07	6.66664	0.15000	44.44222	6.66636
96	6.7142E+05	1.4894E−06	4.4761E+06	2.2341E−07	6.66666	0.15000	44.44343	6.66652
100	1.1743E+06	8.5156E−07	7.8287E+06	1.2773E−07	6.66666	0.15000	44.44384	6.66658
108	3.5923E+06	2.7838E−07	2.3948E+07	4.1757E−08	6.66666	0.15000	44.44423	6.66664
120	1.9219E+07	5.2031E−08	1.2813E+08	7.8046E−09	6.66667	0.15000	44.44440	6.66666
132	1.0283E+08	9.7249E−09	6.8553E+08	1.4587E−09	6.66667	0.15000	44.44444	6.66667
144	5.5016E+08	1.8177E−09	3.6677E+09	2.7265E−10	6.66667	0.15000	44.44444	6.66667
180	8.4258E+10	1.1868E−11	5.6172E+11	1.7802E−12	6.66667	0.15000	44.44444	6.66667
240	3.6939E+14	2.7072E−15	2.4626E+15	4.0608E−16	6.66667	0.15000	44.44444	6.66667
360	7.0994E+21	1.4086E−22	4.7329E+22	2.1129E−23	6.66667	0.15000	44.44444	6.66667
480	1.3645E+29	7.3289E−30	9.0965E+29	1.0993E−30	6.66667	0.15000	44.44444	6.66667
600	2.6224E+36	3.8133E−37	1.7483E+37	5.7199E−38	6.66667	0.15000	44.44444	6.66667

〈표 A-a-20〉

	단일금액		균일급수				등차급수	
n	To Find *F* Given *P* (*F*|*P i*%,*n*)	To Find *P* Given *F* (*P*|*F i*%,*n*)	To Find *F* Given *A* (*F*|*A i*%,*n*)	To Find *A* Given *F* (*A*|*F i*%,*n*)	To Find *P* Given *A* (*P*|*A i*%,*n*)	To Find *A* Given *P* (*A*|*P i*%,*n*)	To Find *P* Given *G* (*P*|*G i*%,*n*)	To Find *A* Given *G* (*A*|*G i*%,*n*)
1	1.18000	0.84746	1.00000	1.00000	0.84746	1.18000	0.00000	0.00000
2	1.39240	0.71818	2.18000	0.45872	1.56564	0.63872	0.71818	0.45872
3	1.64303	0.60863	3.57240	0.27992	2.17427	0.45992	1.93545	0.89016
4	1.93878	0.51579	5.21543	0.19174	2.69006	0.37174	3.48281	1.29470
5	2.28776	0.43711	7.15421	0.13978	3.12717	0.31978	5.23125	1.67284
6	2.69955	0.37043	9.44197	0.10591	3.49760	0.28591	7.08341	2.02522
7	3.18547	0.31393	12.14152	0.08236	3.81153	0.26236	8.96696	2.35259
8	3.75886	0.26604	15.32700	0.06524	4.07757	0.24524	10.82922	2.65581
9	4.43545	0.22546	19.08585	0.05239	4.30302	0.23239	12.63287	2.93581
10	5.23384	0.19106	23.52131	0.04251	4.49409	0.22251	14.35245	3.19363
11	6.17593	0.16192	28.75514	0.03478	4.65601	0.21478	15.97164	3.43033
12	7.28759	0.13722	34.93107	0.02863	4.79322	0.20863	17.48106	3.64703
13	8.59936	0.11629	42.21866	0.02369	4.90951	0.20369	18.87651	3.84489
14	10.14724	0.09855	50.81802	0.01968	5.00806	0.19968	20.15765	4.02504
15	11.97375	0.08352	60.96527	0.01640	5.09158	0.19640	21.32687	4.18866
16	14.12902	0.07078	72.93901	0.01371	5.16235	0.19371	22.38852	4.33688
17	16.67225	0.05998	87.06804	0.01149	5.22233	0.19149	23.34820	4.47084
18	19.67325	0.05083	103.74028	9.6395E−03	5.27316	0.18964	24.21231	4.59161
19	23.21444	0.04308	123.41353	8.1028E−03	5.31624	0.18810	24.98769	4.70026
20	27.39303	0.03651	146.62797	6.8200E−03	5.35275	0.18682	25.68130	4.79778
21	32.32378	0.03094	174.02100	5.7464E−03	5.38368	0.18575	26.30004	4.88514
22	38.14206	0.02622	206.34479	4.8463E−03	5.40990	0.18485	26.85061	4.96324
23	45.00763	0.02222	244.48685	4.0902E−03	5.43212	0.18409	27.33942	5.03292
24	53.10901	0.01883	289.49448	3.4543E−03	5.45095	0.18345	27.77249	5.09498
25	62.66863	0.01596	342.60349	2.9188E−03	5.46691	0.18292	28.15546	5.15016
26	73.94898	0.01352	405.27211	2.4675E−03	5.48043	0.18247	28.49353	5.19914
27	87.25980	0.01146	479.22109	2.0867E−03	5.49189	0.18209	28.79149	5.24255
28	102.96656	9.7119E−03	566.48089	1.7653E−03	5.50160	0.18177	29.05371	5.28096
29	121.50054	8.2304E−03	669.44745	1.4938E−03	5.50983	0.18149	29.28416	5.31489
30	143.37064	6.9749E−03	790.94799	1.2643E−03	5.51681	0.18126	29.48643	5.34484
36	387.03680	2.5837E−03	2144.64890	4.6628E−04	5.54120	0.18047	30.26771	5.46230
40	750.37834	1.3327E−03	4163.21303	2.4020E−04	5.54815	0.18024	30.52692	5.50218
48	2820.56655	3.5454E−04	1.5664E+04	6.3840E−05	5.55359	0.18006	30.75871	5.53853
50	3927.35686	2.5462E−04	2.1813E+04	4.5844E−05	5.55414	0.18005	30.78561	5.54282
52	5468.45169	1.8287E−04	3.0375E+04	3.2922E−05	5.55454	0.18003	30.80573	5.54604
55	8984.84112	1.1130E−04	4.9910E+04	2.0036E−05	5.55494	0.18002	30.82675	5.54943
60	2.0555E+04	4.8650E−05	1.1419E+05	8.7574E−06	5.55529	0.18001	30.84648	5.55264
72	1.4980E+05	6.6757E−06	8.3220E+05	1.2016E−06	5.55552	0.18000	30.86132	5.55507
75	2.4612E+05	4.0630E−06	1.3673E+06	7.3135E−07	5.55553	0.18000	30.86238	5.55525
80	5.6307E+05	1.7760E−06	3.1281E+06	3.1968E−07	5.55555	0.18000	30.86335	5.55541
84	1.0917E+06	9.1603E−07	6.0648E+06	1.6489E−07	5.55555	0.18000	30.86374	5.55548
90	2.9470E+06	3.3933E−07	1.6372E+07	6.1079E−08	5.55555	0.18000	30.86402	5.55553
96	7.9556E+06	1.2570E−07	4.4198E+07	2.2626E−08	5.55555	0.18000	30.86413	5.55554
100	1.5424E+07	6.4833E−08	8.5690E+07	1.1670E−08	5.55556	0.18000	30.86416	5.55555
108	5.7977E+07	1.7248E−08	3.2210E+08	3.1047E−09	5.55556	0.18000	30.86419	5.55555
120	4.2251E+08	2.3668E−09	2.3473E+09	4.2602E−10	5.55556	0.18000	30.86420	5.55556
132	3.0791E+09	3.2477E−10	1.7106E+10	5.8458E−11	5.55556	0.18000	30.86420	5.55556
144	2.2439E+10	4.4565E−11	1.2466E+11	8.0216E−12	5.55556	0.18000	30.86420	5.55556
180	8.6848E+12	1.1514E−13	4.8249E+13	2.0726E−14	5.55556	0.18000	30.86420	5.55556
240	1.7852E+17	5.6017E−18	9.9177E+17	1.0083E−18	5.55556	0.18000	30.86420	5.55556
360	7.5426E+25	1.3258E−26	4.1903E+26	2.3864E−27	5.55556	0.18000	30.86420	5.55556
480	3.1869E+34	3.1379E−35	1.7705E+35	5.6482E−36	5.55556	0.18000	30.86420	5.55556
600	1.3465E+43	7.4267E−44	7.4805E+43	1.3368E−44	5.55556	0.18000	30.86420	5.55556

〈표 A-a-21〉

	단일금액		균일급수				등차급수	
n	To Find *F* Given *P* (*F*|*P i*%,*n*)	To Find *P* Given *F* (*P*|*F i*%,*n*)	To Find *F* Given *A* (*F*|*A i*%,*n*)	To Find *A* Given *F* (*A*|*F i*%,*n*)	To Find *P* Given *A* (*P*|*A i*%,*n*)	To Find *A* Given *P* (*A*|*P i*%,*n*)	To Find *P* Given *G* (*P*|*G i*%,*n*)	To Find *A* Given *G* (*A*|*G i*%,*n*)
1	1.20000	0.83333	1.00000	1.00000	0.83333	1.20000	0.00000	0.00000
2	1.44000	0.69444	2.20000	0.45455	1.52778	0.65455	0.69444	0.45455
3	1.72800	0.57870	3.64000	0.27473	2.10648	0.47473	1.85185	0.87912
4	2.07360	0.48225	5.36800	0.18629	2.58873	0.38629	3.29861	1.27422
5	2.48832	0.40188	7.44160	0.13438	2.99061	0.33438	4.90612	1.64051
6	2.98598	0.33490	9.92992	0.10071	3.32551	0.30071	6.58061	1.97883
7	3.58318	0.27908	12.91590	0.07742	3.60459	0.27742	8.25510	2.29016
8	4.29982	0.23257	16.49908	0.06061	3.83716	0.26061	9.88308	2.57562
9	5.15978	0.19381	20.79890	0.04808	4.03097	0.24808	11.43353	2.83642
10	6.19174	0.16151	25.95868	0.03852	4.19247	0.23852	12.88708	3.07386
11	7.43008	0.13459	32.15042	0.03110	4.32706	0.23110	14.23296	3.28929
12	8.91610	0.11216	39.58050	0.02526	4.43922	0.22526	15.46668	3.48410
13	10.69932	0.09346	48.49660	0.02062	4.53268	0.22062	16.58825	3.65970
14	12.83918	0.07789	59.19592	0.01689	4.61057	0.21689	17.60078	3.81749
15	15.40702	0.06491	72.03511	0.01388	4.67547	0.21388	18.50945	3.95884
16	18.48843	0.05409	87.44213	0.01144	4.72956	0.21144	19.32077	4.08511
17	22.18611	0.04507	105.93056	9.4401E−03	4.77463	0.20944	20.04194	4.19759
18	26.62333	0.03756	128.11667	7.8054E−03	4.81219	0.20781	20.68048	4.29752
19	31.94800	0.03130	154.74000	6.4625E−03	4.84350	0.20646	21.24390	4.38607
20	38.33760	0.02608	186.68800	5.3565E−03	4.86958	0.20536	21.73949	4.46435
21	46.00512	0.02174	225.02560	4.4439E−03	4.89132	0.20444	22.17423	4.53339
22	55.20614	0.01811	271.03072	3.6896E−03	4.90943	0.20369	22.55462	4.59414
23	66.24737	0.01509	326.23686	3.0653E−03	4.92453	0.20307	22.88671	4.64750
24	79.49685	0.01258	392.48424	2.5479E−03	4.93710	0.20255	23.17603	4.69426
25	95.39622	0.01048	471.98108	2.1187E−03	4.94759	0.20212	23.42761	4.73516
26	114.47546	8.7355E−03	567.37730	1.7625E−03	4.95632	0.20176	23.64600	4.77088
27	137.37055	7.2796E−03	681.85276	1.4666E−03	4.96360	0.20147	23.83527	4.80201
28	164.84466	6.0663E−03	819.22331	1.2207E−03	4.96967	0.20122	23.99906	4.82911
29	197.81359	5.0553E−03	984.06797	1.0162E−03	4.97472	0.20102	24.14061	4.85265
30	237.37631	4.2127E−03	1181.88157	8.4611E−04	4.97894	0.20085	24.26277	4.87308
36	708.80187	1.4108E−03	3539.00937	2.8256E−04	4.99295	0.20028	24.71078	4.94914
40	1469.77157	6.8038E−04	7343.85784	1.3617E−04	4.99660	0.20014	24.84691	4.97277
48	6319.74872	1.5823E−04	3.1594E+04	3.1652E−05	4.99921	0.20003	24.95807	4.99240
50	9100.43815	1.0988E−04	4.5497E+04	2.1979E−05	4.99945	0.20002	24.96978	4.99451
52	1.3105E+04	7.6309E−05	6.5518E+04	1.5263E−05	4.99962	0.20002	24.97825	4.99603
55	2.2645E+04	4.4160E−05	1.1322E+05	8.8324E−06	4.99978	0.20001	24.98675	4.99757
60	5.6348E+04	1.7747E−05	2.8173E+05	3.5495E−06	4.99991	0.20000	24.99423	4.99894
72	5.0240E+05	1.9904E−06	2.5120E+06	3.9809E−07	4.99999	0.20000	24.99923	4.99986
75	8.6815E+05	1.1519E−06	4.3407E+06	2.3038E−07	4.99999	0.20000	24.99954	4.99991
80	2.1602E+06	4.6291E−07	1.0801E+07	9.2583E−08	5.00000	0.20000	24.99980	4.99996
84	4.4794E+06	2.2324E−07	2.2397E+07	4.4648E−08	5.00000	0.20000	24.99990	4.99998
90	1.3376E+07	7.4763E−08	6.6878E+07	1.4953E−08	5.00000	0.20000	24.99996	4.99999
96	3.9939E+07	2.5038E−08	1.9970E+08	5.0076E−09	5.00000	0.20000	24.99999	5.00000
100	8.2818E+07	1.2075E−08	4.1409E+08	2.4149E−09	5.00000	0.20000	24.99999	5.00000
108	3.5610E+08	2.8082E−09	1.7805E+09	5.6164E−10	5.00000	0.20000	25.00000	5.00000
120	3.1750E+09	3.1496E−10	1.5875E+10	6.2991E−11	5.00000	0.20000	25.00000	5.00000
132	2.8309E+10	3.5324E−11	1.4154E+11	7.0649E−12	5.00000	0.20000	25.00000	5.00000
144	2.5241E+11	3.9619E−12	1.2620E+12	7.9237E−13	5.00000	0.20000	25.00000	5.00000
180	1.7891E+14	5.5895E−15	8.9453E+14	1.1179E−15	5.00000	0.20000	25.00000	5.00000
240	1.0081E+19	9.9198E−20	5.0404E+19	1.9840E−20	5.00000	0.20000	25.00000	5.00000
360	3.2007E+28	3.1243E−29	1.6004E+29	6.2486E−30	5.00000	0.20000	25.00000	5.00000
480	1.0162E+38	9.8402E−39	5.0812E+38	1.9680E−39	5.00000	0.20000	25.00000	5.00000
600	3.2266E+47	3.0992E−48	1.6133E+48	6.1984E−49	5.00000	0.20000	25.00000	5.00000

〈표 A-a-22〉

	단일금액		균일급수				등차급수	
n	To Find *F* Given *P* (*F*|*P i*%,*n*)	To Find *P* Given *F* (*P*|*F i*%,*n*)	To Find *F* Given *A* (*F*|*A i*%,*n*)	To Find *A* Given *F* (*A*|*F i*%,*n*)	To Find *P* Given *A* (*P*|*A i*%,*n*)	To Find *A* Given *P* (*A*|*P i*%,*n*)	To Find *P* Given *G* (*P*|*G i*%,*n*)	To Find *A* Given *G* (*A*|*G i*%,*n*)
1	1.25000	0.80000	1.00000	1.00000	0.80000	1.25000	0.00000	0.00000
2	1.56250	0.64000	2.25000	0.44444	1.44000	0.69444	0.64000	0.44444
3	1.95313	0.51200	3.81250	0.26230	1.95200	0.51230	1.66400	0.85246
4	2.44141	0.40960	5.76563	0.17344	2.36160	0.42344	2.89280	1.22493
5	3.05176	0.32768	8.20703	0.12185	2.68928	0.37185	4.20352	1.56307
6	3.81470	0.26214	11.25879	0.08882	2.95142	0.33882	5.51424	1.86833
7	4.76837	0.20972	15.07349	0.06634	3.16114	0.31634	6.77253	2.14243
8	5.96046	0.16777	19.84186	0.05040	3.32891	0.30040	7.94694	2.38725
9	7.45058	0.13422	25.80232	0.03876	3.46313	0.28876	9.02068	2.60478
10	9.31323	0.10737	33.25290	0.03007	3.57050	0.28007	9.98705	2.79710
11	11.64153	0.08590	42.56613	0.02349	3.65640	0.27349	10.84604	2.96631
12	14.55192	0.06872	54.20766	0.01845	3.72512	0.26845	11.60195	3.11452
13	18.18989	0.05498	68.75958	0.01454	3.78010	0.26454	12.26166	3.24374
14	22.73737	0.04398	86.94947	0.01150	3.82408	0.26150	12.83341	3.35595
15	28.42171	0.03518	109.68684	9.1169E−03	3.85926	0.25912	13.32599	3.45299
16	35.52714	0.02815	138.10855	7.2407E−03	3.88741	0.25724	13.74820	3.53660
17	44.40892	0.02252	173.63568	5.7592E−03	3.90993	0.25576	14.10849	3.60838
18	55.51115	0.01801	218.04460	4.5862E−03	3.92794	0.25459	14.41473	3.66979
19	69.38894	0.01441	273.55576	3.6556E−03	3.94235	0.25366	14.67414	3.72218
20	86.73617	0.01153	342.94470	2.9159E−03	3.95388	0.25292	14.89320	3.76673
21	108.42022	9.2234E−03	429.68087	2.3273E−03	3.96311	0.25233	15.07766	3.80451
22	135.52527	7.3787E−03	538.10109	1.8584E−03	3.97049	0.25186	15.23262	3.83646
23	169.40659	5.9030E−03	673.62636	1.4845E−03	3.97639	0.25148	15.36248	3.86343
24	211.75824	4.7224E−03	843.03295	1.1862E−03	3.98111	0.25119	15.47109	3.88613
25	264.69780	3.7779E−03	1054.79118	9.4805E−04	3.98489	0.25095	15.56176	3.90519
26	330.87225	3.0223E−03	1319.48898	7.5787E−04	3.98791	0.25076	15.63732	3.92118
27	413.59031	2.4179E−03	1650.36123	6.0593E−04	3.99033	0.25061	15.70019	3.93456
28	516.98788	1.9343E−03	2063.95153	4.8451E−04	3.99226	0.25048	15.75241	3.94574
29	646.23485	1.5474E−03	2580.93941	3.8746E−04	3.99381	0.25039	15.79574	3.95506
30	807.79357	1.2379E−03	3227.17427	3.0987E−04	3.99505	0.25031	15.83164	3.96282
36	3081.48791	3.2452E−04	1.2322E+04	8.1156E−05	3.99870	0.25008	15.94808	3.98831
40	7523.16385	1.3292E−04	3.0089E+04	3.3235E−05	3.99947	0.25003	15.97661	3.99468
48	4.4842E+04	2.2301E−05	1.7936E+05	5.5753E−06	3.99991	0.25001	15.99536	3.99893
50	7.0065E+04	1.4272E−05	2.8026E+05	3.5682E−06	3.99994	0.25000	15.99692	3.99929
52	1.0948E+05	9.1344E−06	4.3790E+05	2.2836E−06	3.99996	0.25000	15.99795	3.99953
55	2.1382E+05	4.6768E−06	8.5528E+05	1.1692E−06	3.99998	0.25000	15.99890	3.99974
60	6.5253E+05	1.5325E−06	2.6101E+06	3.8312E−07	3.99999	0.25000	15.99961	3.99991
72	9.4956E+06	1.0531E−07	3.7982E+07	2.6328E−08	4.00000	0.25000	15.99997	3.99999
75	1.8546E+07	5.3920E−08	7.4184E+07	1.3480E−08	4.00000	0.25000	15.99998	4.00000
80	5.6598E+07	1.7668E−08	2.2639E+08	4.4171E−09	4.00000	0.25000	15.99999	4.00000
84	1.3818E+08	7.2370E−09	5.5271E+08	1.8093E−09	4.00000	0.25000	16.00000	4.00000
90	5.2711E+08	1.8971E−09	2.1084E+09	4.7428E−10	4.00000	0.25000	16.00000	4.00000
96	2.0108E+09	4.9732E−10	8.0431E+09	1.2433E−10	4.00000	0.25000	16.00000	4.00000
100	4.9091E+09	2.0370E−10	1.9636E+10	5.0926E−11	4.00000	0.25000	16.00000	4.00000
108	2.9260E+10	3.4176E−11	1.1704E+11	8.5439E−12	4.00000	0.25000	16.00000	4.00000
120	4.2580E+11	2.3485E−12	1.7032E+12	5.8714E−13	4.00000	0.25000	16.00000	4.00000
132	6.1961E+12	1.6139E−13	2.4785E+13	4.0348E−14	4.00000	0.25000	16.00000	4.00000
144	9.0166E+13	1.1091E−14	3.6066E+14	2.7727E−15	4.00000	0.25000	16.00000	4.00000
180	2.7784E+17	3.5991E−18	1.1114E+18	8.9978E−19	4.00000	0.25000	16.00000	4.00000
240	1.8130E+23	5.5157E−24	7.2521E+23	1.3789E−24	4.00000	0.25000	16.00000	4.00000
360	7.7198E+34	1.2954E−35	3.0879E+35	3.2384E−36	4.00000	0.25000	16.00000	4.00000
480	3.2870E+46	3.0422E−47	1.3148E+47	7.6056E−48	4.00000	0.25000	16.00000	4.00000
600	1.3996E+58	7.1448E−59	5.5984E+58	1.7862E−59	4.00000	0.25000	16.00000	4.00000

〈표 A-a-23〉

	단일금액		균일급수				등차급수	
n	To Find F Given P (F|P i%,n)	To Find P Given F (P|F i%,n)	To Find F Given A (F|A i%,n)	To Find A Given F (A|F i%,n)	To Find P Given A (P|A i%,n)	To Find A Given P (A|P i%,n)	To Find P Given G (P|G i%,n)	To Find A Given G (A|G i%,n)
1	1.30000	0.76923	1.00000	1.00000	0.76923	1.30000	0.00000	0.00000
2	1.69000	0.59172	2.30000	0.43478	1.36095	0.73478	0.59172	0.43478
3	2.19700	0.45517	3.99000	0.25063	1.81611	0.55063	1.50205	0.82707
4	2.85610	0.35013	6.18700	0.16163	2.16624	0.46163	2.55243	1.17828
5	3.71293	0.26933	9.04310	0.11058	2.43557	0.41058	3.62975	1.49031
6	4.82681	0.20718	12.75603	0.07839	2.64275	0.37839	4.66563	1.76545
7	6.27485	0.15937	17.58284	0.05687	2.80211	0.35687	5.62183	2.00628
8	8.15731	0.12259	23.85769	0.04192	2.92470	0.34192	6.47995	2.21559
9	10.60450	0.09430	32.01500	0.03124	3.01900	0.33124	7.23435	2.39627
10	13.78585	0.07254	42.61950	0.02346	3.09154	0.32346	7.88719	2.55122
11	17.92160	0.05580	56.40535	0.01773	3.14734	0.31773	8.44518	2.68328
12	23.29809	0.04292	74.32695	0.01345	3.19026	0.31345	8.91732	2.79517
13	30.28751	0.03302	97.62504	0.01024	3.22328	0.31024	9.31352	2.88946
14	39.37376	0.02540	127.91255	7.8178E−03	3.24867	0.30782	9.64369	2.96850
15	51.18589	0.01954	167.28631	5.9778E−03	3.26821	0.30598	9.91721	3.03444
16	66.54166	0.01503	218.47220	4.5772E−03	3.28324	0.30458	10.14263	3.08921
17	86.50416	0.01156	285.01386	3.5086E−03	3.29480	0.30351	10.32759	3.13451
18	112.45541	8.8924E−03	371.51802	2.6917E−03	3.30369	0.30269	10.47876	3.17183
19	146.19203	6.8403E−03	483.97343	2.0662E−03	3.31053	0.30207	10.60189	3.20247
20	190.04964	5.2618E−03	630.16546	1.5869E−03	3.31579	0.30159	10.70186	3.22754
21	247.06453	4.0475E−03	820.21510	1.2192E−03	3.31984	0.30122	10.78281	3.24799
22	321.18389	3.1135E−03	1067.27963	9.3696E−04	3.32296	0.30094	10.84819	3.26462
23	417.53905	2.3950E−03	1388.46351	7.2022E−04	3.32535	0.30072	10.90088	3.27812
24	542.80077	1.8423E−03	1806.00257	5.5371E−04	3.32719	0.30055	10.94326	3.28904
25	705.64100	1.4172E−03	2348.80334	4.2575E−04	3.32861	0.30043	10.97727	3.29785
26	917.33330	1.0901E−03	3054.44434	3.2739E−04	3.32970	0.30033	11.00452	3.30496
27	1192.53329	8.3855E−04	3971.77764	2.5178E−04	3.33054	0.30025	11.02632	3.31067
28	1550.29328	6.4504E−04	5164.31093	1.9364E−04	3.33118	0.30019	11.04374	3.31526
29	2015.38126	4.9618E−04	6714.60421	1.4893E−04	3.33168	0.30015	11.05763	3.31894
30	2619.99564	3.8168E−04	8729.98548	1.1455E−04	3.33206	0.30011	11.06870	3.32188
36	1.2646E+04	7.9075E−05	4.2151E+04	2.3724E−05	3.33307	0.30002	11.10074	3.33049
40	3.6119E+04	2.7686E−05	1.2039E+05	8.3061E−06	3.33324	0.30001	11.10711	3.33223
48	2.9463E+05	3.3941E−06	9.8211E+05	1.0182E−06	3.33332	0.30000	11.11053	3.33317
50	4.9793E+05	2.0083E−06	1.6598E+06	6.0250E−07	3.33333	0.30000	11.11075	3.33323
52	8.4150E+05	1.1884E−06	2.8050E+06	3.5651E−07	3.33333	0.30000	11.11089	3.33327
55	1.8488E+06	5.4090E−07	6.1626E+06	1.6227E−07	3.33333	0.30000	11.11101	3.33330
60	6.8644E+06	1.4568E−07	2.2881E+07	4.3704E−08	3.33333	0.30000	11.11108	3.33332
72	1.5993E+08	6.2529E−09	5.3309E+08	1.8759E−09	3.33333	0.30000	11.11111	3.33333
75	3.5136E+08	2.8461E−09	1.1712E+09	8.5383E−10	3.33333	0.30000	11.11111	3.33333
80	1.3046E+09	7.6653E−10	4.3486E+09	2.2996E−10	3.33333	0.30000	11.11111	3.33333
84	3.7260E+09	2.6839E−10	1.2420E+10	8.0516E−11	3.33333	0.30000	11.11111	3.33333
90	1.7985E+10	5.5603E−11	5.9949E+10	1.6681E−11	3.33333	0.30000	11.11111	3.33333
96	8.6808E+10	1.1520E−11	2.8936E+11	3.4559E−12	3.33333	0.30000	11.11111	3.33333
100	2.4793E+11	4.0333E−12	8.2645E+11	1.2100E−12	3.33333	0.30000	11.11111	3.33333
108	2.0225E+12	4.9444E−13	6.7416E+12	1.4833E−13	3.33333	0.30000	11.11111	3.33333
120	4.7120E+13	2.1223E−14	1.5707E+14	6.3668E−15	3.33333	0.30000	11.11111	3.33333
132	1.0978E+15	9.1091E−16	3.6593E+15	2.7327E−16	3.33333	0.30000	11.11111	3.33333
144	2.5577E+16	3.9098E−17	8.5255E+16	1.1729E−17	3.33333	0.30000	11.11111	3.33333
180	3.2345E+20	3.0917E−21	1.0782E+21	9.2751E−22	3.33333	0.30000	11.11111	3.33333
240	2.2203E+27	4.5040E−28	7.4009E+27	1.3512E−28	3.33333	0.30000	11.11111	3.33333
360	1.0462E+41	9.5586E−42	3.4873E+41	2.8676E−42	3.33333	0.30000	11.11111	3.33333
480	4.9296E+54	2.0286E−55	1.6432E+55	6.0857E−56	3.33333	0.30000	11.11111	3.33333
600	2.3228E+68	4.3052E−69	7.7427E+68	1.2915E−69	3.33333	0.30000	11.11111	3.33333

〈표 A-a-24〉

	단일금액		균일급수				등차급수	
n	**To Find *F* Given *P* (*F*|*P i*%,*n*)**	**To Find *P* Given *F* (*P*|*F i*%,*n*)**	**To Find *F* Given *A* (*F*|*A i*%,*n*)**	**To Find *A* Given *F* (*A*|*F i*%,*n*)**	**To Find *P* Given *A* (*P*|*A i*%,*n*)**	**To Find *A* Given *P* (*A*|*P i*%,*n*)**	**To Find *P* Given *G* (*P*|*G i*%,*n*)**	**To Find *A* Given *G* (*A*|*G i*%,*n*)**
1	1.40000	0.71429	1.00000	1.00000	0.71429	1.40000	0.00000	0.00000
2	1.96000	0.51020	2.40000	0.41667	1.22449	0.81667	0.51020	0.41667
3	2.74400	0.36443	4.36000	0.22936	1.58892	0.62936	1.23907	0.77982
4	3.84160	0.26031	7.10400	0.14077	1.84923	0.54077	2.01999	1.09234
5	5.37824	0.18593	10.94560	0.09136	2.03516	0.49136	2.76373	1.35799
6	7.52954	0.13281	16.32384	0.06126	2.16797	0.46126	3.42778	1.58110
7	10.54135	0.09486	23.85338	0.04192	2.26284	0.44192	3.99697	1.76635
8	14.75789	0.06776	34.39473	0.02907	2.33060	0.42907	4.47129	1.91852
9	20.66105	0.04840	49.15262	0.02034	2.37900	0.42034	4.85849	2.04224
10	28.92547	0.03457	69.81366	0.01432	2.41357	0.41432	5.16964	2.14190
11	40.49565	0.02469	98.73913	0.01013	2.43826	0.41013	5.41658	2.22149
12	56.69391	0.01764	139.23478	7.1821E−03	2.45590	0.40718	5.61060	2.28454
13	79.37148	0.01260	195.92869	5.1039E−03	2.46850	0.40510	5.76179	2.33412
14	111.12007	8.9993E−03	275.30017	3.6324E−03	2.47750	0.40363	5.87878	2.37287
15	155.56810	6.4281E−03	386.42024	2.5879E−03	2.48393	0.40259	5.96877	2.40296
16	217.79533	4.5915E−03	541.98833	1.8451E−03	2.48852	0.40185	6.03764	2.42620
17	304.91347	3.2796E−03	759.78367	1.3162E−03	2.49180	0.40132	6.09012	2.44406
18	426.87885	2.3426E−03	1064.69714	9.3923E−04	2.49414	0.40094	6.12994	2.45773
19	597.63040	1.6733E−03	1491.57599	6.7043E−04	2.49582	0.40067	6.16006	2.46815
20	836.68255	1.1952E−03	2089.20639	4.7865E−04	2.49701	0.40048	6.18277	2.47607
21	1171.35558	8.5371E−04	2925.88894	3.4178E−04	2.49787	0.40034	6.19984	2.48206
22	1639.89781	6.0979E−04	4097.24452	2.4407E−04	2.49848	0.40024	6.21265	2.48658
23	2295.85693	4.3557E−04	5737.14232	1.7430E−04	2.49891	0.40017	6.22223	2.48998
24	3214.19970	3.1112E−04	8032.99925	1.2449E−04	2.49922	0.40012	6.22939	2.49253
25	4499.87958	2.2223E−04	1.1247E+04	8.8911E−05	2.49944	0.40009	6.23472	2.49444
26	6299.83141	1.5873E−04	1.5747E+04	6.3504E−05	2.49960	0.40006	6.23869	2.49587
27	8819.76398	1.1338E−04	2.2047E+04	4.5358E−05	2.49972	0.40005	6.24164	2.49694
28	1.2348E+04	8.0987E−05	3.0867E+04	3.2397E−05	2.49980	0.40003	6.24382	2.49773
29	1.7287E+04	5.7848E−05	4.3214E+04	2.3140E−05	2.49986	0.40002	6.24544	2.49832
30	2.4201E+04	4.1320E−05	6.0501E+04	1.6529E−05	2.49990	0.40002	6.24664	2.49876
36	1.8223E+05	5.4877E−06	4.5556E+05	2.1951E−06	2.49999	0.40000	6.24947	2.49980
40	7.0004E+05	1.4285E−06	1.7501E+06	5.7140E−07	2.50000	0.40000	6.24985	2.49994
48	1.0331E+07	9.6795E−08	2.5828E+07	3.8718E−08	2.50000	0.40000	6.24999	2.50000
50	2.0249E+07	4.9385E−08	5.0622E+07	1.9754E−08	2.50000	0.40000	6.24999	2.50000
52	3.9688E+07	2.5197E−08	9.9220E+07	1.0079E−08	2.50000	0.40000	6.25000	2.50000
55	1.0890E+08	9.1824E−09	2.7226E+08	3.6730E−09	2.50000	0.40000	6.25000	2.50000
60	5.8571E+08	1.7073E−09	1.4643E+09	6.8293E−10	2.50000	0.40000	6.25000	2.50000
72	3.3206E+10	3.0115E−11	8.3015E+10	1.2046E−11	2.50000	0.40000	6.25000	2.50000
75	9.1118E+10	1.0975E−11	2.2779E+11	4.3899E−12	2.50000	0.40000	6.25000	2.50000
80	4.9005E+11	2.0406E−12	1.2251E+12	8.1624E−13	2.50000	0.40000	6.25000	2.50000
84	1.8826E+12	5.3118E−13	4.7065E+12	2.1247E−13	2.50000	0.40000	6.25000	2.50000
90	1.4175E+13	7.0547E−14	3.5438E+13	2.8219E−14	2.50000	0.40000	6.25000	2.50000
96	1.0673E+14	9.3693E−15	2.6683E+14	3.7477E−15	2.50000	0.40000	6.25000	2.50000
100	4.1002E+14	2.4389E−15	1.0250E+15	9.7557E−16	2.50000	0.40000	6.25000	2.50000
108	6.0510E+15	1.6526E−16	1.5128E+16	6.6105E−17	2.50000	0.40000	6.25000	2.50000
120	3.4306E+17	2.9150E−18	8.5764E+17	1.1660E−18	2.50000	0.40000	6.25000	2.50000
132	1.9449E+19	5.1416E−20	4.8623E+19	2.0566E−20	2.50000	0.40000	6.25000	2.50000
144	1.1026E+21	9.0691E−22	2.7566E+21	3.6276E−22	2.50000	0.40000	6.25000	2.50000
180	2.0093E+26	4.9768E−27	5.0233E+26	1.9907E−27	2.50000	0.40000	6.25000	2.50000
240	1.1769E+35	8.4971E−36	2.9422E+35	3.3988E−36	2.50000	0.40000	6.25000	2.50000
360	4.0373E+52	2.4769E−53	1.0093E+53	9.9076E−54	2.50000	0.40000	6.25000	2.50000
480	1.3850E+70	7.2201E−71	3.4626E+70	2.8880E−71	2.50000	0.40000	6.25000	2.50000
600	4.7514E+87	2.1046E−88	1.1878E+88	8.4186E−89	2.50000	0.40000	6.25000	2.50000

〈표 A-a-25〉

	단일금액		균일급수				등차급수	
n	To Find F Given P (F|P i%,n)	To Find P Given F (P|F i%,n)	To Find F Given A (F|A i%,n)	To Find A Given F (A|F i%,n)	To Find P Given A (P|A i%,n)	To Find A Given P (A|P i%,n)	To Find P Given G (P|G i%,n)	To Find A Given G (A|G i%,n)
1	1.50000	0.66667	1.00000	1.00000	0.66667	1.50000	0.00000	0.00000
2	2.25000	0.44444	2.50000	0.40000	1.11111	0.90000	0.44444	0.40000
3	3.37500	0.29630	4.75000	0.21053	1.40741	0.71053	1.03704	0.73684
4	5.06250	0.19753	8.12500	0.12308	1.60494	0.62308	1.62963	1.01538
5	7.59375	0.13169	13.18750	0.07583	1.73663	0.57583	2.15638	1.24171
6	11.39063	0.08779	20.78125	0.04812	1.82442	0.54812	2.59534	1.42256
7	17.08594	0.05853	32.17188	0.03108	1.88294	0.53108	2.94650	1.56484
8	25.62891	0.03902	49.25781	0.02030	1.92196	0.52030	3.21963	1.67518
9	38.44336	0.02601	74.88672	0.01335	1.94798	0.51335	3.42773	1.75964
10	57.66504	0.01734	113.33008	8.8238E−03	1.96532	0.50882	3.58380	1.82352
11	86.49756	0.01156	170.99512	5.8481E−03	1.97688	0.50585	3.69941	1.87134
12	129.74634	7.7073E−03	257.49268	3.8836E−03	1.98459	0.50388	3.78419	1.90679
13	194.61951	5.1382E−03	387.23901	2.5824E−03	1.98972	0.50258	3.84585	1.93286
14	291.92926	3.4255E−03	581.85852	1.7186E−03	1.99315	0.50172	3.89038	1.95188
15	437.89389	2.2837E−03	873.78778	1.1444E−03	1.99543	0.50114	3.92236	1.96567
16	656.84084	1.5224E−03	1311.68167	7.6238E−04	1.99696	0.50076	3.94519	1.97560
17	985.26125	1.0150E−03	1968.52251	5.0800E−04	1.99797	0.50051	3.96143	1.98273
18	1477.89188	6.7664E−04	2953.78376	3.3855E−04	1.99865	0.50034	3.97293	1.98781
19	2216.83782	4.5109E−04	4431.67564	2.2565E−04	1.99910	0.50023	3.98105	1.99143
20	3325.25673	3.0073E−04	6648.51346	1.5041E−04	1.99940	0.50015	3.98677	1.99398
21	4987.88510	2.0049E−04	9973.77019	1.0026E−04	1.99960	0.50010	3.99078	1.99579
22	7481.82764	1.3366E−04	1.4962E+04	6.6838E−05	1.99973	0.50007	3.99358	1.99706
23	1.1223E+04	8.9105E−05	2.2443E+04	4.4556E−05	1.99982	0.50004	3.99554	1.99795
24	1.6834E+04	5.9403E−05	3.3666E+04	2.9703E−05	1.99988	0.50003	3.99691	1.99857
25	2.5251E+04	3.9602E−05	5.0500E+04	1.9802E−05	1.99992	0.50002	3.99786	1.99901
26	3.7877E+04	2.6401E−05	7.5752E+04	1.3201E−05	1.99995	0.50001	3.99852	1.99931
27	5.6815E+04	1.7601E−05	1.1363E+05	8.8006E−06	1.99996	0.50001	3.99898	1.99952
28	8.5223E+04	1.1734E−05	1.7044E+05	5.8671E−06	1.99998	0.50001	3.99930	1.99967
29	1.2783E+05	7.8226E−06	2.5567E+05	3.9114E−06	1.99998	0.50000	3.99951	1.99977
30	1.9175E+05	5.2151E−06	3.8350E+05	2.6076E−06	1.99999	0.50000	3.99967	1.99984
36	2.1842E+06	4.5784E−07	4.3683E+06	2.2892E−07	2.00000	0.50000	3.99997	1.99998
40	1.1057E+07	9.0438E−08	2.2115E+07	4.5219E−08	2.00000	0.50000	3.99999	2.00000
48	2.8339E+08	3.5287E−09	5.6677E+08	1.7644E−09	2.00000	0.50000	4.00000	2.00000
50	6.3762E+08	1.5683E−09	1.2752E+09	7.8416E−10	2.00000	0.50000	4.00000	2.00000
52	1.4346E+09	6.9703E−10	2.8693E+09	3.4852E−10	2.00000	0.50000	4.00000	2.00000
55	4.8419E+09	2.0653E−10	9.6839E+09	1.0326E−10	2.00000	0.50000	4.00000	2.00000
60	3.6768E+10	2.7197E−11	7.3537E+10	1.3599E−11	2.00000	0.50000	4.00000	2.00000
72	4.7706E+12	2.0962E−13	9.5411E+12	1.0481E−13	2.00000	0.50000	4.00000	2.00000
75	1.6101E+13	6.2109E−14	3.2201E+13	3.1055E−14	2.00000	0.50000	4.00000	2.00000
80	1.2226E+14	8.1790E−15	2.4453E+14	4.0895E−15	2.00000	0.50000	4.00000	2.00000
84	6.1896E+14	1.6156E−15	1.2379E+15	8.0780E−16	2.00000	0.50000	4.00000	2.00000
90	7.0504E+15	1.4184E−16	1.4101E+16	7.0918E−17	2.00000	0.50000	4.00000	2.00000
96	8.0308E+16	1.2452E−17	1.6062E+17	6.2260E−18	2.00000	0.50000	4.00000	2.00000
100	4.0656E+17	2.4597E−18	8.1312E+17	1.2298E−18	2.00000	0.50000	4.00000	2.00000
108	1.0420E+19	9.5972E−20	2.0839E+19	4.7986E−20	2.00000	0.50000	4.00000	2.00000
120	1.3519E+21	7.3969E−22	2.7038E+21	3.6984E−22	2.00000	0.50000	4.00000	2.00000
132	1.7541E+23	5.7010E−24	3.5081E+23	2.8505E−24	2.00000	0.50000	4.00000	2.00000
144	2.2758E+25	4.3940E−26	4.5517E+25	2.1970E−26	2.00000	0.50000	4.00000	2.00000
180	4.9708E+31	2.0117E−32	9.9416E+31	1.0059E−32	2.00000	0.50000	4.00000	2.00000
240	1.8277E+42	5.4714E−43	3.6554E+42	2.7357E−43	2.00000	0.50000	4.00000	2.00000
360	2.4709E+63	4.0471E−64	4.9418E+63	2.0236E−64	2.00000	0.50000	4.00000	2.00000
480	3.3404E+84	2.9936E−85	6.6809E+84	1.4968E−85	2.00000	0.50000	4.00000	2.00000
600	4.5160E+105	2.2143E−106	9.0320E+105	1.1072E−106	2.00000	0.50000	4.00000	2.00000

〈표 A-b-1〉

j	4%	5%	6%	10%	15%
n	To Find P Given A_1 $(P\|A_1\ i\%, j\%, n)$	To Find P Given A_1 $(P\|A_1\ i\%, j\%, n)$	To Find P Given A_1 $(P\|A_1\ i\%, j\%, n)$	To Find P Given A_1 $(P\|A_1\ i\%, j\%, n)$	To Find P Given A_1 $(P\|A_1\ i\%, j\%, n)$
1	0.96154	0.96154	0.96154	0.96154	0.96154
2	1.92308	1.93232	1.94157	1.97855	2.02478
3	2.88462	2.91244	2.94044	3.05424	3.20048
4	3.84615	3.90198	3.95853	4.19198	4.50053
5	4.80769	4.90104	4.99619	5.39536	5.93808
6	5.76923	5.90971	6.05381	6.66817	7.52769
7	6.73077	6.92807	7.13177	8.01441	9.28542
8	7.69231	7.95622	8.23046	9.43832	11.22907
9	8.65385	8.99426	9.35028	10.94438	13.37830
10	9.61538	10.04228	10.49163	12.53732	15.75485
11	10.57692	11.10038	11.65493	14.22217	18.38277
12	11.53846	12.16866	12.84060	16.00422	21.28864
13	12.50000	13.24720	14.04907	17.88908	24.50186
14	13.46154	14.33612	15.28078	19.88268	28.05494
15	14.42308	15.43550	16.53618	21.99129	31.98383
16	15.38462	16.54546	17.81573	24.22156	36.32828
17	16.34615	17.66609	19.11988	26.58050	41.13223
18	17.30769	18.79749	20.44910	29.07553	46.44429
19	18.26923	19.93978	21.80389	31.71450	52.31821
20	19.23077	21.09304	23.18474	34.50572	58.81340
21	20.19231	22.25740	24.59214	37.45797	65.99559
22	21.15385	23.43295	26.02660	40.58055	73.93743
23	22.11538	24.61981	27.48865	43.88327	82.71927
24	23.07692	25.81807	28.97882	47.37654	92.42996
25	24.03846	27.02786	30.49764	51.07134	103.16775
26	25.00000	28.24929	32.04567	54.97930	115.04126
27	25.96154	29.48245	33.62347	59.11272	128.17062
28	26.92308	30.72748	35.23162	63.48461	142.68867
29	27.88462	31.98447	36.87069	68.10872	158.74228
30	28.84615	33.25355	38.54128	72.99961	176.49387
36	34.61538	41.12844	49.26152	108.87422	330.16651
40	38.46154	46.63525	57.12012	140.45012	498.11856
48	46.15385	58.30188	74.75307	229.42525	1124.62271
50	48.07692	61.36078	79.59740	258.63957	1377.12975
52	50.00000	64.47879	84.62985	291.32200	1685.87657
55	52.88462	69.26914	92.54728	347.76220	2282.59383
60	57.69231	77.56509	106.79116	465.73578	3779.49708
72	69.23077	99.17238	147.05700	928.96423	1.2651E+04
75	72.11538	104.97315	158.64571	1102.25501	1.7109E+04
80	76.92308	115.01897	179.49439	1464.47438	2.8290E+04
84	80.76923	123.40898	197.66360	1837.00923	4.2299E+04
90	86.53846	136.61179	227.64978	2578.64714	7.7332E+04
96	92.30769	150.59485	261.26658	3617.00726	1.4137E+05
100	96.15385	160.37302	285.90974	4530.94462	2.1137E+05
108	103.84615	181.08887	341.20357	7106.25392	4.7246E+05
120	115.38462	215.29361	441.66933	1.3946E+04	1.5789E+06
132	126.92308	253.66061	567.93591	2.7354E+04	5.2762E+06
144	138.46154	296.69635	726.62925	5.3636E+04	1.7632E+07
180	173.07692	459.85139	1491.78806	4.0412E+05	6.5799E+08
240	230.76923	894.10062	4784.77465	1.1697E+07	2.7421E+11
360	346.15385	3034.33576	4.7492E+04	9.7997E+09	4.7624E+16
480	461.53846	9782.36045	4.6745E+05	8.2098E+12	8.2712E+21
600	576.92308	3.1058E+04	4.5971E+06	6.8779E+15	1.4365E+27

〈표 A-b-2〉

j	4%	5%	6%	10%	15%
n	To Find P Given A_1 $(P\|A_1\ i\%, j\%, n)$	To Find P Given A_1 $(P\|A_1\ i\%, j\%, n)$	To Find P Given A_1 $(P\|A_1\ i\%, j\%, n)$	To Find P Given A_1 $(P\|A_1\ i\%, j\%, n)$	To Find P Given A_1 $(P\|A_1\ i\%, j\%, n)$
1	0.95238	0.95238	0.95238	0.95238	0.95238
2	1.89569	1.90476	1.91383	1.95011	1.99546
3	2.83002	2.85714	2.88444	2.99536	3.13789
4	3.75545	3.80952	3.86429	4.09037	4.38912
5	4.67206	4.76190	4.85348	5.23753	5.75951
6	5.57995	5.71429	5.85208	6.43932	7.26042
7	6.47919	6.66667	6.86020	7.69834	8.90426
8	7.36986	7.61905	7.87791	9.01731	10.70467
9	8.25205	8.57143	8.90532	10.39908	12.67654
10	9.12584	9.52381	9.94251	11.84666	14.83622
11	9.99131	10.47619	10.98959	13.36316	17.20157
12	10.84854	11.42857	12.04663	14.95189	19.79219
13	11.69760	12.38095	13.11374	16.61626	22.62955
14	12.53857	13.33333	14.19101	18.35989	25.73712
15	13.37154	14.28571	15.27855	20.18656	29.14066
16	14.19657	15.23810	16.37644	22.10020	32.86834
17	15.01375	16.19048	17.48478	24.10497	36.95104
18	15.82314	17.14286	18.60369	26.20521	41.42257
19	16.62482	18.09524	19.73325	28.40546	46.31995
20	17.41887	19.04762	20.87356	30.71048	51.68376
21	18.20536	20.00000	22.02474	33.12526	57.55840
22	18.98436	20.95238	23.18688	35.65504	63.99254
23	19.75593	21.90476	24.36009	38.30528	71.03944
24	20.52016	22.85714	25.54447	41.08172	78.75749
25	21.27711	23.80952	26.74013	43.99037	87.21058
26	22.02686	24.76190	27.94718	47.03753	96.46873
27	22.76946	25.71429	29.16573	50.22980	106.60861
28	23.50499	26.66667	30.39588	53.57407	117.71419
29	24.23351	27.61905	31.63774	57.07760	129.87745
30	24.95510	28.57143	32.89143	60.74796	143.19911
36	29.14256	34.28571	40.66835	86.74607	254.42803
40	31.80357	38.09524	46.10418	108.57764	370.48860
48	36.82956	45.71429	57.61414	166.54883	777.78913
50	38.02707	47.61905	60.63061	184.73840	934.98968
52	39.20189	49.52381	63.70481	204.70155	1123.55905
55	40.92249	52.38095	68.42678	238.35462	1479.25741
60	43.68262	57.14286	76.60133	306.01168	2336.99669
72	49.79223	68.57143	97.87584	549.73617	6982.21820
75	51.21312	71.42857	103.58345	635.06433	9176.29941
80	53.49248	76.19048	113.46432	806.61043	1.4467E+04
84	55.23904	80.00000	121.71321	975.66772	2.0821E+04
90	57.73668	85.71429	134.68804	1296.23897	3.5946E+04
96	60.09495	91.42857	148.42217	1720.02329	6.2051E+04
100	61.59356	95.23810	158.02193	2075.89057	8.9291E+04
108	64.42406	102.85714	178.34867	3020.85487	1.8488E+05
120	68.28353	114.28571	211.88030	5294.18080	5.5083E+05
132	71.72430	125.71429	249.45136	9267.03237	1.6411E+06
144	74.79180	137.14286	291.54847	1.6210E+04	4.8891E+06
180	82.13812	171.42857	450.78476	8.6604E+04	1.2928E+08
240	89.94066	228.57143	872.69322	1.4120E+06	3.0342E+10
360	96.80953	342.85714	2933.63852	3.7519E+08	1.6714E+15
480	98.98810	457.14286	9361.32092	9.9691E+10	9.2066E+19
600	99.67906	571.42857	2.9408E+04	2.6489E+13	5.0714E+24

〈표 A-b-3〉

j	4%	5%	6%	10%	15%
n	To Find P Given A_1 $(P\|A_1\ i\%, j\%, n)$	To Find P Given A_1 $(P\|A_1\ i\%, j\%, n)$	To Find P Given A_1 $(P\|A_1\ i\%, j\%, n)$	To Find P Given A_1 $(P\|A_1\ i\%, j\%, n)$	To Find P Given A_1 $(P\|A_1\ i\%, j\%, n)$
1	0.94340	0.94340	0.94340	0.94340	0.94340
2	1.86899	1.87789	1.88679	1.92239	1.96689
3	2.77712	2.80357	2.83019	2.93833	3.07729
4	3.66812	3.72052	3.77358	3.99261	4.28196
5	4.54231	4.62882	4.71698	5.08667	5.58892
6	5.40000	5.52855	5.66038	6.22201	7.00685
7	6.24151	6.41979	6.60377	7.40020	8.54517
8	7.06714	7.30262	7.54717	8.62285	10.21410
9	7.87720	8.17712	8.49057	9.89164	12.02473
10	8.67197	9.04337	9.43396	11.20831	13.98909
11	9.45174	9.90146	10.37736	12.57466	16.12024
12	10.21680	10.75144	11.32075	13.99257	18.43234
13	10.96743	11.59341	12.26415	15.46399	20.94074
14	11.70389	12.42743	13.20755	16.99093	23.66213
15	12.42646	13.25359	14.15094	18.57549	26.61457
16	13.13539	14.07195	15.09434	20.21985	29.81770
17	13.83095	14.88259	16.03774	21.92626	33.29278
18	14.51339	15.68559	16.98113	23.69706	37.06293
19	15.18295	16.48101	17.92453	25.53469	41.15317
20	15.83987	17.26892	18.86792	27.44166	45.59071
21	16.48440	18.04941	19.81132	29.42059	50.40501
22	17.11677	18.82252	20.75472	31.47419	55.62808
23	17.73721	19.58835	21.69811	33.60530	61.29462
24	18.34594	20.34695	22.64151	35.81682	67.44227
25	18.94319	21.09839	23.58491	38.11179	74.11190
26	19.52917	21.84275	24.52830	40.49337	81.34781
27	20.10409	22.58008	25.47170	42.96482	89.19810
28	20.66816	23.31046	26.41509	45.52953	97.71492
29	21.22159	24.03394	27.35849	48.19102	106.95487
30	21.76458	24.75060	28.30189	50.95294	116.97934
36	24.81401	28.91080	33.96226	69.85616	197.75529
40	26.66171	31.55569	37.73585	85.00510	278.24756
48	29.96041	36.55392	45.28302	122.94741	544.24595
50	30.70949	37.74537	47.16981	134.32393	642.55541
52	31.43057	38.91444	49.05660	146.57525	758.26765
55	32.46196	40.62702	51.88679	166.74105	971.35170
60	34.05522	43.37529	56.60377	205.75398	1465.53354
72	37.31332	49.46326	67.92453	334.90762	3915.15469
75	38.01797	50.88009	70.75472	377.20874	5002.55747
80	39.10649	53.15376	75.47170	459.04485	7524.44829
84	39.90566	54.89669	79.24528	536.34890	1.0428E+04
90	40.99585	57.39024	84.90566	676.05776	1.7012E+04
96	41.96830	59.74594	90.56604	850.53743	2.7747E+04
100	42.55752	61.24360	94.33962	990.36455	3.8444E+04
108	43.60947	64.07384	101.88679	1340.57814	7.3795E+04
120	44.91528	67.93642	113.20755	2104.89599	1.9623E+05
132	45.95427	71.38371	124.52830	3297.00464	5.2178E+05
144	46.78096	74.46038	135.84906	5156.33978	1.3874E+06
180	48.37851	81.84409	169.81132	1.9634E+04	2.6080E+07
240	49.48291	89.71927	226.41509	1.8143E+05	3.4660E+09
360	49.94742	96.70363	339.62264	1.5459E+07	6.1217E+13
480	49.99465	98.94307	452.83019	1.3171E+09	1.0812E+18
600	49.99946	99.66111	566.03774	1.1221E+11	1.9096E+22

6.00%

〈표 A-b-4〉

j	4%	5%	6%	10%	15%
n	To Find P Given A_1 $(P\|A_1\ i\%, j\%, n)$	To Find P Given A_1 $(P\|A_1\ i\%, j\%, n)$	To Find P Given A_1 $(P\|A_1\ i\%, j\%, n)$	To Find P Given A_1 $(P\|A_1\ i\%, j\%, n)$	To Find P Given A_1 $(P\|A_1\ i\%, j\%, n)$
1	0.90909	0.90909	0.90909	0.90909	0.90909
2	1.76860	1.77686	1.78512	1.81818	1.85950
3	2.58122	2.60518	2.62930	2.72727	2.85312
4	3.34951	3.39586	3.44278	3.63636	3.89190
5	4.07590	4.15059	4.22668	4.54545	4.97789
6	4.76267	4.87102	4.98207	5.45455	6.11325
7	5.41198	5.55870	5.71000	6.36364	7.30022
8	6.02587	6.21512	6.41145	7.27273	8.54113
9	6.60628	6.84171	7.08740	8.18182	9.83846
10	7.15503	7.43981	7.73877	9.09091	11.19475
11	7.67385	8.01073	8.36645	10.00000	12.61270
12	8.16436	8.55570	8.97130	10.90909	14.09509
13	8.62813	9.07589	9.55417	11.81818	15.64487
14	9.06659	9.57244	10.11583	12.72727	17.26509
15	9.48114	10.04642	10.65708	13.63636	18.95896
16	9.87308	10.49886	11.17864	14.54545	20.72982
17	10.24364	10.93073	11.68123	15.45455	22.58117
18	10.59398	11.34297	12.16555	16.36364	24.51668
19	10.92522	11.73647	12.63226	17.27273	26.54017
20	11.23839	12.11208	13.08199	18.18182	28.65563
21	11.53448	12.47063	13.51538	19.09091	30.86725
22	11.81442	12.81287	13.93300	20.00000	33.17940
23	12.07909	13.13956	14.33543	20.90909	35.59664
24	12.32932	13.45140	14.72324	21.81818	38.12376
25	12.56590	13.74906	15.09694	22.72727	40.76575
26	12.78958	14.03319	15.45705	23.63636	43.52783
27	13.00106	14.30441	15.80407	24.54545	46.41546
28	13.20100	14.56330	16.13846	25.45455	49.43434
29	13.39003	14.81042	16.46070	26.36364	52.59045
30	13.56876	15.04631	16.77122	27.27273	55.89002
36	14.45402	16.25279	18.41108	32.72727	79.08675
40	14.89870	16.88904	19.31845	36.36364	98.36852
48	15.53791	17.85579	20.77553	43.63636	148.91859
50	15.65769	18.04629	21.07717	45.45455	164.62383
52	15.76476	18.21986	21.35728	47.27273	181.78927
55	15.90444	18.45174	21.74040	50.00000	210.57570
60	16.09085	18.77305	22.29149	54.54545	267.96474
72	16.37292	19.29792	23.26344	65.45455	470.90920
75	16.41841	19.38937	23.44608	68.18182	540.94029
80	16.47912	19.51610	23.70880	72.72727	680.55528
84	16.51681	19.59826	23.88661	76.36364	816.87970
90	16.55964	19.69610	24.10849	81.81818	1072.68244
96	16.59022	19.77012	24.28615	87.27273	1406.67449
100	16.60558	19.80915	24.38446	90.90909	1684.29792
108	16.62767	19.86846	24.54232	98.18182	2412.12984
120	16.64677	19.92473	24.70656	109.09091	4126.18446
132	16.65652	19.95693	24.81186	120.00000	7048.22688
144	16.66149	19.97535	24.87937	130.90909	1.2030E+04
180	16.66598	19.99538	24.96821	163.63636	5.9678E+04
240	16.66664	19.99972	24.99656	218.18182	8.5952E+05
360	16.66667	20.00000	24.99996	327.27273	1.7819E+08
480	16.66667	20.00000	25.00000	436.36364	3.6941E+10
600	16.66667	20.00000	25.00000	545.45455	7.6581E+12

15.00%

돈의 시간가치 등비급수 현재가치계수

〈표 A-b-5〉

j	4%	5%	6%	10%	15%
n	To Find P Given A_1 $(P\|A_1\ i\%, j\%,n)$	To Find P Given A_1 $(P\|A_1\ i\%, j\%,n)$	To Find P Given A_1 $(P\|A_1\ i\%, j\%,n)$	To Find P Given A_1 $(P\|A_1\ i\%, j\%,n)$	To Find P Given A_1 $(P\|A_1\ i\%, j\%,n)$
1	0.86957	0.86957	0.86957	0.86957	0.86957
2	1.65595	1.66352	1.67108	1.70132	1.73913
3	2.36712	2.38843	2.40986	2.49692	2.60870
4	3.01027	3.05030	3.09083	3.25792	3.47826
5	3.59190	3.65462	3.71850	3.98584	4.34783
6	4.11789	4.20640	4.29706	4.68211	5.21739
7	4.59357	4.71019	4.83033	5.34810	6.08696
8	5.02375	5.17017	5.32187	5.98514	6.95652
9	5.41278	5.59016	5.77494	6.59448	7.82609
10	5.76460	5.97362	6.19255	7.17733	8.69565
11	6.08277	6.32374	6.57748	7.73484	9.56522
12	6.37051	6.64342	6.93229	8.26811	10.43478
13	6.63072	6.93529	7.25933	8.77819	11.30435
14	6.86604	7.20179	7.56077	9.26609	12.17391
15	7.07885	7.44511	7.83862	9.73278	13.04348
16	7.27131	7.66728	8.09473	10.17919	13.91304
17	7.44536	7.87012	8.33080	10.60618	14.78261
18	7.60276	8.05533	8.54839	11.01460	15.65217
19	7.74511	8.22443	8.74895	11.40527	16.52174
20	7.87383	8.37883	8.93381	11.77896	17.39130
21	7.99025	8.51980	9.10421	12.13639	18.26087
22	8.09553	8.64851	9.26127	12.47829	19.13043
23	8.19074	8.76603	9.40604	12.80532	20.00000
24	8.27684	8.87333	9.53948	13.11813	20.86957
25	8.35471	8.97131	9.66248	13.41734	21.73913
26	8.42513	9.06076	9.77585	13.70355	22.60870
27	8.48881	9.14243	9.88035	13.97731	23.47826
28	8.54640	9.21700	9.97667	14.23916	24.34783
29	8.59849	9.28509	10.06545	14.48963	25.21739
30	8.64559	9.34725	10.14729	14.72921	26.08696
36	8.84730	9.62183	10.52003	15.96313	31.30435
40	8.92797	9.73718	10.68445	16.62072	34.78261
48	9.01801	9.87306	10.88881	17.63200	41.73913
50	9.03129	9.89418	10.92224	17.83343	43.47826
52	9.04215	9.91178	10.95065	18.01773	45.21739
55	9.05485	9.93285	10.98545	18.26521	47.82609
60	9.06909	9.95739	11.02750	18.61094	52.17391
72	9.08438	9.98570	11.07967	19.18519	62.60870
75	9.08608	9.98911	11.08649	19.28691	65.21739
80	9.08799	9.99309	11.09473	19.42902	69.56522
84	9.08896	9.99520	11.09929	19.52203	73.04348
90	9.08984	9.99722	11.10386	19.63393	78.26087
96	9.09032	9.99839	11.10666	19.71963	83.47826
100	9.09052	9.99888	11.10790	19.76530	86.95652
108	9.09073	9.99946	11.10944	19.83554	93.91304
120	9.09086	9.99982	11.11048	19.90353	104.34783
132	9.09089	9.99994	11.11087	19.94341	114.78261
144	9.09090	9.99998	11.11102	19.96680	125.21739
180	9.09091	10.00000	11.11111	19.99330	156.52174
240	9.09091	10.00000	11.11111	19.99953	208.69565
360	9.09091	10.00000	11.11111	20.00000	313.04348
480	9.09091	10.00000	11.11111	20.00000	417.39130
600	9.09091	10.00000	11.11111	20.00000	521.73913

15.00%

〈표 A-c-1〉

j	4%	5%	6%	10%	15%
n	To Find F Given A_1 $(F\|A_1\ i\%, j\%, n)$	To Find F Given A_1 $(F\|A_1\ i\%, j\%, n)$	To Find F Given A_1 $(F\|A_1\ i\%, j\%, n)$	To Find F Given A_1 $(F\|A_1\ i\%, j\%, n)$	To Find F Given A_1 $(F\|A_1\ i\%, j\%, n)$
1	1.00000	1.00000	1.00000	1.00000	1.00000
2	2.08000	2.09000	2.10000	2.14000	2.19000
3	3.24480	3.27610	3.30760	3.43560	3.60010
4	4.49946	4.56477	4.63092	4.90402	5.26498
5	5.84929	5.96287	6.07863	6.56428	7.22458
6	7.29992	7.47766	7.66000	8.43737	9.52492
7	8.85723	9.11686	9.38492	10.54642	12.21898
8	10.52745	10.88864	11.26395	12.91700	15.36776
9	12.31712	12.80164	13.30836	15.57726	19.04150
10	14.23312	14.86503	15.53017	18.55830	23.32103
11	16.28269	17.08853	17.94223	21.89438	28.29943
12	18.47345	19.48241	20.55821	25.62327	34.08380
13	20.81342	22.05756	23.39274	29.78663	40.79740
14	23.31103	24.82552	26.46138	34.43036	48.58208
15	25.97515	27.79847	29.78073	39.60508	57.60107
16	28.81510	30.98933	33.36852	45.36653	68.04218
17	31.84068	34.41178	37.24361	51.77616	80.12149
18	35.06221	38.08027	41.42613	58.90168	94.08761
19	38.49051	42.01010	45.93752	66.81766	110.22657
20	42.13698	46.21746	50.80062	75.60628	128.86740
21	46.01359	50.71945	56.03978	85.35803	150.38864
22	50.13290	55.53419	61.68093	96.17260	175.22570
23	54.50813	60.68082	67.75171	108.15978	203.87947
24	59.15317	66.17958	74.28152	121.44048	236.92611
25	64.08260	72.05186	81.30172	136.14783	275.02833
26	69.31174	78.32029	88.84566	152.42845	318.94842
27	74.85668	85.00877	96.94887	170.44376	369.56315
28	80.73432	92.14258	105.64917	190.37150	427.88099
29	86.96240	99.74841	114.98682	212.40736	495.06184
30	93.55954	107.85449	125.00468	236.76675	572.43977
36	142.05920	168.78836	202.16597	446.81247	1354.98109
40	184.65464	223.89681	274.23487	674.30392	2391.47751
48	303.25515	383.07414	491.16717	1507.44509	7389.36531
50	341.66747	436.07164	565.67355	1838.06949	9786.82507
52	384.32944	495.62196	650.51483	2239.27239	1.2959E+04
55	457.25979	598.92640	800.19773	3006.87959	1.9736E+04
60	606.90158	815.95585	1123.40317	4899.36687	3.9759E+04
72	1166.00278	1670.28717	2476.77264	1.5646E+04	2.1308E+05
75	1366.24433	1988.74313	3005.58331	2.0883E+04	3.2413E+05
80	1773.06147	2651.16420	4137.30972	3.3756E+04	6.5207E+05
84	2177.94269	3327.72366	5329.99997	4.9535E+04	1.1406E+06
90	2952.63462	4661.10317	7767.25889	8.7982E+04	2.6385E+06
96	3985.09305	6501.45689	1.1279E+04	1.5615E+05	6.1034E+06
100	4856.24502	8099.63097	1.4440E+04	2.2884E+05	1.0675E+07
108	7177.79516	1.2517E+04	2.3584E+04	4.9118E+05	3.2656E+07
120	1.2769E+04	2.3825E+04	4.8876E+04	1.5433E+06	1.7472E+08
132	2.2488E+04	4.4942E+04	1.0062E+05	4.8464E+06	9.3481E+08
144	3.9276E+04	8.4161E+04	2.0612E+05	1.5215E+07	5.0015E+09
180	2.0148E+05	5.3533E+05	1.7366E+06	4.7045E+08	7.6598E+11
240	2.8260E+06	1.0949E+07	5.8595E+07	1.4325E+11	3.3581E+15
360	4.6911E+08	4.1121E+09	6.4361E+10	1.3281E+16	6.4540E+22
480	6.9217E+10	1.4671E+12	7.0103E+13	1.2312E+21	1.2404E+30
600	9.5746E+12	5.1545E+14	7.6293E+16	1.1415E+26	2.3840E+37

〈표 A-c-2〉

j	4%	5%	6%	10%	15%
n	To Find F Given A_1 $(F\|A_1\ i\%, j\%, n)$	To Find F Given A_1 $(F\|A_1\ i\%, j\%, n)$	To Find F Given A_1 $(F\|A_1\ i\%, j\%, n)$	To Find F Given A_1 $(F\|A_1\ i\%, j\%, n)$	To Find F Given A_1 $(F\|A_1\ i\%, j\%, n)$
1	1.00000	1.00000	1.00000	1.00000	1.00000
2	2.09000	2.10000	2.11000	2.15000	2.20000
3	3.27610	3.30750	3.33910	3.46750	3.63250
4	4.56477	4.63050	4.69707	4.97188	5.33500
5	5.96287	6.07753	6.19440	6.68457	7.35076
6	7.47766	7.65769	7.84235	8.62931	9.72965
7	9.11686	9.38067	9.65298	10.83233	12.52919
8	10.88864	11.25680	11.63926	13.32267	15.81567
9	12.80164	13.29710	13.81507	16.13239	19.66548
10	14.86503	15.51328	16.19531	19.29696	24.16663
11	17.08853	17.91784	18.79592	22.85555	29.42052
12	19.48241	20.52407	21.63401	26.85144	35.54394
13	22.05756	23.34613	24.72791	31.33244	42.67138
14	24.82552	26.39909	28.09724	36.35133	50.95774
15	27.79847	29.69897	31.76300	41.96640	60.58133
16	30.98933	33.26285	35.74771	48.24197	71.74746
17	34.41178	37.10887	40.07545	55.24904	84.69246
18	38.08027	41.25633	44.77199	63.06596	99.68834
19	42.01010	45.72577	49.86493	71.77918	117.04821
20	46.21746	50.53900	55.38378	81.48404	137.13240
21	50.71945	55.71925	61.36010	92.28575	160.35555
22	55.53419	61.29118	67.82767	104.30028	187.19485
23	60.68082	67.28100	74.82259	117.65557	218.19934
24	66.17958	73.71657	82.38347	132.49265	254.00076
25	72.05186	80.62750	90.55158	148.96702	295.32598
26	78.32029	88.04523	99.37103	167.25008	343.01123
27	85.00877	96.00316	108.88896	187.53076	398.01859
28	92.14258	104.53678	119.15576	210.01729	461.45483
29	99.74841	113.68375	130.22523	234.93915	534.59318
30	107.85449	123.48407	142.15488	262.54920	618.89830
36	168.78836	198.57655	235.54359	502.41729	1473.60036
40	223.89681	268.19005	324.57292	764.38534	2608.23558
48	383.07414	475.48661	599.26021	1732.31928	8089.99442
50	436.07164	546.06666	695.27545	2118.46906	1.0722E+04
52	495.62196	626.12003	805.40771	2588.00247	1.4205E+04
55	598.92640	766.62829	1001.46907	3488.47023	2.1650E+04
60	815.95585	1067.38205	1430.85050	5716.04907	4.3653E+04
72	1670.28717	2300.23777	3283.25810	1.8441E+04	2.3422E+05
75	1988.74313	2773.76328	4022.42349	2.4661E+04	3.5634E+05
80	2651.16420	3776.10980	5623.45524	3.9977E+04	7.1701E+05
84	3327.72366	4819.37931	7332.27629	5.8776E+04	1.2543E+06
90	4661.10317	6919.74558	1.0873E+04	1.0465E+05	2.9019E+06
96	6501.45689	9891.32894	1.6057E+04	1.8608E+05	6.7131E+06
100	8099.63097	1.2524E+04	2.0780E+04	2.7298E+05	1.1742E+07
108	1.2517E+04	1.9984E+04	3.4651E+04	5.8691E+05	3.5921E+07
120	2.3825E+04	3.9876E+04	7.3928E+04	1.8472E+06	1.9219E+08
132	4.4942E+04	7.8772E+04	1.5631E+05	5.8067E+06	1.0283E+09
144	8.4161E+04	1.5432E+05	3.2807E+05	1.8241E+07	5.5016E+09
180	5.3533E+05	1.1173E+06	2.9379E+06	5.6443E+08	8.4258E+11
240	1.0949E+07	2.7826E+07	1.0624E+08	1.7190E+11	3.6939E+15
360	4.1121E+09	1.4563E+10	1.2461E+11	1.5937E+16	7.0994E+22
480	1.4671E+12	6.7751E+12	1.3874E+14	1.4775E+21	1.3645E+30
600	5.1545E+14	2.9549E+15	1.5207E+17	1.3697E+26	2.6224E+37

〈표 A-c-3〉

j	4%	5%	6%	10%	15%
n	To Find F Given A_1 $(F\|A_1\ i\%, j\%, n)$	To Find F Given A_1 $(F\|A_1\ i\%, j\%, n)$	To Find F Given A_1 $(F\|A_1\ i\%, j\%, n)$	To Find F Given A_1 $(F\|A_1\ i\%, j\%, n)$	To Find F Given A_1 $(F\|A_1\ i\%, j\%, n)$
1	1.00000	1.00000	1.00000	1.00000	1.00000
2	2.10000	2.11000	2.12000	2.16000	2.21000
3	3.30760	3.33910	3.37080	3.49960	3.66510
4	4.63092	4.69707	4.76406	5.04058	5.40588
5	6.07863	6.19440	6.31238	6.80711	7.47924
6	7.66000	7.84235	8.02935	8.82605	9.93935
7	9.38492	9.65298	9.92963	11.12717	12.84877
8	11.26395	11.63926	12.02904	13.74352	16.27972
9	13.30836	13.81507	14.34463	16.71172	20.31553
10	15.53017	16.19531	16.89479	20.07237	25.05233
11	17.94223	18.79592	19.69932	23.87045	30.60103
12	20.55821	21.63401	22.77958	28.15580	37.08948
13	23.39274	24.72791	26.15855	32.98357	44.66510
14	26.46138	28.09724	29.86100	38.41486	53.49780
15	29.78073	31.76300	33.91356	44.51725	63.78337
16	33.36852	35.74771	38.34493	51.36553	75.74744
17	37.24361	40.07545	43.18598	59.04244	89.64990
18	41.42613	44.77199	48.46991	67.63945	105.79016
19	45.93752	49.86493	54.23244	77.25774	124.51302
20	50.80062	55.38378	60.51199	88.00911	146.21558
21	56.03978	61.36010	67.34984	100.01716	171.35505
22	61.68093	67.82767	74.79040	113.41844	200.45787
23	67.75171	74.82259	82.88136	128.36382	234.13009
24	74.28152	82.38347	91.67399	145.01995	273.06935
25	81.30172	90.55158	101.22337	163.57088	318.07869
26	88.84566	99.37103	111.58864	184.21984	370.08236
27	96.94887	108.88896	122.83334	207.19121	430.14410
28	105.64917	119.15576	135.02569	232.73267	499.48806
29	114.98682	130.22523	148.23891	261.11763	579.52296
30	125.00468	142.15488	162.55164	292.64778	671.86979
36	202.16597	235.54359	276.69912	569.13571	1611.16222
40	274.23487	324.57292	388.14030	874.33844	2861.97587
48	491.16717	599.26021	742.36400	2015.58405	8922.29822
50	565.67355	695.27545	868.87520	2474.26747	1.1836E+04
52	650.51483	805.40771	1015.31890	3033.65117	1.5694E+04
55	800.19773	1001.46907	1279.02612	4110.22052	2.3944E+04
60	1123.40317	1430.85050	1867.22778	6787.34872	4.8345E+04
72	2476.77264	3283.25810	4508.67499	2.2230E+04	2.5988E+05
75	3005.58331	4022.42349	5593.65006	2.9821E+04	3.9549E+05
80	4137.30972	5623.45524	7984.60328	4.8565E+04	7.9606E+05
84	5329.99997	7332.27629	1.0584E+04	7.1637E+04	1.3929E+06
90	7767.25889	1.0873E+04	1.6087E+04	1.2809E+05	3.2231E+06
96	1.1279E+04	1.6057E+04	2.4340E+04	2.2859E+05	7.4572E+06
100	1.4440E+04	2.0780E+04	3.2010E+04	3.3603E+05	1.3044E+07
108	2.3584E+04	3.4651E+04	5.5100E+04	7.2498E+05	3.9908E+07
120	4.8876E+04	7.3928E+04	1.2319E+05	2.2905E+06	2.1354E+08
132	1.0062E+05	1.5631E+05	2.7267E+05	7.2193E+06	1.1425E+09
144	2.0612E+05	3.2807E+05	5.9855E+05	2.2719E+07	6.1128E+09
180	1.7366E+06	2.9379E+06	6.0957E+06	7.0481E+08	9.3620E+11
240	5.8595E+07	1.0624E+08	2.6811E+08	2.1484E+11	4.1043E+15
360	6.4361E+10	1.2461E+11	4.3763E+11	1.9921E+16	7.8882E+22
480	7.0103E+13	1.3874E+14	6.3497E+14	1.8468E+21	1.5161E+30
600	7.6293E+16	1.5207E+17	8.6370E+17	1.7122E+26	2.9138E+37

10.00%

〈표 A-c-4〉

j	4%	5%	6%	10%	15%
n	To Find *F* Given A_1 $(F\|A_1\ i\%, j\%, n)$	To Find *F* Given A_1 $(F\|A_1\ i\%, j\%, n)$	To Find *F* Given A_1 $(F\|A_1\ i\%, j\%, n)$	To Find *F* Given A_1 $(F\|A_1\ i\%, j\%, n)$	To Find *F* Given A_1 $(F\|A_1\ i\%, j\%, n)$
1	1.00000	1.00000	1.00000	1.00000	1.00000
2	2.14000	2.15000	2.16000	2.20000	2.25000
3	3.43560	3.46750	3.49960	3.63000	3.79750
4	4.90402	4.97188	5.04058	5.32400	5.69812
5	6.56428	6.68457	6.80711	7.32050	8.01694
6	8.43737	8.62931	8.82605	9.66306	10.83000
7	10.54642	10.83233	11.12717	12.40093	14.22606
8	12.91700	13.32267	13.74352	15.58974	18.30868
9	15.57726	16.13239	16.71172	19.29230	23.19857
10	18.55830	19.29696	20.07237	23.57948	29.03631
11	21.89438	22.85555	23.87045	28.53117	35.98549
12	25.62327	26.85144	28.15580	34.23740	44.23643
13	29.78663	31.33244	32.98357	40.79957	54.01033
14	34.43036	36.35133	38.41486	48.33180	65.56415
15	39.60508	41.96640	44.51725	56.96248	79.19627
16	45.36653	48.24197	51.36553	66.83597	95.25296
17	51.77616	55.24904	59.04244	78.11454	114.13587
18	58.90168	63.06596	67.63945	90.98047	136.31073
19	66.81766	71.77918	77.25774	105.63843	162.31725
20	75.60628	81.48404	88.00911	122.31818	192.78075
21	85.35803	92.28575	100.01716	141.27750	228.42536
22	96.17260	104.30028	113.41844	162.80550	270.08942
23	108.15978	117.65557	128.36382	187.22632	318.74310
24	121.44048	132.49265	145.01995	214.90326	375.50887
25	136.14783	148.96702	163.57088	246.24332	441.68493
26	152.42845	167.25008	184.21984	281.70235	518.77238
27	170.44376	187.53076	207.19121	321.79077	608.50641
28	190.37150	210.01729	232.73267	367.07984	712.89237
29	212.40736	234.93915	261.11763	418.20881	834.24722
30	236.76675	262.54920	292.64778	475.89279	975.24739
36	446.81247	502.41729	569.13571	1011.68773	2444.78343
40	674.30392	764.38534	874.33844	1645.79111	4452.08581
48	1507.44509	1732.31928	2015.58405	4233.47929	1.4448E+04
50	1838.06949	2118.46906	2474.26747	5335.94786	1.9325E+04
52	2239.27239	2588.00247	3033.65117	6714.75678	2.5822E+04
55	3006.87959	3488.47023	4110.22052	9452.95712	3.9811E+04
60	4899.36687	5716.04907	6787.34872	1.6608E+04	8.1590E+04
72	1.5646E+04	1.8441E+04	2.2230E+04	6.2548E+04	4.5000E+05
75	2.0883E+04	2.4661E+04	2.9821E+04	8.6720E+04	6.8802E+05
80	3.3756E+04	3.9977E+04	4.8565E+04	1.4897E+05	1.3940E+06
84	4.9535E+04	5.8776E+04	7.1637E+04	2.2902E+05	2.4499E+06
90	8.7982E+04	1.0465E+05	1.2809E+05	4.3470E+05	5.6992E+06
96	1.5615E+05	1.8608E+05	2.2859E+05	8.2144E+05	1.3240E+07
100	2.2884E+05	2.7298E+05	3.3603E+05	1.2528E+06	2.3211E+07
108	4.9118E+05	5.8691E+05	7.2498E+05	2.9003E+06	7.1254E+07
120	1.5433E+06	1.8472E+06	2.2905E+06	1.0114E+07	3.8253E+08
132	4.8464E+06	5.8067E+06	7.2193E+06	3.4915E+07	2.0508E+09
144	1.5215E+07	1.8241E+07	2.2719E+07	1.1954E+08	1.0985E+10
180	4.7045E+08	5.6443E+08	7.0481E+08	4.6192E+09	1.6846E+12
240	1.4325E+11	1.7190E+11	2.1484E+11	1.8753E+12	7.3876E+15
360	1.3281E+16	1.5937E+16	1.9921E+16	2.6078E+17	1.4199E+23
480	1.2312E+21	1.4775E+21	1.8468E+21	3.2236E+22	2.7289E+30
600	1.1415E+26	1.3697E+26	1.7122E+26	3.7357E+27	5.2449E+37

〈표 A-c-5〉

j	4%	5%	6%	10%	15%
n	To Find F Given A_1 $(F\|A_1\ i\%, j\%, n)$	To Find F Given A_1 $(F\|A_1\ i\%, j\%, n)$	To Find F Given A_1 $(F\|A_1\ i\%, j\%, n)$	To Find F Given A_1 $(F\|A_1\ i\%, j\%, n)$	To Find F Given A_1 $(F\|A_1\ i\%, j\%, n)$
1	1.00000	1.00000	1.00000	1.00000	1.00000
2	2.19000	2.20000	2.21000	2.25000	2.30000
3	3.60010	3.63250	3.66510	3.79750	3.96750
4	5.26498	5.33500	5.40588	5.69812	6.08350
5	7.22458	7.35076	7.47924	8.01694	8.74503
6	9.52492	9.72965	9.93935	10.83000	12.06814
7	12.21898	12.52919	12.84877	14.22606	16.19143
8	15.36776	15.81567	16.27972	18.30868	21.28016
9	19.04150	19.66548	20.31553	23.19857	27.53121
10	23.32103	24.16663	25.05233	29.03631	35.17876
11	28.29943	29.42052	30.60103	35.98549	44.50114
12	34.08380	35.54394	37.08948	44.23643	55.82870
13	40.79740	42.67138	44.66510	54.01033	69.55325
14	48.58208	50.95774	53.49780	65.56415	86.13903
15	57.60107	60.58133	63.78337	79.19627	106.13559
16	68.04218	71.74746	75.74744	95.25296	130.19299
17	80.12149	84.69246	89.64990	114.13587	159.07955
18	94.08761	99.68834	105.79016	136.31073	193.70275
19	110.22657	117.04821	124.51302	162.31725	235.13362
20	128.86740	137.13240	146.21558	192.78075	284.63543
21	150.38864	160.35555	171.35505	228.42536	343.69729
22	175.22570	187.19485	200.45787	270.08942	414.07340
23	203.87947	218.19934	234.13009	318.74310	497.82915
24	236.92611	254.00076	273.06935	375.50887	597.39498
25	275.02833	295.32598	318.07869	441.68493	715.62940
26	318.94842	343.01123	370.08236	518.77238	855.89277
27	369.56315	398.01859	430.14410	608.50641	1022.13348
28	427.88099	461.45483	499.48806	712.89237	1218.98882
29	495.06184	534.59318	579.52296	834.24722	1451.90275
30	572.43977	618.89830	671.86979	975.24739	1727.26362
36	1354.98109	1473.60036	1611.16222	2444.78343	4794.31884
40	2391.47751	2608.23558	2861.97587	4452.08581	9316.99291
48	7389.36531	8089.99442	8922.29822	1.4448E+04	3.4201E+04
50	9786.82507	1.0722E+04	1.1836E+04	1.9325E+04	4.7116E+04
52	1.2959E+04	1.4205E+04	1.5694E+04	2.5822E+04	6.4803E+04
55	1.9736E+04	2.1650E+04	2.3944E+04	3.9811E+04	1.0424E+05
60	3.9759E+04	4.3653E+04	4.8345E+04	8.1590E+04	2.2873E+05
72	2.1308E+05	2.3422E+05	2.5988E+05	4.5000E+05	1.4685E+06
75	3.2413E+05	3.5634E+05	3.9549E+05	6.8802E+05	2.3265E+06
80	6.5207E+05	7.1701E+05	7.9606E+05	1.3940E+06	4.9914E+06
84	1.1406E+06	1.2543E+06	1.3929E+06	2.4499E+06	9.1664E+06
90	2.6385E+06	2.9019E+06	3.2231E+06	5.6992E+06	2.2717E+07
96	6.1034E+06	6.7131E+06	7.4572E+06	1.3240E+07	5.6049E+07
100	1.0675E+07	1.1742E+07	1.3044E+07	2.3211E+07	1.0211E+08
108	3.2656E+07	3.5921E+07	3.9908E+07	7.1254E+07	3.3736E+08
120	1.7472E+08	1.9219E+08	2.1354E+08	3.8253E+08	2.0055E+09
132	9.3481E+08	1.0283E+09	1.1425E+09	2.0508E+09	1.1803E+10
144	5.0015E+09	5.5016E+09	6.1128E+09	1.0985E+10	6.8890E+10
180	7.6598E+11	8.4258E+11	9.3620E+11	1.6846E+12	1.3188E+13
240	3.3581E+15	3.6939E+15	4.1043E+15	7.3876E+15	7.7089E+16
360	6.4540E+22	7.0994E+22	7.8882E+22	1.4199E+23	2.2224E+24
480	1.2404E+30	1.3645E+30	1.5161E+30	2.7289E+30	5.6952E+31
600	2.3840E+37	2.6224E+37	2.9138E+37	5.2449E+37	1.3682E+39

정답

제1장

기사시험 유사 문제

1. b
2. a
3. d

연습문제

1. (a) 가능하다. (b) $1,600에서 $2,400
2. 당신이 빌려주는 사람이고 $450~600 이자를 받으면 된다.
3. (a) $1,900 (b) $6,400
   (c) WSI와 계약하는 것이 낫다. 미래의 지출이 적기 때문이다.
   (d) 2, 10 (e) 1, 4, 5, 7
4. (a) None; C; D; CD; BC; BD; BCD; AD; ABD (b) 해당 없음 (c) 1
5. Q; P; PR
6. (c) 2, 3, 4, 5, 9 (d) 1, 4, 5, 6, 7
7. (a) 4~10년이 바람직하다. 다만 다른 기간도 가능하다.
   (b) 2, 3, 8 (c) 1, 2, 5,

제2장

기사시험 유사 문제

1. b
2. d
3. b
4. c
5. a
6. b

연습문제

1. (a) $971.70 (b) $1030.00
2. (1) 돈은 시간가치를 가진다.
   (2) 같은 시점에 발생하는 돈이 아니라면 돈의 가치는 서로 더하거나 뺄 수 없다.
   (3) 돈의 가치를 시간적으로 한 단위의 미래로 보내기 위해서는 돈의 가치에 1 더하기 이자율(또는 할인율)을 곱하면 된다.

(4) 돈의 가치를 시간적으로 한 단위의 과거로 보내기 위해서는 돈의 가치를 1 더하기 이자율(또는 할인율)로 나누면 된다.

3.

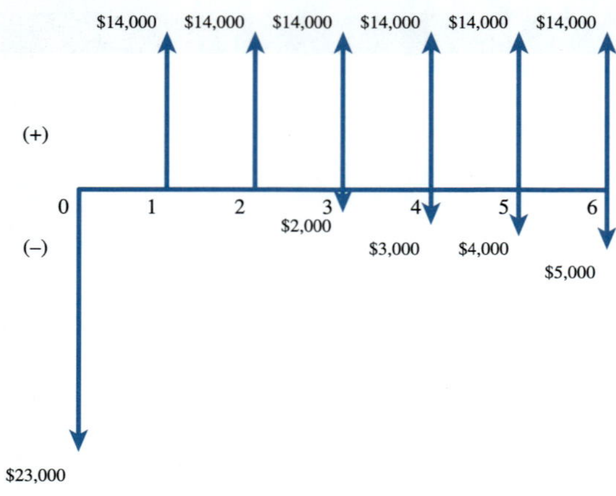

4.

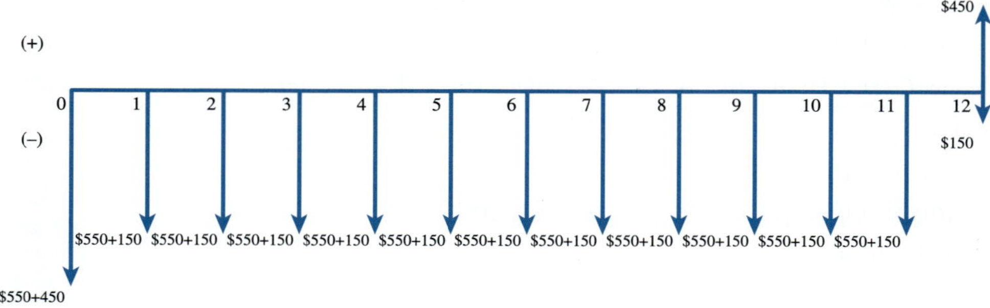

5.

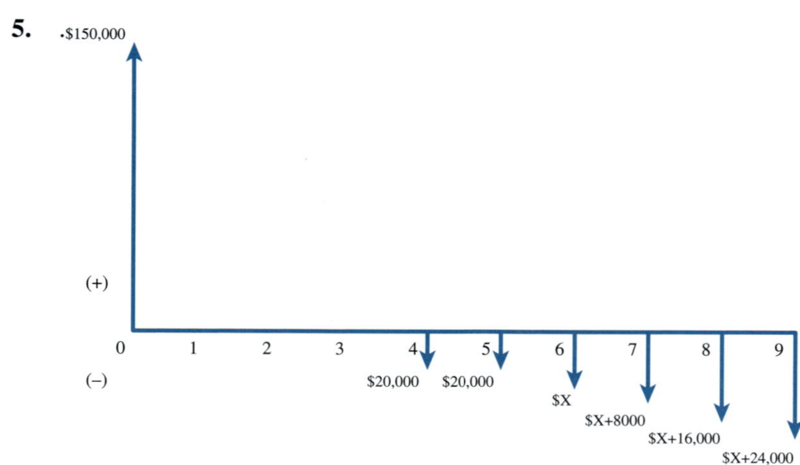

6.

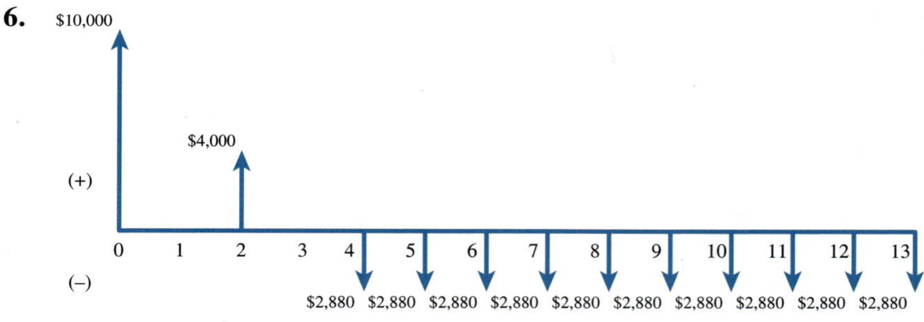

7. $49,178.78

8. 4.8641%

9. 12.9116%

10. (a) 7.1773% (b) 11.6123% (c) 14.8698%

11. 18.5631%

12. (a) 12년 (b) 19년 (c) 24년

14. (a) $7,462.15 (b) $4,777.69 (c) $1,689.70 (d) $8,382.44

15. (a) $5,863.80 (b) $5,863.87 (c) $5,863.87

16. (a) $12,348.70 (b) $1,551.33 (c) $15.27 (d) $550.77 (e) $2,135.97

17. $12,000.00

18. $2,714.10

19. (a) $150.76 (b) $97.02 (c) $97.02

20. (a) $1,711.50 (b) $3,167.86 (c) $1,996.29

21.

(a)

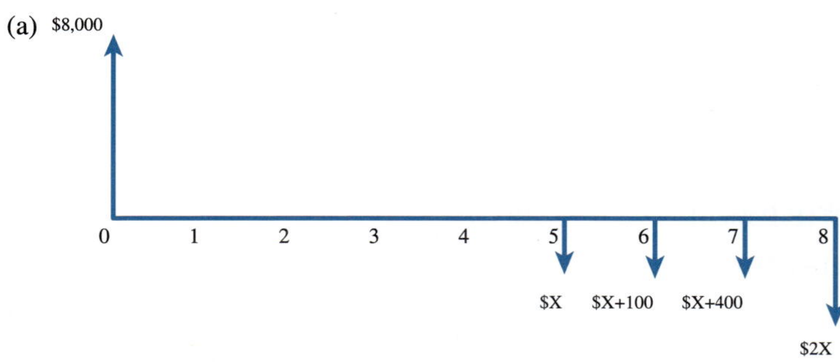

(b) $2,272.61 (c) 5 = $2,272.61 6 = $2,372.61 7 = $2,672.61 8 = $4,545.23

22. 두 번째 지불방법이 가장 좋다.

23. (a) $3,939.68 (b) $4,962.86

24. $315.47

25. $46,573.45

26. (a) $2,818.55 (b) $3,771.85

27. 5년 동안 매년 $10,000씩 받는 것을 선호한다.
10년 동안 매년 $5,000씩 갚는 것을 선호한다.

28. $6,097.27

29. (a) $5,746.64 (b) $10,636.63 (c) $13,399.09

30. $6,352.85

31. $25,180.40

32. (a) 6.367 (b) 9.196%

33. (a) $17,908.48 (b) $25,937.42

34. $11,194.61

35. (a) $43,157.13 (b) $63,856.54 (c) $95,010.53

36. (a) $402,532.54 (b) $39,181.05 (c) $36,227.93

37. $929.42

38. $7,169.73

39. (a) B*(F|P i%,1)*(F|A i%,n) (b) $B*(1+1i)*((1+1i)^{n-1})/i$ (c) $6,715.61

41. $4,368.76

42. $65,199.82

43. (a) $3,154.12 (b) 2$719.29

44. $15,173.55

45. $13,725.46

46. $314.13

47. $107.87

48. $12,771.80

49. (a) $313,890.35 (b) $2,354.17

50. (a) $8,471.54 (b) $53,357.69 (c) $47,356.75

51. $4,622.20

53. $14,129.51

54. (a) (F|G i%,n) = (P|G i%,n)*(F|P i%,n)
(b) (F|G i%,n) = ((1+i)^n2(1+n*i))/(i^2)
(c) $11,051.00

55. (a) $8,528.80 (b) $2,690.58

56. $3,774.14

57. $12,075.69

58. $926,130.53

60. (a) $7,783.80 (b) $2,455.56

61. $286,447.62

62. $8,933.81

63. (a) \$12,544.41 (b) \$18,366.27

64. \$50,116.76

65. (c) \$7,066,155.64

66. \$2,317,332.23

67. \$25,656.82

68. 35

69. (a) \$17.99 (b) \$19.10

70. (a) \$477,120.00 (b) \$549,899.47 (c) \$19,867.87

71. \$8,473.13

72. \$8,197.46

73. \$413.55

74. (a) \$4,551.84 (b) \$2,937.37

76. (a) 5.0625% (b) 5.0838% (c) 5.0945% (d) 5.1053% (e) 5.1162%

77. (a) \$12,548.25 (b) \$12,463.34 (c) \$12,419.86 (d) \$12,390.48 (e) \$12,379.09 (f) \$12,376.16 (g) \$12,375.69 (h) \$12,375.67 (i) \$12,375.67

78. (a) 0.911% (b) 10.932% (c) 11.497%

79. (a) \$970.00 (b) 3.093% (c) 160.825% (d) 387.382%

80. 19.4 분기

81. \$965.95

제3장

기사시험 유사 문제

1. d

2. a

3. b

4. a

연습문제

1. \$2,545.50

2. (a) 일시불로 \$6500.00 지불 (b) 17.27%

3. Q = \$656.97 R = \$1,511.34

4. X = \$798.12 Y = \$849.73

5. (a) \$658.35 (b) \$150.07 (c) \$6,825.49 (d) \$4,473.77

6. (a) \$2,921.71 (b) \$151,127.13 (c) \$0 to \$8,719.49

7. (a) \$40,015.30 (b) \$940,550.79 (c) \$500,000.00 (d) \$423,175.45

8. $4,105.23

9. $6,056.31 이하

10. 10.00%

11.

(a)

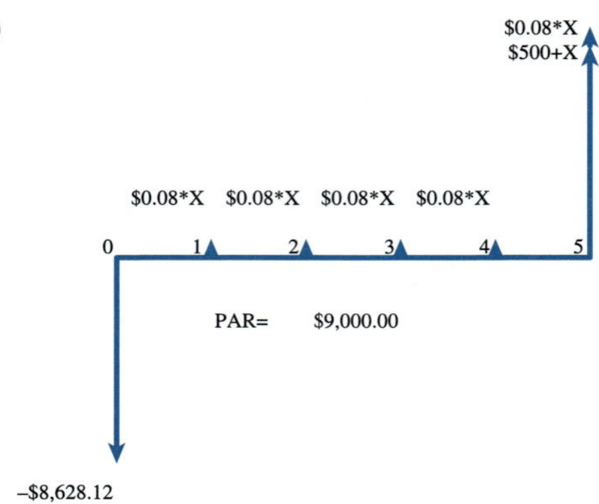

(b) $9,000.00/8

12. 인수하여야 한다. 왜냐하면 8.4964%의 연간 명목수익율을 올릴 수 있기 때문이다.

13. $85,718.21

14. 7.873%

15. $18,250.74

16. 참

17. $38,653.15

18. $6,739.94

19. $3,596.16 or $3,989.96

20. 제2안

21. (a) $3,059.20 (b) $2,299.18 (c) $918.79

제4장

기사시험 유사 문제

1. d
2. c
3. c
4. b
5. d
6. d
7. b

연습문제

1. 프로젝트를 추진함이 유리 = a, d, e, f, h, i
   프로젝트를 추진하지 않음이 유리 = b, c, g, j, k, l
   (m) 투자되지 않은 자금은 수익률이 적어도 MARR 정도인 다른 사업에 투자될 수 있다.
   (n) 아니오
   (o) 예
   (p) 프로젝트에 대한 현재가치가 0보다 작아야 한다.
   (q) 프로젝트에 대한 내부수익률이 MARR보다 작아야 한다.
2. (a) $837.93 (b) PW>0 이면 채택하고 그렇지 아니하면 기각 (c) 예
3. (a) −$31,203.42 (b) PW>0 이면 채택하고 그렇지 아니하면 기각
   (c) 아니오
4. (a) −$4,870.44 (b) PW>0 이면 채택하고 그렇지 아니하면 기각 (c) 아니오 (d) 가스 방출량이 환경에 미치는 영향
5. $79,426.86
6. (a) $89.32 (b) PW>0 이면 채택하고 그렇지 아니하면 기각 (c) 예
7. (a) $3.87 (b) PW>0 이면 채택하고 그렇지 아니하면 기각 (c) 예
8. (a) $342.76 (b) PW>0 이면 채택하고 그렇지 아니하면 기각 (c) 예
9. (a) $1,479.98 (b) PW>0 이면 채택하고 그렇지 아니하면 기각 (c) 예
10. 1인치 두께의 절연체를 사용하는 안
11. (a) 라그랑지 = $1,341,897.12 어번 = $1,222,453.79 애니스톤 = $1,198,721.88
    (b) PW가 가장 큰 입지를 선택하라. (c) 라그랑지
12. (a) 모델 7745 = −$11,649.63 모델 A37Y = −$10,208.03
    (b) PW가 더 큰 모델을 선택하라.
    (c) 모델 A37Y
13. (a) 보관시설 Y = −$20,804.41 보관시설 Z = −$19,376.90
    (b) PW가 더 큰 대안을 선택하라. (c) 보관시설 Z
14. (a) 연마기 1 = $2,408.80 연마기 2 = −$1,116,78 연마기 3 = $2,967.19
    (b) 연마기 3
15. (a) 망원경 T2 (b) 망원경 T1
16. 예
17. 투자대안 1
18. 진행하라.
19. (a) 승인하지 않는다. (b) $3.94
20. (a) 1.09 (b) $2,800.00
21. 노선 B
22. (a) SA (b) SA (c) SB

23. $2,082,210.98

24. (a) 3.65 (b) DPBP≦3 이면 채택하고 그렇지 아니하면 기각 (c) 아니오

25. (a) 모델 127B = 7.2 모델 334A = 투자금액을 회수할 수 없다. (b) 모델 127B

26. $40,334,375.95

27. $2,909,493.70

28. (a) $36,790.88 (b) $28,915.05 (c) $23,275.10 (d) $20,000.00

29. $210.00

제5장

기사시험 유사 문제

1. c

2. a

3. c

4. d

5. b

연습문제

1. (a) $198.93 (b) AW〉0 이면 채택하고 그렇지 아니하면 기각 (c) 예

2. $79,426.86

3. (a) $14.18 (b) AW〉0 이면 채택하고 그렇지 아니하면 기각 (c) 예

4. (a) $0.68 (b) AW〉0 이면 채택하고 그렇지 아니하면 기각 (c) 예

5. (a) $90.42 (b) AW〉0 이면 채택하고 그렇지 아니하면 기각 (c) 예

6. (a) $746.96 (b) AW〉0 이면 채택하고 그렇지 아니하면 기각 (c) 예

7. 1인치 두께의 절연체를 사용하는 안

8. (a) 라그랑지 = $247,555.20 어번 = $225,520.00 애니스톤 = $221,142.40
(b) AW가 가장 큰 입지를 선택하라.
(c) 라그랑지

9. (a) 모델 7745 = −$1,582.83 모델 A37Y = −$1,386.96 (b) AW가 더 큰 모델을 선택하라.
(c) 모델 A37Y

10. (a) 프로젝트 A = $806.00 프로젝트 B = −$41.00 (b) 프로젝트 A

11. 구입함.

12. 경제성이 있음.

13. (a) $4,052.10 (b) $3,670.38 (c) (i) $2,284.87 (ii) $10,084.87
(d) (i) $2,384.55 (ii) $15,319.48

14. (a) $15,985.04 (b) $1,449.68 (c) $568.21

15. (a) $1,075,273.98 (b) $141,370.33 (c) $126,301.28 (d) $118,460.86

16.

저축 시작시점	연간 저축액
25	$2,049.80
30	$3,343.06
35	$5,496.21
40	$9,159.04
45	$15,624.39
50	$27,816.62
55	$53,963.14
60	$129,607.38
65	$1,000,000.00

17. (a) $7,892.60 (b) FW〉0 이면 채택하고 그렇지 아니하면 기각 (c) 예

18. (a) $1,121.34 (b) FW〉0 이면 채택하고 그렇지 아니하면 기각 (c) 예

19. (a) $596.85 (b) FW〉0 이면 채택하고 그렇지 아니하면 기각 (c) 예

20. (a) $12.01 (b) FW〉0 이면 채택하고 그렇지 아니하면 기각 (c) 예

21. (a) 공급업체 A = $23,767.00 공급업체 B = $30,847.00
(b) FW가 더 큰 공급업체를 선택하라.
(c) 공급업체 B

22. 약 7,765 개

23. (a) 연마기 1 = $9,744.91 연마기 2 = −$4,518.02 연마기 3 = $12,003.92 (b) 연마기 3

24. 정기예금

25. (a) 타당하지 않음. (b) 타당함. (c) X = 379.98 또는 약 380개

26. 경제성이 있음.

27. 디자인 1

28. (a) $40,233.07 $37,634.00 $39,459.08 (b) 결정이 서로 일치함.

제6장

기사시험 유사 문제

1. d

2. d

3. c

4. a

5. c

6. c

연습문제

1. (a) $ (b) % (c) $ (d) % (e) $
2. (a) $7,447.88 (b) $10,427.13 (c) $20,346.05 (d) $3,713.02 (e) 2$3,000.00
3. (a) 7.42% (b) IRR〉MARR(10%) 이면 채택하고 그렇지 아니하면 기각 (c) 아니오
4. (a) 15.70% (b) IRR〉MARR(18%) 이면 채택하고 그렇지 아니하면 기각 (c) 아니오
5. (a) 7.45% (b) IRR〉MARR(8%) 이면 채택하고 그렇지 아니하면 기각 (c) 아니오
6. (a) 36.35% (b) IRR〉MARR(10%) 이면 투자매력이 있고 그렇지 아니하면 투자매력이 없음.
   (c) 예
7. (a) 17.91% (b) IRR〉MARR(15%) 이면 투자매력이 있고 그렇지 아니하면 투자매력이 없음.
   (c) 예
8. IRR = 16,417% > 12%이므로 이 사업은 바람직한 투자임.
9. IRR = 24.204% > 15%이므로 이 콘덴서는 구입하여야 함.
10. (a) IRR > MARR (b) IRR = MARR (c) IRR < MARR (d) IRR > MARR
    (e) IRR = MARR (f) IRR = MARR (g) IRR > MARR (h) IRR = MARR
    (i) IRR < MARR
11. 구입이 경제적으로 타당함.
12. (a) 16.52% (b) IRR >= MARR(18%) 이면 투자매력이 있고 그렇지 아니하면 투자매력이 없음.
    (c) 아니오
13. 경제성이 없음.
14. (a) 한 번의 부호변화가 있기 때문에 하나의 양의 실근을 가짐.
    (b) 한 번의 부호변화가 있기 때문에 유일한 양의 실근을 가짐.
    (c) 12.98% (d) 예
15. (a) 4번의 부호변화가 있기 때문에 4, 2 또는 0개의 양의 실근을 가짐.
    (b) 여러 번의 부호변화가 있기 때문에 결론을 내릴 수 없음.
    (c) 8.08% 37.43% (d) 예
16. (a) 9.82% 25.67% 57.45% (b) 아니오
17. 라그랑지
18. 투자제안 B
19. (a) 무투자를 선호 (b) A를 선호 (c) D를 선호 (d) F를 선호 (e) G를 선호
20. 바방식
21. (a) 무투자, X1만, X2만, X1과 Y1, X2와 Y2 (b) X2와 Y2
22. 투자대안 6
23. (a) −$130,000.00; $80,000.00; $80,000.00; $80,000.00; $80,000.00; $80,000.00; $80,000.00; $80,000.00; $80,000.00; $80,000.00; $85,000.00
    (b) 61.03% (c) A안을 선호
    (d) MARR = 40%이면, IRR(C) = 39%이므로 PW(C) < 0
    MARR = 40%이면, IRR(D) = 36%이므로 PW(D) < 0

MARR = 40%이면, IRR(A) = 44%이므로 PW(A) > 0
MARR = 40%이면, IRR(B) = 40%이므로 PW(B) = 0

24. B업체

25. C003

26. 예

27. 구입

28. (a) 11.57% (b) 예

29. (a) 9.9997% (b) 아니오

30. (a) 10.35% (b) 예

31. ERR = 14.179% 이므로 바람직한 투자임.

32. ERR = 19.850% 이므로 구입함.

33. (a) 14.07% (b) ERR > MARR(13.5%) 이면, 투자매력이 있고 그렇지 않으면 투자매력이 없음.
(c) 예

34. (a) 16.68% (b) ERR > MARR(10%) 이면, 투자매력이 있고 그렇지 않으면 투자매력이 없음.
(c) 예

35. 모델 G3

36. 프로젝트 A

37. 투자제안 B

38. 투자대안 6

제7장

기사시험 유사 문제

1. d

2. c

3. a

4. a

5. b

연습문제

2. 대체함.

3. (a) $17,000.00 (b) 대체 (c) 대체

4. 기존 시스템 교환보상 및 새로운 시스템 구입

5. (b) 새로운 선반으로 대체

6. (b) 보조설비를 구입하여 기존 설비를 계속 사용

7. 교환 보상가격을 적용받고 신형시스템을 구입

8. 기존의 터릿선반을 보유

9. (a) 용광로를 대체 (b) 용광로를 대체
10. 기존 기계를 계속 사용
11. 현행 설비를 대체
12. 기존의 혼합기를 처분하고 대용량 혼합기를 구입
13. 기존의 기계를 처분하고 새로운 기계 Y로 대체함.
14. 기존의 장비를 대폭 수리하여 계속 사용
15. 8년
16. 17년
17. 즉시 새 기계를 구입
18. (a) 10년마다 대체 (b) 12년마다 대체
19. 7년, $58,028.16
20. 6년, $126,696.35
21. 7년, $293,243.13
22. 5년, $276,608.18
23. 옳다고 할 수 있음.
24. 옳다고 할 수 있음.
25. 옳다고 할 수 있음.

제8장

기사시험 유사 문제

1. c
2. d
3. d
4. b
5. b

연습문제

2. b, d
3. (a) 유형, 동산, 감가상각 (b) 유형, 부동산, 비감가상각 (c) 무형, 동산, 비감가상각
   (d) 유형, 부동산, 비감가상각 (e) 유형, 동산, 감가상각
4. (a) 유형, 동산, 비감가상각 (b) 유형, 동산, 감가상각
   (c) 유형, 동산, 감가상각 (d) 유형, 부동산, 감가상각
5. (a) 4년도: $24,000.00 (b) 4년도4: $0.00 (c) 4년도: $10,368.00 (d) 4년도: $12,960.00
6. (a) 2년도: $300,000.00 (b) 2년도: $391,238.40
   (c) 2년도: $384,000.00 (d) 2년도: $384,000.00
7. (a) $38,000.00 (b) $1,500.00
   (c) i = $14,300.00 ii = $2,781.79 iii = $6,708.00 iv = $6,708.00

8. (a) $1,300.00 $1,300.00 $1,300.00 (b) $3,672.00 $1,074.72 $170.17
(c) $2,666.67 $1,185.19 $351.17 (d) $2,666.67 $1,185.19 $690.12

9. a, b, c

13.

연도 말	d_t	B_t
0		$140,000.00
1	$749.00	$139,251.00
2	$3,589.60	$135,661.40
3	$3,589.60	$132,071.80
4	$3,589.60	$129,231.20
5	$2,243.50	$126,987.70

14.

연도 말	d_t	B_t
0		$70,000.00
1	$1,166.90	$68,833.10
2	$2,545.20	$66,287.90
3	$2,545.20	$63,742.70
4	$1,378.65	$62,364.05

15. (a) MACRS = 20, 150% DBSLH (b) 해당 없음 (c) MACRS = 5, 200% DBSLH
(d) MACRS = 5, 200% DBSLH (e) MACRS = 20, 150% DBSLH

16. (a) MACRS = 3, 200% DBSLH (b) 해당 없음 (c) MACRS = 5, 200% DBSLH
(d) MACRS = 27.5, SLM

17. (a) $800,000.00 (b) MACRS−GDS(7년 재산부류)를 적용하면 $449,820.00

18. (a) MACRS−GDS(5)

(b)

연도 말	d_t	B_t
0		$350,000.00
1	$70,000.00	$280,000.00
2	$112,000.00	$168,000.00
3	$67,200.00	$100,800.00
4	$40,320.00	$60,480.00
5	$40,320.00	$20,160.00
6	$20,160.00	$0.00
7	$0.00	$0.00
8	$0.00	$0.00

19. (a) MACRS−GDS(10)

(b)

연도 말	d_t	B_t	MACRS-GDS(10)
0		$250,000.00	
1	$25,000.00	$225,000.00	10.00%
2	$45,000.00	$180,000.00	18.00%
3	$36,000.00	$144,000.00	14.40%
4	$28,800.00	$115,200.00	11.52%
5	$23,050.00	$92,150.00	9.22%
6	$9,212.50	$82,937.50	3.685%

(c)

연도 말	d_t	B_t	MACRS-GDS(10)
0		$250,000.00	
1	$25,000.00	$225,000.00	10.00%
2	$45,000.00	$180,000.00	18.00%
3	$36,000.00	$144,000.00	14.40%
4	$28,800.00	$115,200.00	11.52%
5	$23,050.00	$92,150.00	9.22%
6	$18,425.00	$73,725.00	7.37%
7	$8,187.50	$65,537.50	3.275%

20. (a) $d_1 = \$4,400.00$ $d_3 = \$\ 4,224.00$ $d_6 = \$1,267.20$
(b) $d_1 = \$4,400.00$ $d_3 = \$\ 4,224.00$ $d_4 = \$1,267.20$

21. (a) MACRS−GDS(10)

(b)

연도 말	d_t	B_t	MACRS-GDS(10)
0		$2,700,000.00	
1	$270,000.00	$2,430,000.00	10.00%
2	$486,000.00	$1,944,000.00	18.00%
3	$388,800.00	$1,555,200.00	14.40%
4	$311,040.00	$1,244,160.00	11.52%
5	$248,940.00	$995,220.00	9.22%
6	$198,990.00	$796,230.00	7.37%
7	$176,850.00	$619,380.00	6.55%
8	$176,850.00	$442,530.00	6.55%
9	$177,120.00	$265,410.00	6.56%
10	$176,850.00	$88,560.00	6.55%
11	$88,560.00	$0.00	3.28%
12	$0.00	$0.00	
13	$0.00	$0.00	
14	$0.00	$0.00	

15	$0.00	$0.00
16	$0.00	$0.00
17	$0.00	$0.00
18	$0.00	$0.00

22. (a) MACRS–DS(5)

(b)

연도 말	d_t	B_t	MACRS-GDS(5)
0		$1,600,000.00	
1	$320,000.00	$1,280,000.00	20.00%
2	$512,000.00	$768,000.00	32.00%
3	$307,200.00	$460,800.00	19.20%
4	$184,320.00	$276,480.00	11.52%
5	$184,320.00	$92,160.00	11.52%
6	$92,160.00	$0.00	5.76%

(c)

연도 말	d_t	B_t	MACRS-GDS(5)
0		$1,600,000.00	
1	$320,000.00	$1,280,000.00	20.00%
2	$512,000.00	$768,000.00	32.00%
3	$153,600.00	$614,400.00	9.600%

23. (a) MACRS–GDS(3)

(b)

연도 말	d_t	B_t	MACRS-GDS(3)
0		$90,000.00	
1	$29,997.00	$60,003.00	33.33%
2	$40,005.00	$19,998.00	44.45%
3	$13,329.00	$6,669.00	14.81%
4	$6,669.00	$0.00	7.41%
5	$0.00	$0.00	0.00%
6	$0.00	$0.00	0.00%

(c)

연도 말	d_t	B_t	MACRS-GDS(3)
0		$90,000.00	
1	$29,997.00	$60,003.00	33.33%
2	$40,005.00	$19,998.00	44.45%
3	$13,329.00	$6,669.00	14.81%
4	$3,334.50	$3,334.50	3.705%

(d)

연도 말	d_t	B_t	MACRS-GDS(3)
0		$90,000.00	
1	$29,997.00	$60,003.00	33.33%
2	$40,005.00	$19,998.00	44.45%
3	$6,664.50	$13,333.50	7.405%

24. 25.00%, 37.50%, 18.75%, 12.50%, 6.25%

25. (a) MACRS−GDS(27.5)

26. (b와 c)

연도 말	d_t	B_t	MACRS-GDS(27.5)
0		$85,000.00	
1	$1,932.05	$83,067.95	2.273%
2	$3,090.60	$79,977.35	3.636%
3	$3,090.60	$76,886.75	3.636%
4	$3,090.60	$73,796.15	3.636%
5	$2,189.18	$71,606.98	2.576%

27. (a) MACRS−GDS(27.5)

(b와 c)

연도 말	d_t	B_t	MACRS-GDS(27.5)
0		$530,000.00	
1	$16,864.60	$513,135.40	3.182%
2	$19,270.80	$493,864.60	3.636%
3	$19,270.80	$474,593.80	3.636%
4	$19,270.80	$455,323.00	3.636%
5	$19,270.80	$436,052.20	3.636%
6	$19,270.80	$416,781.40	3.636%
7	$4,014.75	$412,766.65	0.758%

28. (a) MACRS−GDS(39)

(b)

$d_1 =$	$15,996.50	$B_1 =$	$634,003.50
$d_4 =$	$16,666.00	$B_4 =$	$584,005.50
$d_7 =$	$16,666.00	$B_7 =$	$534,007.50

(c)

$d_1 =$	$15,996.50	$B_1 =$	$634,003.50
$d_4 =$	$16,666.00	$B_4 =$	$584,005.50
$d_7 =$	$9,027.42	$B_7 =$	$541,646.08

제9장

기사시험 유사 문제

1. b
2. b
3. b
4. b
5. b

연습문제

1. (a) 총소득: 세금을 공제하거나 반영하기 전의 법인 소득
   (b) 손비: 회계기간 동안 발생한 경제적 이득의 감소분
   (c) 감가상각: 내용연수에 걸쳐 자산의 취득가격을 배분하는 방법
   (d) 이자: 차입금에 지불된 임차 대가
   (e) 재산처분: 입찰을 통한 재산의 양도나 매각

3. (a) $3,750 (b) $12,500 (c) $20,550 (d) $61,250 (e) $340,000
   (f) $4,100,000
   (g) $5,910,000 (h) $8,750,000

4. (a) $1,800.00; 15.00%; 15.00% (b) $11,250.00; 17.3 1%; 25.00%
   (c) $69,050.00; 31.39%; 39.00%
   (d) $340,000.00; 34.00%; 34.00% (e) $6,754,999.99; 35.00%; 35.00%

5. (a) $100,001.00 (b) $335,000.00 (c) $18,333,333.33

6. (a) 15.00% (b) 31.25% (c) 35.05% (d) 39.00%

7. (a) 35.00% (b) 35.00% (c) 35.00% (d) 35.00%

8. (a) $70,000.00 (b) $18,850.00

9. (a) $7,325,000.00 (b) $4,210,000.00

10. (a) −$30,000.00, $12,399.60, $13,734.00, $10,177.20, $9,289.20, $8,400.00
    (b) −$30,000.00, $11,400.00, $11,400.00, $1,400.00, $11,400.00, $10,400.00

12.

		ATCF(2)	ATCF(7)	PW	AW	IRR	ERR
(a)		$300,000.00	$300,000.00	$293,779.34	$55,067.18	15.24%	12.65%
(b)	M(5)	$419,200.00	$240,000.00	$369,389.01	$69,239.76	17.34%	13.27%
(c)		$345,000.00	$259,667.97	$343,590.85	$64,404.05	16.61%	13.06%

13.

	ATCF(2)	ATCF(8)	PW	AW	IRR	ERR
(a)	$57,000.00	$75,000.00	$50,425.36	$10,150.77	17.63%	14.70%

(b) MACRS−GDS(5년 재산부류)에 의한 감가상각을 할 경우의 PW는 $8,520.80이지만, 이 경우의 PW는 $50,425.36이다. 따라서 0년도에 전체 투자비를 손비로 처리하는 것이 1~6년도에 걸쳐 감가상각을 하는 것보다 매력적이다.

14.

		ATCF(2)	ATCF(4)	PW	AW	IRR	ERR
(a)		$225,000.00	$1,125,000.00	$16,519.66	$5,099.10	9.42%	9.33%
(b)	M(7)	$312,246.00	$956,142.00	$38,021.09	$11,735.92	10.03%	9.76%
(c)		$255,000.00	$1,032,500.00	$31,038.34	$9,580.56	9.83%	9.62%

15.

	ATCF(2)	ATCF(12)	PW	AW	IRR	ERR
(a)	$27,000.00	$30,000.00	$70,925.57	$13,294.57	21.44%	14.53%

(b) 양 투자대안이 모두 매력적이다. 하지만 포트폴리오 비용을 손비로 처리할 수 있으므로 8년간 감가상각을 하는 것보다 디자인 포토포리오가 상당히 나은 결과를 제공한다.

16.

	ATCF(2)	ATCF(4)	PW	AW	IRR	ERR
(a)	$22,200.00	$25,800.00	$18,829.86	$5,940.27	24.90%	18.54%

(b) 양 투자대안이 모두 매력적이다. 하지만 프로젝트는 손비로 처리할 수 있으므로 4년간 감가상각을 하는 것보다 100일간의 단기 프로젝트가 상당히 나은 결과를 제공한다.

17. PW = $224,131.60, AW = $56,135.21, IRR = 16.267%, ERR = 13.469%

18. PW = −$116,270.10, AW = 2$29,120.60, IRR = 0.692%, ERR = 2.492%

19. (a)와 (b) $87,500.00로 취득할 수 있는 가상 주형장치를 선택한다.

20. (a) 투자대안 A를 선택한다. (b) $104,039.51

21. $22,476.43

22. 납세 전 현금흐름(BTCF)이 적용되면 이는 소득세를 차감하지 않는 현금흐름을 나타낸다. (또한 차입금에 관련된 현금흐름은 고려되지 않는다.) 납세 및 차입금 상환 전 현금흐름(BT&LCF)이 적용되면 소득세, 차입금 이자, 원금상환액을 차감하지 않는 현금흐름을 나타낸다. BTCF와 BT&LCF 모두 세금이나 차입금을 반영하지 않고 총소득에서 비용공제분만 차감한다.

23. (a) $148,020.00 (b) $59,208.00 (c) $260,292.00

24. (a) $183,408.00 (b) $6,000.00 (c) $77,592.00

25. (c) 빌려 주는 사람의 이자율이 빌리는 사람의 MARRAT/(1−itr)보다 작을 때 차입금 상환방안 4가 선호된다. 여기서 빌려 주는 사람의 이자율이 12%이고, 빌리는 사람의 MARRAT/(1−itr)가 16.67%이므로 상환방안 4가 상환방안 2보다 선호된다.

26.

	PW	FW	AW	IRR	ERR
(a)	$470,030.09	$936,564.39	$84,922.39	29.39%	16.11%
(b)	$451,256.92	$899,157.68	$81,530.56	24.04%	16.43%
(c)	$453,286.63	$903,202.00	$81,897.28	24.54%	16.45%
(d)	$464,294.97	$925,136.80	$83,886.20	31.54%	15.73%

27. (a) $220,209.06 (b) $215,428.05 (c) $216,512.27 (d) $216,872.68

28.

	PW	AW	IRR	ERR
(a)	$37,475.30	$5,839.40	9.50%	9.25%
(b)	−$38,519.14	−$6,002.06	8.64%	8.72%
(c)	−$25,820.80	−$4,023.40	8.74%	8.81%
(d)	$105,148.18	$16,384.20	10.52%	9.69%
(e)	$29,153.73	$4,542.74	9.29%	9.21%
(f)	$41,852.08	$6,521.40	9.44%	9.30%

29. (a) MARRS(7) (b) 12.00% (c) $5,000.00 (d) 15.00%
(e) 이자상환액(3년도) = −$1,713.82; TI(3) = −$16,811.82; ATCF(3) = $33,921.66 이상

30. (a) $87,500.00로 취득할 수 있는 가상 주형장치를 선택한다.
(b) $87,500.00로 취득할 수 있는 가상 주형장치를 선택한다.

31. (a) $70,000의 초기투자가 필요한 대안 A를 선택한다.
(b) 두 대안이 등가가 되려면 투자대안 B의 초기비용은 $104.498.15가 되어야 한다.

32. $19,431.19

33. (a) −$109,854.04 (MACRS_GDS(39)) (b) −$90,480.00 (c) −$97,221.43
(d) $158,764.29

제10장

기사시험 유사 문제

1. c

2. d

3. c

4. d

연습문제

1. 휘발유, 구리, 정비사 공임, 등록금

2. 주택 및 대지

3. 소비자물가지수(CPI)는 구매자의 관점에서 물가변동을 측정한다. 생산자물가지수(PPI)는 판매자의 관점에서 물가변동을 측정한다.

4. 관련이 없는 것은 아니다. 즉, CPI는 개개인의 소비 형태를 반영하는 것이 아니다. 또한 경제여건은 상당히 연계되어 있다.

5. (a) 101.6, 104.0, 106.0, 109.5, 113.2 (b) 2.51744%

6. (a) 141.3, 160.7, 176.9, 210.3, 249.8 (b) 15.31554%

7. 2.1155%

8. 18.5396%

9. $262,268.73

10. (a) 3.18% (b) $19,005.50 (c) $666.01

11. (a) $35,236.17 (b) $242,628.93

12. (a) $944,160.00; $1,273,483.01; $1,717,673.88; $2,316,798.53; $3,124,897.86
(b) $840,000.00; $1,008,000.00; $1,209,600.00; $1,451,520.00; $1,741,824.00
(c) $3,879,152.31 (d) $3,879,152.31

13. (a) $17,599,971.78 (b) $67,938.73

14. (a) 분할 지급하는 방안으로 이의 경제적 가치(PW)는 $1,085,748.75이다.
(b) 5.24% (c) 바로 수령하여 활용하라.

15.

연도 말	경상가격	불변가격
1	$10,000.00	$10,000.00
2	$12,000.00	$11,428.57
3	$15,000.00	$13,605.44
4	$17,500.00	$15,117.16

16. 11.24%

17. (a) $52,347.07 (b) $52,347.07

18. (a) $111,292.23 (b) $111,292.23

19. 7.97%; 3.618%

20. $3,454,391,189

21. 거짓

22. $1,316.60

23. (a) −$9,000,000.00; $4,292,307.69; $4,065,088.76; $3,014,474.28; $2,154,504.39; $1,540,869.61; $1,183,879.62
(b) $1,615,078.51 (c) $461,767.31 (d) $4,359,991.90 (e) 26.68% (f) 21.29%
(g) 31.74% (h) 26.14%

24. (a) −$190,000.00; $37,452.74; $44,241.35; $38,851.05; $35,145.43; $32,605.15; $32,388.71; $32,192.26; $29,495.88; $27,000.00; $27,000.00; $27,000.00; $30,000.00
(b) $43,495.36 (c) $6,383.52 (d) $136,507.08 (e) 14.92% (f) 11.91%
(g) 19.40% (h) 16.27%

25. (a) −$1,400,000.00; $347,485.60; $405,045.07; $335,035.55; $294,722.97; $292,517.24; $265,200.21; $240,000.00; $360,000.00
(b) $326,090.32 (c) $61,123.68 (d) $699,003.57 (e) 16.49% (f) 12.92%
(g) 21.38% (h) 17.66%

26. (a) −$190,000.00; $37,860.40; $45,612.40; $40,292.40; $36,492.40; $33,786.80; $33,779.20; $33,786.80; $30,389.60; $27,000.00; $27,000.00; $27,000.00; $30,000.00
(b) $7,483.92 (c) $1,358.31 (d) $38,481.69 (e) 15.61% (f) 14.99%
(g) 10.95% (h) 10.35%

27. (a) −$600,000.00; $197,662.14; $220,556.13; $152,527.80; $135,800.85; $240,000.00
(b) $118,341.96 (c) 17.529%

28. (a) −$800,000.00; $135,952.38; $182,879.82; $158,074.18; $150,328.10; $163,883.91; $163,754.24;

$225,000.00
(b) $5,827.60 (c) 10.210%

29. (a) −$450,000.00; $92,307.69; $136,464.50; $137,403.28; $145,945.85; $200,063.63
(b) $104,976.05 (c) 15.562%

30. 4; 4; 4; 4; 네 가지 상환방안이 동등함; 2; 2; 2; 2; 2; 2

31. 4; 4; 4; 4; 4; 4; 4; 4; 4; 4; 네 가지 상환방안이 동등함; 2; 2; 2

32. (a) −$5,000,000.00; $4,015,384.62; $3,798,816.57; $2,758,443.33; $1,908,320.79; $1,304,154.60; −$2,204,989.07
(b) $3,547,544.14 (c) $1,014,278.80 (d) $9,576,787.51 (e) 59.09%
(f) −9.03% (g) 65.45% (h) 34.19%

33. (a) −$90,000.00; $29,945.52; $37,015.92; $31,896.84; $28,452.25; $26,163.21; −$53,300.36; $32,192.26; $29,495.88; $27,000.00; $27,000.00; $27,000.00; $30,000.00
(b) $68,533.67 (c) $10,058.23 (d) $215,088.00 (e) 26.13% (f) 14.77%
(g) 31.05% (h) 19.25%

34.

	ATCF(2)	ATCF(6)	PW	FW
(a)	$4,108,800.00	−$2,790,014.60	$3,547,544.14	$12,117,691.37
(b)	$3,490,133.33	$783,318.73	$2,929,877.79	$10,007,868.38
(c)	$3,592,237.79	$566,778.36	$3,021,558.55	$10,321,031.27
(d)	$4,396.800.00	−$4,839,189.05	$3,759,823.63	$12,842,795.08

	AW	IRRc	ERRc	IRRr	ERRr
(a)	$1,139,640.14	65.45%	34.19%	59.09%	29.03%
(b)	$941,216.29	52.96%	32.53%	47.08%	27.43%
(c)	$970,668.52	54.95%	32.78%	48.99%	27.67%
(d)	$1,207,834.43	71.45%	34.74%	64.86%	29.56%

(e) 상환방안 4

35. −$37,784.17

제11장

기사시험 유사 문제

1. a
2. c
3. b
4. c
5. b

연습문제

1. a = 3, b = 1, c = 2
2. (a) 거짓 (b) 참 (c) 거짓

3. (a) 6137 (b) 방안 I

4. (a) $67,584.00 (b) 307,692 단위 (c) $132,480.00

5. $5,170.15

6. 연간 426 구덩이

7. (a) −$500,000.00 (b) 58.33%

8. (a) $25,000.00연간 손실 (b) 연간 220,000 팔레트
(c) $125,000.00 연간 이익 (d) 연간 132,000 팔레트

9. 7,883.24 시간

10. (a) 25.46% (b) 41.37% (c) 50.42 % (d) 60.03%

11. 3년과 4년 사이

12. 3176시간을 초과하면 모터 X를 선택. 2823~3176시간에 속하면 모터 Y를 선택. 2823시간 미만이면 모터 Z를 선택.

13. $971.33

14. (a) AW = $7,120.24 투자대안이 매력적임.

(b)

변화량(%)	AW
−80.00%	−$3,279.76
−60.00%	−$679.76
−40.00%	$1,920.24
−20.00%	$4,520.24
0.00%	$7,120.24
20.00%	$9,720.24
40.00%	$12,320.24

(c) 254.8%

17. (a) 매력적이지 않음. (b) 매력적임. (c) 매력적임. (d) 매력적임.

19. 0.55

20. 0.50

21. 0.682

22. 0.953

23. 0.281

24. $4,182.73

25. (a) −$1,031,532.00 $835,870.00 (b) 0.109 또는 10.9%
(c) −$1,032,209 $827,269 0.107 또는 10.7%

26. (a) 0.229 또는 22.9 % (b) 0.232 또는 23.2 %

27. (a) 0.437 또는 43.7% (b) 0.437 또는 43.7%

28. (a) $825,709 $649,192 (b) 0.102 또는 10.2%
(c) 0.394 또는 39.4% (d) 0.104 또는 10.4%

찾아보기

ㅊ

ㅌ

ㅍ

ㅎ

기타

Interest Rate Equations

When cash flow frequency and/or compounding frequency are not annual, calculations require either the **period interest rate** approach or the **effective annual interest rate** approach.

When cash flow frequency does not coincide with compounding frequency, the **effective rate per cash flow period** is required in calculations.

Period Interest Rate	Effective Annual Interest Rate	Effective Rate per Cash Flow Period
Period interest rate = r/m	$i_{eff} = (1 + r/m)^m - 1$	$i = (1 + r/m)^{m/k} - 1$
Where:	Where:	Where:
r = nominal annual interest rate	i_{eff} = effective annual interest rate	i = interest rate per cash flow period
m = number of compounding/ interest periods per year	r = nominal annual interest rate	r = nominal annual interest rate
	m = number of compounding/interest periods per year	m = number of compounding/ interest periods per year
		k = number of cash flows per year

USEFUL EXCEL® FINANCIAL FUNCTIONS

Present Worth (Solve for *P*)

1. To compute the present worth of a single future sum or a uniform series of cash flows or both, use the PV function: **=PV(rate,nper,pmt,fv,type)**.
2. To compute the present worth of multiple cash flows, use the NPV function: **=NPV(rate,valuel,value2, . . .)** or **=NPV(rate,valuel:valueN)**, noting that the value obtained occurs one time period before value1.

Annual Worth (Solve for *A*)

To compute the uniform series equivalent of a single sum occurring at the present or *n* periods in the future or both, use the PMT function: **=PMT(rate,nper,pv,fv,type)**.

Future Worth (Solve for *F*)

To compute the future worth equivalent of a uniform series of cash flows or a present worth amount or both, use the FV function: **=FV(rate,nper,pmt,pv,type)**

Rate of Return (Solve for *i*)

1. To compute the interest rate that yields a present worth of zero for a given combination of (P & F), (P & A), (A & F) or (P, A & F) for a given value of *n*, use the RATE function: **=RATE(nper,pmt,pv,fv,type,guess)**
2. To compute the interest rate that makes the present worth of a series of cash flows equal zero, use the IRR function: **=IRR(valuel:valueN,guess)**
3. To compute the interest rate that makes the future worth of an investment of capital at time zero equal to the future worth of reinvested returns, when the returns are reinvested at a rate called the minimum attractive rate of return (MARK), use the MIRR function: **=MIRR(values,finance_rate,MARR)**

Effective Interest Rate (Solve for i_{eff})

To compute the effective interest rate of a nominal rate (r) compounded *m* times per year, use the EFFECT function: **=EFFECT(r,m)**

Determining the Number of Payments (Solve for *n*)

To solve for the number of interest periods, given an interest rate, that yields a present worth of zero for a given combination of (P & F), (P & A), (A & F) or (P, A & F), use the NPER function: **=NPER(rate,pmt,pv,fv,type)**

rate: compound interest rate

nper: number of compound interest periods

pv: net present value

fv: net future value

pmt: magnitude of uniform series of cash flows

type: 0 or omitted denotes end-of-period cash flow 1 denotes beginning-of-period cash flow

guess: best estimate of IRR, if needed

finance_rate: interest rate paid on borrowed investment capital (for our purposes, this is generally zero or left blank)

r: nominal interest rate, usually per year

m: number of compounding periods, usually in a year